本报告整理
由中国社会科学院哲学社会科学创新工程
（2016-2018KGYJ055）资助

本报告出版
得到国家重点文物保护专项补助经费的资助

洛阳盆地中东部先秦时期遗址

1997—2007年区域系统调查报告

2

中国社会科学院考古研究所
中澳美伊洛河流域联合考古队 编著

科学出版社
北京

内 容 简 介

1997—2007年，中国社会科学院考古研究所与澳大利亚、美国等国家的大学和研究机构合作，对中国古代文明产生和发展的腹心地区——洛阳盆地中东部近1120平方千米的区域，开展了区域系统调查。期间共发现遗址（或地点）456处，采集到大量先秦时期的遗物。调查结果表明：这些遗址涵盖了先秦时期的各个阶段，显示了该区域约从公元前6000年左右至公元前200年左右近6000年的社会发展图景，展示了早期中国文明核心区从零星分布的聚落到王朝统治中心的社会发展轨迹。

本书适合于考古学、历史学的相关研究者及大专院校相关专业师生参考、阅读。

图书在版编目(CIP)数据

洛阳盆地中东部先秦时期遗址：1997—2007年区域系统调查报告：全4册 / 中国社会科学院考古研究所，中澳美伊洛河流域联合考古队编著. —北京：科学出版社，2019.9

ISBN 978-7-03-062470-3

Ⅰ.①洛⋯ Ⅱ.①中⋯ ②中⋯ Ⅲ.①文化遗址-调查报告-洛阳-先秦时代 Ⅳ.①K878.05

中国版本图书馆CIP数据核字（2019）第212272号

责任编辑：张亚娜 / 责任校对：邹慧卿
责任印制：肖 兴 / 封面设计：美光制版

科学出版社 出版
北京东黄城根北街16号
邮政编码：100717
http://www.sciencep.com

中国科学院印刷厂 印刷
科学出版社发行 各地新华书店经销
*

2019年9月第 一 版　　开本：889×1194　1/16
2019年9月第一次印刷　　印张：136 3/4　插页：8
字数：3900 000

定价：1800.00元（全4册）
（如有印装质量问题，我社负责调换）

Pre-Qin Period Sites in the East and Central Luoyang Basin:
The Systematic Regional Archaeological Survey Report (1997-2007)

II

Institute of Archaeology, Chinese Academy of Social Sciences
Sino-Australian-American Collaborative Archaeological Team of the Yiluo River Valley

Science Press
Beijing

资料编

（十）马涧河

马涧河东源（主源）柏峪河，来自于嵩山香炉寨峰（海拔1302.3米）南麓的香炉寨东峡柏峪沟南地村以南，北经堂前、东坡、冯窑、杨树庙村，汇老马庄、谭沟、椿树沟来水后西折，经鸡毛窑、安乐窑、乔家寨、后峪至北场村，入九龙角水库；中源来定河，源自于香炉寨西峪，经韩房、马窑、来定窑、裴窑、玉皇庙、南窑、佛光至北场村，汇玉皇泉、马跑泉、珍珠泉等水与柏峪河汇合后入九龙角水库；西源稻田河源自于马鞍山西峪，经曹窑、郝家寨、何窑、丁窑、稻田河后入九龙角水库，出库后称马涧河，汇入源于车李窑西山涧中的车李沟水（经王盘窑、郭湾、郭窑、任窑、李窑、牛窑、邓村），经西口孜西、东齐家窑-马村间、屯寨周寨间、新寨西入马涧河水库，出库后经布村东、花张东马河西、张湾和王湾间、柏谷坞南、林小寨北、金屯邱河南、吊桥寨北、化寨南、盆窑北、东王河南、西王河北，入陶化店水库。

沿岸共发现遗址36处（图2.267）。

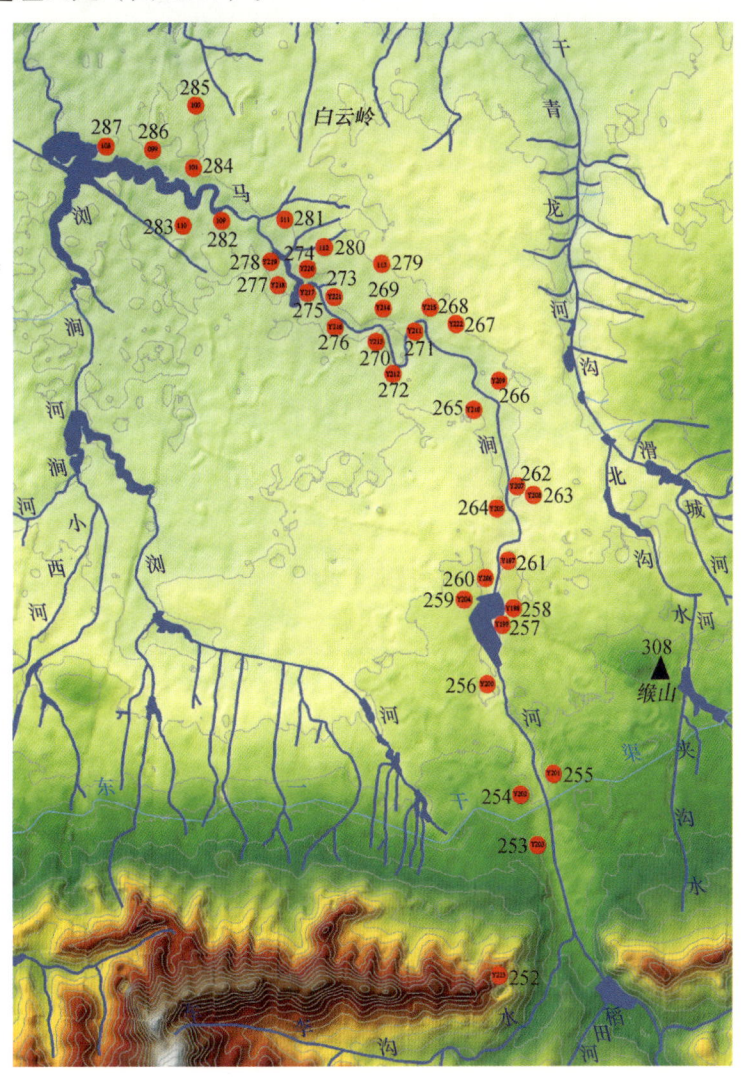

图2.267　马涧河流域遗址分布示意图

252. 九龙角水库西（Y223）

（1）概况

位于洛阳偃师市府店镇牛窑村村北，西九龙角第一峰北端（图2.268）。面积约0.2万平方米。

图2.268　九龙角水库西（右上为北）

（2）主要发现

发现大量鸡窝状采石坑，很浅，石头风化严重，不似近代采石坑。

在山脚下发现石器加工场遗址，南北长100米，东西宽20米，发现大量的石锤、砺石、石毛坯、砍砸器等。石器风化严重，石锤、砍砸器特征明显，地上裸露大量基岩。估计是从上面的采石场开采石料，然后在此处经过粗加工后再运往他处，但也不排除直接加工成半成品或成品的可能性。周围未发现生活类遗迹。采集石器8件，其中石锤3、砧1、砺石1、砍砸器2、石料1件。

石锤　3件。Y223:1，石英砂岩。近三角形，一端有密集片疤。长10.5、宽10.5、厚7.5厘米（图版二六四，1）。Y223：2，石英砂岩。近方形，局部遍布疤痕。长9.5、宽10.4、厚8.5厘米（图版二六四，2）。Y223：3，砂岩。近圆角方形。长10.5、宽10.4、厚6.2厘米（图版二六四，3）。

砍砸器　2件。Y223：4，石英岩。打制。器身遍布疤痕，局部保留石皮。长7.4、宽11.9、厚5厘米（图版二六四，4）。Y223：5，石灰岩。两面保留风化石皮。长11.8、宽14.5、厚6.9厘米（图版二六四，5）。

石砧　Y223：6，石英岩。基本完整。近长方形，一面平整，一面凸凹，周边较规整。长22.8、宽19.7、厚7.7厘米（图版二六四，6）。

砺石　Y223：7，砂岩。长方形。一面磨砺成凹槽状，较规整。长7.2、宽4.8、厚3.5厘米（图版二六五，1）。

石料　Y223：8，鲕状白云岩。近三角形，一面为自然风化石皮，另一面带层理面。表面风化严重。长26.5、宽21、厚4.5厘米（图版二六五，2）。

（3）基本认识

该遗址采集石器大多为自然砾石制的石锤或砺石，周围不少鸡窝状小型采石浅坑，主要出产鲕状白云岩，与山下几处遗址发现的石铲坯加工石料一致，不排除是龙山至二里头时期采石场初步加工点。但因缺少陶片，无法断定具体性质，暂定为旧石器时代。

253. 东管茅东南（Y203）

（1）概况

位于洛阳偃师市府店镇东管茅村东南，马涧河西岸，府店化工厂南面临河台地上（图2.269a；图版一七〇，1）。面积约0.5万平方米。地理坐标北纬34°32′31.05″，东经112°49′50.29″，海拔约289米。台地高出河底20余米，地势较高，多断崖沟坎。因化工厂工程建设，台地遭到严重破坏。

初查时间2002年6月14日，复查时间2017年7月14日。

图2.269a　东管茅东南（下为北）

（2）主要发现

周边断崖剖面上未发现相关遗迹。地表散见周代陶片，陶片密度不大。采集陶片29片，其中口沿4片，腹片25片。属于殷墟文化（洹北期）及西周早期，东周遗物见有疙瘩鬲，无典型标本。

1）殷墟文化

见有鬲等器形，年代可能为殷墟文化一期（或早至洹北期）。标本1件。

鬲　Y203：1，口沿。泥质灰陶。折沿，圆唇，沿面微凹，束颈，溜肩，圆弧腹。饰绳纹。口径21、残高7厘米（图2.269b，1）。

2）西周时期

见有罐等，年代可能为西周早期或殷周之际。标本2件。

罐　2件。Y203：2，口沿。泥质灰陶。折沿，方唇，唇面有一道凹槽，溜肩。饰绳纹。口径16、残高4.1厘米（图2.269b，2）。Y203：3，口沿。泥质灰陶。折沿，方唇，沿内有一道凹槽，溜肩。素面。口径17、残高3.8厘米（图2.269b，3）。

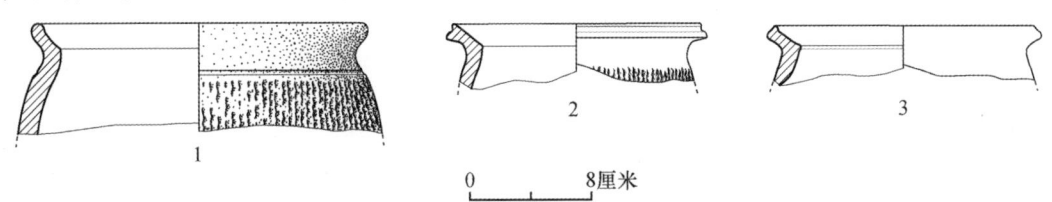

图2.269b　东管茅东南（Y203）采集标本
1.鬲（Y203：1）　2、3.罐（Y203：2、Y203：3）

3）东周时期

调查中，见陶鬲残片，标本未采集。具体时段不详。

（3）基本认识

该遗址未见相关遗迹，采集遗物数量较少，包括殷墟和西周时期。遗址被化工厂（现已废弃）占压和破坏，但未见遗迹现象。

254. 东管茅东（Y202）

（1）概况

位于洛阳偃师市府店镇东管茅村东，东一干渠跨马涧河渡槽以北，西口孜村至东管茅村公路两侧，马村东南的马涧河西岸（图2.270a；图版一七〇，2）。面积约5万平方米。地理坐标北纬34°32′58.95″，112°49′37.90″，地势南高北低，海拔263米。遗址北部已被东管茅砖厂破坏殆尽，遗址南部地貌基本保持原始状态，后期破坏力度较小，无遗迹现象暴露，地表现为农田。

初查时间2002年6月14日，复查时间2007年11月6日、2017年7月14日。

图2.270a　东管茅东（上为北）

（2）主要发现

在砖厂取土留下的断崖剖面上暴露出多个灰坑。2007年复查时，在砖厂西南部断崖剖面上发现的灰坑H1里，采集到浮选土样及残留物分析标本。

地表散见陶片，密度不大。采集石器5件。路南采集陶片42片，其中口沿3片、底片1片、陶环1件、腹片37片。路北采集陶片148片，其中口沿34片，余为腹片。主要为仰韶、龙山、殷墟及周代陶片。

石斧　Y202∶26，玄武岩。残断。长方形厚体，圆弧顶，断面呈近方形，刃部残断。残长6.2、宽6.7、厚5.4厘米。

石铲　Y202∶27，白云岩。残断。磨制。扁平长方体，圆弧状侧棱，顶部、刃部残断。残长10.1、宽7.6、厚1.7厘米。

石镰　Y202∶28，辉绿岩。残断。磨制。圆弧状柄部，柄部有琢制凹槽，双面直刃，直背。残长7.5、柄部宽1.6、刃部宽1.6厘米。

石锤　Y202∶29，石灰岩。残断。长方形厚体，一面平整，一面微凸。残长8.4、宽10.8、厚5.7厘米。

砍砸器　Y202∶30，石英岩。不规则形，利用一打击石片，将其与打击点对应的较薄一面作为刃部，呈双面刃状，刃部使用痕迹明显。长15.1、宽11.2、厚2.9厘米（图版二六五，3）。

1）仰韶文化

可辨认器形有鼎、泥质彩陶罐、泥质磨光小罐、夹砂折肩罐（矮领、高领）、小口高领瓮（泥质、夹砂）、敛口瓮、盆、缸、圈足盘、钵、杯（觚形）、盖、碗、环，主要为仰韶晚期，部分遗物或可到龙山早期。标本21件。

夹砂罐　3件。Y202∶1，口沿。夹砂褐陶。直沿外卷，尖唇，沿外饰一对鸡冠錾，溜肩。素面，肩部饰一周附加堆纹。口径12.6、残高8.4厘米（图2.270b，2）。Y202∶2，口沿。夹砂褐陶。折沿，尖唇，溜肩，直腹。腹饰篮纹。口径33.9、残高8厘米（图2.270b，3）。该件遗物也可能属于二里头时期。Y202∶3，口沿。夹砂褐陶。折沿，尖唇，沿面内有一道凸棱，沿外饰两道凹弦纹，广肩，肩饰多道凹弦纹。素面。口径25.7、残高5厘米（图2.270b，4）。

小罐　Y202∶20，口沿。泥质黑陶。折沿上翘，圆唇，溜肩，素面。磨光。口径11.6、残高3.1厘米（图2.270b，12）。

鼎　2件。Y202∶4，口沿。夹砂褐陶。敛口方唇，方唇，沿内凹，溜肩。素面。口径21.8、残高6厘米（图2.270b，11）。Y202∶5，口沿。夹砂褐陶。盆形，小折沿尖唇，沿面内凸呈棱，直腹微弧。饰绳纹。残宽8.6、残高7.8厘米（图2.270b，1）。

泥质罐　4件。Y202∶6，口沿。泥质红陶。折沿，尖唇，溜肩。施红衣黑彩网格纹及横向平行线纹。口径23.8、残高6.4厘米（图2.270b，7）。Y202∶7，口沿。泥质红陶。折沿，尖唇，溜肩。红衣黑彩，上部为两周横向平行线纹夹网格纹，中有两周横向平行线纹夹一组三道纵向平行线纹，下有两道横向平行线纹。口径30、残高8.3厘米（图2.270b，8）。Y202∶8，口沿。泥质红陶。折沿，尖唇，溜肩。施两组红衣黑彩横向平行线纹夹网格纹。口径26.3、残高7.3厘米（图2.270b，9）。Y202∶9，口沿。泥质灰陶。折沿，尖唇，直腹。磨光。口径11.8、残高4.5、胎厚0.4厘米（图2.270b，6）。

瓮　Y202∶10，口沿。泥质灰陶。小口，直领外侈，圆唇，广肩。磨光。口径12.6、残高6.2厘米（图2.270b，5）。

缸　Y202∶11，口沿。泥质灰陶。内折沿，敛口，尖唇，直腹外侈。磨光。口径31.4、残

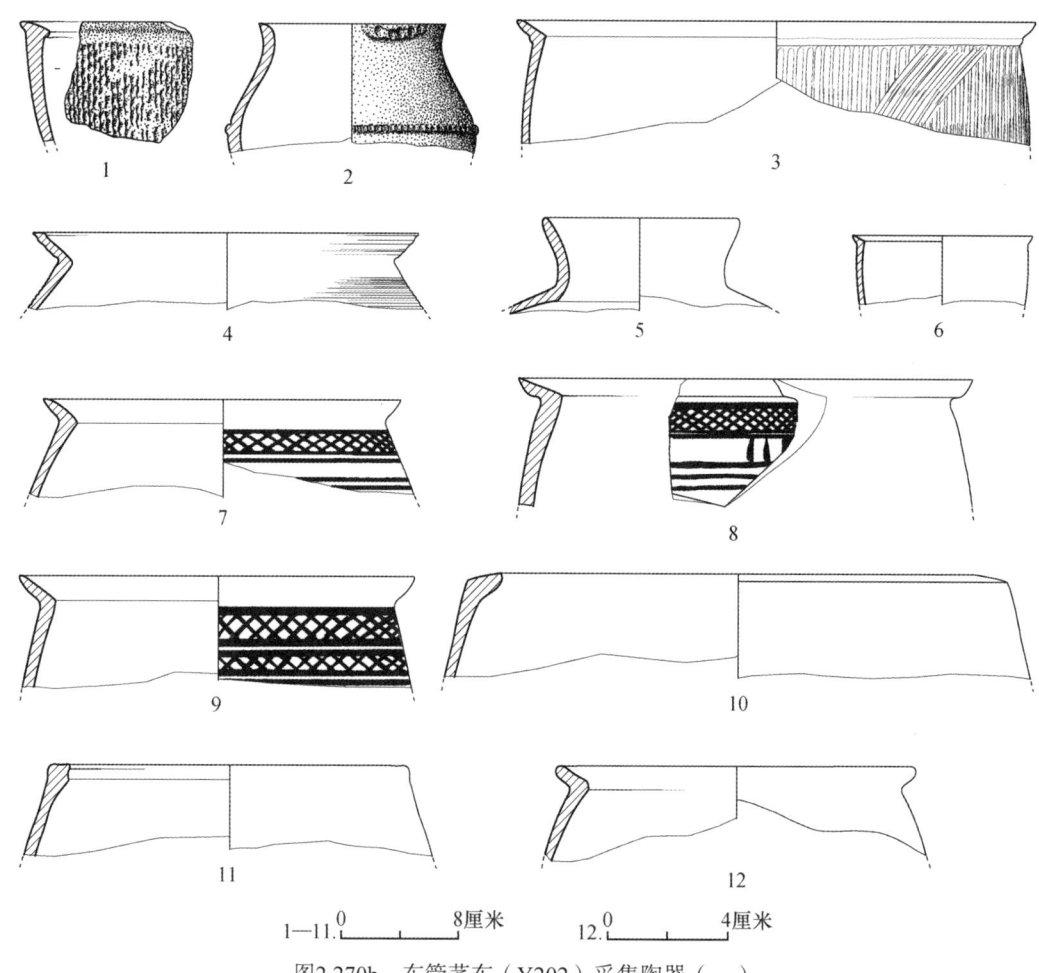

图2.270b 东管茅东（Y202）采集陶器（一）

1、11. 鼎（Y202：5、Y202：4） 2—4. 夹砂罐（Y202：1、Y202：2、Y202：3） 5. 瓮（Y202：10） 6—9. 泥质罐（Y202：9、Y202：6、Y202：7、Y202：8） 10. 缸（Y202：11） 12. 小罐（Y202：20）

高6.8厘米（图2.270b，10）。

钵 4件。Y202：12，口沿。泥质黑陶。直沿微敛，圆唇，斜腹。磨光。口径25、残高5.8厘米（图2.270c，8）。Y202：13，口沿。泥质红陶。内卷沿，敛口，尖唇，圆弧腹。红衣黑彩，有一周横向线纹夹三道纵向短平行线纹。口径31、残高6.6厘米（图2.270c，7）。Y202：14，口沿。泥质红陶。内卷沿，敛口，圆唇，圆弧腹。红衣黑彩，有一组三道纵向短平行线纹、夹三道横向平行线纹其下再饰短纵向平行线纹。残宽6.3、残高5.2厘米（图2.270c，6）。Y202：15，口沿。泥质灰陶。敞口，直沿，圆唇，折腹。内壁外壁均磨光。口径21.3、残高6厘米（图2.270c，9）。

碗 3件。Y202：16，口沿。泥质灰陶。敞口，直沿尖唇，斜弧腹。施一周褐彩彩带纹及椭圆形点状纹。口径14.1，残高4.4、胎厚0.6厘米（图2.270c，4）。Y202：17，口沿。泥质红陶。敞口，直沿尖唇，斜直腹。红衣褐彩，有一周彩带纹及蝌蚪状纹。残宽3.8、残高3.4、胎厚0.5厘米（图2.270c，2）。Y202：18，口沿。泥质灰陶。敞口，直沿，尖唇，斜弧腹。施一周红彩彩带纹。残宽3.2、残高3.6、胎厚0.3厘米（图2.270c，3）。

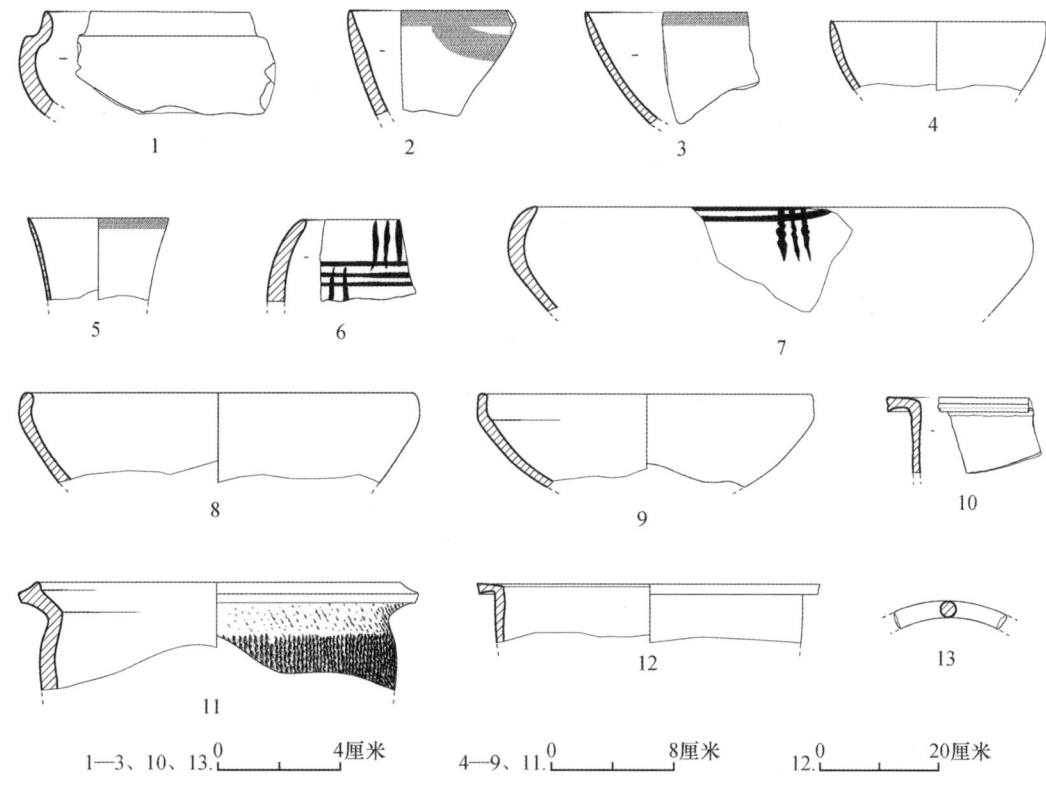

图2.270c 东管茅东（Y202）采集陶器（二）

1.盒（Y202：22） 2—4.碗（Y202：17、Y202：18、Y202：16） 5.杯（Y202：19） 6—9.钵（Y202：14、Y202：13、Y202：12、Y202：15） 10—12.盆（Y202：24、Y202：21、Y202：23） 13.环（Y202：25）

杯 Y202：19，口沿。泥质灰陶。直口微侈，尖唇，直腹。磨光，沿外施一周红彩带纹。口径9.2、残高5.2、胎厚0.3厘米（图2.270c，5）。

环 Y202：25，残断。泥质灰陶。圆形断面。磨光。残长3.5、内径7、外径8厘米（图2.270c，13）。

2）殷墟文化

见有盆等，属于殷墟文化。标本1件。

盆 Y202：21，口沿。泥质灰陶。直领外侈，方唇，唇面微凹，沿内凹，溜肩。饰绳纹。口径23.6、残高6.9厘米（图2.270c，11）。

3）东周时期

见有盒、盆等，多为战国时期，可能晚至汉代。标本3件。

盒 Y202：22，口沿。泥质灰陶。子母口，尖唇，鼓腹。素面。残宽6.6、残高3.3、厚0.5厘米（图2.270c，1）。

盆 2件。Y202：23，口沿。泥质红陶。折沿，方唇，直腹。素面。口径55.7、残高9.4厘米（图2.270c，12）。Y202：24，口沿。泥质灰陶。折沿，方唇，唇面有一道凹槽，直腹。素面。残宽13.6、残高9.7、厚1.1厘米（图2.270c，10）。

（3）基本认识

该遗址规模不小，主体遗存为战国时期，分布在遗址南部。路北以仰韶文化晚期的遗存为主，部分遗物可早到龙山文化早期。个别为殷墟文化。采集到石镰有裴李岗文化风格，但不见锯齿，不排除有偏早的遗存。遗址北部被砖厂破坏，保存较差，南部保存稍好，村庄西北角有建筑压在遗址上。

255. 西口孜（Y201）

（1）概况

位于洛阳偃师市府店镇西口孜村西北，东齐家窑至西口孜村道路西南侧，营君路以西，东一干渠跨马涧河渡槽东段以北台地（图2.271a）。龙山晚期面积约2万平方米，二里头时期约18万平方米，二里岗时期约1万平方米。地理坐标北纬34°33′15.61″，东经112°50′01.03″，地势北高南低，最高处海拔约267米，最低处256米。遗址已被西口孜砖厂破坏殆尽，仅邻村西北部剩余一块台地，地表现为砖厂、石料厂、葡萄园及林地。

图2.271a 西口孜（左上为北）

1962年7月，中国科学院考古研究所洛阳发掘队曾对该遗址进行调查，当时在西口孜村西寨墙东约70—80米处马涧河的东岸发现了文化层，厚约0.4米，面积约0.3万平方米。遗址见于西北寨墙两侧，但是遭河流侵蚀破坏较甚。采集到鬲、罐、盆、尊等陶器残片，属于二里岗和西周时期[①]。

初查时间2002年6月14日，复查时间2007年11月6日、2017年7月14日。

（2）主要发现

在砖厂取土留下的断崖剖面上暴露出多个灰坑。分别采集了陶片标本及浮选土样，编号H1—H4。2007年复查时，在砖厂东北部断崖剖面的2个灰坑里，分别采集了浮选土样及残留物分析标本，编号H5、H6，均为二里头时期。

遗址地表散见龙山、二里头及二里岗时期陶片，陶片密度不大。采集到较多的石器、石毛坯，石毛坯特征与二里头、灰嘴、夏后寺遗址采集的相近。

共采集石器6件，陶片191片，其中地面采集49片，灰坑、文化层内采集142片，其中口沿45片、底片10片、腹片134片、足2件。

石铲坯 3件。Y201：15，鲕状白云岩。残断，顶端。打制。已经塑形去薄。扁平梯形，近三角形顶，一侧棱已经打制成双面刃状，一侧棱方形未见打制，上下面较平整，刃部残断。残长11.98、残宽8.87、厚1.82厘米。H4：3，鲕状白云岩。残断，顶端。琢磨兼制。长方形，圆角方顶，一面及侧棱略经磨制，另一面保留打制去薄层理面。残长17.3、宽10、厚4.3厘米（图版二六五，4）。H4：4，鲕状白云岩。残断，中段。打制。一面及侧边保留风化石皮，另一面露出去薄后的红色层理面，另一侧边经过打制，去薄过程中残断。残长22.95、宽10.41、厚4.66厘米。

去薄石片 Y201：16，鲕状白云岩。铲坯去薄时打下的废片。残长7.56、宽9.22、厚3.04厘米（图版二六五，5）。

石镞 H2：3，砂岩。磨制。长方形，圆弧状侧面，上下面为平面，尖残，锥铤。残长7.98、宽1.64、厚1.18厘米（图2.271c，3）。

石镰 H3：8，砂岩。残断。磨制。方形柄部，单面直刃，弧背。残长8.8、宽5.48、厚1.24厘米（图2.271c，2）。

1）龙山文化

陶片多为碎片，属晚期较晚阶段遗存。无典型标本。

2）二里头文化

2002年调查中，发现灰坑4个。主要为二里头文化晚期，部分灰坑内有早至二里头二期的遗物。

H1：可辨认器形有深腹罐、圆腹罐、豆。时代为二里头三、四期。

H2：可辨认器形有甑、缸。时代为二里头三期晚段。

[①] 中国科学院考古研究所洛阳发掘队：《河南偃师商代和西周遗址调查简报》，《考古》1963年第12期；二里头工作队资料；国家文物局：《中国文物地图集·河南分册》，中国地图出版社，1991年，第122页，32-32A。

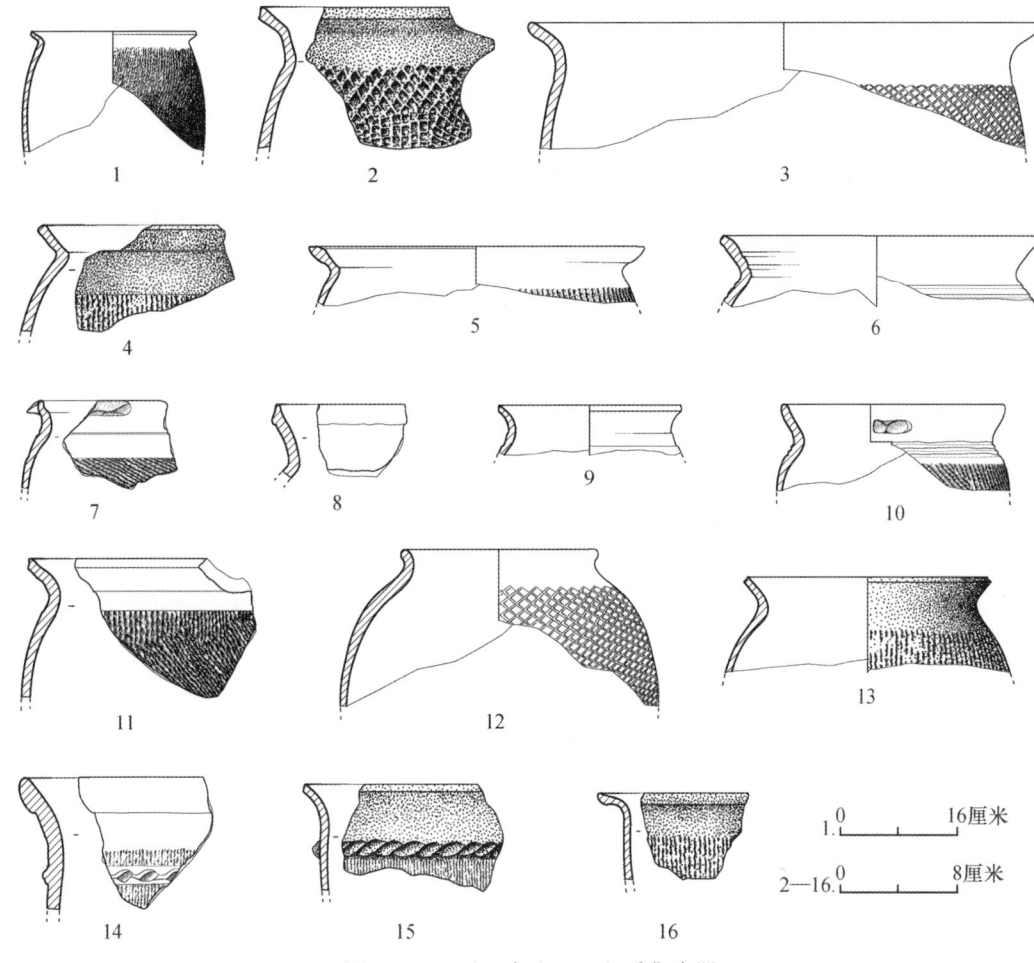

图2.271b 西口孜（Y201）采集陶器

1—5. 深腹罐（H3∶1、Y201∶2、Y201∶1、Y201∶3、H3∶2） 6—13. 圆腹罐（Y201∶8、H1∶1、Y201∶9、Y201∶10、H3∶3、Y201∶6、Y201∶5、Y201∶7） 14、15. 缸（H3∶6、Y201∶13） 16. 鼎（Y201∶4）

H3：可辨认器形有甑、鬲、深腹罐、圆腹罐、捏口罐、缸、盆、豆。时代为二里头四期早段。

H4：可辨认器形有捏口罐、三足皿、瓮、缸。时代为二里头三期。

深腹罐 5件。Y201∶1，夹砂灰陶。卷沿，圆唇，溜肩，直腹。饰方格纹。口径33.4、残高8.2厘米（图2.271b，3）。Y201∶2，夹砂黑皮褐陶。卷沿，方唇，束颈，溜肩。饰方格纹。残宽12.6、残高9.2厘米（图2.271b，2）。Y201∶3，夹砂灰陶。折沿，圆唇，溜肩。上腹部素面，下腹部饰绳纹。残宽10.5、残高6.9厘米（图2.271b，4）。H3∶1，夹砂灰陶。折沿，圆唇，直腹微弧。饰绳纹。口径21.7、残高15.5厘米（图2.271b，1）。H3∶2，夹砂灰陶。直领外侈，方唇，唇面饰两周凹弦纹，束颈，溜肩。饰绳纹。口径21.1、残高3.8厘米（图2.271b，5）。

圆腹罐 8件。Y201∶5，夹砂褐陶。直领微侈，圆唇，溜肩，圆弧腹。饰方格纹。口径12.5、残高10.1厘米（图2.271b，12）。Y201∶6，夹砂灰陶。卷沿，方唇，唇面有一周凹槽，束颈，溜肩，直腹微弧。饰绳纹。残宽11.9、残高9厘米（图2.271b，11）。Y201∶7，夹砂灰陶。卷沿，方唇，束颈，溜肩。饰绳纹。口径16、残高6.2厘米（图2.271b，13）。Y201∶8，夹砂黑皮褐陶。折沿，圆唇，溜肩。饰凹弦纹。口径20.7、残高4.6厘米（图2.271b，6）。Y201∶9，夹砂灰陶。直领外侈，尖唇，沿外有一道凸棱。素面。残宽6、残高4.7厘米（图2.271b，8）。Y201∶10，夹砂灰陶。直领外侈，尖唇，束颈。素面。口径11.9、残高3.2厘米（图2.271b，9）。H1∶1，夹砂灰陶。直领微侈，尖唇，沿面有一道凹槽，束颈，溜肩，圆弧腹。饰绳纹，沿外饰一对三角形小錾。残宽7.6、残高5.7厘米（图2.271b，7）。H3∶3，夹砂灰陶。直领微侈，圆唇，束颈，溜肩，圆弧腹。饰绳纹，沿外饰一对鸡冠錾。口径14.6、残高5.5厘米（图2.271b，10）。

鼎　Y201∶4，夹砂黑陶。盆形，折沿，圆唇，直腹微斜。饰绳纹。残宽7.3、残高5.6厘米（图2.271b，16）。

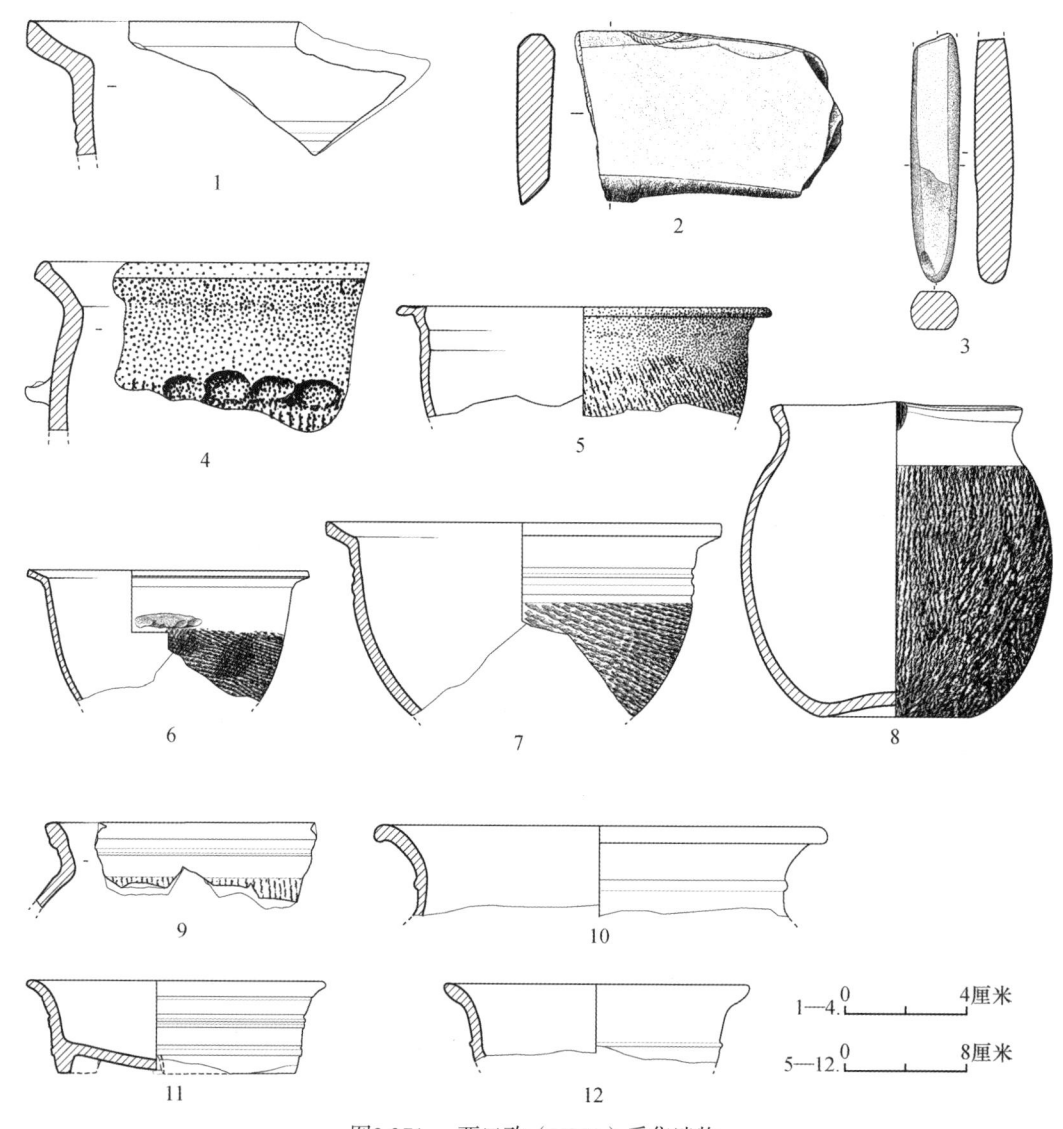

图2.271c　西口孜（Y201）采集遗物

1、4—7.甑（H2∶2、Y201∶11、Y201∶12、H3∶4、H2∶1）　2.石镰（H3∶8）　3.石锛（H2∶3）　8.捏口罐（H3∶5）　9.瓮（H4∶1）　10.大口尊（Y201∶14）　11、12.三足盘（H3∶7、H4∶2）

甑　5件。Y201：11，泥质灰陶。折沿，方唇，直腹微弧。饰绳纹，附有鸡冠鋬。残宽8.6、残高5.4厘米（图2.271c，4）。Y201：12，泥质灰陶。折沿，尖唇，沿面微凹，内壁有两周凸棱，直腹下收。饰绳纹。口径23.7、残高7.1厘米（图2.271c，5）。H2：1，泥质黑皮陶。折沿，方唇，沿面微凹，束颈，溜肩，圆弧腹。饰绳纹，颈部、肩部各饰一周凹弦纹。口径25.8、残高12.3厘米（图2.271c，7）。H2：2，泥质灰陶。折沿上翘，方唇，沿面微凹，直腹。素面。残宽10、残高4.2厘米（图2.271c，1）。H3：4，泥质黑皮陶。折沿上翘，方唇，直腹微弧。上部磨光，下部饰绳纹，并附有鸡冠鋬。口径22.8、残高10.5厘米（图2.271c，6）。

缸　2件。Y201：13，夹砂灰陶。卷沿，方唇，直腹微弧。饰暗绳纹夹附加堆纹。残宽10.7、残高6.9厘米（图2.271b，15）。H3：6，夹砂灰陶。直沿外侈，圆唇，直腹。饰绳纹夹附加堆纹。残宽9、残高8.4厘米（图2.271b，14）。

大口尊　Y201：14，泥质灰陶。直领外卷，圆唇，颈部饰一周凸弦纹。磨光。口径28.4、残高5.8厘米（图2.271c，10）。

捏口罐　H3：5，可复原。泥质黑皮陶。溜肩，圆弧腹，凹圜底。口径15、底径9.6、高20.1厘米（图2.271c，8）。

三足盘　2件。H3：7，可复原。泥质黑皮陶。敞口，卷沿，圆唇，直腹，平底，底部有一周凸棱。足断后磨平。磨光，腹饰两周凹弦纹。口径24.3、残高7.4厘米（图2.271c，11）。H4：2，泥质黑皮陶。敞口，卷沿，圆唇，直腹，腹部有一周凸棱。磨光。口径19.5、残高4.9厘米（图2.271c，12）。

瓮　H4：1，泥质灰陶。直领微侈，方唇，沿外有一道凸棱，折肩。饰绳纹。残宽14.6、残高5.5厘米（图2.271c，9）。

3）二里岗文化和西周时期

少量陶片，无标本。具体时段不详。

（3）基本认识

该遗址面积较大，文化内涵相对复杂，主体为二里头文化遗存。另外还见有龙山文化晚期和二里岗文化的遗存。结合以往的调查资料看，该遗址还存在西周时期遗存。调查中发现了与灰嘴、夏后寺等遗址相近的石铲毛坯，此处又靠近万安山，应该也是一处重要的石器制造场。

遗址已被砖厂破坏殆尽，初查时不少断坎还能见到残余的灰坑，现已难以寻觅。可能遗址南部靠近村西北角还残余小块台地未完全破坏，但此处近年又种植葡萄，会对遗址造成进一步破坏。

256. 老周寨（Y200）

（1）概况

位于洛阳偃师市府店镇周寨村东南及周寨老寨所在马涧河西岸孤岛形台地上（图2.272a；图版一七一，1）。面积约6万平方米。地理坐标北纬34°34′10.19″，东经112°49′09.94″，海拔约234米。遗址坐落在台地上，东、南、北三面临河，西面有寨壕与河岸相隔，地势突兀，较为险峻，地表现为废弃村庄、葡萄园。

初查时间2002年6月13日，复查时间2007年11月6日、2017年7月14日。

图2.272a　老周寨（右下为北）

（2）主要发现

由于村东南地貌基本保持原始状态，后期破坏较轻，未发现遗迹现象。在老寨南部断崖剖面上暴露有灰坑（图版一七一，2；图版一七二）。2007年复查时，在老寨南面断崖剖面的一个灰坑H1里，采集了浮选土样及残留物分析标本。

遗址东南地表散见陶片，陶片密度不大。采集石器16件，鹿角1件，陶片50片，其中陶口沿15片、腹片35片。分属于仰韶文化和西周时期。

石斧　Y200：19，白云岩。残。磨制。扁平长方体，圆弧顶，上下面较平整，刃部残断。残长12、宽6.5、厚4厘米。

石锤　6件。Y200：20，石英砂岩。琢磨兼制。扁平椭圆形，圆弧顶，一面平整，一面微鼓。长12.7、宽9.2、厚5.8厘米。Y200：21，石灰岩。残块。琢磨兼制。圆弧状顶，圆鼓状面，其余面残断。残长7.9、残宽6.1、残厚4.4厘米。Y200：22，石英岩。残块。利用自然石块，将其比较尖圆的一端作锤头，锤头使用痕迹明显。长13.5、宽12.9、厚7.5厘米。Y200：23，石英岩。残断。利用自然石块，将其比较尖小的一端做锤头，锤头使用痕迹明显。长8、宽7、厚3.1厘米。Y200：24，石英砂岩。琢磨兼制。残块。厚重方形，一侧面一平面经琢磨，较为平整，其余面为断面。残长10、残宽7.9、厚7.4厘米。Y200：28，硅质灰岩。残断。一面遍布琢窝，较平，一侧边打制出棱。长9.6、宽6.9、厚5.9厘米。

石铲坯　3件。Y200：25，白云岩。残断，顶端。磨制。长方梯形，圆角方顶，上下面较平整。刃部残断。残长12.5、宽9.1、厚3.3厘米（图版二六五，6）。Y200：26，鲕状白云岩，残断，顶端。琢磨兼制，已经塑形去薄，部分侧棱经过打制，呈双面刃状，底面琢磨较为平整，上面微鼓，琢磨过程中残断。残长13.5、残宽10、厚3.9厘米。Y200：27，石灰岩。残断，底端。琢磨兼制。已经塑形，琢孔过程中断裂。残长9.1、宽10.1、厚3.4厘米。

砍砸器　4件。Y200：29，石英岩。利用一打制石片，把较厚的一侧作柄部，较薄一侧作刃部，柄部稍加琢磨。刃部使用痕迹明显。长9.1、宽13.7、厚2.8厘米。Y200：30，辉绿岩。利用一打制石片，把与打击点对应的较薄一侧作刃部，未做二次加工，刃部使用痕迹明显。长9、宽13.7、厚2.8厘米。Y200：31，石英岩。利用打制石片，把与打击点对应的较薄一侧作刃部，未做二次加工，刃部使用痕迹明显。长6.7、宽8.7、厚3.9厘米。Y200：32，石英岩。利用打制石片，把与打击点对应的较薄一侧作刃部，未做二次加工，刃部使用痕迹明显。长6.3、宽7.7、厚3.2厘米。

砺石　Y200：33，石英砂岩。残块，一面经磨砺，较为平整，其余面均为自然断面。残长8.2、残宽10.7、厚6.8厘米。

刮削器　Y200：34，石英砂岩。利用一打制石片，把与打击点对应的较薄一侧作刃部，未做二次加工，刃部使用痕迹明显。长4.8、宽6.7、厚1.8厘米。

1）仰韶文化

陶片数量较多，可辨认器形有釜形鼎、夹砂罐、盆、缸、小口尖底瓶、钵，属于仰韶文化中、晚期。标本16件。

罐　3件。Y200：1，口沿。夹砂褐陶。侈口，圆唇，溜肩，素面。残宽6.8、残高4.6、厚0.4厘米（图2.272b，3）。Y200：2，口沿。夹砂褐陶。侈口，圆唇，溜肩。素面。残宽6.1、残高5.5、厚0.6厘米（图2.272b，2）。Y200：16，腹片。夹砂褐陶。素面。附长条形鸡冠錾。残宽12、残高6.6厘米（图2.272b，1）。

釜形鼎　5件。Y200：3，口沿。夹砂褐陶。卷沿，方唇，唇面微凹，广肩。素面。口径

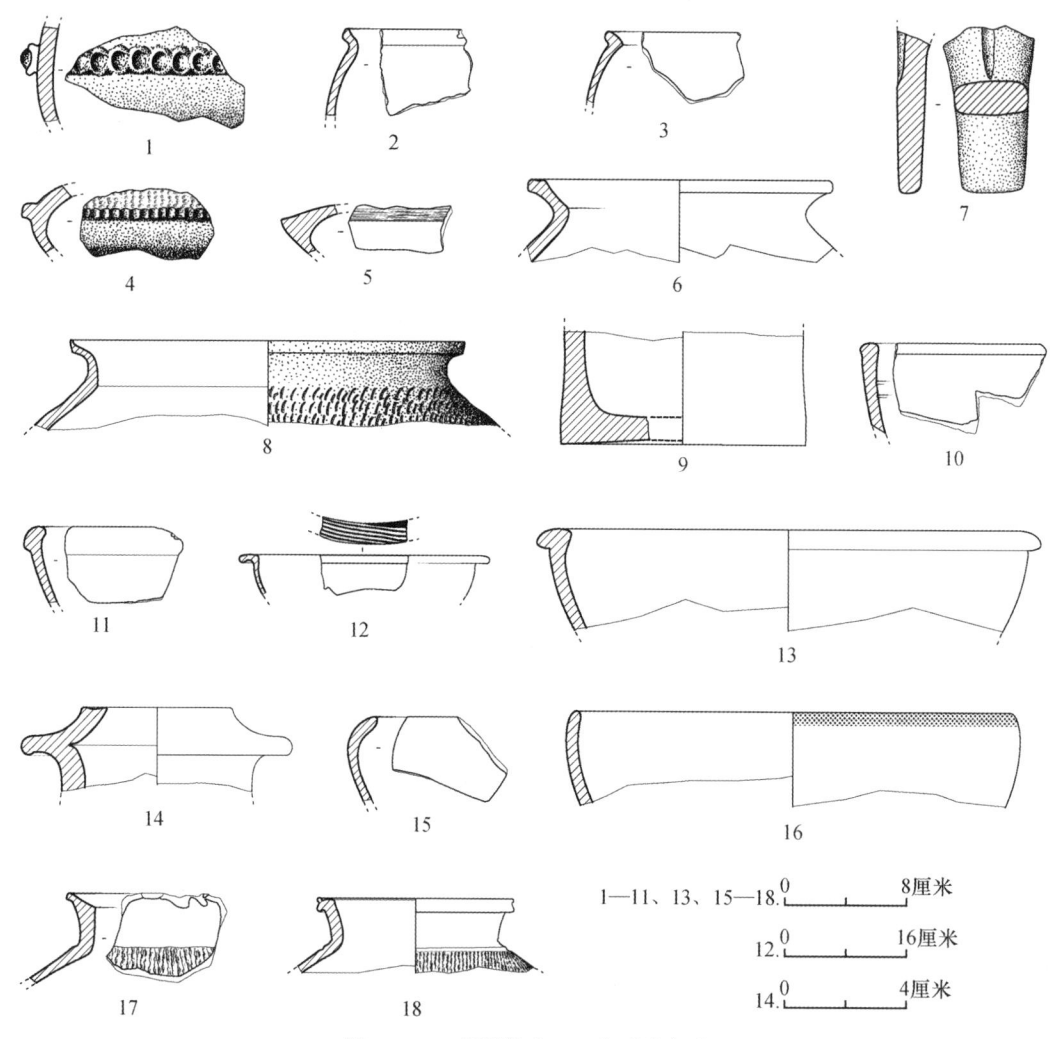

图2.272b 老周寨（Y200）采集标本

1—3、17、18.罐（Y200：16、Y200：2、Y200：1、Y200：18、Y200：17） 4—8.釜形鼎（Y200：5、Y200：6、Y200：3、Y200：7、Y200：4） 9.缸（Y200：8） 10—13.盆（Y200：9、Y200：12、Y200：11、Y200：10） 14.尖底瓶（Y200：15） 15、16.钵（Y200：14、Y200：13）

19.4、残高10.6厘米（图2.272b，6）。Y200：4，口沿。夹砂褐陶。卷沿，方唇，沿面微凹，束颈，广肩。饰戳刺纹。口径26、残高5.8厘米（图2.272b，8）。Y200：5，腹部。夹砂褐陶。广肩，折腹。肩部饰戳刺纹，折腹部饰一周附加堆纹。残宽8.4、残高4.6厘米（图2.272b，4）。Y200：6，腹部。夹砂褐陶。广肩，折腹。肩饰凹弦纹，腹部素面。残宽6.9、残高3.1厘米（图2.272b，5）。Y200：7，足部。夹砂褐陶。扁平梯形。素面，上部有纵向沟槽。残高10.8厘米（图2.272b，7）。

缸 Y200：8，底部。夹砂红陶。直腹下张，平底。素面。底径16、残高7.2厘米（图2.272b，9）。

盆 4件。Y200：9，口沿。夹砂红陶。敞口，圆唇，弧腹。素面。残宽10.1、残高5.7、厚0.7厘米（图2.272b，10）。Y200：10，口沿。泥质红陶。折沿，圆唇，沿面微鼓，沿内凸出棱，圆弧腹。磨光。口径30.32、残高6.5厘米（图2.272b，13）。Y200∶11，口沿。泥质红陶。折沿，圆唇，沿面微鼓，圆弧腹。素面，沿面施黑彩平行线纹。口径30.8、残高5.2厘米（图2.272b，12）。Y200∶12，口沿。泥质红陶。直口微敛，圆唇，沿外包边加厚，沿内凸呈敛口。弧腹。素面。残宽7.8、残高4.9、厚0.5厘米（图2.272b，11）。

钵　2件。Y200∶13，口沿。泥质红陶。敛口，圆唇，圆弧腹。磨光，沿外饰一周红彩带纹。口径28.3、残高6厘米（图2.272b，16）。Y200∶14，口沿。泥质红陶。敛口，内卷沿，圆唇，弧腹。素面。残宽7.6、高5.5、厚0.6厘米（图2.272b，15）。

尖底瓶　Y200∶15，口沿。泥质红陶。内折沿，方唇，沿面有一道凹槽，呈子母口状，束颈。素面。口径4.9、残高2.7厘米（图2.272b，14）。

2）西周时期

可辨认器形有小口鼓腹罐。具体时段不详。标本2件。

罐　2件。Y200∶17，口沿。泥质灰陶。折沿，小方唇，沿面有一道凹槽，直颈，折肩。饰绳纹。口径12.7、残高4.8厘米（图2.272b，18）。Y200∶18，口沿。泥质褐陶。直领外侈，方唇，沿面出台，广肩。饰绳纹。残宽8、残高5.5、厚0.4厘米（图2.272b，17）。

（3）基本认识

该遗址以仰韶中、晚期遗存为主，尤其以仰韶中期遗存最为丰富，见有少量西周遗存。东北部为废弃老寨，对遗址破坏较大，地表遗物也较多。西南部现种植葡萄，对遗址造成较大的破坏。

257. 老屯寨（Y199）

（1）概况

位于洛阳偃师市府店镇新寨行政村屯寨西北，屯寨老寨内至屯寨西南，马涧河东岸近孤岛形台地上（图2.273a；图版一七三，1）。北部为屯寨老寨，东、西、北三面临河，南面有寨壕与河岸相隔。面积约6万平方米。地理坐标北纬34°34′16.35″，东经112°49′23.73″，海拔约234米。地势突兀，较为险峻，地表现为农田、林地、养猪场。

初查时间2002年6月13日，复查时间2007年11月6日、2017年7月14日。

图2.273a　老屯寨（左上为北）

（2）主要发现

遗址被旧村庄所压，在村庄废弃之后取土留下的坑壁剖面上暴露出多个灰坑。涵盖仰韶、龙山、周代。

在其中的龙山晚期灰坑H1中采集到浮选土样及陶片标本。2007年复查时，发现2座仰韶灰坑（H2、H3）。H2，位于老寨西南角，采集了浮选土样及残留物分析标本。H3，位于寨子东北部取土坑剖面，采集了浮选土样及残留物分析标本。

地表散见仰韶、龙山及周代陶片，陶片密度不大，取土坑周围陶片较多。采集石器4件，陶片152片，其中口沿35片、底片3片、腹片114片。周代陶片以战国时期为主，无标本。

砺石　Y199：18，砂岩。残断。扁薄近石刀状，边缘略经磨制，砂粒稍粗，当为手持使用。残长9.4、宽6.3、厚1厘米（图2.273b，2）。

石铲　2件。Y199：19，白云岩。残。磨制。扁平长方形，顶部略残，打制双肩，断面呈椭圆形，双面弧刃。残长19.7、宽8.9、厚1.9厘米（图2.273b，8）。Y199：20，石灰岩。残余刃部。磨制。双面弧刃，刃部使用痕迹明显。残长2.2、宽5.7、厚0.8厘米（图2.273b，4）。

石锤　Y199：15，灰岩。破损。残长5.7、宽4.4、厚2.4厘米（图2.273b，1）。

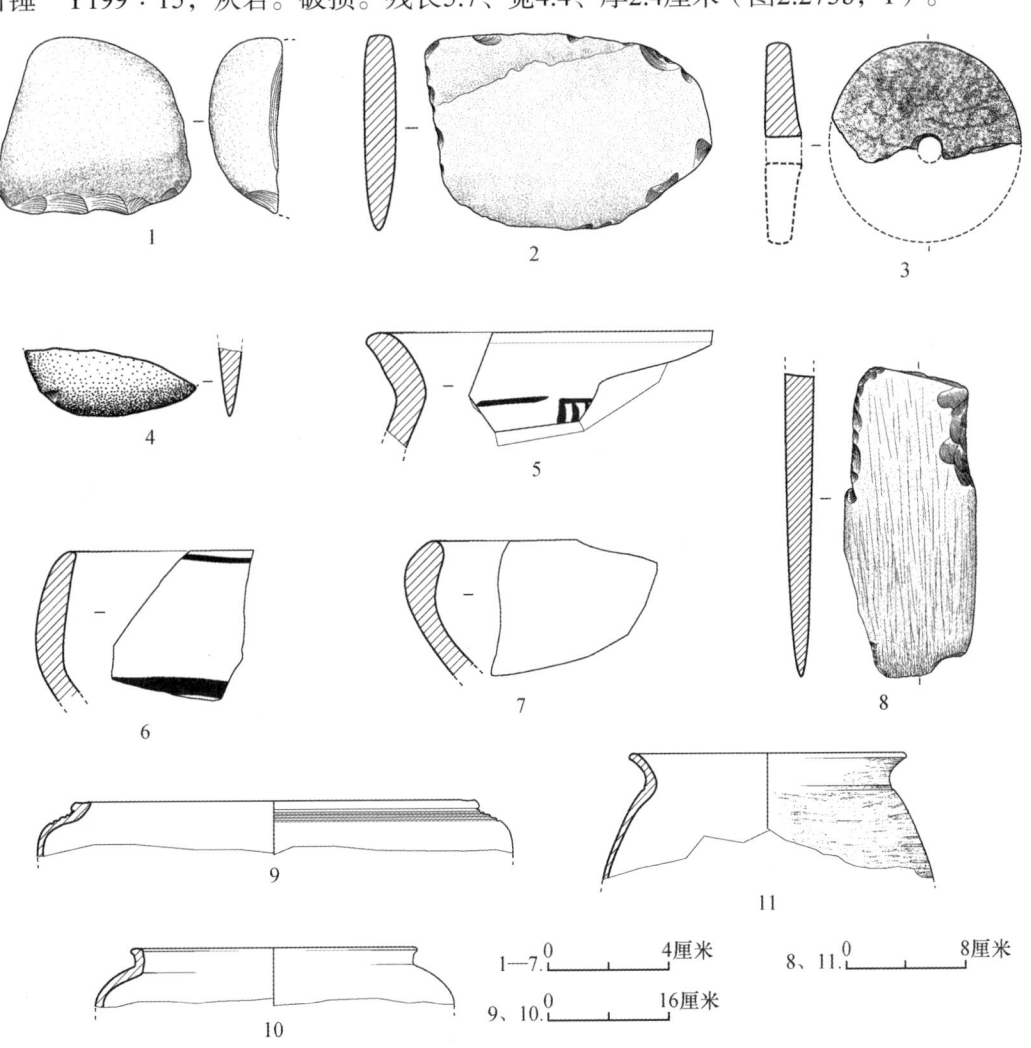

图2.273b　老屯寨（Y199）采集遗物

1.石锤（Y199：15）　2.砺石（Y199：18）　3.陶纺轮（Y199：17）　4、8.石铲（Y199：20、Y199：19）　5.泥质彩陶罐（Y199：4）　6、7.钵（Y199：5、Y199：6）　9、10.瓮（Y199：2、Y199：3）　11.夹砂罐（Y199：1）

1）仰韶文化

可辨认器形有鼎、泥质彩陶罐、夹砂罐、小口高领罐、瓮、盆、豆、钵、纺轮等。属于仰韶文化中、晚期。标本7件。

夹砂罐　Y199：1，口沿。夹砂褐陶。卷沿，圆唇，束颈，溜肩，圆弧腹。素面。口径17.7、残高8厘米（图2.273b，11）。

瓮　2件。Y199：2，口沿。夹砂褐陶。敛口，尖唇，矮领，广肩。饰凹弦纹。口径48.6、残高6.8厘米（图2.273b，9）。Y199：3，口沿。夹砂褐陶。直领微侈，圆唇，广肩。磨光。口径36、残高7.4厘米（图2.273b，10）。

泥质彩陶罐　Y199：4，口沿。泥质灰陶。卷沿，圆唇，溜肩。施白衣棕彩横向平行线纹夹纵向平行线纹。残宽8、残高3.6厘米（图2.273b，5）。

钵　2件。Y199：5，口沿。泥质红陶。内卷沿，圆唇。磨光，施红衣黑彩横向平行线纹。残宽4.6、残高4.8厘米（图2.273b，6）。Y199：6，口沿。泥质红陶。直沿，圆唇，斜弧腹。磨光。残宽5.5、残高4.3厘米（图2.273b，7）。

纺轮　Y199：17，残块。泥质褐陶。扁平圆形，下面平整，上面微鼓，中部有一圆孔。直径6.6、厚1.2、孔径0.9厘米（图2.273b，3）。

2）龙山文化

可辨认器形有粗砂罐、大口罐、折腹盆、圈足盘、豆等。属于龙山文化早、晚期。标本9件。

罐　Y199：7，口沿。夹砂褐陶。折沿，尖唇，沿面微凹，溜肩。素面。口径17.9、残高5厘米（图2.273c，1）。

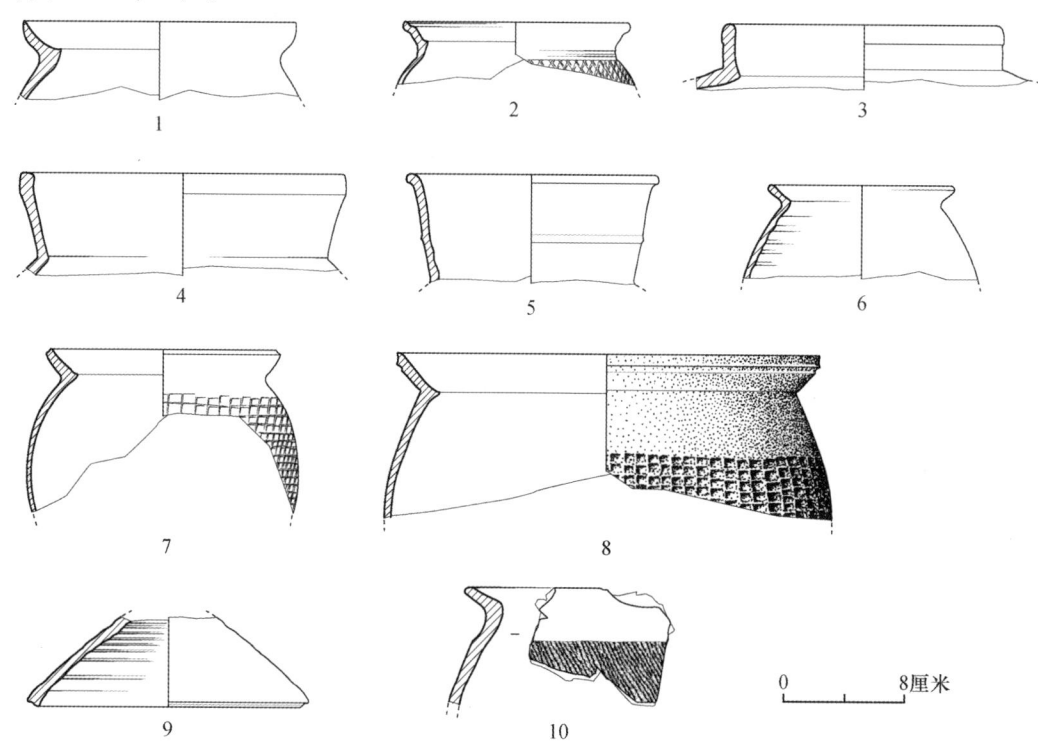

图2.273c　老屯寨（Y199）采集陶器

1.罐（Y199：7）　2、6、7.中口罐（Y199：8、Y199：10、Y199：9）　3、4.瓮（Y199：12、Y199：13）　5.壶（Y199：14）　8.中口罐（H1：1）　9.器盖（Y199：11）　10.鬲（Y199：16）

中口罐　3件。Y199：8，口沿。夹砂灰陶。折沿，圆唇，沿面有两道凹槽，束颈，溜肩。饰方格纹。口沿14.8、残高4厘米（图2.273c，2）。Y199：9，口沿。夹砂灰陶。折沿，圆唇，束颈，溜肩，圆弧腹。饰方格纹。口径14.8、残高10.4厘米（图2.273c，7）。Y199：10，口沿。夹砂灰陶。折沿，圆唇，圆弧肩。素面。口径12、残高6厘米（图2.273c，6）。

大口罐　H1：1，口沿。夹砂灰陶。折沿，方唇，唇面有一道凹槽，沿面内凸呈棱，束颈，溜肩。饰方格纹。口径27.7、残高11厘米（图2.273c，8）。

器盖　Y199：11，口沿。泥质灰陶。下口沿敞口，方唇，唇面饰一道凹弦纹，斜腹，残顶。素面，内壁饰瓦棱。口径17.3、残高5.7厘米（图2.273c，9）。

瓮　2件。Y199：12，口沿。泥质灰陶。直领，圆唇，沿面微凹，折肩较平。磨光。口径17.4、残高4厘米（图2.273c，3）。Y199：13，口沿。泥质灰陶。直领微侈，圆唇，折肩。磨光。口径20.8、残高6.5厘米（图2.273c，4）。

壶　Y199：14，口沿。泥质黑陶。直领外卷，圆唇，长颈，颈部饰一周凸弦纹，折肩。磨光。口径16、残高7厘米（图2.273c，5）。

3）殷墟文化

可辨器形有鬲。标本1件。

鬲　Y199：16，口沿。夹砂褐陶。折沿，尖唇，束颈，溜肩。饰绳纹。残宽9.6、残高7.5、厚0.7厘米（图2.273c，10）。

4）两周时期

未采集标本，具体时段不详。

（3）基本认识

该遗址规模不小，遗址堆积丰富，文化内涵较为复杂。南部以龙山时期的遗存为主，北部多仰韶中、晚期遗存。另外还见有两周时期的遗存。遗址部分被养猪场占压，现地表多为林地，原为老寨，挖有寨壕及取土坑，加上流水侵蚀搬运，对遗址破坏较大。

258. 屯寨西北①（Y198）

（1）概况

位于洛阳偃师市府店镇新寨行政村屯寨西北，新寨南。周代遗存范围延伸至新寨村北马涧河东岸台地上（图2.274a；图版一七三，2）。龙山、二里岗文化遗存约2万平方米，周代遗存范围较大，约20万平方米。地理坐标北纬34°34′21.42″，东经112°49′29.88″，海拔约228米。台地地势平坦，有沟坎断崖，地貌基本保持原始状态，后期破坏力度很小，地表现为村庄民居及农田。

初查时间2002年6月12日，复查时间2007年11月6日、2017年7月14日。

图2.274a　屯寨西北（左为北）

（2）主要发现

遗址南部冲沟剖面上暴露有二里岗文化的堆积层及灰坑（图版一七四，2）。

---

① 国家文物局：《中国文物地图集·河南分册》，中国地图出版社，1991年，第122页35-A35。

2007年复查时，在南部沟汊北壁剖面一个废弃窑洞顶部发现灰坑1座，编号H1，采集到浮选土样及残留物分析标本。在沟汊北壁东部剖面的灰坑里，也采集了浮选土样及残留物分析标本，灰坑编号H2。均为二里岗文化时期。地表陶片密度较大（图版一七四，1）。

采集石器1件，陶片68片，其中口沿18片、腹片50片。疑似属于仰韶文化的仅有3片碎陶片，无标本。属于龙山晚期的均为残片，无标本。

1）二里岗文化

可辨认器形有鬲、捏口罐、大口尊，属于二里岗文化晚期。标本3件。

鬲　Y198：1，口沿。夹砂灰陶。折沿，方唇，唇面下凸呈棱，沿面有一道凹槽。口径19.6、残高3.4厘米（图2.274b，2）。

捏口罐　2件。Y198：2，口沿。泥质灰陶。折沿，圆唇，沿面微凹，束颈，溜肩。素面。口径17.5、残高3.6厘米（图2.274b，8）。Y198：3，口沿。泥质灰陶。折沿，圆唇，沿面有一道凹弦纹，束颈，溜肩。饰绳纹。残宽4.3、残高5.6厘米（图2.274b，7）。

2）殷墟晚期

见有鬲等，属于殷墟晚期。标本2件。

鬲　2件。Y198：4，口沿。夹砂红陶。折沿，方唇，沿面有一道凹槽。素面。残宽6、残高3厘米（图2.274b，1）。Y198：5，口沿。夹砂灰陶。折沿，方唇，束颈，溜肩。饰绳纹。残宽6.6、高6.3厘米（图2.274b，3）。

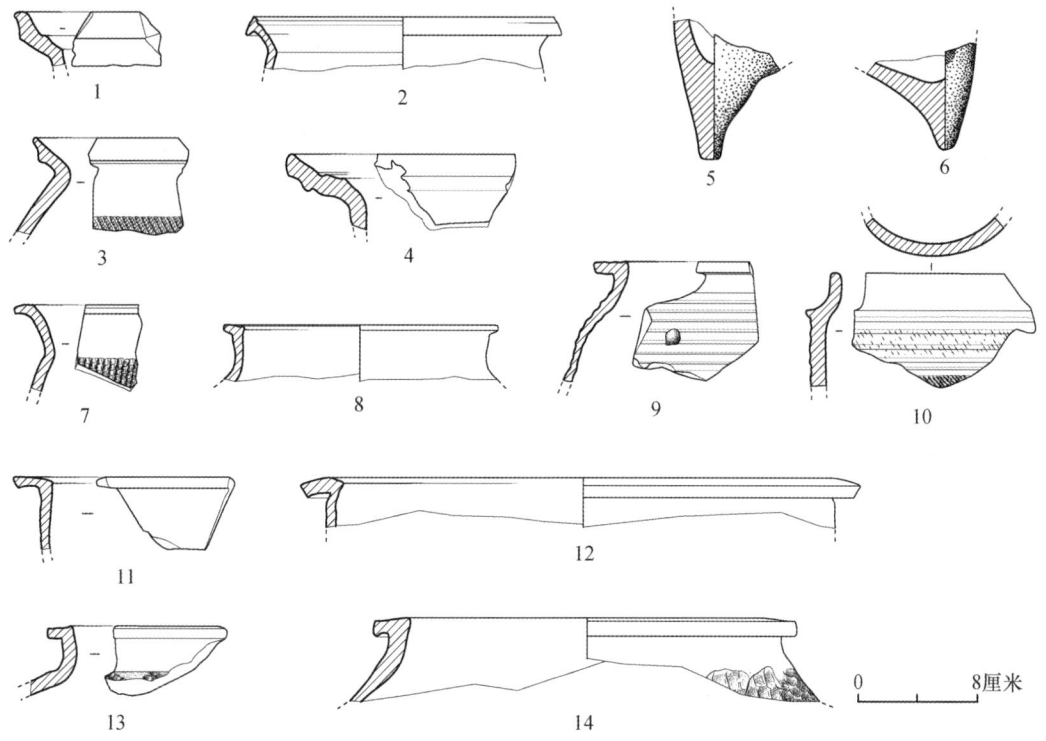

图2.274b　屯寨西北（Y198）采集遗物

1—6. 鬲（Y198：4、Y198：1、Y198：5、Y198：8、Y198：6、Y198：7）　7、8. 捏口罐（Y198：3、Y198：2）
9、13、14. 罐（Y198：10、Y198：11、Y198：9）　10. 筒瓦（Y198：14）　11、12. 盆（Y198：13、Y198：12）

3）西周时期

可辨认器形有削足鬲，属于西周晚期。标本3件。

鬲　3件。Y198：6，袋足。夹砂灰陶。圆锥形平实足。残高8.9厘米（图2.274b，5）。Y198：7，袋足。夹砂灰陶。圆锥形实足。残高7.3厘米（图2.274b，6）。Y198：8，口沿。夹砂褐陶。折沿方唇，沿面饰一道凹槽。沿外包边加厚成棱。素面。残宽9.24、残高4.9厘米（图2.274b，4）。

4）东周时期

见有罐、盆、筒瓦等器形。包括春秋和战国时期。标本6件。

罐　3件。Y198：9，口沿。夹砂灰陶。折沿，方唇，束颈，溜肩。饰绳纹。口径23.4、残高5.4厘米（图2.274b，14）。Y198：10，口沿。泥质褐陶。平折沿，圆唇，束颈，溜肩。腹饰凹弦纹。残高7.6、残宽8.4厘米（图2.274b，9）。Y198：11，口沿。泥质灰陶。折沿下耷，方唇，束颈，广肩。饰绳纹。残宽8、残高4.4、厚0.8厘米（图2.274b，13）。

盆　2件。Y198：12，口沿。泥质灰陶。折沿，方唇，微束颈，直腹。素面。口径33、残高3.4厘米（图2.274b，12）。Y198：13，口沿。泥质灰陶。折沿，方唇，直腹。素面。残宽9.1、残高4.6、厚0.5厘米（图2.274b，11）。

筒瓦　Y198：14，残断。泥质灰陶。子母接口，接口处起一道凸棱。饰绳纹。残宽12、残长7.3厘米（图2.274b，10）。

（3）基本认识

该遗址文化内涵较为复杂，东周时期的遗存规模最大，其次为二里岗、殷墟和西周晚期遗存与龙山晚期遗存。仰韶文化遗存仅见3片碎片，无标本，无法确切断代。周代遗存大部被村庄民居占压和破坏。其余遗存主要受流水侵蚀形成的冲沟、断坎破坏。遗址西部水库原河面较宽，河湾较大，不似自然形成，应为修建水库破坏。

259. 布村东南（Y204）

（1）概况

位于洛阳偃师市府店镇布村东南，府金路以南，马涧河水库大坝南侧西岸临河台地（图2.275a）。面积约4万平方米。地理坐标北纬34°34′32.94″，东经112°49′11.28″，海拔约226米。地表现为林地，布村砖厂已将遗址破坏殆尽。

初查时间2002年6月14日，复查时间2007年11月6日、2017年7月14日。

图2.275a 布村东南（右上为北）

（2）主要发现

在断崖剖面上残留有仰韶、东周灰坑及文化层。2007年复查时，在遗址西南部一个断崖剖面发现灰坑H1、H2，均采集了浮选土样及残留物分析标本。地表散见陶片，密度不大。采集石器1件，陶片35片，其中口沿12片、底片3、腹片20片。分属于仰韶和东周时期。

石锤 Y204：10，白云岩。完整。琢磨兼制。厚重梯形。圆弧顶，方形侧棱，锤面平整微鼓。长10.7、宽10.5、厚8.2厘米（图版二六六，1）。

1）仰韶文化

可辨认器形有泥质彩陶罐、夹砂弦纹罐、刻槽盆、盆、尖底瓶、圈足盘、钵、豆，属于仰韶文化晚期。标本7件。

夹砂罐　Y204：1，口沿。夹砂褐陶。折沿上翘，方唇，沿面有一道凹弦纹，溜肩。素面。口径21.1、残高5.1厘米（图2.275b，8）。

泥质罐　2件。Y204：3，口沿。泥质灰陶。折沿，圆唇，溜肩。施红衣黑彩横向平行线纹夹纵向短平行线纹。口径31.32、残高5.4厘米（图2.275b，2）。Y204：4，口沿。泥质红陶。折沿上翘，圆唇，溜肩直腹。沿面施黑彩带纹，腹施红衣黑彩网格纹。残宽4.6、残高3.8厘米（图2.275b，1）。

豆　Y204：5，口沿。泥质黑皮褐陶。内卷沿敛口，圆唇，折腹，折腹处饰一周凹弦纹。磨光。口径30、残高4厘米（图2.275b，6）。

钵　2件。Y204：6，口沿。泥质红陶。内卷沿敛口，尖唇，圆鼓腹。磨光，沿外施红彩彩带纹。口径30.5、残高6厘米（图2.275b，4）。Y204：7，口沿。泥质红陶。直口尖唇，圆弧腹。素面。口径27.7、残高6.2厘米（图2.275b，5）。

刻槽盆　Y204：2，底部。夹砂褐陶。直腹下收成平底，内有网格状刻槽。素面。残宽10.8、残高3厘米。

2）东周时期

见有盆等器形。属于战国时期。标本2件。

盆　2件。Y204：8，口沿。泥质灰陶。折沿，方唇，直腹。饰弦断绳纹。口径34、残高9.8厘米（图2.275b，7）。Y204：9，口沿。泥质褐陶。卷沿，圆唇，沿面微鼓，斜腹。磨光。口径38.7、残高5.8厘米（图2.275b，3）。

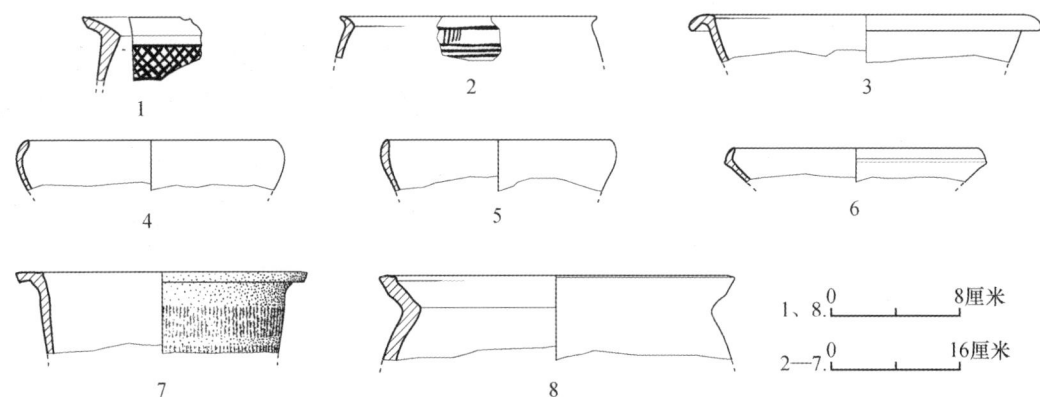

图2.275b　布村东南（Y204）采集标本

1、2.泥质罐（Y204：4、Y204：3）　3、7.盆（Y204：9、Y204：8）　4、5.钵（Y204：6、Y204：7）　6.豆（Y204：5）　8.夹砂罐（Y204：1）

（3）基本认识

该遗址规模不大，内涵相对简单，以仰韶文化晚期遗存为主，少量战国时期。遗址已被砖厂破坏殆尽。

260. 布村东（Y206）

（1）概况

位于洛阳偃师市缑氏镇布村东，布村北面东西向小路路南，马涧河西岸临河二级台地上（图2.276）。面积约1万平方米。地理坐标北纬34°34′44.60″，东经112°49′15.24″，海拔约216米。台地地貌基本保持原始状态，后期破坏较轻，地表现为养牛场，西北边缘地带为林地。

初查时间2002年6月15日，复查时间2017年7月14日。

图2.276 布村东（上为北）

（2）主要发现

断崖剖面上未发现暴露出来的遗迹。地表可见仰韶和龙山晚期陶片，密度不大。采集陶片15片，皆为腹片。无典型标本。

（3）基本认识

该遗址规模较小，以龙山晚期遗存为主，见有少量疑似仰韶文化陶片。大部保存尚好，未遭破坏，现被养牛场圈占。

261. 新寨北嘴（Y197）

（1）概况

亦称北咀遗址。位于洛阳偃师市府店镇新寨村北，官庄村西，马涧河东岸，府金路（府李公路）北侧，马涧河与新寨东沟交汇处的台地上（图2.277a）。二里头文化面积约10万平方米，仰韶、龙山、周代陶片及灰坑主要见于北部，面积约5万平方米。地理坐标北纬34°34′43.45″，东经112°49′31.58″，海拔约220米。台地地势南高北低，呈梯田分布。东西两面河道下切严重，沟深壁陡。地表现为农田、葡萄园、林地。

1984年，洛阳市文物普查队调查该遗址时称北咀遗址。推测遗址面积约0.25万平方米。发现了灰坑等遗迹，采集到罐、钵、盆、瓮等陶器和少量石器。认为该遗址含有王湾二期、王湾三期（煤山期）和"商代"遗存[①]。

初查时间2002年6月12日，复查时间2017年7月14日。

图2.277a　新寨北嘴（左为北）

---

① 方孝廉：《洛阳市一九八四年古文化遗址调查简报》，《中原文物》1987年第3期；国家文物局：《中国文物地图集·河南分册》，中国地图出版社，1991年，第121页7-A7。

（2）主要发现

台地剖面上暴露出灰坑及文化层。地表散见仰韶、龙山、二里头及东周陶片，陶片密度较大。采集石器5件，陶片168片，其中口沿30片、腹片138片。东周时代仅碎片，无标本。

石斧 2件。Y197：8，白云岩。基本完整。打琢兼制。扁平长方体，方顶，单面直刃，刃部使用痕迹明显。长12.6、宽8.6、厚3.7厘米。Y197：9，砂岩。残断。琢磨兼制。长方形厚体，形制规整，圆弧状顶部，刃部残断。残长11、残宽9.7、厚5.8厘米。

石刀 2件。Y197：10，石灰岩。残断。磨制。扁平长方体，单面直刃，直背，侧棱打制有豁口。残长4.7、宽3.6、厚1厘米。Y197：11，白云岩。残断。琢磨兼制。扁平长方形，单面直刃，直背，圆弧状侧棱，一侧残。残长7.5、宽7.3、厚1.1厘米。

石毛坯 Y197：12，鲕状白云岩。残断，顶端。打制，已经塑形，未去薄。圆弧状顶，侧棱未经打制，上下面不平整。残长6.5、宽6.5、厚1厘米。

1）仰韶文化

数量较多，可辨认器形有鼎、泥质罐、夹砂罐、敛口瓮、尖底瓶、盆、花边缸、钵、碗、盖等，属于仰韶文化晚期。标本5件。

泥质罐 Y197：1，口沿。泥质红陶。直领，圆唇，圆弧肩。磨光。口径23.9、残高3.6厘米（图2.277b，7）。

泥质彩陶罐 Y197：2，口沿。泥质红陶。卷沿，尖唇，溜肩。白衣黑彩，有两道细小平行线纹夹一组三道纵向平行线纹。口沿17.9、残高3.5厘米（图2.277b，4）。

钵 Y197：3，口沿。泥质红陶。内卷沿，敛口，圆唇。白衣黑彩，有两道纵向平行线纹。残宽5.3、残高4.7厘米（图2.277b，1）。

尖底瓶 2件。Y197：4，口沿。泥质灰陶。直领小折沿，圆唇，沿面内凸成棱。饰线纹。口径5.7、残高2.7厘米（图2.277b，2）。Y197：5，口沿。泥质灰陶。直领小折沿，圆唇，沿面内侧微凸成棱。饰线纹。口径6.2、残高3.1厘米（图2.277b，3）。

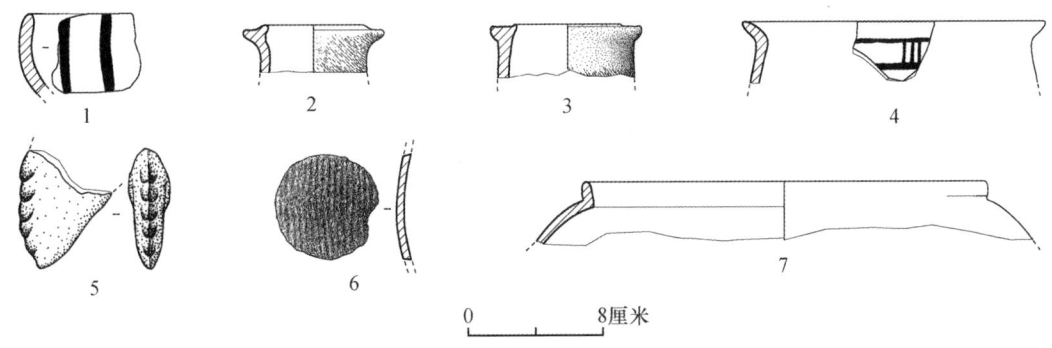

图2.277b 新寨北嘴（Y197）采集标本

1.钵（Y197：3） 2、3.尖底瓶（Y197：4、Y197：5） 4.泥质彩陶罐（Y197：2） 5.鼎（Y197：6） 6.圆陶片（Y197：7） 7.泥质罐（Y197：1）

2）龙山文化

遗物数量不多，可辨认器形有大口罐、壶等。属于龙山晚期。无典型标本。

3）二里头文化

遗存数量较为丰富，可辨认器形有鼎、鬶、圆腹罐、深腹罐、刻槽盆、壶、缸、豆等。属于二里头文化第二至四期。标本2件。

鼎　Y197：6，足。夹砂灰陶。扁平三角形足。素面，侧棱饰按窝纹。残高6.9厘米（图2.277b，5）。

圆陶片　Y197：7，夹砂褐陶，腹片，磨制。长径6.2、短径6.1、厚0.5厘米（图2.277b，6）。

4）东周时期

遗物多碎片，无典型标本，具体时段不详。

（3）基本认识

该遗址面积较大，堆积较丰富，剖面上暴露灰坑较多，文化内涵相对复杂，以二里头文化遗存为主，陶片分布范围也最大，涵盖整个遗址。南部采集的陶片以仰韶晚期（含过渡期）为主，见有少量龙山晚期。东周时期遗存主要分布在遗址北部。现大多覆盖林地、葡萄园，不便复查。遗址现主要受流水侵蚀及种植葡萄破坏。

262. 马河北（Y207）

（1）概况

位于洛阳偃师市缑氏镇马河村东北，东西向小路北折处以北，马涧河东岸临河台地上（图2.278a）。面积约1万平方米。地理坐标北纬34°35′35.51″，东经112°49′43.42″，海拔约199米。地势平坦，起伏很小，地表现为农田。

初查时间2002年6月15日，复查时间2017年7月14日。

图2.278a　马河北（上为北）

（2）主要发现

台地地貌基本保持原始状态，未发现相关遗迹。地表散见仰韶、龙山和东周陶片，密度不大。采集陶片26片，其中口沿4片、底片2片、腹片20片。可辨认器形有鼎、夹砂弦纹罐、盆、花边缸、圈足盘、器盖，多属于仰韶文化晚期，标本4件。还有部分属于龙山文化晚期，个别遗物或可到龙山早期。少量为东周陶片，多为碎片，无典型标本。

罐　Y207：1，口沿。夹砂褐陶。折沿，方唇，溜肩。饰凹弦纹。口径22、残高5厘米（图2.278b，3）。

盆　Y207：2，口沿。夹砂褐陶。折沿，圆唇，唇面饰锯齿状花边，斜直腹。磨光。残宽8.7、残高6.4厘米（图2.278b，2）。

圈足盘　Y207：3，口沿。泥质灰陶。折沿，尖唇，折腹较浅。磨光。口径23.4、残高4.9厘米（图2.278b，5）。

圈足　Y207：4，泥质灰陶。覆碗式，斜腹，方唇，平顶。素面。口径10、残高3.5厘米（图2.278b，4）。

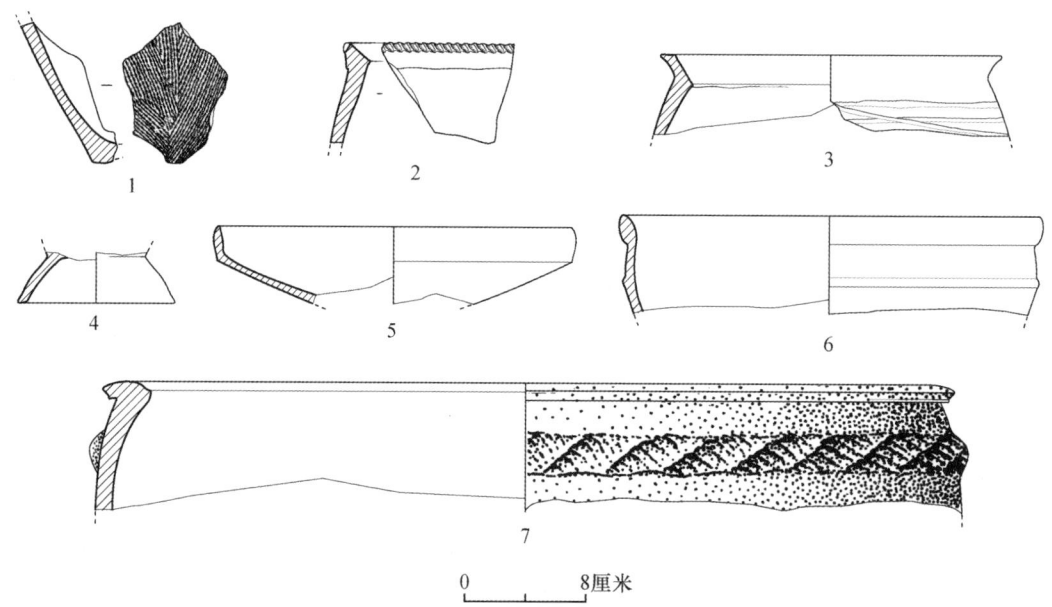

图2.278b　马河北（Y207）、马河（Y208）、花张东北（Y205）采集标本
1.鬲（Y208：2）　2、6.盆（Y207：2、Y205：1）　3.罐（Y207：1）　4.圈足（Y207：4）　5.圈足盘（Y207：3）
7.缸（Y205：2）

（3）基本认识

该遗址规模不大，文化内涵较为复杂，以仰韶文化晚期（过渡期）的遗存为主，见有少量龙山晚期及东周碎片，还有疑似龙山早期遗物。遗址破坏情况不严重，未见遗迹现象。

263. 马河（Y208）

（1）概况

位于洛阳偃师市缑氏镇马河村东，马涧河东岸临河台地上（图2.279），西北侧紧临马河北（Y207）。面积2万—3万平方米。地理坐标北纬34°35′30.14″，东经112°49′43.53″，海拔约202米。地势平坦，起伏很小，地表现为农田，地貌基本保持原始状态，破坏程度较轻。

初查时间2002年6月15日，复查时间2017年7月14日。

图2.279　马河（上为北）

（2）主要发现

靠近河边的区域被村庄所压，未发现早期遗存。地表陶片不多，密度不大。采集石器1件，陶片19片，均为腹片。可辨认器形有鬲，属于战国时期。标本1件。

石凿　Y208：1，玄武岩。残断。琢磨兼制。长方形厚体，圆角方顶，刃部残断。残长6.7、宽4.1、厚3.1厘米。

鬲　Y208：2，袋足。夹砂灰陶。器壁凸凹不平，俗称疙瘩鬲，饰绳纹。残高9厘米（图2.278b，1）。

（3）基本认识

该遗址规模不大，文化内涵较为单纯，主要为东周战国时期遗存，可能与马河北（Y207）东周时遗存为同一处遗址。

264. 花张东北（Y205）

（1）概况

位于洛阳偃师市缑氏镇布村行政村花张自然村东北，国道锡海线（G207）马涧河桥西南，耐火材料厂附近的马涧河西岸（图2.280）。面积约3万平方米。地理坐标北纬34°35′25.00″，东经112°49′18.89″，海拔约205米。遗址所在地势平坦，起伏很小。花张砖厂已将遗址破坏殆尽，取土下切深度约10米，地表现被耐火材料厂占压。

初查时间2002年6月15日，复查时间2017年7月14日。

图2.280　花张东北（右为北）

（2）主要发现

地表到处可见周汉陶片、瓦片，密度较大，采集标本较少。采集陶片18片，其中口沿8、腹片10片。可辨认器形有缸、盆等，主要为战国时期遗存。个别陶片疑似二里岗时期。标本2件。

盆　Y205∶1，口沿。泥质灰陶。直沿微侈，圆唇，沿外包边加厚，直腹微弧，腹部折棱处明显饰一道凸棱。素面。口径27.4、残高6.3厘米（图2.278b，6）。

缸　Y205∶2，口沿。夹砂灰陶。卷沿，方唇，沿面微鼓。饰绳纹夹附加堆纹。口径53、残高8.2厘米（图2.278b，7）。

（3）基本认识

该遗址规模不大，文化内涵相对单纯，以战国时期遗存为主，个别遗物疑似二里岗文化。遗址已被完全破坏。

265. 张湾西北（Y210）

（1）概况

位于洛阳偃师市缑氏镇张湾村西北部，具体位置为马涧河西南岸，柏谷湾以南400米，张湾西北400米，柏谷坞至聂村道路以东，缑氏至张湾的大路以北，马涧河拐弯流向西北处（图2.281a）。遗址面积仰韶、二里头时期约10万平方米，龙山、周代约20万平方米。地理坐标北纬34°36′10.43″，东经112°48′47.72″，海拔约188米。遗址所在台地与河床落差20余米，河床在此下切较深，河面较宽阔。地势平坦，地表现为农田、葡萄园。

初查时间2002年6月16日，复查时间2011年、2017年7月14日。

图2.281a 张湾西北（左为北）

（2）主要发现

在遗址所在台地东南部的断崖剖面上暴露出多个龙山灰坑，清理灰坑3个。北部半岛形台地上多见仰韶和龙山遗物，西部多见二里头文化遗物，东南部多见龙山和周代遗物。地面采集石器6件，陶片98片，其中陶口沿18片、腹片80片，可复原陶器2件。

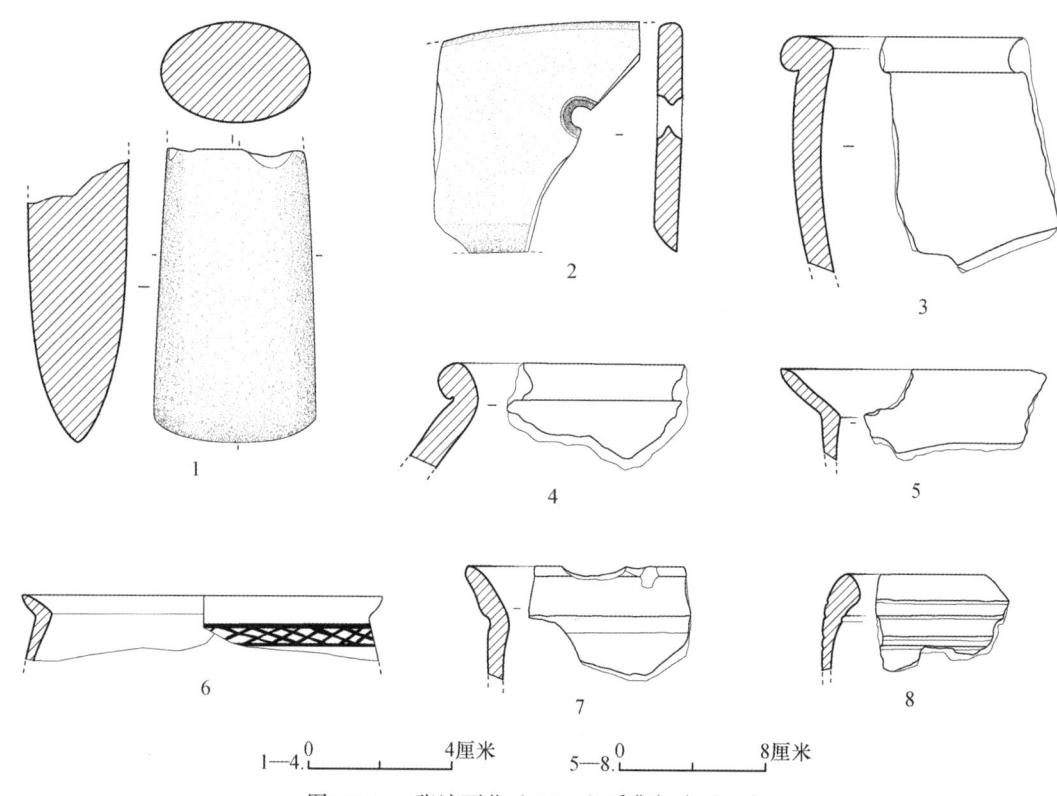

图2.281b 张湾西北（Y210）采集标本（一）
1.石斧（Y210：20） 2.石刀（Y210：22） 3.夹砂罐（Y210：2） 4、8.盆（Y210：3、Y210：6） 5.鼎（Y210：1）
6、7.泥质彩陶罐（Y210：4、Y210：5）

石斧 2件。Y210：20，玄武岩。磨制。残断。长方形厚体，顶部残断，断面呈椭圆形，双面弧刃，制作精致。残长7.8、宽4.5、厚2.8厘米（图2.281b，1）。Y210：21，玄武岩。残断。厚重长方体，顶部、刃部残断，断面近方形。残长20.2、宽7.5、厚6.5厘米（图版二六六，2）。

石刀 Y210：22，石英岩。残断。磨制。长方梯形。单面直刃，直背，中部有一对穿圆孔，从钻孔处断裂。残长5.6、宽6.1、厚0.9厘米（图2.281b，2）。

石铲 2件。Y210：23，鲕状白云岩。残断。磨制。扁平长方体，正面、背面平整，磨制光滑，顶部、刃部残断。残长11、宽9.8、厚1.6厘米（图版二六六，3）。Y210：24，鲕状白云岩。残断。磨制。扁平长方体，正面、背面平整，磨制光滑，顶部、刃部残断。残长8.9、宽8.4、厚1.9厘米（图版二六六，4）。

石片 H3：1，鲕状白云岩。残片，去薄过程中的脱落残片。长12.2、宽8.3、厚2.6厘米。

1）仰韶文化

可辨认器形有鼎、泥质彩陶罐、夹砂弦纹罐、敛口缸、直口缸、盆、豆、盖，属于仰韶文化中、晚期。标本6件。

鼎 Y210：1，口沿。夹砂灰陶。折沿上翘，尖唇，直腹。素面。残宽9.9、残高4.9、厚0.6厘米（图2.281b，5）。

夹砂罐　Y210：2，口沿。夹砂红陶。直领外侈，圆唇，溜肩，弧腹。素面。残宽4.9、残高6.2、厚0.6厘米（图2.281b，3）。

泥质彩陶罐　2件。Y210：4，口沿。泥质灰陶。折沿上翘，尖唇，溜肩。施红彩横向平行线纹夹网格纹。口径19.5、残高3.5厘米（图2.281b，6）。Y210：5，口沿。泥质红陶。直领外侈，圆唇，沿外有一道凹槽，溜肩。素面。残宽8.7、残高6、厚0.8厘米（图2.281b，7）。

盆　2件。Y210：3，口沿。夹砂褐陶。侈口，折沿圆唇，溜肩。素面。残宽4.9、残高2.8、厚0.8厘米（图2.281b，4）。Y210：6，口沿。泥质黑陶。敛口，内卷沿，方唇，直腹，磨光，饰凹弦纹。残宽7.2、残高5.1、厚0.5厘米（图2.281b，8）。

2）龙山文化

发现灰坑3个。均为龙山文化晚期。标本23件。

H1：采集陶片69片，其中口沿11片、底片1片、腹片57片。含仰韶陶片，可辨认器形有大口罐、小口高领瓮、双腹盆、扁壶、圈足盘、豆。

H2：采集陶片22片，其中口沿7片、底片2片、腹片13片。可辨认器形有泥质罐、大口罐、小口高领瓮、双腹盆、圈足盘、豆、钵。

H3：2011年复查时在断崖剖面发现，采集了浮选土样，未采集陶片。

罐　Y210：7，口沿。夹砂黑皮陶。折沿，圆唇，沿内凸成棱，束颈，溜肩。素面。口径13.4、残高3.4厘米（图2.281c，10）。

扁壶　2件。H1：2，复原。泥质灰陶。折沿，圆唇，束颈，溜肩，圆弧腹，平底。饰篮纹。口径15、底径6、高23.6厘米（图2.281c，7；图版三七三，4）。H1：3，口沿。泥质灰陶。直领外侈，方唇，束颈，溜肩，圆弧腹，口部变形呈椭圆形。饰篮纹。口长径14.5、口短经10.7、腹径17.7、残高21.4厘米（图2.281c，8；图版三七三，5）。

大口罐　2件。H2：1，口沿。夹砂灰陶。直领外侈，方唇，唇面有一道凹槽，沿内出一道凸棱，束颈，溜肩。素面。口径42.2、残高5.5厘米（图2.281c，11）。H2：2，底部。夹砂灰陶。斜腹下收成凹圜底。腹饰方格纹。底径9.4、残高8.6厘米（图2.281c，6）。

器盖　Y210：8，泥质灰陶。覆碗式。喇叭口，方唇外斜，微显凹槽，稍出棱，唇下略凹，斜直壁，小平顶，顶边稍出棱。内外壁均可见拉坯旋痕，顶面可见线切割偏心涡旋纹。口径20.5、顶径8.2、高9.4厘米（图2.281c，9）。

豆　5件。Y210：9，豆盘。泥质黑陶。敞口，圆唇，浅盘，残柄。磨光。口径31.7、残高6.3厘米（图2.281c，4）。H2：5，豆盘。泥质灰陶。敞口，圆唇，浅盘。磨光。口径26、残高3厘米（图2.281c，2）。H2：6，豆盘。泥质黑陶。敞口，圆唇，浅盘。磨光。口径26、残高3.3厘米（图2.281c，3）。H1：10，口沿。泥质灰陶。直口，圆唇，折腹，浅盘。磨光。残宽4.5、残高4.4厘米（图2.281c，1）。H1：11，豆盘。泥质灰陶。敞口，圆唇，斜弧腹。磨光。口径16.9、残高5厘米（图2.281c，5）。

壶　Y210：10，颈部。泥质灰陶。残口，细长颈，颈部有一道凸棱，溜肩，颈腹连接处断裂。磨光。残宽6.8、残高6.6、厚0.7厘米（图2.281d，2）。

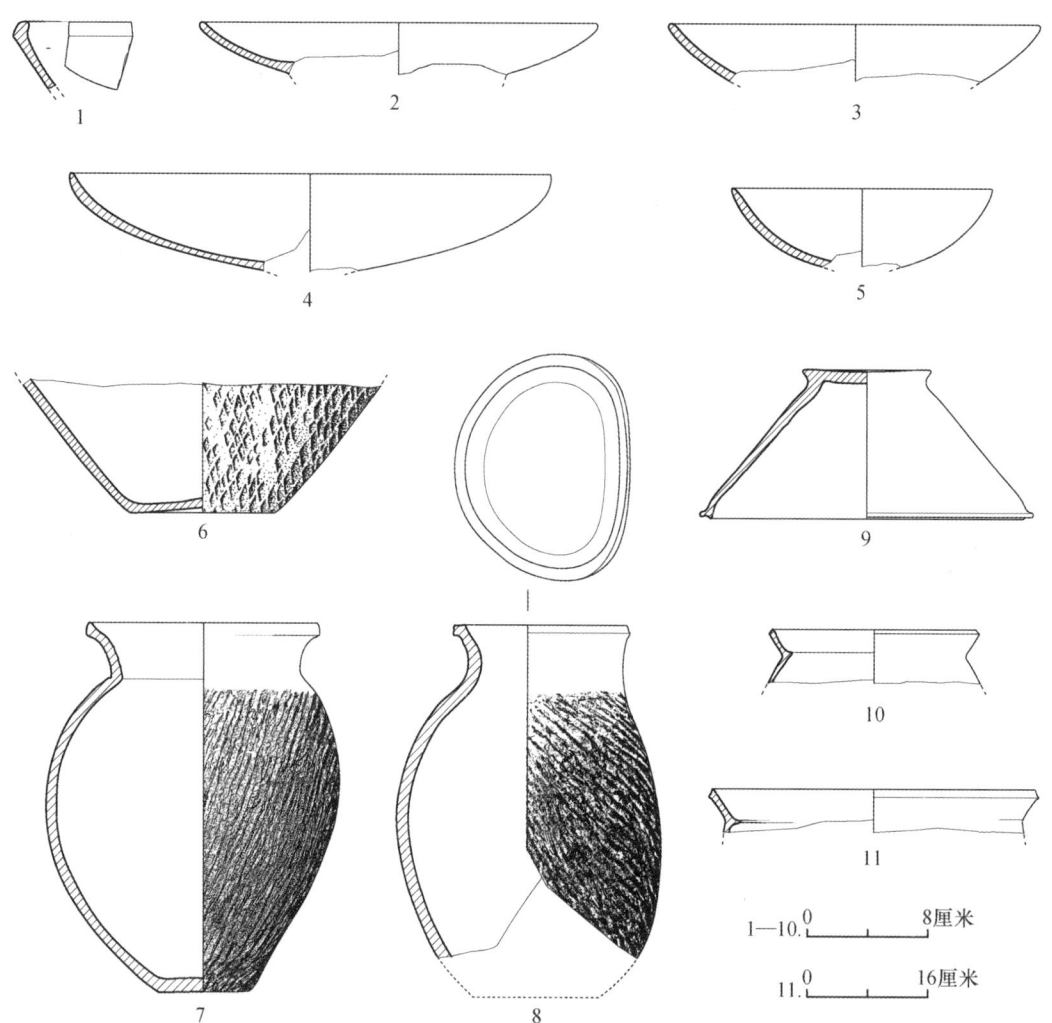

图 2.281c 张湾西北（Y210）采集标本（二）
1—5. 豆（H1∶10、H2∶5、H2∶6、Y210∶9、H1∶11） 6、11. 大口罐（H2∶2、H2∶1） 7、8. 扁壶（H1∶2、H1∶3）
9. 器盖（Y210∶8） 10. 罐（Y210∶7）

盆 H1∶1，口沿。夹砂褐陶。直领外侈，圆唇。素面。残宽6.4、残高2.8厘米（图2.281d，1）。

瓮 7件。H1∶4，复原。泥质褐陶。直领微侈，圆唇，圆弧肩，圆鼓腹，凹圜底。上部磨光，颈部以下饰篮纹，并附有一对桥形鋬。口径14.4、底径7.9、高28.6厘米（图2.281d，8；图版三七三，6）。H1∶5，腹部。泥质灰陶。圆弧肩，鼓腹。肩部磨光，腹饰篮纹，附有一对大桥形鋬。腹最大径35.4、残高20.4厘米（图2.281d，7）。H1∶6，口沿。泥质灰陶。直领微侈，圆唇，沿内出一道凹弦纹。磨光。口径15、残高3.6厘米（图2.281d，4）。H1∶7，口沿。泥质灰陶。直领微侈，圆唇，沿内饰一道凹弦纹。磨光。口径15.3、残高3.6厘米（图2.281d，6）。H2∶3，口沿。泥质灰陶。直领微侈，圆唇。磨光。口径18.9、残高3.6厘米（图2.281d，5）。H2∶4，腹部。泥质灰陶。圆弧腹。肩部磨光，其上饰两周凹弦纹夹刻划纹，腹饰篮纹。残宽14.4、残高12厘米（图2.281d，3）。H2∶7，肩部，泥质黑陶。上部磨光，下部饰篮纹夹

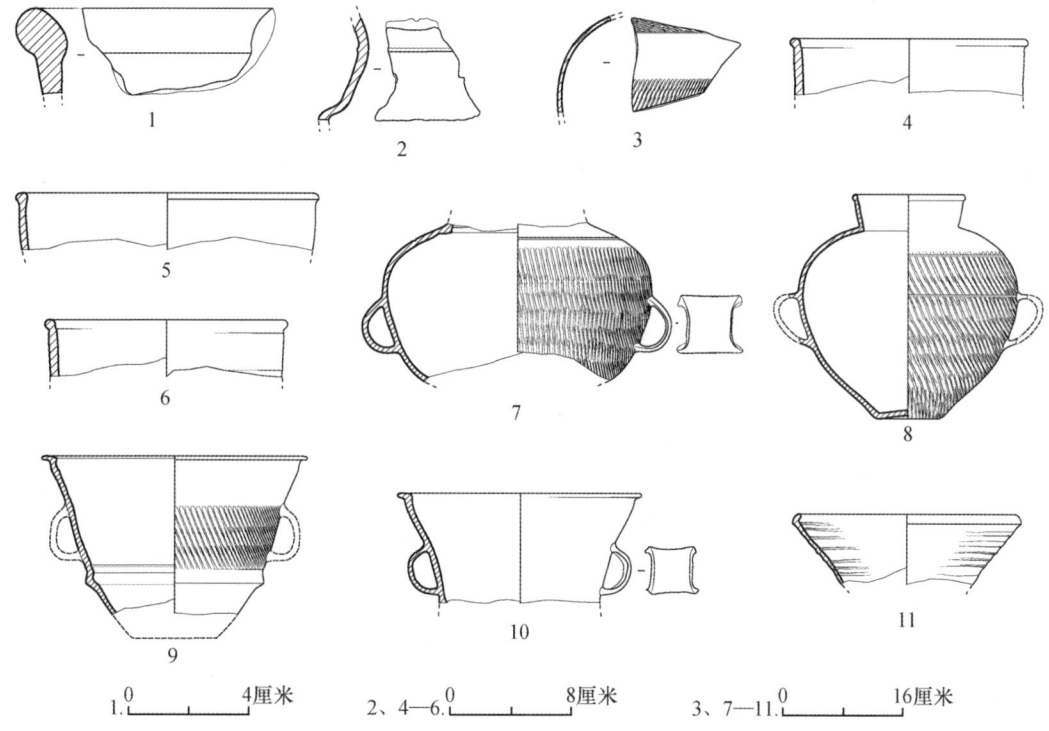

图2.281d 张湾西北（Y210）采集标本（三）

1. 盆（H1∶1） 2. 壶（Y210∶10） 3—8. 瓮（H2∶4、H1∶6、H2∶3、H1∶7、H1∶5、H1∶4） 9、10. 折腹盆（H1∶8、H1∶9） 11. 钵（H2∶8）

凹弦纹。残宽12.1、残高6.2厘米。

折腹盆 2件。H1∶8，口沿。泥质黑皮陶。折沿，圆唇，斜直腹，中部折腹形成双腹状。饰篮纹，上腹部附有一对称桥形錾。口径33.6、残高20.3厘米（图2.281d，9；图版三七四，1）。H1∶9，口沿。泥质灰陶。折沿，圆唇，曲腹，中部折腹形成双腹状。上腹部附有一对称桥形錾。口径30.8、残高14厘米（图2.281d，10）。

钵 H2∶8，口沿。泥质灰陶。内卷沿，敛口，尖唇，斜腹下收，残底。素面。口径28.6、残高8.9厘米（图2.281d，11）。

3）二里头文化

可辨认器形有鼎、深腹罐、圆腹罐、敛口罐、缸、壶、大口尊、豆。属于二里头文化二至四期，标本7件。

深腹罐 Y210∶11，口沿。夹砂灰陶。折沿上翘，方唇，唇面饰一道凹弦纹，圆弧腹。饰细绳纹。口径25.5、残高13厘米（图2.281e，7）。

圆腹罐 5件。Y210∶12，口沿。夹砂灰陶。直领外侈，尖唇，沿外饰一周索状花边，束颈，溜肩。口径16.2、残高3.6厘米（图2.281e，2）。Y210∶13，口沿。夹砂灰陶。侈口，尖唇，沿外有三角形小錾，束颈，溜肩，圆弧腹。饰绳纹。口径17.7、残高2.6厘米（图2.281e，3）。Y210∶14，口沿。夹砂灰陶。直领外侈，尖唇，沿外饰一周花边及一对对称鸡冠錾。腹饰篮纹。残宽11.9、残高5.3、厚0.4厘米（图2.281e，4）。Y210∶15，口沿。夹砂黑皮褐陶。

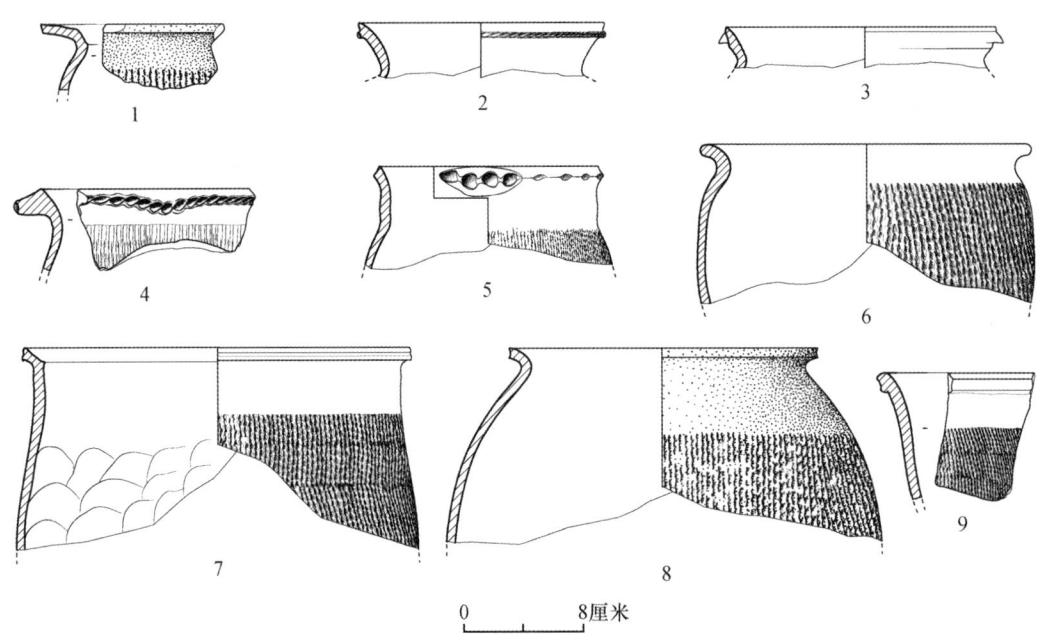

图2.281e 张湾西北（Y210）采集标本（四）
1.鬲（Y210：18） 2—6.圆腹罐（Y210：12、Y210：13、Y210：14、Y210：15、Y210：16） 7.深腹罐（Y210：11）
8.罐（Y210：19） 9.缸（Y210：17）

直领外侈，尖唇，沿外饰一周花边及一对对称鸡冠錾，溜肩。腹饰绳纹。口径14.4、残高6.6厘米（图2.281e，5）。Y210：16，口沿。夹砂灰陶。卷沿，圆唇，溜肩。腹饰细绳纹。口径20.9、残高10.2厘米（图2.281e，6）。

缸 Y210：17，口沿。夹砂灰陶。敞口，方唇，沿外包边加厚，直腹。饰细绳纹。残宽6.6、残高8.2、厚0.6厘米（图2.281e，9）。

4）西周时期

见有鬲等，标本1件。疑似西周，具体时段不详。

鬲 Y210：18，口沿。夹砂灰陶。卷沿，方唇，沿面有两道瓦棱，束颈，溜肩。饰绳纹。残宽8.1、残高4.2厘米（图2.281e，1）。

5）东周时期

见有罐等，标本1件。疑似东周，具体时段不详。

罐 Y210：19，口沿。夹砂灰陶。卷沿，方唇，束颈，溜肩，圆弧腹。饰绳纹。口径20、残高12.6厘米（图2.281e，8）。

（3）基本认识

该遗址规模较大，文化内涵相对复杂，以龙山文化晚期和周代遗存（可能含西周、东周时期）为主。仰韶中、晚期及二里头时期遗存分布面积也较大。其中扁壶为本地区少见的陶寺文化风格遗存。遗址时代延续性强，堆积较丰富。北半部受流水侵蚀，水土流失严重，现地表种植葡萄，对遗址造成较大破坏。

266. 王湾西北（Y209）

（1）概况

位于洛阳偃师市缑氏镇王湾村西北，马涧河东岸，一条西北—东南向冲沟与马涧河交汇处的台地上（图2.282a）。仰韶时期遗址面积约7万平方米，殷墟文化遗存约1万平方米，台地西北部多周代遗物，范围较大，约20万平方米。地理坐标北纬34°36′23.88″，东经112°49′24.39″。海拔191米。地势较平坦，地表现为农田。

初查时间2002年6月16日，复查时间2017年7月15日。

图2.282a　王湾西北（左上为北）

（2）主要发现

台地地貌基本保持原始状态，后期破坏程度很小，未发现相关遗迹。

采集残石器2件。陶片47片，其中口沿18片、腹片29片。多为东周时期陶片，无典型标本。部分遗物属于仰韶时期，少量为殷墟文化。

石斧　2件。Y209：13，白云岩。琢磨兼制。扁平长方体，圆弧顶，方形侧棱，背面自然断面未经磨制，侧棱中部打制有一对对称豁口，刃部在使用过程中断裂。残长15.2、宽6.7、厚1.9厘米。Y209：14，玄武岩。残断。琢磨兼制。扁平梯形，圆弧顶，单面刃状侧棱，背面为自然断面，未经修整，正面琢磨光滑较较平整。残长4.8、宽8.3、厚1.4厘米。

1）仰韶文化

靠近村庄的台地南部多见仰韶时期遗物。可辨认器形有鼎、泥质彩陶罐、夹砂罐、小口高领瓮、夹砂敛口瓮、豆、钵、盖、圆陶片，以仰韶文化晚期为主，少量属于中期。标本11件。

夹砂罐　Y209：1，口沿。夹砂褐陶。直领外侈，圆唇，沿面有一道凸棱，溜肩。素面。残宽9、残高4.3、厚0.6厘米（图2.282b，1）。

釜形鼎　Y209：2，腹片。夹砂褐陶。折腹，折腹处有一周凸棱。素面，内壁附有一层水垢。残高8.8厘米（图2.282b，7）。

鼎　Y209：3，足部。夹砂褐陶。鸭嘴形足，素面。残高5.6厘米（图2.282b，3）。

缸　Y209：4，口沿。夹砂褐陶。敛口，圆唇，沿外有一道凸棱，弧腹。素面。残宽7.3、残高3.6、厚0.7厘米（图2.282b，2）。

泥质彩陶罐　3件。Y209：5，口沿。泥质红陶。折沿上翘，尖唇，溜肩。施红衣黑彩横向平行线纹夹网格纹。残宽8.6、残高5.5厘米（图2.282b，4）。Y209：6，口沿。泥质红陶。折沿上翘，尖唇，溜肩。施红衣黑彩网格纹。残宽11、残高5厘米（图2.282b，5）。

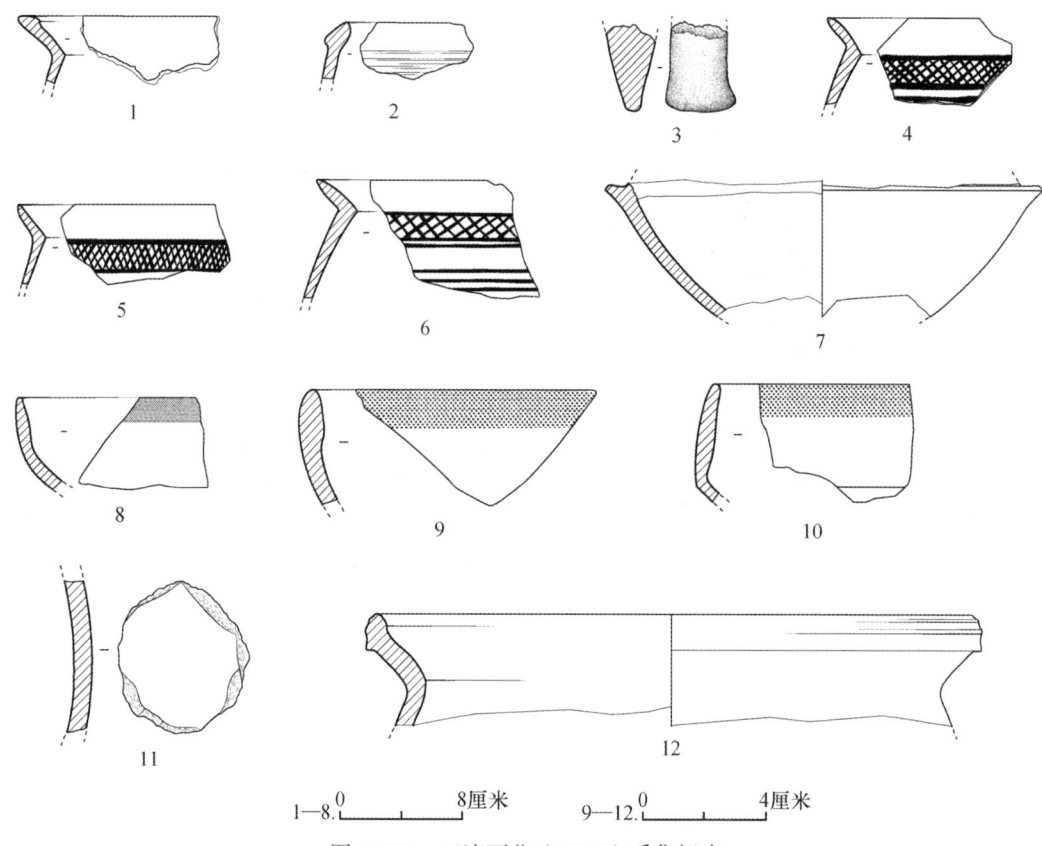

图2.282b　王湾西北（Y209）采集标本

1. 夹砂罐（Y209：1）　2. 缸（Y209：4）　3. 鼎（Y209：3）　4—6. 泥质彩陶罐（Y209：5、Y209：6、Y209：7）　7. 釜形鼎（Y209：2）　8、9. 钵（Y209：9、Y209：8）　10. 豆（Y209：10）　11. 圆陶片（Y209：11）　12. 鬲（Y209：12）

Y209∶7，口沿。泥质灰陶。折沿上翘，尖唇，直腹微弧。施红衣黑彩横向平行线纹夹网格纹。残宽11、残高7.4厘米（图2.282b，6）。

钵　2件。Y209∶8，口沿。泥质红陶。直沿，圆唇，圆弧腹。磨光，施红衣褐彩宽彩带纹。残宽7.8、残高3.6厘米（图2.282b，9）。Y209∶9，口沿。泥质灰陶。直沿，圆唇，斜弧腹。磨光，施黑衣褐彩宽彩带纹。残宽8.4、残高5.8厘米（图2.282b，8）。

豆　Y209∶10，口沿。泥质红陶。内折沿敛口，圆唇，折腹。磨光，施红衣褐彩彩带纹。残宽4.9、残高3.7厘米（图2.282b，10）。

圆陶片　Y209∶11，泥质红陶，腹片打制而成，近圆形。长径4.8、短径4.3、厚0.6厘米（图2.282b，11）。

2）殷墟文化

见有鬲等，属于殷墟文化。标本1件。

鬲　Y209∶12，口沿。夹砂褐陶。卷沿，圆唇，沿面内凹，溜肩。素面。口径19.1、残高3.5厘米（图2.282b，12）。

3）东周时期

未采集东周时期遗物，具体时代不详。

（3）基本认识

该遗址规模较大，西北部以东周时期的遗存为主，其次为仰韶文化中、晚期，见有少量殷墟文化遗物。遗址总体保存状况较好。

267. 柏谷坞东（Y222）

（1）概况

位于洛阳偃师市缑氏镇柏谷坞村东150米，马涧河北岸，马屯至柏谷坞村道路南侧临河台地上（图2.283a）。面积约1.5万平方米。地理坐标北纬34°36′44.04″，东经112°49′11.20″，海拔197米。台地西临一条小短沟，东临阶梯状梯田，地表现为农田、葡萄园。

初查时间2002年6月18日，复查时间2017年7月15日。

图2.283a 柏谷坞东（左上为北）

（2）主要发现

后期破坏程度较小，断崖剖面未发现暴露的遗迹。地表散见周代陶片，陶片密度很小。在距村300米左右还发现二里岗文化鬲足一个。采集陶片6片，其中口沿1片、腹片4片、足1件，属于二里岗和东周时期。二里岗文化可辨认器形有鬲，标本1件。周代遗物无典型标本。具体时段不详。

鬲足 Y222：1，夹砂灰陶。圆锥形实足。素面。残高5.8厘米（图2.283b，1）。

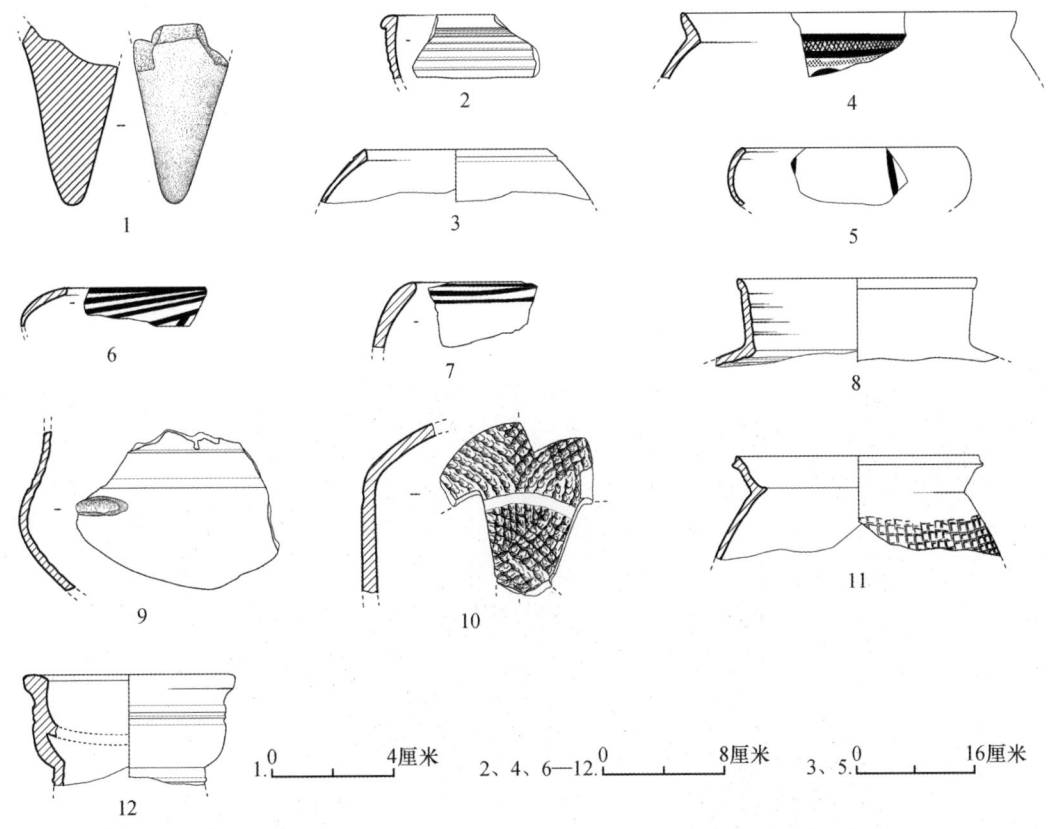

图2.283b 柏谷坞东（Y222）、金屯东（Y215）、北吴家湾（Y214）采集标本
1.鬲足（Y222∶1） 2.盆（Y215∶2） 3、8.瓮（Y215∶1、Y214∶7） 4.泥质罐（Y214∶1） 5—7.钵（Y214∶4、Y214∶2、Y214∶3） 9.罐（Y214∶6） 10.甗（Y214∶8） 11.中口罐（Y214∶5） 12.假腹豆（Y214∶9）

（3）基本认识

该遗址规模较小，以周代遗存为主，见有二里岗文化遗存。遗址总体保存较好，地面陶片较少。

268. 金屯东（Y215）

（1）概况

位于洛阳偃师市缑氏镇金屯村东，马涧河北岸台地上（图2.284；图版一七五，1）。面积约1万平方米。地理坐标北纬34°36′54.95″，东经112°48′39.78″，海拔175米。地表现为农田。

初查时间2002年6月17日，复查时间2017年7月15日。

图2.284　金屯东（左下为北）

（2）主要发现

未发现遗迹现象。地表散见仰韶陶片，密度很小。采集陶片8片，其中口沿2片、腹片6片。可辨认器形有盆、敛口瓮、钵。属于仰韶晚期。标本2件。

瓮　Y215：1，口沿。夹砂红陶。敛口，方唇，沿外饰一周凹弦纹，圆弧肩。磨光。口径23.8、残高6.8厘米（图2.283b，3）。

盆　Y215：2，口沿。泥质红陶。直沿内敛，圆唇，弧腹。饰凹弦纹。残宽8.5、残高4厘米（图2.283b，2）。

（3）基本认识

该遗址规模较小，主要为仰韶晚期遗存。保存较好，破坏较轻，难以准确估计面积。

269. 北吴家湾（Y214）[①]

（1）概况

位于洛阳偃师市缑氏镇金屯村西，邱河东，北吴家湾周围，马涧河北岸台地上（图2.285；图版一七五，2）。面积约12万平方米，其中仰韶时期约6万平方米、龙山时期约8万平方米，二里头、二里岗时期约3万平方米，东周时期遗存涵盖整个遗址。地理坐标北纬34°36′58.63″，东经112°48′05.50″，海拔约167米。台地地势略向西倾斜，高出河床4—5米，被村庄占去一大部分，3个村子之间空地较少，地表现为村庄、农田。

初查时间2002年6月17日，复查时间2017年7月14日。

图2.285 北吴家湾（右上为北）

（2）主要发现

未见文化层及遗迹。地表采集陶片82片，其中口沿13片、底片2片、腹片65片、足2片。分属于仰韶、龙山、二里头、二里岗和两周时期。

[①] 二里头工作队2003年2月16日调查，称邱河·吴家湾遗址，原编号03-004，与中澳美联合考古队调查认识一致，此处发表中澳美联合考古队资料。

1）仰韶文化

遗物主要分布采集于金屯村西。发现了白衣黑彩花瓣纹陶片，可辨认器形有泥质彩陶罐、敛口缸、尖底瓶、彩陶钵、盖。属于仰韶文化中、晚期。标本4件。

泥质罐　Y214∶1，口沿。泥质红陶。直领外侈，圆唇，溜肩。施白衣黑彩横向平行线纹夹网格纹及红彩横向平行线纹。口径22、残高4.1厘米（图2.283b，4）。

钵　3件。Y214∶2，口沿。泥质红陶。内卷沿，圆唇。施白衣褐彩放射状斜线纹。残宽8.2、残高2.5厘米（图2.283b，6）。Y214∶3，口沿。泥质红陶。内卷沿，圆唇，弧腹。施红衣黑彩横向平行线纹。残宽7.2、残高4.2厘米（图2.283b，7）。Y214∶4，口沿。泥质红陶。内卷沿，圆唇，圆鼓腹。施红衣黑彩柳叶形纹。口径28.5、残高7.4厘米（图2.283b，5）。

2）龙山文化

遗物主要分布采集于北吴家湾村西，村东也有分布。采集遗物可辨认器形有中口罐、小口高领瓮、器盖。属于龙山文化晚期。标本3件。

中口罐　Y214∶5，口沿。夹砂灰陶。直领外侈，尖唇，唇面饰一道凸弦纹，沿内出棱，溜肩。饰方格纹。口径16、残高6.6厘米（图2.283b，11）。

罐　Y214∶6，腹部。泥质灰陶。直领，残口，溜肩，肩部饰凹弦纹，圆弧腹。磨光，内壁有瓦棱。残宽13.3、残高10.2、厚0.5厘米（图2.283b，9）。

瓮　Y214∶7，口沿。泥质褐陶。直领外侈，圆唇，广肩。磨光。口径15.8、残高5.6厘米（图2.283b，8）。

3）二里头文化

遗物主要采集于北吴家湾村中。采集的遗物数量较少，可辨认器形有甑、大口尊等。属于二里头文化二至四期。标本1件。

甑　Y214∶8，底部。泥质灰陶。平底，镂有椭圆形甑孔。饰绳纹。残长7.4、残宽6.7、厚0.65厘米（图2.283b，10）。

4）二里岗文化至周代

二里岗时期的遗存多分布在北吴家湾村东，周代遗物遍布整个遗址。部分绳纹陶片有殷墟风格。可辨认器形有假腹豆。遗物数量较少，具体时段不易判定。标本1件。

假腹豆　Y214∶9，口沿。泥质灰陶。直沿，圆唇，沿外包边加厚，浅盘，腹与高圈足相连，呈假腹状，圈足下部残。磨光。口径12.7、腹深3、残高7厘米（图2.283b，12）。

（3）基本认识

该遗址堆积丰富，面积较大，延续性强。以周代遗存为主，仰韶中、晚期，龙山晚期遗存也较丰富。其次为二里头至二里岗时期遗存，可能还有部分殷墟文化遗存。遗址中、西部压在建筑下，仅东部为农田，西部新建了邱氏宗祠，部分遗址被占压。

270. 南吴家湾东南（Y213）[①]

（1）概况

位于洛阳偃师市缑氏镇金屯村南吴家湾东南，吴家湾砖厂北，马涧河南岸台地大豁口西侧，河道在遗址前面再呈倒"U"形转折，半岛状三角形台地东北部（图2.286a；图版一七六，1）。面积约4.5万平方米，其中二里岗时期约1万平方米。地理坐标北纬34°36′36.96″，东经112°48′04.41″，海拔约170米。遗址所在台地地势略向东南倾斜，起伏较小，高出河床10余米。地表现为农田。

初查时间2002年6月17日，复查时间2017年7月14日。

图2.286a 南吴家湾东南（上为北）

（2）主要发现

断崖剖面上发现了灰坑（图版一七六，2；图版一七七，1）。地表散见仰韶、龙山和周代陶片，个别为二里头或二里岗时期。采集石器1件，蚌器1件，兽骨2块，陶片86片，其中口沿14片、底片2片、腹片68片、足2片。

白烧石 Y213：17，石灰岩。残块。烧制石灰的半成品。残长5.1、残宽7.2、厚4.9厘米（图版二六六，5）。

[①] 二里头工作队2003年2月16日调查，称吴家湾遗址，原编号03-005。与中澳美联合考古队调查位置稍有差异，此处发表中澳美联合考古队资料。

1）仰韶文化

可辨认器形有鼎、泥质彩陶罐、彩陶罐、尖底瓶、敛口缸、盆、折肩钵。多属于仰韶文化晚期，个别遗物可到中期。标本9件。

鼎　Y213：1，足部。夹砂褐陶。凿形足。素面。残高7.3、宽2.2、厚2.9厘米（图2.286b，3）。

泥质彩陶罐　2件。Y213：2，口沿。泥质红陶。折沿，圆唇，溜肩。施红衣黑彩横向平行线纹夹网格纹。残宽6.7、残高5.3厘米（图2.286b，1）。Y213：3，口沿。泥质红陶。折沿上翘，圆唇，溜肩。磨光，施黑彩横向平行线纹夹网格纹及横向平行线纹夹纵向平行线纹。残宽8.5、残高5.1厘米（图2.286b，2）。

缸　Y213：4，口沿。泥质红陶。直口微敛，方唇，沿内外凸出成棱，直腹。饰线纹。残

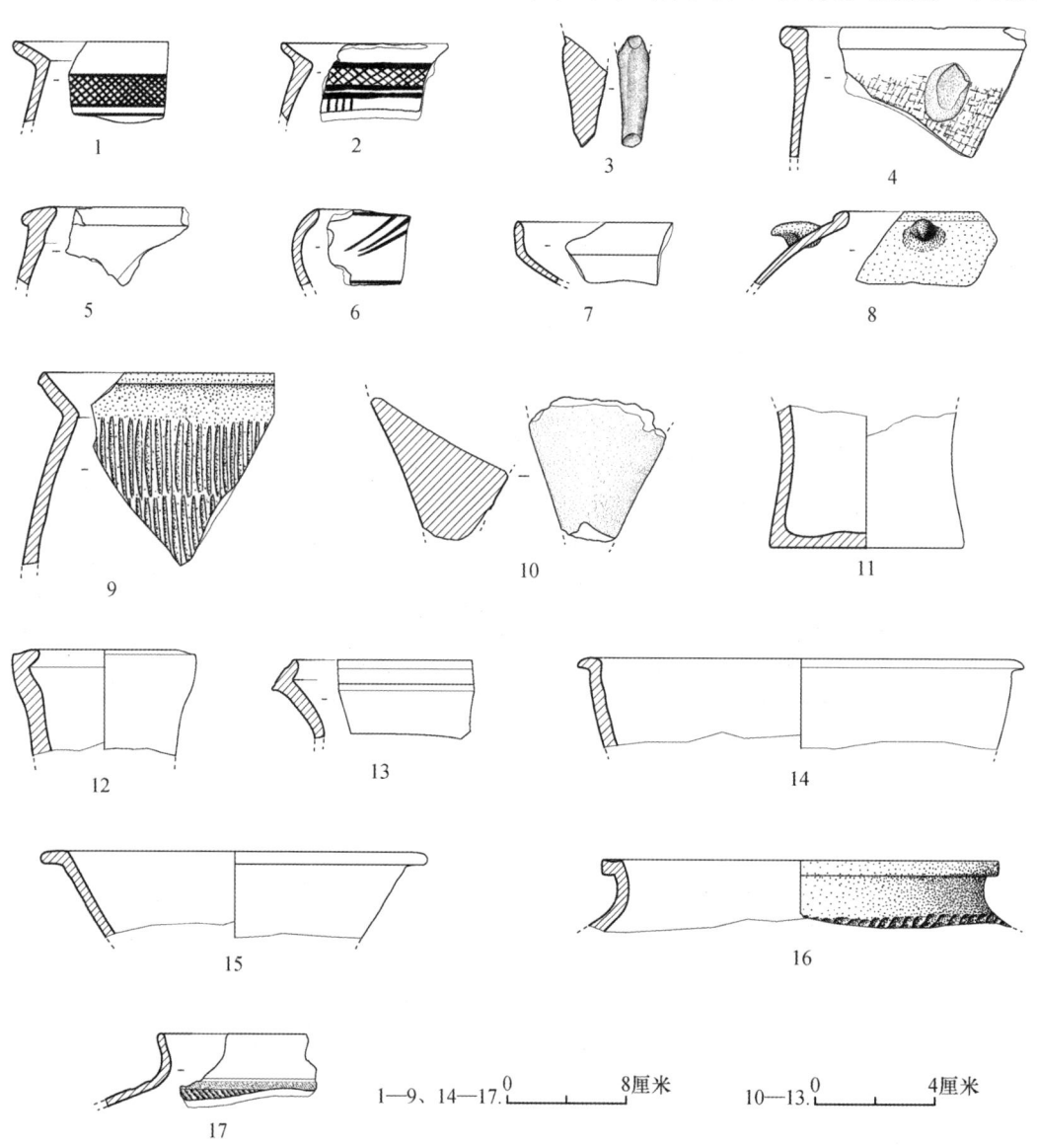

图2.286b　南吴家湾东南（Y213）、林小寨（Y211）采集标本

1、2.泥质彩陶罐（Y213：2、Y213：3）　3.鼎（Y213：1）　4.缸（Y213：4）　5、14、15.盆（Y213：6、Y213：5、Y213：12）　6.钵（Y213：7）　7.豆（Y213：8）　8.瓮（Y213：11）　9、16.罐（Y213：10、Y213：16）　10、13.鬲（Y213：14、Y213：13）　11.瓠（Y213：15）　12.尖底瓶（Y213：9）　17.高领罐（Y211：1）

宽12.6、残高8.5、厚0.5厘米（图2.286b，4）。

盆　2件。Y213：5，口沿。泥质红陶。卷沿，圆唇，直腹微弧。磨光。口径27.6、残高5.8厘米（图2.286b，14）。Y213：6，口沿。泥质红陶。敛口，平沿，尖唇，沿外凸成棱，弧腹。磨光。残宽8.2、残高5.1、厚0.8厘米（图2.286b，5）。

钵　Y213：7，口沿。泥质红陶。敛口，尖唇，圆鼓腹。磨光，沿外施黑彩彩带纹及斜向平行线纹。残宽5.5、残高5、厚0.7厘米（图2.286b，6）。

豆　Y213：8，口沿。泥质灰陶。直沿，圆唇，折腹。磨光。残宽7.2、残高4厘米（图2.286b，7）。

尖底瓶　Y213：9，口沿。泥质褐陶。包口，圆唇。素面。口径4.7、残高3.5厘米（图2.286b，12）。

2）龙山文化

可辨认器形有夹砂中口罐、瓮等。属于龙山晚期。标本2件。

罐　Y213：10，口沿。泥质褐陶。折沿上翘，方唇，溜肩，直腹微弧。腹饰篮纹。残宽12.2、残高12.5厘米（图2.286b，9）。

瓮　Y213：11，口沿。泥质灰陶。方唇，秃领，圆弧肩。素面。附有一鹰嘴形錾。残宽9.4、残高4.8厘米（图2.286b，8）。

3）二里头文化

见有盆等，属于二里头文化二期。标本1件。

盆　Y213：12，口沿。泥质灰陶。平折沿，圆唇，斜腹。腹饰篮纹。口径23.3、残高5.6厘米（图2.286b，15）。

4）二里岗文化

见有鬲、觚等器形。属于二里岗文化晚期。标本3件。

鬲　2件。Y213：13，口沿。泥质褐陶。折沿，方唇，沿面内凹。残宽4.6、残高2.6厘米（图2.286b，13）。Y213：14，足部。夹砂褐陶。圆锥形实足，残尖。素面。残高4.7厘米（图2.286b，10）。

觚　Y213：15，底部。泥质灰陶。束腰，平底。磨光。底径6.4、残高4.6厘米（图2.286b，11）。

5）东周时期

见有罐等器形，疑似东周时期。标本1件。

罐　Y213：16，口沿。夹砂褐陶。折沿，方唇，沿面微凹，束颈，溜肩。饰较粗绳纹。口径26.1、残高4.7厘米（图2.286b，16）。

（3）基本认识

该遗址规模不大，文化内涵较为复杂，遗址时代延续性强。地表采集陶片丰富，分别属于仰韶文化中、晚期（含过渡期），龙山文化晚期、二里头文化、二里岗文化及东周。其中二里岗时期的遗存范围较小。遗址东部可能已被砖厂破坏，大部保存尚好，实际面积可能会比预估的要大。

271. 林小寨（Y211）

（1）概况

位于洛阳偃师市缑氏镇金屯行政村林小寨东，马涧河南岸，河道倒"U"形转折处的半岛形台地北部（图2.287）。面积约2万平方米。地理坐标北纬34°36′31.69″，东经112°48′34.67″，海拔约172米。遗址所在台地河床下切较深，台地突兀，较为险峻，高出河床10余米。地表现为村庄、葡萄园。

初查时间2002年6月17日，复查时间2017年7月14日。

图2.287 林小寨（下为北）

（2）主要发现

断崖剖面未发现遗迹。地表陶片稀疏，多碎片。采集陶片33片，其中口沿4片、腹片29片。遗物以周代为主，少量属于龙山时期，少部分属于二里头至二里岗时期。标本1件。

高领罐 Y211：1，口沿。泥质灰陶。直领，圆唇，广肩，肩部饰两周凹弦纹。上部磨光，下部饰绳纹。残宽9.3、残高4.8、厚0.6厘米（图2.286b，17）。

（3）基本认识

该遗址规模不大，采集陶片均较破碎，以周代遗存为主，少量龙山晚期、二里头至二里岗阶段遗存。遗址现处马涧河"几"字形大湾附近，河流摆动切割加剧，或许遗址已被河流侵蚀及人为因素破坏大部分。

272. 林小寨西南（Y212）

（1）概况

位于洛阳偃师市缑氏镇金屯行政村林小寨村西南500米，吴家湾砖厂东南，小路以北50米，马涧河以南50米，马涧河南岸台地大豁口处（图2.288；图版一七七，2）。面积约1万平方米。地理坐标北纬34°36′19.73″，东经112°48′19.95″，海拔约176米。遗址所在台地处的河道呈"U"形转折，河床下切较深，高出河床20余米，河面较为开阔。地表现为葡萄园。

初查时间2002年6月17日，复查时间2017年7月15日。

图2.288　林小寨西南（上为北）

（2）主要发现

遗址边缘的断崖剖面未暴露遗迹现象。地表散见龙山和疑似二里岗至东周时期陶片，密度较小，陶片较碎。采集陶片6片，其中口沿1片、腹片5片。属于龙山晚期的见有3片方格纹陶片，较碎。属于其余时期有3片陶片。均无典型标本。

（3）基本认识

该遗址规模较小，以龙山文化晚期和二里岗至东周时期的遗存为主，因陶片较破碎，具体时段难以判断。遗址位于河流凹岸，受河流摆动侵蚀严重，加上砖厂破坏，很可能遗址大部分已被毁掉。

273. 邱河西（Y221）

（1）概况

位于洛阳偃师市缑氏镇金屯行政村邱河村西，马涧河北岸，缑氏至贾屯公路西侧临河台地上（图2.289a；图版一七八，1）。面积约2万平方米。地理坐标北纬34°37′03.66″，东经112°47′39.41″，海拔164米。台地北临一条东西向小冲沟，西南临马涧河主河道，东面被村庄占去一大部分，村外仅留一小片空地，地表现为农田及村庄。

初查时间2002年6月18日，复查时间2017年7月12日。

图2.289a 邱河西（左下为北）

（2）主要发现

此处地貌基本保持原始状态，后期破坏程度较小，断崖剖面未发现暴露的灰坑等遗迹现象。地表散见龙山、二里头、周代陶片，陶片密度不大。采集石器1件，陶片59片，其中腹片47片、口沿12片。

石凿　Y221：9，石灰岩。残。磨制。扁平长方形，残顶，双面弧刃。残长4.6、宽3.4、厚0.8厘米。

1）仰韶文化

遗物数量较少，见有器盖等。可能属于仰韶中期。标本1件。

器盖　Y221：1，可复原。夹砂褐陶。下口敞口，方唇，斜腹，假圈足状平顶握手。素面。口径16、顶径6、高6厘米（图2.289b，1；图版三二〇，1）。

2）龙山文化

可辨认器形有粗砂罐、豆、杯、器盖。属于龙山晚期。标本3件。

杯　Y221：2，圈足。泥质红陶。折沿，尖唇，直腹。饰凹弦纹。口径8、残高5.5厘米（图2.289b，7）。

豆　2件。Y221：3，圈足。泥质黑陶。下口外侈呈喇叭状，方唇。磨光，饰一周瓦棱。下口径13.5、残高5厘米（图2.289b，5）。Y221：4，豆盘，夹砂黑陶。敞口，圆唇，沿内外出棱，浅盘。素面，磨光。残宽6、残高3.3、厚0.6厘米（图2.289b，3）。

3）二里头文化

可辨认器形有深腹罐、圆腹罐、缸、大口尊。多为二里头文化三、四期。标本2件。

圆腹罐　Y221：5，口沿。夹砂褐陶。直领方唇，唇外饰一周索状花边，溜肩。饰绳纹。残宽5.5、残高3厘米（图2.289b，2）。

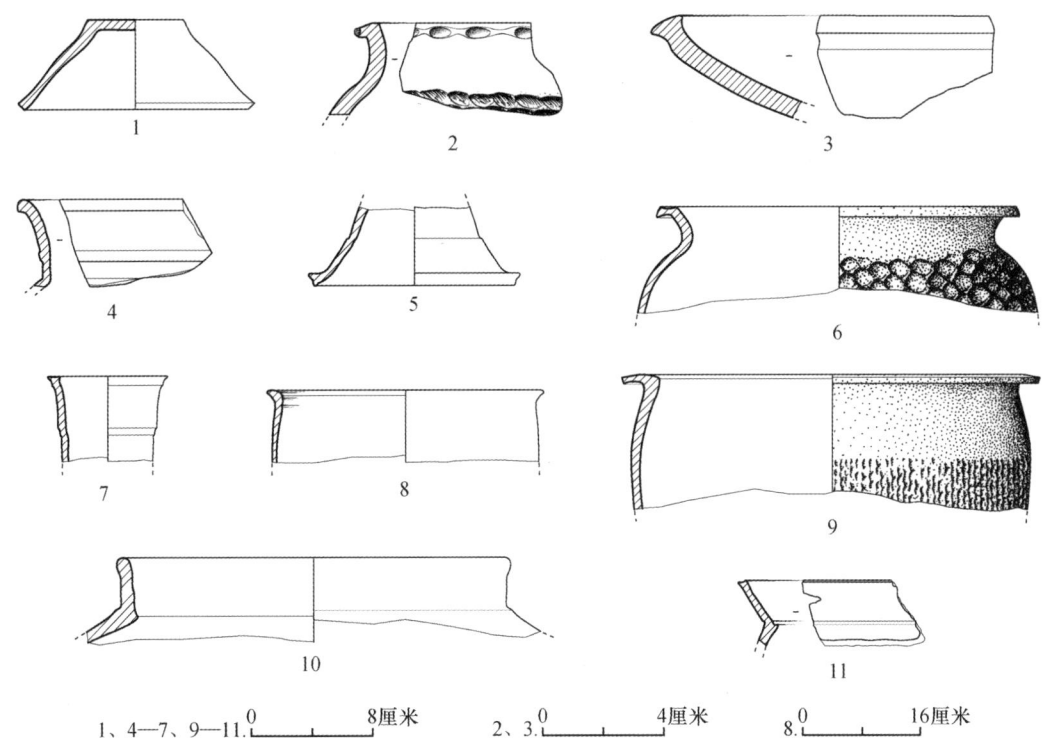

图2.289b　邱河西（Y221）、凤凰台南（Y220）采集标本

1. 器盖（Y221：1）　2. 圆腹罐（Y221：5）　3、5. 豆（Y221：4、Y221：3）　4. 大口尊（Y221：6）　6. 鬲（Y221：7）　7. 杯（Y221：2）　8、9. 盆（Y220：3、Y221：8）　10. 瓮（Y220：2）　11. 罐（Y220：1）

大口尊　Y221∶6，口沿。泥质灰陶。侈口，沿外卷，颈部饰一周凸弦纹，折肩。磨光。残宽10、残高6厘米（图2.289b，4）。

4）东周时期

见有鬲、盆等器形，标本2件。疑似东周时期。具体时段不详。

鬲　Y221∶7，口沿。夹砂灰陶。折沿，方唇，沿面微凹，束颈，溜肩，圆弧腹。饰粗绳纹。口径24、残高7厘米（图2.289b，6）。

盆　Y221∶8，口沿。泥质灰陶。折沿，方唇，弧腹。腹饰绳纹。口径28、残高9厘米（图2.289b，9）。

（3）基本认识

该遗址规模不大，遗存以龙山晚期和二里头文化三、四期及遗物为主，另见有少量疑似仰韶中期和东周时期的遗物。东部被村庄占压，实际面积可能更大。

274. 凤凰台南（Y220）[①]

（1）概况

位于洛阳偃师市缑氏镇化寨村陈河南，马涧河北岸凤凰台上，台地形状近半岛状，位于马涧河北岸，"玄奘父母墓"的东北侧（图2.290；图版一七八，2）。龙山时期遗迹面积约1万平方米，东周时期面积2万平方米。地理坐标北纬34°37′08.23″，东经112°47′21.67″，海拔153米。地表现为玄奘故里景区占压。

初查时间2002年6月18日，复查时间2017年7月12日。

图2.290　凤凰台南（左下为北）

（2）主要发现

在陈河村至吊桥寨村小路东侧的断崖剖面上，暴露出1个龙山灰坑。地表散见陶片，密度

[①] 2003年2月16日，二里头工作队调查，称陈河南，原编号03-002。与中澳美联合考古队调查范围稍有差异，此处发表中澳美联合考古队资料。

较小。采集陶片20片，其中口沿5片、腹片15片。龙山时期的遗存主要分布于南部，可辨认器形有大口罐、小口高领瓮、双腹盆、器盖，属于龙山晚期，标本3件。周代陶片无典型标本，属于西周。

罐　Y220：1，口沿。夹砂灰陶。折沿上翘，方唇，唇面有一道凹槽，沿内凹，溜肩。素面。残宽8.3、残高4.3、厚0.6厘米（图2.289b，11）。

瓮　Y220：2，口沿。泥质褐陶。直领外侈，圆唇，广肩较平。素面。口径25、残高5.4厘米（图2.289b，10）。

盆　Y220：3，口沿。泥质灰陶。卷沿，圆唇，沿面饰凹弦纹，直腹。磨光。口径35、残高9.3厘米（图2.289b，8）。

（3）基本认识

该遗址面积较小，以西周及龙山晚期遗存为主。遗址现被玄奘故里景区占压。

275. 老吊桥寨[①]（Y217）

（1）概况

位于洛阳偃师市缑氏镇缑氏行政村吊桥寨北，吊桥寨老村下，南湾（吊桥寨）村北200米，马蹄泉度假村东，马涧河南岸临河台地上（图2.291；图版一七九，1）。面积约1万平方米。地理坐标北纬34°37′02.15″，东经112°47′27.44″，海拔158米。遗址所在台地的东、西、北三面临河，南面有一条狭长小路与河岸相连，地势突兀，较为险峻，上面有近代村寨，现已废弃。地表现为废弃村庄、农田、荒地。

初查时间2002年6月17日，复查时间2017年7月12日。

图2.291　老吊桥寨（左下为北）

[①] 老吊桥寨村位于马涧河北凸出的南侧孤岛中，现已全部搬迁至南侧南湾村，亦称吊桥寨。

（2）主要发现

台地剖面上见有灰坑（图版一七九，2）。地表散见周代陶片，密度不大。采集陶片9片，其中口沿1片、腹片8片。见有鬲等，属于西周中、晚期。标本1件。

鬲　Y217∶1，腹片。夹砂灰陶。饰绳纹。残宽12、残高10、厚0.7厘米。

（3）基本认识

该遗址面积较小，文化内涵较为简单，主要为西周中、晚期遗存。台地原被村庄占压破坏，复查时又见取土破坏。

276. 吊桥寨东南（Y216）[①]

（1）概况

位于洛阳偃师市缑氏镇缑氏行政村吊桥寨东南临河台地上。具体位置为南湾（吊桥寨）东南100米，邱河以南200米的马涧河南岸（图2.292a；图版一八〇，1）。遗址面积周代约10万平方米，仰韶时期约8万平方米，龙山时期约4万平方米。地理坐标北纬34°36′43.57″，东经112°47′31.94″，海拔163米。遗址所在台地地势较为平坦，起伏不大，但沟坎、豁口较多，台地地貌遭到后期破坏，但破坏幅度不大。地表现为农田。

中澳美联合考古队初查时间2002年6月17日，复查时间2007年11月6日、2017年7月11日。

图2.292a 吊桥寨东南（上为北）

[①] 二里头工作队2003年2月16日调查，称南湾东，原编号03-003。与中澳美联合考古队调查范围接近，此处发表中澳美联合考古队资料。

（2）主要发现

地表散见陶片，密度较大。采集石器8件，个别为不规整石料或石片。陶纺轮1件，陶片122片，其中口沿34片、底片5片、腹片82片、足1片。分属于仰韶、龙山、二里岗、殷墟和两周时期。

石斧　2件。Y216:26，石灰岩。残断。磨制。长方形厚体，圆弧状侧棱，顶部、刃部残断。残长6.8、宽7.6、厚3.7厘米（图版二六六，6）。Y216:27，石英砂岩。磨制。残断。长方形厚体，断面略呈方形，侧面呈三角形，顶部残断，单面弧刃，刃部使用痕迹明显。残长9.4、宽6.1、厚5.9厘米。

石杵　Y216:29，火山碎屑岩。残断。不规则柱体，圆弧杵头，顶部残断。残长7.9、宽3.8、厚3.2厘米（图版二六七，1）。

砺石　Y216:30，砂岩。完整。近梯形，两宽面及一侧面经磨砺光滑平整。长11.9、宽8、厚4.1厘米（图版二六七，2）。

石锤　3件。Y216:31，石英岩。不规则梯形。利用天然砾石尖端为锤头，使用部位石皮脱落，痕迹明显。长9.7、宽8.6、厚5.6厘米（图版二六七，3）。Y216:32，石英岩。利用自然石块，将其比较平的一端作锤头，锤面凹陷痕迹明显。长10.2、宽6.3、厚5.5厘米。Y216:33，石英岩。残块。利用自然石块，将其较圆鼓的一端作锤头，锤头使用痕迹明显。长3.9、宽6.4、厚3.8厘米。

砍砸器　Y216:28，石灰岩。利用一打击石片，将其与打击点对应的一面作为刃部，无二次加工，刃部使用痕迹明显。长10.3、宽7.8、厚2.1厘米。

纺轮　Y216:25，完整。泥质灰陶。利用残陶片磨制而成，近圆形，中部钻有一圆孔。直径5.5、厚1厘米（图2.292b，12）。

1）仰韶文化

可辨认器形有鼎、泥质彩陶罐、夹砂弦纹罐、小口高领瓮、缸、尖底瓶、盆、圈足盘、钵、豆、杯（觚）、器盖，属于仰韶晚期。标本9件。

鼎　Y216:1，足部。夹砂褐陶。鸭嘴状长足。素面。残高10.5厘米（图2.292b，6）。

泥质彩陶罐　2件。Y216:3，口沿。泥质红陶。折沿，圆唇，溜肩，直腹。施黑彩横向平行线纹夹网格纹。口径28、残高5.1厘米（图2.292b，7）。Y216:4，口沿。泥质红陶。折沿上翘，尖唇，溜肩。施红衣黑彩横向平行线纹夹网格纹。口径33.7、残高5.4厘米（图2.292b，8）。

钵　2件。Y216:6，口沿。泥质褐陶。内卷沿敛口，圆唇。磨光。残宽8.3、残高4.2厘米（图2.292b，2）。Y216:8，口沿。泥质灰陶。直沿，尖唇，圆弧腹。磨光，施褐彩彩带纹夹蝌蚪形纹。口径21、残高6.7厘米（图2.292b，9）。

盆　Y216:5，口沿。泥质灰陶。敛口，内折沿，圆唇，直腹微弧。磨光，饰凹弦纹。口径33.2、残高4.7、厚0.3厘米（图2.292b，10）。

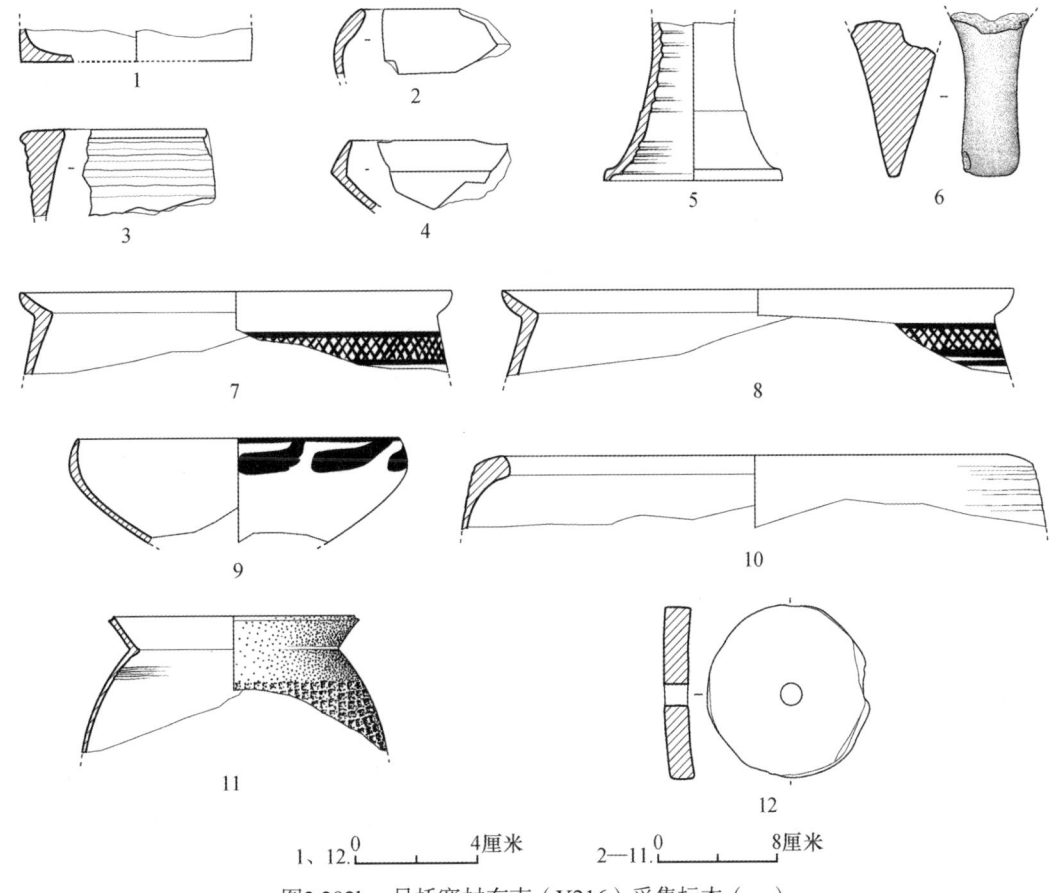

图2.292b 吊桥寨村东南（Y216）采集标本（一）

1.杯（Y216：9） 2、9.钵（Y216：6、Y216：8） 3.缸（Y216：2） 4、5.豆（Y216：7、Y216：11） 6.鼎（Y216：1） 7、8.泥质彩陶罐（Y216：3、Y216：4） 10.盆（Y216：5） 11.罐（Y216：10） 12.纺轮（Y216：25）

缸 Y216：2，口沿。夹砂褐陶。敛口，直沿，方唇，沿内包边加厚。直腹。磨光，饰凹弦纹。残宽8.7、残高5.5、唇厚2厘米（图2.292b，3）。

豆 Y216：7，口沿。泥质黑陶。内折沿，尖唇，折腹。磨光。残宽8.6、残高4.5厘米（图2.292b，4）。

杯 Y216：9，底部。泥质褐陶（蛋壳陶）。直腹，平底。磨光。也可能为觚。底径7.7、残高1.3、厚0.2厘米（图2.292b，1）。

2）龙山文化

主要见于遗址中部，采集遗物可辨认器形有大口罐、小口高领瓮、豆。属于龙山晚期。标本2件。

罐 Y216：10，口沿。夹砂灰陶。折沿，方唇，唇面饰一周凹弦纹，沿面内凸成棱，束颈，溜肩。腹饰方格纹。口径15.8、残高8.7厘米（图2.292b，11）。

豆 Y216：11，圈足。泥质黑陶。下沿喇叭状敞口，圆唇，沿面内凹。磨光，柄下部饰一周瓦棱，内壁饰数周瓦棱。足跟直径11.6、残高10厘米（图2.292b，5）。

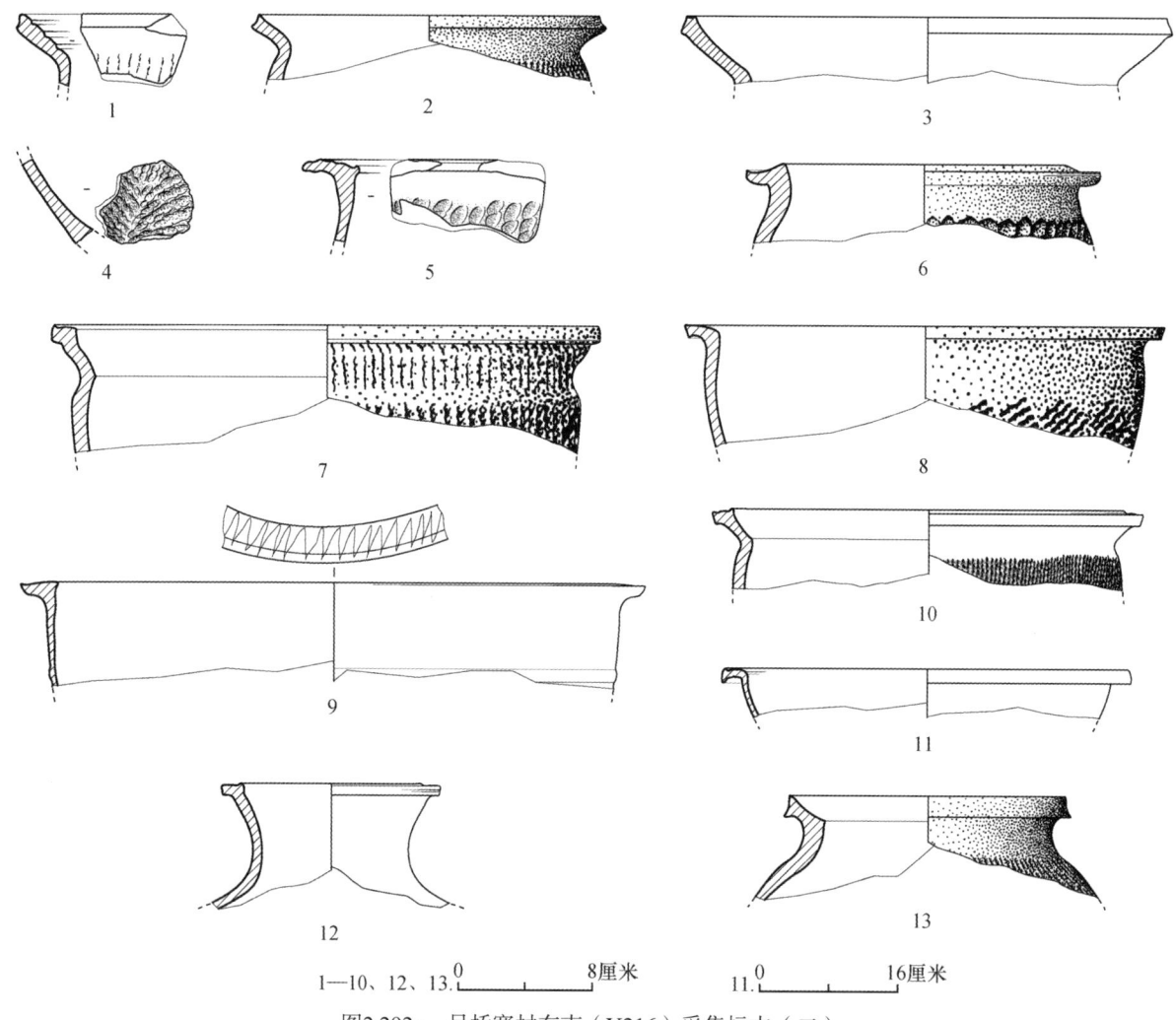

图2.292c 吊桥寨村东南（Y216）采集标本（二）

1—6.鬲（Y216：17、Y216：12、Y216：13、Y216：20、Y216：18、Y216：19） 7—11.盆（Y216：15、Y216：23、Y216：24、Y216：16、Y216：22） 12、13.罐（Y216：21、Y216：14）

3）二里岗文化

见有罐等，属于为二里岗文化晚期。标本1件。

罐 Y216：14，口沿。泥质灰陶。折沿，方唇，唇面有一周凹槽，沿面内凹，束颈，圆弧肩。饰绳纹。口径16、残高6厘米（图2.292c，14）。

4）殷墟文化

见有罐、盆等器形。属于殷墟文化。标本1件。

盆 Y216：16，口沿。泥质灰陶。直领外侈，折沿，方唇，沿面饰两道凹弦纹，溜肩。饰绳纹。口径22.7、残高4.6厘米（图2.292c，10）。

5）西周时期

见有鬲、盆等。属于西周晚期。标本4件。

鬲 3件。Y216：12，口沿。夹砂灰陶。折沿，方唇，束颈，溜肩。饰绳纹。口径20、残高3.7厘米（图2.292c，2）。Y216：13，口沿。夹砂褐陶。折沿上翘，方唇，沿面饰一周凹弦纹。素面。口径28、残高4厘米（图2.292c，3）。Y216：17，口沿。夹砂灰陶。折沿上翘，方唇。唇面有一道凹槽，沿面饰三道凹弦纹。残宽6.3、残高4.1、厚0.6厘米（图2.292c，1）。

盆　Y216：15，口沿。泥质灰陶。折沿，方唇，沿面有一道凹槽，束颈，溜肩，直腹。颈部饰绳纹后磨光（暗绳纹），腹饰绳纹。口径32、残高7.2厘米（图2.292c，7）。

6）东周时期

见有鬲、盆、罐等。多属于春秋时期，部分为战国时期。标本7件。

鬲　3件。Y216：18，口沿。夹砂灰陶。折沿，尖唇，沿面微鼓，饰四周凹弦纹，圆弧腹。饰粗绳纹。残宽9.1、残高4.7厘米（图2.292c，5）。Y216：19，口沿。夹砂灰陶。折沿，圆唇，沿面下垂，束颈，溜肩。饰绳纹。口径16.4、残高4.5厘米（图2.292c，6）。Y216：20，鬲足。夹砂灰陶。疙瘩鬲足，饰绳纹。残高5.8厘米（图2.292c，4）。

罐　Y216：21，口沿。泥质灰陶。折沿，圆唇，沿内凸成棱，广肩。素面。口径10.6、残高7.1厘米（图2.292c，13）。

盆　3件。Y216：22，口沿。泥质灰陶。折沿，方唇，沿面有一周凹槽，沿内饰一周凹弦纹，直腹微弧。素面。口径46.8、残高5.5厘米（图2.292c，11）。Y216：23，口沿。泥质灰陶。折沿，方唇，束颈，直腹。素面。口径27.9、残高7厘米（图2.292c，8）。Y216：24，口沿。泥质灰陶。折沿下垂，沿面饰横向平行线纹夹"V"形纹，方唇，直腹，腹饰一周凸弦纹。素面。口径32.7、残高5.6厘米（图2.292c，9）。

（3）基本认识

该遗址规模较大，文化内涵复杂。遗存以东周时期为主，其次为仰韶晚期。龙山晚期遗存次之，此外还见有二里岗晚期、殷墟及西周晚期等多个阶段的遗物。堆积丰富，延续性较强，保存状况较好。

277. 北寨东南（Y218）

（1）概况

位于洛阳偃师市缑氏镇缑氏行政村北寨东南，马涧河南岸，缑氏至贾屯公路西北，今马蹄泉度假村所在附近临河台地上（图2.293a）。面积约9万平方米。地理坐标北纬34°37′01.34″，东经112°47′07.11″，海拔163米。遗址所在台地西南面有一条东南—西北向小冲沟，现已被开辟成大路。地表现被辟为马蹄泉度假村，修建了建筑、水池、道路等，地貌已完全变化，对遗址破坏较大。

初查时间2002年6月18日，复查时间2007年11月6日、2017年7月15日。

图2.293a　北寨东南（左下为北）

（2）主要发现

在路东断崖剖面上暴露出仰韶灰坑及文化层。2007年复查时，在路东断崖剖面的一个灰坑里，编号H1，采集了浮选土样及残留物分析标本。地表散见仰韶、龙山和周代陶片，密度不大。采集陶片49片，其中口沿22片、腹片26片、足1件。周代陶片较少，无标本。

1）仰韶文化

可辨认器形有鼎、夹砂弦纹罐、尖底瓶、盆、花边缸、彩陶钵、豆、碗、罐、钵，属于仰韶文化中、晚期。标本6件。

鼎　Y218∶2，足部。夹砂褐陶。三角形凿状足。素面。残高8.4厘米（图2.293b，6）。

罐　Y218：3，口沿。泥质红陶。直沿，方唇，沿外包边加厚，唇面饰线纹，溜肩，圆弧腹。腹饰线纹。残宽7.1、残高3.9厘米（图2.293b，4）。

钵　4件。Y218：4，口沿。泥质红陶。敛口，内卷沿，圆唇，圆弧腹。施红衣，磨光。口径37、残高6.9厘米（图2.293b，7）。Y218：5，口沿。泥质褐陶。敛口，内卷沿，圆唇，圆鼓腹。施红衣黑彩横向线纹。残宽4.7、残高4.6厘米（图2.293b，2）。Y218：6，口沿。泥质红陶。敛口，内卷沿，圆唇，圆鼓腹。磨光。残宽7、残高5、厚0.3厘米（图2.293b，3）。Y218：7，口沿。泥质红陶。直沿微内敛，圆唇，折腹。磨光，施红衣褐彩彩带纹。残宽5.4、残高3.7厘米（图2.293b，1）。

2）龙山文化

见有罐等器形，属于龙山早期。标本1件。

罐　Y218：1，口沿。夹砂褐陶。直领微侈，方唇，唇面饰一周花边，颈部饰压印纹，圆弧腹。饰篮纹。残宽6.3、残高7.4、厚0.6厘米（图2.293b，5）。

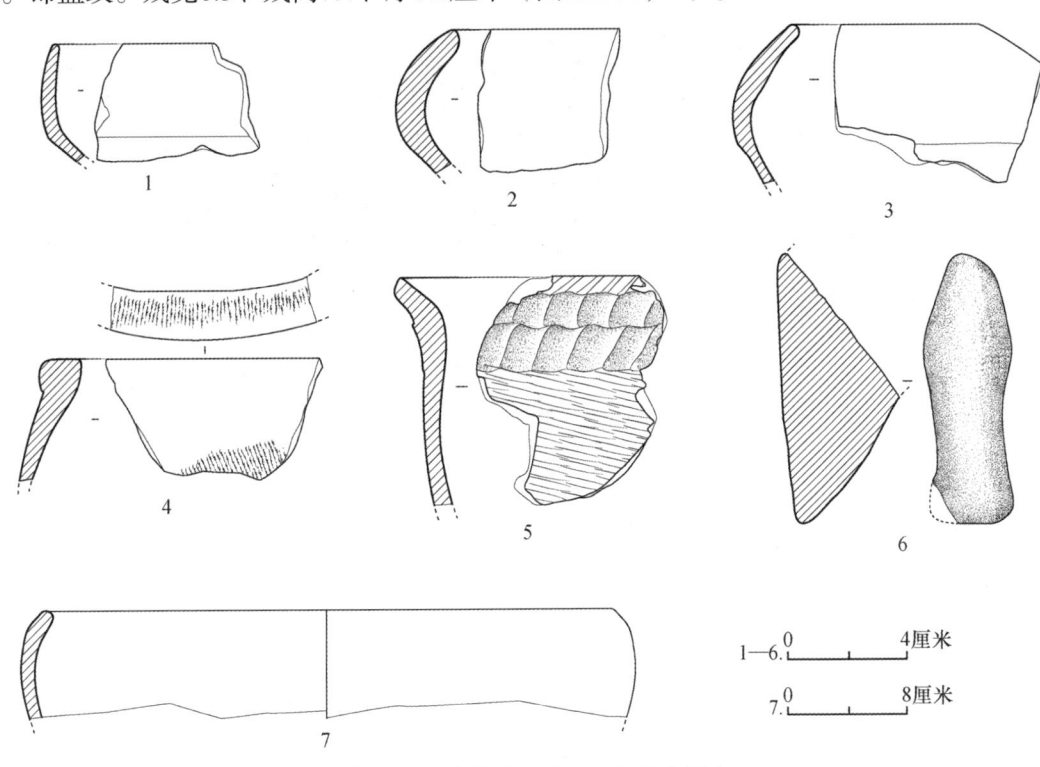

图2.293b　北寨东南（Y218）采集标本

1—3、7.钵（Y218：7、Y218：5、Y218：6、Y218：4）　4、5.罐（Y218：3、Y218：1）　6.鼎（Y218：2）

3）两周时期

未采集遗物，具体时段不详。

（3）基本认识

该遗址规模不大，以仰韶文化晚期遗存及周代遗存为主，少量遗物可到仰韶中期，也见有龙山早期遗存。现被马蹄泉度假村占压，对遗址破坏较大。

278. 北寨北（Y219）

（1）概况

位于洛阳偃师市缑氏镇缑氏行政村北寨村北，马涧河南岸，"顾刘公路"东侧临河台地北部，东、北两面紧贴马涧河，新开辟的缑氏至陈河的乡村公路从台地南部穿过（图2.294a；图版一八〇，2）。面积约10万平方米，龙山晚期面积2万平方米。地理坐标北纬34°37′23.81″，东经112°46′58.52″，海拔155米。遗址大部分被停车场占压，部分为农田。

初查时间2002年6月18日，复查时间2017年7月15日。

图2.294a 北寨北（左下为北）

（2）主要发现

北面断崖剖面上暴露有仰韶、龙山灰坑及文化层。地表散见仰韶、东周陶片，龙山陶片较少，见有灰坑，属于龙山晚期，未采集标本。采集石器1件，陶片43片，其中口沿11片、底片3片、腹片28片、足1件。

仰韶文化的陶片，可辨认器形有鼎、泥质彩陶罐、夹砂罐、小口尖底瓶、盆、豆、瓮、钵等，属于仰韶中、晚期，标本9件。龙山和东周的遗物无典型标本。

石锤 Y219：10，石英岩。打制。近方形。长13.6、宽11.8、厚10.3厘米（图版二六七，4）。

鼎　4件。Y219：1，口沿。夹砂褐陶。卷沿，尖唇，圆弧腹。素面。口径19.5、残高7.4厘米（图2.294b，6）。Y219：2，口沿。夹砂褐陶。折沿，圆唇，束颈，溜肩，圆腹。素面。口径18.6、残高5厘米（图2.294b，9）。Y219：3，口沿。夹砂褐陶。直领微侈，圆唇，束颈，溜肩，圆弧腹。素面。口径39.5、残高7.8厘米（图2.294b，7）。Y219：4，足部。泥质红陶。扁平鸭嘴形足。素面，施红彩。残高5.8厘米（图2.294b，8）。

罐　Y219：5，口沿。泥质红陶。直领外侈，圆唇，溜肩。磨光，施红衣黑彩横向平行线纹。口径25.7、残高5.6厘米（图2.294b，4）。

瓮　Y219：6，口沿。泥质黑陶。直领外侈，圆唇，平肩。磨光。口径17.4、残高5.2厘米（图2.294b，3）。

盆　Y219：7，口沿。泥质灰陶。敞口，直沿，圆唇，沿外包边加厚，沿内有一周凹槽，圆弧腹。素面。口径30.6、残高6.8厘米（图2.294b，5）。

钵　2件。Y219：8，口沿。泥质红陶。直口微敛，圆唇，圆弧腹。磨光，沿外施红彩。残宽5.8、残高5.1、厚0.6厘米（图2.294b，1）。Y219：9，口沿。泥质红陶。内卷沿微敛，圆唇，圆鼓腹。磨光。残宽6、残高3.8、厚0.3厘米（图2.294b，2）。

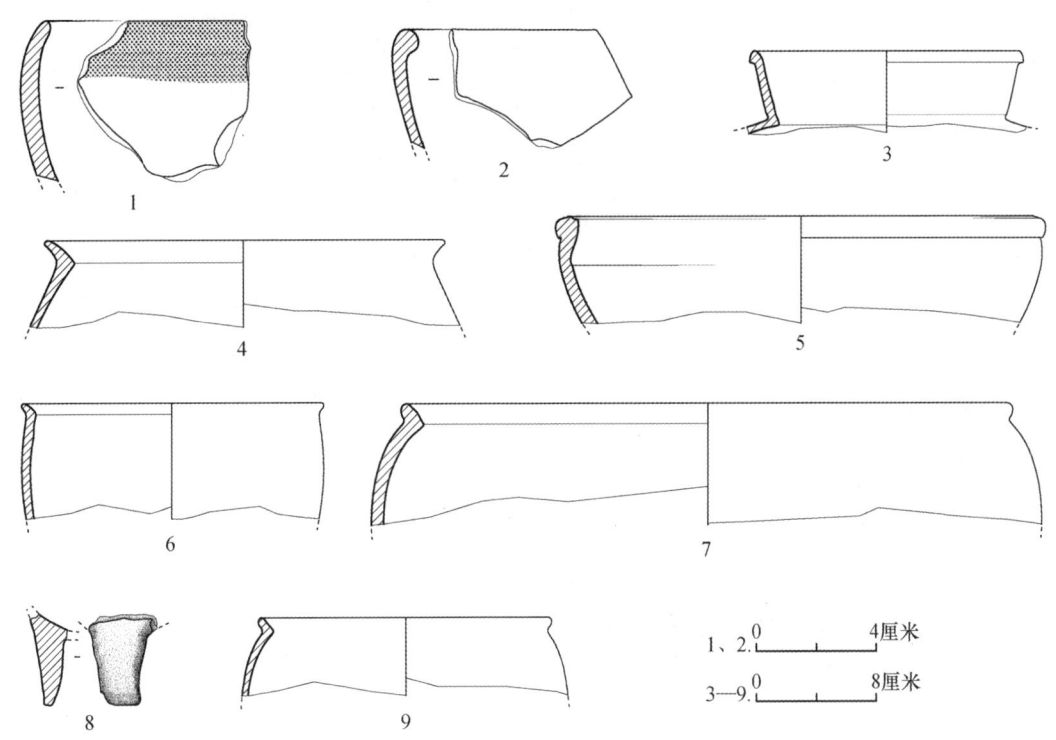

图2.294b　北寨北（Y219）采集标本
1、2.钵（Y219：8、Y219：9）　3.瓮（Y219：6）　4.罐（Y219：5）　5.盆（Y219：7）　6—9.鼎（Y219：1、Y219：3、Y219：4、Y219：2）

（3）基本认识

该遗址面积较大，文化内涵相对复杂，以仰韶晚期及周代遗存为主，见有少量仰韶中期和龙山晚期遗存。遗址南部被玄奘故里停车场景区占压。

279. 陈河东北（113）

（1）概况

位于洛阳偃师市缑氏镇陈河村东北。具体位置为陈河村东北的唐恭陵西部，唐玄路以北约400米处，化寨村东通往金屯道路两侧，西临陈河村西北的西南东北向冲沟（图2.295a）。面积约2.4万平方米。地理坐标为北纬34°37′35.25″，东经112°47′52.84″，海拔约190米。遗址地表为农田。

2003年2月16日，二里头工作队调查发现，2017年7月11日复查。

图2.295a 陈河东北（下为北）

（2）主要发现

地表采集到石器1件和不少陶片，可辨认器形有鬲、簋、罐等，属于西周时期，具体时段不详。标本6件。

石坯 113∶1，细粒砂岩。肉红色。保留卵石自然面，有破裂面。残长12.2、宽6.7—7.2、厚2.6厘米（图版二六七，5）。

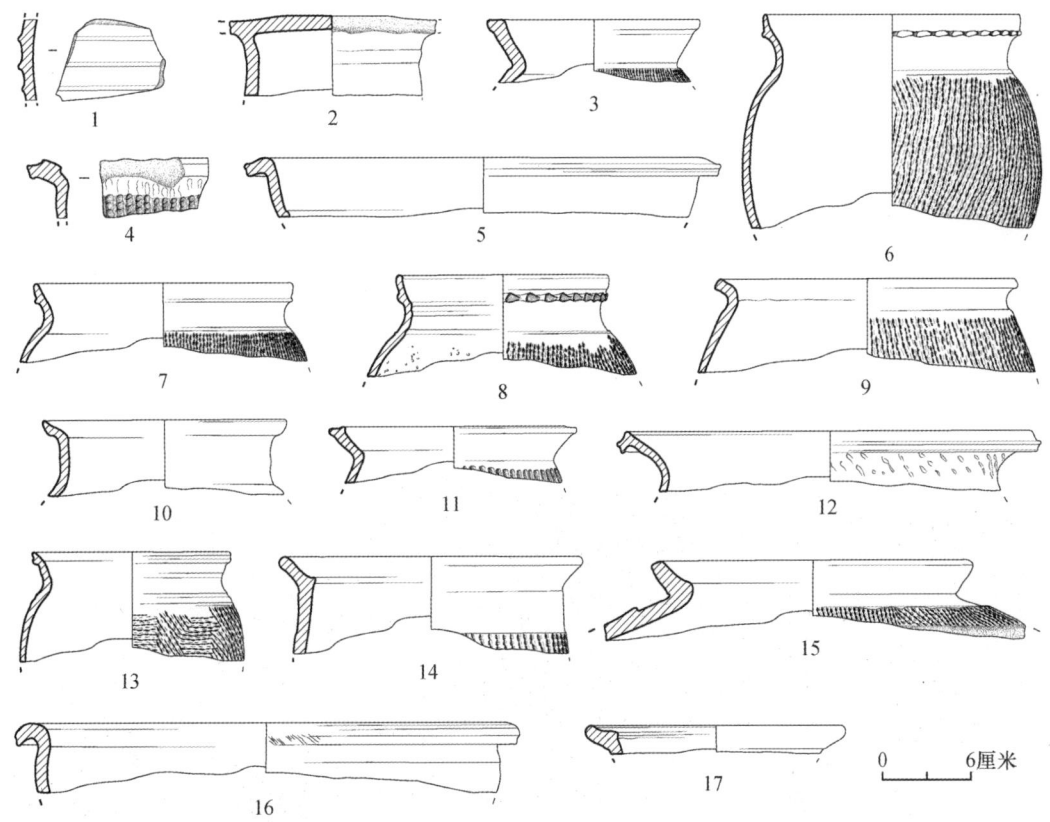

图2.295b 陈河东北（113）、陈河北（112）、化寨东（111）采集标本

1、2、5. 簋（113∶3、113∶4、112∶9） 3、4、15. 罐（113∶5、113∶6、111∶5） 6—8、13. 圆腹罐（112H1∶1、112∶6、112∶5、111∶1） 9、10、14. 深腹罐（112∶7、112H2∶1、111∶2） 11、12、17. 鬲（112∶8、111∶3、113∶2）
16. 盆（111∶4）

鬲 113∶2，口沿。夹砂灰陶。侈口，折沿，圆唇，沿面微凹。素面。口径17、残高1.8、厚0.7—0.9厘米（图2.295b，17）。

簋 2件。113∶3，腹部。泥质灰陶。外壁饰三道凸棱。残高5.2、厚0.6—0.7厘米（图2.295b，1）。113∶4，圈足。夹砂灰陶。平底，下口外侈，素面。残高5.1、厚0.8—0.9厘米（图2.295b，2）。

罐 2件。113∶5，口沿。泥质灰陶。侈口，折沿，方唇，沿面微凹，溜肩。饰细绳纹。口径14、残高4、厚0.6—0.8厘米（图2.295b，3）。113∶6，口沿。泥质灰陶。侈口，卷沿，方唇，沿面有一道凹槽，沿内出一道凸棱。饰绳纹。残高3.8、厚0.6—1.3厘米（图2.295b，4）。

（3）基本认识

该遗址为马涧河北岸的一处小型坡地遗址，文化内涵较为单纯，属于西周时期。

280. 陈河北（112）

（1）概况

位于洛阳偃师市缑氏镇陈河村北。具体位置为马涧河北岸的陈河村北的唐玄路以南，陈河村东北角处的三角形冲沟环绕部分（图2.296）。面积约1.7万平方米。地理坐标为北纬34°37′28.46″，东经112°47′15.02″，海拔约160米。周围为村庄占压。

2002年12月5日，二里头工作队调查发现，2017年7月11日复查。

图2.296　陈河北（左下为北）

（2）主要发现

调查中发现灰坑5个，均为二里头文化时期。采集到石器4件和数量较多的陶片，涵盖二里头、二里岗和东周时期。标本12件。

石斧　112∶2，鲕粒灰岩。灰黑色，磨制，破裂。残长6.1、残宽8、厚3.7厘米（图版二六八，1）。

石器　112∶1，硅质岩。灰黑色。磨制，破裂。长7.4、宽3.5、厚0.95厘米（图版二六七，6）。

石料　112∶4，石英砂岩。肉红色，保留卵石的自然面。残长6.9、残宽3.7、厚2.2厘米（图版二六八，3）。

石片　112∶3，紫英砂岩。淡紫色，保留卵石的自然面。残长6.7、残宽3.9、厚1.9厘米（图版二六八，2）。

1）二里头文化

简单清理灰坑5个。陶片数量较多，可辨认器形有圆腹罐、高领罐、盆、大口尊、盖等。包括二里头文化第二至四期。标本5件。

H1：位于村北断崖（图版一八一，1）。文化堆积厚1—3米。坑内陶片可辨认器形有花边圆腹罐、深腹罐腹片等。年代为二里头文化第二期。

H2：位于村北断崖（图版一八一，2）。文化堆积厚1—3米。坑内陶片多腹片，可辨认器形有圆腹罐、深腹罐、矮领瓮、大口尊。年代为文化二里头文化第四期。

H3：位于村北断崖。文化堆积厚1—3米。坑内陶片可辨认器形有深腹罐、平底盆等。年代为二里头文化第四期。

H4：位于村北断崖。文化堆积厚1—3米。坑内陶片可辨认器形有圆腹罐、深腹罐等。年代为二里头文化第三期。

H5：位于村北断崖。文化堆积厚1—3米。坑内堆积较丰富。具体时期不详。

圆腹罐　3件。112∶5，口沿。泥质灰陶。直领外侈，圆唇，沿下饰一道花边，溜肩。饰细绳纹。口径14、残高6.4、厚0.4—0.6厘米（图2.295b，8；图版三八六，3）。112∶6，口沿。夹砂灰陶。直领外侈，尖唇，沿外有一道凸棱，溜肩。饰绳纹。口径17、残高5、厚0.4—0.5厘米（图2.295b，7；图版三九三，6）。H1∶1，口沿。夹砂褐陶。直领微侈，尖唇，沿外饰一周花边，弧腹。饰细绳纹。口径17、残高13.8、厚0.4—0.5厘米（图2.295b，6；图版三八六，2）。

深腹罐　2件。112∶7，口沿。夹砂灰陶。侈口，卷沿，方唇，溜肩。饰细绳纹。口径20、残高6、厚0.4—0.6厘米（图2.295b，9；图版三九四，1）。H2∶1，口沿。夹砂褐陶。侈口，折沿，尖唇，束颈。素面。口径16、残高4.8、厚0.5—0.6厘米（图2.295b，10）。

2）二里岗文化

可辨认器形有鬲、簋等。可能为二里岗文化早期。标本2件。

鬲　112∶8，口沿。夹砂灰陶。直领外侈，小折沿，尖唇，沿面内侧起凸棱，溜肩。饰绳纹。口径16、残高3.5、厚0.5—0.7厘米（图2.295b，11）。

簋　112∶9，口沿。泥质褐陶。平折沿，方唇，直腹微弧。磨光，外壁饰暗绳纹，内壁有一道凸棱。口径31、残高3.7、厚0.6—0.7厘米（图2.295b，5）。

3）东周时期

采集到少量陶片，属于东周时期，可辨认器形有盆等。无标本。

（3）基本认识

该遗址为马涧河北岸的一处以二里头文化遗存为主的小型遗址，同时见有少量疑似二里岗文化和东周时期的遗物。

281. 化寨东（111）

（1）概况

位于洛阳偃师市缑氏镇化寨村东。具体位置为化寨老寨（已拆除）以东，马涧河北岸的台地上，西、南、东三面为沟，新修唐玄路自遗址上穿过（图2.297）。面积约3万平方米。地理坐标为北纬34°37′34.52″，东经112°47′06.40″，海拔约153米。修建唐玄路时在遗址北侧取土，路以北被毁损较甚，路南保存尚好，被苗圃覆盖。

2002年12月5日，二里头工作队调查发现，2017年7月11日复查。

图2.297 化寨东（左上为北）

（2）主要发现

调查中发现灶址1处（图版一八二，1）。采集的陶片数量不多，分属于仰韶、二里头和东周时期。标本5件。

1）仰韶文化

个别陶片为仰韶文化时期，可辨认器形有尖底瓶等，具体时段不详。无标本。

2）二里头文化

发现灶址1处，采集的陶片数量较多，可辨认器形有甑、深腹罐、圆腹罐、缸、豆等。属于二里头文化三、四期。标本2件。

Z1：位于村东台地。现存高度约0.5米，直径约0.38米，厚约0.01米。填土为红烧土。灶底坚硬、光亮，黑色，厚约1厘米，灶四周均为红烧土。属于二里头文化。

圆腹罐　111：1，口沿。夹砂灰陶。直领微侈，尖唇，唇外有一道凸棱，溜肩。饰绳纹。口径13、残高7、厚0.3—0.5厘米（图2.295b，13；图版三九四，2）。

深腹罐　111：2，口沿。夹砂灰陶。折沿，圆唇，沿面内凹呈盘口，直腹微弧。饰绳纹。口径20、残高6.2、厚0.6—0.9厘米（图2.295b，14；图版三九四，3）。

3）东周时期

陶片数量不多，可辨认器形有鬲、盆、罐等。属于东周早期。标本3件。

鬲　111：3，口沿。夹砂褐陶。直领外侈，折沿下弇，方唇，唇面、沿面各有一道凹槽。颈部饰剔刺纹。口径28、残高3.8、厚0.5—0.6厘米（图2.295b，12；图版四六四，4）。

盆　111：4，口沿。泥质灰陶。卷沿，方唇，溜肩。素面。口径33、残高4.4、厚0.6厘米（图2.295b，16；图版四六〇，6）。

罐　111：5，口沿。夹砂灰陶。侈口，折沿，圆唇，沿下有一道凹槽，广肩。饰绳纹。口径21、残高5、厚0.8—1.4厘米（图2.295b，15；图版四六一，1）。

（3）基本认识

该遗址为马涧河北岸的一处小型的以二里头文化晚期遗存为主的遗址，同时还有少量的东周早期和仰韶文化遗存。

282. 盆窑寨[①]东南（109）

（1）概况

位于洛阳偃师市缑氏镇盆窑行政村盆窑寨自然村东南。具体位置为盆窑寨东南部的马涧河南岸台地上，东至缑氏镇西北通往马涧河的排水沟，西至盆窑寨村东一线，南至盆窑寨南通往顾刘路道路以南（图2.298a；图版一八二，2）。面积约15万平方米。地理坐标为北纬34°37′34.38″，东经112°46′36.62″，海拔约149米。地表为农田、果园和苗圃覆盖，局部被建筑占压。

图2.298a 盆窑寨东南（左上为北）

第三次全国文物普查期间，洛阳市相关文物机构对该遗址进行了调查[②]，将盆窑寨东南和下文的盆窑寨西南两个地点合称盆窑遗址。2016年被河南省人民政府公布为第七批保护单位。

2003年3月4日，二里头工作队调查发现，2017年7月11日复查。

[①] 原盆窑寨村位于马涧河河道向北凸出弯曲处的南侧，三面环水，南侧仅靠狭窄通道沟通，恰如孤岛。1962年调查发现的盆窑遗址位于马涧河北岸的现东王河南，后被确定为偃师县文物保护单位。1980年后，原盆窑寨村已经陆续搬迁至马涧河南岸台地现盆窑寨村位置，本节所称盆窑寨东南和下文盆窑寨西南两个地点为洛阳市相关文物机构根据二里头工作队提供的资料在第三次全国文物普查后重新确定的河南省文物保护单位。

[②] 河南省第三次全国文物普查领导小组办公室、河南省文物局：《河南省第三次全国文物普查300项重要发现》，海燕出版社，2011年。

（2）主要发现

遗存密集分布于马涧河南岸的断崖上和村北部的坟地内。可见的文化层厚2—3米，南部地面散落的遗物较少。发现灰坑2个，采集的陶片涵盖了仰韶、龙山、二里头、两周几个时期。标本22件。

石铲　109：1，泥质板岩。灰褐色。经过磨制，破裂。残长6.2、宽7、厚2.1厘米（图版二六八，4）。

蚌料　109：11，三角帆蚌。侧齿，右。残长7.2、残宽2.5、厚0.9厘米（图版二六八，5）。

1）仰韶文化

陶片数量较多，可辨认器形有夹砂罐（鼎）、泥质彩陶罐，属于仰韶文化晚期。标本8件。

H1：位于马涧河南岸遗址中部略偏西处的断崖上（图版一八三，1）。文化层堆积厚约1米。坑内包含物可辨认器形有罐形鼎、花边附加堆纹缸、敛口钵。时代为仰韶晚期晚段，接近庙底沟二期文化。

罐形鼎　4件。109：2，口沿。夹砂褐陶。侈口，折沿，尖圆唇，沿面出一道凸棱，溜肩。饰弦纹。口径20、残高6.3、厚0.7—1.4厘米（图2.298b，6；图版三四四，5）。109：3，口沿。夹砂褐陶。侈口，折沿，尖圆唇，溜肩。素面。残高5.8、厚0.8—1.2厘米（图2.298b，1；图版三四四，6）。H1：1，口沿。夹砂灰陶。侈口，折沿，圆唇，沿面有一道凸棱，溜肩，折腹。肩饰数周凹弦纹。口径19、残高10.4、厚0.5—1.4厘米（图2.298b，3；图版三四四，3）。H1：2，口沿。夹砂灰陶。侈口，折沿，尖圆唇，沿面有一道凸棱，溜肩。素

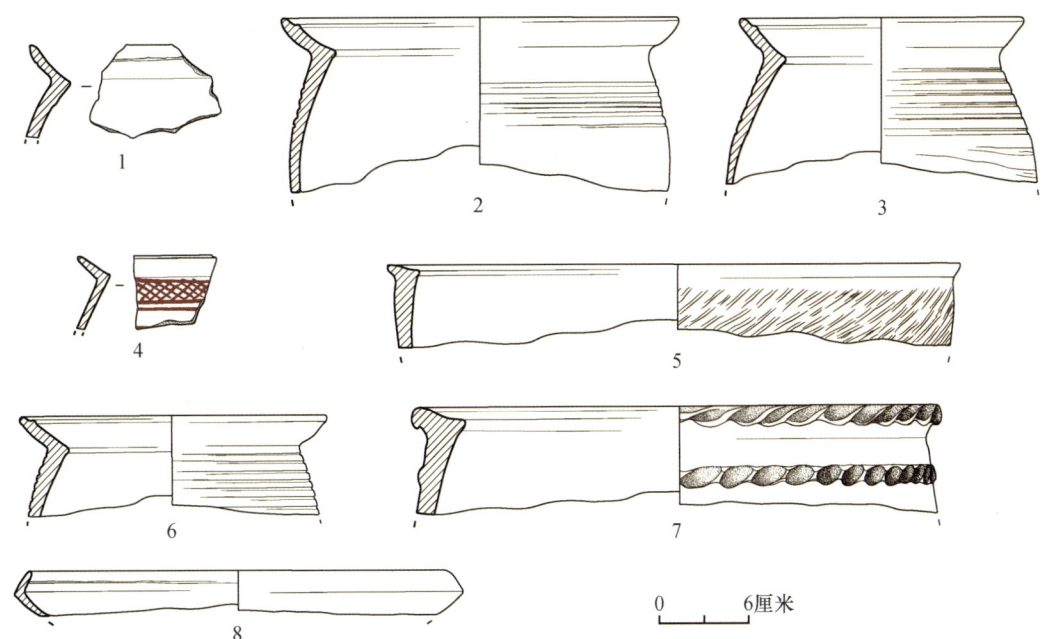

图2.298b　盆窑寨东南（109）采集标本（一）

1—3、6.罐形鼎（109：3、H1：2、H1：1、109：2）　4.罐（109：4）　5、7.缸（H1：4、H1：3）　8.敛口钵（H1：5）

面，肩饰数周凸弦纹。口径26、残高11、厚0.6—1.5厘米（图2.298b，2；图版三四四，4）。

罐　109∶4，口沿。泥质褐陶。侈口，尖唇，溜肩。口沿施一周红彩，外壁施红彩平行线纹夹网格纹。残高4.7、厚0.5—0.6厘米（图2.298b，4；图版三四五，1）。

缸　2件。H1∶3，口沿。夹砂灰陶。直口，平沿，尖圆唇。沿外出棱，饰花边，肩部饰一周附加堆纹。口径35、残高6.6、厚1—1.8厘米（图2.298b，7）。H1∶4，口沿。夹砂灰陶。直口，折沿，尖唇。饰篮纹。口径38、残高5.2、厚0.9—1.5厘米（图2.298b，5）。

敛口钵　H1∶5，口沿。泥质灰陶。敛口，内折沿，尖圆唇。素面。口径27、残高2.8、厚0.3—0.5厘米（图2.298b，8）。

2）龙山文化

部分陶片接近龙山早期。无典型标本。

3）二里头文化

口沿较少，多为腹片。纹饰以绳纹为主，陶质以灰陶为主。可辨认器形有圆腹罐、深腹罐、缸、尊、大口尊，属于二里头文化三、四期。无标本。

4）西周时期

见有少量陶片，器形有鬲等，属于西周晚期。标本1件。

鬲　109∶5，口沿。夹砂灰陶。折沿，方唇，沿面饰数周凹弦纹。残高2、厚0.7—1.1厘米（图2.298c，1）。

5）东周时期

发现灰坑1个。采集到大量的陶片，可辨认器形有鬲、瓮、缸、盆、罐、平底盆、豆等。多属于东周晚期。标本11件。

H2：位于马涧河南岸，村东约50米处的断崖上（图版一八三，2）。坑内包含物以东周陶片标本为主。年代为东周晚期。

鬲　109∶10，口沿。泥质褐陶。折沿，方唇，沿面弧，唇面有一道凹槽，溜肩，肩部饰两道凸弦纹。口径26、残高3.6、厚0.6—0.7厘米（图2.298c，5）。

盆　3件。109∶8，口沿。泥质灰陶。折沿，方唇，溜肩，肩部有一道凹槽和一道凸棱。素面。口径33、残高5、厚0.5—0.8厘米（图2.298c，6；图版四六一，5）。109∶9，口沿。泥质灰陶。折沿，沿面微凹，溜肩，肩部有两道凹槽。素面。口径39、残高4、厚0.7—0.9厘米（图2.298c，8）。H2∶3，口沿。泥质灰陶。平折沿，方唇，直腹微弧。素面。口径29、残高3.8、厚0.5—0.7厘米（图2.298c，7）。

罐　4件。109∶6，口沿。泥质灰陶。直口微侈，圆唇，沿内有一周凹槽，溜肩。素面。残高4.5、厚0.7—0.8厘米（图2.298c，3）。109∶7，口沿。泥质灰陶。卷沿，圆唇。磨光。口径40、残高3、厚0.4—1.1厘米（图2.298c，2）。H2∶4，口沿。泥质灰陶。折沿，沿面微弧，方唇，唇面有一道凹槽，溜肩。素面。口径30、残高7.3、厚0.8—1.4厘米（图2.298c，10；图版四六一，3）。H2∶5，口沿。泥质灰陶。折沿，方唇，唇面有一道凹槽。素面。口径24、残高3.4、厚0.7—0.9厘米（图2.298c，9）。

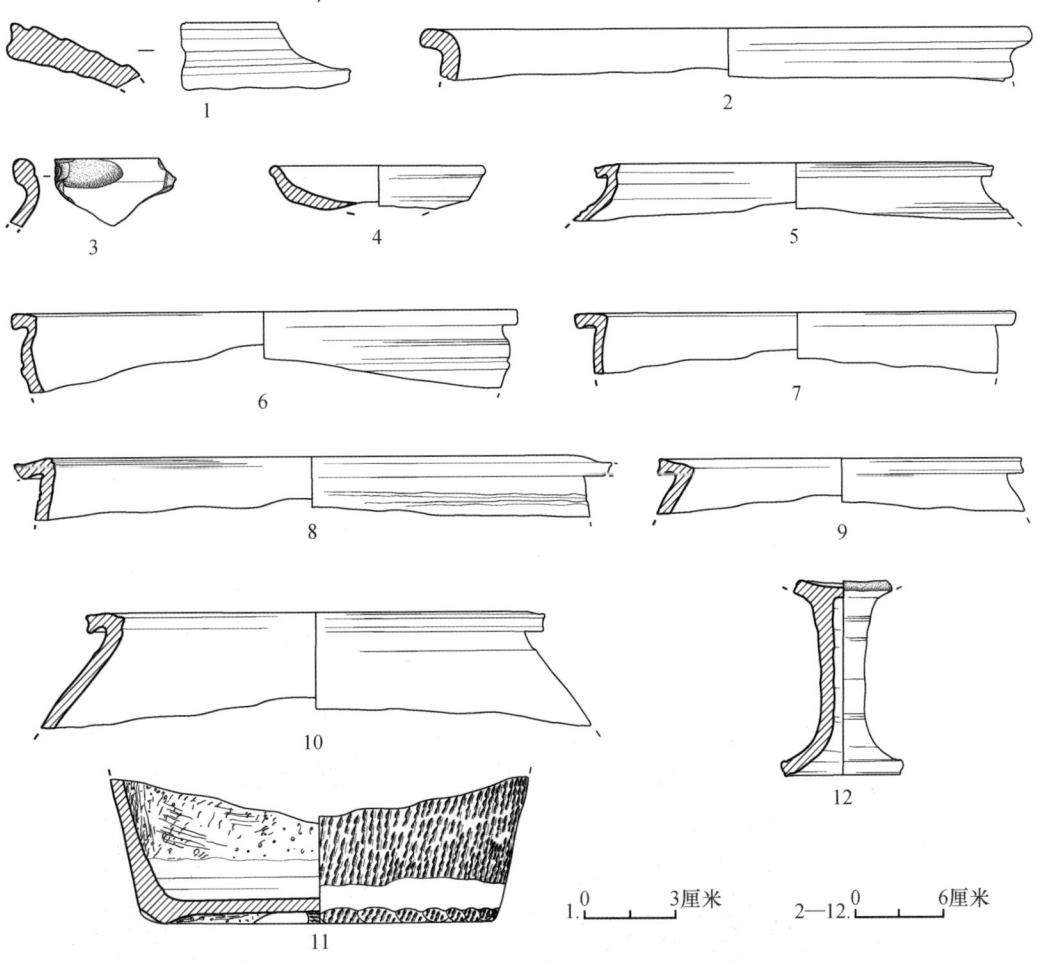

图2.298c　盆窑寨东南（109）采集标本（二）

1、5.鬲（109：5、109：10）　2、3、9、10.罐（109：7、109：6、H2：5、H2：4）　4、12.豆（H2：2、H2：1）
6—8.盆（109：8、H2：3、109：9）　11.平底盆（H2：6）

豆　2件。H2：1，柄及圈足部。泥质灰陶。柱状近实心，喇叭口。素面。底径8、残高12.4、厚0.7—0.9厘米（图2.298c，12；图版四六一，2）。H2：2，口沿。泥质灰陶。侈口，斜折腹。素面。口径14、残高2.8、厚0.6—0.8厘米（图2.298c，4）。

平底盆　H2：6，底部。泥质灰陶。直腹微弧，平底。腹饰绳纹，底部饰一周压印纹。底径23、残高9.2、厚0.7—1.7厘米（图2.298c，11；图版四六一，4）。

（3）基本认识

该遗址为马涧河南岸的一处中型遗址，文化内涵较为复杂，以仰韶晚期和东周晚期遗存为主，此外还有少量龙山早期、二里头文化晚期和西周晚期的遗存，尤其是龙山早期的遗存在本区域较为少见。复查中未见二里岗文化及殷墟文化陶片[1]。

---

[1] 中国社会科学院考古研究所二里头工作队：《河南洛阳盆地2001～2003年考古调查简报》，《考古》2005年第5期。

283. 盆窑寨西南（110）

位于洛阳偃师市缑氏镇盆窑行政村盆窑寨自然村西南部。具体位置为盆窑寨村西南小学校的西南部，南邻黑龙沟，北至学校西南角，西王河至盆窑寨的两条道路自遗址上穿过（图2.299）。面积约20.9万平方米。地理坐标为北纬34°37′46.25″，东经112°46′00.48″，海拔约155米。地表为农田、果园、苗圃和蔬菜大棚覆盖。2016年被河南省人民政府公布为第七批文物保护单位。

2002年12月4日，二里头工作队调查发现，2017年7月11日复查。

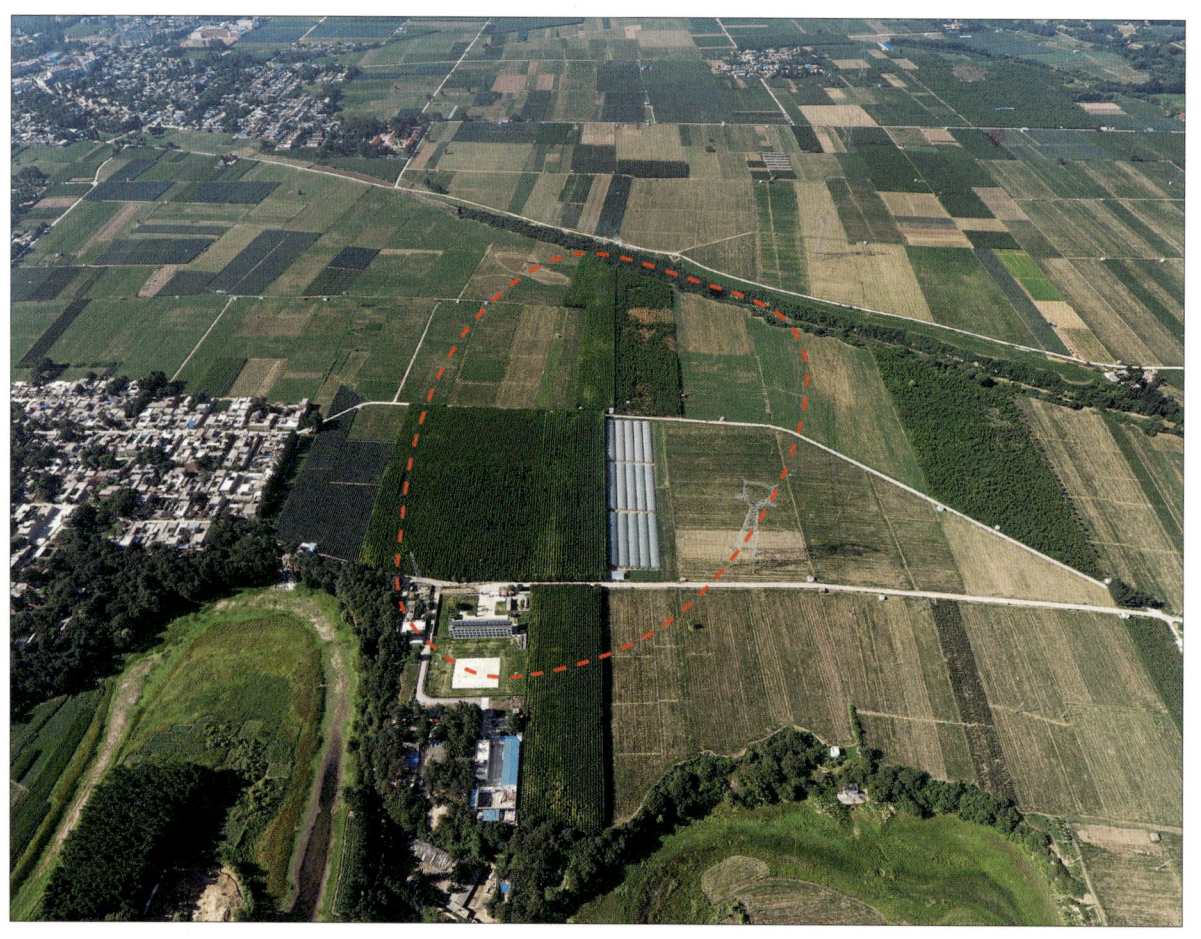

图2.299　盆窑寨西南（下为北）

调查中未发现文化层和其他遗迹。采集到少量陶片，均为泥质罐腹片，见有篮纹、方格纹、素面。属于龙山文化遗物。具体时段不详。

该遗址可能为马涧河南岸、黑龙沟北的一处较为单纯的中小型龙山文化遗址，亦不能排除遗物自盆窑寨村东南部搬运而至的可能性。

284. 东王河东南（101）

（1）概况

位于洛阳偃师市缑氏镇盆窑行政村东王河自然村东南、盆窑村西。具体位置为东王河村东的马涧河北岸台地上，东至盆窑村西250米，西至东王河村，南邻马涧河，北至东王河至盆窑村道路（图2.300a）。龙山至二里头时期的遗存主要分布于村东，面积约0.8万平方米。殷墟文化的遗存分布于盆窑村西（又称盆窑遗址），面积约0.5万平方米。东周时期遗存分布于两村之间，面积约1.5万平方米。仰韶时期的遗存面积不详。地理坐标为北纬34°38′05.11″，东经112°46′02.52″，海拔约148米。地表为农田覆盖，东部被盆窑村民宅和工厂占压较多。

1962年，中国科学院考古研究所洛阳发掘队对盆窑遗址进行过调查，在盆窑村西250米处的马涧河北岸台地上的东西向道路砖窑处发现有灰坑和文化层，采集到矮足厚胎鬲和罐等遗物，认为属于商代晚期（殷墟文化）[1]。1984年，洛阳市文物普查队也对该遗址进行过调查，确认之前的认识，并认为还存在两周时期的遗存[2]。现为偃师市文物保护单位。

图2.300a　东王河东南（上为北）

---

[1] 中国科学院考古研究所洛阳发掘队：《河南偃师商代和西周遗址调查简报》，《考古》1963年第12期。
[2] 方孝廉：《洛阳市一九八四年古文化遗址调查简报》，《中原文物》1987年第3期。

2002年12月2日，二里头工作队调查该遗址，2017年7月11日复查。

（2）主要发现

本次调查于地表采集的陶片不多，主要为仰韶、龙山、二里头时期。标本5件。

1）仰韶文化

陶片以盆、钵的腹片为主，另外还有泥质彩陶罐、网格纹加横竖平行线纹陶片、管流盉等。属于仰韶文化中、晚期。标本1件。

盉 101：1，流部。夹砂灰陶。柱形流。素面。残长20.7、孔径1—1.7厘米（图2.300b，1；图版三四五，2）。

2）龙山文化

陶片数量不多，可辨认器形有横篮纹鼎、小口高领罐、直口花边弦纹缸、敛口钵等。属于龙山时代早期。标本2件。

鼎 101：2，口沿。夹砂灰陶。侈口，折沿，方唇，唇部有凹槽，溜肩。饰篮纹。口径17、残高5.5、厚0.4—0.8厘米（图2.300b，4）。

缸 101：3，口沿。夹砂褐陶。敛口，方唇，沿内有两道凹槽，唇外饰花边。器表上部饰划纹，下部饰凹弦纹。残高4.5、厚1.2—1.8厘米（图2.300b，3；图版三五五，6）。

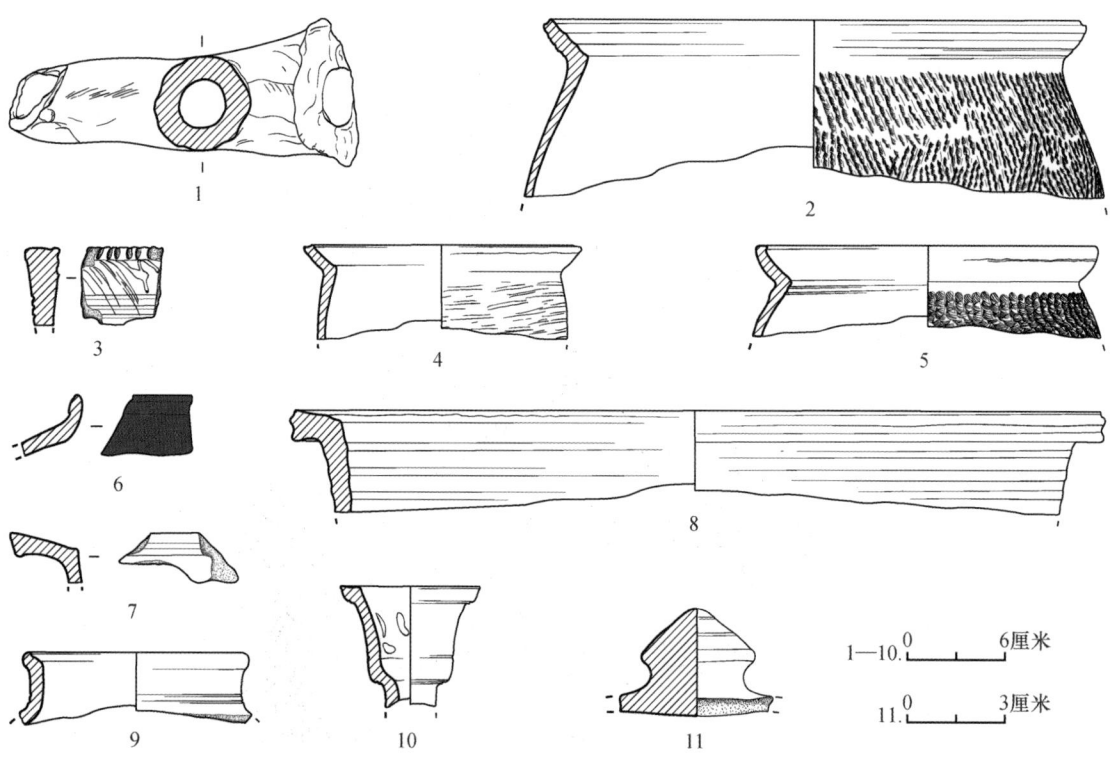

图2.300b 东王河东南（101）、东王河北（100）、东王河（099）、陶化店水库东（108）采集标本
1.盉（101：1） 2.瓮（101：4） 3.缸（101：3） 4.鼎（101：2） 5.深腹罐（101：5） 6.小口罐（100：7）
7、8.盆（100：8、100：9） 9.罐（100：10） 10.高柄杯（099：2） 11.盖纽（108：1）

3）二里头文化

陶片数量不多，可辨认器形有深腹罐、瓮等。涵盖二里头文化早、晚期。标本2件。

深腹罐　101∶5，口沿。夹砂褐陶。直领外侈，方唇，溜肩。饰粗绳纹。口径21、残高5.4、厚0.6—0.8厘米（图2.300b，5；图版三八六，4）。

瓮　101∶4，口沿。夹砂灰陶。直领外侈，方唇，唇部有一道凹槽，沿面有三周凹槽，溜肩。饰细绳纹。口径33、残高10.6、厚0.5—1厘米（图2.300b，2；图版三九四，4）。

4）殷墟文化

本次调查未见到遗物。

5）东周时期

本次调查未见到遗物。

（3）基本认识

该遗址为马涧河北岸台地上的一处小型遗址，文化内涵较为复杂，涵盖仰韶中、晚期，龙山早期，二里头文化，结合以往调查资料看，还有殷墟晚期以及东周时期，范围也应比目前的认识为大。其中龙山早期和二里头时期的遗存稍多。

285. 东王河北（100）

（1）概况

位于洛阳偃师市缑氏镇盆窑行政村东王河自然村北约200米处。具体位置为东王河村北的偃师市火葬场周围，主要位于火葬场以西、西北、西南（图2.301；图版一八四，1）。仰韶时期的遗存主要见于火葬场周围的较高地段，面积约21.8万平方米，东周时期的遗存遍及整个遗址，面积约33万平方米，二里头文化遗存的面积不详。地理坐标为北纬34°38′25.95″，东经112°45′56.69″，海拔约150米。遗址北部被取土破坏较甚，南部多为农田和苗圃。

2002年12月2日，二里头工作队调查发现，2017年7月11日复查。

图2.301　东王河北（上为北）

（2）主要发现

调查中采集石器6件。采集陶片不多，主要为仰韶文化和东周时期，少量为二里头文化。标本共10件。

石料　2件。100：1，石英砂岩。淡紫色，经过打制、琢击，表面产生一定程度的次生变化。长9.3、宽2.4—5.2、厚3.7厘米（图版二六八，6）。100∶6，硅质岩。灰黑色，小石片。残长2.7、宽3.2、厚1.4厘米（图版二六九，5）。

砍砸器　3件。100∶2，石英砂岩。淡紫色，经过打制，有砍砸造成的破裂面。长7.2、宽5.5—6.7、厚4.7厘米（图版二六九，1）。100∶3，英安岩。灰黑色。经过打制，有砍砸造成的破裂面。长11.4、宽7.4、厚4—4.3厘米（图版二六九，2）。100∶4，石英岩。淡紫色。留有部分卵石的自然面，和打制成的破裂面，有砍砸造成的破裂面。长9.4、宽3.8—5.4、厚1.8—3.7厘米（图版二六九，3）。

石锤　100∶5，细粒砂岩。肉红色，器表留有卵石的自然面（上端1个、器身2个面），器身周围和底部有琢击痕，顶面和器身之间的颈部有琢痕。直径6.2—7.1、高4.7厘米（图版二六九，4）。

1）仰韶文化

陶片稍多。可辨认器形有泥质彩陶罐、夹砂小罐、尖底瓶、盖等。属于仰韶文化晚期。标本1件。

小口罐　100∶7，口沿。泥质灰陶。直领外侈，圆唇，溜肩。施红彩。残高3.4厘米（图2.300b，6；图版三四五，3）。

2）二里头文化

见有部分疑似二里头文化陶片，包括绳纹、弦纹和素面陶片。无标本。具体时段不详。

3）东周时期

陶片数量稍多。包括盆、罐等，多属于东周晚期。标本3件。

盆　2件。100∶8，口沿。泥质灰陶。折沿，方唇，直腹。残高3、厚0.7—0.8厘米（图2.300b，7）。100∶9，口沿。泥质灰陶。折沿，方唇，唇面出一道凹槽，直腹。腹饰凹弦纹。口径50、残高6.2、厚0.9—1.3厘米（图2.300b，8；图版四六一，6）。

罐　100∶10，口沿。泥质灰陶。直领外侈，圆唇。素面。口径14、残高4.2、厚0.7厘米（图2.300b，9）。

（3）基本认识

该遗址为马涧河北岸坡地上的一处以仰韶晚期和东周晚期遗存为主的中小型遗址，同时可能有少量的二里头文化遗存。

286. 东王河（099）

（1）概况

位于洛阳偃师市缑氏镇盆窑行政村东王河自然村西部，具体位置为马涧河北岸东王河村西的台地上，北至东王河村西通往李家湾村东西向道路，东至东王河村西，南至马涧河北岸南缘，西至东王河跨马涧河通往西王河的土坝以西（图2.302）。仰韶、龙山、二里头时期的遗存主要集中于遗址西部，面积约2.1万平方米，东周时期的遗存遍及整个遗址，面积约8.3万平方米。地理坐标为北纬34°38′07.35″，东经112°45′48.39″，海拔约148米。遗址地表为农田覆盖。

2002年12月2日，二里头工作队调查发现，2017年7月11日复查。

图2.302　东王河（上为北）

（2）主要发现

调查中在地表采集的遗物不多。包括石灰烧石1块及陶片若干，陶片涵盖仰韶、龙山、二里头、殷墟和东周时期。采集到个别的仰韶时期线纹陶片，可能为尖底瓶腹片。具体时段不详。采集到少量的龙山时期篮纹陶片，可辨认器形有高柄杯等。标本2件。

烧石　099∶1，石灰岩。土白色，经过烧制，未烧透。残长5.9、残宽5.7、残厚3.5厘米（图版二六九，6）。

高柄杯　099∶2，口沿。泥质灰陶。折沿，方唇，直腹，下收出柄。磨光。口径8.5、残高7.2、厚0.6—0.7厘米（图2.300b，10；图版三七四，2）。

此外还见有零星可能属于二里头文化的内壁带有麻点的绳纹陶片、可能属于殷墟文化的粗绳纹陶片以及少量的可能属于东周时期的素面灰陶陶片。

（3）基本认识

该遗址的文化内涵比较复杂，大体与东王河东南（101）遗址的内涵相同，包括仰韶、龙山、二里头、殷墟和东周时期，但是遗址规模较小。不排除搬运而至的可能性。

287. 陶化店水库东（108）

（1）概况

位于洛阳偃师市缑氏镇陶化店水库东。具体位置为东王河村西部，陶化店水库东侧的马涧河北岸，李家湾通往东王河道路陶化店水库东侧段两侧的台地上（图2.303；图版一八四，2）。遗址三面临河，面积约9万平方米。地理坐标为北纬34°38′11.47″，东经112°45′19.36″，海拔约142米。遗址地表为农田覆盖。

2003年3月3日，二里头工作队调查，2017年7月11日复查。

图2.303　陶化店水库东（上为北）

（2）主要发现

调查中采集到的遗物较少，包仰韶、龙山和二里头文化时期。

其中仰韶文化的陶片稍多，均为碎片，见有线纹、弦纹和彩陶片。器形和具体时段不详。

龙山时期的遗物发现少量，均为龙山晚期的篮纹陶片。

二里头文化的遗物仅采集到器盖钮1件。

盖钮　108：1，泥质灰陶。尖顶帽形，帽檐较窄，顶部呈尖状。直径3.3、残高3.2厘米（图2.300b，11；图版三九四，5）。

（3）基本认识

该遗址为马涧河与浏涧河汇合处东北岸的一处小型遗址，文化内涵稍显复杂，以仰韶文化遗存为主，也见有少量龙山晚期和二里头文化的遗存。

（十一）浏涧河、马涧河汇合后浏涧河下游

浏涧河和马涧河汇合出陶化店水库后，下游河道北经李湾、吴家湾和李家湾之间、苗湾北、任庄北、顾县南寨北，绕白云岭出沟在安滩村南部汇注入伊河。

沿岸遗址分布密集，共计9处（图2.304），共同构成了伊河南岸浏涧河下游的遗址群。

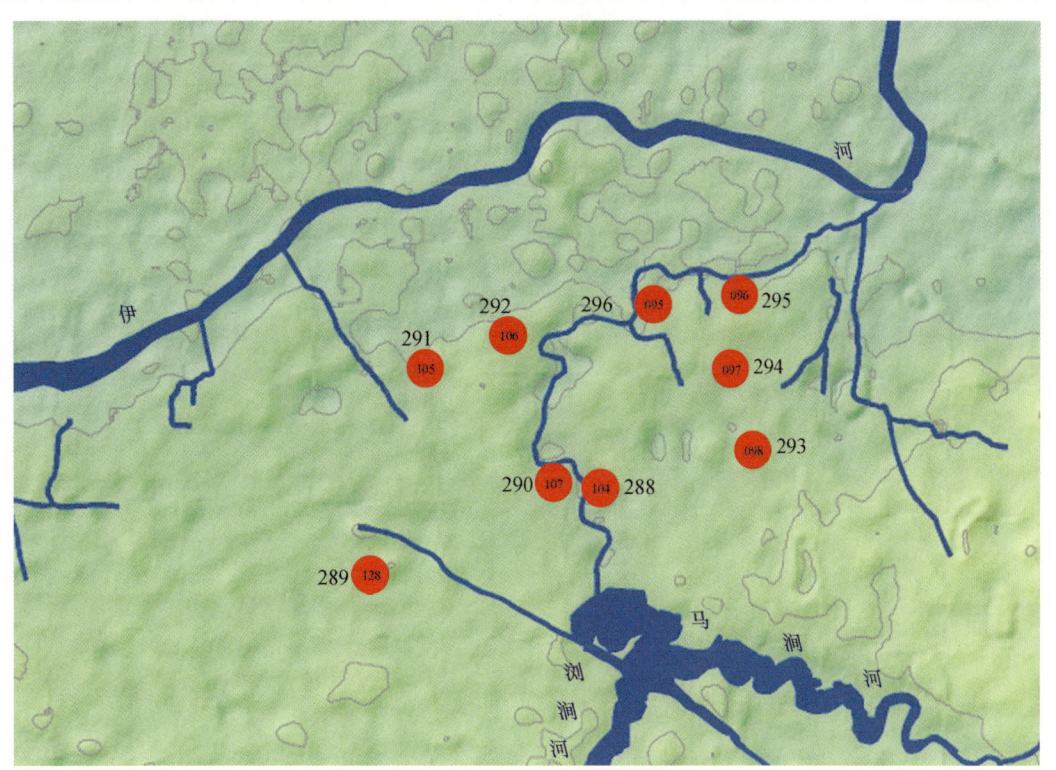

图2.304　马涧河下游遗址分布示意图

288. 李家湾东南（104）

（1）概况

位于洛阳偃师市顾县镇李家湾村东南部。具体位置为陶化店水库大坝正北部的李家湾村东南部、浏涧河东岸台地上，西至浏涧河东岸西缘，南至郑西高铁沿线的工厂占地区，东至李家湾村东南北向道路，北至民宅（图2.305a）。二里头时期的遗存主要集中于遗址南部的浏涧河东岸，面积约6.7万平方米，仰韶和东周时期的遗存遍及整个遗址，面积约10.5万平方米。地理坐标为北纬34°38′37.00″，东经112°44′57.99″，海拔约131米。遗址南部被砖厂取土破坏（已废弃），现为垃圾场，东南部被工厂占压，北侧为苗圃和农田，郑西高铁自遗址北侧东西向穿过。

2003年3月2日，二里头工作队调查发现，2017年7月12日复查。

图2.305a　李家湾东南（左为北）

（2）主要发现

调查中采集到不少陶片，涵盖仰韶、二里头、二里岗和东周时期。标本4件。

其中仰韶文化陶片相对较多，均为泥质红陶，个别磨光，但是较为破碎，无典型标本。具体时段不详。

二里头文化陶片数量相对较少，可辨认器形有深腹罐、大口尊等。属于二里头文化三、四期，无标本。

二里岗文化的陶片数量不多，可辨认器形有鬲、豆、盆等。为二里岗文化晚期，标本4件。

鬲　104∶1，口沿。夹砂褐陶。侈口，折沿，方唇。颈部饰一道凹弦纹，腹饰绳纹。口径19、残高7、厚0.7—0.9厘米（图2.305b，14；图版四一八，3）。

豆　104∶2，口沿。泥质灰陶。小折沿，圆唇，斜弧腹，浅盘。素面。口径15、残高3.3、厚0.6—0.7厘米（图2.305b，7；图版四一八，4）。

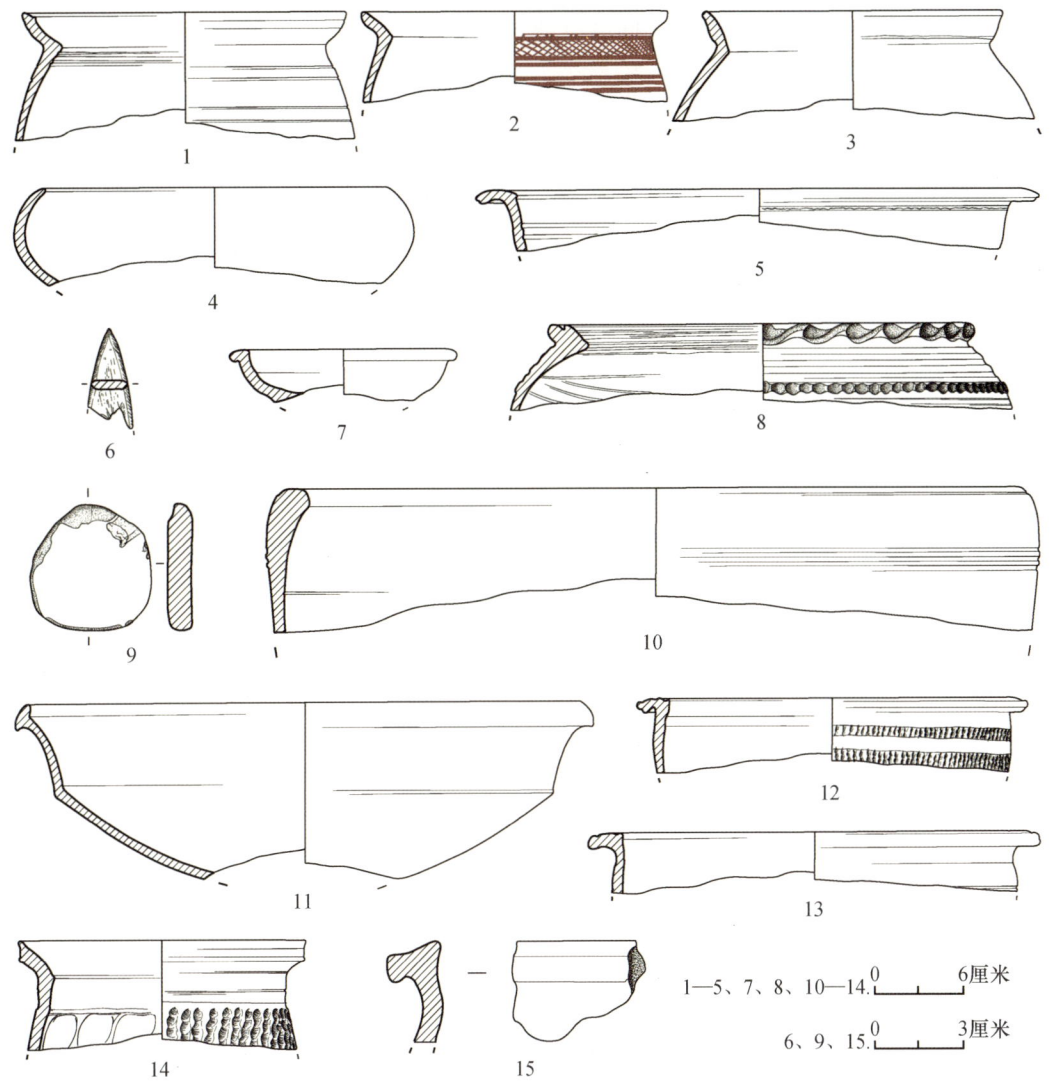

图2.305b　李家湾东南（104）、铺刘北（128）、吴家湾东南（107）、段西村西北（105）、段东村东北（106）采集标本

1.夹砂罐（106∶2）　2、3.泥质罐（106∶5、106∶6）　4.钵（105∶1）　5、11—13.盆（104∶3、106∶4、107∶3、107∶2）　6.骨镞（106∶7）　7.豆（104∶2）　8.罐形鼎（106∶1）　9.圆陶片（104∶4）　10.敛口缸（106∶3）　14、15.鬲（104∶1、128∶1）

盆　104∶3，口沿。泥质黑陶。圈沿，圆唇，唇面饰一道凹弦纹，沿面微弧，斜直腹。素面，内壁有两道凹弦纹。口径37、残高3.8、厚0.6—0.7厘米（图2.305b，5；图版四一三，6）。

圆陶片　104∶4，泥质灰陶。腹片磨制而成，近圆形。直径4—4.1、厚0.7厘米（图2.305b，9）。

东周时期的陶片数量较少，无标本。具体时段不详。

（3）基本认识

该遗址为陶化店水库东部、白云岭北坡上浏涧河沿岸的一处中小型坡地遗址，文化内涵较为复杂，包括仰韶、二里头、二里岗和东周时期。

289. 铺刘北（128）

（1）概况

位于洛阳偃师市高龙镇铺刘村北部。具体位置为逯寨南通往陶化店水库浅沟的南侧，铺刘村与逯寨村中间偏西处，铺刘西通往顾龙路（S320）道路两侧，西北距顾龙路约50米（图2.306；图版一八五，1）。在铺刘村北的公坟处地表见有数量较多的陶片，密集区的面积约5.4万平方米，周围为汉代陵墓群，地表散见陶片，面积约32万平方米。地理坐标为北纬34°38′27.35″，东经112°43′20.00″，海拔约133米。地表为农田蔬菜田。

2003年3月3日，二里头工作队调查发现，2017年7月11日复查。

图2.306　铺刘北（左为北）

（2）主要发现

调查中采集到不少陶片，包括仰韶、龙山和东周时期，以龙山时期遗物为主。

仰韶时期的陶片较少，可辨认器形有小口高领瓮、圈足盘等，属于仰韶文化晚期。无标本。龙山时期的陶片较多，纹饰以篮纹、方格纹为主。均为腹片，无标本。具体时段不详。东周时期的陶片最少，可辨认器形有鬲，为东周晚期。标本1件。

鬲　128∶1，口沿。夹砂红陶。折沿，方唇，沿面微凹。素面。残高3.2、厚0.6厘米（图2.305b，15）。

（3）基本认识

该遗址为浏涧河和马涧河汇流后浏涧河干流西侧的一处小型遗址，遗存以龙山时期为主，也见有少量仰韶晚期和东周晚期遗物。

290. 吴家湾东南（107）

（1）概况

位于洛阳偃师市顾县镇吴家湾村东南。具体位置为吴家湾村东南、浏涧河西岸的半岛型台地上，遗址北、东、南三面临河谷，郑西高铁自遗址北部穿过（图2.307）。面积约3万平方米。地理坐标为北纬34°38′46.04″，东经112°44′38.00″，海拔约138米。地表为农田和葡萄园。

2003年3月2日，二里头工作队调查发现，2017年7月12日复查。

图2.307 吴家湾东南（左为北）

（2）主要发现

调查中采集到不少的遗物，以龙山和二里头时期为主，另有不少仰韶、二里岗和东周时期的遗存。标本3件。

残石器 107：1，泥质板岩。灰色。经过磨制，两端残破。残长6.6、宽3.9—4.2、厚3—3.1厘米（图版二七〇，1）。

1)仰韶文化

采集到少量陶片,均破碎。可辨认器形有泥质彩陶罐,属于仰韶文化晚期。无标本。

2)龙山文化

采集到不少陶片,纹饰以篮纹、方格纹为主,属于龙山晚期。均破碎,无标本。

3)二里头文化

采集到不少陶片,属于二里头文化三、四期。均碎片,无标本。

4)二里岗文化

见有少量陶片,器形为盆,属于二里岗文化晚期。标本1件。

盆　107：2,口沿,泥质灰陶。折沿,圆唇,沿面有两道凹槽,直腹。素面。口径30、残高3.8、厚0.5—0.7厘米(图2.305b,13;图版四一八,5)。

5)东周时期

见有少量陶片,器形有盆等。标本1件。具体时段不详。

盆　107：3,口沿,泥质灰陶。折沿,方唇,唇面饰一道凹弦纹,沿面饰三道凹弦纹,沿内有一道凹槽,直腹。腹饰弦断绳纹。口径26、残高4.7、厚0.6—0.7厘米(图2.305b,12)。

(3)基本认识

该遗址为马涧河干流西侧的一处以龙山晚期和二里头文化晚期遗存为主的小型遗址,兼有仰韶晚期、二里岗晚期和东周时期的遗存。

291. 段西村西北（105）

（1）概况

位于洛阳偃师市顾县镇段西村西北部。具体位置为段西村西北部的伊河南岸台地黄蟒崖上，东至村中南北向冲沟，西至村西五岔沟东（图2.308）。面积不详。地理坐标为北纬34°39′21.31″，东经112°44′00.98″，海拔约127米。遗址大部分被村庄占压，北侧在洛阳—偃师快速路修建时被破坏少许。

2003年3月2日，二里头工作队调查发现，2017年7月12日复查。

图2.308　段西村西北（上为北）

（2）主要发现

采集到少量的陶片，主要为仰韶晚期，个别疑似二里头时期。标本1件。

钵　105：1，口沿。泥质红陶。敛口，圆唇，鼓腹。素面。口径22、残高6.2、厚0.5—0.6厘米（图2.305b，4；图版三四五，4）。

（3）基本认识

该遗址可能为伊河南岸的一处以仰韶文化晚期遗存为主的小型遗址，可能还有少量二里头文化遗存。

292. 段东村东北（106）

（1）概况

位于洛阳偃师市顾县镇段东村东北部。具体位置为浏涧河流入伊河河谷处西岸的台地黄蟒崖东端，段东村老村内。遗址南邻浏涧河，北为伊河河谷，三面临河，面积不详（图2.309）。地理坐标为北纬34°39′29.39″，东经112°44′34.21″，海拔约130米。遗址大部分被旧村民宅占压。

2003年6月16日，二里头工作队调查发现，2017年7月12日复查。

图2.309　段东村东北（上为北）

（2）主要发现

在旧村周围断崖处采集到不少遗物，均为仰韶文化时期。陶片可辨认器形有附加堆纹罐、泥质彩陶罐、夹砂罐、敛口缸、盆、小口高领瓮、小口尖底瓶、圈足盘、折腹钵、碗、器盖、罐形鼎等，属于仰韶文化晚期。此外还采集有骨镞等遗物。标本7件。

骨镞　106:7，扁平，经磨制，顶部尖锐，两侧有刃，铤部残。长3.2、宽1.4、厚0.25厘米（图2.305b，6；图版二七〇，2）。

罐形鼎　106∶1，口沿。夹砂褐陶。敛口，尖唇，广肩。沿外饰花边，肩部饰附加堆纹及凸弦纹。口径26、残高5.4、厚0.4—1.2厘米（图2.305b，8；图版三四五，5）。

夹砂罐　106∶2，口沿。夹砂褐陶。侈口，折沿，尖唇，沿内出一道凸棱，溜肩。饰凹弦纹。口径21、残高8.2、厚0.5—1厘米（图2.305b，1；图版三四五，6）。

敛口缸　106∶3，口沿。泥质褐陶。敛口，圆唇，直腹微弧。饰凹弦纹。口径51、残高9.2、厚0.7—2.4厘米（图2.305b，10；图版三四六，1）。

盆　106∶4，口沿。泥质黑陶。侈口，"丁"字形口沿，折腹。磨光。口径36.5、残高11.3、厚0.4—0.6厘米（图2.305b，11；图版三四六，2）。

泥质罐　2件。106∶5，口沿。泥质褐陶。折沿，尖唇，溜肩。沿外施一周红彩，肩施红彩平行线纹夹网格纹。口径20、残高5.7、厚0.5—0.6厘米（图2.305b，2；图版三四六，3）。106∶6，口沿。泥质红陶。直领微侈，圆唇，溜肩。素面。口径20、残高7、厚0.5—0.7厘米（图2.305b，3；图版三四六，4）。

（3）基本认识

该遗址为浏涧河西岸的一处文化内涵较为单纯的仰韶文化晚期遗址，个别遗存可能到龙山文化早期。

293. 苗湾东南（098）

（1）概况

位于洛阳偃师市顾县镇苗湾村东南部。具体位置为顾县南部白云岭西段北坡上，苗湾南部的中达化工厂周围的北、东、西三侧，郑西高铁从遗址中间穿过（图2.310a）。面积约23.1万平方米。地理坐标为北纬34°38′52.59″，东经112°45′37.66″，海拔137—148米。地表为农田覆盖，局部被工厂和郑西高铁高架桥占压。

2002年12月2日，二里头工作队调查发现，2017年7月11日复查。

图2.310a 苗湾东南（左上为北）

（2）主要发现

调查中发现数量较多的陶片，多为仰韶时期，少量为东周时期。

其中仰韶文化的陶片较碎小，均为泥质红陶。可辨认器形有泥质彩陶罐、罐、缸、盆、瓮、小口尖底瓶、彩陶钵、弧线三角纹彩陶钵、折腹钵、器盖。属于仰韶文化中、晚期遗存。标本6件。

罐 098∶1，口沿。泥质红陶。敛口，圆唇，沿外包边，弧腹。内壁有水垢。残高8.4、厚0.5—0.8厘米（图2.310b，9）。

盆 4件。098∶3，口沿。泥质灰陶。小折沿，圆唇，沿下有一道凹弦纹，直腹微弧。磨光，施红彩平行线纹夹网格纹。残高4.4、厚0.5—0.8厘米（图2.310b，3）。098∶4，口沿。泥质红陶。卷沿，圆唇，直腹微弧。施黑彩。残高3.4、厚0.6—0.7厘米（图2.310b，4）。098∶5，口沿。泥质灰陶。敛口圆唇，沿内包边加厚，弧腹。磨光，饰凹弦纹。残高2.9、厚0.8—1.3厘米（图2.310b，5）。098∶6，口沿，泥质红陶。敛口，圆唇。施白衣黑彩。残高2.8、厚0.7—0.8厘米（图2.310b，6）。

刀 098∶2，泥质灰陶。利用钵腹片打制而成，单面刃，一端残，一端有打制缺口。残高4.7、厚0.5—0.6厘米（图2.310b，7；图版三二○，2）。

此外，还发现少量东周陶片，较破碎，无法细断具体期段。

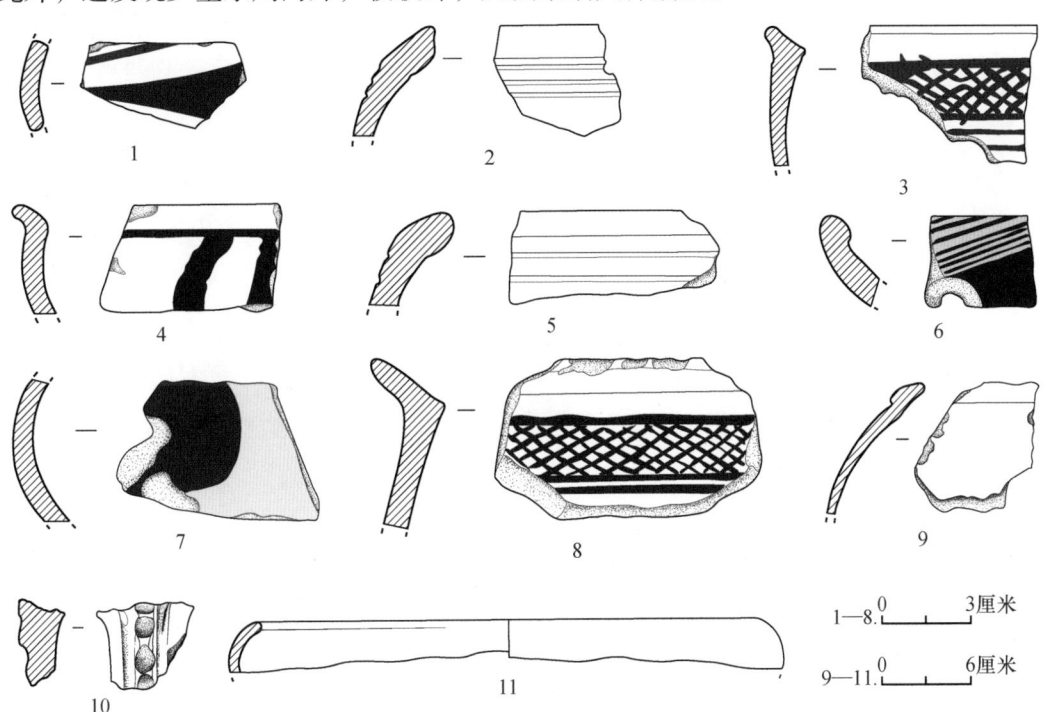

图2.310b　苗湾东南（098）、苗湾C（097）采集遗物

1—6.盆（097∶4、097∶3、098∶3、098∶4、098∶5、098∶6）　7.刀（098∶2）　8.泥质彩陶罐（097∶2）　9.罐（098∶1）
10.鼎（097∶1）　11.钵（097∶5）

（3）基本认识

该遗址可能为浏阳河干流东部、白云岭西端北坡上的一处以仰韶文化中、晚期遗存为主的坡地遗址，可能还有少量东周时期遗存。该遗址为苗湾周边遗址群之一，不排除遗物自苗湾A、B两地点搬运而至的可能性。

294. 苗湾C（097）

（1）概况

位于洛阳偃师市顾县镇苗湾村南。具体位置为苗湾村南的顾龙路（S320）以南，苗湾与李家湾之间的冲沟以东，苗湾村与任庄村之间的冲沟以西，南至苗湾村南部东西向道路（图2.311）。面积约19万平方米。地理坐标为北纬34°39′17.73″，东经112°45′22.74″，海拔约139米。遗址大部分被村庄和工厂占压，剩余部分多为农田和苗圃。

2002年12月4日，二里头工作队调查发现，2017年7月12日复查。

图2.311　苗湾C（左上为北）

（2）主要发现

调查中未发现其他遗迹。地表采集到不少的遗物，以仰韶文化遗存为主，同时见有少量东周遗物。

仰韶文化陶片数量较多，但是较为碎小。可辨认器形有鼎足、泥质彩陶罐、敛口内折沿缸、盆、小口尖底瓶、钵、碗、盖等，属于仰韶文化中、晚期。标本5件。

鼎　097：1，足部。夹砂红陶。凿形足。饰一道附加堆纹。残长5.8、厚1.9—2.9厘米（图2.310b，10；图版三四六，5）。

泥质彩陶罐　097：2，口沿。泥质红陶。侈口，折沿，尖圆唇。施平行线纹夹网格纹。残高5.1、厚0.6—1.3厘米（图2.310b，8；图版三四六，6）。

盆　2件。097：3，口沿。泥质黑陶。敛口，方唇，弧腹。磨光，饰凹弦纹。残高3.6、厚0.6—1.1厘米（图2.310b，2）。097：4，腹片。泥质红陶。施白衣褐彩。残长5.5、厚0.6厘米（图2.310b，1）。

钵　097：5，口沿。泥质红陶。敛口，圆唇，弧腹。素面。口径32、残高3.2、厚0.5—0.6厘米（图2.310b，11）。

东周时期陶片数量较少，无典型标本，具体时段不详。

（3）基本认识

该遗址可能为白云岭西段南坡、马涧河东南岸的一处较大型的以仰韶文化中、晚期遗存为主的遗址，兼有少量东周时期的遗存。该遗址调查中未发现相关遗迹，遗物不排除从苗湾A、B两处搬运而至的可能。

295. 苗湾B（096）

（1）概况

即苗湾遗址，位于洛阳偃师市顾县镇苗湾村北部。具体位置为苗湾村北部伊河河谷南侧的台地上，东至苗湾与任庄间冲沟西岸，西至苗湾村西北部伊河南岸的高台上，南至村中，西南部为冲沟（图2.312a；图版一八五，2）。面积约25万平方米。地理坐标为北纬34°39′35.37″，东经112°45′18.40″，海拔128—130米。遗址南部大部分被村庄占压，北部（杨寨）在洛偃快速路修建时大部分被损毁。现为偃师市文物保护单位。

图2.312a 苗湾B（上为北）

1959年10月，中国科学院考古研究洛阳发掘队对苗湾遗址（时属缑氏乡）进行调查，认为该遗址位于自高崖延伸而来的伊河南岸台地上，东西长约750米，南北长500米。遗址所处的台地上包括杨寨、胡家寨、肖家寨等3个村寨，断崖上暴露出不少的灰坑、墓葬和文化层。采集到仰韶文化晚期的红陶片、彩陶片及尖底瓶、夹砂粗陶鼎等，同时还有西周时期的高领罐、折口罐等和少量的二里头文化遗物①。

1960年，北京大学历史系考古实习队对苗湾遗址进行调查，认为遗址面积约2万平方米，自北向南包括杨寨、肖家寨和胡家寨三部分。采集到不少的石器和陶器，认为属于"王湾第二期文化"，在台地北缘的杨寨附近，还发现两周时期的豆和夹砂绳纹罐②。

1962年7月，中国科学院考古研究洛阳发掘队再次对该遗址进行调查，详细勘察了遗址的范围、遗存密集分布区、主要文化内涵和具体年代。发现了窑址、灰坑和瓮棺葬等遗迹，其中苗湾和胡家寨周围遗存分布密集，包括仰韶（庙底沟文化）、庙底沟二期和西周时期三个阶段，面积约7.5万平方米③。

1984年5—11月，洛阳市文物普查队也对苗湾遗址进行了调查，推测遗址面积约150万平方米，包括胡家寨和杨沟（杨寨）等村，发现该遗址文化层较厚、遗物灰坑相当丰富。在地面和断崖上采集到王湾一期文化的钵、罐、盆、瓮、尖底瓶等遗物，此外，该遗址还存在庙底沟二期文化的遗存④。

2002年3月11日，二里头工作队调查，2017年7月12日复查。

（2）主要发现

调查中发现了灰坑（图版一八六）。此外还采集到石器、人骨、蚌片等遗物。采集到的陶片数量较多，以仰韶文化遗物为主，见有少量龙山、二里头、殷墟和西周时期的遗物。标本29件。

石杵　096：1，石英岩。肉红色。保留卵石的自然面，端部保留有使用痕，部分破裂。残长14.1、宽4.8—6.2、厚4.5厘米（图2.312b，10；图版二七〇，3）。

1）仰韶文化

采集到大量陶片。可辨认器形有釜形鼎、小口尖底瓶、泥质彩陶罐、夹砂罐、折肩罐、弧线三角勾叶纹盆、盆、敛口瓮、钵、碗、盖等，此外还发现有烧制变形的陶器。属于仰韶文化中、晚期。标本27件。

鼎　4件。096：2，腹片。夹砂褐陶。掺蚌料。折腹，圜底。腹饰凹弦纹。残高4.8、厚1—2.4厘米（图2.312b，2）。096：3，足部。夹砂褐陶。凿形足。素面。残长10.2厘米（图2.312b，4；图版三四七，1）。096：4，足部。夹砂褐陶。凿形足。素面。残长7.3厘米（图2.312b，5）。096：27，口沿。夹砂灰陶。敛口，内折沿，尖唇，沿面微凹。肩部饰一道附加堆纹。口径28、残高3.4、厚0.8—1.2厘米（图2.312c，14；图版三四七，4）。

小口尖底瓶　3件。096：5，底部。夹砂红陶。尖底，厚胎。饰线纹。残高9、厚0.8—1.2

---

① 二里头工作队资料。
② 北京大学历史系洛阳考古实习队：《河南偃师伊河南岸考古调查试掘报告》，《考古》1964年第11期。
③ 中国科学院考古研究所洛阳发掘队：《河南偃师商代和西周遗址调查简报》，《考古》1963年第12期；中国科学院考古研究所洛阳发掘队：《伊河下游几处新石器时代遗址的调查》，《考古》1964年第1期。
④ 方孝廉：《洛阳市一九八四年古文化遗址调查简报》，《中原文物》1987年第3期。

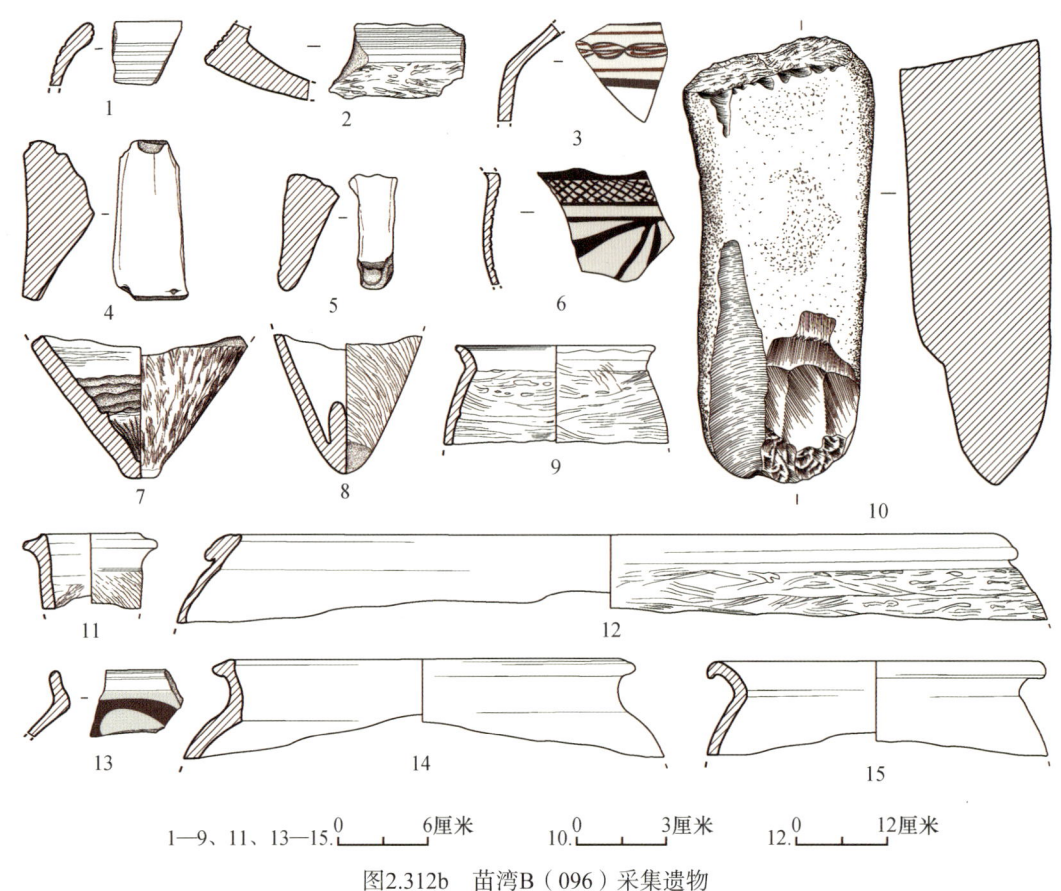

图2.312b 苗湾B（096）采集遗物

1.盆（096：8） 2、4、5.鼎（096：2、096：3、096：4） 3、6、9、13—15.罐（096：14、096：15、096：13、096：12、096：10、096：11） 7、8、11.小口尖底瓶（096：5、096：6、096：7） 10.石杵（096：1） 12.敛口瓮（096：9）

厘米（图2.312b，7）。096：6，底部。泥质红陶。尖底，底部内有一锥形底芯。饰线纹。残高9、厚0.6—0.8厘米（图2.312b，8）。096：7，口沿。泥质红陶。直口微侈，小折沿。饰线纹。口径8.5、残高4.8、厚0.7—0.8厘米（图2.312b，11）。

盆 4件。096：8，口沿。泥质黑陶。敛口，圆唇，直腹微弧。磨光，腹饰数周凹弦纹。残高4、厚0.6—1.1厘米（图2.312b，1）。096：16，口沿。泥质红陶。折沿，尖唇，鼓腹。素面。口径30、残高11.2、厚0.5—0.9厘米（图2.312c，3）。096：17，口沿。泥质红陶。侈口，圆唇，鼓腹。素面。口径31、残高6.6、厚0.8—1厘米（图2.312c，4）。096：26，口沿。夹砂红陶。敛口，圆唇，直腹微弧。素面。口径28、残高6.5、厚0.9—1厘米（图2.312c，10）。

敛口盆 6件。096：19，口沿。夹砂灰陶。敛口，圆唇，圆弧腹。素面。残高8.2、厚0.5—0.9厘米（图2.312c，1）。096：20，口沿。泥质红陶。敛口，圆唇，圆弧腹。素面。口径27、残高6.8、厚0.4—0.7厘米（图2.312c，5；图版三二〇，4）。096：21，口沿。泥质灰陶。敛口，圆唇，鼓腹。素面。口径26、残高7.2、厚0.7—0.9厘米（图2.312c，9；图版三四七，3）。096：22，口沿。泥质灰陶。敛口，圆唇，鼓腹。施白衣褐彩。残高5.2、厚0.6—1.2厘米（图2.312c，6；图版三二〇，5）。096：23，口沿。泥质红陶。直口微敛，圆唇，折腹，折腹处凸棱明显。素面。口径41、残高5.3、厚0.6—1.1厘米（图2.312c，12）。096：24，口沿。泥

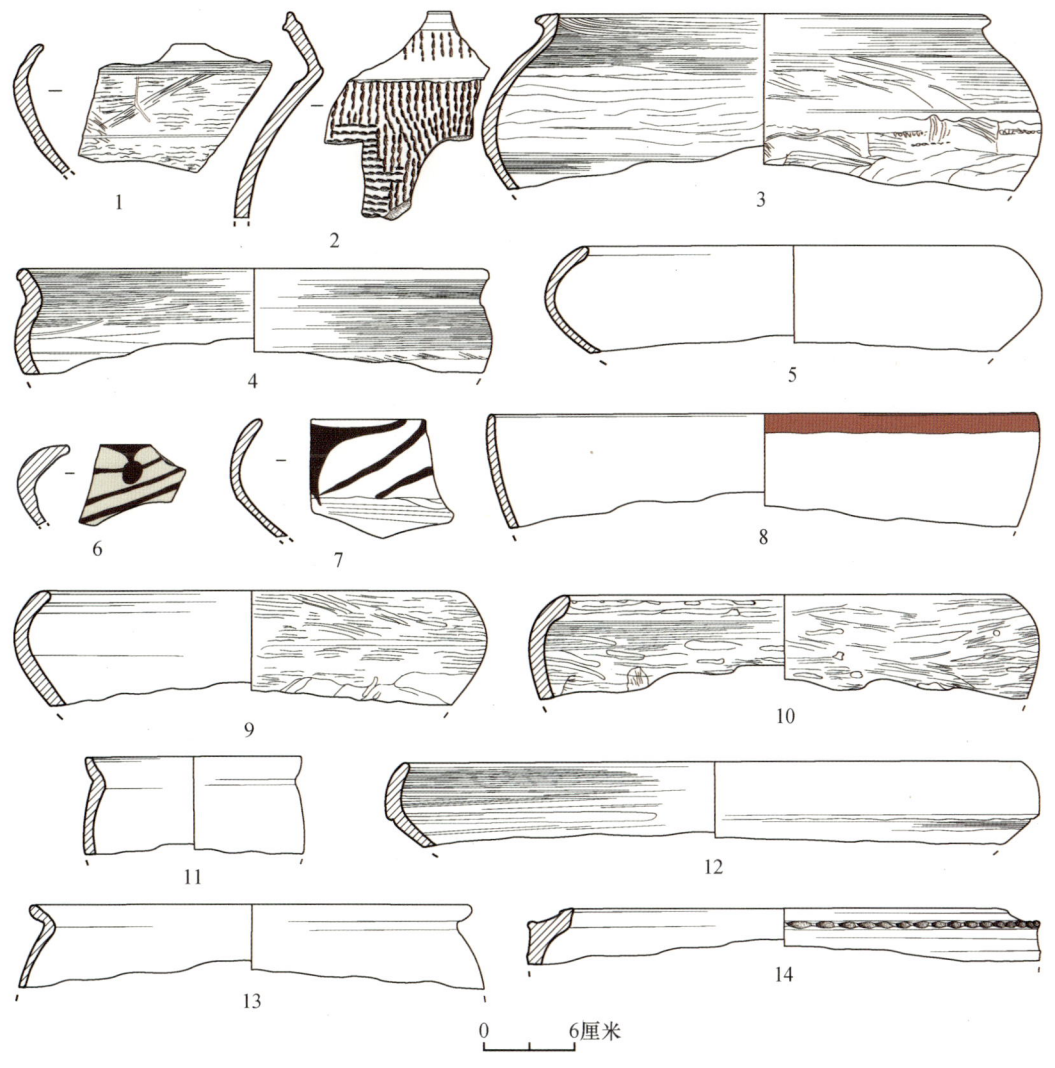

图2.312c 苗湾B（096）采集陶器

1、5—7、9、12.敛口盆（096：19、096：20、096：22、096：24、096：21、096：23） 2.鬲（096：29） 3、4、10.盆（096：16、096：17、096：26） 8.碗（096：18） 11、13.罐（096：28、096：25） 14.鼎（096：27）

质灰陶。敛口，圆唇，鼓腹，斜直内收。施黑彩。残高7.6、厚0.4—0.8厘米（图2.312c，7；图版三二〇，6）。

罐 8件。096：10，口沿。夹砂褐陶。小折沿，圆唇，直领，广肩。素面。口径28、残高6.3、厚0.7—1.2厘米（图2.312b，14）。096：11，口沿。夹砂褐陶。直领外侈，圆唇，沿外包边，广肩。素面。口径22、残高6、厚0.7—0.8厘米（图2.312b，15）。096：12，口沿。泥质红陶。直领外侈，圆唇，广肩。施白衣褐彩。残高4.3、厚0.4—1厘米（图2.312b，13）。096：13，口沿。夹砂褐陶。直领外侈，尖唇，溜肩。素面。口径13、残高6.2、厚0.6—0.7厘米（图2.312b，9）。096：14，腹片。泥质红陶。溜肩，折腹。施白衣褐彩和红彩。残高6.8、厚0.6—0.9厘米（图2.312b，3；图版三四七，2）。096：15，腹片。泥质灰陶。广肩，折腹。施白衣褐彩平行线纹。残高7.3、厚0.4—0.6厘米（图2.312b，6；图版三二〇，3）。096：25，口沿。泥质红陶。侈口，折沿，圆唇，溜肩。素面。口径29、残高5.2、厚0.4—0.7厘米（图2.312c，13）。096：28，口沿。夹砂灰陶。直领外侈，方唇，弧腹。素面。口径14、残高6.2、厚0.6—0.8厘米（图2.312c，11；图版三四七，5）。

碗　096：18，口沿。泥质灰陶。直口，圆唇，直腹微弧。磨光，沿外施一周红彩。口径36、残高7.2、厚0.4—0.5厘米（图2.312c，8）。

敛口瓮　096：9，口沿。夹砂灰陶。敛口，尖唇，沿外包边加厚，广肩。素面。口径49、残高5.5、厚0.4—1.2厘米（图2.312b，12）。

2）龙山文化

陶片数量较少，可辨认器形有夹砂罐形鼎、盆形鼎、豆、泥质黑陶钵等。多为龙山时代早期遗物，此外还见有个别的龙山晚期篮纹陶片。无典型标本。

3）二里头文化

见有极少量的二里头文化的陶片碎片，无标本。具体时段不详。

4）殷墟文化

个别遗物可能晚至殷墟四期。无标本。

5）西周时期

见有少量西周时期陶片，为西周晚期。标本1件。

鬲　096：29，口沿。夹砂灰陶。折沿，圆唇，沿外出一道凸棱，沿内饰一道凹弦纹。饰绳纹。残高13.2、厚0.7—0.9厘米（图2.312c，2；图版四二九，6）。

（3）基本认识

该遗址为马涧河流入伊河河谷处的一处以仰韶文化中、晚期遗存为主的遗址，文化内涵较为复杂，还兼有少量龙山早期、二里头、殷墟晚和西周晚期的遗存。遗址被破坏较为严重，建议提升保护级别。

296. 苗湾A（095）

（1）概况

又称南寨遗址。位于洛阳偃师市顾县镇苗湾村西。具体位置为苗湾村西，浏涧河汇入伊河河谷处东岸台地上的苗湾村与李家湾村间冲沟的北侧。遗址北侧为河湾，西、西南三侧临沟，断崖较高，遗址西部呈半岛形，东侧不远处为苗湾遗址（图2.313a；图版一八七，1）。面积约8万平方米。地理坐标为北纬34°39′28.36″，东经112°45′06.86″，海拔约133米。遗址中东部大部分被民宅占压。现为偃师市文物保护单位。

图2.313a　苗湾A（上为北）

1962年7月，中国科学院考古研究所洛阳发掘队调查该遗址，时称南寨遗址。认为该遗址与苗湾遗址同处伊河南岸台地上，主要分布于村东，断续延伸至村南和村西。面积约3万平方米，可能与苗湾遗址为同一个遗址，但是文化内涵有别。遗物主要为夹砂灰陶、泥质灰陶和泥质黑陶，见有少量的泥质与细泥质红色彩陶，遗物多出自灰坑中，纹饰主要为篮纹，其次为方格纹和绳纹，器形主要为鼎、罐、缸、豆、钵、器盖等，整体上年代晚于苗湾遗址，为仰韶晚期遗存①。

2002年3月11日，二里头工作队调查，2017年7月12日复查。

（2）主要发现

该遗址发现了灰坑（图版一八七，2；图版一八八；图版一八九，1）。采集陶片较丰富。包含仰韶中、晚期至龙山早期和零星二里头文化遗物。标本30件。

1）仰韶文化

采集到大量的陶器残片，可辨认器形有鼎、夹砂罐、罐、彩陶盆、小口高领瓮、缸、杯形口尖底瓶、圈足盘、豆、钵、碗、盖等。属于仰韶文化中、晚期。标本22件。

罐 3件。095：1，口沿。泥质灰陶。折沿上翘，圆唇，斜直腹。磨光。口径32、残高6.6、厚0.6—1厘米（图2.313b，5）。095：14，口沿。夹砂灰陶。折沿，尖唇，沿面微弧，溜肩。肩部饰数周凹弦纹。口径23、残高5.2、厚0.5—0.7厘米（图2.313b，12）。095：15，口沿。夹砂灰陶。小折沿，圆唇，沿面内侧有凸棱，沿面有两周凹槽。溜肩，肩部有数周凹弦纹，折腹。素面见砂粒痕。口径33、残高11.7、厚0.6—1.2厘米（图2.313b，13；图版三二一，3）。

豆 095：2，口沿。泥质红陶。折沿上翘，圆唇，折腹，浅盘。表面磨光。口径25、残高3.4、厚0.3—0.6厘米（图2.313b，9）。

彩陶罐 5件。095：3，口沿。泥质红陶。折沿上翘，尖圆唇，溜肩。磨光，施黑彩平行线纹夹网格纹。残高7.7、厚0.7—0.9厘米（图2.313b，1；图版三四七，6）。095：4，口沿。泥质红陶。折沿上翘，圆唇，溜肩。施黑彩平行线纹夹网格纹。残高5.7、厚0.6—0.8厘米（图2.313b，3；图版三二一，1）。095：5，口沿。泥质红陶。直口，圆唇，矮领，广肩。磨光，施白衣褐彩平行线纹夹网格纹，另有红彩。残高4.4、厚0.5—0.9厘米（图2.313b，2；图版三二一，2）。095：6，口沿。泥质红陶。直口，圆唇，矮领，广肩。施黑彩横向平行线纹夹纵向平行线纹。残高10.7、厚0.5—0.6厘米（图2.313b，7；图版三四八，1）。095：7，腹片。泥质红陶。施白衣褐彩太阳纹。残高6.5、厚0.8—1.2厘米（图2.313b，4；图版三四八，2）。

盆 3件。095：8，口沿。泥质红陶。折沿，圆唇，鼓腹。素面。口径30、残高9、厚0.3—0.8厘米（图2.313b，6；图版三四八，3）。095：9，口沿。泥质红陶。折沿上翘，圆唇，弧腹，腹饰数周凹弦纹。素面。口径36、残高7.5、厚0.5—0.7厘米（图2.313b，8；图版三四八，4）。095：16，口沿。夹砂灰陶。敛口，尖唇，沿外包边呈棱，直腹微弧，腹饰数周凹弦纹。素面。口径28、残高6.6、厚0.7—0.8厘米（图2.313c，1）。

矮领瓮 2件。095：10，口沿。泥质红陶。直口，圆唇，矮领，广肩。素面。口径27、残高8、厚0.5—0.7厘米（图2.313b，10；图版三四八，5）。095：12，口沿。夹砂灰陶。直口，方唇，矮领，广肩。素面。口径23、残高5.2、厚0.4—0.8厘米（图2.313b，11）。

---

① 中国科学院考古研究所洛阳发掘队：《伊河下游几处新石器遗址的调查》，《考古》1964年第1期。

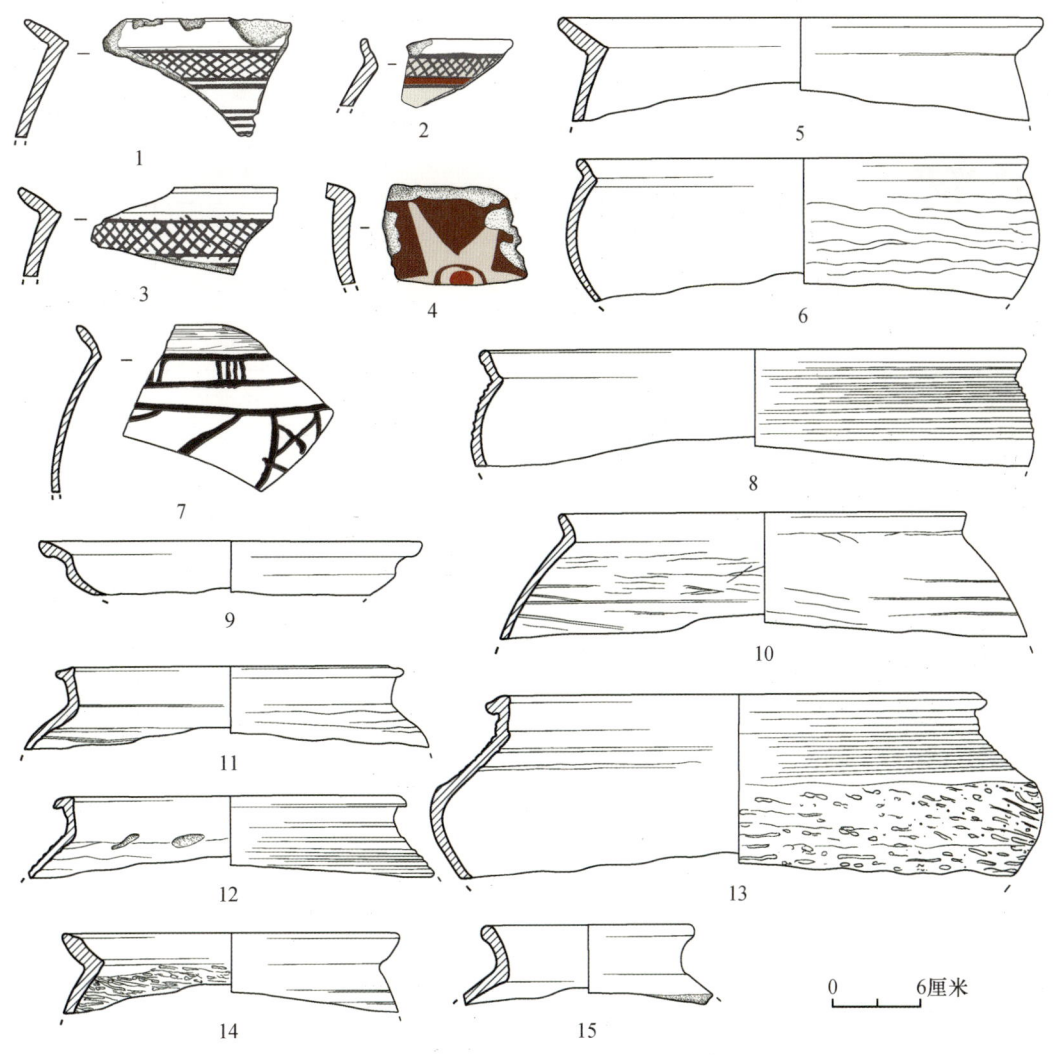

图2.313b 苗湾A（095）采集陶器（一）

1—4、7.彩陶罐（095∶3、095∶5、095∶4、095∶7、095∶6） 5、12、13.罐（095∶1、095∶14、095∶15） 6、8.盆（095∶8、095∶9） 9.豆（095∶2） 10、11.矮领瓮（095∶10、095∶12） 14.鼎（095∶13） 15.高领瓮（095∶11）

高领瓮 095∶11，口沿。夹砂褐陶。直领外侈，圆唇，广肩。素面。口径13.8、残高5.1、厚0.6—0.7厘米（图2.313b，15）。

鼎 095∶13，口沿。夹砂褐陶。侈口，折沿，尖唇，溜肩。素面。口径22、残高5、厚0.6—1厘米（图2.313b，14）。

钵 4件。095∶17，口沿。泥质红陶。敛口，圆唇，弧腹。素面。口径27、残高7.4、厚0.5—0.9厘米（图2.313c，2）。095∶18，口沿。泥质灰陶。敛口，方唇，唇面饰数周凹弦纹，弧腹。外壁施白衣红彩。残高3.3、厚0.7厘米（图2.313c，3；图版三二一，4）。095∶19，口沿。泥质红陶。敛口，圆唇，弧腹。素面。口径26、残高6.8、厚0.7—1.2厘米（图2.313c，5；图版三四八，6）。095∶21，口沿。泥质红陶。侈口，圆唇，折腹。施红彩。残高5.8、厚0.4—0.6厘米（图2.313c，4）。

折腹盆 095∶20，口沿。泥质红陶。敛口，圆唇，折腹，折棱明显。素面。口径38、残

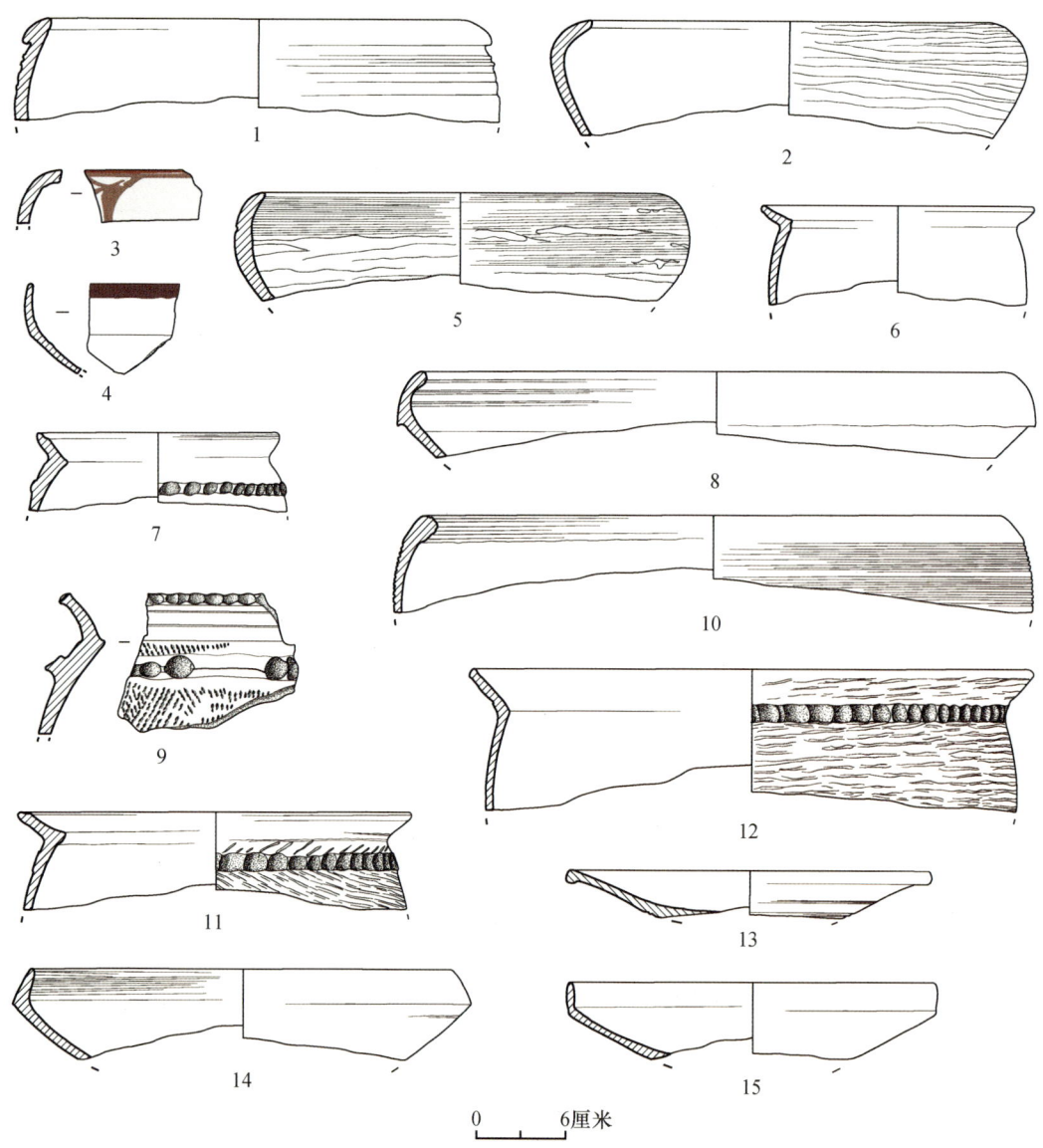

图2.313c 苗湾A（095）采集陶器（二）

1.盆（095∶16） 2—5.钵（095∶17、095∶18、095∶21、095∶19） 6.罐（095∶30） 7、9、11、12.鼎（095∶23、095∶25、095∶24、095∶26） 8.折腹盆（095∶20） 10.瓮（095∶22） 13.盘（095∶27） 14、15.折腹钵（095∶29、095∶28）

高5.5、厚0.5—0.7厘米（图2.313c，8；图版三二一，5）。

瓮 095∶22，口沿。泥质灰陶。内折沿，沿内包边加厚，直腹微弧。磨光，腹饰数周凹弦纹。口径38、残高6.2、厚0.5—1厘米（图2.313c，10）。

2）龙山文化

陶片数量较多，可辨认器形有花边附加堆纹、绳纹折沿罐形鼎、附加堆纹横篮纹折沿鬲鼎、泥质黑陶罐、圈足盘、泥质黑陶折腹钵等，属于龙山时代早期。标本8件。

鼎 4件。095∶23，口沿。夹砂灰陶。折沿上翘，尖唇，沿面有一道凸弦纹，溜肩。腹饰一周附加堆纹。口径16、残高5、厚0.6—1厘米（图2.313c，7；图版三五六，1）。095∶24，口沿。夹砂灰陶。折沿上翘，圆唇，沿面微凹，沿内有一道凹槽，溜肩。肩部饰一周附加堆纹，腹饰篮纹。口径26、残高6.2、厚0.6—0.9厘米（图2.313c，11；图版三五六，2）。095：25，口沿。夹砂灰陶。折沿上翘，方唇，唇面饰花边，沿下饰两道凹弦纹，溜肩。饰绳纹夹附加堆纹。残高8.8、厚0.6—1.5厘米（图2.313c，9；图版三五六，3）。095：26，口沿。夹砂灰陶。折沿上翘，圆唇，溜肩。饰篮纹，颈部有附加堆纹脱落痕迹。口径37、残高9、厚0.5—0.6厘米（图2.313c，12；图版三五六，4）。

盘　095：27，口沿。泥质灰陶。敞口，方唇，沿外包边成棱，斜腹。素面。口径24、残高3、厚0.4—0.9厘米（图2.313c，13）。

折腹钵　2件。095：28，口沿。泥质黑陶。直口，圆唇，折腹。磨光。口径24、残高4.9、厚0.5—0.7厘米（图2.313c，15）。095：29，口沿。泥质黑陶。敛口，圆唇，折腹。磨光。口径28、残高5.8、厚0.5—0.7厘米（图2.313c，14；图版三五六，5）。

罐　095：30，口沿。泥质黑陶。折沿，圆唇，溜肩。磨光。口径18、残高6.3、厚0.5—0.7厘米（图2.313c，6）。

3）二里头文化

仅见少量陶片。具体期段不详。

（3）基本认识

该遗址为浏涧河汇入伊河河谷处东岸的一处以仰韶文化中、晚期和龙山早期遗存为主的遗址，兼有少量二里头文化遗存。

苗湾C（097）与苗湾B（096）和苗湾A（095）、苗湾东南（098）、李家湾东南（104）、吴家湾东南（107）、铺刘北（128）、段东村东北（106）、段西村西北（105）等9个遗址共同构成了伊洛河南岸马涧河下游的遗址群，遗址间距离较小，发现的遗存十分丰富，应该是先秦时期重要的区域中心聚落之一，但是部分遗址被破坏严重，建议提升保护等级。

（十二）干沟河

干沟河为偃师、巩义两市的界河。又称休水。上游称为暗河，中游称滑城河，下游称青龙河。

其源有二：北源发源于辕辕山北麓的李窑村东和张庄村西，经龙头堌堆南、半个寨北、邢村南、参驾店北、雷坡、王坡南、东薛、双塔村北，在赵城村南汇入赵城水库，经赵城村西，在府店村东纳经东庄南、小相南、颜良寨南冲沟来水，经府北村东、冯杨寨西、滑城河村东、南村寨南在桑家沟南汇入桑家沟水库；南源源于笔架山北麓的宋寨、寨孜、夹沟东西一线的宋寨水，经高楼、韦窑、薛村等处汇合夹沟水，入北流经府西村东、村北，滑城河村西，三官庙东等村的府北河，入桑沟水库。

桑沟水库以下，北流经马屯、姚洼、贾屯、李家沟、肖家沟等村东，罗彦庄、念子庄等村西，顾家屯、石家沟、史家湾、新杨村等村东，瓦窑头、柴沟、干沟等村西，在杨村和前庄、刘村、马家楼等村之间汇入伊洛河。沿岸共发现遗址69处（图2.314）。

干沟河西侧的2处遗址肖村南（103）和木阁沟西（102）位于另外的小流域，放在本节一并介绍。

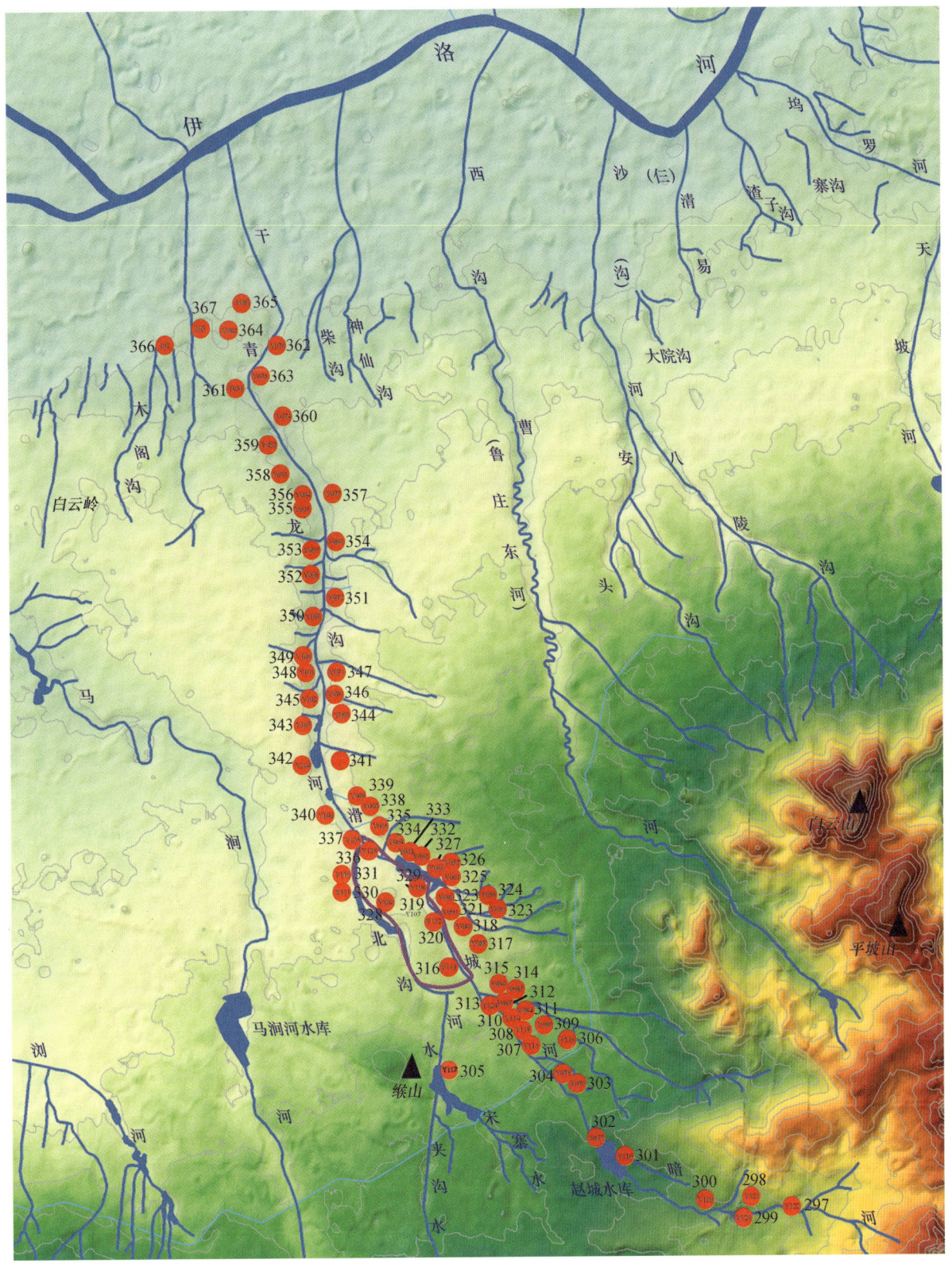

图2.314　干沟河流域遗址分布示意图

297. 李家窑西南（Y122）

（1）概况

位于郑州巩义市鲁庄镇李家窑西南200米，X042乡道以南170米，干沟河主河道南岸，两沟交汇处台地上（图2.315）。面积约0.5万平方米。地理坐标北纬34°32′57.06″，东经112°55′23.31″，海拔约423米。遗址所在为山前临河台地，地势较为平坦，起伏不大，向南不远地势开始陡升。

初查时间2000年6月12日，复查时间2017年7月18日。

图2.315　李家窑西南（左为北）

（2）主要发现

在台地断崖剖面发现了周代灰坑。地表陶片不多，密度不大。仰韶、二里岗和周代均有。采集陶片18片，其中口沿2片、腹片15片、底片1片。无典型标本。

（3）基本认识

该遗址面积较小，以周代遗存为主，含少量仰韶、二里岗文化陶片。缺乏典型标本，具体时段不详。

298. 邢村东（Y121）

（1）概况

位于郑州巩义市鲁庄镇邢村东，龙头谷堆西，乡道（X042）通往半个寨道路交叉口以北高台地上（图2.316a）。面积约2万平方米。地理坐标北纬34°32′56.11″，东经112°54′58.32″，海拔约415米。遗址背山面河，东北临冲沟，所在台地高出公路20余米，地势高亢，起伏很大，形成层层梯田，地表现为苗圃、林地。

初查时间2000年6月11日，复查时间2007年11月7日、2017年7月18日。

图2.316a 邢村东（左上为北）

（2）主要发现

发现了仰韶至龙山过渡期的灰坑，偶见周代陶片，二者范围区别不清。其中仰韶灰坑发现3个（H1—H3），彩陶与篮纹、方格纹陶片共出。H1取有土样。2007年复查时，在北中部一个东西向断崖上发现灰坑1个，编号H4，采集有浮选土样及残留物分析标本。

地表陶片较多，密度较大。采集石器2件，陶片88片，其中口沿25片、腹片60片、底片3片。

石斧　Y121:9,灰岩。残断。琢磨兼制。长方梯形,厚体。残长6、残宽6.5、厚5.9厘米（图版二七〇,4）。

砺石　Y121:10,石英砂岩。残块。磨制。近圆形,双面磨。下面平整,上面微鼓。残长7.1、残宽5.5、厚2.7厘米（图版二七〇,5）。

1）仰韶文化

遗物数量较多,可辨认器形有泥质彩陶罐、夹砂罐、小口高领瓮、花边缸、盆、尖底瓶、豆、钵、盖,属于仰韶文化晚期。标本7件。

夹砂罐　Y121:1,口沿。夹砂黑皮陶。折沿,圆唇,溜肩。素面。口径31.6、残高6.3厘米（图2.316b,8）。

鼎　2件。Y121:2,口沿。夹砂灰陶。折沿上翘,方唇,沿外饰一道凹弦纹,沿内起道凸棱。素面。残宽12.1、残高6.5、厚0.7厘米（图2.316b,4）。Y121:3,口沿。夹砂灰陶。折沿,圆唇,唇面饰花边,沿面有凹弦纹,直腹。素面,附鸡冠錾。残宽10.9、残高7.2、厚3厘米（图2.316b,5）。

罐　3件。Y121:5,口沿。泥质红陶。折沿,尖唇,溜肩。施红衣棕彩。网格纹及横向平行线纹。口径30、残高5.8厘米（图2.316b,6）。Y121:6,口沿。泥质红陶。折沿,尖唇,溜肩。施两条横向平行线纹夹网格纹。口径27.9、残高5厘米（图2.316b,3）。Y121:7,腹片。泥质灰陶。直腹微弧。素面,腹鸡冠錾。残宽17、残高10厘米（图2.316b,2）。

杯形器　Y121:8,可复原。泥质黑皮陶。圆柱形喇叭口,下部残断后磨平。通体磨光。口径6.6、高5.2厘米（图2.316b,1；图版三四九,1）。

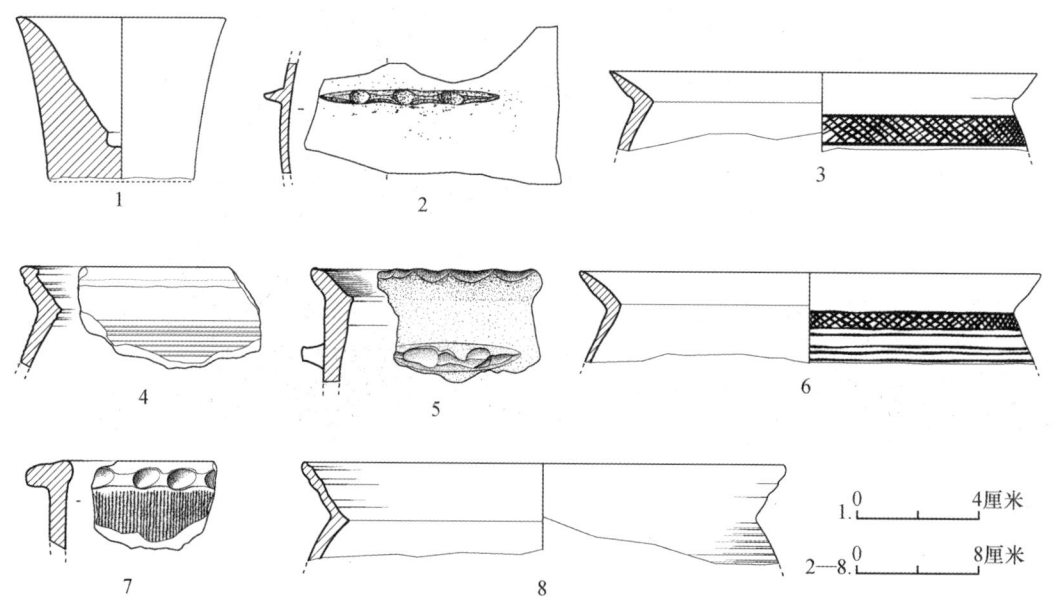

图2.316b　邢村东（Y121）采集标本

1.杯形器（Y121:8）　2、3、6.罐（Y121:7、Y121:6、Y121:5）　4、5.鼎（Y121:2、Y121:3）　7.缸（Y121:4）
8.夹砂罐（Y121:1）

2）龙山文化

早期可辨认器形有夹砂高领罐、夹砂罐。晚期可辨认器形有大口罐、小口高领瓮、圈足盘、觚、缸。标本1件。

缸　Y121：4，口沿。夹砂灰皮褐陶。直口，平沿。沿外饰一道按窝纹，腹饰绳纹。残宽8.4、残高5.8、厚0.9厘米（图2.316b，7）。

3）二里头文化

见有少量陶片，属于二里头一期，无标本。

4）东周时期

周代陶片多为碎片，大致为战国时期。

（3）基本认识

该遗址规模不大，以仰韶晚期遗存为主，兼有龙山文化早、晚期和少量二里头一期、战国时期遗物。复查时未见有典型二里岗期陶片。平整土地对遗址破坏较大。

299. 半个寨（Y123）

（1）概况

位于洛阳偃师市府店镇参驾店行政村半个寨自然村，干沟河主河道南岸小山形高台地上，台地高出四周约10米。具体位置为乡道X042以南，南至半个寨村以南50米，南北向道路以西。与北面邢村东（Y121）时代相近，隔河南北相望（图2.317a）。面积约5.75万平方米。地理坐标北纬34°32′50.63″，东经112°54′57.38″，海拔403米。地面较平，现为村落、林地。

初查时间2000年6月12日，复查时间2007年11月7日、2017年7月18日。

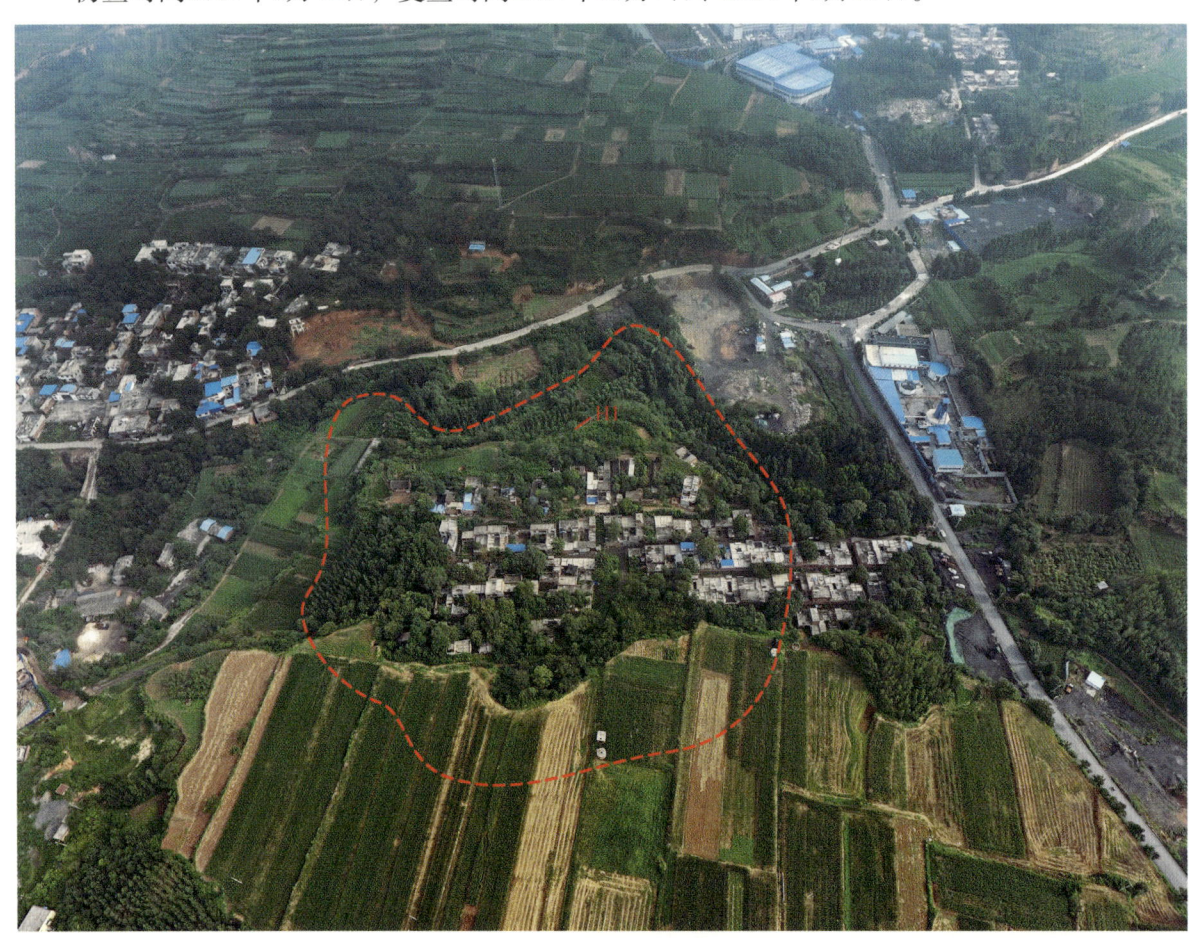

图2.317a　半个寨（上为北）

（2）主要发现

沟边窑洞上方见有灰坑和墓葬。东南角应为墓葬区，发现了至少六七处墓葬，人骨散乱。村南高地上仍有同类陶片分布，稍微稀疏，范围在230米×250米左右，记录分为寨北、寨南。村西台地上亦发现龙山灰坑，村北可能部分被河流冲毁。2007年复查时，在北部断崖上发现灰坑1个，编号H1，采集了浮选土样及残留物分析标本。

采集石器2件，陶片106片，其中口沿34片、腹片66片、底片5片、鼎足1片。

石锛坯　Y123：18，石灰岩。扁平梯形，下面平整，上面微鼓，三角形顶，打制单面直刃。长8、宽6.1、厚2厘米（图2.317b，2；图版二七〇，6）。

石凿　Y123：19，凝灰岩。磨制。扁平长方形，下面平整，上面呈缓坡状，单面直刃，刃部使用痕迹明显。残长3.8、宽3、厚1.1厘米（图2.317b，1；图版二七一，1）。

1）仰韶文化

可辨认器形有鼎、小口高领罐、夹砂罐、瓮、敛口缸、直口缸、盆、彩陶钵、钵，属于仰韶文化中、晚期。标本8件。

鼎　Y123：2，足部。夹砂褐陶。鸭嘴形足。素面。足高8.7厘米（图2.317b，10）。

盆　2件。Y123：3，口沿。夹砂灰陶。内卷沿，敛口，圆唇，沿外饰包边加厚，弧腹。素面。残宽7.8、残高5.2、厚0.8厘米（图2.317b，4）。Y123：4，口沿。泥质灰陶。直口，平沿，沿外包边加厚，直腹。腹饰细绳纹。残宽5.9、残高5.2、厚0.5厘米（图2.317b，3）。

瓮　Y123：5，口沿。泥质灰红陶。直领微卷，圆唇，肩较平。素面。口径12.7、残高4.3厘米（图2.317b，11）。

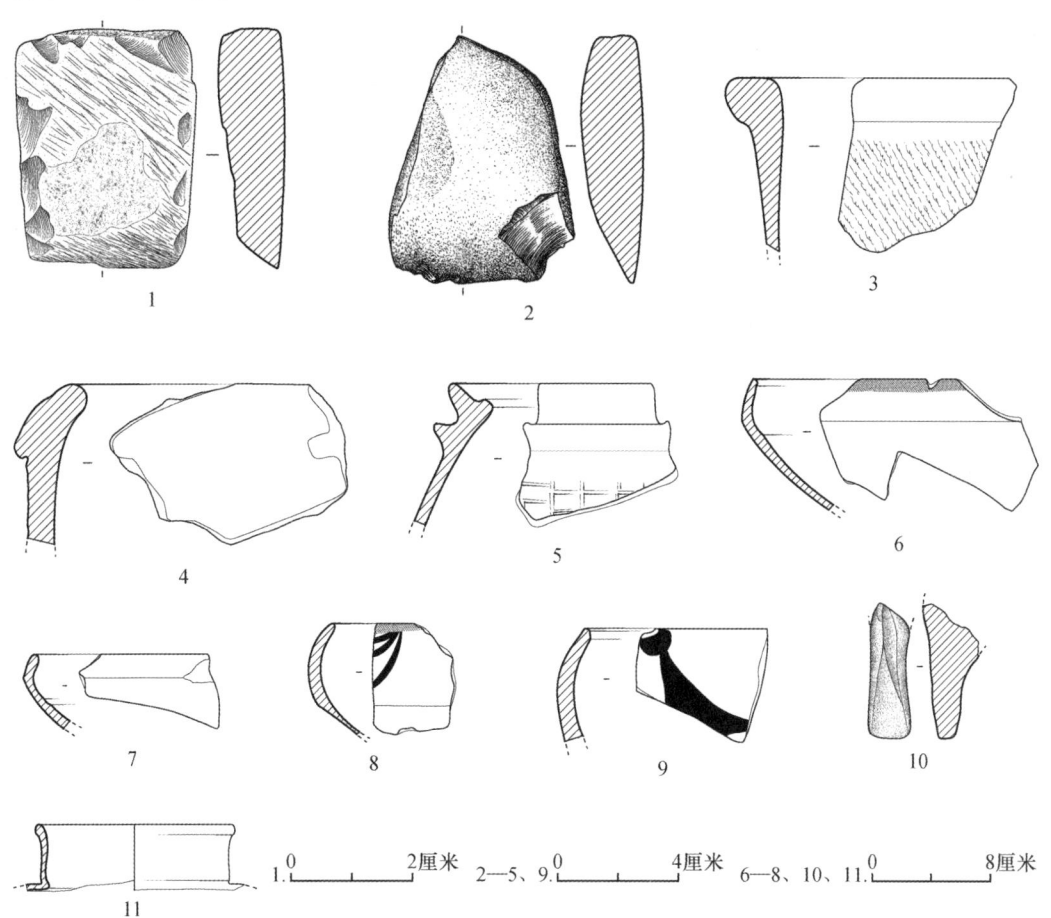

图2.317b　半个寨（Y123）采集遗物

1. 石凿（Y123：19）　2. 石锛坯（Y123：18）　3、4. 盆（Y123：4、Y123：3）　5、10. 鼎（Y123：1、Y123：2）
6—9. 钵（Y123：7、Y123：8、Y123：6、Y123：9）　11. 瓮（Y123：5）

钵　4件。Y123：6，口沿。泥质红陶。内卷沿，圆唇，圆弧肩，折腹下收。磨光，施红衣白彩，沿外施一周红彩带纹，其下施白彩细长叶纹。残宽5.5、残高7厘米（图2.317b，8）。Y123：7，口沿。泥质灰陶。直沿微内敛，圆唇，折腹。施灰衣红彩。沿外施一周红彩带纹。口径32、残高8厘米（图2.317b，6）。Y123：8，口沿。泥质灰陶。直沿内敛，圆唇，折腹。磨光。口径31、残高6厘米（图2.317b，7）。Y123：9，口沿。泥质红陶。内卷沿，敛口，圆唇，弧腹。施白衣黑彩。残宽4.4、残高3.6、厚0.6厘米（图2.317b，9）。

2）龙山文化

可辨认器形有鼎、中口罐、小口高领瓮、器盖、纺轮。早、晚期均有，个别横篮纹陶片时代可到龙山早期。标本9件。

鼎　Y123：1，口沿。夹砂黑皮陶。折沿，圆唇，沿面有一周凹槽，颈部有一周凸棱。腹饰方格纹。残宽5.3、残高4.6厘米（图2.317b，5）。

中口罐　5件。Y123：10，口沿。夹砂灰陶。折沿，方唇，唇面有一道凹弦纹，沿面内凸成一周凸棱，溜肩，弧腹。饰方格纹，内壁有凸麻点。口径28.4、残高12.2厘米（图2.317c，7）。Y123：11，口沿。夹砂灰陶。折沿，圆唇，束颈，溜肩。饰方格纹。口径22.4、残高5.8厘米（图2.317c，3）。Y123：12，口沿。夹砂灰陶。折沿，圆唇，唇面有一周凹槽，圆弧肩。饰方格纹。口径27.3、残高8.9厘米（图2.317c，6）。Y123：13，口沿。夹砂灰陶。折沿，圆唇，沿面微凹，溜肩。饰篮纹。残宽7.3、残高3.9厘米（图2.317c，2）。Y123：14，口沿。夹砂褐陶。折沿，方唇，唇面有一周凹弦纹，圆鼓腹。素面。口径11.6、残高7.8厘米（图2.317c，5）。

瓮　Y123：15，腹片。泥质红陶。肩部磨光，腹饰篮纹。残宽14、残高9厘米。

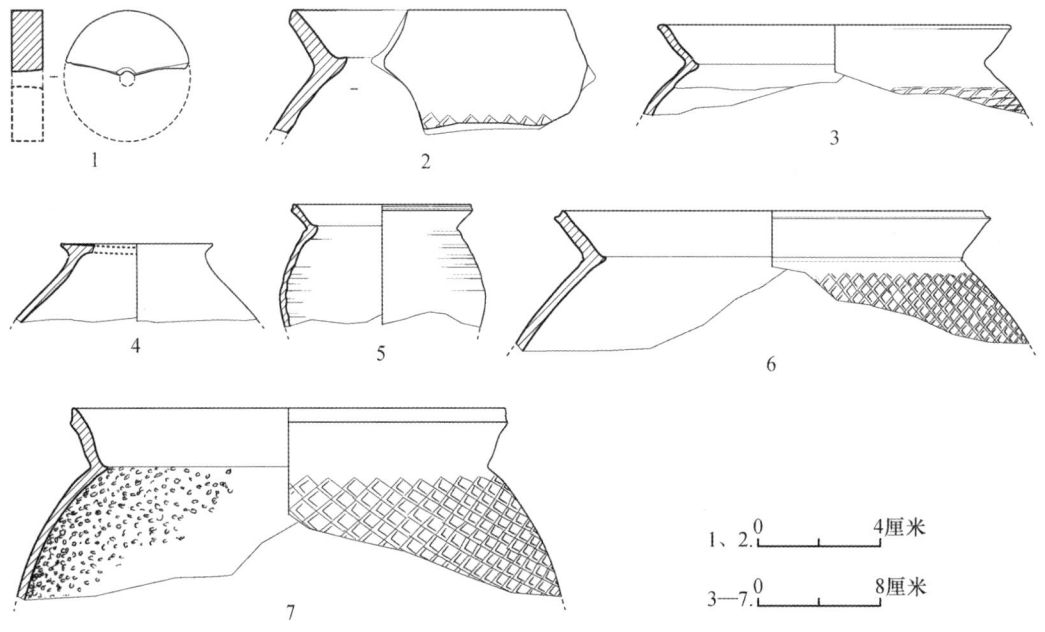

图2.317c　半个寨（Y123）采集陶器
1. 纺轮（Y123：17）　2、3、5—7. 中口罐（Y123：13、Y123：11、Y123：14、Y123：12、Y123：10）
4. 器盖（Y123：16）

器盖　Y123∶16，顶部。泥质褐陶。斜腹，假圈足状平底握手。素面。顶径9.9、残高5厘米（图2.317c，4）。

纺轮　Y123∶17，残半。泥质褐陶。圆形，断面呈长方形，中心有一圆孔，孔径0.5厘米。磨光。直径4、厚1厘米（图2.317c，1）。

（3）基本认识

该遗址规模不大，文化内涵相对复杂，包含仰韶文化中、晚期和龙山文化早、晚期的遗存。保存状况较差，大部分被村庄占压和破坏。

300. 邢村（Y120）

（1）概况

位于郑州巩义市鲁庄镇邢村，具体位置为邢村学校以南，参驾店至邢村公路桥西，干沟河主河道以北。大部分被村庄占压，包含邢村西南，乡道X042以北，干沟河北台地（图2.318a）。面积约1.25万平方米。地理坐标北纬34°32′51.41″，东经112°54′37.96″，海拔约375米。地表现为村庄、道路等。1990年，被确定为巩县文物保护单位；2009年，被确定为郑州市文物保护单位。

初查时间2000年6月11日，复查时间2017年7月18日。

图2.318a　邢村（上为北）

（2）主要发现

在遗址东北角发现了灰坑。因遗址大部分压于村下，地表陶片不多，密度很小。

采集陶片31片，其中口沿2片、腹片29片。部分遗物疑似仰韶文化晚期和龙山早期，其余多为二里岗文化遗物。多碎片，可辨认器形有鬲、盆、缸、罐等。

1）仰韶/龙山文化

遗物多残碎，见有罐等，可能为仰韶文化晚期至龙山早期。

2）二里岗文化

见有鬲、盆、缸等遗物，属于二里岗文化，包括早、晚期。标本1件。

鬲　Y120∶1，口沿。夹砂褐陶。折沿，方唇，唇面微凹，沿面出一道凹槽。素面。残宽6.3、残高3.5厘米（图2.318b，1）。

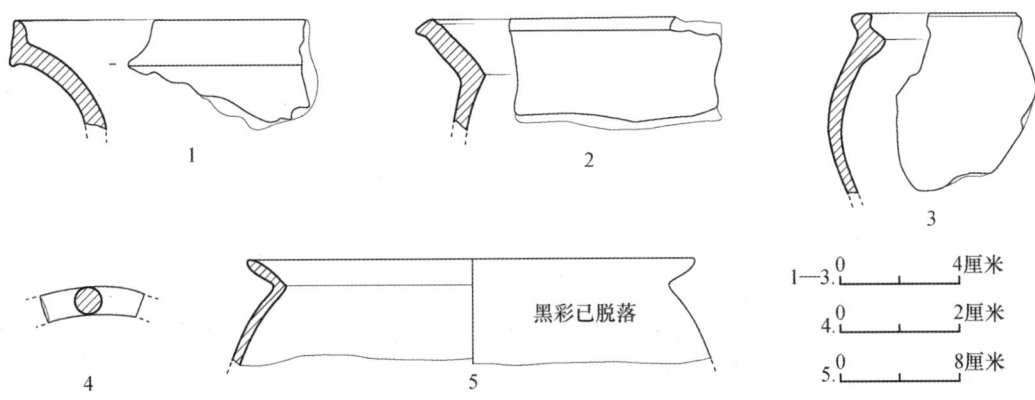

图2.318b　邢村（Y120）、赵城水库东（Y119）采集陶器
1.鬲（Y120∶1）　2.鼎（Y119∶1）　3、5.罐（Y119∶2、Y119∶3）　4.环（Y119∶4）

（3）基本认识

该遗址规模较小，以二里岗文化遗存为主，可能有少量仰韶晚期至龙山早期遗存。整体保存较差，大部分压在村庄下。

301. 赵城水库东（Y119）

（1）概况

位于郑州巩义市鲁庄镇赵城村东南的赵城水库东南约200米处，水库东主河道与北面东西向小冲沟之间台地上，西止于水库北乡道X042向南小路旁南北向小冲沟，东约到雷坡西机耕道尽头附近（图2.319）。面积约3万平方米，其中仰韶时代遗存分布于偏西北部，面积约1万平方米。地理坐标北纬34°33′18.45″，东经112°53′18.64″，海拔约334米。地表现为核桃园。

初查时间2000年6月11日，复查时间2017年7月19日。

图2.319　赵城水库东（下为北）

（2）主要发现

该遗址地表陶片较少，密度很小。采集口沿9片，均为仰韶文化晚期。标本4件。东周时期遗物采集腹片26片，均为战国时期，无标本。

鼎　Y119：1，口沿。夹砂褐陶。折沿，方唇，直腹。腹饰凹弦纹。残宽7、残高3.6、厚0.5厘米（图2.318b，2）。

罐　2件。Y119：2，口沿。夹砂褐陶。直沿，方唇，内沿有一道凹槽，溜肩，弧腹。残宽4.7、残高5.7、厚0.3厘米（图2.318b，3）。Y119：3，口沿。泥质褐陶。黑彩已脱落。折沿，圆唇，溜肩。素面。口径28.9、残高6.7厘米（图2.318b，5）。

环　Y119：4，残。泥质灰陶。圆形断面。残长1.7、直径0.6厘米（图2.318b，4）。

（3）基本认识

该遗址规模不大，未见到相关遗迹，采集的遗物以东周晚期即战国时期为主，见有少量仰韶晚期陶片。

302. 赵城（Y077）

（1）概况

位于郑州巩义市鲁庄镇赵城村南500米干沟河东赵城水库北岸台地上。南临赵城水库，西至干沟河，北到断崖，东临山前台地。遗址所处位置地势突兀高亢，西、北两面较低，东面逐级抬升形成梯田，南面被水库环绕（图2.320a；图版一八九，2）。面积约20万平方米。地理坐标北纬34°33′30.42″，东经112°53′05.68，海拔329米。地表现为农田、房屋及道路，县乡道路（X042）从遗址北部横穿而过。

图2.320a　赵城（上为北）

1958年，在修建赵城水库的时候，发现该遗址，见有墓葬、灰坑、房基、陶窑等遗存，出土遗物有尖底瓶、钵、罐、碗等，纹饰有绳纹、划纹、网纹、弦纹。河南省文化局文物工作队曾对该遗址进行试掘，发现文化层厚2.5—3米，属仰韶文化晚期遗存。

1962年，中国科学院考古研究所洛阳发掘队调查该遗址，发现了文化层、居住面、灰坑、墓葬、瓮棺葬等，文化层厚2—4米，推测面积约10万平方米。见有夹砂鼎、罐等类遗物，少见彩陶器，认为仰韶文化遗存是豫西地区仰韶文化相对较早的阶段（相当于庙底沟文化）[①]；此

[①] 中国科学院考古研究所洛阳发掘队：《伊河下游几处新石器遗址的调查》，《考古》1964年第1期。

外还发现了二里岗文化的遗存，推测面积约0.7万平方米，采集到石镞和二里岗文化的夹砂粗灰陶和泥质灰陶陶片，器形有鬲、罐、盆、大口尊等，认为属于商代"二里岗期"（二里岗文化晚期），此外还发现了少量西周时期的遗存[①]。

1977年，开封地区文物管理委员会再次对该遗址进行调查，发现文化层较厚，局部达5米，灰坑也比较密集，个别较大，深3—4米。采集到的遗物有泥质红陶、夹砂红陶、彩陶片，器形有鼎、罐、钵、盆及小口尖底瓶的底和口沿。彩陶有红黑二彩，有的施白衣，图案多为圆点纹、网状纹等。除了大量的仰韶遗物外，还采集到石磨棒一段，判断还可能包含裴李岗文化遗存[②]。

1963年8月15日，被公布为巩县文物保护单位。2008年6月16日，该遗址提升为河南省第五批文物保护单位。

伊洛河流域联合考古队1997年12月29日调查该遗址，之后在2000年1月19日、2000年12月28日、2005年11月6日、2006年11月14日进行了数次复查，2017年7月19日再次复查。

（2）主要发现

调查发现在遗址所在台地的剖面上暴露出很多灰坑和墓葬。在多个灰坑采集到陶片。

2005年11月6日复查时，在大坝北部管理房下面的断崖剖面上，发现一个灰坑，采集了土样作土质、植硅石分析及浮选，灰坑编号H1。在H1左侧一个灰坑里，采集了土样浮选，编号H2。在H1右侧一个墓葬里采集了左侧下肢骨，墓葬编号M1。2015年复查在遗址东北部发现了一淤积坑，内有周代陶片。

该遗址地表陶片较多，密度很大。调查工作先后进行5次，采集石器22件，陶片222片，其中口沿89片、腹片115片、底片14片、足4片。主要为仰韶和龙山文化。

石斧 6件。Y077：52，石灰岩。残。打磨兼制。扁平长方形，圆弧状顶，刃部残。残长7.8、宽6.8、厚2.7厘米。Y077：53，石灰岩。残。打磨兼制。扁平长方形，弧状顶，刃部残。残长6.9、宽7.6厘米。Y077：54，凝灰岩。残。琢磨兼制。扁平长方体，弧顶，双面弧刃，中部有一对穿圆孔。刃部残，使用痕迹明显。残长10.1、宽7.7、厚2.1厘米（图2.320b，3；图版二七一，4）。Y077：55，白色大理石岩。残块。磨制精细。扁平状，弧顶，侧面圆弧状。中部有一对穿圆孔，自圆孔处断裂。残长6、残宽4、厚1.5厘米（图2.320b，1；图版二七一，5）。Y077：56，凝灰岩。残。磨制。扁平梯形。顶部、刃部残断，两侧面圆弧形。中部有一对穿圆孔。残长9.3、宽7、厚2厘米（图2.320b，2；图版二七一，6）。Y077：57，石灰岩。磨制。残断。扁平体，弧顶。圆弧形侧面。残长7.9、残宽4.6、厚1.8厘米。

石刀 Y077：58，石灰岩。椭圆形。利用一打击石片，把与打击点相对应的一边作为刃部。无第二步加工，刃部可见使用痕迹。长7.9、宽5.1、厚2.4厘米。

[①] 中国科学院考古研究所洛阳发掘队：《河南偃师商代和西周遗址调查简报》，《考古》1963年第12期。
[②] 开封地区文物管理委员会：《河南开封地区新石器时代遗址调查简报》，《考古》1979年第3期。

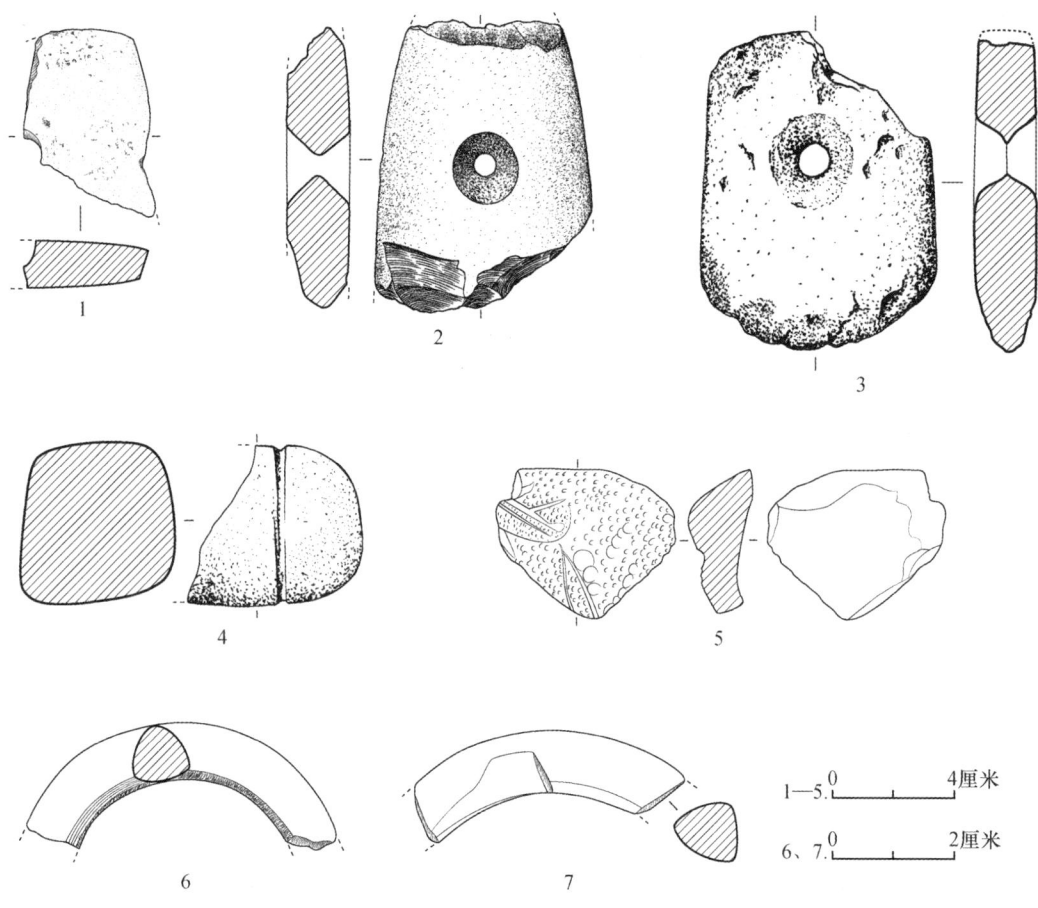

图2.320b 赵城（Y077）采集石器
1—3. 石斧（Y077：55、Y077：56、Y077：54） 4. 石网坠（Y077：63） 5. 颜料块（Y077：68）
6、7. 石环（Y077：66、Y077：65）

石磨棒 Y077：59，砂岩。残断。琢磨兼制。圆柱体，平顶微弧。残长6.7、宽6.2、厚3.05厘米（图版二七二，1）。

石杵 Y077：67，砂岩。完整。方形柱体，琢磨兼制，较规整。长8.3、宽3.9、厚3.9厘米。

石网坠 Y077：63，石灰岩。磨制。残断。圆弧状杵头，方形柱体，颈部有一周刻槽。残长5.9、宽5.1、厚5.1厘米（图2.320b，4；图版二七二，5）。

石球 Y077：64，石灰岩，琢磨兼制。残断。椭圆形。长径5.6、短径5.2厘米（图版二七二，6）。

石环 2件。Y077：65，石灰岩。磨制。残断。断面呈三角形。残长4.4、宽1.08、厚1.1厘米（图2.320b，7；图版二七三，1）。Y077：66，石灰岩。磨制光滑。残断。断面近三角形。残长5.1、宽0.9、厚0.9厘米（图2.320b，6；图版二七三，2）。

砺石 Y077：69，石英砂岩。残块。上下两面均经琢磨，较为光滑。残长6.4、残宽5.7、厚3.2厘米。

石铲坯 2件。Y077：70，白云岩。残块，圆顶长方形。残长5.3、宽7.7、厚2厘米。Y077：71，石灰岩。打制，一面密布琢痕，另一面边缘稍经去薄，中部保留石皮。残余上段。扁平梯形，圆弧顶，两侧面经双面打制近刃状。残长22.1、宽13.9、厚3.6厘米（图版二七三，4）。

砺石坯料　2件。H1：1，石英砂岩。长16.3、宽7.8、厚7.2厘米（图版二七一，2）。H1：2，石英砂岩。长14.7、宽10.2、厚4.6厘米（图版二七一，3）。

石料　3件。Y077：60，凝灰岩。长16.4、残宽10.1、残厚5.2厘米（图版二七二，2）。Y077：61，鲕状灰岩。半球形。残长9.7、宽13.7、厚8.5厘米（图版二七二，3）。Y077：62，石灰岩。长10、残宽6.9、厚5.6厘米（图版二七二，4）。

颜料块　Y077：68，疑似赭石，近三角形。大部保留石皮。长5.8、宽4.8、厚2.1厘米（图2.320b，5；图版二七三，3）。

1）仰韶文化

器物数量较多，见有鼎、夹砂罐、瓮、彩陶罐、钵、豆、碗、纺轮、环、白灰面、盆、小口尖底瓶等。属于仰韶文化中、晚期，个别遗物可能至仰韶早期。标本48件。

瓮　7件。Y077：1，口沿。夹砂褐陶。矮领，敛口，尖唇，溜肩。肩饰凹弦纹。残宽13、残高9.6、厚1.6厘米（图2.320c，10）。Y077：2，口沿。夹砂褐陶。直领微侈，"丁"字形沿面，短颈，弧肩。肩饰凹弦纹。口径26.3、残高7厘米（图2.320c，14）。Y077：3，口沿。夹砂黑皮陶。直沿，尖唇，溜肩，折腹。肩部以上磨光。口径32.1、残高6.4、厚0.6厘米（图2.320c，11）。Y077：4，口沿。夹砂黑皮陶。矮领，敛口，圆唇，唇面饰一周凹弦纹，溜肩。素面。口径29.7、残高5.5、厚0.7厘米（图2.320c，13）。Y077：5，口沿。夹砂黑皮陶。矮领，敛口，沿面微鼓，溜肩。素面。残宽9.4、残高3.9厘米（图2.320c，8）。Y077：6，口沿。夹砂褐陶。矮领，敛口，溜肩。素面。口径40.7、残高4.3厘米（图2.320c，9）。Y077：7，口沿。夹砂黑皮陶。直沿微侈，尖唇，平肩，折腹。肩部以上磨光。口径18、残高6.4厘米（图2.320c，12）。

夹砂罐　6件。Y077：8，口沿。夹砂红陶。折沿上翘，圆唇，沿面微凹，溜肩。口径19.5、残高4.3厘米（图2.320c，7）。Y077：9，口沿。夹砂灰陶。折沿，圆唇，弧腹。素面。残宽6.6、残高3.7厘米（图2.320c，5）。Y077：10，口沿。夹砂灰陶。卷沿，圆唇，束颈，弧腹。素面。残宽5.2、残高3.9厘米（图2.320c，2）。Y077：11，完整。夹砂褐陶。直领，方唇，溜肩，斜腹，平底。素面。口径4.8、底径3、高5.2厘米（图2.320c，4；图版三二三，5）。Y077：12，复原。夹砂褐陶。直沿外侈，尖唇，圆弧肩，斜腹，平底。素面。口径4.7、底径2.8、高3.8厘米（图2.320c，6；图版三二三，6）。Y077：13，完整。夹砂褐陶。直领，圆唇，溜肩，折腹，平底。素面。口径3.6、底径2.9、高4.8厘米（图2.320c，3；图版三二四，1）。

鼎　2件。Y077：14，足部。夹砂褐陶。扁平凿形。素面。残高6.1厘米（图2.320c，1）。Y077：15，口沿。夹砂褐陶。小折沿上翘，圆唇，直颈，斜腹。素面。口径29.5、残高7.4厘米（图2.320c，15）。

彩陶罐　4件。Y077：16，口沿。泥质红陶。折沿，尖唇，溜肩。施红衣黑彩。肩施两周横向平行线纹夹网格纹，其下饰两周横向平行线纹夹纵向短平行线纹。残宽7.3、残高5厘米

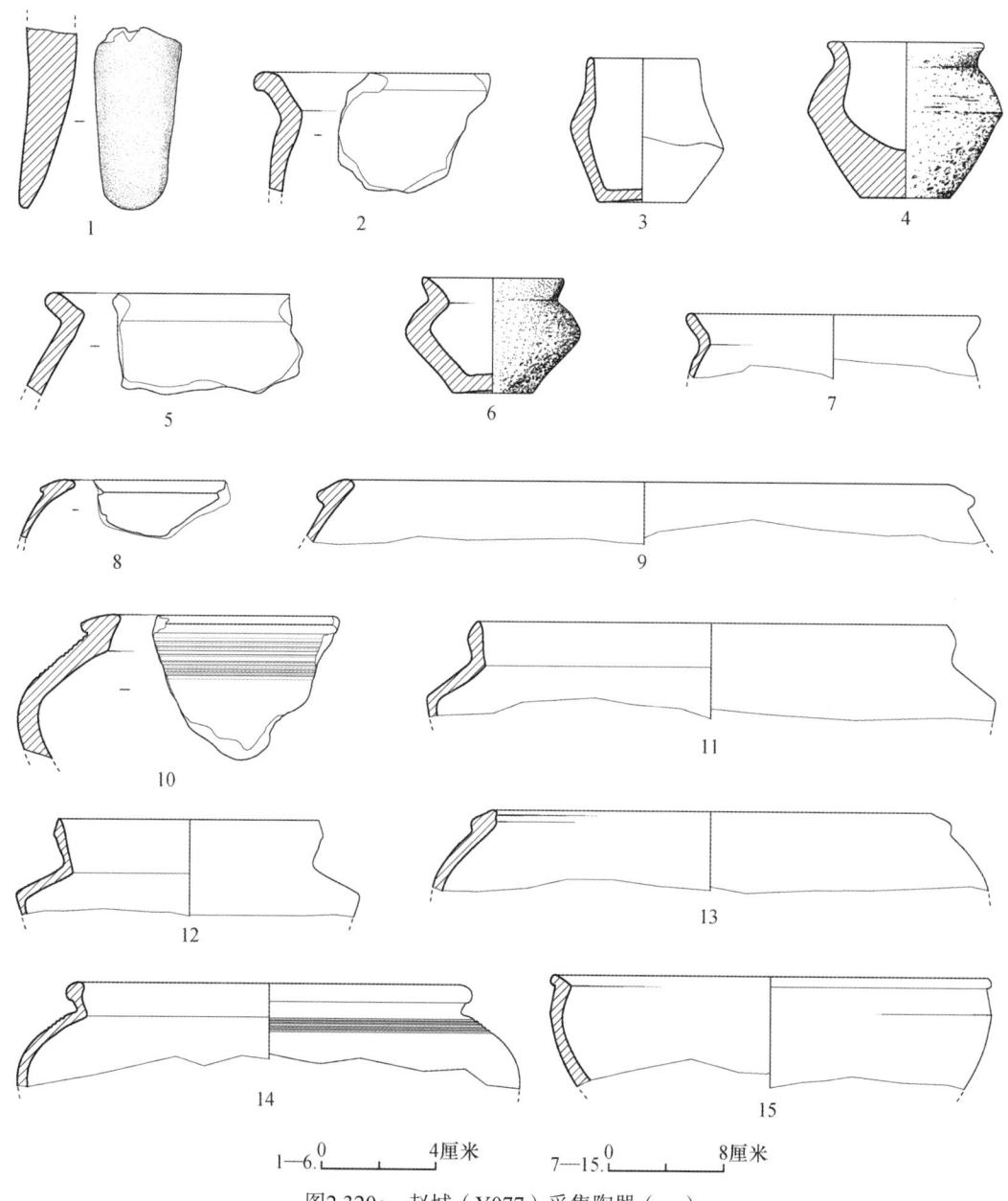

图2.320c 赵城（Y077）采集陶器（一）

1、15. 鼎（Y077：14、Y077：15） 2—7. 夹砂罐（Y077：10、Y077：13、Y077：11、Y077：9、Y077：12、Y077：8）
8—14. 瓮（Y077：5、Y077：6、Y077：1、Y077：3、Y077：7、Y077：4、Y077：2）

（图2.320d，6）。Y077：17，口沿。泥质红陶，直领，圆唇，溜肩。施白衣黑彩。口径30.6、残高3.2厘米（图2.320d，7）。Y077：19，口沿。泥质褐陶。折沿，圆唇，斜腹。施白衣。口径25.6、残高3.1厘米（图2.320d，10）。Y077：26，口沿。泥质红陶。直领，圆唇，弧肩。肩施白衣黑彩，似叶纹。残宽7.9、残高5.2、厚0.8厘米（图2.320d，8）。

泥质罐 Y077：18，口沿。敛口，圆唇，弧肩。磨光。口径17、残高3.2厘米（图2.320d，16）。

盆 7件。Y077：20，口沿。泥质红陶。内折沿，圆唇。沿面磨光，沿下饰一周凹弦纹，

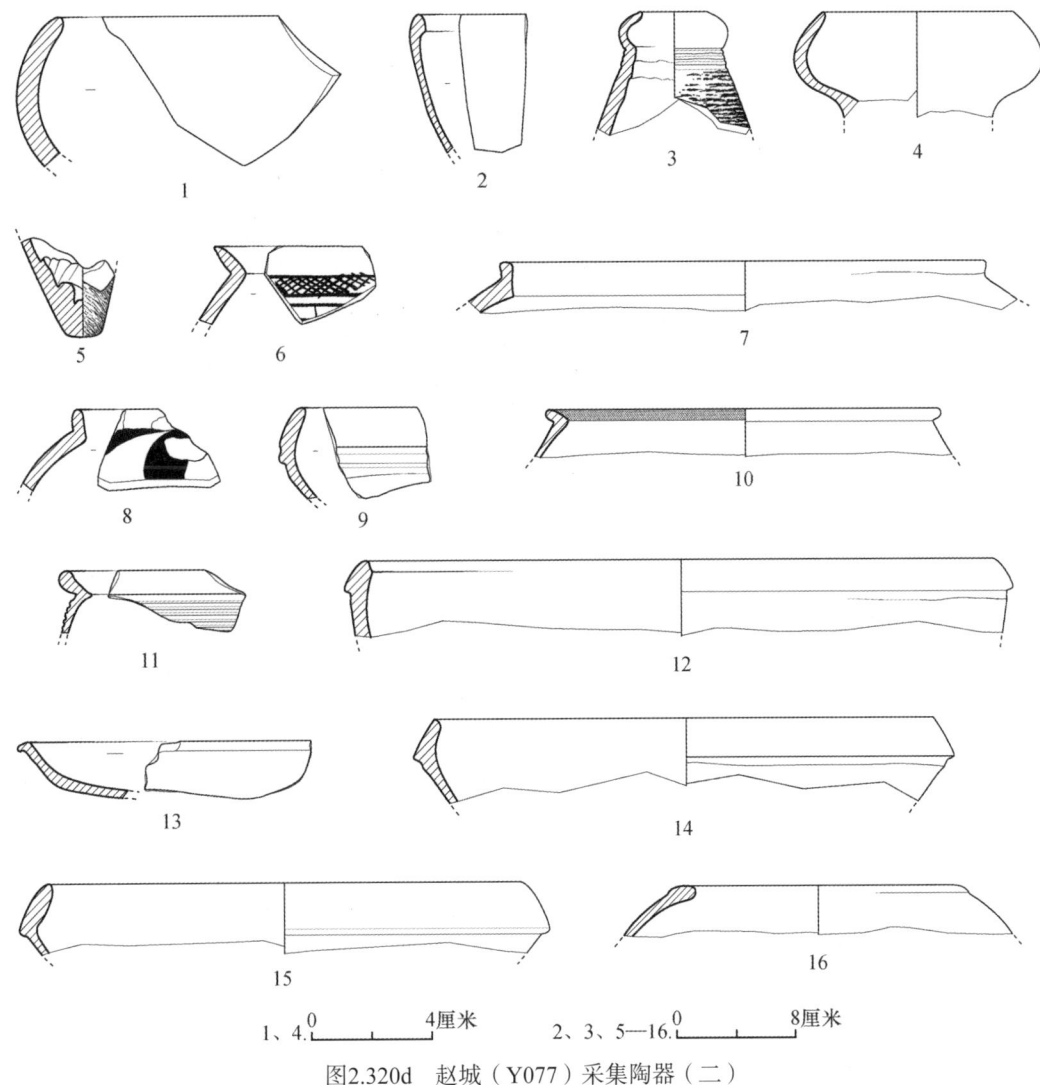

图2.320d 赵城（Y077）采集陶器（二）

1、2.钵（Y077：30、Y077：31） 3—5.尖底瓶（Y077：27、Y077：28、Y077：29） 6—8、10.彩陶罐（Y077：16、Y077：17、Y077：26、Y077：19） 9、11—15.盆（Y077：21、Y077：23、Y077：24、Y077：25、Y077：20、Y077：22） 16.泥质罐（Y077：18）

腹部素面。口径32.8、残高5.4厘米（图2.320d，14）。Y077：21，口沿。泥质红陶。直沿内敛口，圆唇，沿面下出一周凸棱。素面。残宽7.1、残高5.8厘米（图2.320d，9）。Y077：22，口沿。泥质红陶。内折沿，圆唇，沿外包边，斜腹。沿面磨光，腹部素面。口径30.6、残高4.5厘米（图2.320d，15）。Y077：23，口沿。泥质红陶。折沿上翘，圆唇，沿面内凹，弧腹。腹饰弦纹。残宽8.9、残高4、厚0.4厘米（图2.320d，11）。Y077：24，口沿。泥质红陶。敛口，圆唇，沿外包边，直腹微弧。素面。口径41.3、残高4.9厘米（图2.320d，12）。Y077：25，口沿。泥质红陶。卷沿，圆唇，浅弧腹。残宽10.9、残高3.7厘米（图2.320d，13）。Y077：37，泥质红陶。附鸡冠錾。下为素面。疑为盆片。残宽11.5、残高7.7厘米（图2.320e，11）。

尖底瓶 3件。Y077：27，口沿。泥质红陶。内折沿，尖唇，细长颈。饰绳纹。口径4.3、残高7.9厘米（图2.320d，3）。Y077：28，口沿，泥质红陶。内包口，尖唇，口部磨光。口径

6.2、残高3.4厘米（图2.320d，4）。Y077：29，底部，泥质红陶。饰线纹。残高6.3、厚3.8厘米（图2.320d，5）。

钵 2件。Y077：30，口沿。泥质红陶。微敛口，直沿，圆唇，弧腹。素面。残宽7.7、残高4.8厘米（图2.320d，1）。Y077：31，口沿。泥质红衣灰陶。直口微内敛。圆唇，内包边，直腹。残宽4.4、残高8.8、厚0.4厘米（图2.320d，2），可能为仰韶早期。

豆 Y077：32，口沿。泥质黑陶。直沿内敛口。圆唇，沿面下有一周凹弦纹。素面。口径24.8、残高4.1厘米（图2.320e，6）。

碗 4件。Y077：33，口沿。泥质灰陶。直沿，圆唇，直腹。沿外施一周宽带状红彩。口径22.1、残高4.6、厚0.4厘米（图2.320e，9）。Y077：34，口沿。泥质灰陶。直沿，尖唇，弧腹。沿外施一周宽带状红彩。口径14、残高5.4、厚0.4厘米（图2.320e，8）。Y077：35，口沿。泥质灰陶。直沿，圆唇，沿外施一周带状褐彩，弧腹。口径13.7、残高2.9厘米（图2.320e，7）。Y077：36，口沿。泥质黑陶。直沿外侈，圆唇，直腹下收。磨光，口部施一周带状红彩。口径14.9、残高6.3厘米（图2.320e，10）。

彩陶片 5件。Y077：38，泥质灰陶。白衣棕彩。施放射形带状纹。残宽8.5、残高7.5厘

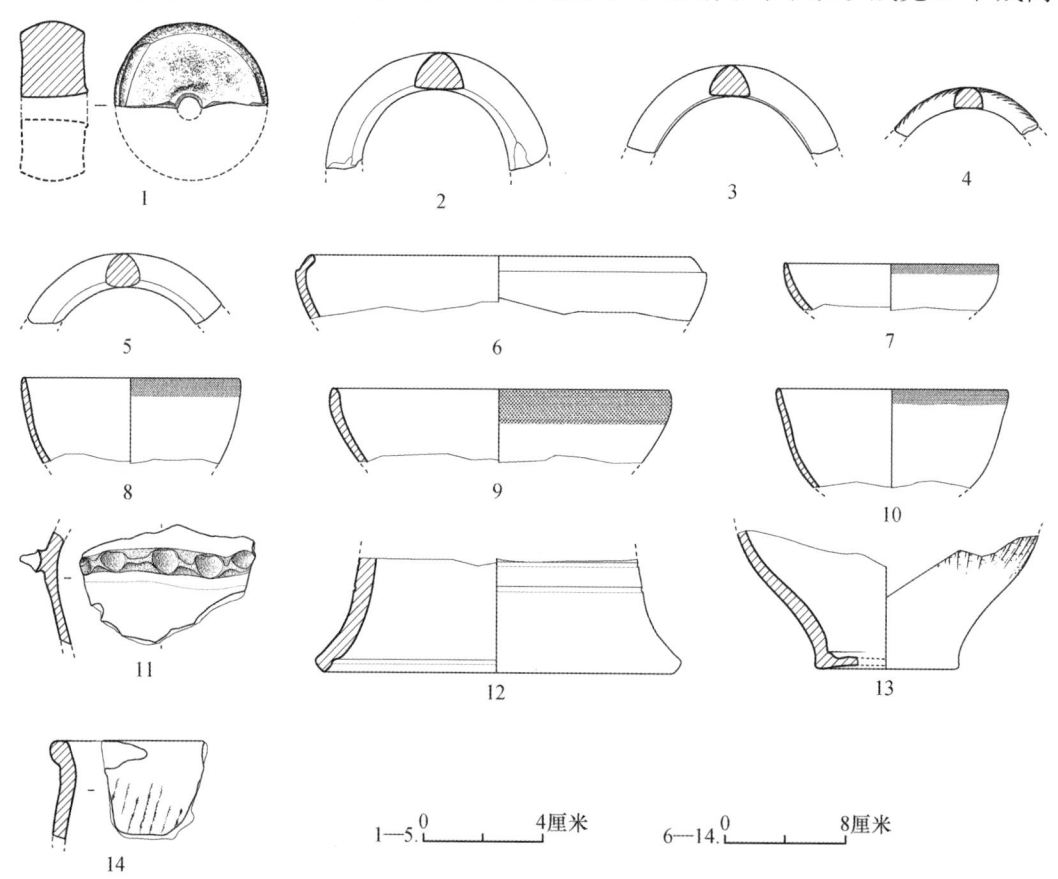

图2.320e 赵城（Y077）采集陶器（三）

1.纺轮（Y077：46） 2—5.陶环（Y077：47、Y077：50、Y077：49、Y077：48） 6.豆（Y077：32） 7—10.碗（Y077：35、Y077：34、Y077：33、Y077：36） 11.盆（Y077：37） 12.圈足（Y077：45） 13、14.罐（Y077：44、Y077：43）

米。Y077：39，泥质红陶。施白衣黑彩弧线纹。残宽10、残高8厘米。Y077：40，钵腹片。泥质灰陶。施白衣褐彩弧线三角形。残宽6.3、残高4.1厘米。Y077：41，钵腹片。泥质灰陶。施红衣黑彩。残宽4.8、残高5.1厘米。Y077：42，罐腹片。泥质红陶。施黑彩平行线纹。残宽2.6、残高4.1厘米。

纺轮　Y077：46，残。泥质黑陶。圆形，上下平面，侧面呈圆弧状，中有一圆孔。磨光。直径5、厚2.2厘米，孔径0.7厘米（图2.320e，1）。

环　4件。Y077：47，残断。泥质灰陶。断面呈三角形。磨光。残长7.3、宽1.7、厚1厘米（图2.320e，2）。Y077：48，残断。泥质灰陶。断面呈三角形。磨光。残长6.4、宽1.1、厚1.1厘米（图2.320e，5）。Y077：49，残断。泥质黑陶。断面呈半圆形。磨光，饰刻划纹。残长4.7、宽1厘米（图2.320e，4）。Y077：50，残断。泥质褐陶。断面呈三角形。磨光。残长6.9、宽1.3、厚1厘米（图2.320e，3）。

白灰面　Y077：51，草拌泥烧制而成，上面平滑。厚2.6、长9.5、宽7.5厘米。

2）龙山文化

遗物数量相对较少，见有罐、盆等。属于龙山晚期。标本3件。

罐　2件。Y077：43，口沿。夹砂红陶。直领，圆唇，斜腹。腹饰篮纹。残宽7、残高6.3厘米（图2.320e，14）。Y077：44，底部。泥质灰陶。弧腹下收成平底。上腹部饰篮纹，下腹部素面。底径8.4、残高8.8厘米（图2.320e，13）。

圈足　Y077：45，底部，泥质灰陶。下口外侈，方唇。内有一道凹槽，直腹。腹饰凹弦纹。足跟直径22.9、残高7.2厘米（图2.320e，12）。

（3）基本认识

该遗址面积较大，堆积十分丰富，文化内涵相对复杂，以仰韶中、晚期的遗存为主，部分遗物可能为龙山早期。根据此前调查资料，该遗址应该还有裴李岗晚期至仰韶早期的遗存。此外，在赵城西南遗址（Y079）南部取土剖面上发现了沟状堆积，在遗址东北部地势更高处也发现了壕状淤积坑，该遗址可能为仰韶文化时期的一处环壕聚落。调查日记载水库边发现了篮纹陶片，估计面积0.1万平方米，未见采集标本。

1962年中国科学院考古研究所洛阳发掘队调查所见的二里岗和西周时期的遗存，位于半山腰处，或许在赵城西北（Y116）遗址范围内。

遗址上发现的周代遗存较少，面积较小，或许是周代遗存被破坏较甚，不能排除环壕在周代或更晚被淤积填满。具体情况需发掘才能确认。

结合以往工作来看，该遗址包括有裴李岗晚期、仰韶、龙山晚期和两周多个时期的遗存，尤其是仰韶文化时期，该遗址可能为区域内较为重要的一处具有环壕的聚落遗址。水库建设、平整土地及道路修建等基础设施建设对遗址破坏较大。其亟待提升保护级别，加强保护措施。

303. 赵城西南（Y079）

（1）概况

位于郑州巩义市鲁庄镇赵城村西南干沟河东北岸台地上，东至乡道X042，村西部下通往沟底大路两侧，西面为洼地（图2.321a）。面积约1万平方米。地理坐标北纬34°33′42.71″，东经112°52′46.23″，海拔约293米。地表现为农田。

初查时间2000年1月19日，复查时间2007年、2017年7月19日。

图2.321a　赵城西南（上为北）

（2）主要发现

台地高出西侧洼地20余米，边缘断崖上暴露出灰坑、夯土墙（图版一九○，1）。

2007年复查时，在路东断崖剖面上发现的一个灰坑里，采集到浮选土样及残留物分析标本，编号H1。北部路边剖面还有仰韶早期文化层，黑褐色黏土，含红烧土颗粒及陶片。南面被取土挖出的断崖剖面上，出现大沟状堆积，可能是赵城（Y077）的西南环壕。

H1：坐落在断崖边小台阶上。开口距地表约2米，底距下面路面约3米。

地表陶片较少，密度很小。采集陶片12片，其中口沿3片、腹片9片。包括仰韶和东周早期遗物。

1）仰韶文化

遗物数量不多，器形有泥质盆等，属于仰韶文化中期。标本1件。

盆　Y079∶1，口沿。泥质红陶。卷沿，圆唇。素面。残宽6.5、残高5.6厘米（图2.321b，6）。

2）东周时期

遗物数量较多，疑似属于东周早期，即春秋时期。标本1件。

盆　Y079∶2，口沿。泥质灰陶。折沿上翘，圆唇，沿面微凹，斜腹。上腹部饰暗绳纹，下腹部饰绳纹。口径42.9、残高6.8厘米（图2.321b，2）。

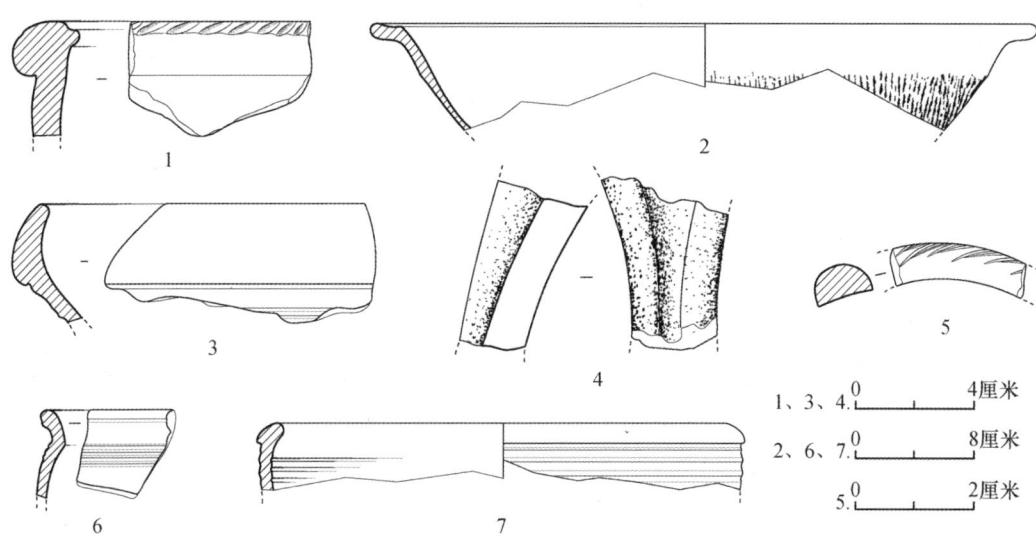

图2.321b　赵城西南（Y079）、赵城西（Y078）采集遗物

1—3、6、7.盆（Y078∶2、Y079∶2、Y078∶3、Y079∶1、Y078∶4）　4.鼎（Y078∶1）　5.环（Y078∶5）

（3）基本认识

该遗址规模较小，文化内涵相对简单，可能以春秋时期的遗存为主，仰韶中期遗存不排除是赵城（Y077）的西北边缘地带遗留，或是顺壕沟冲积或人为搬运而来。

304. 赵城西（Y078）

（1）概况

位于郑州巩义市鲁庄镇赵城村西南干沟河东北岸台地上。西临河谷，南至断崖，北逾村中通往松柏树村东西大道（图2.322）。遗址面积约2.5万平方米。地理坐标北纬34°33′48.47″，东经112°52′37.77″，海拔约282米。周边地势高亢，起伏不大，较为平坦。

初查时间2000年1月19日，复查时间2017年7月19日。

图2.322　赵城西（上为北）

（2）主要发现

路南、北两侧的剖面上均见有文化层。发现数座灰坑，路沟南壁剖面上1个灰坑内采集有陶片。在一段延续达数百米长的河卵石冲积层中，出不少磨圆之碎陶片。

地表陶片较少，密度很小。采集陶片50片，其中口沿4片、腹片45片、足1片。器形有鼎、盆、缸、尖底瓶、夹砂罐、环等。主要属于仰韶文化中期偏早阶段。标本5件。

鼎　Y078：1，足部。夹砂褐陶。残断。长方体足，有一道凹槽。素面。残高5.5厘米（图2.321b，4）。

盆　3件。Y078：2，口沿。泥质红陶。平沿，圆唇，沿外包边，弧腹。沿面饰绳纹。残宽6.1、残高3.7、厚0.9厘米（图2.321b，1）。Y078：3，口沿。泥质红陶。敛口，圆唇，沿下有一道凹弦纹。口部磨光。残宽8.9、残高3.7厘米（图2.321b，3）。Y078：4，口沿。泥质红陶。敛口，圆唇，沿下有一周凹弦纹，腹饰两周凸弦纹。口径29.2、残高4.2厘米（图2.321b，7）。

环　Y078：5，残断。泥质黑陶。断面呈圆顶梯形。一侧面磨平。磨光，顶部饰线纹。残长2.3、宽1、厚0.6厘米（图2.321b，5）。

（3）基本认识

该遗址文化内涵相对单一，以仰韶文化中期偏早阶段遗存为主，可能还有部分裴李岗晚期至仰韶早期的遗存。遗址保存尚好，地面陶片较少，破坏不大。

305. 刘村西南（Y117）

（1）概况

位于洛阳偃师市府店镇刘村西南450米临河台地上。具体位置为东一干渠以北，韦窑村西北，刘村（二龙沟）水库东南（图2.323）。遗址面积约1万平方米。地理坐标北纬34°33′43.86″，东经112°51′33.34″，海拔约264米。遗址所处台地地势平坦，起伏较小，自北向南逐渐抬高，河床下切较深，沟壁陡直，地面距河底深约30米。地表现为猕猴桃园。

初查时间2000年6月10日，复查时间2017年7月15日。

图2.323　刘村西南（右下为北）

（2）主要发现

未发现相关遗迹。地表散见疑似两周时期陶片，密度较低。采集陶片15片，其中口沿5片、器腹10片。无典型标本。

（3）基本认识

该遗址规模较小，文化内涵较为单纯，可能为两周时期。地貌基本保持原始状态，后期破坏程度很小。此为府北河源之一，西源笔直，未发现任何早期遗物，应为较晚的冲沟；东源仅发现此一处遗址，时代晚至周代，可能因河流下切作用较甚，不便于取水，也不排除该源发育亦略晚，主要为洪水期季节性河流。

306. 赵城西北（Y116）

（1）概况

位于郑州巩义市鲁庄镇赵城村西偏北，乡道X006以东，X058县道北侧工厂以南，松柏树村以北，包含松柏树村，干沟河西岸，干沟河主河道与国道锡海线（G207）东小冲沟之间台地上，冲沟西侧公路以西也有少量陶片分布（图2.324a）。遗址南北长500米，东西宽200米，面积约10万平方米。地理坐标北纬34°33′51.62″，东经112°52′26.98″，海拔约280米。台地地势较为平坦，起伏不大。地表现为农田、民居、加油站、工厂等。

初查时间2000年6月9日，复查时间2017年7月15日。

图2.324a 赵城西北（右上为北）

（2）主要发现

在河边断崖剖面发现有东周时期灰坑，未在坑内采集陶片。地表陶片不多，密度很小。采集陶片9片，其中口沿1片、腹片7片、底片1片、足1片。可能西周和东周时期。

1）西周时期

见有鬲等，疑似西周时期。标本1件。

鬲 Y116∶1，足部。夹砂褐陶。乳突状足。饰绳纹。残高2.1厘米（图2.324b，2）。

2）东周时期

见有罐等，疑似东周时期。标本1件。

罐 Y116∶2，腹部。泥质灰陶。广肩，弧腹。饰暗绳纹。残宽21.8、残高6厘米（图2.324b，1）。

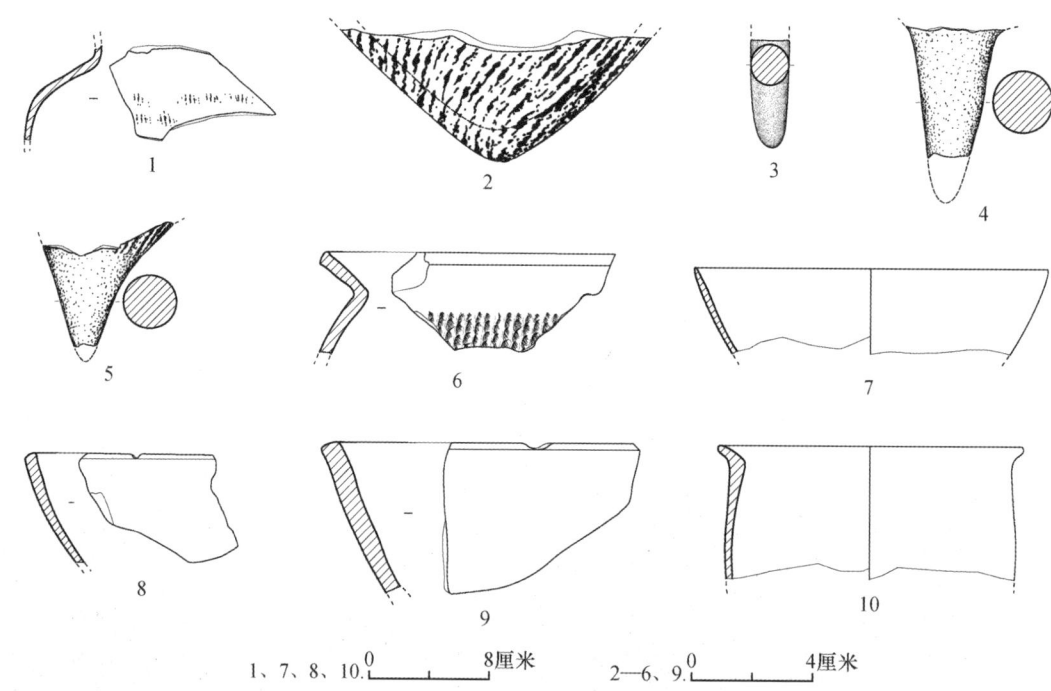

图2.324b 赵城西北（Y116）、高村东北（Y115）、府店东南（Y118）采集遗物
1.罐（Y116∶2） 2、4—6.鬲（Y116∶1、Y115∶2、Y115∶3、Y115∶1） 3.三足钵（Y118∶3） 7.碗（Y118H1∶1）
8、9.钵（Y118∶5、Y118∶4） 10.深腹罐（Y118∶1）

（3）基本认识

该遗址规模较大，文化内涵较为单纯，可能属于两周时期。总体保存尚好，地面陶片不多，但新近复查发现新修公路、厂房等对遗址造成一定程度的破坏。该遗址所见两周时期遗存可能为1962年中国科学院考古研究所调查赵城遗址时所见西周时期遗存（参见赵城遗址）。

307. 高村东北（Y115）[①]

（1）概况

位于洛阳偃师市府店镇刘村、高村东北350米，干沟河西岸，乡道X006东侧，临河处的二级台地（图2.325）。遗址南北长200米，东西宽100米，面积约2万平方米。地理坐标北纬34°34′10.28″，东经112°52′05.09″，海拔约255米。地表现被较厚的矿渣覆盖。

初查时间2000年6月9日，复查时间2017年7月15日。

图2.325　高村东北（右下为北）

（2）主要发现

未发现文化层及相关遗迹。

地表采集陶片21片，其中口沿4片、腹片79片、足2片。均为二里岗文化早期。标本3件。

鬲　3件。Y115：1，口沿。夹砂灰陶。折沿，圆唇。腹饰绳纹。残宽7.3、残高3.2厘米（图2.324b，6）。Y115：2，足部。夹砂灰陶。圆锥形实足，尖残。残高4厘米（图2.324b，4）。Y115：3，足部。夹砂灰陶，圆锥形实足，尖残。袋足饰绳纹。残高4.3厘米（图2.324b，5）。

（3）基本认识

该遗址规模不大，文化内涵较为单一，以二里岗文化早期遗存为主。地表未见文化层、相关遗迹，或许保存尚好，破坏不严重。现地表被砂石厂矿渣填满，难以对遗址进行详细复查。

---

① 原名称为小相西，根据所处位置变更为高村东北。

308. 府店东南（Y118）

（1）概况

位于洛阳偃师市府店镇府北村东略偏南500米，干沟河西岸。西北距府店东（Y124）约400米（图2.326；图版一九〇，2）。面积约0.5万平方米。地理坐标北纬34°34′23.55″，东经112°51′55.14″，海拔约250米。遗址北部因取土挖出大坑，地表现为农田、葡萄园。

初查时间2000年6月10日，复查时间2001年5月29日、30日、6月17日及2017年7月15日。

图2.326 府店东南（左上为北）

（2）主要发现

北部因取土挖出大坑，南部东西向断坎上发现有灰坑H1，多次采集浮选土样，并做了^{14}C测年。坑内堆积不丰富，黑红色土，包含少量陶片、红烧土颗粒等。西部断坎发现有古河道，含小块砾石、砂粒等，显示当时河水水位仅比遗址略低，水流较为平缓，流速不高，搬运能力稍弱，今河道已向北摆动并下切较深。

采集陶片18片，其中口沿5片、腹片12片、足1片。可辨认器形有卷沿深腹罐、夹砂罐、深腹钵、碗等。属于裴李岗文化晚期或仰韶文化早期。标本6件。

深腹罐 2件。Y118：1，口沿。夹砂褐陶。折沿，圆唇，直腹。素面，陶胎较粗糙。口径19.6、残高8.5厘米（图2.324b，10）。Y118：2，口沿。夹砂褐陶。折沿，尖唇，沿面较平，溜肩，素面。残高2.5、残宽4.2厘米。

三足钵 Y118：3，足部，泥质红陶。圆锥形足尖。残高3.5厘米（图2.324b，3）。

钵 2件。Y118：4，口沿。夹砂褐陶。敞口，圆唇，弧腹。素面，唇部饰按窝纹。残宽6.4、残高4.9、厚0.5厘米（图2.324b，9）。Y118：5，口沿。夹砂褐陶。敞口，圆唇，弧腹。唇部有按窝纹，素面。残宽10.5、残高7、厚0.4厘米（图2.324b，8）。

碗 H1：1，口沿。泥质红陶。侈口，圆唇，弧腹。磨光。口径23、残高5.5厘米（图2.324b，7）。

（3）基本认识

该遗址规模较小，以裴李岗晚期或仰韶早期遗存为主，是本地区较为少见的新石器时代中期遗址。遗址北部被取土破坏，南部断坎发现有灰坑，遗迹现象不多，或许大部已遭破坏。现地表种植葡萄，对遗址破坏较大。

309. 小相西南（Y080）

（1）概况

位于郑州巩义市鲁庄镇小相村西南500米，颜良寨南偏东600米，县道X058以西600米，乡道X006以东300米，煤场东赵城西北，干沟河东岸台地上（图2.327a）。面积约4.5万平方米。地理坐标北纬34°34′18.21″，东经112°52′12.20″，海拔约260米。地势自西向东逐级抬高，形成层层梯田，地表现为农田。

初查时间2000年1月19日，复查时间2017年7月15日。

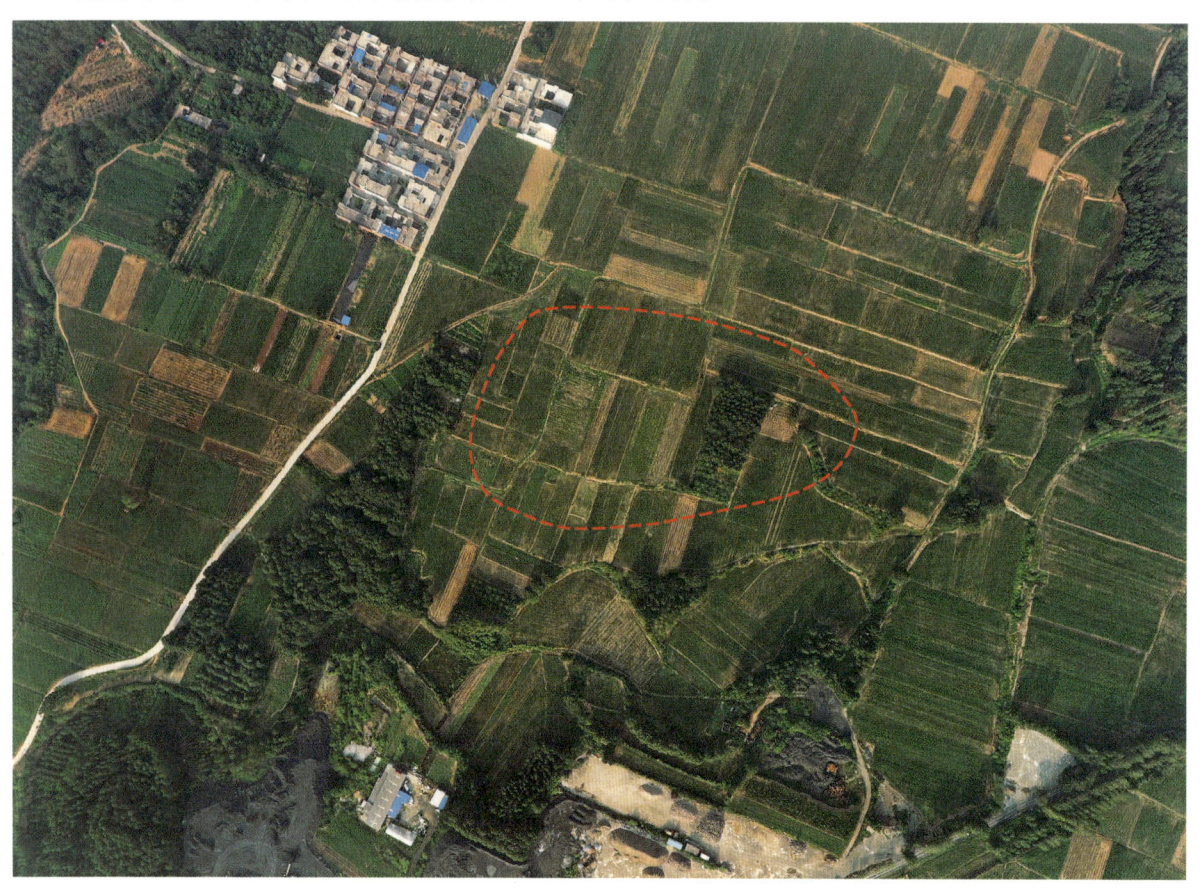

图2.327a 小相西南（左上为北）

（2）主要发现

台地剖面上暴露出灰坑、灰土层，含龙山文化陶片。采集石料1件，陶片75片，其中口沿9片、腹片62片、底片4片。分属于仰韶、龙山和东周时期。

石料 Y080:8，石灰岩。残。厚重长方体，圆弧顶。残长7.7、宽7.6、厚4.5厘米。

1）仰韶文化

器形有鼎、泥质罐、彩陶盆、钵等，属于仰韶文化晚期。标本2件。

鼎　Y080：1，口沿。夹砂灰褐陶。折沿上翘，圆唇，溜肩。口径19.5、残高6.5厘米（图2.327b，3）。

泥质罐　Y080：2，口沿。泥质红陶。折沿上翘，尖唇。残宽7.3、残高3.5、厚0.9厘米（图2.327b，1）。

2）龙山文化

器形有盆、大口罐、小口高领瓮、斝、器盖等，主要为龙山晚期。标本3件。

大口罐　Y080：3，口沿。夹砂灰陶。折沿上翘，方唇。口径17.9、残高2.1厘米（图2.327b，5）。

斝　Y080：4，口沿。夹砂灰陶。直领外侈，沿外折，尖唇。残宽6.1、残高4.9、厚0.7厘米（图2.327b，2）。

器盖　Y080：5，可复原。泥质灰陶。下口直沿内敛，圆唇，沿内出一道凸棱，斜壁，平顶。素面。口径17.9、顶径5.3、高7.1厘米（图2.327b，6；图版三七四，3）。

3）东周时期

器形有鬲、豆柄等，部分遗物疑似春秋时期，部分为战国时期。标本2件。

鬲　Y080：6，口沿。夹砂灰陶。直领，尖唇，沿外包边成凸棱，广肩。饰绳纹。残宽12.1、残高7、厚0.5厘米（图2.327b，4）。

豆柄　Y080：7，泥质灰陶。圆柱体，实心。直径3.2、残高11.7厘米（图2.327b，7）。

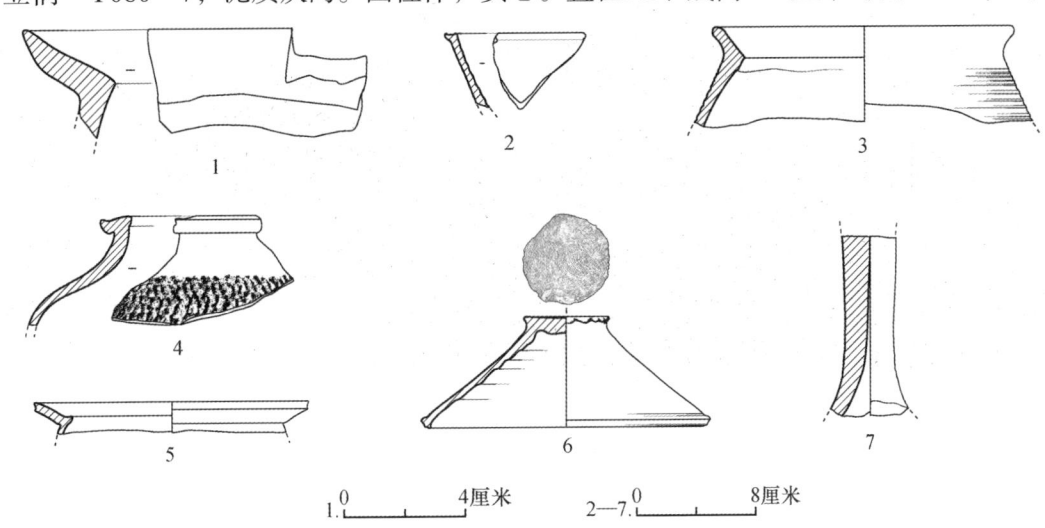

图2.327b　小相西南（Y080）采集遗物

1.泥质罐（Y080：2）　2.斝（Y080：4）　3.鼎（Y080：1）　4.鬲（Y080：6）　5.大口罐（Y080：3）　6.器盖（Y080：5）　7.豆柄（Y080：7）

（3）基本认识

该遗址规模较大，以龙山晚期及东周时期遗存为主，也有不少仰韶晚期遗存。目前遗址保存状况较好。

310. 颜良寨水库西南（Y114）

（1）概况

位于洛阳偃师市府店镇府北村东南，干沟河西岸，乡道X006两侧，小工厂与砂石厂废渣堆积北。遗址西临东南—西北向小冲沟，东抵干沟主河道，该段河道呈连续"几"字形曲流河。其与北侧颜良寨水库西（Y087）界限不清，可能属一个大的龙山遗址（图2.328a）。面积约12.5万平方米。地理坐标北纬34°34′24.43″，东经112°51′54.18″，海拔约250米。周边地势较为平坦，起伏不大，自北向南逐渐抬高，现为葡萄园。

初查时间2000年6月9日，复查时间2001年5月29日、30日、6月17日及2017年7月15日。

图2.328a　颜良寨水库西南（左上为北）

（2）主要发现

发现有多座龙山晚期灰坑。地表散见陶片，密度较大，多为龙山和东周时期陶片。另含有少量裴李岗晚期至仰韶早期陶片，主要分布在遗址中间偏北部区域，归入府店东南（Y118），详见上文。

采集石器20件，部分为普通石片。陶片133片，其中口沿44片、腹片79片、底片5片、足5件。复查时多次采集土样浮选。

石斧　4件。Y114：31，辉绿岩。琢磨兼制。残断。断面呈圆角长方形，双面直刃，仅存刃部。残长5、宽4.7、厚2.5厘米（图2.328b，2；图版二七四，3）。Y114：32，辉绿岩。残断。琢磨兼制。长方形柱体，圆弧状顶，圆角方形断面，刃部残断。残长9、宽5.8、厚5.6厘米

（图版二七四，4）。Y114：33，玄武岩。磨制精美。梯形厚体，下面平整，上面微鼓，两侧面呈圆弧状，顶部残断，双面直刃，刃部已残。残长12.6、宽7.4、厚3.6厘米（图版二七四，5）。Y114：34，辉绿岩。琢磨兼制。残断。圆角长方形柱体，圆角方顶，刃部残。残长11.3、宽5.9、厚4.4厘米（图版二七四，6）。

石刀坯　3件。Y114：35，云母砂岩。琢磨兼制。残断。扁平长方体，单面直刃，中部有一未琢透圆孔，从孔处断裂。残长5.9、宽5、厚1.1厘米（图2.328b，1；图版二七五，1）。Y114：36，石灰岩。打制。利用打击石片，将与打击点相对应的一面作为刃部，双面弧刃，一侧打制有豁口。长11.4、宽5.2、厚1.7厘米（图版二七五，2）。Y114：37，砂岩。打制。略呈椭圆形，利用打击石片，将与打击点相对应的一面作为刃部，加工磨制成双面弧刃，一侧打制有豁口。长11.1、宽5.9、厚1.4厘米（图版二七五，3）。

石镰坯　Y114：38，石灰岩。磨制，残断。弯月形，刃部内曲，弧背，柄残，尖部稍窄，体态较厚。残长16.8、宽9、厚1.8厘米（图版二七五，4）。

石凿　2件。Y114：39，石灰岩。基本完整。磨制。扁平梯形，圆弧顶，双面弧刃，刃部使用痕迹明显。长8.7、宽3.9、厚2厘米。Y114：40，灰岩。改制，侧边局部保留原器磨痕。长方体，打制单面直刃。残长6.9、宽3.7、厚2.2厘米（图版二七五，5）。

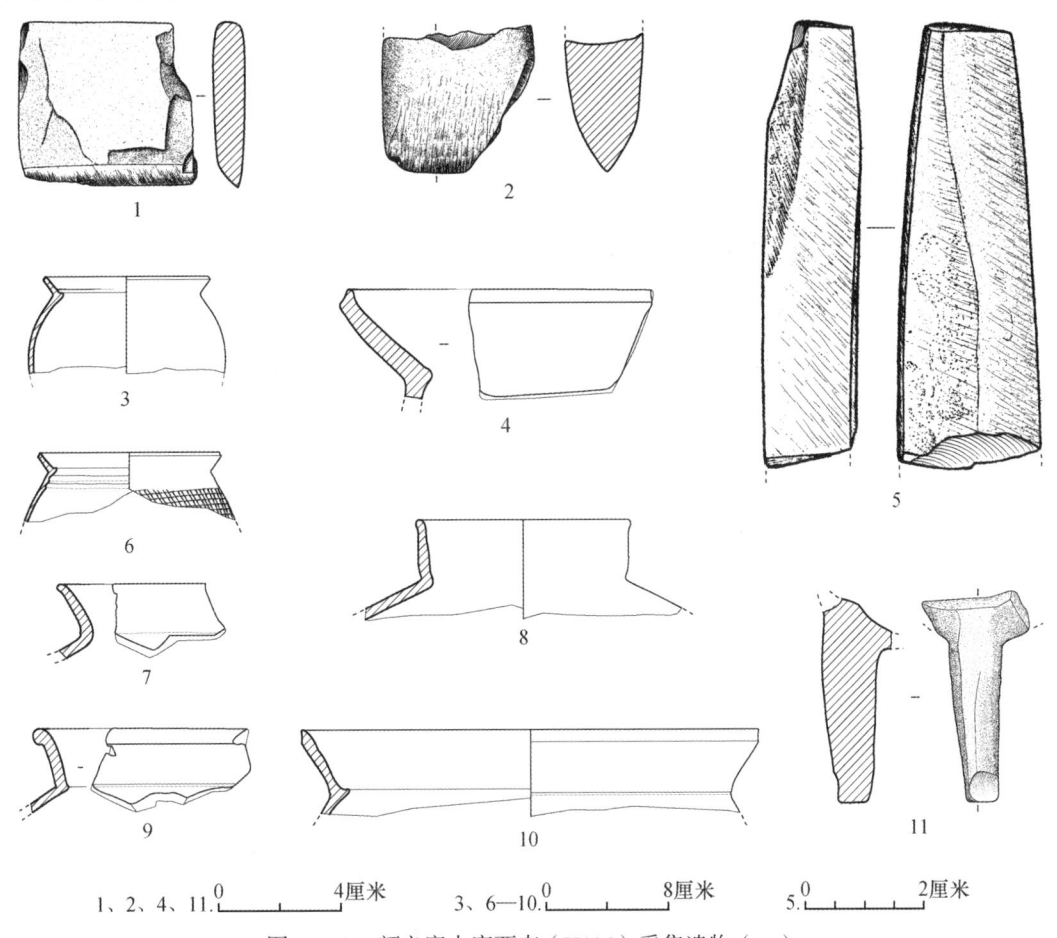

图2.328b　颜良寨水库西南（Y114）采集遗物（一）

1. 石刀坯（Y114：35）　2. 石斧（Y114：31）　3. 小罐（Y114：9）　4、6、10. 中口罐（Y114：8、Y114：7、Y114：6）
5. 石条形器（Y114：4）　7—9. 瓮（Y114：14、Y114：15、Y114：16）　11. 鼎（Y114：10）

石锤　2件。Y114：41，泥灰岩。完整。扁平梯形，弧顶，一面有密集琢痕。长8.5、宽8.2、厚2.8厘米（图版二七五，6）。Y114：42，石英砂岩。完整。近方形，下面平整，上面微凹，一面有密集琢痕。长8.2、宽8、厚3.8厘米（图版二七六，1）。

石杵　3件。Y114：43，石灰岩。残断。琢磨兼制。长方体，圆弧状顶，近椭圆形断面。残长10.6、宽5.9、厚3厘米（图版二七六，2）。Y114：44，石灰岩。完整。琢磨兼制。扁平长方体，圆弧状杵头，杵头使用痕迹明显。长12.3、宽3.5、厚2.2厘米（图版二七六，3）。Y114：45，砂岩。琢磨兼制。残断。长方形柱体，断面呈方形，杵头使用痕迹明显。残长5.7、宽2.2、厚1.9厘米。

石饼　Y114：1，石英砂岩。残块。磨制。下面自然断面无加工，上面磨制平整，与侧面磨成圆弧状单面弧刃。长5.2、宽5、厚1厘米。

石钺　Y114：2，磨制。残块。扁平体，体形硕大，制作精美，双面弧刃。残长15、残宽9.9、厚1.9厘米（图版二七三，5）。

石铲坯　Y114：3，白云岩。残。打磨兼制。扁平梯形。下面平整，上面凹凸不平，去薄过程中断裂。长13.2、宽7.9、厚2.8厘米（图版二七三，6）。

石条形器　Y114：4，石灰岩。大部磨制光滑。近梯形，窄平顶，一面使用过程中磨成圆弧面，疑为制陶过程中磨光的器具。残长7.1、宽2.4、厚1.6厘米（图2.328b，5；图版二七四，1）。

燧石块　Y114：5，燧石。残块，局部有小片疤。残长2.2、残宽1.6、厚1.5厘米（图版二七四，2）。

1）龙山文化

可辨认器形有中口罐、泥质罐、鼎、钵、碗、器盖、小口高领瓮、双腹盆、盆、圈足盘、浅盘豆、单把杯、斝。多属于龙山文化晚期。标本19件。

中口罐　3件。Y114：6，口沿。夹砂灰陶。折沿上翘，圆唇，沿面内侧出一道凸棱。素面。口径29.6、残高5.5厘米（图2.328b，10）。Y114：7，口沿。夹砂灰陶。折沿上翘，方唇，沿面内侧有一道凹槽，束颈，溜肩。饰方格纹。口径12.5、残高6.5厘米（图2.328b，6）。Y114：8，口沿。折沿上翘，方唇，沿内微凹。素面。残宽6、残高3.5厘米（图2.328b，4）。

泥质罐　Y114：17，底部。泥质褐陶。腹部下收成平底。素面。底径5.1、残高2.1厘米（图2.328c，6）。

小罐　Y114：9，口沿。夹砂灰陶。折沿，方唇，沿面微凹，溜肩，鼓腹。素面。口径10.7、残高6.1厘米（图2.328b，3）。

鼎　Y114：10，足部，夹砂褐陶。不规则锥形足，素面。高6.7厘米（图2.328b，11）。

斝　3件。Y114：11，口沿。夹砂黑陶。直领外侈，圆唇，沿内饰1道凸棱。磨光，内壁有水垢。残高4.2、残宽5.6厘米。Y114：12，腹部。夹砂黑陶。磨光，内壁有水垢。残高6.1、残宽3.1厘米。Y114：13，袋足。夹砂黑陶。素面，内壁有水垢。残高6.6、残宽4.2厘米。

瓮　3件。Y114：14，口沿。泥质灰陶。直领微侈，圆唇，广肩。素面磨光。残宽7.4、残高4.7厘米（图2.328b，7）。Y114：15，口沿。泥质褐陶。直领，圆唇，沿外饰一道凹槽，

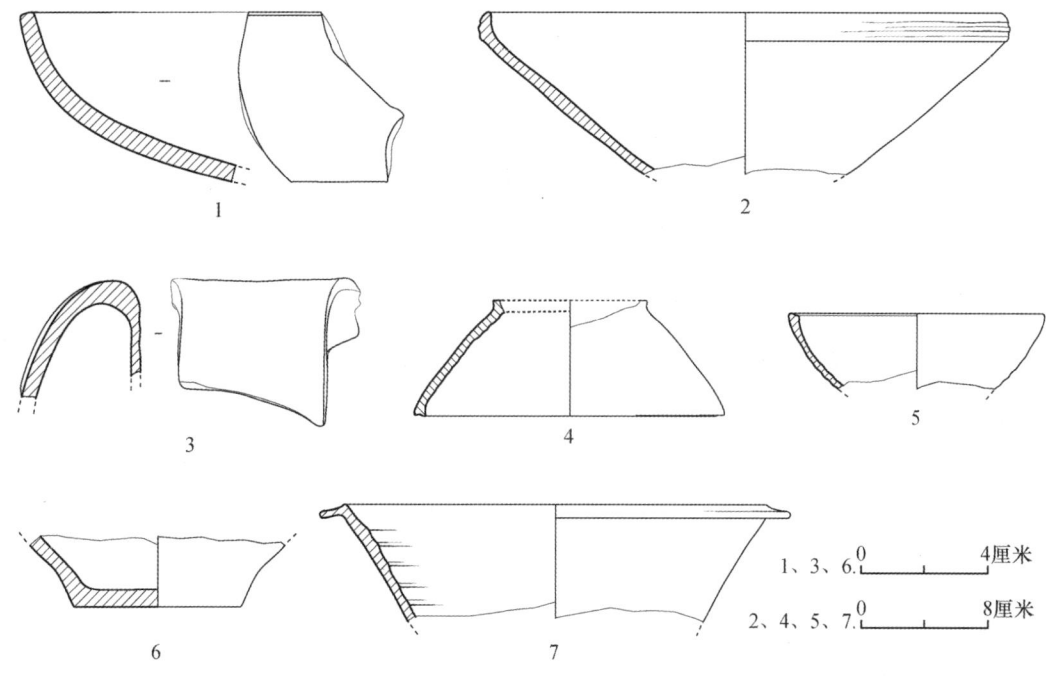

图2.328c 颜良寨水库西南（Y114）采集遗物（二）
1.豆（Y114：22） 2.钵（Y114：21） 3、5.碗（Y114：19，H1：1） 4.器盖（Y114：20） 6.泥质罐（Y114：17）
7.折腹盆（Y114：18）

广肩。素面。口径13.6、残高6.3厘米（图2.328b，8）。Y114：16，口沿。泥质褐陶。直领外侈，圆唇，沿外包边加厚，广肩。磨光。残宽9.9、残高5.4、厚0.5厘米（图2.328b，9）。

钵 Y114：21，泥质灰陶。直沿，尖唇，斜腹较深。沿外有两道凹槽。口径31.6、残高9.7厘米（图2.328c，2）。

折腹盆 Y114：18，口沿。泥质灰陶。折沿，圆唇，沿面微凹，斜深腹。素面。口径25.8、残高7.1厘米（图2.328c，7）。

豆 Y114：22，口沿。泥质灰陶。直沿，圆唇，圆弧，浅腹。残宽5.1、残高5.2、厚0.5厘米（图2.328c，1）。

碗 2件。Y114：19，口沿。泥质灰陶。直口微侈，圆唇，唇外附桥形錾。素面。残宽5.9、残高4.5厘米（图2.328c，3）。H1：1，泥质褐陶。敞口，方唇，弧腹。口径15.6、残高4.5厘米（图2.328c，5）。

器盖 Y114：20，可复原。泥质灰陶。下口沿敞口，方唇，唇面有一道凹槽，斜腹，假圈足平底。口径17.9、底径9.4、高6.9厘米（图2.328c，4；图版三七四，4）。

2）二里岗文化

见有深腹罐、圆腹罐和盆等，属于二里岗文化晚期。标本4件。

深腹罐 Y114：23，口沿。夹砂灰陶，折沿，方唇，唇面下凸成一道凸棱，唇面上部残缺，沿面出一道凹槽。素面。残宽9.9、残高3.2厘米（图2.328d，1）。

圆腹罐 Y114：24，口沿。夹砂灰陶。直领微侈，圆唇，沿外饰一道凸弦纹。素面。残宽5.2、残高5.3厘米（图2.328d，4）。

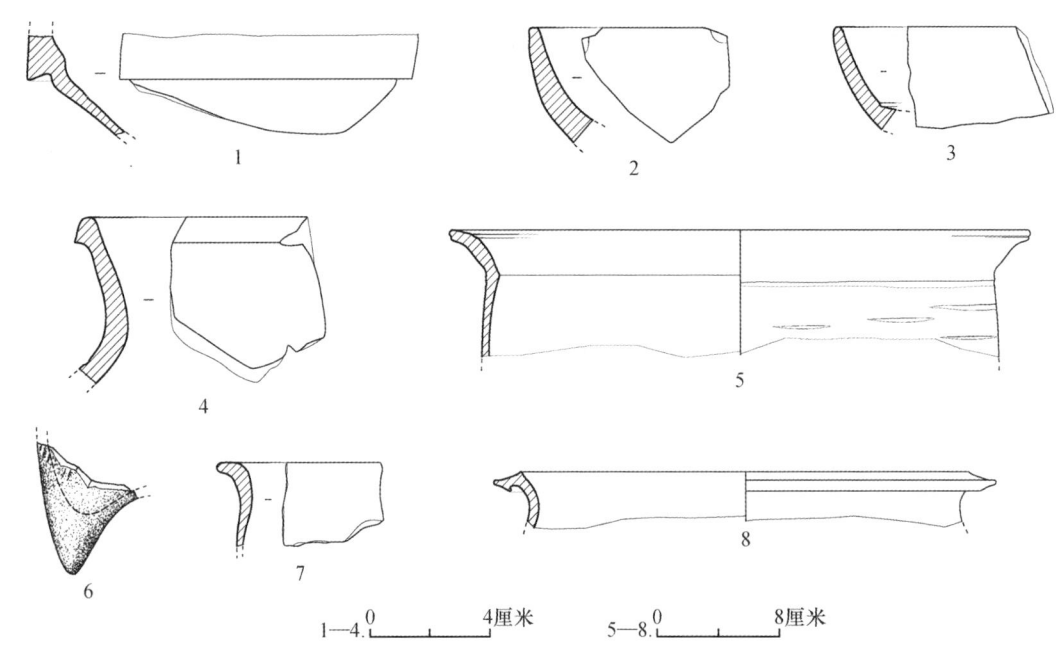

图2.328d 颜良寨水库西南（Y114）采集遗物（三）
1.深腹罐（Y114:23） 2、3.豆（Y114:29、Y114:30） 4.圆腹罐（Y114:24） 5、7.盆（Y114:25、Y114:26）
6.鬲（Y114:27） 8.罐（Y114:28）

盆 2件。Y114:25，口沿。泥质褐陶。卷沿，圆唇，沿面有一周凹弦纹，直腹微弧。素面，腹饰凹弦纹。口径37.5、残高8.1厘米（图2.328d，5）。Y114:26，口沿。夹砂红陶。卷沿，圆唇，沿较平，溜肩。素面。残宽6.7、残高5.4、厚0.4厘米（图2.328d，7）。

3）两周之际

见有鬲、罐、豆等器形，可能为西周晚期或东周早期。标本4件。

鬲 Y114:27，足部。夹砂褐陶。乳状足实足，袋足实足不分。饰绳纹。残高7厘米（图2.328d，6）。

罐 Y114:28，口沿。泥质灰陶。折沿，方唇，唇面下凸成一周凸棱，沿面微凹，束颈。素面。口径29.2、残高3.7厘米（图2.328d，8）。

豆 2件。Y114:29，口沿。泥质灰陶。直沿，圆唇，浅腹。素面，内壁磨光。残宽4.9、残高3.7厘米（图2.328d，2）。Y114:30，口沿。泥质灰陶。直沿微侈，圆唇，浅腹。素面，内壁磨光。残宽4.9、残高3.3厘米（图2.328d，3）。

（3）基本认识

该遗址文化内涵相对复杂，以龙山晚期的遗存为主，与颜良寨水库西（Y087）无明显分界，可能同属一个较大的遗址。另见有少量二里岗文化晚期及两周之际的遗存。

地表现大面积种植葡萄，必然会挖坑植苗及开掘葡萄沟施肥，遗址文化层及灰坑开口多较浅，对遗址造成较严重的破坏。

311. 小相西（Y084）

（1）概况

位于郑州巩义市鲁庄镇小相村西，小相西沟与干沟河交汇处三角形台地上。具体位置为颜良寨南260米小相西沟南，干沟河东岸，与小相西南（Y080）仅隔一条短沟（图2.329a）。面积约8.5万平方米。地理坐标北纬34°34′28.07″，东经112°52′00.78″，海拔约256米。遗址周边地势较为平坦，现为农田。

初查时间2000年1月22日，复查时间2017年7月15日。

图2.329a　小相西（上为北）

（2）主要发现

地表陶片较多，密度较大，多为东周时期，兼有汉代遗物。采集石器1件，陶片51片，其中口沿5片、腹片40片、底6片。器形有鬲、罐、盆等。涵盖春秋和战国，部分遗物可晚至汉代。标本6件。

石饼　Y084：6，页岩。基本完整。圆形，一面较平面，一面微鼓。侧面一半较厚呈圆角直面，一半较薄，呈刃状。直径9.5、厚2.1厘米（图版二七六，4）。

鬲 Y084：1，口沿。夹砂灰陶。直沿，敛口，宽沿面，沿面微凹，方唇，束颈，溜肩。肩饰绳纹。口径30、残高6.2厘米（图2.329b，1）。

罐 2件。Y084：3，口沿。泥质灰陶。平折沿，方唇，沿面微凹，直颈，腹外侈。素面。口径24.2、残高6.5厘米（图2.329b，2）。Y084：5，口沿。泥质灰陶。平折沿，尖唇，束颈，溜肩。肩饰绳纹。口径12.5、残高6厘米。

盆 Y084：2，口沿。泥质褐陶。平折沿，方唇，沿面微凹，直颈，腹外侈。素面。口径34.2、残高6.7厘米（图2.329b，3）。

器耳 Y084：4，残断。泥质褐陶。断面呈圆形。素面。长5.1、直径1.4厘米（图2.329b，4）。

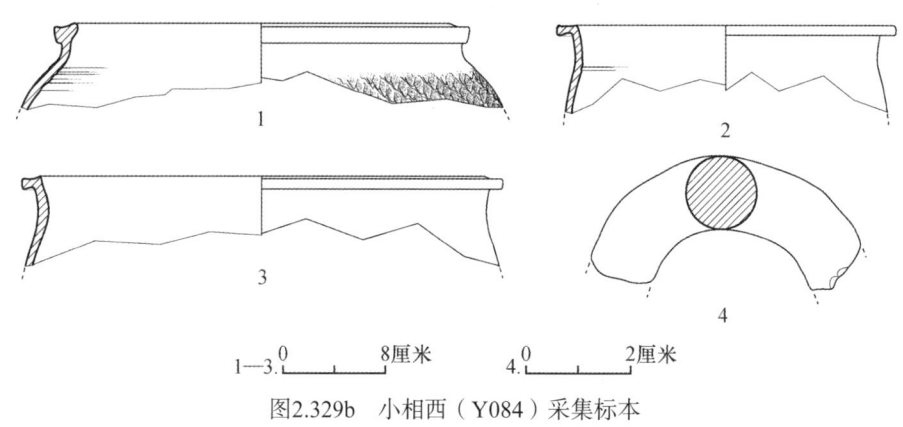

图2.329b 小相西（Y084）采集标本
1. 鬲（Y084：1） 2. 罐（Y084：3） 3. 盆（Y084：2） 4. 器耳（Y084：4）

（3）基本认识

该遗址面积较大，文化内涵相对单纯，主要为春秋晚期和战国早期的遗存，兼有汉代。

312. 颜良寨水库西（Y087）

（1）概况

位于洛阳偃师市府店镇府北村东南府北河东，颜良寨水库西干沟河西岸台地上（图2.330a）。具体位置为滑国故城遗址保护碑南，乡道X006转弯处以南公路东西两侧。西临府店北河一支流，地势较为平坦，起伏不大。2001年1月3日复查时，在遗址西部发现裴李岗文化遗存，归入府店东（Y124）。该遗址与府店东（Y124）范围部分重合，Y124的部分遗存被Y087的遗存叠压覆盖，两者分界不清。龙山文化与二里头文化遗存的面积约2万平方米，东周时期的遗存面积约54万平方米。地理坐标为北纬34°34′37.29″，东经112°51′42.02″，海拔约242米。地表现为葡萄园。

初查时间2000年1月23日，复查时间2001年1月3日、2011年、2017年7月15日。

图2.330a　颜良寨水库西（左上为北）

（2）主要发现

在台地及河边断崖上暴露出较多灰坑及文化层。清理灰坑6座（H1—H6），采集了陶片及浮选土样。

地表陶片较多，密度较大。采集石器14件，陶片118片，其中口沿17片、腹片96片、底片5片。分属于龙山文化、二里岗文化和东周时期。标本共计45件。

石斧　4件。Y087：23，辉绿岩。残。琢磨兼制。厚重长方体，圆顶，双面刃残。残长13.7、宽5.7、厚5厘米（图版二七六，5）。Y087：24，辉绿岩。残。琢磨兼制。厚重长方体，圆顶，残刃。残长11.8、宽6、厚4.5厘米（图版二七六，6）。Y087：25，石灰岩。残。琢磨兼制。厚重长方体，圆顶，残刃。残长10.5、宽8.3、厚5.3厘米（图版二七七，1）。Y087：26，辉绿岩。残余顶部，琢制，厚重长方体。也可能仅为毛坯。残长12.2、宽8.8、厚6.9厘米（图版二七七，2）。

石刀坯　4件。Y087：27，页岩。约残余一半。琢磨兼制。长方形，单面直刃，刃、边略经磨制，但刃未完全磨制成型。一面有浅琢窝，可能系在琢孔时残断。残长5、宽5.3、厚0.9厘米（图版二七七，3）。Y087：28，页岩。残断。三面经打制塑形。残长6.7、宽5.1、厚0.8厘米（图版二七七，4）。Y087：30，青细砂岩。残。长方形，塑形过程中断裂。残长13.6、残宽8.8、厚1.6厘米。Y087：31，石灰岩。残。长方形，打磨兼制，塑形过程中断裂。残长12.2、宽5.5、厚1.8厘米。

石镰　Y087：32，辉绿岩。残。打、琢、磨兼制，局部因低洼未磨到。近长方形，柄部变宽，双面直刃，尖端残。残长11.4、宽5.9、厚1.7厘米（图版二七七，6）。

石铲　Y087：33，石灰岩。残块。磨制。扁平长方形，双面弧刃。残长7.56、残宽7.7、厚1.6厘米（图版二七八，1）。

石铲毛坯　Y087：34，硅质灰岩。残余顶部。一面磨制。一侧边直接利用自然层理的直边，另三面经打制塑形。扁平长方形，直边处经去薄处理，其余部位较厚。残长10.5、宽12.8、厚3.6厘米（图版二七八，2）。

石饼　Y087：35，扁平椭圆形。上面经琢磨微鼓，磨光。下面为自然断面未经修整。长8.4、宽6.7、厚1.8厘米。

石料　Y087：29，石灰岩。基本完整。磨制。近梯形，一侧打制塑形，另一侧用片切割截断，可见两次片状工具切割痕迹，近锯透时折断。长10.5、宽7.7、厚1厘米（图版二七七，5）。

石刮削器　Y087：36，辉绿岩。打制。利用打击石片，将其与打击点对应的一面作为刃部，刃部使用痕迹明显。长5.9、宽5.9、厚1.4厘米。

1）龙山文化

清理灰坑6个，采集遗物数量较多，器形有夹砂大口罐、中口罐、泥质瓮、罐、折腹盆、碗、壶、器盖等，多数为龙山晚期。标本18件。

H1：位于营君路（X002）东侧断崖剖面偏南。可辨认器形有大口罐、瓮。属于龙山晚期。

H2：位于营君路（X002）东侧断崖剖面偏南。可辨认器形有圈足盘、壶。属于龙山晚期。

H3：位于营君路（X002）东侧断崖剖面偏南。可辨认器形有大口罐、器盖。属于龙山晚期。

H4：位于营君路（X002）东侧断崖剖面偏北。可辨认器形有大口罐、小口高领瓮、瓠、器盖。属于龙山晚期。

H5：位于营君路（X002）东侧断崖剖面偏北。可辨认器形有泥质罐、大口罐、豆。属于龙山晚期。

H6：位于台地西部断崖剖面。可辨认器形有泥质折沿罐、大口罐、小口高领瓮、圈足盘。属于龙山晚期。

大口罐　6件。Y087：1，口沿。夹砂灰陶。折沿，方唇，沿面饰一周凹弦纹和一周凸棱。腹饰方格纹。口径25.8、残高6.1厘米（图2.330b，2）。Y087：2，口沿。夹砂黑皮陶。折沿，方唇，唇面有一道凹槽，沿面内侧出一道凸棱，沿面不平有起伏，棱不明显。残宽7.7、残高6厘米（图2.330b，1）。Y087：3，口沿。夹砂黑皮陶。折沿，方唇，沿面内凹，沿面内侧出一道凸棱，颈部内侧有一周凸棱。腹饰方格纹。口径20、残高5.3厘米（图2.330b，3）。

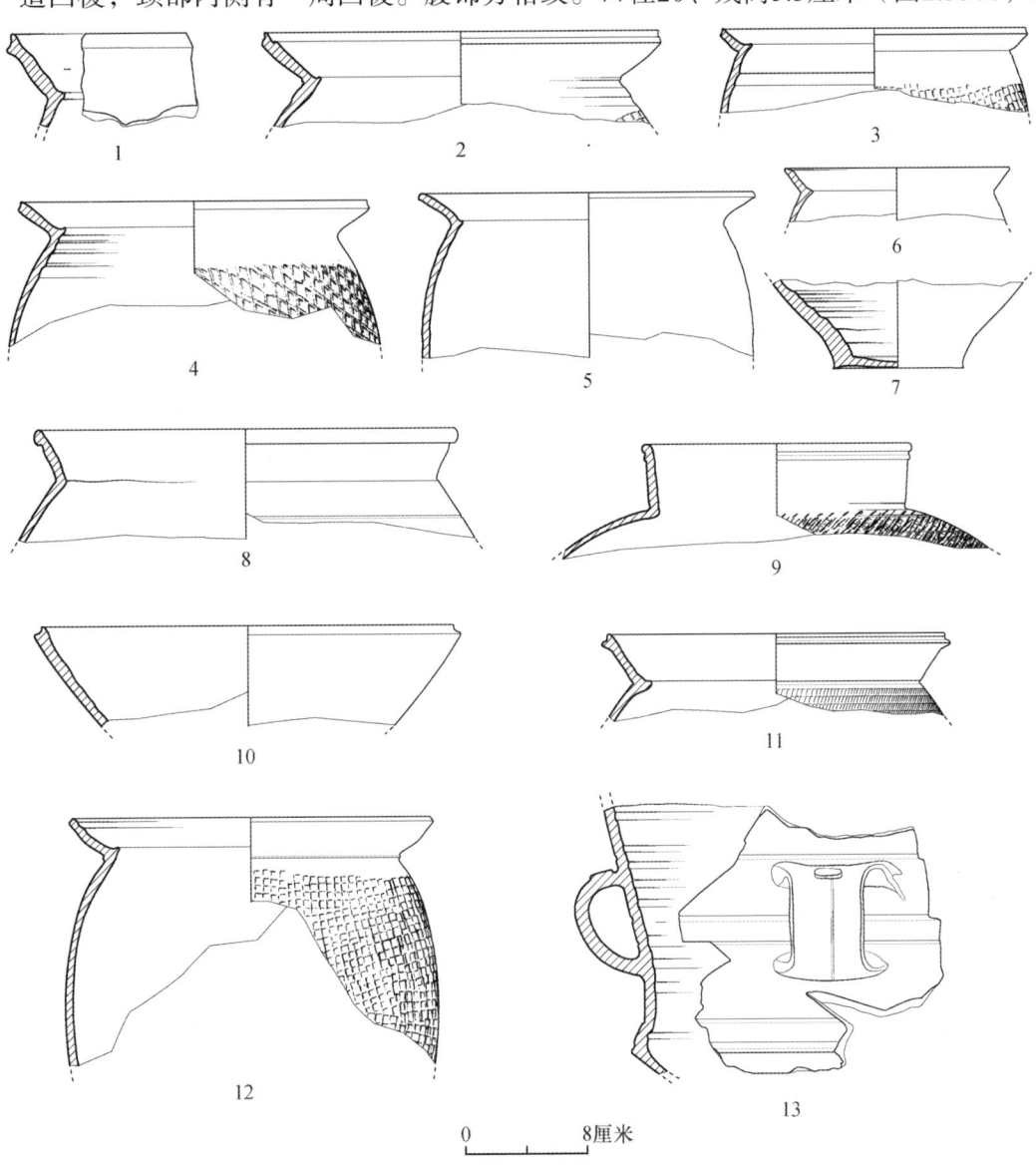

图2.330b　颜良寨水库西（Y087）采集陶器（一）

1—4、6、12.大口罐（Y087：2、Y087：1、Y087：3、H5：1、H1：1、H5：2）　5、7、8.罐（H6：2、Y087：7、Y087：6）
9.瓮（Y087：5）　10.碗（Y087：9）　11.中口罐（Y087：4）　13.折腹盆（Y087：8）

H1∶1，口沿。夹砂黑皮陶。折沿，圆唇，沿面微凹，上部有一周凹弦纹。复原口径15.5、残宽7、残高4厘米（图2.330b，6）。H5∶1，口沿。夹砂灰陶。折沿，方唇，唇面饰一道凹槽，沿面微凹，出一道凸棱，溜肩。腹饰方格纹。口径22.5、残高9.3厘米（图2.330b，4）。H5∶2，口沿。夹砂灰陶。折沿，方唇，沿面饰一周凹弦纹、一周凸棱。腹饰方格纹。口径23.4、残高15.9厘米（图2.330b，12）。

中口罐　Y087∶4，口沿。夹砂灰陶。折沿，方唇，唇面有一道凹槽，沿面内侧出一道凸棱，溜肩。饰方格纹。口径22.4、残高5.6厘米（图2.330b，11）。

瓮　Y087∶5，口沿。泥质灰陶。直领外侈，圆唇，沿外饰一道凹槽，广肩。饰篮纹。口径17.5、残高7.3厘米（图2.330b，9）。

罐　3件。Y087∶6，口沿。泥质黑陶。直领外侈，尖唇，沿外包边加厚，溜肩，肩部饰一道凹弦纹。磨光。口径27.2、残高7.2厘米（图2.330b，8）。Y087∶7，底部。泥质黑皮褐陶。斜腹急收成平底。素面。底径8.7、残高5.7厘米（图2.330b，7）。H6∶2，口沿，泥质黑陶。折沿上翘，圆唇，沿内饰一道凸棱，溜肩，圆弧腹。磨光。口径21.8、残高10.6厘米（图2.330b，5）。

折腹盆　Y087∶8，腹部。泥质黑皮陶。折腹，饰凹弦纹。附桥形大錾，錾上部有乳钉状装饰。残宽17.7、残高17、厚0.7厘米（图2.330b，13）。

碗　Y087∶9，口沿。泥质灰陶。直沿侈口，方唇，唇面有一道凹槽，斜腹。素面。口径27、残高6.5厘米（图2.330b，10）。

壶　2件。H2∶1，口沿。泥质黑陶。直领外侈，圆唇，长颈。磨光，饰凹弦纹。口径9.5、残高7.1厘米（图2.330c，3）。H4∶1，口沿，泥质黑陶。侈口，圆唇，沿外包边加厚，直颈，颈部饰两周凹弦纹。磨光。口径7.6、残高3.2厘米（图2.330c，4）。

器盖　2件。H2∶2，口沿。泥质黑皮陶。下口直沿，圆唇，外沿面有几道凹槽，斜腹。素面。口径34.9、残高9.1厘米（图2.330c，2）。H6∶1，可复原。泥质灰陶。覆碗式，下口直沿方唇，唇面有道凹槽，斜腹，平顶。素面。口径12.7、底径6.4、通高6.1厘米。

豆　H6∶3，豆盘，泥质黑陶。直口微敛，圆唇，深腹。磨光。口径30.9、残高5厘米（图2.330c，8）。

2）二里头文化

见有少量遗物，器形有盆等。疑似二里头文化遗物。标本1件。

盆　Y087∶10，口沿。泥质灰陶。卷沿，圆唇，斜浅腹。素面。残宽6.6、残高4.6厘米（图2.330c，1）。

3）东周时期

遗物数量较多，见有鬲、罐、瓮、豆等，部分遗物为春秋，部分为战国时期。标本12件。

鬲　4件。Y087∶12，口沿。夹砂灰陶。直领，折沿，方唇，唇面饰一道凹槽，颈部饰三周凹弦纹，溜肩。腹饰粗绳纹。口径37.7、残高12.1厘米（图2.330c，15）。Y087∶13，口沿。泥质灰陶。直领，折沿，方唇，唇面饰一道凹弦纹，沿下包边加厚，溜肩。腹饰粗绳纹。

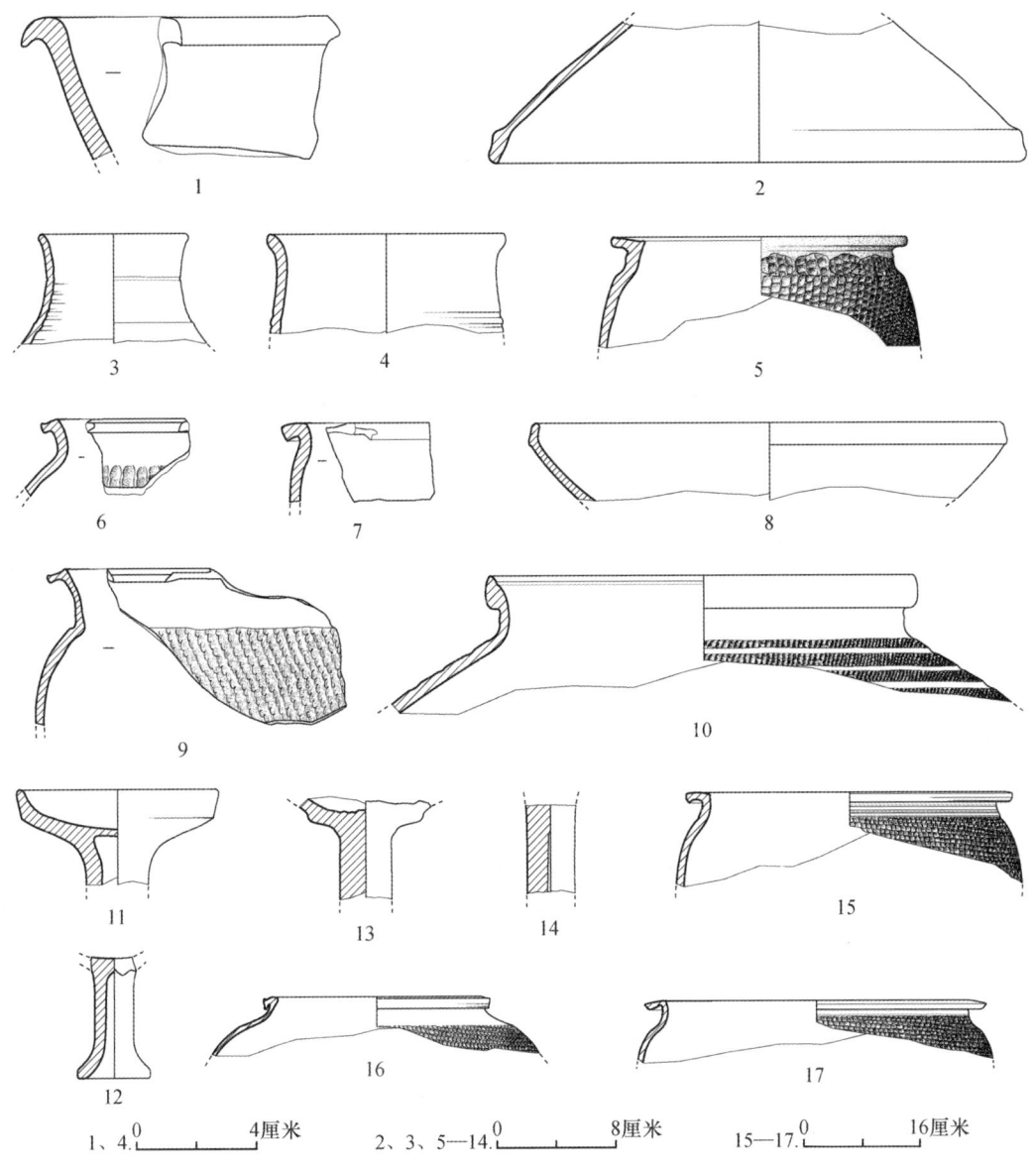

图2.330c 颜良寨水库西（Y087）采集陶器（二）
1. 盆（Y087：10） 2. 器盖（H2：2） 3、4. 壶（H2：1、H4：1） 5、15、17. 鬲（Y087：16、Y087：12、Y087：13）
6、16. 瓮（Y087：17、Y087：11） 7. 盆（Y087：19） 8、11—14. 豆（H6：3、Y087：18、Y087：20、Y087：21、Y087：22） 9、10. 罐（Y087：15、Y087：14）

口径40.3、残高8.1厘米（图2.330c，17）。Y087：15，口沿。夹砂灰陶。折沿，方唇，沿面有一道凹槽，束颈，溜肩，圆弧腹。残宽15.8、残高10.2厘米（图2.330c，9）。Y087：16，口沿。夹砂灰陶。折沿，圆唇，溜肩。饰绳纹。口径19.5、残高7.2厘米（图2.330c，5）。

罐 1件。Y087：14，口沿，泥质灰陶。直领外侈，尖唇，沿外包边，沿内饰一道凹弦纹，广肩。饰细绳纹夹弦纹。口径28、残高8.9厘米（图2.330c，10）。

瓮 3件。Y087：11，口沿。泥质灰陶。折沿，方唇，唇面下凸呈一周凸棱，沿面有一道凹槽，束颈，溜肩。上部素面，下部饰绳纹。口径27.5、残高7.7厘米（图2.330c，16）。

Y087：17，口沿，夹砂灰陶。直领小折沿，方唇，圆弧肩。饰粗绳纹。残宽6.9、残高5、厚0.6厘米（图2.330c，6）。

盆　Y087：19，口沿。泥质灰陶。折沿，方唇，束颈，弧腹。素面。残宽7.2、残高5.1厘米（图2.330c，7）。

豆　4件。Y087：18，豆盘。泥质灰陶。敞口，直沿，圆唇，直腹，圜底，细柄中空。孔径1.2厘米。素面。口径13.1、残高6.2厘米（图2.330c，11）。Y087：20，柄部。泥质灰陶。空心圆柱体，喇叭口。素面。足跟直径4.8、残高7.9、直径5厘米（图2.330c，12）。Y087：21，腹部。泥质灰陶。细柄中空。素面。残高6.5厘米（图2.330c，13）。Y087：22，柄部。泥质灰陶。实心圆柱体。素面。残高5.7厘米（图2.330c，14）。

（3）基本认识

该遗址规模较大，内涵相对丰富，遗存较为复杂，主要是东周时期的遗存。龙山文化晚期及二里头文化规模相对较小。遗址现被葡萄园圈占压，对遗址造成一定程度破坏。

313. 府店东（Y124）

（1）概况

位于洛阳偃师市府店镇府北村东，干沟河西岸，滑国故城保护碑南，休水主河道与乡道X006南冲沟之间台地上（图2.331a）。范围与颜良寨水库西（Y087）重合，因其属裴李岗文化遗存，将其从颜良寨水库西（Y087）中分离出来。具体范围不清，估计遗址面积0.5万平方米。地理坐标北纬34°34′37.90″，东经112°51′36.41″，海拔约238米。地表现为葡萄园、农田。

初查时间2001年1月3日，复查时间2001年5月30日、2001年6月17日、2005年11月6日、2007年11月10日、2008年10月3日、2017年7月15日。

图2.331a　府店东（左上为北）

（2）主要发现

西面第一级台地剖面上发现裴李岗文化层和灰坑，大多叠压于龙山文化层下。见有红烧土块及橘红色陶片、黑色蛋壳陶。地层堆积土色为紫红色，坚硬无比。

该遗址历年来多次复查，采集了各种各样的器物、土样标本，每次复查收获不一。

2001年5月29日复查时采集裴李岗陶片5片。5月30日复查时,发现灰坑1个,编号H1,灰坑填土呈红色,取土样3袋。多出土红陶片。2001年6月17日复查时,在H1又采集了植硅石土样及陶片、石器等。2002年6月13日复查时在H1又采集到裴李岗陶片13片,其中口沿3片,腹片10片。2005年11月6日复查时在H1也采集到陶片、石器。2007年11月10日复查时,采集了浮选土样及残留物分析标本。2007年11月10日复查时,在H1又采集了浮选土样及残留物分析标本。2008年10月3日,在H1采集了花粉分析土样及陶器标本。历次采集石器9件,多为石锤、石料及石片,标本5件。陶片共93片,口沿10、底片3片,余为腹片。标本13件。

磨盘　2件。H1:12,砂岩。基本完整。琢磨兼制。略呈扇形,上下面平整,光滑,侧面琢制规整,长圆角方形。长16.7、宽16.2、厚4.5厘米(图版二七八,6)。H1:13,砂岩。磨制。略呈菱形,沿面内凹较深,一面一边内凹,一边斜坡状,四侧面略呈长方形。长23、宽18、厚8厘米。

石镰　2件。H1:9,辉绿岩。残断。打制。扁平体,弯月形。残长6.4、宽2.8、厚0.8厘米(图2.331b,1;图版二七八,3)。H1:11,灰岩。打制。尖部残断。扁平体,弯月状。残长

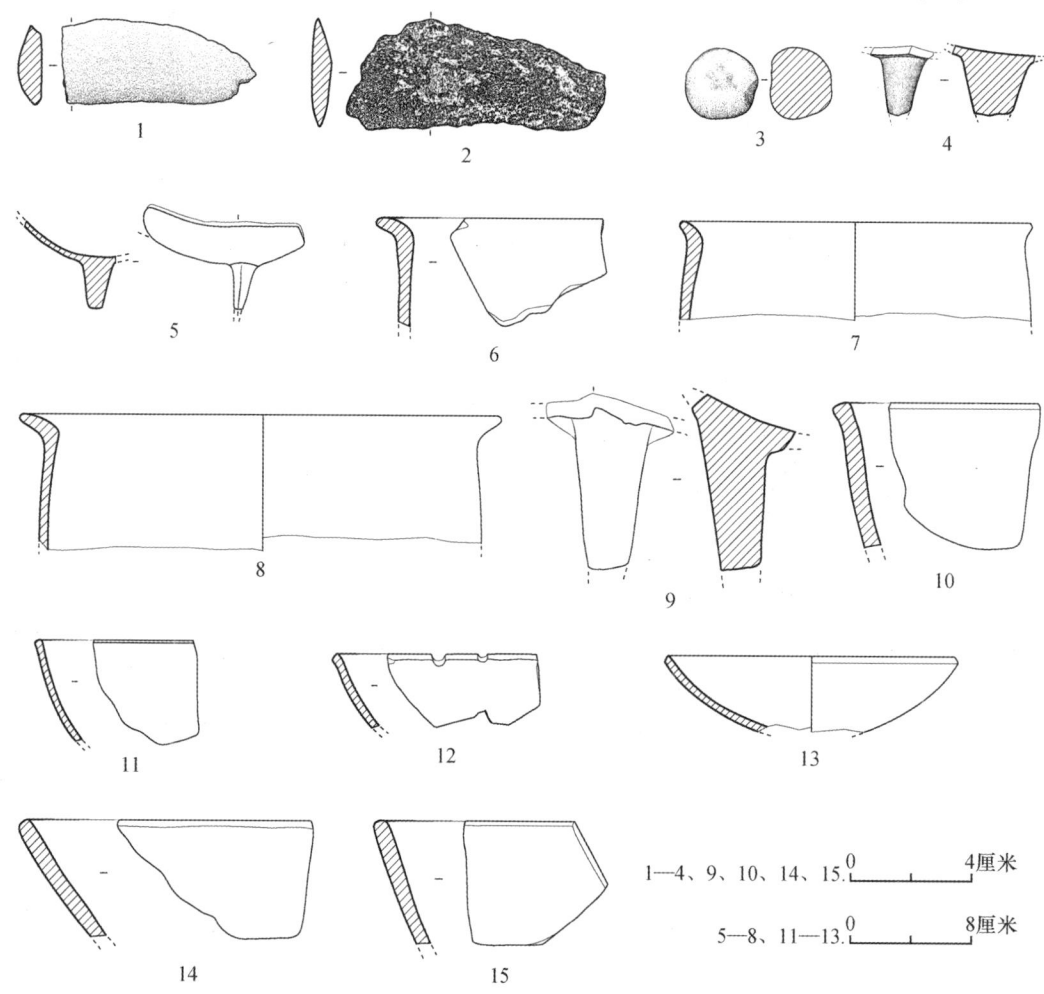

图2.331b　府店东(Y124)采集遗物

1、2.石镰(H1:9、H1:11)　3.石珠(H1:10)　4、5.三足钵(Y124:3、H1:7)　6—8.罐(H1:3、H1:2、H1:1)　9.鼎(Y124:1)　10—13.钵(Y124:2、H1:6、H1:4、H1:5)　14、15.碗(Y124:4、H1:8)

8.5、宽3.6、厚0.7厘米（图2.331b，2；图版二七八，5）。

石珠　H1∶10，鲕状灰岩。琢制。近圆形球体。直径2.35厘米（图2.331b，3；图版二七八，4）。

鼎　Y124∶1，泥质红陶。圆锥形，残足尖，素面。残高5.6厘米（图2.331b，9）。

三足钵　2件。Y124∶3，泥质橘红陶，扁平足，残足尖。素面。残高2.3厘米（图2.331b，4）。H1∶7，底部。泥质橘红陶。圜底，菱形小足，足高3厘米。磨光。残宽10.7、残高6.7、厚6厘米（图2.331b，5）。

罐　3件。H1∶1，口沿。夹砂褐陶。卷沿，圆唇，直腹。素面。口径31.3、残高8.7厘米（图2.331b，8）。H1∶2，口沿。夹砂橘红陶，卷沿，圆唇，直腹。素面。口沿22.7、残高6.3厘米（图2.331b，7）。H1∶3，口沿。夹砂褐陶。卷沿，圆唇，直腹。素面。残宽10.2、残高6.9、厚0.6厘米（图2.331b，6）。

钵　4件。Y124∶2，泥质橘红陶。敞口微卷，直沿，方唇，斜腹。残宽5、残高4.7厘米（图2.331b，10）。H1∶4，泥质橘红陶。敞口，直沿，方唇，唇面也两个半圆形凹槽，斜腹。素面。残宽10.2、残高4.7厘米（图2.331b，12）。H1∶5，夹砂褐陶。敞口，直沿，圆唇，斜腹。素面。口径18.7、残高4.8厘米（图2.331b，13）。H1∶6，泥质橘红陶。敞口，直沿，方唇，斜腹。素面。残宽7、残高6.7厘米（图2.331b，11）。

碗　2件。Y124∶4，夹砂橘红陶。敞口，直沿，圆唇，斜腹。素面。残宽6.5、残高3.8厘米（图2.331b，14）。H1∶8，泥质橘红陶。敞口，直沿，圆唇，斜腹。素面。残宽4.8、残高4厘米（图2.331b，15）。

（3）基本认识

该遗址主要为裴李岗文化晚期遗存。发现有1个灰坑，较大而深。遗址西部因平整土地及河流冲刷，破坏较严重，东部与龙山晚期、二里头、东周时期遗存（Y087）共存。

314. 小相西北（Y085）

（1）概况

位于郑州巩义市鲁庄镇小相村西北小相西沟与干沟河交汇处的长方形台地上。具体位置为颜良寨南120米，干沟河东岸，小相西沟北，与小相西（Y084）隔沟相对（图2.332a）。面积约1.5万平方米。地理坐标北纬34°34′33.96″，东经112°52′06.08″，海拔约249米。地势自西向东逐级抬高，形成三级台地，地表现为农田及葡萄园。

初查时间2000年1月23日，复查时间2017年7月15日。

图2.332a　小相西北（上为北）

（2）主要发现

台地边缘断崖上暴露出灰土层，采集到部分陶片。地表陶片较多，密度较大。采集陶片28片，其中口沿6片、腹片22片。分属于二里头、二里岗、殷墟和东周时期。

1）二里头文化

见有瓮、盆等器形，疑似二里头文化。标本2件。

瓮　Y085：1，口沿。泥质灰陶。直领，圆唇，外沿面有一周凹弦纹，短颈，平肩。肩饰绳纹。口径14.7、残高3.8厘米（图2.332b，1）。

盆　Y085：2，口沿。泥质灰陶。斜折沿，圆唇，沿面微凹，束颈，深腹。腹饰绳纹夹两周凹弦纹。残宽10.6、残高8.3厘米（图2.332b，4）。

2）二里岗文化

见有罐、深腹罐等，属于二里岗文化晚期。标本1件。

深腹罐　Y085：3，口沿，夹砂黑皮褐陶。卷沿，方唇，沿外饰暗绳纹。口径27.8、残高4.3、厚0.6厘米（图2.332b，3）。

3）殷墟文化

见有盆等。属于殷墟晚期。标本2件。

盆　2件。Y085：4，口沿。泥质褐陶。折沿，方唇，沿面有一周凸棱，直腹。饰绳纹。口径34、残高7.5厘米（图2.332b，9）。Y085：5，口沿。泥质灰陶。折沿，方唇，沿面微凹，沿内有一周凹弦纹，直腹。腹饰细绳纹。口径31、残高9.7厘米（图2.332b，7）。

4）东周时期

见有瓮、盆、豆等器形，属于春秋至战国。标本4件。

瓮　Y085：6，口沿。夹砂灰陶。折沿，方唇，束颈，圆弧肩。饰绳纹。口径21.4、残高11.3厘米（图2.332b，8）。

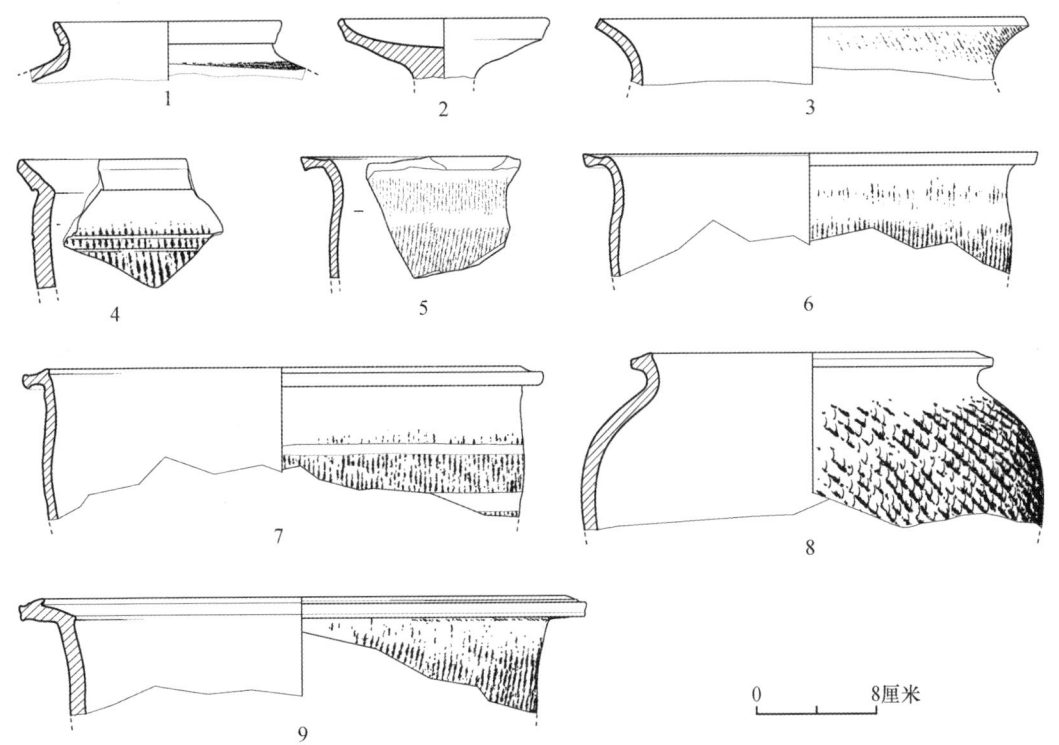

图2.332b　小相西北（Y085）采集遗物

1、8.瓮（Y085：1、Y085：6）　2.豆（Y085：9）　3.深腹罐（Y085：3）　4—7、9.盆（Y085：2、Y085：8、Y085：7、Y085：5、Y085：4）

盆　2件。Y085：7，口沿。泥质黑皮陶。折沿，方唇，沿面微凹，束颈，直腹，微弧。腹饰绳纹。口径29.8、残高7.9厘米（图2.332b，6）。Y085：8，口沿，泥质褐陶。折沿，方唇，沿面微凹，直腹，饰绳纹。残宽10、残高7.8、厚0.5厘米（图2.332b，5）。

豆　Y085：9，豆盘。泥质灰陶。直沿，圆唇，沿外饰一道凹槽。素面。口径13.4、残高3.8厘米（图2.332b，2）。

（3）基本认识

该遗址面积较小，但是文化内涵较为复杂，包含疑似二里头、二里岗晚期、殷墟晚期及东周等多个时期的遗存。

315. 颜良寨西南（Y086）

（1）概况

位于郑州巩义市鲁庄镇四合村颜良寨西南，颜良寨水库东。南临冲沟，西临水库，北近村中东西大道，东至东边第二小断崖（图2.333a）。面积约3万平方米。地理坐标北纬34°34′39.15″，东经112°51′52.48″，海拔约248米。地势自西向东逐级抬高，起伏较小，地表现为农田、葡萄园。

初查时间2000年1月23日，复查时间2007年11月8日、2017年7月15日。

图2.333a　颜良寨西南（上为北）

（2）主要发现

台地周边断崖上暴露出灰土层和灰坑。2007年复查时，在台地中部一个小断崖下发现灰坑1个，编号H1。采集了浮选土样及残留物分析标本。

地表陶片较多，密度较大。采集陶片25片，其中口沿7片、腹片14片、底片2片、足2件。陶片以东周时期为主，另见有二里岗文化和岳石文化风格陶片。

1）二里岗文化

见有鬲、罐、簋、大口尊等器形，涵盖二里岗文化早期和晚期，部分遗物有明显的岳石文化风格。标本5件。

鬲　Y086∶1，口沿。夹砂灰陶。卷沿，方唇。束颈。腹饰绳纹。口径14.1、残高3.5厘米（图2.333b，5）。

罐　2件。Y086∶2，口沿。夹砂灰褐陶。卷沿圆唇。束颈。颈部饰刮抹纹。残宽6.6、残高5厘米（图2.333b，4）。Y086∶5，腹片。夹砂红陶。饰刮抹纹。残宽10、残高7.1、厚0.6厘米。两者具有岳石文化风格。

簋　Y086∶3，腹片。泥质灰陶。上腹部磨光饰弦纹，下腹部饰绳纹。腹径16、残高6.5厘米（图2.333b，2）。

大口尊　Y086∶4，腹片。泥质灰陶。肩部饰一周索状附加堆纹。腹部饰两周凹弦纹。残宽10.8、残高7.8厘米（图2.333b，1）。

2）东周时期

见有鼎、鬲等器形。可能属于春秋时期。标本1件。

鼎　Y086∶6，口沿。夹砂黑皮褐陶。折沿方唇，唇面有一周凹槽，束颈，弧腹。腹饰绳纹。口径15.8、残高5.4厘米（图2.333b，3）。

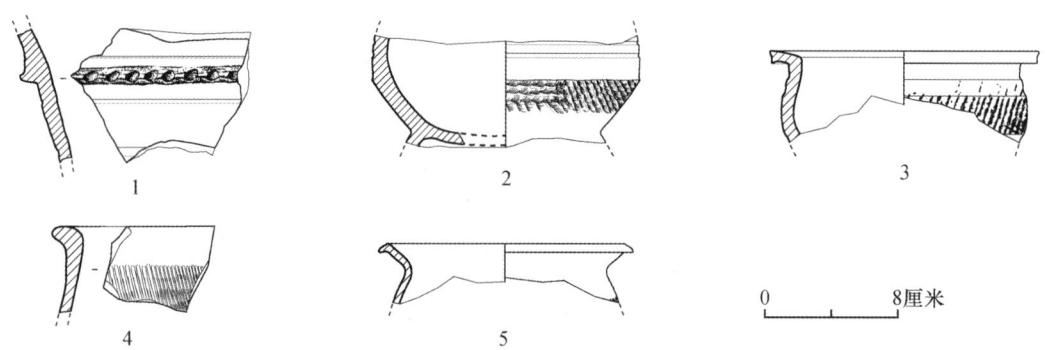

图2.333b　颜良寨西南（Y086）采集标本
1. 大口尊（Y086∶4）　2. 簋（Y086∶3）　3. 鼎（Y086∶6）　4. 罐（Y086∶2）　5. 鬲（Y086∶1）

（3）基本认识

该遗址文化内涵相对复杂，以春秋时期遗存为主，也见有二里岗文化（含岳石风格）遗存，复查中未见殷墟文化遗物。

316. 府北村北（Y113）

（1）概况

位于洛阳偃师市府店镇府北村东北200米、滑城河村东南，干沟河西岸，府北村通往冯杨寨小路近河处（图2.334；图版一九一，1）。南北大约100米，东西范围不详，面积约0.5万平方米。地理坐标北纬34°34′56.14″，东经112°51′23.81″，海拔约223米。地势较为平坦，起伏不大，自北向南有三四道地坎，地表现为农田。

初查时间2000年6月8日，复查时间2017年7月16日。

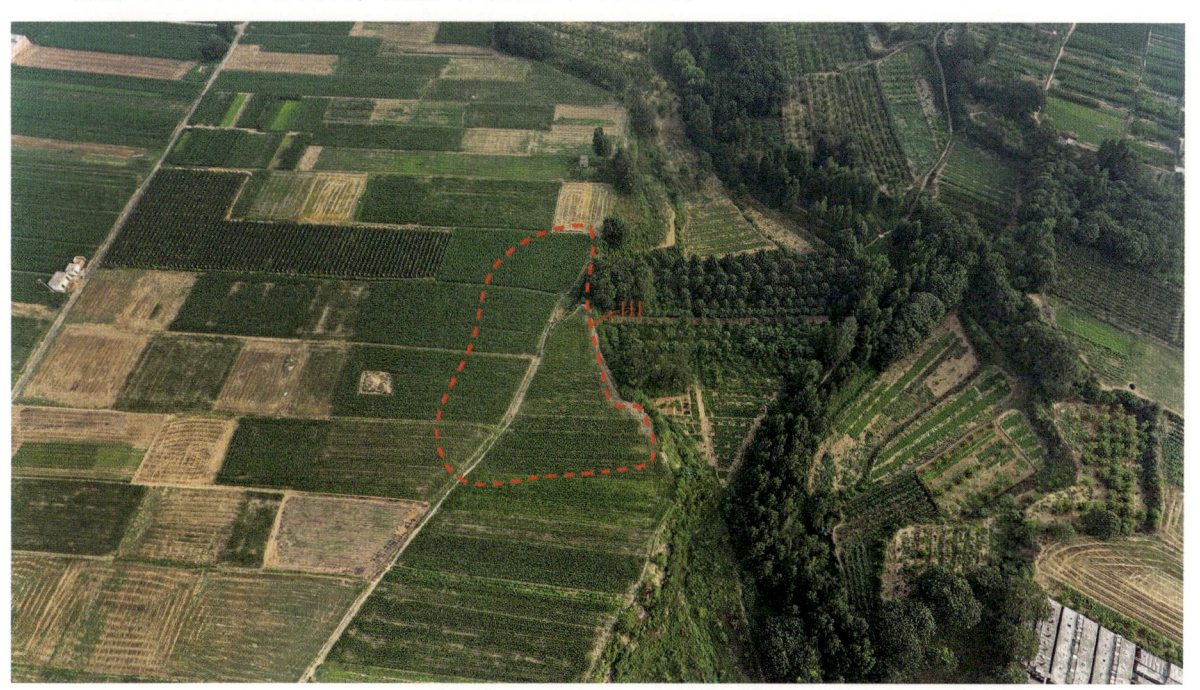

图2.334　府北村北（上为北）

（2）主要发现

堆积距地表1米左右，大部分已被破坏。河边断崖剖面发现了龙山灰坑H1（图版一九一，2），出土陶片较少。南北向剖面发现了一处房基。

地表陶片不多，密度很小，多数为龙山时期，个别为周代。采集陶片15片，皆为腹片，无典型标本。主要为龙山晚期碎片，可辨认器形有大口罐、小口高领瓮。二里岗文化可辨认器形有鬲（裆）。

（3）基本认识

该遗址以龙山晚期遗存为主，兼有少量疑似二里岗文化和东周时期遗存。采集标本较少。估计大部已被破坏。

317. 颜良村西（Y088）

（1）概况

位于郑州巩义市鲁庄镇四合行政村[①]颜良寨西北，颜良村西，冯杨寨南东西（西偏北）向小冲沟南，冯寨砖厂北。西南临干沟河主河道，北临冲沟，东至南北向道路（图2.335a；图版一九二，1）。面积约5.5万平方米。地理坐标北纬34°34′55.72″，东经112°51′39.71″，海拔约237米。地势平坦，起伏很小，地表现为葡萄园。

2000年1月24日调查，复查时间为2017年7月16日。

图2.335a　颜良村西（左上为北）

（2）主要发现

2017年复查时，在遗址东部砖厂取土坑剖面发现了黑红色文化层，包含陶片不多，可能

[①] 四合村包括冯寨、杨寨、颜良村、颜良寨等自然村。原冯杨寨村西部部分已搬迁至原冯杨寨西南，部分搬迁至原冯杨寨村北，东部保留。

为裴李岗晚期至仰韶早期遗存（图版一九二，2）。地表陶片很少，采集陶片8片，其中口沿3片、腹片3片、底片2片。可能为东周时期。标本2件。

罐　2件。Y088：1，口沿。泥质黑皮陶。卷沿，圆唇，沿内中空，溜肩。肩饰刻划纹。口径31.6、残高6.4厘米（图2.335b，2）。Y088：2，口沿。泥质灰陶。折沿，方唇，沿面微凹，束颈，溜肩。腹饰绳纹。口径45.7、残高7.6厘米（图2.335b，1）。

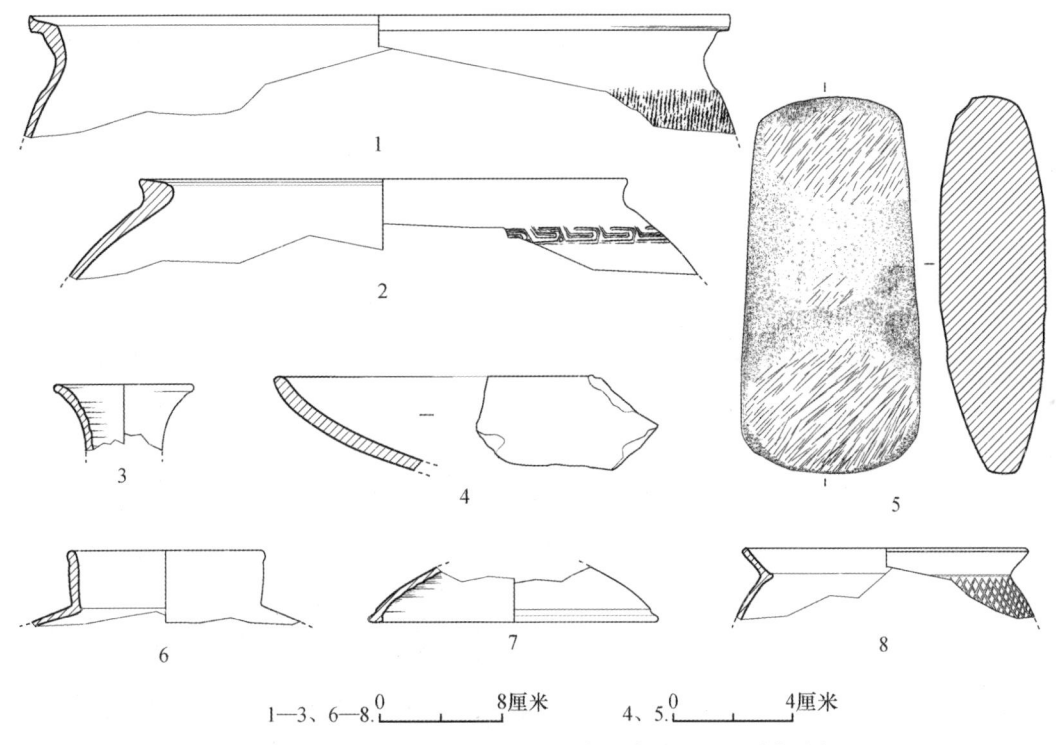

图2.335b　颜良村西（Y088）、冯寨西南（Y089）采集遗物

1、2.罐（Y088：2、Y088：1）　3.杯（Y089：3）　4.豆（Y089H3：1）　5.石斧（Y089F1：1）　6.瓮（Y089：2）　7.器盖（Y089：4）　8.大口罐（Y089：1）

（3）基本认识

遗址可能以东周遗存为主，保存较好。复查中发现的少量裴李岗晚期至仰韶早期遗存，可能与府店东（Y124）、颜良寨水库西南（Y114）等地点的相关遗存同时。现地表为新辟葡萄园，对遗址造成一定程度破坏。

318. 冯寨西南（Y089）

（1）概况

位于郑州巩义市鲁庄镇四合村冯杨寨西南，干沟河东北岸台地上（图2.336；图版一九三，1）。面积约2.2万平方米。地理坐标北纬34°35′04.55″，东经112°51′29.55″，海拔约232米。遗址周边地势高亢，起伏不大，较为平坦，现为农田。

初查时间2000年1月24日，复查时间2017年7月16日。

图2.336　冯寨西南（左上为北）

（2）主要发现

该遗址发现有多个灰坑（图版一九三，2；图版一九四）。地表陶片较多，密度较大。采集石器11件[①]。另外还采集蚌刀1件，陶片73片，包含口沿9、腹片64片。

---

① 分别为石斧上半段与下半段各2件、镰1件、铲1件、刀1件、石核1件、石料3件。此批资料未整理。仅选取F1两件石斧予以介绍。

石斧　2件。F1∶1，辉绿岩。琢磨兼制。扁平长方体，圆角方顶，两侧面近椭圆形，双面弧刃。刃部使用痕迹明显。长12、宽6、厚3.6厘米（图2.335b，5；图版二七九，1）。F1∶2，石灰岩。残断。琢磨兼制。圆角方柱体，圆弧顶。残长9.2、宽6.2、厚4.9厘米（图版二七九，2）。

1）仰韶文化

采集物数量较少，残碎较甚。疑似仰韶文化晚期。无典型标本。

2）龙山文化

在干沟河东岸台地断崖剖面发现10个灰坑，均为龙山晚期。由南至北依次编号H1—H10，以及房基F1等。简介如下：

H3：位于台地断崖南端。可辨认器形有大口罐、小口高领瓮、豆等。

H4：位于台地断崖中部。可辨认器形有双腹盆。无口沿标本。

H5：位于台地断崖中部。可辨认器形有大口罐、豆。无口沿标本。

H9：位于台地断崖北部。可辨认器形有蛋壳杯。

H10：位于台地断崖北部。可辨认器形有小口高领瓮。无口沿标本。

F1：位于台地断崖中部。可辨认器形有小口高领瓮。无口沿标本。

遗物数量相对较多，见有大口尊、瓮、杯、器盖、大口罐、豆等，属于龙山晚期。标本5件。

大口罐　Y089∶1，口沿。夹砂褐陶。折沿，圆唇，沿面微凹。腹饰方格纹。口径18.5、残高4.5厘米（图2.335b，8）。

瓮　Y089∶2，口沿。泥质黑皮陶。直领，圆唇，折肩。素面。口径15.2、残高4.9厘米（图2.335b，6）。

杯　2件。Y089∶3，口沿。泥质黑陶。侈口，圆唇，直腹。素面。口径8.7、残高4.2厘米（图2.335b，3）。H9∶1，口沿，泥质黑皮蛋壳陶。侈口，圆唇，直腹。磨光。口径9、残高3厘米。

器盖　Y089∶4，口沿。泥质褐陶。下口侈口，直沿，方唇，斜腹。素面。口径18、残高3.6厘米（图2.335b，7）。

豆　H3∶1，豆盘。泥质黑陶。侈口，圆唇，斜弧腹，浅盘。磨光。残宽5.9、残高3、厚0.4厘米（图2.335b，4）。

（3）基本认识

该遗址面积较小，文化内涵相对单纯，主要为龙山文化晚期遗存，另有少量疑似仰韶文化晚期遗物。

319. 滑国故城（Y107）

（1）概况

位于郑州巩义市鲁庄镇桑沟村[①]桑沟五队（组）、洛阳偃师市府店镇府北村滑城河自然村。具体位置为桑沟水库以南，府西、府北村北，干沟河以西、以南，府店北河以东、以北。城址四面环水，近靴形台地。北宽南窄，南北长2500米，东西宽500—1500米（图2.337a）。面积约125万平方米。遗址范围四至地理坐标为：遗址北部，北纬34°35′37.90″，东经112°50′36.92″；遗址西部，北纬34°35′10.10″，东经112°50′39.23″；遗址南部，北纬34°34′37.90″，东经112°51′36.41″；遗址东部，北纬34°35′10.45″，东经112°51′18.48″，海拔207—238米。地表现为村庄、农田。1963年第一批河南省重点文物保护单位，2006年第六批全国重点文物保护单位。

图2.337a 滑国故城（左为北）

1962年，中国科学院考古研究所洛阳发掘队对该城址进行过较为详细的调查。发现了仰韶、龙山、殷商（殷墟文化）、东周和两汉等不同时期的遗存。遗迹有灰坑、陶窑、墓葬、城墙等，文化层厚2米左右，主要为东周和汉代，其他时代的地层不多，仅见部分灰坑。以汉代

[①] 桑沟村位于干沟河两侧，包括沟东、沟西和南城子三部分，涉及6个村民小组，桑沟五队即南城子。

遗物的分布最为普遍，其次是东周时期的遗物。东周和西汉的遗物在城南较为普遍，东汉的遗物以城北最为丰富。东周的遗物主要为鬲、盆、罐、豆等器形，两汉时期的遗物包括盆、洗、瓶和各类瓦当、筒瓦和板瓦等。据文献推定，该城址为春秋时期的滑国故城所在。在城址北部发现较多的早期遗存，遗迹有灰坑和墓葬等，遗物有仰韶文化的白衣彩绘钵、龙山时期的折沿大口罐和篮纹陶斝等，另发现殷墟文化的白陶三足器等。其中在遗址北部早期地层中发现的龙山早期墓葬中，发现一批稍晚于庙底沟二期和大汶口文化晚期特征的遗物[①]。

初查时间2000年6月6至9日，复查时间2007年、2017年7月16日。

（2）主要发现

本次调查发现，城址上仍有部分城墙可辨，但大部分消失或深藏于地下。据老乡告知，滑城北墙已被水库破坏，东墙尚见夯土。遗址内东周时期遗存非常丰富，断崖剖面暴露有较多的窑址、灰坑、墓葬。地表有较多的砖瓦残片。在城址的东北部发现了大量的陶片、砖瓦和陶窑，并有较多的烧变形的尖底（小平底）陶罐等，说明此处应该是滑国的陶器制作中心。

发现灰坑1处，编号H1。采集石器5件，陶片65片，其中口沿24片、腹片38片、底片3片。陶片多有东周、两汉和唐代，此处仅选取部分东周标本刊发。

石斧　Y107：18，石灰岩。残断。琢制。近正方形柱体，方顶，形制规整，刃部残断。残长8.8、宽4.9、厚4.1厘米（图版二七九，3）。

石尖状器　Y107：19，褐色石英砂岩。琢、磨制。原或为锛、凿类改制而成。扁平梯形，圆弧顶，下部一侧缩小出尖，缩小处琢成弧形，双面尖刃。长10.2、宽4、厚1.7厘米（图2.337b，1；图版二七九，4）。

石杵　2件。Y107：20，硅质灰岩卵石。不规则长方体，一侧面刻有较多刻痕，似绳纹样篦纹，一侧有较长的折断石片疤。长15.1、宽5.9、厚3.5厘米（图版二七九，5）。Y107：21，石英岩。长方形柱体，底面平面，圆弧顶面。长10.6、宽3、厚2.6厘米（图版二七九，6）。

石研磨器　Y107：22，红色硅质岩。磨制。长方体，形状规整，磨制光滑，五面为平面，一面圆弧。长3.7、宽2.5、厚2.1厘米（图2.337b，2；图版二八〇，1）。

罐　6件。Y107：1，口沿。泥质灰陶。直领外卷，方唇，沿面微凹，唇下有一道凹槽，束颈，溜肩。素面。口径11.3、残高5.6厘米（图2.337b，7）。Y107：2，口沿。泥质灰陶。直领外卷，圆唇，沿面微凹，唇面有一道凹槽，束颈，溜肩。素面。口径18、残高6.8厘米（图2.337b，9）。Y107：3，口沿。泥质灰陶。直领外卷，圆唇，束颈。素面。口径15.5、残高4.8厘米（图2.337b，6）。Y107：4，底部。泥质灰陶。严重走形，腹部下收成小平底。素面，饰三周凹弦纹。底部切削痕迹明显。残高16.5厘米（图2.337b，4）。Y107：5，底部。泥质灰陶。腹部下收成小平底。饰五周凹弦纹。残高17.3厘米（图2.337b，3）。Y107：6，底部。泥质灰陶。斜腹下收成小平底。素面，下腹部切削成五棱形，内壁有瓦棱。残高12.3厘米（图

---

① 中国科学院考古研究所洛阳发掘队：《河南偃师"滑城"考古调查简报》，《考古》1964年第1期。

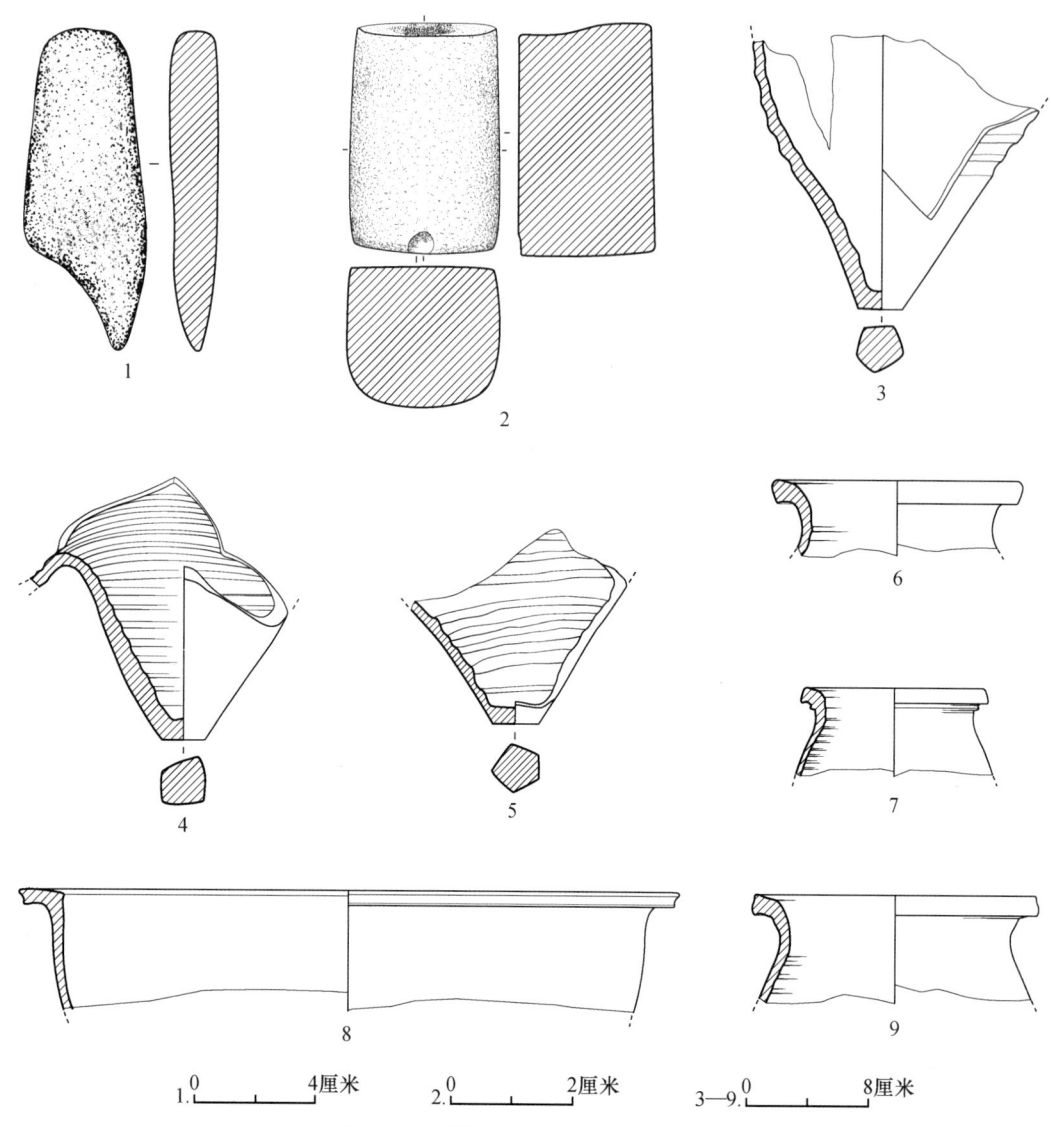

图2.337b 滑国故城（Y107）采集遗物
1. 石尖状器（Y107：19） 2. 石研磨器（Y107：22） 3—7、9. 罐（Y107：5、Y107：4、Y107：6、Y107：3、Y107：1、Y107：2） 8. 盆（Y107：7）

2.337b，5）。

盆 5件。Y107：7，口沿。泥质灰陶。折沿，方唇，唇面有一周凹弦纹，直腹较深。素面。口径41.7、残高7.6厘米（图2.337b，8）。Y107：8，口沿。泥质灰陶。折沿，圆唇，直腹下收。素面。残宽8.5、残高5.4厘米（图2.337c，1）。Y107：9，泥质灰陶。折沿，圆唇，唇面有一周凹弦纹，直腹。素面，腹部有瓦棱。残宽13.5、残高11.5、厚1厘米（图2.337c，4）。Y107：10，口沿。泥质黑陶。折沿，方唇，唇面有一道凹槽，沿面微鼓，直腹微弧。素面，腹饰三周凹弦纹。残宽10.5、残高9.6、厚0.6厘米（图2.337c，2）。Y107：11，可复原。泥质灰陶。折沿，圆唇，束颈，斜弧腹，平底。素面。口径8.7、底径6.1、高6.7厘米（图2.337c，3）。

瓮 2件。Y107：12，口沿。泥质灰陶。直领，方唇，外沿面微凹，平肩。素面。口径

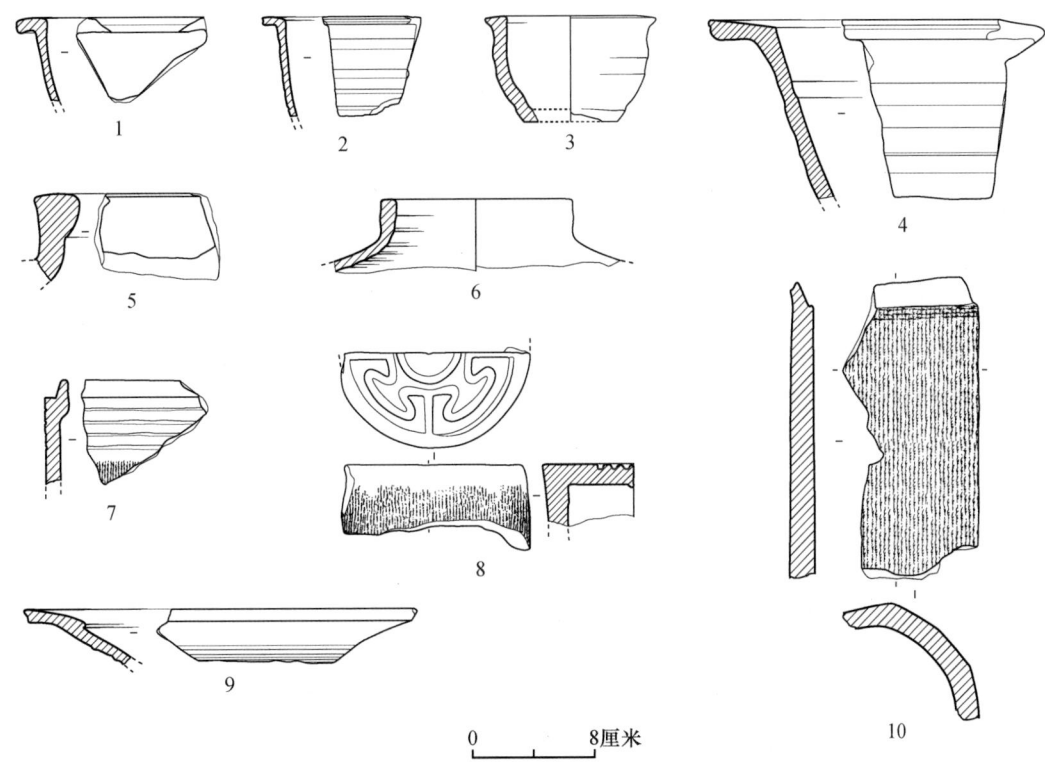

图2.337c 滑国故城（Y107）采集陶器

1—4. 盆（Y107：8、Y107：10、Y107：11、Y107：9） 5、6. 瓮（Y107：13、Y107：12） 7、8、10. 瓦（Y107：16、Y107：15、Y107：17） 9. 盘（Y107：14）

11.4、残高4.7厘米（图2.337c，6）。Y107：13，口沿。泥质灰陶。直沿，方唇，沿内有一周凹槽。素面。残宽8.1、残高5.6、唇厚3厘米（图2.337c，5）。

盘 Y107：14，口沿。泥质灰陶。下口敞口外卷，方唇，唇面有一道凹槽，沿面内侧出一道凸棱。素面。残宽17、残高3.5、厚0.7厘米（图2.337c，9）。

瓦 3件。Y107：15，端部。泥质灰陶。半圆形，有模印花纹。筒瓦部分饰绳纹，内壁布纹不明显。直径12.4、高6.5厘米（图2.337c，8）。Y107：16，口部。泥质褐陶。子母口，半圆柱形筒瓦。上饰四周凹弦纹，下饰绳纹。残宽8.2、残高6.7厘米（图2.337c，7）。Y107：17，筒瓦。泥质灰陶。子母口。饰绳纹。残长9.2、残高19.4厘米（图2.337c，10）。

（3）基本认识

该遗址在1962年曾做过较详细的调查，发现了各时期遗物。本次调查东周至汉代遗存定为一个遗址外，其他不同时期遗存参照分布范围另行划分和命名。

依据文献记载，滑国故城是春秋、战国和两汉时期一处重要的区域中心性遗址，其周围也分布着较多东周遗存。1962年调查发现的少量龙山早期灰坑、墓葬等是该地区龙山早期遗存的代表，具有重要的学术意义。遗址部分被村庄民居占压，除以前建房、取土、平整土地及农耕等人为破坏之外，遗址还受流水侵蚀严重，但因为遗址面积较大，总体保持尚好。

320. 滑城河东（Y112）

（1）概况

位于洛阳偃师市府店镇府北行政村滑城河村东100米，干沟河西岸（图2.338a）。遗址面积约0.75万平方米。地理坐标北纬34°35′10.45″，东经112°51′18.48″，海拔约227米。地势平坦，起伏很小，地表现为农田。

1962年，中国科学院考古研究所洛阳发掘队调查发现的H3—H5等灰坑即为遗址所在位置[①]。

初查时间2000年6月8日，复查时间2017年7月16日。

图2.338a　滑城河东（下为北）

（2）主要发现

在河边剖面上发现了龙山文化早期灰坑，距地表1.5米左右。地表陶片较少，密度较小，

---

① 中国科学院考古研究所洛阳发掘队：《河南偃师"滑城"考古调查简报》，《考古》1964年第1期。

多属龙山时期，个别二里岗时期。采集石器2件，卜骨1件，陶片38片，其中口沿7片、腹片28片、底片1片、足2片。

方形石器　Y112：2，石灰岩。打磨兼制。残块。长方体，下面为自然断面稍经琢磨，上面磨制光滑规整并有刻纹，有一圆形钻孔未钻穿，从钻孔处断裂。两侧面直角方形，甚规整。残长6.8、残宽2.9、厚1.7厘米（图2.338b，1；图版二八〇，2）。

盘状器　Y112：3，页岩。自然砾石，边缘稍经打制，近圆形。残长8、残宽9.1、厚2.1厘米（图版二八〇，3）。

1）龙山文化

发现有灰坑H1，可辨认器形有鼎、小口高领罐、圈足盘、浅盘豆、碗。时代为龙山早期。标本6件。

鼎　3件。H1：1，口沿。夹砂褐陶。折沿，圆唇，沿面有一道凹槽，溜肩，直腹。腹饰篮纹。口径21.3、残高7.1厘米（图2.338b，7）。H1：2，足部。夹砂灰陶。凿形足。素面。足高6.7厘米（图2.338b，2）。H1：3，足部。夹砂褐陶。椭圆形足残断。素面。残高6.6厘米（图2.338b，3）。

豆　H1：4，豆盘。泥质黑陶。敞口，圆唇，浅盘。磨光。残宽5.4、残高2.9、厚0.7厘米（图2.338b，5）。

碗　H1：5，口沿。泥质黑陶。敞口，圆唇，斜弧腹。磨光。残宽5.5、残高3.5、厚0.3厘

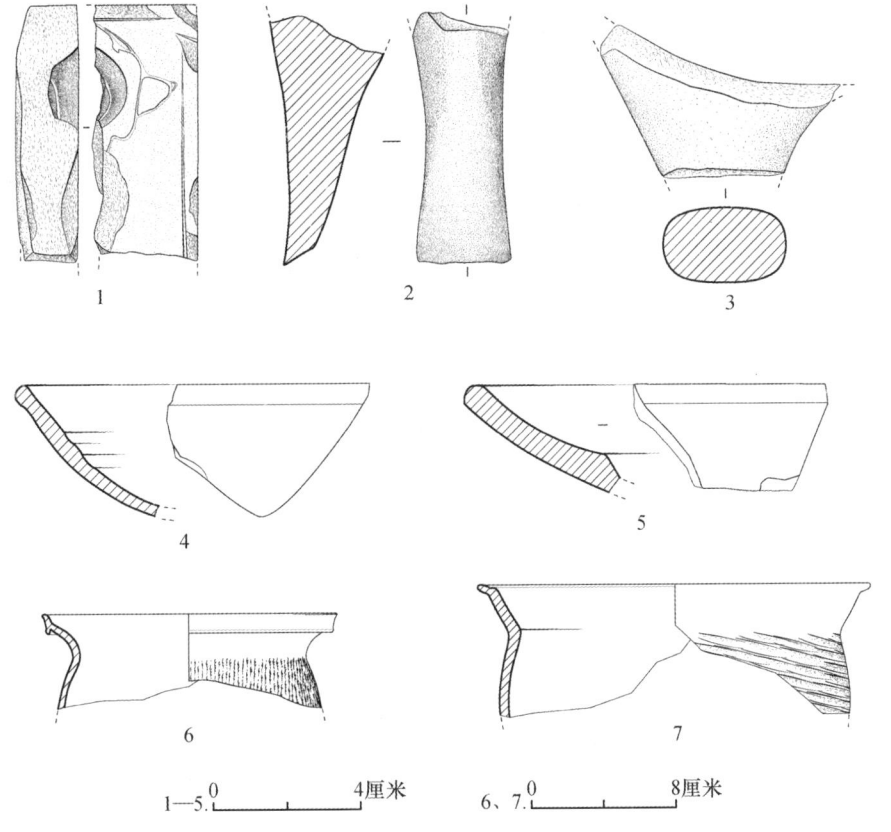

图2.338b　滑城河东（Y112）采集遗物

1.方形石器（Y112：2）　2、3、7.鼎（H1：2、H1：3、H1：1）　4.碗（H1：5）　5.豆（H1：4）　6.深腹罐（Y112：1）

米（图2.338b，4）。

卜骨　H1：6，利用动物肩胛骨制成，上面有烧灼痕迹。残高18厘米。

2）二里岗文化

见有少量遗物，器形有深腹罐等，属于二里岗文化早期。标本1件。

深腹罐　Y112：1，口沿。夹砂灰陶。卷沿，方唇，唇面下突呈一道凸棱，沿面内出一道凹槽，束颈，溜肩。饰细绳纹。口径15.8、残高5厘米（图2.338b，6）。

（3）基本认识

该遗址位置与1962年调查发现的H3—H5所在位置相同，是一处以龙山文化早期和二里岗文化早期遗存为主的小型遗址，主要受流水侵蚀破坏。

321. 冯寨西（Y091）

位于郑州巩义市鲁庄镇四合村冯寨自然村西，干沟河东岸冯杨寨沟与干沟主河道交汇处南侧的三角形台地上。遗址中间有三官庙至冯杨寨穿沟大路，东北与冯寨西北（Y090）相连，西临干沟，与冯寨西南（Y089）相距200米（图2.339）。面积约2.5万平方米。地理坐标北纬34°35′22.48″，东经112°51′19.28″，海拔约224米。地势较为平坦，地表现为农田。

初查时间2000年1月24日，复查时间2017年7月16日。

图2.339 冯寨西（左上为北）

地表陶片较多，密度较大。可能为东周时期遗存，未采集标本。

该遗址可能为干沟河沿岸的一处文化内涵相对单一的东周时期遗址。

322. 冯寨西北（Y090）

（1）概况

位于郑州巩义市鲁庄镇四合村杨寨西北，干沟河东岸。坐落在冯杨寨沟与干沟主河道交汇的三角形台地上南侧偏北部，南临冯寨西（Y091）（图2.340a）。遗址面积约2.5万平方米。地理坐标北纬34°35′21.84″，东经112°51′23.34″，海拔223米。地势较为平坦，地表现为农田。

初查时间2000年1月24日，复查时间2017年7月16日。

图2.340a 冯寨西北（左上为北）

（2）主要发现

地表陶片较多，密度较大。采集陶片115片，其中口沿13片、腹片95片、底片7片。

1）仰韶文化

见有钵、豆等器形，属于仰韶中、晚期。标本2件。

钵 Y090：1，口沿。泥质褐陶，褐衣棕彩。直沿敛口，圆唇，弧腹。腹饰两道横向平行线纹之间夹叶形纹。残宽13.3、残高6.3厘米（图2.340b，7）。

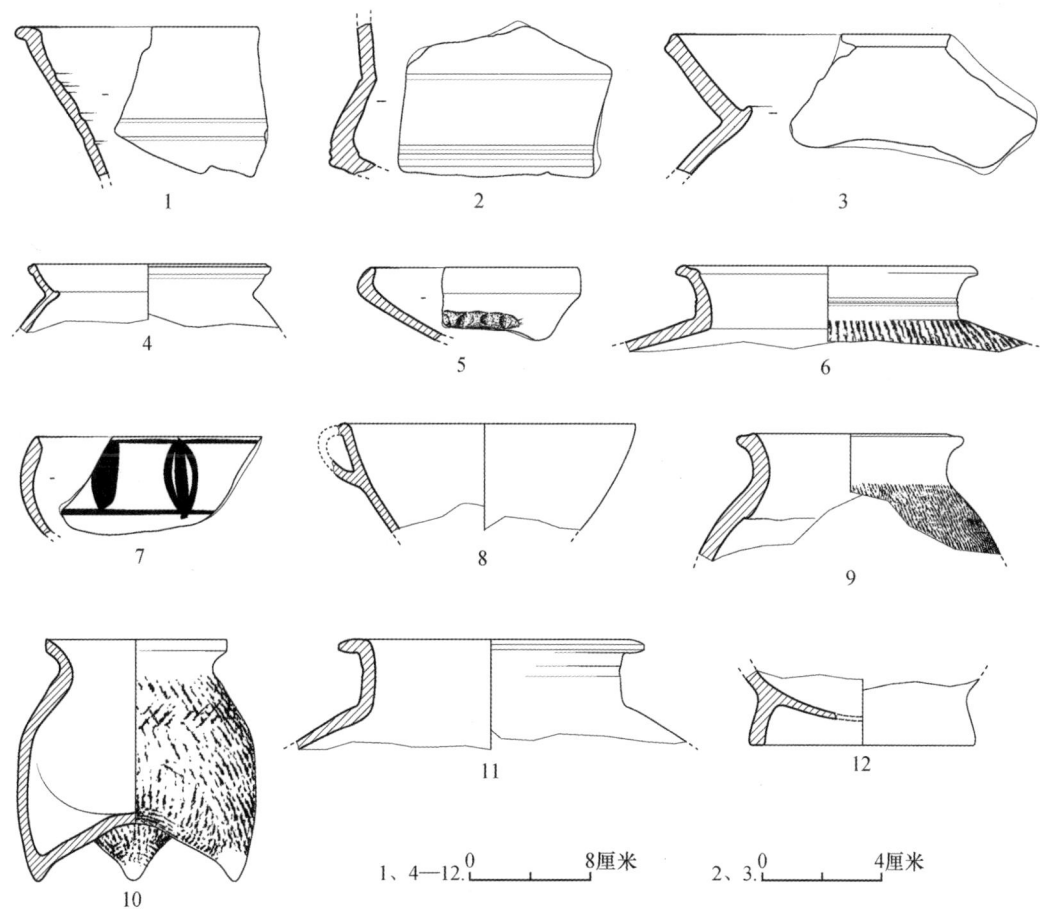

图2.340b 冯寨西北（Y090）、杨寨西（Y059）采集标本
1、2.折腹盆（Y090：6、Y090：5） 3、4.大口罐（Y090：4、Y090：3） 5.豆（Y090：2） 6、11.瓮（Y090：8、Y059H3：1） 7.钵（Y090：1） 8.杯（Y090：7） 9.罐（Y059：1） 10.鬲（Y059H1：1） 12.簋（Y090：9）

豆 Y090：2，口沿。泥质褐陶。敛口，内折沿，圆唇，斜浅腹。磨光，腹部饰鸡冠鋬。残宽9.3、残高4.7厘米（图2.340b，5）。

2）龙山文化

干沟河与冯杨寨沟交汇处台地断崖发现灰坑1座，编号H1，陶片可辨认器形有小口高领瓮。属于龙山晚期。

采集的遗物中见有大口罐、折腹盆、杯等，属于龙山晚期。标本5件。

大口罐 2件。Y090：3，口沿。夹砂灰陶。折沿，方唇，沿面内凹，沿内有一道凸棱。腹饰方格纹。口径15.2、残高4.4厘米（图2.340b，4）。Y090：4，口沿。夹砂灰陶。折沿，方唇，沿内有一道凸棱。素面。残宽8.2、残高4.5厘米（图2.340b，3）。

折腹盆 2件。Y090：5，腹部。泥质灰陶。折腹部饰凹弦纹。残宽7.1、残高5厘米（图2.340b，2）。Y090：6，口沿。泥质黑皮陶。折沿，圆唇，沿面微鼓，斜弧腹。饰两周凹弦纹。残宽10、残高9.6厘米（图2.340b，1）。

杯 Y090：7，口沿。泥质黑皮陶。敞口，圆唇，斜弧腹。素面，沿外饰桥形鋬。口径

19.4、残高7厘米（图2.340b，8）。

3）西周时期

见有瓮、簋等，可能属于西周时期。标本2件。

瓮 Y090：8，口沿。泥质灰陶。折沿，尖唇，沿面微鼓，有凹槽一周，束颈，平肩。肩饰绳纹。口径18.9、残高5.6厘米（图2.340b，6）。

簋 Y090：9，底部。泥质灰陶。圈足。下部微外撇，圜底，底部有绳纹。直径14.1、残高4.8厘米（图2.340b，12）。

（3）基本认识

该遗址以龙山晚期遗存为主，兼有仰韶中晚期遗存。另有少量陶片疑似为二里岗或二里头文化及西周时期。保存较好。

323. 杨寨西（Y059）

（1）概况

位于郑州巩义市鲁庄镇四合村杨寨西，一条南北向小冲沟汇入东西向冲沟处的南侧与南面主沟之间的三角形台地上（图2.341；图版一九五，1）。面积约3万平方米，与西北侧的杨寨西北（Y058）、西侧的冯寨西北（Y090）隔沟相望。地理坐标北纬34°35′20.28″，东经112°51′40.59″，海拔约234米。地势自西向东逐级抬高，形成一道道梯田。地表现为农田及枣树园。

初查时间2000年1月8日，复查时间2007年11月9日、2011年和2017年。

图2.341　杨寨西（左为北）

（2）主要发现

该遗址发现灰坑较多（图版一九五，2）。2000年初查时，在废弃的蓄水池西壁剖面发现一座灰坑H1。2007年复查中，在台地中部的一个南北向梯田断面上，发现灰坑数个，属周代，自北向南编号H2—H5。H2—H4均采集了浮选和残留物分析土样。H5未采集标本。

中部陶片密度较大，周围边缘地带密度较小。地面陶片较少，密度很小。初查未采集标本。2007、2011年复查时采集口沿2件。

1）殷墟文化

见有灰坑1处（H1），采集到鬲、罐等器形，属于殷墟文化。标本2件。其中陶鬲可能为殷墟二期。

鬲　H1:1，较完整。侈口，方唇，束颈，袋足。饰绳纹。口径11.7、高15.5厘米（图2.340b，10）。

罐　Y059:1，口沿。泥质灰陶。直领，小平折沿，圆唇，沿面微凹，弧颈，溜肩。饰绳纹。口径12.7、残高8.2厘米（图2.340b，9）。

2）东周时期

见有灰坑（H3），采集到瓮等器形，属于春秋时期。标本1件。

瓮　H3:1，口沿。夹砂灰陶。折沿，圆唇，沿面微鼓，长颈，溜肩。素面。口径18.2、残高7.1厘米（图2.340b，11）。

（3）基本认识

该遗址以殷墟和春秋时期的遗存为主。保存状况尚好，有保护碑，见有人新掏的窑洞。

原调查纪录中认为属于仰韶文化遗址，见有小口尖底瓶类遗物。复核中发现陶片以商周时期为主，见有1片仰韶陶片。H1位于冯寨北最长冲沟南，似非同一遗址，但位置亦较接近，如归入同一遗址，则遗址面积较大。

324. 杨寨西北（Y058）

（1）概况

位于郑州巩义市鲁庄镇四合村杨寨西偏北，距杨寨村约500米两条南北向小冲沟之间，与东南面的杨寨西（Y059）、西南面的冯寨西北（Y090）隔沟相望（图2.342a）。因处两冲沟之间，估计原来的遗址面貌已不存在，现存面积南北长150米，东西宽60米，面积约0.9万平方米。地理坐标北纬34°35′28.53″，东经112°51′36.74″，海拔约230米。地势较为平坦，起伏不大，属两沟交汇处。地表现为核桃林。

初查时间2000年1月8日，复查时间2007年11月9日、2017年7月16日。

图2.342a　杨寨西北（左下为北）

（2）主要发现

在沟边呈大坑状的冲坑剖面上发现较多灰坑。在西剖面一个编号H1的灰坑里，采集了陶片、骨片（刻有"X"）及疑似象牙质地的精美簪子。

2007年复查时，在H1采集了浮选土样及残留物分析标本。并将东剖面一个灰坑编号H2，采集了浮选土样及残留物分析标本。

共采集陶片48片。其中口沿6片、腹片41片、底片1片。陶片可辨认器形有鬲、甑、深腹罐、盆、尊。包括二里岗文化早期和晚期。标本7件。

深腹罐　Y058：1，口沿。夹砂褐陶。卷沿，方唇，沿面微凹。饰细绳纹。残宽12、残高9.8厘米（图2.342b，7）。

鬲　4件。Y058：2，口沿。夹砂灰陶。折沿，尖圆唇，沿面一道凹槽。饰绳纹。残宽7.3、残高3.9、厚0.7厘米（图2.342b，3）。Y058：3，口沿。夹砂灰陶。卷沿，圆唇，沿面有一道凹槽。饰细绳纹。残宽8.2、残高6.5厘米（图2.342b，1）。Y058：4，口沿。夹砂灰陶。直领微侈，小平折沿下垂，圆唇，沿面微凹。饰绳纹。残宽7.7、残高6.1厘米（图2.342b，2）。Y058：5，口沿。夹砂灰陶。直领外侈，小平折沿，圆唇，沿面有一道凸棱。饰绳纹。残宽10.4、残高5.6厘米（图2.342b，4）。

大口尊　Y058：6，口沿。泥质灰陶。小折沿下垂，圆唇，束颈，深腹。局部磨光。上腹部有三组凹弦纹，中间夹一周附加堆纹。口径33.3、残高16.6厘米（图2.342b，5）。

盆　Y058：7，口沿。折沿，方唇。唇面饰一道凹弦纹，沿面饰两道凹弦纹，上腹部磨光，饰两周凹弦纹，下腹部饰绳纹。残宽19.5、残高13.5、厚0.6厘米（图2.342b，6）。

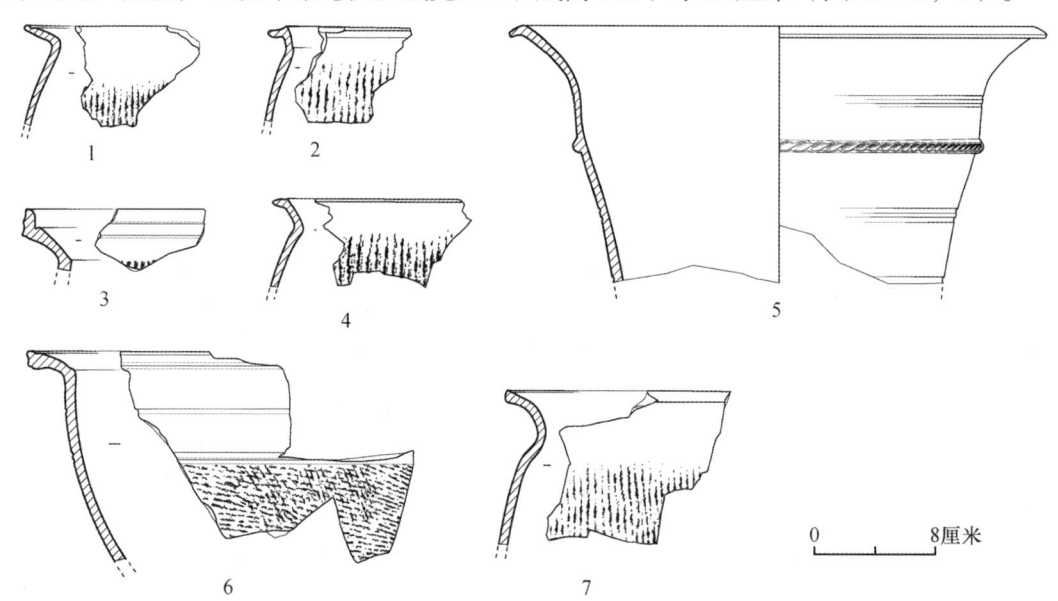

图2.342b　杨寨西北（Y058）采集标本

1—4.鬲（Y058：3、Y058：4、Y058：2、Y058：5）　5.大口尊（Y058：6）　6.盆（Y058：7）　7.深腹罐（Y058：1）

（3）基本认识

该遗址主体遗存属于二里岗文化。堆积较为丰富，但被冲沟破坏严重。地表为核桃林果园，对遗址会造成一定的破坏。

325. 南村寨东南（Y061）

（1）概况

位于郑州巩义市鲁庄镇南村寨南，一条南北向小冲沟西侧，与东100米的南村寨南（Y060）相隔一个沟嘴，与北面的南村寨（Y057）相距50余米。南临桑沟水库，地势高亢，自南向北逐级抬高，形成层层梯田。可能与东面的杨寨西北（Y058）、西面的南村寨南（Y060）、北面的南村寨（Y057）属于一个大的聚落，后被冲沟隔开，形成现在这样单个的独立小遗址（图2.343a）。遗址现存范围南北长150米，东西宽70米，面积约1万平方米。地理坐标北纬34°35′35.36″，东经112°51′26.31″，海拔约228米。地表现为苗圃。

初查时间2000年1月8日，复查时间2017年7月16日。

图2.343a 南村寨东南（右上为北）

（2）主要发现

在遗址周围的断崖上见有二里头文化灰坑。在南北150米范围内的几个梯田断崖上都有文化层、灰坑分布。地面陶片较多，密度较大。共采集陶片73片，其中口沿14片、腹片51片、底片2片、足6片，另采集石器1件。陶片分属于仰韶、二里头、二里岗、东周等时期。

石斧　Y061∶13，辉绿岩。残余刃部。琢磨兼制，双面弧刃。扁平体。残长8、宽8.3、厚3.6厘米（图2.343b，1；图版二八〇，4）。

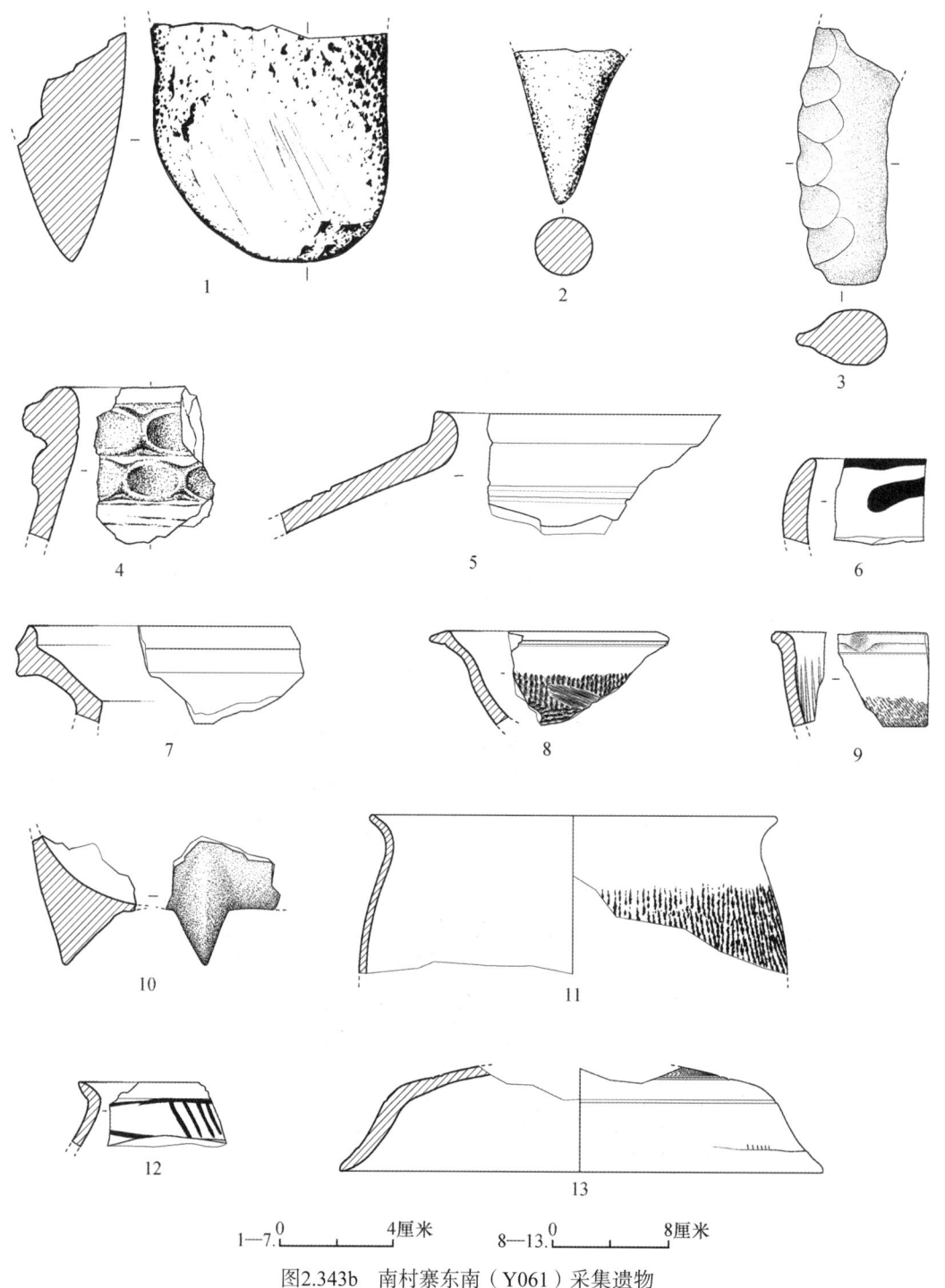

图2.343b　南村寨东南（Y061）采集遗物
1. 石斧（Y061∶13）　2、7. 鬲（Y061∶10、Y061∶9）　3、10. 鼎（Y061∶6、Y061∶1）　4. 缸（Y061∶2）
5. 瓮（Y061∶7）　6. 钵（Y061∶4）　8. 盆形鼎（Y061∶11）　9. 刻槽盆（Y061∶8）　11. 深腹罐（Y061∶5）
12. 罐（Y061∶3）　13. 器盖（Y061∶12）

1）仰韶文化

器形有鼎、尖底瓶、小口高领罐、盆、钵、泥质彩陶罐、夹砂附加堆纹缸等。属于仰韶文化中、晚期。标本4件。

鼎　Y061∶1，足部。夹砂褐陶。平底，三角形矮足。素面。残高8.8厘米（图2.343b，10）。

缸　Y061∶2，口沿。夹砂黑陶。直沿，内敛口，圆唇。沿外饰附加堆纹一周，沿下饰附加堆纹一周。残宽4.2、残高5.3厘米（图2.343b，4）。

罐　Y061∶3，口沿。泥质红陶。卷沿，圆唇。红衣黑彩，腹施两道横向平行线纹夹纵向斜平行线纹。残宽8.1、残高4.3厘米（图2.343b，12）。

钵　Y061∶4，口沿。泥质灰陶。直沿内敛。沿外施一周红彩带及红斜线纹。残宽3.2、残高2.9厘米（图2.343b，6）。

2）二里头文化

见有深腹罐、鼎、刻槽盆、瓮、器盖等器形。多属于二里头文化第三、四期。标本5件。

深腹罐　Y061∶5，口沿。夹砂褐陶。卷沿，圆唇，直腹微弧。饰绳纹。口径27.5、残高10.6厘米（图2.343b，11）。

鼎　Y061∶6，足部。夹砂灰陶。近长方形足微弯。背部有手捏按窝纹。残高8.8、厚1.8厘米（图2.343b，3）。

瓮　Y061∶7，口沿。泥质褐陶。矮领，圆唇，溜肩。肩饰两道凹弦纹，内壁有大麻点。残宽8、残高4.1厘米（图2.343b，5）。

刻槽盆　Y061∶8，口沿。泥质灰陶。卷沿，圆唇。颈部饰一周凹弦纹，腹饰绳纹。残宽6.2、残高6厘米（图2.343b，9）。

器盖　Y061∶12，口沿。泥质黑皮陶。下口外侈，斜腹，圆肩，顶近平。磨光，顶部饰两周凹弦纹夹指甲纹，腹饰一周凹弦纹。口径33.1、残高7.1厘米（图2.343b，13）。

3）二里岗文化

见有鬲、盆、器盖等器形，属于二里岗文化早期。标本3件。

鬲　2件。Y061∶9，口沿。夹砂灰陶。折沿，尖唇，沿面有道凹槽，盘口。残长5.8、残高3.2、厚0.8厘米（图2.343b，7）。Y061∶10，足尖。夹砂灰陶。圆锥形足尖，后接实足。素面。残高5.2厘米（图2.343b，2）。

盆形鼎　Y061∶11，口沿。泥质黑皮陶。平折沿，圆唇，束颈，斜腹。饰绳纹。残宽11、残高6.3厘米（图2.343b，8）。

4）两周时期

见有少量残碎陶片，疑似两周时期。无典型标本，具体时代不详。

（3）基本认识

该遗址文化内涵相对复杂，以二里头文化晚期、二里岗文化早期为主，包含一定量的仰韶文化晚期遗存和少量的周代遗存。遗址附近现今发育有不少小冲沟，将地形切割得支离破碎，原来应该连成一片，可能是一处规模较大的遗址。

326. 南村寨（Y057）

（1）概况

位于郑州巩义市鲁庄镇南村寨南一条稍长的小冲沟东南侧，与南面的南村寨东南（Y061）相距50米，与西面的南村寨西南（Y062）隔沟相望（图2.344）。面积约1.5万平方米。遗址周边地势高亢，自西向东逐级抬高，形成层层梯田。地理坐标北纬34°35′37.83″，东经112°51′31.31″，海拔约243米。地表现为农田。

初查时间2000年1月8日，复查时间2017年7月16日。

图2.344　南村寨（右上为北）

（2）主要发现

未发现相关遗迹，地面陶片较少，分布密度较小。共采集陶片9片，其中口沿1片、腹片8片。调查过程中推断少量遗物属于二里岗文化早、晚期，其余以东周时期主。无典型标本。

（3）基本认识

核查中未见到典型的二里岗文化遗物。该遗址可能为一处以东周时期遗存为主的遗址，保存较差。

327. 南村寨南（Y060）

（1）概况

位于巩义市鲁庄镇南村寨南约300米，一条东西（西偏南）向小冲沟东南，与东侧的南村寨东南（Y061）相隔一个沟嘴，间距100米。与西面的南村寨西（Y062）隔沟相望，与北面的南村寨（Y057）相距100余米。南临桑沟水库，地势高亢，自南向北逐级抬高，形成层层梯田（图2.345a）。遗址范围方圆70米左右，因周围沟壑太多，遗址破坏较为严重，现存面积约0.5万平方米。地理坐标北纬34°35′36.15″，东经112°51′25.04″，海拔约225米。地表现为农田。

初查时间2000年1月8日，复查时间2017年7月16日。

图2.345a　南村寨南（右上为北）

（2）主要发现

遗址周围断崖上见有龙山文化灰坑，内有兽骨，包含物丰富。地面陶片不多，密度较小。采集陶片22片。其中口沿4片、腹片15片、底片3片。可辨认器形有甗、罐、小口高领瓮、斝、豆、鬲、缸、器盖。分属于龙山文化和二里岗文化。标本4件。

1）龙山文化

见有斝、罐等器形，属于龙山文化晚期。标本2件。

斝　Y060：1，腹部。夹砂黑陶。平底袋足。磨光。腹径22.4、残高4.8厘米（图2.345b，9）。

罐　Y060：2，口沿。夹砂灰陶。折沿，圆唇，沿面微凹，圆弧腹。素面。口径10.8、残高6.6厘米（图2.345b，11）。

2）二里岗文化

见有鬲、缸等器形，属于二里岗文化晚期。标本2件。

鬲　Y060：3，口沿。夹砂灰陶。折沿，方唇，沿面有一周凹槽。饰绳纹。残宽9.4、残高5.1厘米（图2.345b，8）。

缸　Y060：4，口沿。夹砂红陶。直沿，方唇，直腹微弧。腹饰细绳纹。残宽7.1、残高6.7、厚1.6厘米（图2.345b，10）。

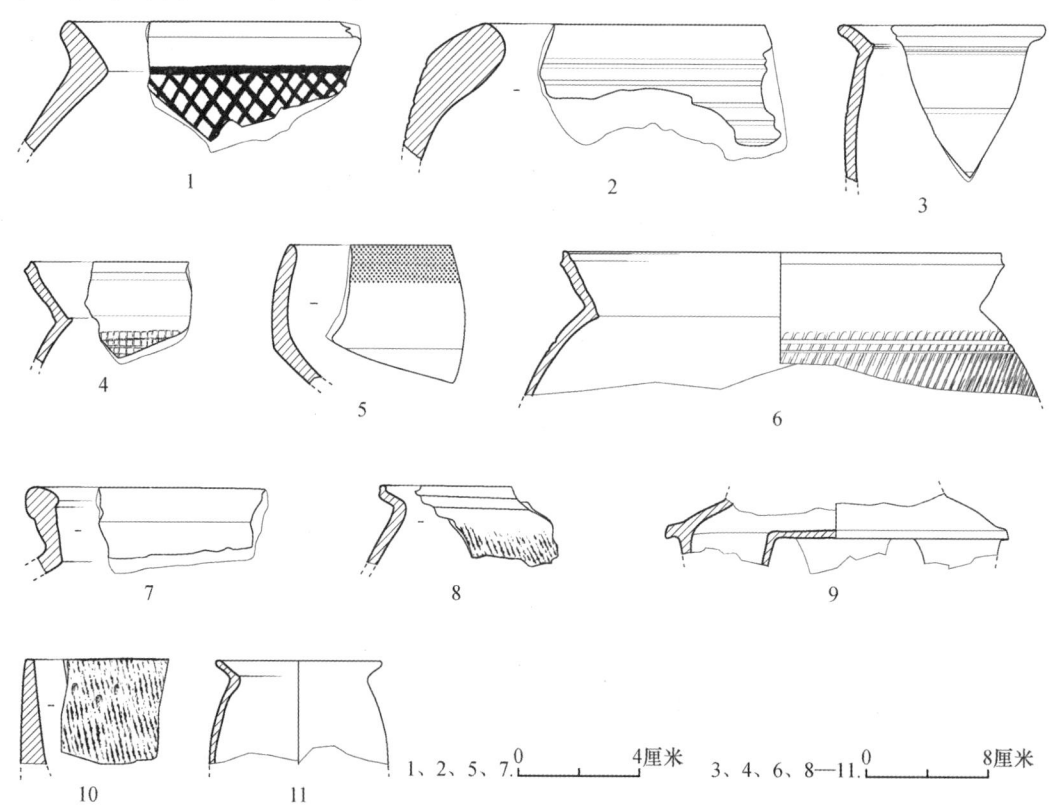

图2.345b　南村寨南（Y060）、滑城河西（Y109）采集标本

1、7、11.罐（Y109：2、Y109：1、Y060：2）　2、3.盆（Y109：3、Y109：7）　4、6.大口罐（Y109：6、Y109：5）
5.钵（Y109：4）　8.鬲（Y060：3）　9.斝（Y060：1）　10.缸（Y060：4）

（3）基本认识

该遗址以龙山晚期遗存为主，见有二里岗文化晚期遗物，遗址被破坏较为严重。

328. 滑城河西（Y109）

（1）概况

位于郑州巩义市鲁庄镇桑沟村和洛阳偃师市府店镇府北村交界处。具体位置为滑城河村西，府店北河北，滑国故城所在靴形台地西南部（图2.346）。面积约8万平方米。遗址东部地理坐标为北纬34°35′12.11″，东经112°50′49.80″，海拔约221米。地势平坦，起伏很小，现地表为农田。

初查时间2000年6月7日，复查时间2017年7月16日。

图2.346　滑城河西（右下为北）

（2）主要发现

东西向剖面上发现了灰坑和文化层。

地表陶片较多，密度较大。采集石器3件，蚌镰1件，兽骨1根（已残碎），陶片153片，其中口沿35片、腹片111片、底片5片、足2片。

石斧　Y109∶9，花岗岩。残断。磨制。扁平长方体，断面呈椭圆形，两侧面似双面刃，两端残断。残长6.1、宽7.3、厚2.1厘米（图版二八〇，5）。

石楔　2件。Y109：8，辉绿岩。琢磨兼制。长方体，断面呈方形，顶部残断，单面直刃。残长12.5、宽4.6、厚4.4厘米。Y109：10，鲕状灰岩。残断。琢磨兼制。梯形长方体，圆弧顶，刃部残断。残长6.9、宽5.3、厚4.2厘米（图版二八〇，6）。

1）仰韶文化

可辨认器形有鼎、泥质彩陶罐、泥质罐、夹砂罐、小口高领罐、敛口缸、盆、尖底瓶、钵、碗、盖等，属于仰韶文化中、晚期。标本4件。

罐　2件。Y109：1，口沿，夹砂褐陶。直领外侈，圆唇，沿内有一道凸棱，折肩。素面。残宽5.6、残高2.7、厚0.6厘米（图2.345b，7）。Y109：2，口沿。泥质红陶。直领微侈，圆唇，溜肩。施红衣黑彩网格纹。残宽7.2、残高4.2、厚0.5厘米（图2.345b，1）。

盆　Y109：3，口沿。泥质灰陶。敛口，圆唇，平沿。残宽8.2、残高4.4、厚0.7厘米（图2.345b，2）。

钵　Y109：4，口沿。泥质灰陶。直口微敛，圆唇，内折腹。施红彩。残高4.4、厚0.4厘米（图2.345b，5）。

2）龙山文化

可辨认器形有甗、鼎、泥质折沿罐、大口罐、瓮、豆、小口高领瓮、盆、器盖等。涵盖早、晚期。标本3件。

大口罐　2件。Y109：5，口沿。夹砂灰陶。折沿上翘，方唇，唇面有一道凹槽，沿面饰一道凹弦纹，溜肩。腹饰篮纹夹两周凹弦纹。口径28.5、残高9.2厘米（图2.345b，6）。Y109：6，口沿。夹砂褐陶。折沿上翘，方唇，唇面有一道凹槽，沿面微凹，内侧出一道凸棱。腹饰方格纹。残宽7.1、残高6.5、厚0.6厘米（图2.345b，4）。

盆　Y109：7，口沿。泥质黑皮陶。折沿，圆唇，直腹微弧。上腹部磨光饰一周凹弦纹，下腹部饰绳纹夹一周凹弦纹。残宽10.2、残高10厘米（图2.345b，3）。

3）两周时期

遗存归入滑国故城（Y107）一并介绍，此处略。

（3）基本认识

该遗址以仰韶中、晚期及龙山时期的遗存为主，堆积较为丰富，也见有少量周代碎陶片。

遗址被破坏较严重，地面陶片密度大。遗址西、南部主要受流水侵蚀较严重。府北河河道较深，但其西侧作为源头之一，呈直线状，应为后期冲沟或人工渠，不会是古河道；另一源头分别从东薛村、寨孜村发源，河道弯曲，可能是古河道主源。至滑国故城西南段，不排除河流经人工改道或加深过。

该遗址与现河西部府西村北（Y110）或许原是一个比较大的聚落。滑国故城周围遗址众多，一些河流走向较直或呈现大的弧线形，不似自然河道走向，有不少人工疏通痕迹，值得注意。

329. 滑城河北（Y108）

（1）概况

位于郑州巩义市鲁庄镇桑沟村桑沟五队（组）东、洛阳偃师市府店镇府北村滑城河村北，滑国故城东北部，清代同治年间所建寨门的西侧，桑沟水库南岸，一条南北向小冲沟与干沟河主河道之间的高台地上（图2.347a）。面积约7.5万平方米。地理坐标北纬34°35′24.43″，东经112°51′06.81″，海拔约220米。台地东北两面紧临河道，西依冲沟，地势平坦，起伏很小，地表现为农田。

1962年，中国科学院考古研究所洛阳发掘队调查滑城遗址时，所称早期遗存主要为该遗址内发现①。

初查时间2000年6月7日，复查时间2007年11月9日、2017年7月16日。

图2.347a 滑城河北（右上为北）

---

① 中国科学院考古研究所洛阳发掘队：《河南偃师"滑城"考古调查简报》，《考古》1964年第1期。

（2）主要发现

台地剖面暴露出仰韶灰坑。

2007年复查时，在遗址西北面断崖剖面发现1个周代灰坑，编号H1（后归入滑国故城Y107），采集到浮选土样及残留物分析标本。在遗址东南部断崖剖面发现1个灰坑，H2，采集到浮选土样及残留物分析标本。

地表陶片较多，密度较大。采集石器2件，陶片112片，其中口沿9片、腹片99片、足4片。

石饼　Y108：20，白云岩。残。琢磨兼制。扁平近圆形，表面平整，圆弧状侧棱。长8.1、宽7.3、厚1.9厘米。

石斧　Y108：21，石灰岩。残断。琢磨兼制。扁平长方体，圆弧顶，圆弧状侧棱，一面平整，一面微鼓，刃部残断。残长6.2、宽5.2、厚1.8厘米。

1）仰韶文化

可辨认器形有鼎、罐、缸、盆、圈足盘、尖底瓶、钵、环等。多为仰韶文化中、晚期。标本10件。

罐　Y108：1，口沿。夹砂褐陶。折沿上翘，方唇，广肩。肩饰凹弦纹。口径23.6、残高7.6厘米（图2.347b，4）。

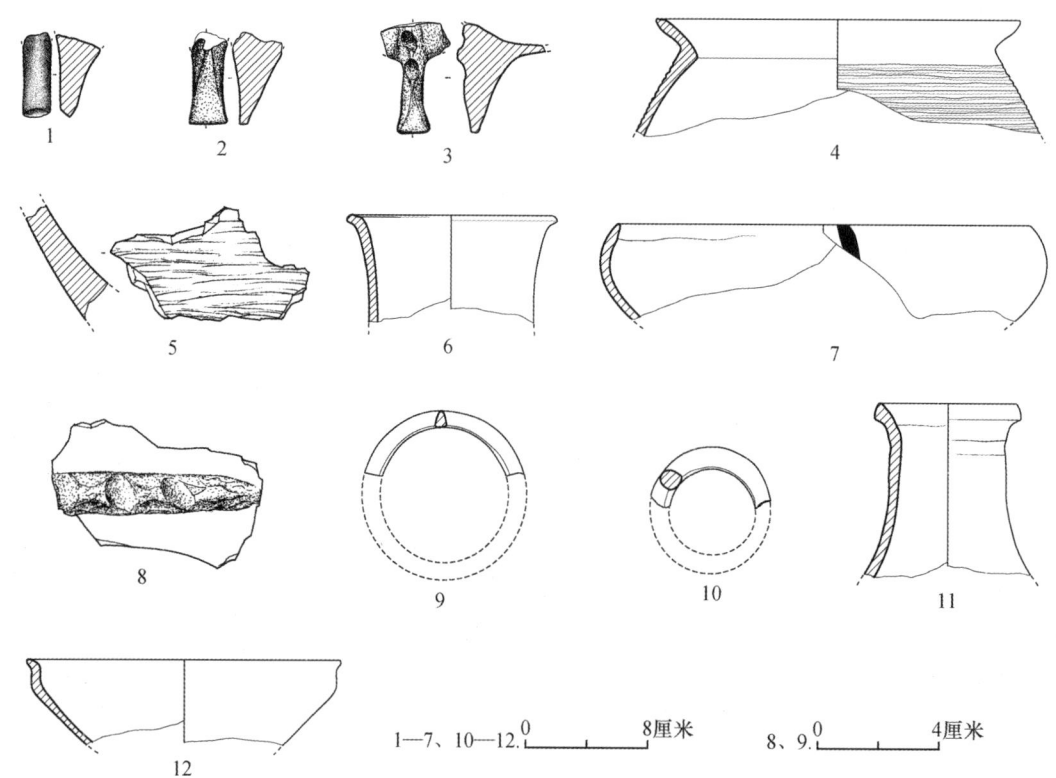

图2.347b　滑城河北（Y108）采集遗物（一）

1—3.鼎（Y108：4、Y108：3、Y108：2）　4.罐（Y108：1）　5.缸（Y108：5）　6.斝（Y108：6）　7、8.钵（Y108：8、Y108：9）　9、10.环（Y108：19、Y108：18）　11.尖底瓶（Y108：10）　12.盆（Y108：7）

鼎 3件。Y108：2，足部。泥质灰陶。鸭嘴形足。平底。背部有按窝纹。残高7.2厘米（图2.347b，3）。Y108：3，足部。夹砂褐陶。鸭嘴形足。素面。残高5.9厘米（图2.347b，2）。Y108：4，足部。夹砂褐陶。凿形足。素面。残高5.4厘米（图2.347b，1）。

盆 Y108：7，口沿。泥质红陶。卷沿，圆唇，直腹下收。磨光。口径20.6、残高5.5厘米（图2.347b，12）。

钵 2件。Y108：8，口沿。泥质红陶。直口微敛，圆唇，弧腹下收。口沿部磨光，残存红衣下部素面。口径26.9、残高6.1厘米（图2.347b，7）。Y108：9，腹片。泥质红陶。饰鸡冠錾。磨光。残宽7、残高4.7厘米（图2.347b，8）。

尖底瓶 Y108：10，口沿。泥质红陶。直领外侈，圆唇，沿外包边加厚成棱，长颈。颈部素面。口径8.8、残高11.2厘米（图2.347b，11）。

环 2件。Y108：18，残断。泥质褐陶。磨光。断面呈圆顶方形。内径5.6、外径9.2、厚1.2厘米（图2.347b，10）。Y108：19，残断。泥质灰陶。磨光。断面略呈三角形。内径4.1、外径5.8、厚0.5厘米（图2.347b，9）。

2）龙山文化

可辨认器形有横篮纹鼎、斝、大口罐、浅双腹盆、缸、瓮、器盖。涵盖龙山文化早、晚期。标本5件。

大口罐 Y108：11，口沿。夹砂灰陶。折沿上翘，圆唇，沿内出道凸棱，素面。残宽4.7、残高3.3、厚0.5厘米（图2.347c，1）。

斝 Y108：6，口沿。夹砂黑陶。直领外卷，圆唇，小口长颈。磨光。口径13.1、残高6.9厘米（图2.347b，6）。

缸 Y108：5，腹片。夹砂黑皮褐陶。胎较厚。饰篮纹。残宽13.2、残高7.2、厚2.5厘米（图2.347b，5）。

瓮 Y108：12，口沿，泥质灰陶。直领外卷，圆唇，广肩。磨光。口径9.3、残高5.1厘米（图2.347c，4）。

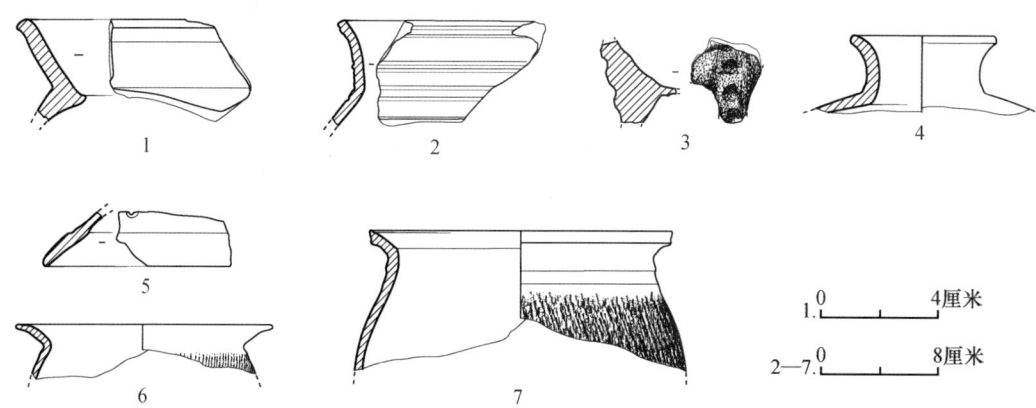

图2.347c 滑城河北（Y108）采集遗物（二）

1.大口罐（Y108：11） 2.大口尊（Y108：16） 3.鼎（Y108：15） 4.瓮（Y108：12） 5.器盖（Y108：13）
6.鬲（Y108：17） 7.圆腹罐（Y108：14）

器盖　Y108：13，口沿。泥质灰陶。圆唇外包边，腹部有一钻孔，素面。残宽7.6、残高3.5、厚0.5厘米（图2.347c，5）。

3）二里头文化

可辨认器形有深腹罐、圆腹罐、鼎、盆、大口尊。具体时段不详。标本3件。

圆腹罐　Y108：14，口沿。夹砂灰陶。折沿，方唇，唇面出一周凹槽，沿面饰一周凹弦纹，束颈，颈部有一道凹槽，溜肩。腹饰绳纹。口径19.7、残高8.9厘米（图2.347c，7）。

鼎　Y108：15，足部。夹砂灰陶。足尖部残。素面。背部有按窝。残高5.5厘米（图2.347c，3）。

大口尊　Y108：16，口沿。泥质灰陶。直口外侈，方唇，溜肩。磨光，颈部有一周凸弦纹，肩部饰两周凹弦纹。残宽11.2、残高6.8厘米（图2.347c，2）。

4）二里岗文化

见有鬲等，属于二里岗文化早期。标本1件。

鬲　Y108：17，口沿。夹砂黑陶。卷沿，圆唇，沿面有一道凹槽，束颈。腹饰细绳纹。口径16.6、残高3.5厘米（图2.347c，6）。

5）东周时期及以后

发现灰坑H1，归入滑国故城（Y108）介绍，此处略。

（3）基本认识

该遗址文化内涵较为复杂，包含仰韶中、晚期，龙山早、晚期及二里头文化和二里岗文化早期的遗存。陶片分布较零散，以东周和两汉时期为主。该遗址即为1962年"滑城"调查中发现的H2和M1等龙山早期遗存所处的区域[①]。遗址被人为取土，平整土地及村庄（老村，现已向南搬移）占压，流水侵蚀（修建桑沟水库）破坏较严重。

---

① 中国科学院考古研究所洛阳发掘队：《河南偃师"滑城"考古调查简报》，《考古》1964年第1期。

330. 府西村东北（Y111）

（1）概况

位于洛阳偃师市府店镇府西村北偏东，府北河南岸。具体位置为营君路以东100米，府店镇北偏西300米处的沟西台地（图2.348a）。面积约1.9万平方米。地理坐标北纬34°35′10.10″，东经112°50′39.23″，海拔约223米。地势平坦，起伏较小，地表现为农田。

初查时间2000年6月8日，复查时间2017年7月16日。

图2.348a　府西村东北（右下为北）

（2）主要发现

在沟边断崖剖面上暴露出灰坑H1，出土蚌贝、二里岗文化晚期和岳石文化风格的遗物。可辨认器形有鬲、深腹罐、缸、盆、大口尊、器盖。

地表散见二里头、二里岗陶片，密度较大。采集石器2件，蚌贝1件，陶片45片，其中口沿6片、腹片38片、足1片。

残石器　Y111∶10，石灰岩。琢磨兼制。残断。扁平长方体，一面微鼓，一面平整。圆弧状侧面，侧面有一打制豁口，斜平顶。残长10、残宽8、厚3.5厘米（图版二八一，1）。

石杵　Y111∶11，砂岩。琢磨兼制，制作较规整。圆头梯形，杵头使用痕迹明显。长5.5、宽2.8、厚1.8厘米。

1）仰韶文化

见有陶瓮1件，疑似仰韶文化晚期。

瓮　Y111∶1，口沿。夹砂褐陶。直领外侈，方唇，沿外包边加厚成棱，沿内出一道凹弦纹。广肩，素面。残宽8.6、残高5.4、厚0.6厘米（图2.348b，3）。

2）二里头文化

见有少量遗物，器形有圆腹罐、盆等，属于二里头文化第四期。标本2件。

圆腹罐　Y111∶2，口沿。夹砂红褐陶。卷沿，圆唇。腹饰绳纹，外沿饰暗绳纹。口径17.5、残高4.4厘米（图2.348b，14）。

盆　Y111∶3，口沿。泥质灰陶。折沿，圆唇，直腹微弧。上腹部磨光，下腹部饰一周凹弦纹，下饰绳纹，内壁饰一周凹弦纹。口径26.2、残高7.2厘米（图2.348b，4）。

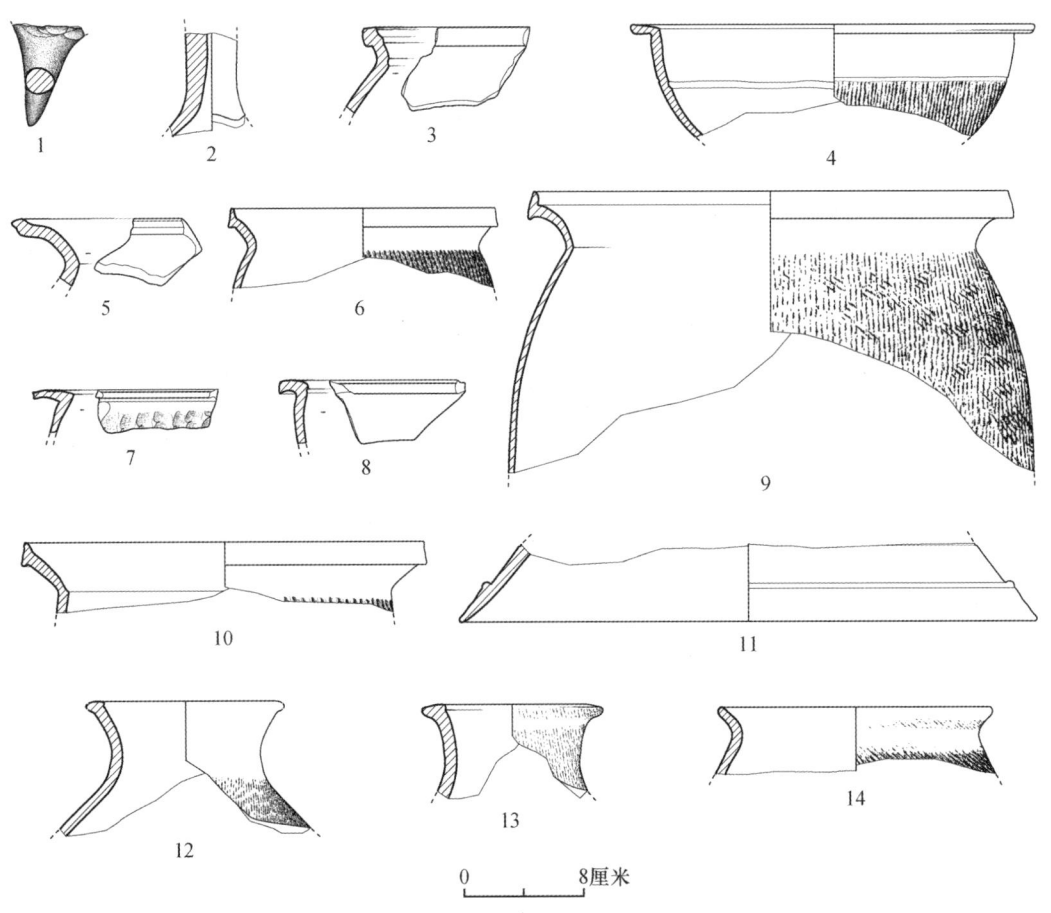

图2.348b　府西村东北（Y111）采集标本

1、7.鬲（H1∶4、Y111∶7）　2.豆（Y111∶9）　3.瓮（Y111∶1）　4、8.盆（Y111∶3、Y111∶8）　5、6、9、10.深腹罐（Y111∶4、H1∶2、H1∶1、H1∶3）　11.器盖（H1∶5）　12.罐（Y111∶6）　13.捏口罐（Y111∶5）　14.圆腹罐（Y111∶2）

3）二里岗文化

发现灰坑H1，见有深腹罐、捏口罐、鬲、器盖等器形，属于二里岗文化早期。标本7件。

鬲　H1：4，足部。夹砂灰陶。圆锥形尖足。素面。足高6.6厘米（图2.348b，1）。

深腹罐　4件。Y111：4，口沿。夹砂灰陶。直领外侈，圆唇。沿外饰一道凹弦纹。残宽7.2、残高4.3、厚1厘米（图2.348b，5）。H1：1，口沿。夹砂灰陶。折沿，方唇，唇面下凸出一周凸棱，沿面有一道凹槽，束颈，溜肩。腹饰较细绳纹。口径31、残高18厘米（图2.348b，9）。H1：2，口沿。夹砂灰陶。折沿，方唇，唇面下凸出一周凸棱，沿面出一道凹槽，束颈。腹饰较细绳纹。口径17.4、残高5.2厘米（图2.348b，6）。H1：3，口沿。夹砂灰陶。折沿，方唇，唇面下凸出一道凸棱。饰绳纹。口径26.4、残高4.6厘米（图2.348b，10）。

捏口罐　Y111：5，口沿。泥质褐陶。直领外侈，小折沿，尖唇。沿内饰一道凹弦纹。饰绳纹后磨光（暗绳纹）。口径9.2、残高6厘米（图2.348b，13）。

器盖　H1：5，口沿。泥质灰陶。敞口，尖唇，沿外包边加厚成一道凸棱。磨光。口径37.7、残高5厘米（图2.348b，11）。

4）西周时期

见有罐等，疑似西周时期。标本1件。

罐　Y111：6，口沿。泥质灰陶。直领外侈，方唇，束颈，溜肩。饰细绳纹。口径11.6、残高8.6厘米（图2.348b，12）。

5）东周时期

见有鬲、盆、豆等器形，可能为战国时期。标本3件。

鬲　Y111：7，口沿。夹砂灰陶。折沿，方唇，溜肩。沿面饰两道凹弦纹，肩饰绳纹。残宽8.1、残高2.8、厚0.5厘米（图2.348b，7）。

盆　Y111：8，口沿。泥质灰陶。折沿，方唇，直腹微弧。素面。残宽9、残高4、厚0.5厘米（图2.348b，8）。

豆　Y111：9，柄部。泥质灰陶。实心柱柄，喇叭口残。素面。残高6.6厘米（图2.348b，2）。

（3）基本认识

该遗址文化内涵较为复杂，以二里岗文化早期遗存为主，见有少量疑似仰韶晚期、二里头文化第四期和疑似两周时期遗存。遗址保存尚好，主要受流水侵蚀破坏。

331. 府西村北（Y110）

（1）概况

可能亦称为江村遗址[①]。位于郑州巩义市鲁庄镇桑沟村三官庙以南500米，洛阳偃师市府店镇府西村西北1000米，营君路两侧，以营君路以东为主，府店北河西南岸，府店北河由东西向拐向南北向的河湾处（图2.349a）。龙山时期遗存范围约13万平方米，东南角见有二里头早期遗存，也有龙山灰坑，面积2.25万平方米。地理坐标北纬34°35′15.90″，东经112°50′27.04″，海拔约218米。地势平坦，起伏很小。路西地势自北向南逐渐抬高，形成几道地坎。地表现为农田、葡萄园及工厂。

初查时间2000年6月8日，复查时间2007年11月9日、2017年7月16日。

图2.349a 府西村北（右下为北）

（2）主要发现

在地坎剖面到处可见灰坑和地层分布，地表遗物十分丰富。路东地势平缓，在一个取土形

---

① 国家文物局：《中国文物地图集·河南分册》，中国地图出版社，1991年，第121页，17-A17。

成的大坑里，平剖面上暴露着多个灰坑，在中部一个灰坑中采集了浮选土样，编号H1，拍照并绘制了草图，这个取土坑现在已建成工厂。路东地表陶片多，有些可以复原。采集石器20件，蚌刀、镰各1件（已残碎），陶片321片，其中口沿105片、腹片168片、底片41片、足7件。

石斧　6件。Y110：31，石灰岩。磨制。残断。扁平梯形。下面平整光滑，两侧面圆弧状，上面平面微鼓，顶面圆角方形且有一凹槽，有装柄磨痕；中部有一单面钻孔，从孔处断裂。制作精致光滑。残长10.7、宽7.6、厚1.4厘米（图2.349b，1；图版二八一，2）。Y110：32，石灰岩。琢磨兼制。两端残断。厚重长方体，断面呈圆角长方形。残长6.9、残宽6.3、厚4.2厘米（图2.349b，5；图版二八一，3）。Y110：34，石灰岩。琢磨兼制。残余顶端。厚重长方体，圆弧状顶，刃部残断。残长5.7、宽5.5、厚3.6厘米（图版二八一，5）。Y110：35，泥岩。磨制。残块。扁平钺形斧。一侧棱及刃部为双面直刃，一侧面残断。残长8.3、残宽6.4、厚1.4厘米（图版二八一，6）。Y110：36，石英岩。琢磨兼制。残甚，圆弧状顶，圆角方形侧棱。残长4.1、残宽7.2、厚2.2厘米。Y110：37，石灰岩。残断。琢磨兼制。厚重长方体，圆弧顶。残长7、宽5.7、厚4.1厘米（图版二八二，1）。

石矛（刀）　Y110：33，紫色云母砂岩。磨制。残断。双面弧刃，刃部使用痕迹明显。残长11.4、残宽4.9、厚1.3厘米（图2.349b，2；图版二八一，4）。

石铲　Y110：45，石灰岩。残块。磨制。仅存刃部，双面弧刃。残长6.6、残宽4.9、厚1.1厘米（图版二八三，2）。

石镰　Y110：39，砂岩。磨制。残断。略呈扁平梯形，双面直刃，直背，刃部大部分残断，仅存柄部。残长8.6、宽6.5、厚0.6厘米（图版二八二，2）。

石凿　Y110：40，石灰岩。残。磨制。长方体，圆弧顶，上下及两侧面均为长方形，刃部残断。残长8.2、宽2.8、厚2.3厘米（图版二八二，3）。

石杵　2件。Y110：41，石灰岩。基本完整。琢磨兼制。长方形柱体，尖顶平底。长8.6、宽5.2、厚4.8厘米（图版二八二，4）。Y110：42，石英砂岩。基本完整。琢磨兼制。长方形柱体。平顶平底。顶部底部均有明显的击打痕迹。长9.7、宽4.7、厚4.4厘米（图版二八二，5）。

石锤　2件。Y110：43，玄武岩。基本完整。不规则形。磨制，器表光滑，有击打痕迹。长8.3、宽7、厚4.4厘米（图版二八二，6）。Y110：44，石英岩。残。长方形。琢磨兼制，器表琢磨规整，击打痕迹明显。残长10.3、残宽5.4、残厚3.9厘米（图版二八三，1）。

砺石　Y110：46，砂岩。残块。上下面磨制光滑平整，其余面均为断面。长14.6、宽10.6、厚7.8厘米（图版二八三，3）。

石刮削器　2件。Y110：47，玄武岩。利用打制石片，把与打击点对应的一侧作为刃部，未二次加工。刃部使用痕迹明显。长9.4、宽6.5、厚1.8厘米。Y110：48，石英砂岩。利用打制石片，把与打击点对应的一侧作为刃部，未二次加工。刃部使用痕迹明显。长6.7、宽3.9、厚1.3厘米。

石斧坯　Y110：38，泥灰岩。局部磨制。略呈梯形，单面直刃，未开刃，弧顶。残长7.3、宽9.5、厚1.3厘米（图2.349b，4）。

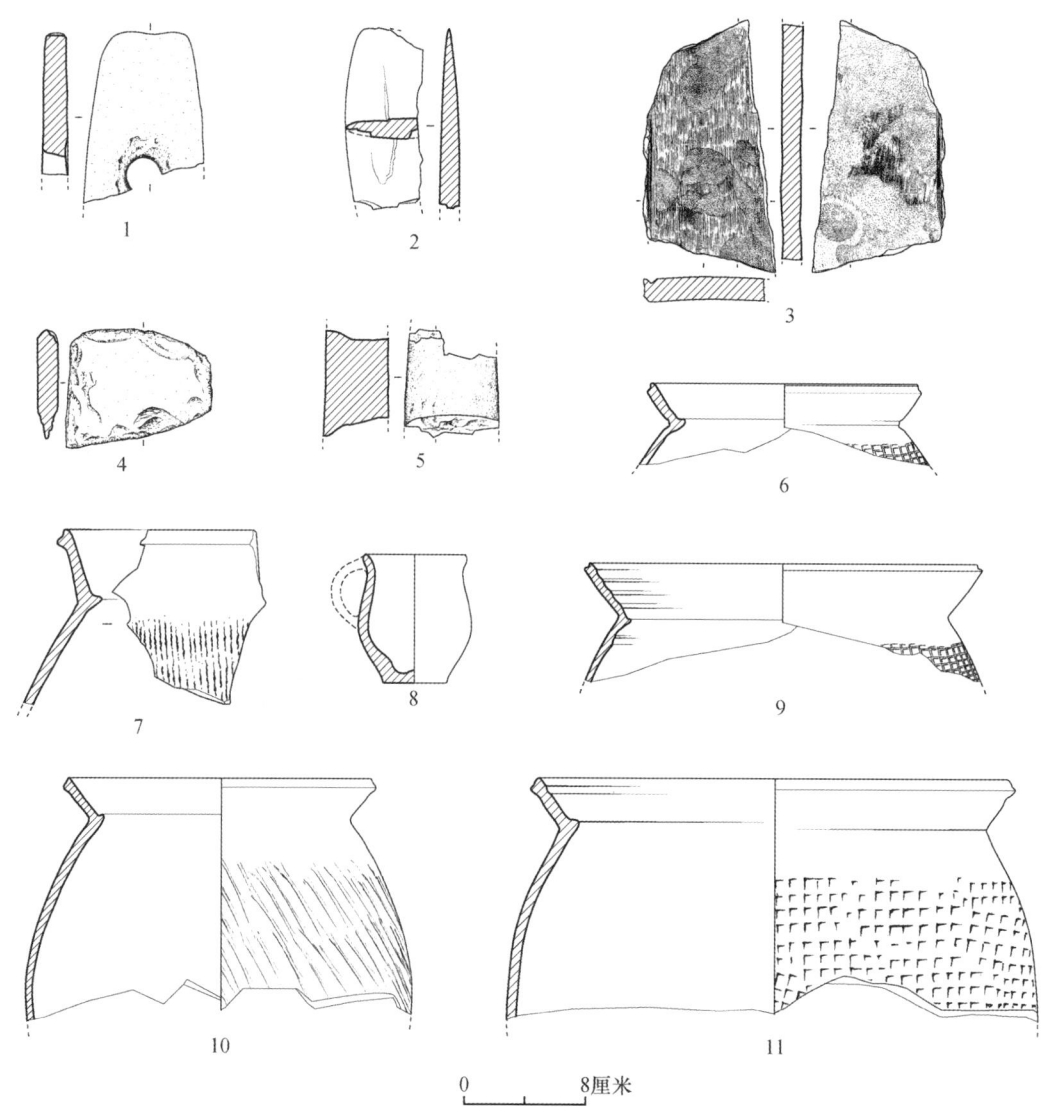

图2.349b 府西村北（Y110）采集遗物

1、5.石斧（Y110：31、Y110：32） 2.石矛/刀（Y110：33） 3.石毛坯（Y110：49） 4.石斧坯（Y110：38） 6、7、9—11.大口罐（Y110：5、Y110：3、Y110：4、Y110：1、Y110：2） 8.单把杯（Y110：7）

石毛坯 2件。Y110：49，石灰岩。磨制。残块。疑为石铲坯料。扁平体，近梯形。一面磨制光滑，另一面稍经磨制，大部保留红色层理。侧面一边有两条锯割凹槽。残长20.2、宽11、厚1.8厘米（图2.349b，3；图版二八三，5、6）。Y110：50，鲕状白云岩。残断，余顶部上段。打磨兼制。宽厚长方体，塑形过程中断裂。残长12.4、宽9、厚4.4厘米（图版二八三，4）。

1）仰韶文化

陶片较少，有泥质磨光红陶，可辨认器形有夹砂罐、曲腹钵、器盖等。多为仰韶文化晚期，部分遗物或可到龙山早期。无典型标本。

2）龙山文化

发现灰坑1处（H1）。陶片可辨认器形有大口罐、小口高领瓮、碗。时代为龙山晚期。采集遗物较为丰富，见有鼎、甑、大口罐、瓮、折腹盆、豆、盘、碗、陶拍等器形，多为龙山文化晚期。标本23件。

大口罐　7件。Y110：1，口沿。夹砂灰陶。折沿，方唇，沿面内侧有一周凸棱，溜肩，圆弧腹。饰篮纹。口径20、残高15.7厘米（图2.349b，10）。Y110：2，口沿。夹砂灰陶。折沿、方唇，沿面上部有一道凹槽，内侧有一道凸棱，溜肩，圆弧腹。饰方格纹。口径30.6、残高15.7厘米（图2.349b，11）。Y110：3，口沿。夹砂灰陶。折沿，方唇，唇面有一道凹槽，沿面内侧出一道凸棱，溜肩。饰篮纹。残宽9.8、残高11.1厘米（图2.349b，7）。Y110：4，口沿。夹砂灰陶。折沿，方唇，唇面有一道凹槽，沿面出四周凹弦纹，溜肩。饰方格纹。口径25.3、残高7.6厘米（图2.349b，9）。Y110：5，口沿，夹砂灰陶。折沿上翘，方唇，唇面饰一道凹槽，沿内出道凸棱，溜肩。饰方格纹。口径17.3、残高5.2厘米（图2.349b，6）。Y110：11，底部。泥质灰陶。平底，有清晰的轮制刮痕。底径12厘米。

鼎　2件。Y110：6，口沿。夹砂灰陶。卷沿，圆唇，溜肩。素面。口径19.3、残高5厘米（图2.349c，3）。Y110：8，足部。夹砂褐陶。扁平三角形足，残足尖。素面。残高8.5厘米（图2.349c，4）。

甑　Y110：9，底部。泥质灰陶。平底矮圈足。腹壁下部及底部有椭圆形甑孔，孔径1.2—2厘米。饰篮纹。残宽8.9、残高5.8厘米（图2.349c，7）。

瓮　3件。Y110：10，口沿。泥质黑陶。直领，圆唇，广平肩。磨光，肩饰一周凹弦纹夹刻划纹。口径12.8、残高5厘米（图2.349c，2）。Y110：12，口沿。泥质灰陶。直领外侈，小折沿、方唇，沿面下垂，有一道凹槽，广肩。磨光。口径33.2、残高10.5厘米（图2.349c，10）。H1：2，腹片。泥质灰陶。附桥形大鋬，饰篮纹。残宽9、残高5.3厘米（图2.349c，1）。

折腹盆　3件。Y110：13，口沿。泥质黑陶。直领外侈，小折沿，圆唇，长颈。磨光。残宽9.3、残高8.8厘米（图2.349c，5）。Y110：14，腹部。泥质灰陶。磨光，直腹处饰凹弦纹。残宽6.5、残高6.1厘米（图2.349c，6）。Y110：15，腹片，折腹处。泥质灰陶。素面。残高6.2、残宽8.6厘米。

豆　4件。Y110：16，豆盘。泥质灰陶。敞口，圆唇，浅弧腹，大圈足。磨光。口径19.8、残高6.3厘米（图2.349c，12）。Y110：17，豆盘。泥质褐陶。敞口，圆唇，浅腹。素面。内壁磨光。口径19.8、残高4.6厘米（图2.349c，13）。Y110：18，豆柄。泥质灰陶。细高柄。磨光。上部饰两周凸棱（竹节），下部饰四周凹弦纹，豆盘底部内侧饰两周同心圆纹。残高12.1厘米（图2.349c，9）。Y110：20，圈足。泥质褐陶。下口沿折沿，圆唇，外沿面有一道凹槽，喇叭口粗圈足。磨光。残宽8、残高9.1厘米（图2.349c，11）。

盘　Y110：19，口沿。泥质灰陶。大敞口，圆唇。沿面内侧出一道棱。浅腹。磨光。残宽8.5、残高2.5厘米（图2.349c，15）。

碗　H1：1，口沿。泥质黑陶，薄胎。直沿微侈，圆唇，腹下收。素面。口径12.8、残高4.5厘米（图2.349c，14；图版三七四，5）。

单把杯　Y110：7，可复原。夹砂灰陶。卷沿，尖唇，束颈，溜肩，鼓腹小平底。素面，

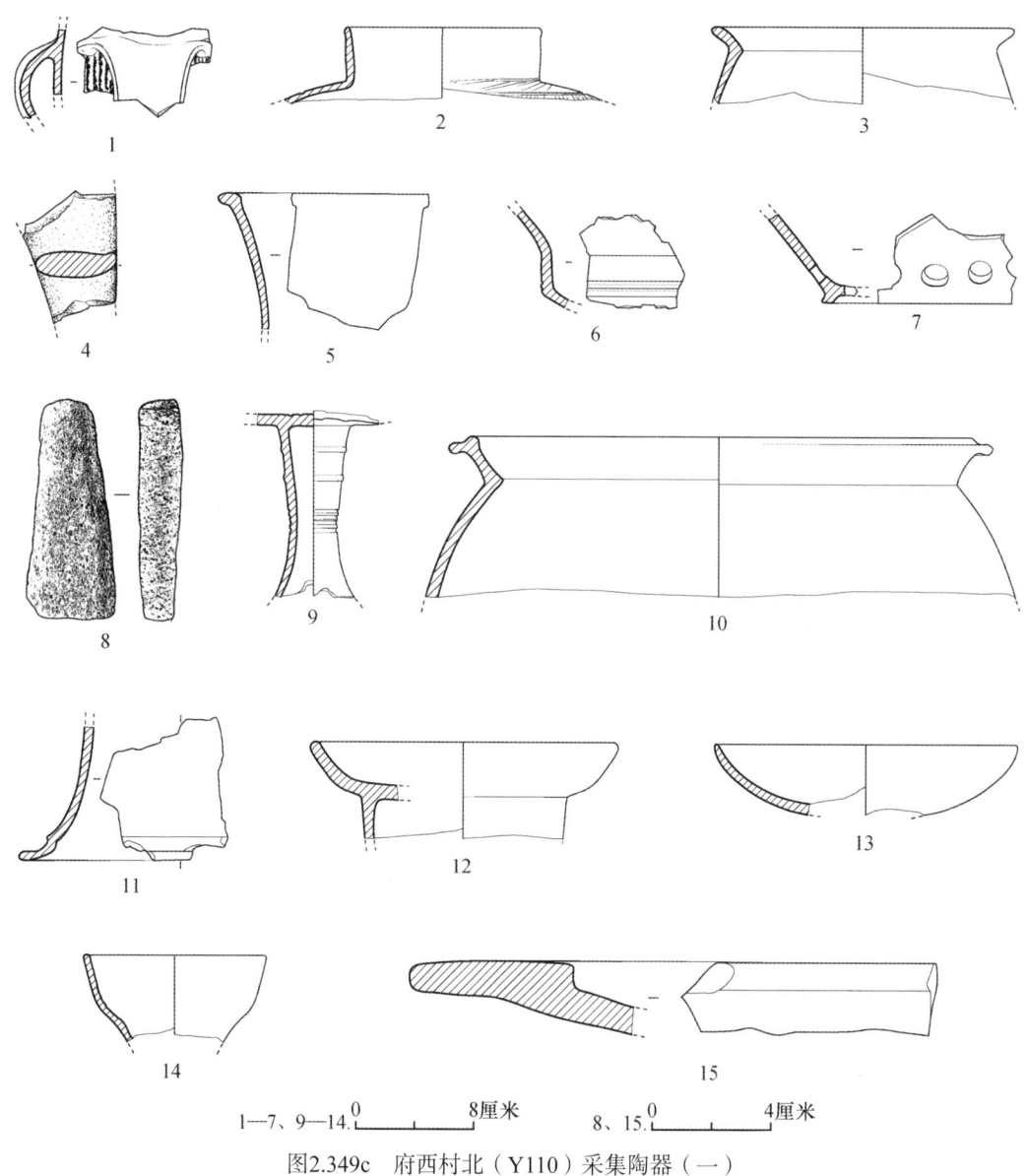

图2.349c 府西村北（Y110）采集陶器（一）

1、2、10.瓮（H1:2、Y110:10、Y110:12） 3、4.鼎（Y110:6、Y110:8） 5、6.折腹盆（Y110:13、Y110:14） 7.甗（Y110:9） 8.拍（Y110:21） 9、11—13.豆（Y110:18、Y110:20、Y110:16、Y110:17） 14.碗（H1:1） 15.盘（Y110:19）

有一桥形耳残缺。口径6.5、底径4.3、高8.2厘米（图2.349b，8；图版三七四，6）。

陶拍 Y110:21，残断。泥质红陶。扁平体，上部断面呈长方形较薄，下部断面呈圆形较厚，周身密布米粒大小的圆坑，较为粗糙。残长7.2、宽3、厚1.5厘米（图2.349c，8）。

3）二里头/二里岗文化

遗物数量不多，见有鬲、盆、鬶等。部分遗物可能为二里头二至四期，二里岗文化早期，标本3件。

鬲 Y110:22，足部。夹砂灰陶。圆锥形细尖实足，实足长2.5厘米。素面。袋足内水垢较厚。残高4.1厘米（图2.349d，1）。

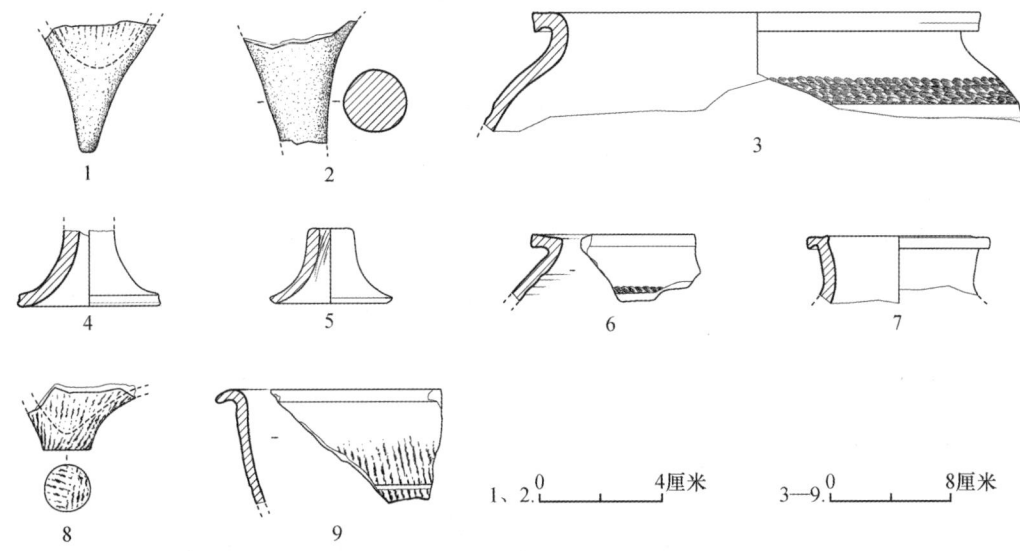

图2.349d 府西村北（Y110）采集陶器（二）
1.斝（Y110：22） 2、8.鬲（Y110：24、Y110：25） 3.瓮（Y110：27） 4、5.豆（Y110：30、Y110：29）
6、7.罐（Y110：26、Y110：28） 9.盆（Y110：23）

盆 Y110：23，口沿。泥质黑皮褐陶。卷沿，圆唇，沿面微鼓，直腹微弧。腹饰绳纹夹凹弦纹。残宽10.8、残高7.2厘米（图2.349d，9）。

鬲 Y110：24，足部。夹砂灰陶。圆锥形实足，残尖。素面。残高3.8厘米（图2.349d，2）。

4）东周时期

遗物数量较多，见有鬲、罐、豆、瓮等器形，为战国时期。标本6件。

鬲 Y110：25，足部。夹砂褐陶。矮平足，饰绳纹。残高4.3厘米（图2.349d，8）。

罐 2件。Y110：26，口沿。泥质灰陶。折沿，方唇，溜肩。肩饰绳纹。残宽7.7、残高4.2、厚0.7厘米（图2.349d，6）。Y110：28，口沿。泥质灰陶。折沿，方唇，沿内出一道凸棱。素面。口径9.4、残高4.2厘米（图2.349d，7）。

瓮 Y110：27，口沿。泥质灰陶。卷沿，方唇，沿面较平，溜肩。肩饰绳纹。口径28.9、残高7.6厘米（图2.349d，3）。

豆 2件。Y110：29，豆座。泥质灰陶。喇叭状底座，豆把残断后，磨平呈漏斗状。素面。足跟直径7、残高4.7厘米（图2.349d，5；图版四六四，5）。Y110：30，豆座，泥质灰陶。喇叭形座。素面。足跟直径8.7、残高4.8厘米（图2.349d，4）。

（3）基本认识

该遗址文化内涵相对复杂，以龙山文化晚期的遗存为主，战国时期遗存次之，另外也见有少量仰韶文化晚期和疑似二里头文化、二里岗早期的遗存，但是面积较小。遗址因取土破坏严重，现取土坑上为工厂。

332. 南寨村西（Y062）

（1）概况

位于郑州巩义市鲁庄镇南村寨南，东西向小冲沟与主沟交汇处的西北角台地上，与东面的南村寨南（Y060）隔沟相望，与西面的南村寨西南（Y063）相隔一条小冲沟（图2.350a；图版一九六，1）。遗址范围东西约200米，南北100米，现存面积约2万平方米。地理坐标北纬34°35′46.80″，东经112°51′16.94″，海拔约230米。遗址南临桑沟水库，地势自南向北逐级抬高，形成层层梯田。地表现为农田。

初查时间2000年1月8日，复查时间2017年7月16日。

图2.350a 南村寨西（上为北）

（2）主要发现

在自上而下的两级台地上都有二里头文化的灰坑分布，显示当时的地貌与现在略同，但冲刷得可能较轻，沟也没有像现在这样深切。地面陶片较多，密度较大。采集石器2件，陶片30片，其中口沿7片、腹片23片，分属于二里头、二里岗和东周时期。标本5件。

石刀　Y062：6，砂岩。磨制。残。半月形。单面直刃，弧背，中部有一个对穿圆孔，从孔部断裂。残长7.1、残宽4.9、厚1厘米（图2.350b，2；图版二八四，1）。

石锤　Y062：7，辉绿岩。磨制。残。近椭圆形柱体，圆顶。顶端有使用痕迹。残长5.8、长径3.7、厚2.2厘米（图2.350b，1；图版二八四，2）。

1）二里头文化

发现了灰坑等遗迹，见有深腹盆、瓮、小口尊、小口瓮等。疑似二里头文化，具体时段不详。标本1件。

盆　Y062：1，腹片。泥质灰陶。上腹部素面，饰一周凹弦纹，下腹部饰绳纹，附鸡冠錾。残宽17.3、残高16.9厘米（图2.350b，6）。

2）二里岗文化

见有小口高领瓮等器形。疑似二里岗时期。标本1件。

高领瓮　Y062：2，口沿。泥质褐陶。直领外卷，圆唇，弧颈，溜肩。颈部饰两道凹弦纹，肩部饰绳纹。口径18.5、残高8.8厘米（图2.350b，8）。

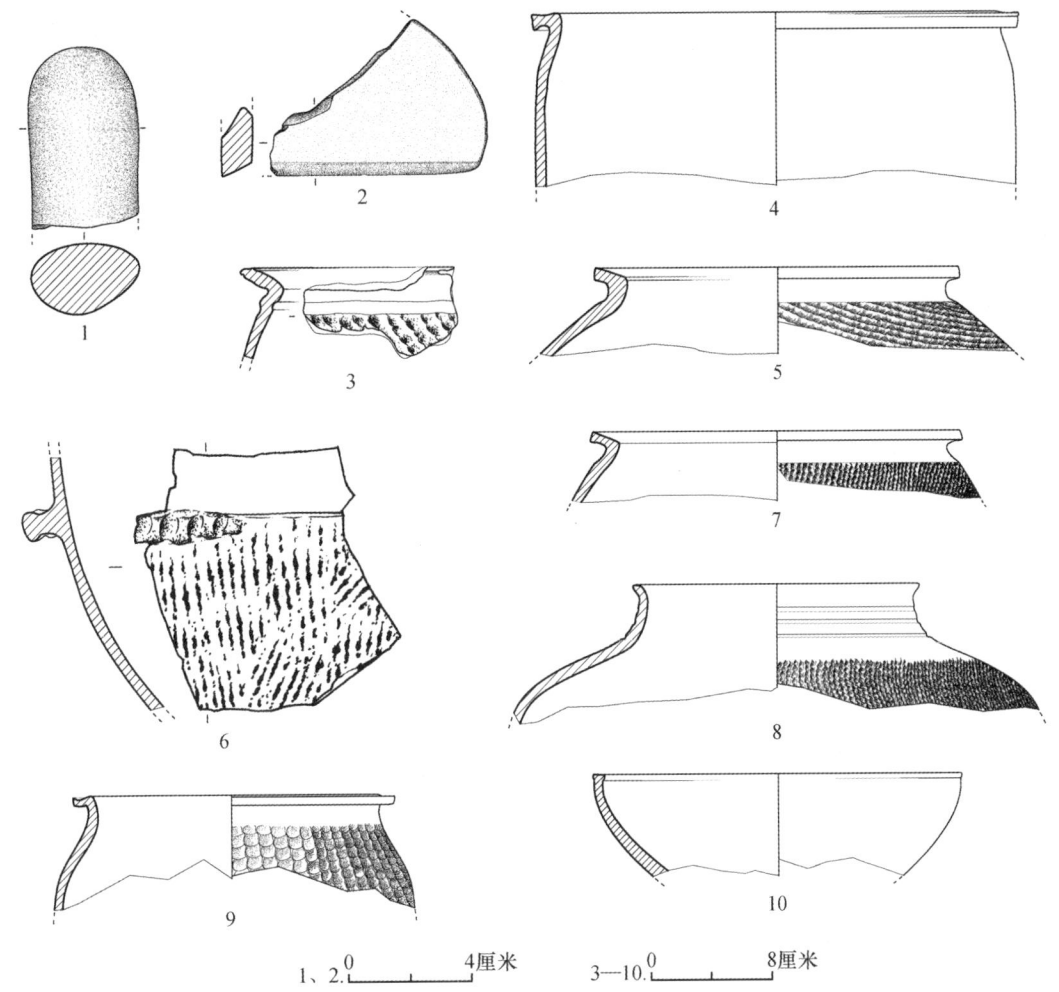

图2.350b　南寨村西（Y062）、南村寨西南（Y063）、桑沟水库北（Y064）、桑沟老村（Y065）采集遗物

1. 石锤（Y062：7）　2. 石刀（Y062：6）　3、9. 鬲（Y065：1、Y064：1）　4、6. 盆（Y062：5、Y062：1）
5、7. 罐（Y062：3、Y062：4）　8. 高领瓮（Y062：2）　10. 钵（Y063：1）

3）东周时期

见有罐、盆等器形。涵盖春秋和战国时期。标本3件。

罐　2件。Y062：3，口沿。夹砂灰陶。斜折沿，方唇，短颈，圆弧肩。肩饰绳纹。口径23.7、残高5.5厘米（图2.350b，5）。Y062：4，口沿。夹砂灰陶。斜折沿，微上翘，方唇，弧腹。腹饰绳纹。口径24、残高4.5厘米（图2.350b，7）。

盆　Y062：5，口沿。泥质灰陶。平折沿，方唇，沿面微凹，弧腹。腹饰暗绳纹。口径28.7、残高11厘米（图2.350b，4）。

（3）基本认识

该遗址文化内涵相对复杂，可能以二里头文化的遗存为主，兼有二里岗及东周时期的遗存。

333. 南村寨西南（Y063）

（1）概况

位于郑州巩义市鲁庄镇南村寨西南，南北向小冲沟与主沟交汇处的西北角台地上，与东面的南村寨西（Y062）隔沟相望（图2.351）。遗址范围方圆约100米，现存面积约1万平方米。地理坐标北纬34°35′44.12″，东经112°51′07.16″，海拔约226米。南临桑沟水库，地势自南向北逐级抬高，形成层层梯田。地表现为农田。

初查时间2000年1月8日，复查时间2017年7月16日。

图2.351　南村寨西南（上为北）

（2）主要发现

地面陶片较少，密度很小。采集陶片10片。其中口沿3片、腹片7片。以二里岗文化遗存为主，兼有龙山时期篮纹陶片。二里头、二里岗文化的具体时段不详。陶片较为残碎，标本1件，属于龙山晚期。

钵　Y063：1，口沿。泥质灰陶。敛口，方唇，沿内有一周凸棱，沿外有一周凹槽。口径24、残高6.5厘米（图2.350b，10）。

（3）基本认识

该遗址规模较小，发现的遗物也不多。标本数量较少，初步推断应该包含龙山晚期、二里头、二里岗时期的遗存，以二里岗时期的遗存为主，疑似有二里头文化遗存。

334. 桑沟水库北（Y064）

（1）概况

位于郑州巩义市鲁庄镇桑沟（沟东）村西，桑沟水库大坝北侧，从南村寨到桑沟村的大路西侧（图2.352；图版一九六，2）。遗址南北约100米，东西150米，现存面积约1.5万平方米。地理坐标北纬34°35′50.19″，东经112°51′01.67″，海拔约230米。遗址南临桑沟水库，地势自南向北逐级抬高，形成层层梯田，地表现为农田。

初查时间2000年1月8日，复查时间2017年7月16日。

图2.352　桑沟水库北（左为北）

（2）主要发现

冲沟附近的壁面上暴露的灰坑很多，均不见陶片，未刻意掏挖采集。地面陶片较多，密度不大。采集陶片27片，其中口沿4片、腹片22片、底片1片。标本1件，属于战国时期。

鬲　Y064:1，口沿。夹砂灰陶。平折沿，方唇，沿面微凹，束颈。腹饰绳纹。口径18.6、残高7.2厘米（图2.350b，9）。

（3）基本认识

核查发现，陶片多为东周时期，未见有二里岗文化标本。该遗址主体遗存应为东周晚期，即战国时期，可能还有少量二里头文化遗存。

335. 桑沟老村（Y065）

（1）概况

位于郑州巩义市鲁庄镇桑沟村（沟东）东南，桑沟老村北，从南村北到桑沟老村的大路西侧。北临一条近东西向冲沟，东面是一条自南村寨西起源的东西向转南北向的冲沟，西南临桑沟老村即为干沟河主河道，形成一个三角形孤岛，遗址东北面仅有一条不足0.5米的小路与北面的新桑沟村相连，其余皆为悬崖，地势较为险要（图2.353；图版一九七，1）。现存遗址面积约3.75万平方米。地理坐标北纬34°35′56.49″，东经112°50′40.08″，海拔约216米。地表现为农田。

初查时间2000年1月8日，复查时间2017年7月16日。

图2.353　桑沟老村（上为北）

（2）主要发现

发现数量较多的商周与汉代遗存。多见绳纹陶片、周代灰坑，分布范围为方圆300—400米，显示东周至汉代是一个相当繁盛的阶段。2017年复查中，在东南—西北向小路的东壁上见有龙山晚期灰坑1个（图版一九七，2）。采集陶片50片，其中口沿3片、腹片47片。二里头文化第四期、二里岗文化的陶片较为残碎，无典型标本。另外可能还有殷墟、西周遗存和东周时期陶片较多，见有陶鬲等器形。标本1件，属于春秋时期。

鬲　Y065∶1，口沿。夹砂灰陶。折沿微上翘，尖唇，沿面饰两道凹弦纹。颈内、颈外各饰一周凹弦纹，腹饰粗绳纹。残宽10、残高6厘米（图2.350b，3）。

（3）基本认识

该遗址是一处以东周至汉代遗存为主的遗址，兼有少量的龙山晚期、二里头、二里岗晚期、殷墟和西周时期遗存。东周的遗存主要为东周早期，即春秋时期。

336. 桑沟五队北（Y126）

（1）概况

位于郑州巩义市鲁庄镇桑沟村（南城子）桑沟五队（组）北，府店北河东岸，干沟河南岸，滑国故城北城墙外，府北河与干沟河交汇处的台地上（图2.354a）。遗址面积约6万平方米，其中仰韶晚期至龙山早期遗存的面积约0.5万平方米。地理坐标北纬34°35′37.90″，东经112°50′36.92″，海拔约211米。地势平坦，起伏很小，地表现为农田。

初查时间2000年6月9日，复查时间2007年11月9日、2017年7月22日。

图2.354a 桑沟五队北（左下为北）

（2）主要发现

2007年复查时，发现灰坑2个，编号H1、H2。分别采集了浮选土样及残留物分析标本。

遗址地表散见大量周代陶片，少量仰韶晚期及龙山早期陶片。采集东周陶片标本归入滑国故城（Y107）。采集陶片3片，其中口沿2片、腹片1片。

1）仰韶文化

遗物数量较少，见有缸等，属于仰韶文化晚期。标本1件。

缸　Y126∶2，口沿。夹砂褐陶。折沿，方唇，唇面饰花边，直腹，腹饰附加堆纹。残宽6.7、残高4.4、厚0.6厘米（图2.354b，3）。

2）龙山文化

遗物数量不多，见有鼎、罐等，属于龙山早、晚期。标本2件。

鼎　Y126∶1，口沿。夹砂褐陶。折沿，方唇，沿面有一道凹槽，沿面内侧有一道凸棱，直腹微弧。腹饰篮纹夹一周附加堆纹。口径32、残高9.7厘米（图2.354b，7）。

罐　Y126∶3，腹片。泥质灰陶。饰横篮纹。残宽11.5、残高7.5厘米（图版三七五，1）。

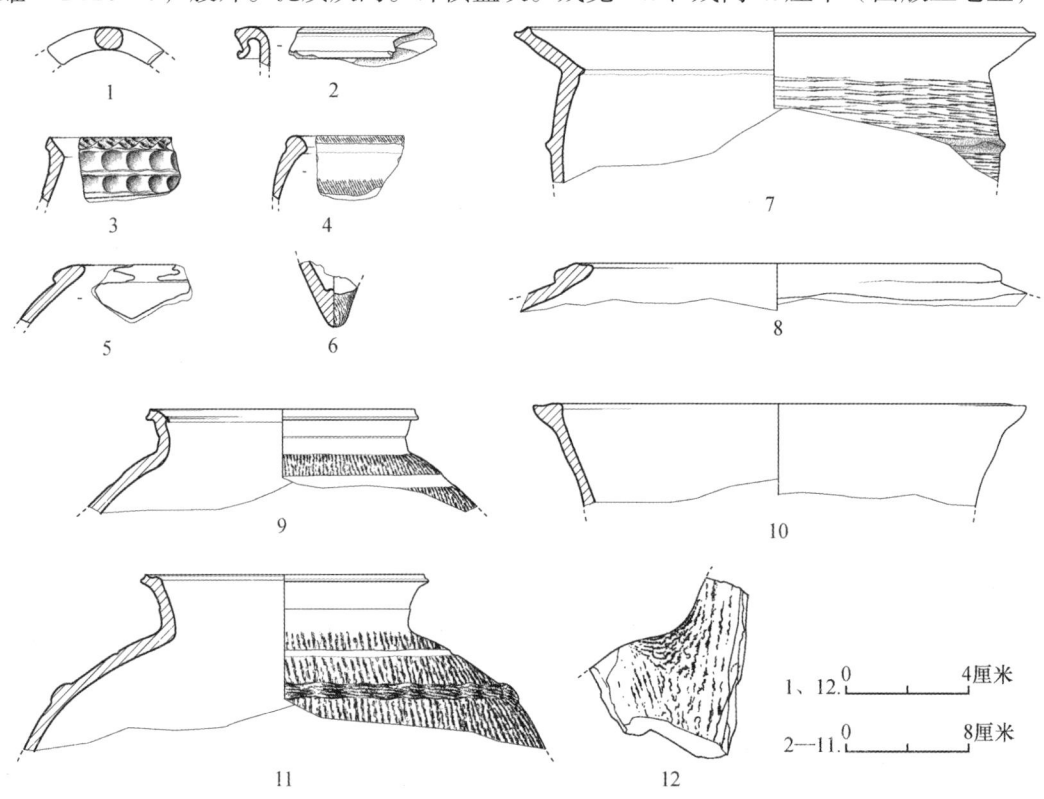

图2.354b　桑沟五队北（Y126）、三官庙窑厂东南（Y105）采集标本
1.环（Y105∶9）　2、10.罐（Y105∶8、Y105∶7）　3.缸（Y126∶2）　4.盆（Y105∶2）　5、8、9、11.瓮（Y105∶3、Y105∶1、Y105∶6、Y105∶5）　6.尖底瓶（Y105∶4）　7.鼎（Y126∶1）　12.角器（Y105∶10）

（3）基本认识

该遗址以东周时期的遗存为主，调查过程中将其归入滑国故城（Y107），后来因位于城墙外，又将其独立出来，应该是东周时期滑国故城的一部分。该遗址含少量仰韶晚期和龙山时期遗存。地貌基本保持原始状态，后期破坏幅度不大。

337. 三官庙窑厂东南（Y105）

（1）概况

位于郑州巩义市鲁庄镇桑沟（沟西）三队（组）东200米，三官庙窑厂南，小路南，水池西，干沟河西南岸，府店北河与干沟河交汇处西北侧的三角形高台地上（图2.355；图版一九八，1）。现存周代遗存面积约3万平方米，仰韶时期遗存面积约1万平方米。地理坐标北纬34°35′50.73″，东经112°50′25.71″，海拔约206米。地表现为农田、葡萄园。

初查时间2000年6月6日，复查时间2017年7月16日。

图2.355　三官庙窑厂东南（左上为北）

（2）主要发现

断崖剖面暴露出仰韶文化灰坑。地表发现陶片较少，密度很小。断崖北壁临小路的壁上见有灰坑，不能采集遗物。调查时发现遗物中也见方格纹及其他龙山时期陶片，也可能有较晚至东周遗物。在遗址东南面边缘梯田上灰坑中采集到仰韶及龙山早期陶片。发现鹿角、灶坑与龙山早期陶片同出。仰韶、龙山遗存比较密集，两周时期的陶片相对稀少。采集角器1件，陶片

33片，其中口沿11片、腹片19片、底片3片。

角器　Y105：10，利用鹿角切割磨制加工，有切割痕迹。残长5.7、残宽5.2厘米（图2.354b，12）。

1）仰韶文化

可辨认器形有夹砂罐、缸、敛口缸、尖底瓶、瓮、盆、碗、环，属于仰韶文化中、晚期。标本5件。

瓮　2件。Y105：1，口沿。泥质红陶。矮领，敛口，圆唇，沿面有一道凹槽，溜肩。磨光。口径26、残高3.2厘米（图2.354b，8）。Y105：3，口沿。泥质黑皮陶。矮领，敛口，圆唇，圆弧肩。磨光。残宽6.5、残高3.8厘米（图2.354b，5）。

盆　Y105：2，口沿。泥质红陶。直沿微敛口，圆唇，沿外有一道凹槽。沿外及腹部饰线纹。残宽5.7、残高4.1厘米（图2.354b，4）。

尖底瓶　Y105：4，底部。泥质红陶。圆锥形底，秃尖。饰线纹。残高4.2厘米（图2.354b，6）。

环　Y105：9，残断。泥质褐陶。椭圆形断面。磨光。残长3.8、宽0.9、厚0.7厘米（图2.354b，1）。

2）两周时期

见有盆、罐等器形，部分为西周时期，部分为东周时期。标本4件。

瓮　2件。Y105：5，口沿。泥质灰陶。折沿，方唇，沿面有一道凹槽，束颈，颈部饰一周凸弦纹，圆弧肩。饰绳纹夹一周凹弦纹、一周附加堆纹。口径18.2、残高11.2厘米（图2.354b，11）。Y105：6，口沿。泥质灰陶。卷沿，方唇，唇面有一道凹槽，沿面内侧出一周凸棱，束颈，颈部饰一周凹弦纹，圆弧肩。饰绳纹夹一周凹弦纹。口径17.2、残高6.6厘米（图2.354b，9）。

盆　2件。Y105：7，口沿。泥质灰陶。小平折沿，尖唇，沿面内侧出一周凸棱，斜腹。素面。口径28.9、残高6.6厘米（图2.354b，10）。Y105：8，口沿。泥质灰陶。卷沿，方唇，唇面下耷外卷成棱。素面。残宽9.7、残高2.5、厚0.7厘米（图2.354b，2）。

（3）基本认识

该遗址文化内涵相对复杂，以两周时期遗存为主，仰韶中、晚期遗存面积略小。

调查中判断有龙山早期遗存，核查陶片疑似有龙山早期，未见典型标本。原判断的东周遗存，但核查后判定含有西周时期陶片。遗址除受冲沟（河床）破坏外，现保留部分保存得较好。

338. 桑沟南（Y066）

（1）概况

亦称桑家沟遗址[①]。位于郑州巩义市鲁庄镇桑沟村一、六村民组（沟东）南，干沟河东北岸。南临冲沟，西临主河道，北靠小冲沟，地势起伏较小（图2.356a）。东西狭长，南北约100米，东西400米，现存面积约4万平方米。地理坐标北纬34°36′05.93″，东经112°50′34.78″，海拔约225米。地表现为核桃林。

初查时间2000年1月9日，复查时间2017年7月16日。

图2.356a　桑沟南（左上为北）

（2）主要发现

遗址周围断崖上暴露有灰坑、地层，属仰韶至龙山文化过渡期。

地面陶片较少，密度不大。采集石器1件，陶片26片，其中口沿6片、腹片19片、底片1片。多为仰韶文化，个别为东周时期。

[①] 国家文物局：《中国文物地图集·河南分册》，中国地图出版社，1991年，第35页，22-A22。

石斧　Y066：9，石灰岩。琢磨兼制。残余顶端。圆顶长方体。残长6.9、宽5.9、厚3.6厘米（图版二八四，3）。

1）仰韶文化

器形有夹砂罐、尖底缸、敛口缸、盆、鼎、尖底瓶、缸、小口高领瓮等，多为仰韶文化晚期偏晚阶段。标本7件。

鼎　2件。Y066：1，口沿。夹砂灰陶。敛口，内折沿，方唇，唇面饰一道凹弦纹，溜肩。素面。残宽7.8、残高4、厚0.5厘米（图2.356b，1）。Y066：2，口沿。夹砂褐陶。折沿，尖唇，沿面微弧，直腹。素面。残宽6.6、残高3.5、厚0.4厘米（图2.356b，2）。

夹砂罐　Y066：3，口沿。夹砂灰陶。直领外侈，尖唇，沿面有一道凸棱，溜肩。素面。残宽4.8、残高4.1、厚0.5厘米（图2.356b，4）。

尖底瓶　Y066：4，底部。夹砂褐陶。底较肥。素面。残高12厘米（图2.356b，7）。

盆　2件。Y066：5，口沿，泥质红陶。敛口，方唇，沿外包边，直腹微弧。素面。残宽6.7、残高4、厚0.6厘米（图2.356b，3）。Y066：6，口沿。泥质灰陶。侈口，"丁"字形口沿，圆尖唇，束腰、斜腹。素面。口径30、残高5.4厘米（图2.356b，8）。

彩陶片　Y066：7，腹片。泥质灰陶。褐彩。施三道横向平行线纹及蝌蚪状纹。残长4.8、残宽5厘米（图2.356b，5）。

2）东周时期

遗物数量较少，见有豆等。属于东周晚期。标本1件。

豆　Y066：8，豆盘。泥质灰陶。直领，圆唇，内折腹。磨光。口径12.8、残高2.8厘米（图2.356b，6）。

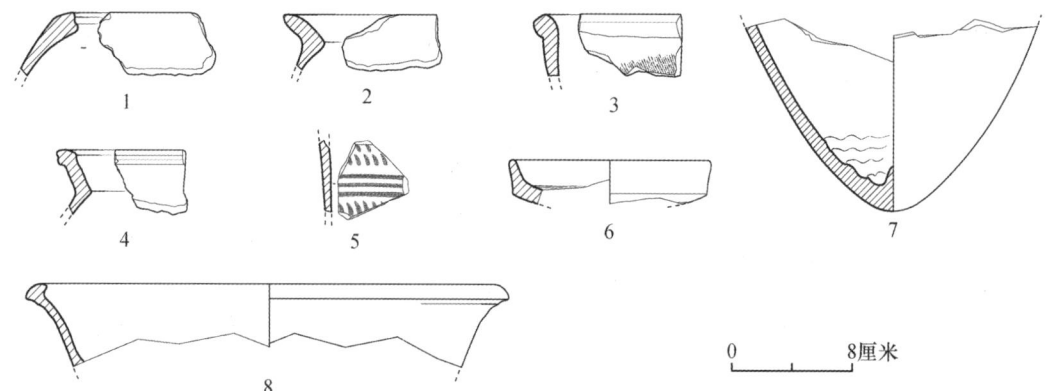

图2.356b　桑沟南（Y066）采集遗物

1、2.鼎（Y066：1、Y066：2）　3、8.盆（Y066：5、Y066：6）　4.罐（Y066：3）　5.彩陶片（Y066：7）
6.豆（Y066：8）　7.尖底瓶（Y066：4）

（3）基本认识

该遗址以仰韶晚期（过渡期）遗存为主，兼有少量战国时期遗存。现为核桃林，对遗址造成一定破坏。

339. 桑沟西（Y068）

（1）概况

位于郑州巩义市鲁庄镇桑沟一、六组（沟东）西，干沟河东岸，三条东西向小冲沟之间的沟汊顶部（图2.357）。面积约6万平方米。地理坐标北纬34°36′21.72″，东经112°50′19.65″，海拔约210米。地势较为平坦，起伏较小，向东逐级抬高，形成层层梯田。

初查时间2000年1月9日，复查时间2017年7月16日。

图2.357　桑沟西（左为北）

（2）主要发现

断崖剖面上未发现相关遗迹。地表见有大量绳纹陶片。采集陶片18片，均为腹片。个别疑似二里头文化第二期，其余为商周时期，时段不详。无标本。

（3）基本认识

该遗址可能是一处以二里岗至东周时期遗存为主，兼有少量二里头文化遗存的小型遗址。

340. 三官庙窑厂（Y106）

（1）概况

位于郑州巩义市鲁庄镇桑沟村（沟西）三官庙东，干沟河西南岸，三官庙至桑沟村（沟东）大路路北，三官庙砖厂取土已将遗址破坏殆尽（图2.358a）。总面积约9万平方米，龙山文化的遗存约1万平方米。地理坐标北纬34°35′53.95″，东经112°50′18.58″，海拔约203米。已被砖厂取土破坏殆尽，地表现为葡萄园。

初查时间2000年6月6日，复查时间2017年7月16日。

图2.358a 三官庙窑厂（右下为北）

（2）主要发现

窑厂中间取土下挖很深，剖面地层较纯净，无遗迹现象暴露。在被推土机推过的土堆里，残留龙山、周代的陶片。地面陶片很少，人和动物的骨骼较多。

采集石器1件，陶片51片，其中口沿14片、腹片34片、底片3片。标本共计34件。

石杵　Y106∶34，石英砂岩。完整。长方体，断面呈梯形，打磨兼制，整体制作规整，两端使用痕迹较明显。长9.4、宽4.3、厚3.7厘米（图版二八四，4）。

1）龙山文化

遗存见于东南部。多见篮纹、方格纹陶片，文化层距地表1米多，惜全部被毁。可辨认器形有中口罐、高领瓮、豆，属于龙山文化晚期。标本8件。

中口罐　4件。Y106：1，口沿。夹砂灰陶。折沿，方唇，束颈，溜肩。饰方格纹。口径17.5、残高8.8厘米（图2.358b，1）。Y106：2，口沿。夹砂褐陶。折沿，方唇，沿面微凹，溜肩。饰方格纹。口径16.4、残高6.3厘米（图2.358b，4）。Y106：3，口沿。夹砂灰陶。卷沿，方唇，束颈，溜肩。素面。口径19.4、残高8.2厘米（图2.358b，2）。Y106：8，腹片。泥质灰陶。饰篮纹。残宽12、残高9厘米。

瓮　3件。Y106：4，口沿。泥质褐陶。直领，外折沿，沿面微鼓，圆唇，肩较平。磨光。口径27、残高5.5厘米（图2.358b，5）。Y106：5，口沿。泥质黑皮陶。直领小折沿，方唇，沿面内凹，肩较平。口径28.7、残高6厘米（图2.358b，6）。Y106：6，口沿。泥质灰陶。直领外侈，圆唇。磨光。口径16.4、残高5.5厘米（图2.358b，3）。

豆　Y106：7，口沿。泥质黑陶。敞口，圆唇，斜浅腹。磨光。口径26.6、残高3厘米（图2.358b，7）。

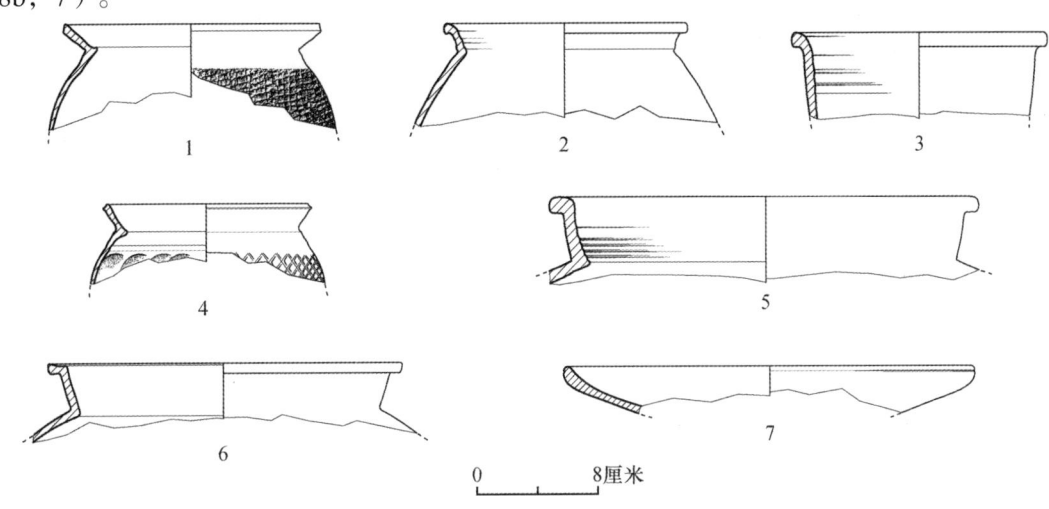

图2.358b　三官庙窑厂（Y106）采集陶器（一）
1、2、4.中口罐（Y106：1、Y106：3、Y106：2）　3、5、6.瓮（Y106：6、Y106：4、Y106：5）　7.豆（Y106：7）

2）东周时期

分布范围较广，见有鬲、鼎、盆、罐、壶、豆、盖、盒、筒瓦等器形，多属于战国时期，部分可早到春秋时期。标本25件。

鬲　6件。Y106：9，口沿。夹砂灰陶。斜折沿，圆唇，沿面微凹，束颈。饰绳纹。残宽8.2、残高7厘米（图2.358c，5）。Y106：10，口沿。夹砂灰陶。折沿，方唇，沿面微凹，束颈，溜肩。饰粗绳纹。口径26.6、残高5.5厘米（图2.358c，3）。Y106：11，口沿。夹砂灰陶。卷沿，圆唇，沿面有一道凹槽，长颈，溜肩。饰粗绳纹。残宽11.4、残高7.3厘米（图2.358c，2）。Y106：12，口沿。夹砂灰陶。斜折沿，圆唇，沿面饰两道凹弦纹，束颈，沿内饰道凹槽，溜肩。饰粗绳纹。残宽9.7、残高6.2厘米（图2.358c，4）。Y106：13，口沿。夹砂褐陶。折沿，方唇，唇面出一道凸棱，溜肩。饰绳纹。口径24.1、残高5.9厘米（图2.358c，6）。Y106：14，口沿。夹砂灰陶。折沿，方唇，沿面出一道凹弦纹，束颈。素面。残宽5.9、残高2.8厘米（图2.358c，1）。

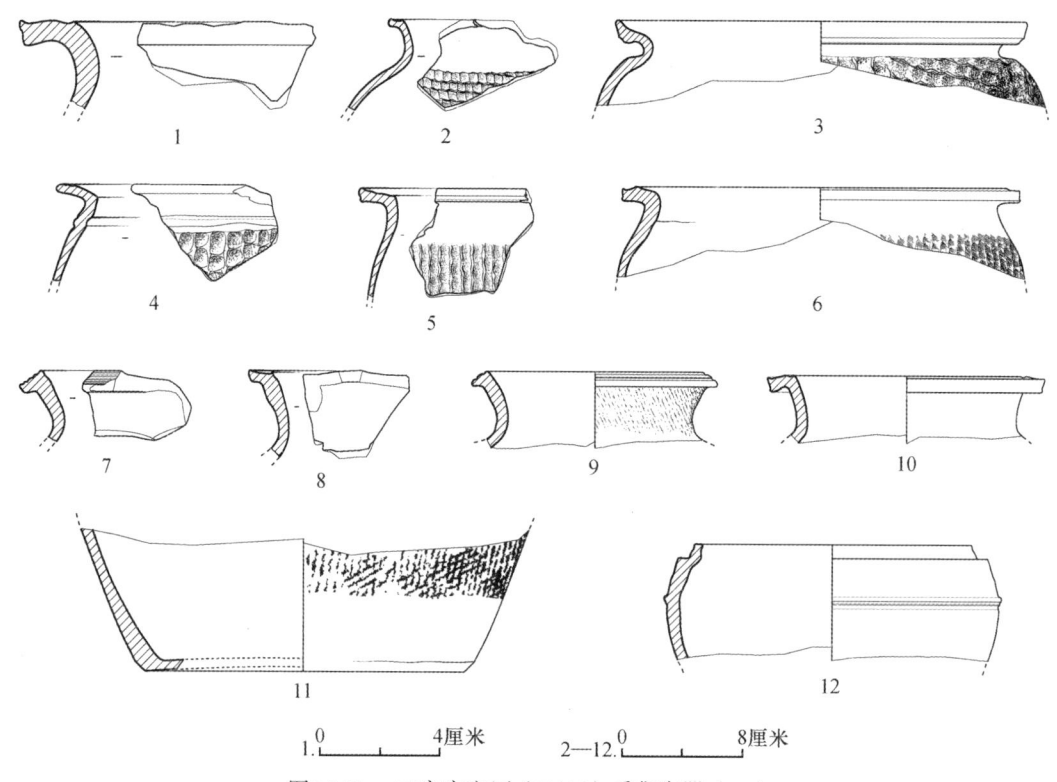

图2.358c 三官庙窑厂（Y106）采集陶器（二）

1—6. 鬲（Y106：14、Y106：11、Y106：10、Y106：12、Y106：9、Y106：13） 7—11. 罐（Y106：19、Y106：20、Y106：18、Y106：17、Y106：21） 12. 鼎（Y106：15）

鼎 Y106：15，口沿。夹砂灰陶。子母口，圆弧腹。素面，腹部饰一周凸弦纹。口径17.6、残高7.4厘米（图2.358c，12）。

罐 6件。Y106：16，口沿。泥质褐陶。直领，弧肩。残宽6.7、残高5.8、厚0.6厘米。Y106：17，口沿。泥质灰陶。折沿，方唇，沿面饰一道凹弦纹，束颈。素面。口径14.7、残高4.3厘米（图2.358c，10）。Y106：18，口沿。泥质灰陶。直领外侈，方唇，沿外包边呈凸棱，唇面饰一道凹槽，溜肩。口径14.1、残高4.9厘米（图2.358c，9）。Y106：19，口沿。夹砂褐陶。直领外侈，尖唇，沿面下奓，沿外出棱，沿面饰三周凹弦纹，束颈，溜肩。残宽7.2、残高4.4、厚0.6厘米（图2.358c，7）。Y106：20，口沿。泥质灰陶。折沿，方唇，沿面微凹，沿内出一道凹槽，束颈。素面。残宽7.1、残高5.6厘米（图2.358c，8）。Y106：21，罐底。泥质灰陶。直腹下收成平底。饰绳纹。底径21.1、残高9.1厘米（图2.358c，11）。

盆 2件。Y106：22，口沿。泥质灰陶。折沿，方唇，束颈，溜肩，直腹。腹饰绳纹。口径31.4、残高10.3厘米（图2.358d，11）。Y106：23，盆底。泥质灰陶。平底。内部磨光。残宽7.4、残高6、厚0.4厘米（图2.358d，2）。

壶 Y106：24，口沿。泥质灰陶。卷沿，圆唇，弧颈，溜肩。磨光，肩部饰四周凹弦纹。口径13、残高11.6厘米（图2.358d，8）。

豆 6件。Y106：25，口沿。泥质灰陶。子母口，直腹较深，下收成平底。腹饰五道凸棱。磨光。口径17.2、残高8.9厘米（图2.358d，12）。Y106：26，口沿。泥质褐陶。直沿，

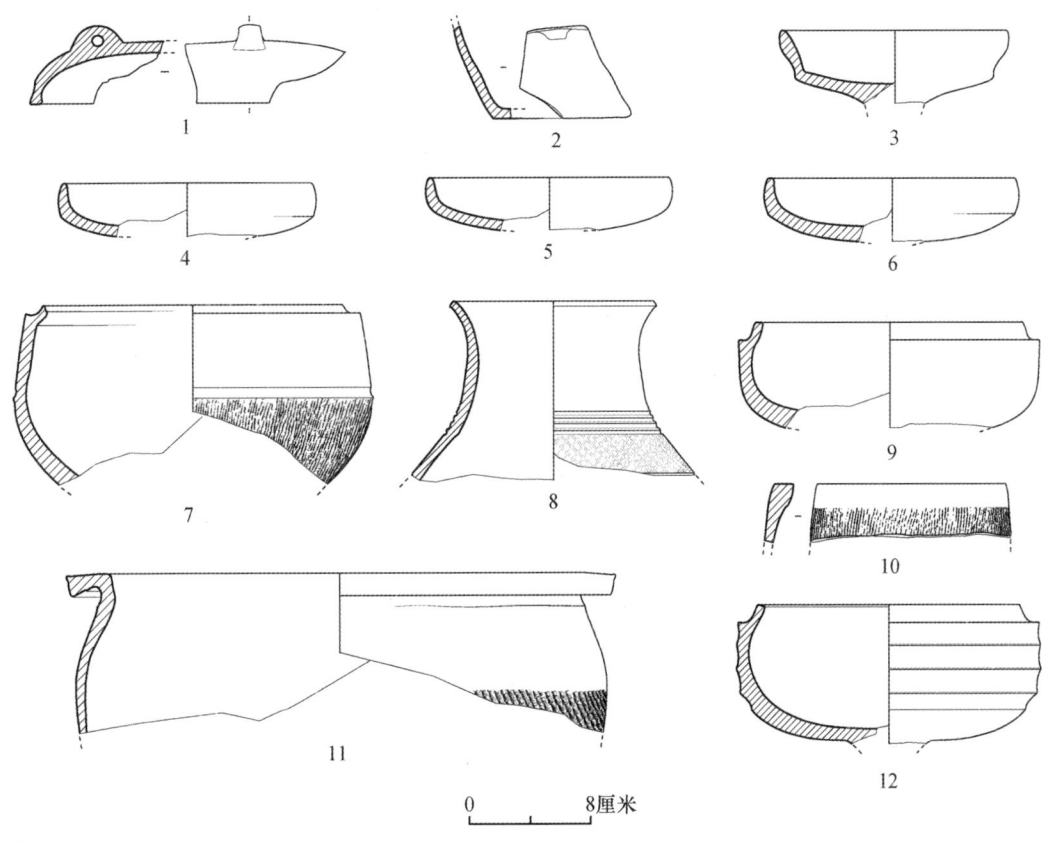

图2.358d 三官庙窑厂（Y106）采集标本

1. 器盖（Y106：31） 2、11. 盆（Y106：23、Y106：22） 3—6、9、12. 豆（Y106：26、Y106：28、Y106：30、Y106：27、Y106：29、Y106：25） 7. 盒（Y106：32） 8. 壶（Y106：24） 10. 筒瓦（Y106：33）

尖唇，沿外有一周凹槽，折腹，圜底。外壁素面，内壁磨光。口径14.7、残高4.7厘米（图2.358d，3）。Y106：27，口沿。泥质灰陶。直口，圆唇，折腹，浅盘。磨光。口径16.4、残高4.1厘米（图2.358d，6）。Y106：28，口沿。泥质灰陶。直口，圆唇，折腹，浅盘。磨光。口径16.1、残高3.4厘米（图2.358d，4）。Y106：29，口沿。泥质灰陶。子母口，浅盘，素面。口径17.5、残高6.8厘米（图2.358d，9）。Y106：30，豆盘。泥质灰陶。直口，圆唇，折腹，浅盘。磨光。口径15.5、残高3.4厘米（图2.358d，5）。

器盖 Y106：31，口沿。泥质灰陶。直口，方唇，外沿微凹，圆弧顶。顶部残留一个半圆形钮，钮中部有一对穿圆孔，素面。残宽10.6、残高5.1厘米（图2.358d，1）。

盒 Y106：32，口沿。夹砂灰陶。子母口，直腹较深，下收。上腹部磨光，饰一周凹弦纹，下腹部饰绳纹。口径19.6、残高11.6厘米（图2.358d，7）。

筒瓦 Y106：33，残片。泥质灰陶。饰绳纹。残长3.7、残宽13.3、厚1.4厘米（图2.358d，10）。

（3）基本认识

该遗址以东周时期的遗存为主，兼有少量龙山晚期遗存，已被窑厂破坏殆尽。

341. 桑沟西北（Y067）

（1）概况

位于郑州巩义市鲁庄镇桑沟村六队（沟东）西北，干沟河东岸，马屯村南200米一条东西向冲沟南。南距桑沟西（Y068）约200米（图2.359）。面积约1.5万平方米。地理坐标北纬34°36′29.56″，东经112°50′20.40″，海拔约209米。地势自西向东逐级抬高，形成层层梯田，地表现为农田。

初查时间2000年1月9日，复查时间2017年7月16日。

图2.359　桑沟西北（左上为北）

（2）主要发现

地面采集陶片数量极少，仅发现2片陶片，1片为篮纹，纹饰较深，疑似为龙山晚期，另1片认为疑似东周时期。

（3）基本认识

该遗址发现的遗物数量太少，很难确定为一处遗址，遗物可能为搬运而至。

342. 三官庙北（Y104）

（1）概况

位于郑州巩义市鲁庄镇桑沟村（沟西，二组）三官庙村北约400米，河流中间靠近西岸的孤岛状高台地上（图2.360a）。遗址大部被河流冲毁，现存面积约0.75万平方米。地理坐标北纬34°36′17.59″，东经112°50′06.60″，海拔约180米。地表现为林地。

初查时间2000年6月6日，复查时间2017年7月16日。

图2.360a 三官庙北（右下为北）

（2）主要发现

在孤岛状台地断面上，距地表1—2米深处有灰土层。其下1.5米有河卵石、沙石层，是古代河床无疑。此处距现代河床高15米左右，目前河道宽20—30米，古代河床应当较浅，且水流很急。

地表发现有仰韶、东周和汉代陶片。采集骨匕1件，陶片20片，其中口沿1片、腹片18片、底片1片。

骨匕　Y104∶3，利用动物肋骨磨制。两侧双面刃，两端残。残长6、宽1.5、厚0.2厘米。

1）仰韶文化

见有少量遗物，器形有豆等，属于仰韶文化晚期。标本1件。

豆　Y104∶1，口沿。泥质褐陶。直沿，圆唇，沿外有一道凹槽，斜浅弧腹。素面。残宽5.5、残高3厘米（图2.360b，1）。

2）东周时期

遗物数量较多，器形可辨认的有甑等。具体时段不详。标本1件。

甑　Y104∶2，底片。泥质灰陶。圆形甑孔。素面。孔径约1.5厘米。残长8.8、残宽4.5、厚0.9厘米（图2.360b，5）。

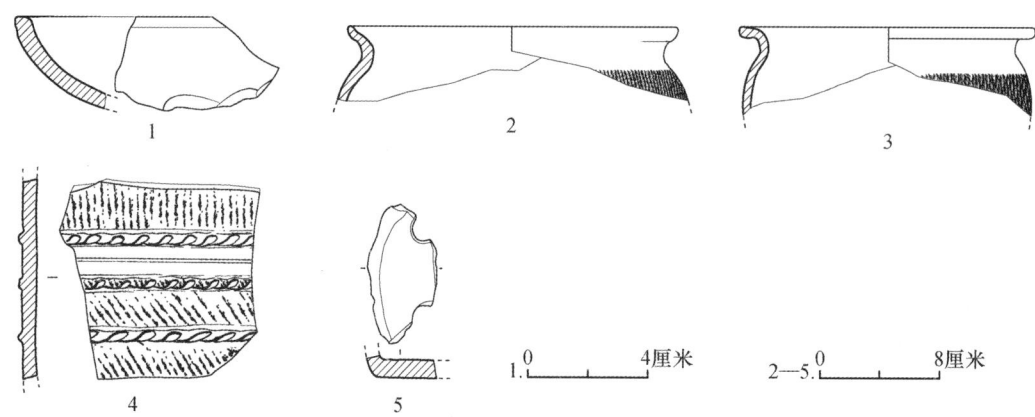

图2.360b　三官庙北（Y104）、马屯西村南（Y103）采集遗物
1.豆（Y104∶1）　2、3.圆腹罐（Y103∶1、Y103∶2）　4.缸（Y103∶3）　5.甑（Y104∶2）

（3）基本认识

该遗址面积不大，文化内涵较为单纯，以东周时期为主，兼有少量仰韶文化晚期遗存，大部被河流冲毁。

343. 马屯西村南（Y103）

（1）概况

位于洛阳偃师市缑氏镇马屯村[①]西马屯西村东南部，干沟河西岸，与马屯新村（Y069）隔河相对（图2.361）。遗址大部分已被毁掉，现存面积约1万平方米。地理坐标北纬34°36′47.65″，东经112°50′02.92″，海拔约181米。地表现为林地。

初查时间2000年6月6日，复查时间2017年7月17日。

图2.361　马屯西村南（上为北）

（2）主要发现

在河边断崖剖面上发现二里头文化的灰土层，出土少量陶片。地表发现少量二里头文化陶片。陶片大多出自村南一块距地表深1—2米的一层灰土层里。采集陶片20片，其中口沿2片、腹片18片。属于二里头文化二至四期，标本3件。

---

① 原居于干沟河东岸马屯老村处，近年逐渐搬迁至沟东马屯新村和沟西较高处的马屯西村。

圆腹罐　2件。Y103：1，口沿。夹砂灰陶。卷沿，圆唇，束颈，溜肩。饰绳纹，内壁有麻点。口径21.5、残高4.8厘米（图2.360b，2）。Y103：2，口沿。夹砂灰陶。卷沿，圆唇，沿面较平，束颈，溜肩。饰绳纹。口径19.1、残高5.7厘米（图2.360b，3）。

缸　Y103：3，腹片。夹砂灰陶。饰绳纹夹附加堆纹。残长13.3、残宽12.9厘米（图2.360b，4）。

（3）基本认识

该遗址规模较小，文化内涵较为单一，是一处以二里头文化二至四期遗存为主的遗址，大部分已被破坏。

344. 马屯新村（Y069）

（1）概况

位于洛阳偃师市缑氏镇马屯村，干沟河东岸。具体位置为河流东岸台地上，西、北、南三面临沟，西部紧靠河岸，东至村东小路断崖，南到大沟北第一小断崖，北面也紧邻沟崖，部分被河流冲毁，大部分被村庄占压（图2.362a；图版一九八，2）。面积约6万平方米。地理坐标北纬34°36′41.04″，东经112°50′16.30″，海拔约195米。地势由西向东逐级抬升，形成一个个地坎，地表现大部为民宅，少量为农田。

初查时间2000年1月9日，复查时间2007年11月9日、2017年7月16日。

图2.362a　马屯新村（上为北）

（2）主要发现

地表和村庄周边断崖上多见龙山文化晚期的遗存。发现有灰坑10余座，皆为袋状坑，落差10米以上。部分灰坑有编号（图版一九九、图版二〇〇）。

H1—H3、H5：位于村东南北向大路东断崖剖面南部。

H4：位于村东南北向大路东断崖剖面路向东拐弯处路北。

H6：位于村南大坡路北剖面。

H7：位于村中南北向大路西。

H2、H3、H4取浮选和植硅石分析土样。采集石器1件，蚌刀2件（已残碎），鹿角锥1件。采集陶片140片，其中腹片较多，计126片，另有口沿10片，底片4片。多属于龙山文化晚期，少量为仰韶文化和东周晚期，个别为典型二里岗文化早期。

石铲 Y069：8，鲕状白云岩，通体磨光。两端残，剩余部分略呈梯形。残长9.2、宽9.8、厚2厘米（图2.362b，2；图版二八四，5）。

角锥 Y069：9，鹿科动物角，尖端有使用痕迹（图版二八四，6）。

1）仰韶文化

采集3片陶片，可辨器形有泥质彩陶罐、器盖等，属于仰韶文化晚期。标本1件。

泥质彩陶罐 Y069：1，口沿。泥质褐陶。侈口，尖唇，沿外包边，内折腹。磨光，施黑彩平行线纹。残宽5.3、残高3.7、厚0.7厘米（图2.362b，1）。

2）龙山文化

陶片数量较多，可辨认器形有甗、大口罐、小罐、小口高领瓮、盆、斝、碗、豆（浅盘）、盖。多属于龙山晚期。标本5件。

罐 Y069：5，腹片。泥质灰陶，饰纵斜向篮纹，篮纹上有数道凹弦纹，弧腹部有一桥形耳。残宽12.6、残高13.5厘米（图2.362b，4）。

甗 Y069：4，口沿。泥质黑皮陶。折沿，圆唇，沿面有一周凸棱。磨光。口径19、残高

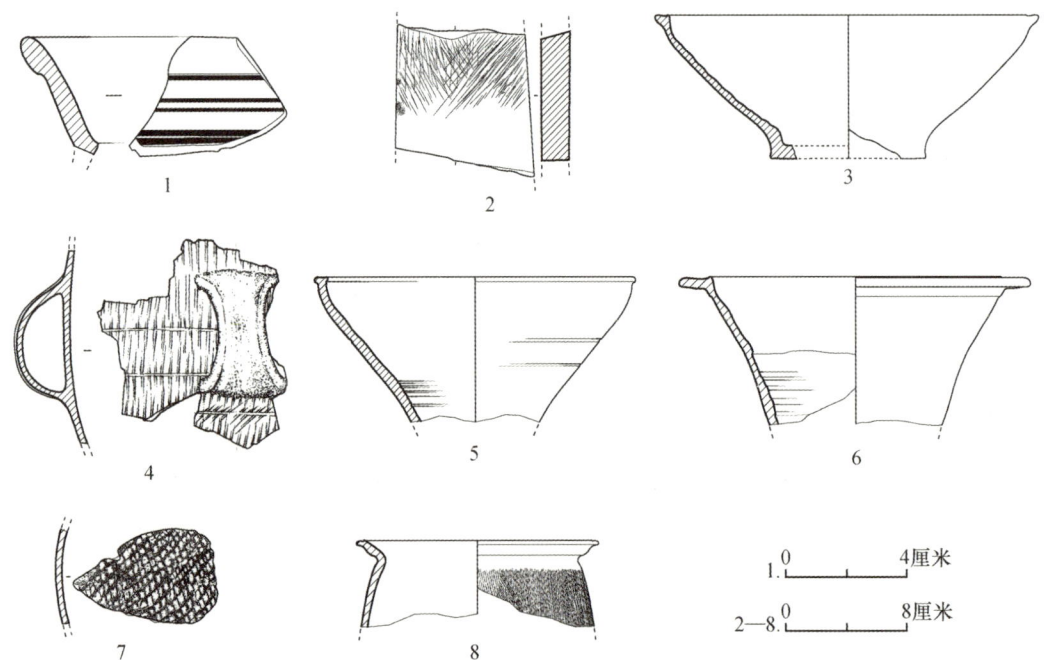

图2.362b 马屯新村（Y069）采集标本

1.泥质彩陶罐（Y069：1） 2.石铲（Y069：8） 3、5.碗（Y069：2、Y069：3） 4.罐（Y069：5） 6.甗（Y069：4）
7.陶片（Y069：6） 8.鬲（Y069：7）

9.5厘米（图2.362b，6）。

碗　2件。Y069：2，可复原。泥质黑皮陶。敞口稍直，唇外微凸，唇内有一周凸棱，斜腹平底。素面。口径23.4、底径10.2、高9.1厘米（图2.362b，3；图版三七五，2）。Y069：3，口沿。泥质灰陶。敞口稍直，唇外微凸，唇内有一周凸棱，斜腹，底残。素面。口径19.5、残高9.3厘米（图2.362b，5）。

陶片　Y069：6，残片。夹砂黑皮陶。饰方格纹。残长9.6、残宽6.1、厚0.5厘米（图2.362b，7）。

3）二里岗文化

灰坑中见陶鬲等器形，属于二里岗文化早期。标本1件。

鬲　Y069：7，口沿。夹砂灰陶。卷沿，尖唇，沿面有一道凹槽。饰细绳纹。口径15.1、残高5.6厘米（图2.362b，8）。

4）东周时期

陶片未采集，无标本。属于战国时期。

（3）基本认识

该遗址文化内涵相对复杂，以龙山文化晚期遗存为主，少量仰韶晚期、二里岗早期、战国时期遗存。从灰坑高差较大这一现象看，当时的人群也是生活在多级台地上，只是地貌没有现在分割那么厉害，遗址范围当较现存的面积大。遗址主体被村庄占压，村庄周边断崖到处可见灰坑等遗迹，保存状况较差。

345. 马屯老村（Y102）

（1）概况

位于洛阳偃师市缑氏镇马屯村马屯西村东北200米，东马屯新自然村西北300米，干沟河河流中间靠近西岸的孤岛状高台地上，与马屯北（Y070）隔河相望（图2.363a）。面积约0.2万平方米。地理坐标北纬34°36′59.02″，东经112°50′03.22″，海拔180米。地表现为林地。

初查时间2000年6月5日，复查时间2017年7月17日。

图2.363a 马屯老村（左下为北）

（2）主要发现

未发现遗迹现象。陶片较少，密度不大。采集陶片15片，其中口沿3片、腹片12片。少量仰韶陶片，个别疑似龙山早期。

1）仰韶文化

发现有彩陶片，可辨认器形有盆、小口高领瓮、尖底瓶、钵，属于仰韶文化晚期。标本2件。

钵 Y102∶1，口沿。泥质红陶。直口微敛，圆唇。素面。残宽7、残高4.5厘米（图2.363b，2）。

彩陶片 Y102∶2，泥质红陶。红衣黑彩，上部施横向平行线纹夹网格纹，其下施四道横向平行线纹，再下施每组两条蝌蚪状纹。残宽6.9、残高6.8厘米（图2.363b，3）。

2）龙山文化

见有瓮、盆、小盆等器形，属于龙山文化晚期。标本3件。

瓮 Y102∶3，腹片。泥质褐陶。残口，直领，肩较平。肩饰篮纹。残宽6、残高3厘米（图2.363b，6）。

小盆 Y102∶4，口沿。泥质褐陶。直沿外卷，圆唇，斜浅腹。内壁磨光。口径17.3、残高2.6厘米（图2.363b，7）。

残陶片 Y102∶5，腹片。夹砂黑皮陶。饰方格纹。残长6.1、残宽5厘米（图2.363b，4）。

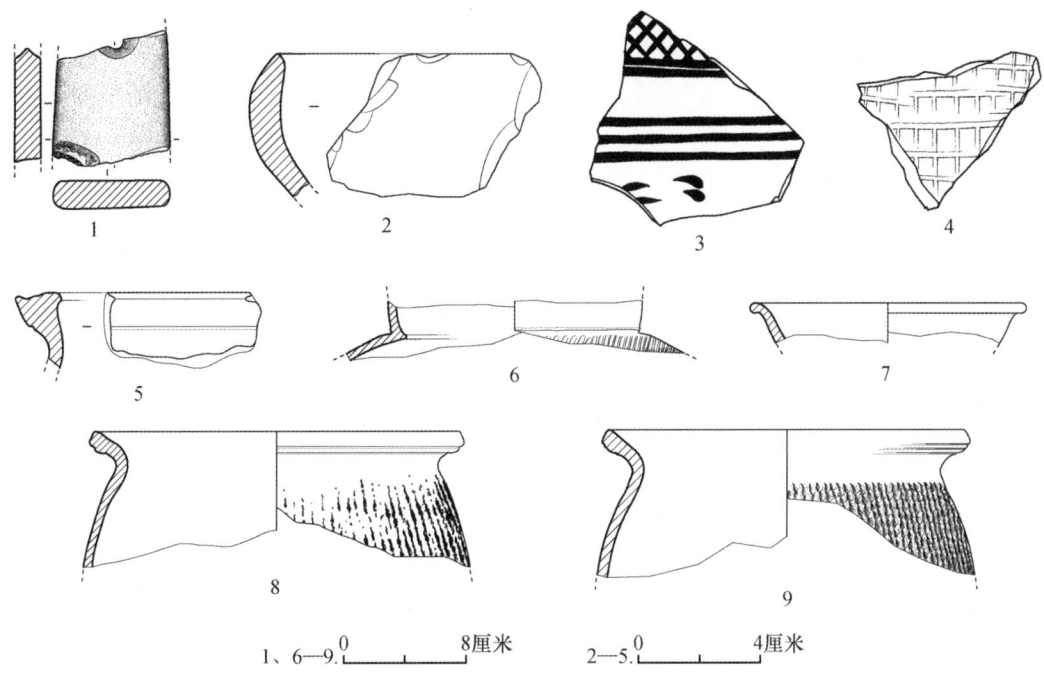

图2.363b 马屯老村（Y102）、马屯北（Y070）采集遗物
1.石铲（Y070∶4） 2.钵（Y102∶1） 3.彩陶片（Y102∶2） 4.残陶片（Y102∶5） 5.罐（Y070∶3） 6.瓮（Y102∶3）
7.小盆（Y102∶4） 8、9.深腹罐（Y070∶1、Y070∶2）

（3）基本认识

该遗址规模较小，文化内涵相对单纯，主要为仰韶文化晚期和龙山文化晚期遗存为主。

346. 马屯北（Y070）

（1）概况

位于洛阳偃师市缑氏镇马屯村北，干沟河东岸小型东西冲沟两侧的台地上，西、北两面临沟。冲沟北面也有二里头文化遗物发现，冲沟应为二里头文化时期以后的产物（图2.364）。面积约2.5万平方米。地理坐标北纬34°36′59.62″，东经112°50′14.10″，海拔约196米。台地由西向东逐级抬升，形成多个南北向地坎，地表现为农田。

初查时间2000年1月9、10日，复查时间2007年11月9日、2017年7月17日。

图2.364　马屯北（左为北）

（2）主要发现

在距离台地10米远的一个柱状黄土孤岛上，因铺设输水管道而开挖的沟槽南壁剖面上，发现1个二里头文化时期的灰坑（H1），开口于地表0.9米下，深1.6米，底长2.7米，袋状。坑内堆积中有大量炭化粟，厚约20厘米，保存状态很好。采取炭化粟样品数袋。地表和断面采集的文化遗物较少，多为二里头文化遗物，个别东周遗物。

采集石器1件，陶片37片，其中腹片较多，含龙山晚期绳纹、方格纹陶片及少量战国时期陶片；3片口沿为二里头文化，1片为战国时期；鼎足1件，疑似仰韶文化晚期。

石铲　Y070：4，石灰岩。通体磨光。两端残，略呈梯形，有一对穿圆孔，一端从穿孔处断裂。残长7.6、宽8.5、厚1.7厘米（图2.363b，1；图版二八五，1）。

1）仰韶/龙山文化

遗物较少，见有疑似仰韶晚期鼎足和龙山晚期陶片，无典型标本。

2）二里头文化

见有少量陶片，器形有深腹罐等。标本2件。

深腹罐　2件。Y070：1，口沿。夹砂灰陶。卷沿，圆唇。饰较细绳纹。口径23.3、残高8.6厘米（图2.363b，8）。Y070：2，口沿。夹砂灰陶。卷沿，圆唇，沿外饰两周凹弦纹。饰细绳纹。口径23.1、残高9.3厘米（图2.363b，9）。

3）东周时期

见有少量东周时期遗物，器形有罐等。疑似东周晚期。标本1件。

罐　Y070：3，口沿。夹砂红陶。平沿，沿面上饰两道凹弦纹，短颈。素面。残长5.1、残高2.4厘米（图2.363b，5）。

（3）基本认识

该遗址文化内涵相对复杂，主要为二里头文化遗存，疑似有少量仰韶晚期、龙山晚期及战国时期的遗物。遗址距马屯新村（Y069）大约300—400米，可能原属于同一个遗址，只是二里头时期的人较龙山时期的人向北迁移至此。遗址保存状况较差，被冲沟及管沟等破坏。

347. 王闶（Y071）

（1）概况

位于洛阳偃师市缑氏镇姚洼村行政村王闶自然村西，干沟河东岸台地上，北临红岩沟（图2.365）。面积约1万平方米。地理坐标北纬34°37′11.78″，东经112°50′10.72″，海拔约177米。

初查时间2000年1月10日，复查时间2017年7月17日。

图2.365　王闶（左下为北）

（2）主要发现

在遗址西北角靠近红岩沟处的断崖剖面上发现一个二里头文化的小灰坑。遗址周围遗物较少，且残碎。采集陶片7片，均为腹片，属于二里头文化三期及疑似东周时期。无典型标本。

（3）基本认识

该遗址面积较小，可能为二里头文化三期和东周时期的一处小型遗址。

348. 贾屯（Y101）

（1）概况

位于洛阳偃师市缑氏镇贾屯村东南，姚凹村东北500米，沟通王阙与姚洼村跨沟小路南北两侧，主体位于小路南侧干沟河西岸的二级台地上，北距孙家阙南（Y100）约50米，南临冲沟（图2.366a）。面积约6万平方米。地理坐标北纬34°37′14.39″，东经112°49′54.02″，海拔约185米。地表现为农田。

初查时间2000年6月5日，复查时间2007年11月8日、2017年7月17日。

图2.366a　贾屯（右为北）

（2）主要发现

文化层分布在距地表2米以下，属东周时期地层。2007年复查时，发现东周时期灰坑1个，编号H1，采集了浮选土样及残留物分析标本。

地表采集陶片42片，其中口沿8片、腹片32片、底片2片。主要是东周时期陶片，也见有少量二里头和殷墟文化遗物，无典型口沿。还见有1片龙山晚期方格纹碎片。

1）龙山文化

仅见有1枚方格纹陶片，龙山晚期，无标本。

2）二里头文化

见有个别二里头文化陶片，具体时段不详。无标本。

3）殷墟文化

遗物数量较少，见有鬲等，属于殷墟晚期。标本1件。

鬲　Y101：1，口沿。夹砂灰陶。折沿，方唇，盘口。残宽7.1、残高3.9、厚1.1厘米（图2.366b，1）。

4）东周时期

陶片数量较多，见有鬲、盆、罐等。为春秋时期。标本4件。

罐　3件。Y101：2，口沿。泥质灰陶。小平折沿，唇残，束颈，溜肩。肩部以下饰横绳纹。残宽11.3、残高12.9厘米（图2.366b，5）。Y101：3，口沿。泥质灰陶。直领外卷，圆唇，唇下有一周凸棱，束颈，溜肩。素面。口径12.8、残高5厘米（图2.366b，4）。Y101：4，口沿。泥质灰陶。小平折沿，方唇，唇面微凹，束颈。颈部饰暗绳纹。残宽7.9、残高4.5厘米（图2.366b，2）。

盆　Y101：5，口沿。泥质灰陶。折沿，圆唇，沿面有一周凹弦纹，束颈，斜弧腹。素面。残宽10.1、残高6.3厘米（图2.366b，3）。

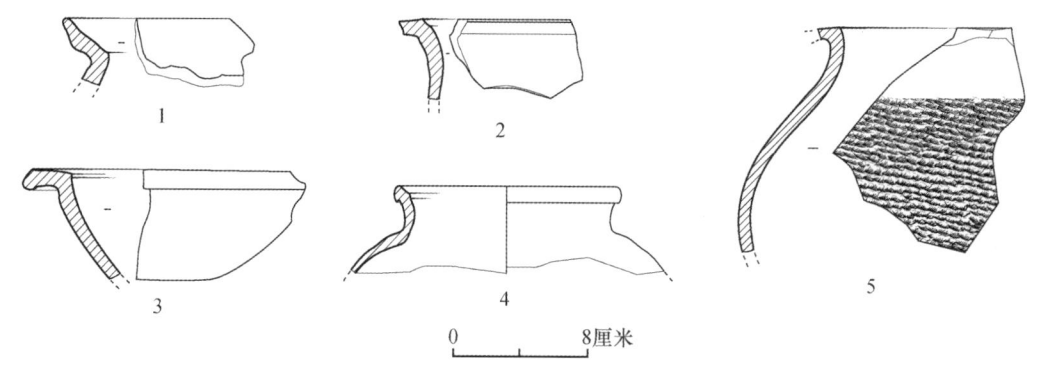

图2.366b　贾屯（Y101）采集陶器

1.鬲（Y101：1）　2、4、5.罐（Y101：4、Y101：3、Y101：2）　3.盆（Y101：5）

（3）基本认识

该遗址的规模较大，文化内涵相对复杂，以春秋时期的遗存为主，也见有少量龙山晚期和二里头、殷墟晚期遗存。遗址受流水侵蚀成沟壑，破坏较甚。

349. 孙家闲南（Y100）

（1）概况

位于洛阳偃师市缑氏镇贾屯村孙家闲南，姚洼村东500米，小路北侧，干沟河西岸台地东北角，正对红岩沟口，东临干沟，北靠冲沟（图2.367）。面积约0.15万平方米。地理坐标北纬34°37′19.15″，东经112°49′51.17″，海拔约187米。现地表为农田、皂角树林。

初查时间2000年6月5日，复查时间2017年7月17日。

图2.367　孙家闲南（右为北）

（2）主要发现

未发现遗迹现象。地表发现少量龙山、周代的陶片。陶片较少，密度很小。采集陶片20片，均为腹片。无典型标本。

（3）基本认识

该遗址面积较小，见有少量疑似龙山和两周陶片，或与贾屯（Y101）为同一遗址，也可能陶片为从别处搬运至此地。

350. 李家沟东（Y099）

（1）概况

位于郑州巩义市鲁庄镇李家沟村东300米略偏南处的干沟河西岸，两条东西向冲沟与干沟主河道交汇处的台地上（图2.368a）。面积约9万平方米。地理坐标北纬34°37′34.60″，东经112°49′59.40″，海拔约174米。地表现为农田。

初查时间1997年12月27日，复查时间2000年6月5日、2007年11月8日、2011年、2017年7月17日。

图2.368a　李家沟东（上为北）

（2）主要发现

在村东口处发现了较大范围的二里头文化遗存，编号Y099—1，大部分已被破坏。村东南旧窑洞（孙家闷老村）南，分布较为密集，北部近河土柱上有倾斜的灰土层分布，呈沟状，文化层分布在距地表2—3米的古代地层中。其南有更多龙山文化遗物分布，也见文化层，编号Y099—2。再向南是集中分布区，见多个灰坑、墓葬，位于地表距1—2米深的古代地层中，在一个二里岗文化灰坑中采集植硅石土样及浮选土样，编号H1。地表多见二里岗文化陶片，偶见龙山陶片，编号Y099—3。三个地点大体相连，无明显分界线。

2007年复查时，将大路坡道南壁剖面上暴露的一条灰沟状堆积（编号G1）中，采集了浮选土样及残留物分析标本。2011年复查时，在大路路南的台地剖面有较厚的周代文化层，其下发现灰坑4座，自北向南编号为H2—H5，为二里头文化至二里岗文化时期，采集了浮选土样及残留物分析土样（图版二〇一）。

H2：陶片可辨认器形有鬲、尊。时代为二里岗文化晚期。

H3：陶片可辨认器形有深腹罐、圆腹罐、刻槽盆、大口尊。时代为二里头文化四期。

H4：陶片可辨认器形有鬲、大口尊。时代为二里岗文化晚期。

1997年该调查项目立项时已做过初步调查，采集石器2件、工具1、石料1件、陶片44片，其中口沿11片、腹片31片、底片1片、足1件。

2000年调查Y099—1时采集陶片29片，其中口沿13片、腹片13片、底片3片。在099—2、099—3地点采集石器12件，蚌刀1件，兽骨2块，陶片169片，其中口沿27片、腹片126片、底片5片、足1件。

石镰　2件。Y099：38，砂岩。磨制。残余尖部，前端圆弧背，略呈三角形，单面直刃。残长5.9、宽4.3、厚1.2厘米（图2.368b，1；图版二八五，2）。Y099：39，砂岩。磨制。残余尖部，前端圆弧背，略呈三角形，单面直刃。残长7.9、宽4.6、厚1.4厘米（图2.368b，4；图版二八五，3）。

石铲　Y099：40，鲕状白云岩。磨制。仅余上段，顶三角形，铲体近梯形，侧面长方形。残长9.2、宽8.1、厚1.7厘米（图2.368b，3；图版二八五，4）。

砺石　3件。Y099：41，黄褐细砂岩。磨制。不规则形，下面为自然断面稍经磨制，上面磨砺光滑稍有凸凹，侧面经琢磨呈圆弧状。长22.9、宽18.2、厚4.9厘米（图2.368b，6；图版二八五，5）。Y099：43，黄褐粗砂岩。残块。一面磨砺光滑呈斜坡状，一面经磨砺稍有凸凹，四周侧面均为断面。残长9.4、残宽12.6、厚6.1厘米（图版二八六，1）。Y099：44，黄褐粗砂岩。残块。一面磨砺光滑呈斜坡状，一面为自然断面稍经修整，四周侧面均为断面。残长12.5、残宽9.1、厚8.2厘米（图版二八六，2）。

石坠　Y099：42，砾岩。磨制。残断。圆角长方体。中部有一纵穿圆孔，孔径0.3厘米。残长2.6、宽3.2、厚1.3厘米（图2.368b，2；图版二八五，6）。

石铲坯　4件。Y099：45，鲕状白云岩。残断。打制。大部已经去薄，去薄过程中断裂。近长方形，一侧边利用岩石层理稍经打击后形成，另一侧砸击呈圆弧状侧棱，一面较平整，另一面尚未完全去薄而厚薄有差，顶部、刃部残断。残长20.6、残宽9.8、厚4.4厘米（图版二八六，3）。Y099：46，鲕状白云岩。残断。打制。已经去薄，去薄过程中断裂。近长方形，说明塑形已基本完成。一侧面利用较平的层理，另一侧面砸击出圆弧状侧棱，薄处近刃状。一正面较规整，另一面不规整，顶部、刃部残断。残长20.7、残宽10.2、厚4.7厘米（图版二八六，4）。Y099：47，鲕状白云岩。毛坯上段。打制。已经去薄、塑形，磨制过程中断

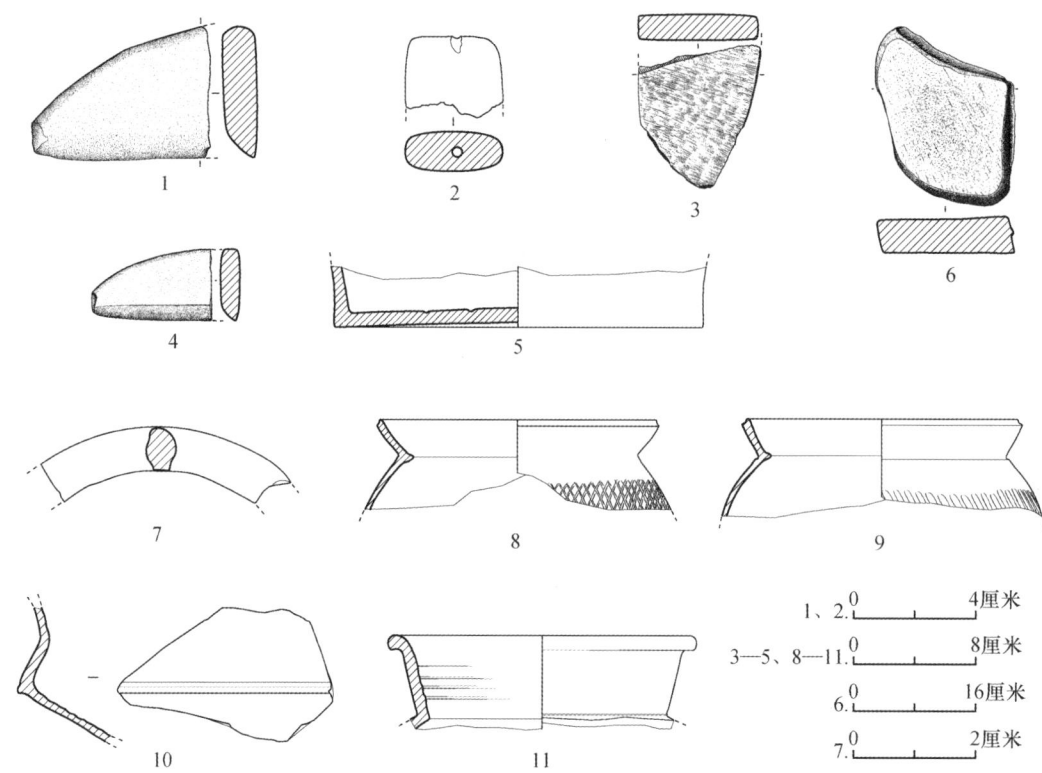

图2.368b 李家沟东（Y099）采集遗物
1、4. 石镰（Y099：38、Y099：39） 2. 石坠（Y099：42） 3. 石铲（Y099：40） 5. 平底盆（Y099：5） 6. 砺石（Y099：41） 7. 环（Y099：35） 8、9. 中口罐（Y099：1、Y099：2） 10. 折腹盆（Y099：4） 11. 瓮（Y099：3）

裂。近长方形，圆弧状顶，圆角方形侧棱，上下面较平整，已经磨制，刃部残断。残长11.7、残宽11.1、厚3.4厘米（图版二八六，5）。Y099：48，鲕状白云岩。断块。打制。三角形，双面刃状侧棱，上下面较平整。残长6.3、残宽9厘米（图版二八六，6）。

石刮削器 Y099：49，鲕状白云岩。长7.9、宽6.2、厚2.2厘米（图版二八七，1）。

石杵 Y099：50，石英岩。残块。圆柱体，上下纹理清晰。疑似树木化石。残长4.5、宽3.9、厚2.5厘米。

权 Y099：36，完整。夹砂灰陶。圆锥体，平底圆弧顶，顶部有一对穿圆孔。似秤砣。素面。底径4.9、高10.6厘米。

1）龙山文化

陶片数量较多，可辨认器形有斝、泥质折沿罐、中口罐、环、小口高领瓮、折腹盆、平底盆，属于龙山文化晚期。标本6件。

中口罐 2件。Y099：1，口沿。夹砂灰陶。折沿，方唇，沿面微凹，溜肩。饰方格纹。口径18、残高5.8厘米（图2.368b，8）。Y099：2，口沿。夹砂灰陶。折沿，方唇，唇面饰一道凹弦纹，沿面较平，溜肩。饰篮纹。口径17.5、残高6.3厘米（图2.368b，9）。

瓮 Y099：3，口沿。泥质黑陶。直领，卷沿，圆唇，肩近平。磨光。口径19.2、残高6厘米（图2.368b，11）。

折腹盆 Y099：4，腹部。泥质黑皮陶。磨光。残宽14.4、残高8.5厘米（图2.368b，10）。

平底盆 Y099：5，底部。泥质黑皮陶。直腹，平底略内凹。磨光，底部内侧饰两周凹弦纹。底径24、残高3.9厘米（图2.368b，5）。

环 Y099：35，残断。泥质灰陶。近椭圆形断面。磨光。残长4.1、宽0.6、厚0.7厘米（图2.368b，7）。

2）二里头文化

陶片数量较多，可辨认器形有深腹罐、圆腹罐、甑、高领罐、大口尊、矮领尊、平底盆、盆、缸、瓮、豆、斝、鬶、盉、盖，涵盖二里头文化第二、三、四期。标本19件。

深腹罐 2件。Y099：6，口沿。夹砂灰陶。卷沿，方唇，溜肩，深腹。腹饰绳纹。口径22.6、残高20.2厘米（图2.368c，8）。Y099：7，口沿。泥质灰陶。卷沿，方唇，直腹微弧。饰绳纹。口径30.7、残高8.8厘米（图2.368c，7）。

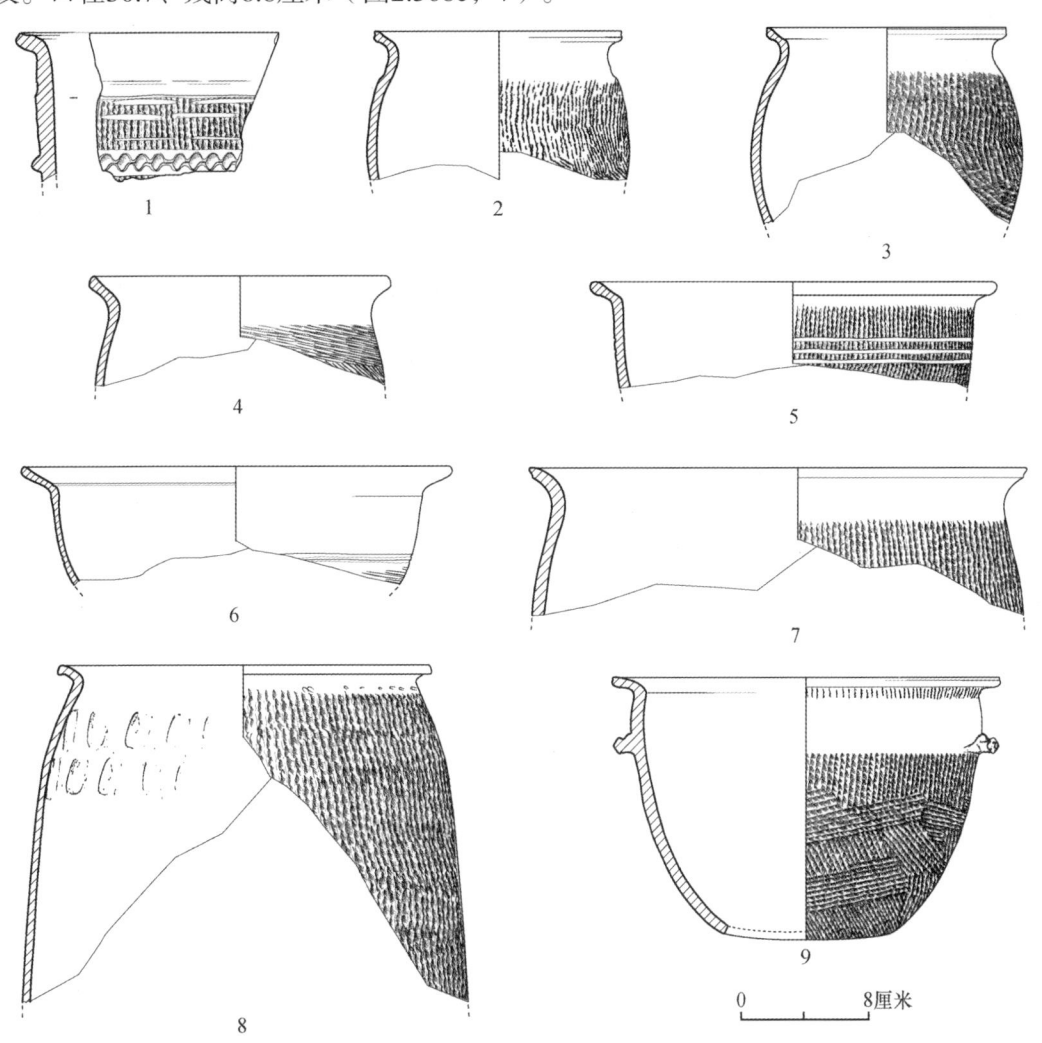

图2.368c 李家沟东（Y099）采集陶器（一）

1.缸（Y099：14） 2—4.圆腹罐（Y099：8、Y099：9、Y099：10） 5、6、9.甑（Y099：13、Y099：12、Y099：11） 7、8.深腹罐（Y099：7、Y099：6）

圆腹罐 3件。Y099：8，口沿。夹砂灰陶。卷沿，方唇，唇面饰一道凹弦纹，沿面微凹，束颈，溜肩，圆腹。腹饰绳纹。口径14.9、残高8.9厘米（图2.368c，2）。Y099：9，口沿。夹砂灰陶。卷沿，圆唇，沿面微凹，束颈，溜肩，圆腹。腹饰绳纹。口径14.8、残高11.7厘米（图2.368c，3）。Y099：10，口沿。夹砂灰陶。折沿，圆唇，弧腹。腹饰篮纹。口径18、残高6.7厘米（图2.368c，4）。

甑 3件。Y099：11，可复原。泥质黑皮陶。折沿，圆唇，弧腹下收。腹饰绳纹，附一对鸡冠錾。口径24、底径10.2、高15.8厘米（图2.368c，9）。Y099：13，口沿。泥质黑皮陶。折沿，圆唇，直腹。腹饰弦断绳纹。口径24.6、残高6.4厘米（图2.368c，5）。Y099：12，口沿。折沿，圆唇，沿面上一周凹弦纹，直腹微弧。磨光，饰两周凹弦纹。口径26.3、残高7.2厘米（图2.368c，6）。

缸 Y099：14，口沿。夹砂灰陶。卷沿，沿面饰一道凹槽，圆唇，直腹。腹饰绳纹加附加堆纹。残宽11.7、残高9、厚0.9厘米（图2.368c，1）。

盆 3件。Y099：15，可复原。泥质灰陶。折沿，圆唇，沿面微鼓，直腹下收，残底。腹饰绳纹，内壁饰麻点。口径25.2、残高16.4厘米（图2.368d，6；图版三九四，6）。Y099：16，口沿。泥质灰陶。卷沿，圆唇，上腹饰凹弦纹，下腹饰绳纹。口径43.1、残高14.5厘米（图2.368d，7）。Y099：17，口沿，泥质灰陶。卷沿，圆唇，沿面微鼓，沿内饰一周凹弦纹。腹饰绳纹，内壁饰麻点。口径33、残高8.1厘米（图2.368d，1）。

大口尊 3件。Y099：18，口沿。泥质褐陶。侈口，沿外卷，圆唇，颈部饰一周凸弦纹，肩部饰刻划纹。口径31.2、残高6.7厘米（图2.368d，2）。Y099：19，口沿。泥质褐陶。侈口，沿外卷，圆唇，颈部饰一周凸弦纹，溜肩。磨光，肩部内壁有麻点。口径31.3、残高5.9厘米（图2.368d，4）。H3：1，肩腹部。夹砂灰陶。溜肩，折腹。饰绳纹加附加堆纹。肩径25.7、残高20.9、厚0.8厘米（图2.368d，3）。

矮领尊 Y099：20，口沿。直领较矮，圆唇，唇面饰一周凹弦纹，圆弧肩，直腹。磨光。口径20.1、残高8.6厘米（图2.368d，5）。

瓮 Y099：21，口沿。泥质灰陶。直领，圆唇，外沿面微凹，溜肩。肩饰绳纹夹一周附加堆纹。口径37.9、残高12厘米（图2.368e，10）。

盂 Y099：22，顶部。泥质（灰）白陶。磨光，饰一周凸弦纹。残宽5、残高4厘米。

斝 Y099：37，口沿。泥质灰白陶。侈口，圆唇，磨光。口径9、残高4.4厘米。

3）二里岗文化

陶片数量较多，见有鬲、甑、深腹罐、盆、折腹盆、器盖、尊、大口尊等器形，多属于二里岗文化晚期，部分可至早期。标本16件。

鬲 4件。Y099：24，口沿。夹砂灰陶。折沿，方唇，唇面微凹，沿面饰一周凹弦纹。颈部饰同心圆纹，下饰两周凹弦纹。腹饰绳纹。口径20.5、残高8.6厘米（图2.368e，4）。Y099：25，口沿。夹砂灰陶。折沿，方唇，唇面微凹，沿面有一道凹槽。颈部饰一周凹弦纹。口径17.8、残高4.8厘米（图2.368e，3）。H4：1，口沿，夹砂褐陶。折沿，方唇，唇面饰一

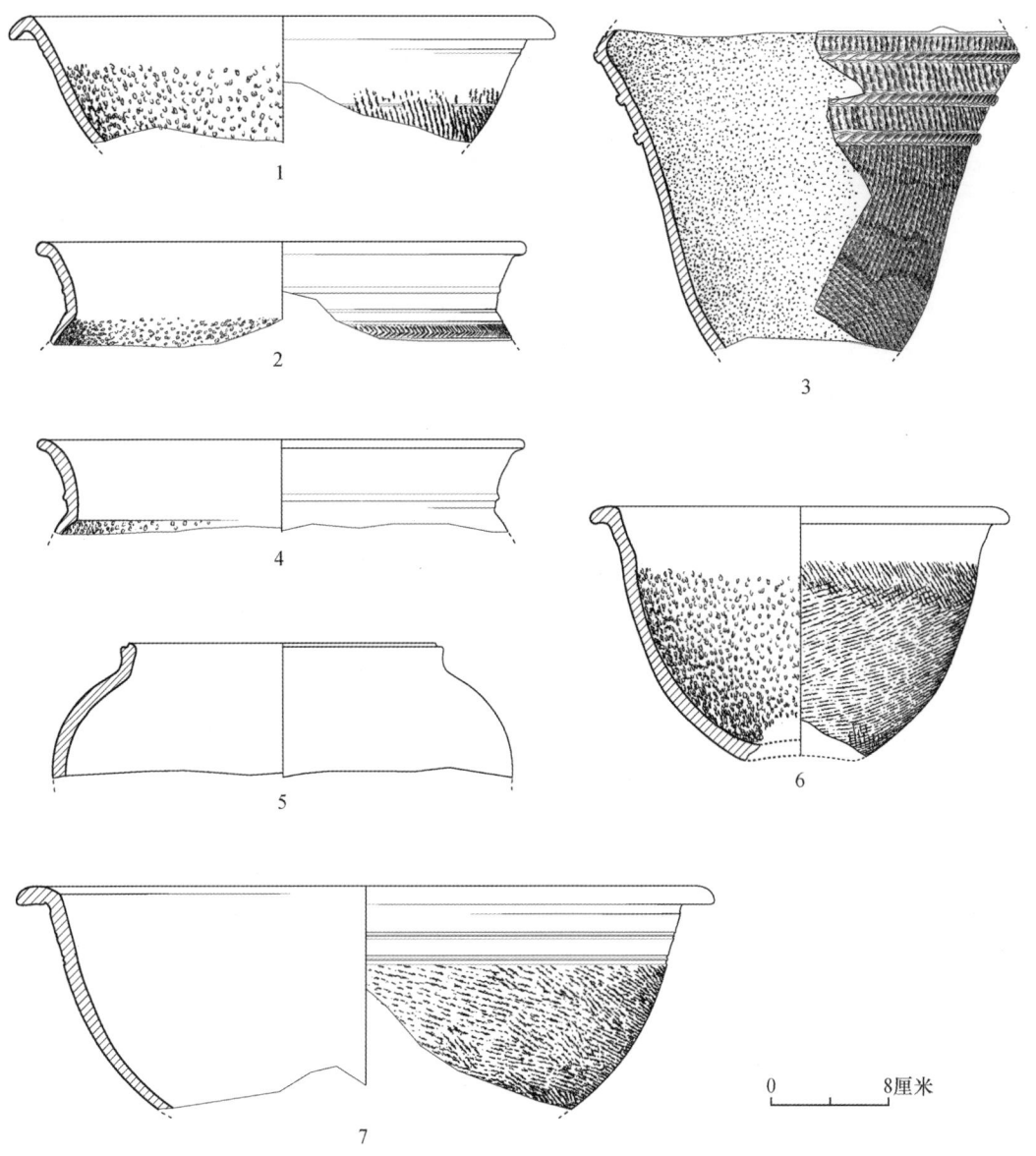

图2.368d 李家沟东（Y099）采集陶器（二）

1、6、7.盆（Y099：17、Y099：15、Y099：16） 2—4.大口尊（Y099：18、H3：1、Y099：19） 5.矮领尊（Y099：20）

周凹弦纹，沿面有一道凹槽，呈盘状，束颈。腹饰绳纹。口径16.4、残高8.7厘米（图2.368e，5）。H4：2，口沿。夹砂灰陶。折沿，方唇，唇面饰一道凹弦纹，沿内饰一道凹槽，呈盘状。颈部饰两周凹弦纹夹同心圆纹，腹饰绳纹。口径18.4、残高12.2厘米（图2.368e，6）。

甑 Y099：26，腰部。夹砂灰陶。残宽6.7、残高3.3、厚0.3厘米（图2.368e，1）。

深腹罐 4件。Y099：23，口沿。夹砂灰陶。折沿，方唇，盘口。腹饰绳纹。口径17.4、残高6.6厘米（图2.368e，2）。Y099：27，口沿。夹砂灰陶。折沿，方唇，唇面微凹，沿面有一周凹槽，直腹微弧。腹饰细绳纹。口径19.3、残高10.7厘米（图2.368e，9）。Y099：28，口沿。夹砂灰皮褐陶。直领外侈，圆唇，沿外饰一道凸弦纹，沿内有一道凹槽，束颈，直腹微弧。腹饰绳纹。口径31.6、残高10.6厘米（图2.368e，8）。Y099：29，口沿。夹砂灰陶。

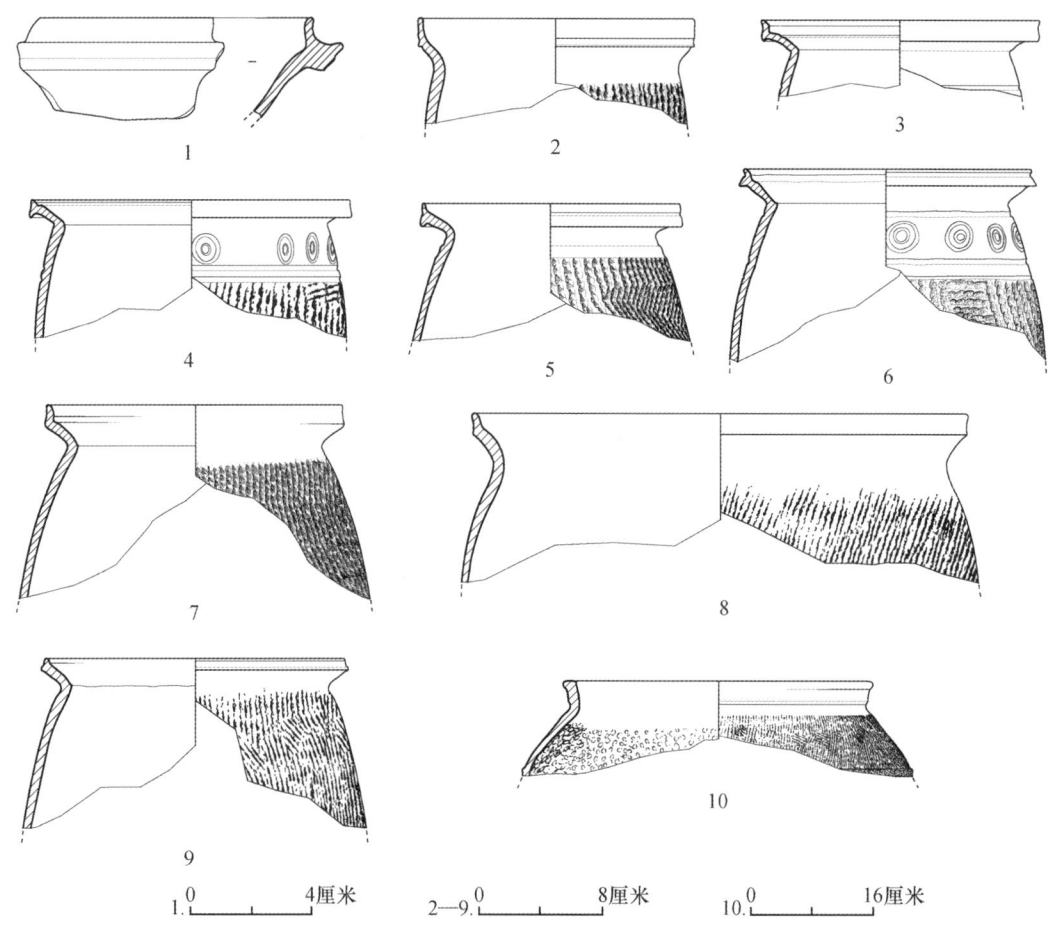

图2.368e 李家沟东（Y099）采集陶器（三）

1. 甗（Y099：26） 2、7—9. 深腹罐（Y099：23、Y099：29、Y099：28、Y099：27） 3—6. 鬲（Y099：25、Y099：24、H4：1、H4：2） 10. 瓮（Y099：21）

折沿，方唇，唇面微凹，沿面有一道凹槽，直腹微弧。腹饰绳纹。口径19、残高12.1厘米（图2.368e，7）。

盆 3件。Y099：30，口沿。泥质灰陶。折沿，方唇，直腹。腹饰三周凹弦纹。残宽10.8、残高6.8、厚0.8厘米（图2.368f，3）。Y099：31，口沿。泥质灰陶。折沿，方唇，沿面饰两周凹弦纹，直腹下收。上腹部饰四周凹弦纹，下腹部饰绳纹。口径37.2、残高17.4厘米（图2.368f，6）。Y099：33，泥质灰陶。卷沿，圆唇，直腹。上部磨光饰两周凹弦纹，下腹部饰绳纹。残宽10.8、残高9.6、厚0.7厘米（图2.368f，1）。

折腹盆 Y099：32，口沿。泥质灰陶。折沿，圆唇，沿面饰两道凹弦纹，溜肩，直腹。腹饰绳纹。口径33.4、残高13.9厘米（图2.368f，5）。

器盖 Y099：34，口沿。泥质黑皮陶。下口沿侈口圆唇，沿外有一道凸弦纹。磨光。残宽6.5、残高5.5厘米（图2.368f，4）。

尊 H2：1，口沿。泥质灰陶。矮领，圆唇外侈，溜肩，斜腹。颈肩部饰数周凹弦纹。残宽7.1、残高7.9、厚0.7厘米（图2.368f，2）。

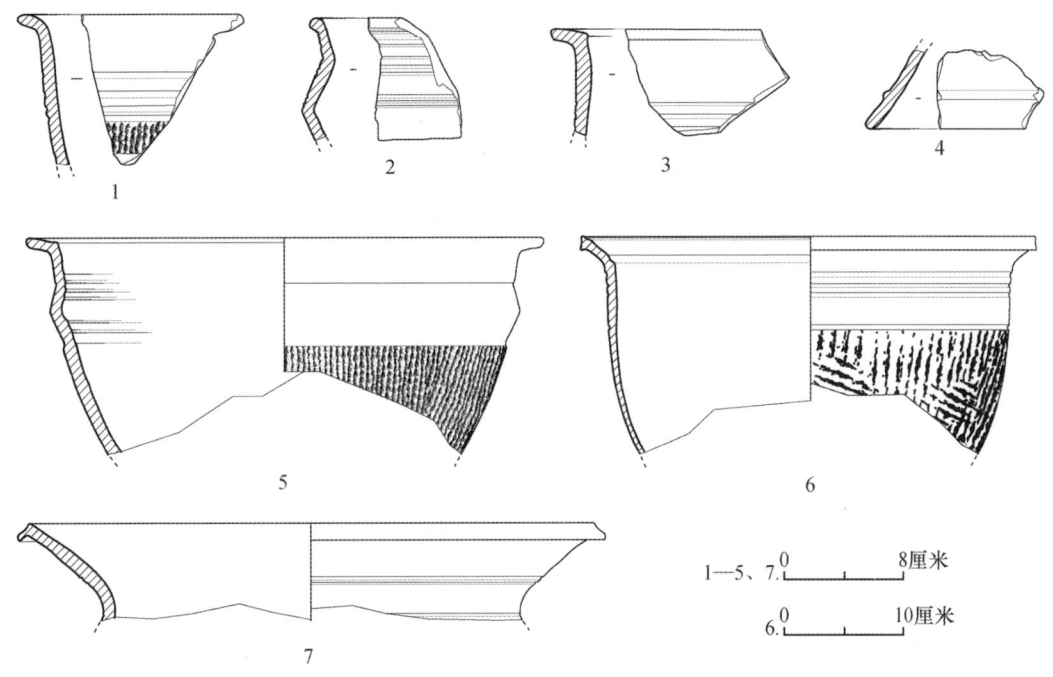

图2.368f 李家沟东（Y099）采集陶器（四）

1、3、6. 盆（Y099：33、Y099：30、Y099：31） 2. 尊（H2：1） 4. 器盖（Y099：34） 5. 折腹盆（Y099：32）
7. 大口尊（H4：3）

大口尊 H4：3，口沿。夹砂灰陶。侈口，小折沿，圆唇，颈部饰两周弦纹。口径37、残高6.2、厚1.1厘米（图2.368f，7）。

4）东周时期

未采集遗物，时段不详。

(3) 基本认识

该遗址面积较大，堆积也十分丰富，文化内涵较为复杂，包括龙山晚期、二里头二至四期、二里岗文化和东周等阶段，延续性较强。周代未采集标本，无法详细断代。其中发现较多石铲坯，以该地区龙山晚期至二里头时期常见的白云化的鲕状灰岩为原料制作而成，此处应为该类石器加工制造场之一。此遗址是干沟河流域较为重要的遗址之一，应加大保护力度。遗址临河处易被冲毁，地表被修成层层梯田，灰坑挂于断面，地面多见遗物，对遗址破坏较大。现地表为农田、皂角树林，保存状况一般，建议提升保护级别。

351. 罗彦庄西南/肖家沟（Y072）[①]

（1）概况

位于洛阳偃师市缑氏镇贾屯行政村肖家沟自然村老村处，干沟河东北岸的台地上。具体位置为罗彦庄西南约1000米，王闯村西北100米，小路北100米，南临红岩沟，西临干沟河（图2.369a；图版二〇二，1）。面积约1万平方米。地理坐标北纬34°37′20.51″，东经112°50′11.63″，海拔约187米。地表现为农田。

初查时间2000年1月13日，复查时间2017年7月17日。

图2.369a 罗彦庄西南/肖家沟（左为北）

（2）主要发现

周边见有个别灰坑，在红岩沟西北角处发现有少量陶片，分布密度较低。共采集陶片20片，包括口沿1片、腹片19片。分属于二里头、二里岗、殷墟及东周多个时期。陶片多碎小。标本1件。

[①] 初名罗彦庄西南，整理中发现其位于肖家沟老村，命名更为合适，两名并称。

罐　Y072：1，口沿。夹砂褐陶。卷沿，圆唇，沿内出一道凸棱。腹饰细绳纹。残宽15.4、残高5厘米（图2.369b，8）。

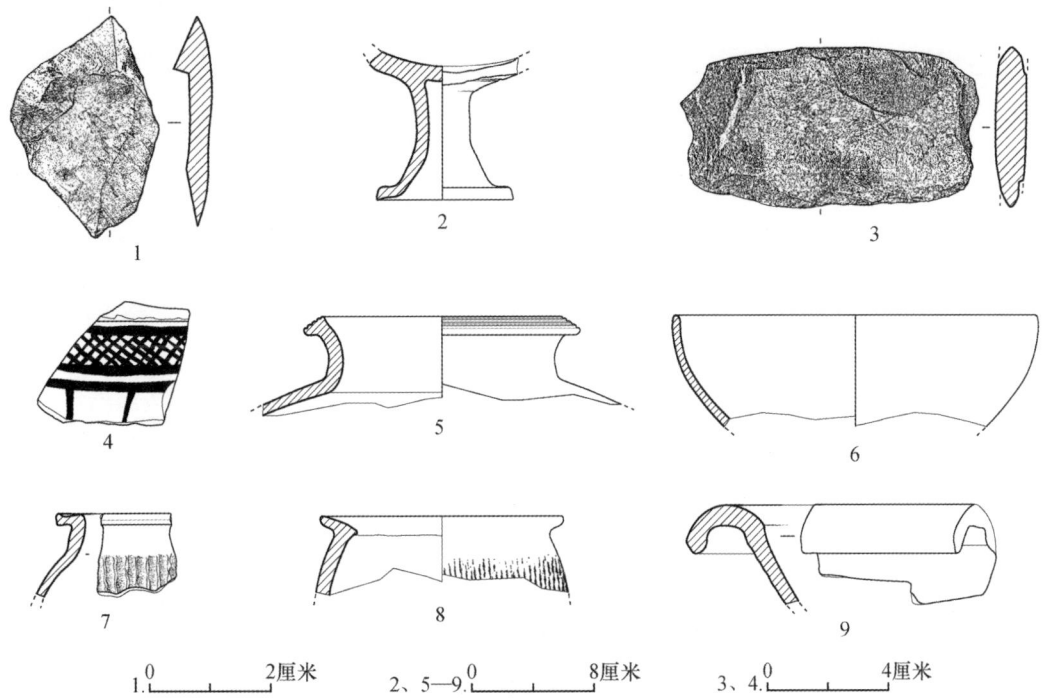

图2.369b　罗彦庄西南/肖家沟（Y072）、顾家屯南（Y098）、顾家屯东南（Y097）采集标本
1. 石英片（Y098：3）　2、6. 豆（Y097：4、Y098：2）　3. 石刀坯（Y098：5）　4. 彩陶片（Y098：1）　5. 瓮（Y097：2）
7. 鬲（Y097：1）　8. 罐（Y072：1）　9. 盆（Y097：3）

（3）基本认识

根据分布状况看，该遗址与王阙（Y071）可能同为一个遗址。因两者之间冲沟较宽，所以另定为一处。该遗址文化内涵较为复杂，包含二里头、二里岗、殷墟及东周多个时期。保存状况较差，大部已被新发育冲沟破坏。

352. 顾家屯南（Y098）

（1）概况

位于洛阳偃师市缑氏镇㴬沱村顾家屯南400米，肖家沟东南500米，李家沟北，干沟河西岸，两条东西向小冲沟与干沟主河道交汇处的小台地上（图2.370）。面积约0.8万平方米。地理坐标北纬34°37′56.71″，东经112°49′58.88″，海拔约166米。遗址所在台地三面临沟，地势高亢，自东向西逐级抬高，形成层层梯田，地表现为农田。

初查时间2000年6月4日，复查时间2007年11月8日、2017年7月17日。

图2.370　顾家屯南（上为北）

（2）主要发现

在梯田中的断崖剖面上发现了灰沟，属仰韶文化晚期。2007年复查时，在断崖剖面发现灰坑一座，编号H1，采集了浮选土样及残留物分析标本。

地表散见仰韶和周代陶片，密度不大。采集石器3件，陶片40片，其中口沿4片、腹片36片。

石刀坯　Y098：5，页岩。打制。圆角长方形，扁平体，双面直刃，左右两侧各打出一缺口。长9.8、宽5.1、厚1.1厘米（图2.369b，3；图版二八七，3）。

石镰坯 Y098：4，鲕状灰岩。琢磨兼制。残断。长条形，双面斜刃，弧背。上面琢磨规整，下面为自然断面，未经修整。残长9.4、宽6.3、厚1.9厘米。

石英片 Y098：3，石英。打制，不规则形，利用与打击点对应的远端作为刃部，刃部使用痕迹明显。长2.4、宽3.5、厚0.6厘米（图2.369b，1；图版二八七，2）。

1）仰韶文化

可辨认器形有泥质彩陶罐、夹砂罐、小口高领瓮、尖底瓶、盆、豆、钵、碗，多属于仰韶文化晚期。标本1件。

彩陶片 Y098：1，泥质灰陶。褐衣红彩，施两道一组横向平行线纹夹网格纹，两道一组横向平行线纹夹纵向短平行线纹。残宽5、残高4厘米（图2.369b，4）。

2）龙山文化

见有少量遗物，多属于龙山文化晚期。标本1件。

豆 Y098：2，口沿。泥质灰陶。口部微敛，圆唇，弧腹。磨光。口径23.6、残高7.1厘米（图2.369b，6）。

（3）基本认识

该遗址面积不大，文化内涵相对复杂，遗存以仰韶文化晚期为主，大部分被冲毁。也见有少量龙山晚期篮纹陶片，周代陶片未采集，无法详细断代。

353. 顾家屯东南（Y097）

（1）概况

位于郑州偃师市缑氏镇滹沱村顾家屯村东南，村中东西向小冲沟北的小台地上，肖家沟以东450米，水池以西50米，干沟河西岸（图2.371）。面积约0.04万平方米。地理坐标北纬34°38′08.23″，东经112°50′01.60″，海拔约165米。与顾家屯东（Y096）东西隔沟相望，地表为核桃树林、菜园。

初查时间2000年6月4日，复查时间2017年7月17日。

图2.371 顾家屯东南（右上为北）

（2）主要发现

周边未发现遗迹现象。地表散见周代陶片，密度不大。采集陶片24片，其中口沿7片、腹片15片、底片2片。见有鬲、瓮、盆、豆等器形，属于东周时期，涵盖春秋和战国。标本4件。

鬲 Y097：1，口沿。夹砂灰陶。折沿，方唇，唇面饰一道凹弦纹，沿面较平，束颈，溜肩。饰绳纹。残宽5.3、残高5.3厘米（图2.369b，7）。

瓮　Y097：2，口沿。泥质灰陶。折沿下垂，圆唇，沿面饰三周凹弦纹，弧颈，肩较平。素面。口径15.4、残高6.3厘米（图2.369b，5）。

盆　Y097：3，口沿。泥质灰陶。卷沿下垂，圆唇，沿面鼓。斜腹。素面。残宽12.8、残高6.4厘米（图2.369b，9）。

豆　Y097：4，豆座。泥质灰陶。喇叭形豆座近平，空心矮把，圜底。素面。柄部有一道凸棱。足跟直径8.7、残高9.4厘米（图2.369b，2）。

（3）基本认识

该遗址面积小，内涵单纯，主要为东周时期，包括春秋和战国时期遗存。可能受流水侵蚀较甚，剩余面积不大。

354. 顾家屯东（Y096）

（1）概况

位于洛阳偃师市缑氏镇滹沱村顾家屯东，念子庄村西，水池东北角，干沟河东岸的一级台地上（图2.372a）。因发现灰坑的剖面位置距地表10米，周围地貌保存较好，遗址范围很难确定，估计遗址面积0.06万平方米。地理坐标北纬34°38′11.49″，东经112°50′11.33″，海拔约146米。地表现为林地、寺庙。

初查时间2000年6月4日，复查时间2017年7月17日。

图2.372a　顾家屯东（左上为北）

（2）主要发现

遗址所处台地上现有一座小庙，在小庙下面的沟壁剖面上发现一个小灰坑，出土了仰韶文化陶片，位置偏低，可能为遗址滑坡、流水淤积或建庙人为堆成。

遗址周围的地表散见东周时期陶片，密度不大。采集石器1件，陶片21片，其中口沿4片、腹片17片。

石镰　Y096：3，砂岩。残断。磨制。方形宽尾，前部较窄，平直背，双面弧刃，尖残。残长8.3、宽5.7、厚1.4厘米（图2.372b，1；图版二八七，4）。

1）仰韶文化

遗物数量较少，见有器盖，属于仰韶文化中期。标本1件。

器盖　Y096：1，复原。夹砂褐陶。素面。下口沿敞口，方唇，斜腹，假圈足状平顶把手饰花边。口径11.4、高3.8、顶径7.2厘米（图2.372b，3；图版三二一，6）。

2）东周时期

遗物数量不多，见有甑等器形，具体时段不详。标本1件。

甑　Y096：2，底部。泥质灰陶。直腹下收成平底。圆形孔。饰凹弦纹。底径19.3、残高8厘米（图2.372b，2）。

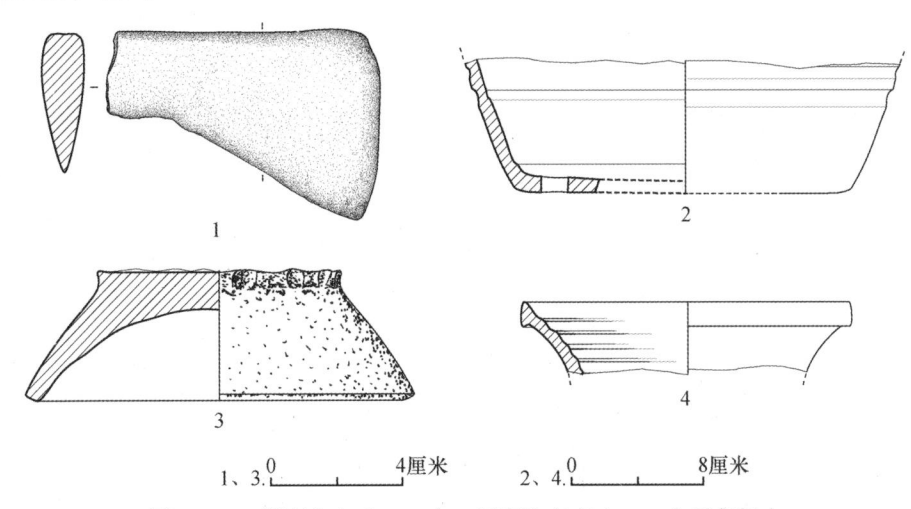

图2.372b　顾家屯东（Y096）、石家沟东南（Y095）采集标本
1.石镰（Y096：3）　2.甑（Y096：2）　3.器盖（Y096：1）　4.鬲（Y095：1）

（3）基本认识

该遗址规模较小，发现的遗物以东周时期为主，也见有仰韶中期陶片，是否还有其他时期遗存不太清楚。现存面积较小，仰韶小灰坑位置偏低，可能和自然新发育冲沟及人为破坏有关，也不排除遗物为山体滑坡或淤积带来的。

355. 石家沟东南（Y095）

（1）概况

位于洛阳偃师市缑氏镇滹沱村石家沟村东偏南，干沟河西岸，南侧一条东西向小冲沟与干沟主河道交汇处的小台地上，与石家沟东（Y094）隔沟南北相对间距约100米，与沟东的念子庄西北（Y073）隔沟相望间距约200米（图2.373）。面积约0.5万平方米。地理坐标北纬34°38′29.75″，东经112°50′00.42″，海拔172米。台地地势高亢，河床下切很深，地表现为林地。

初查时间2000年6月4日，复查时间2017年7月18日。

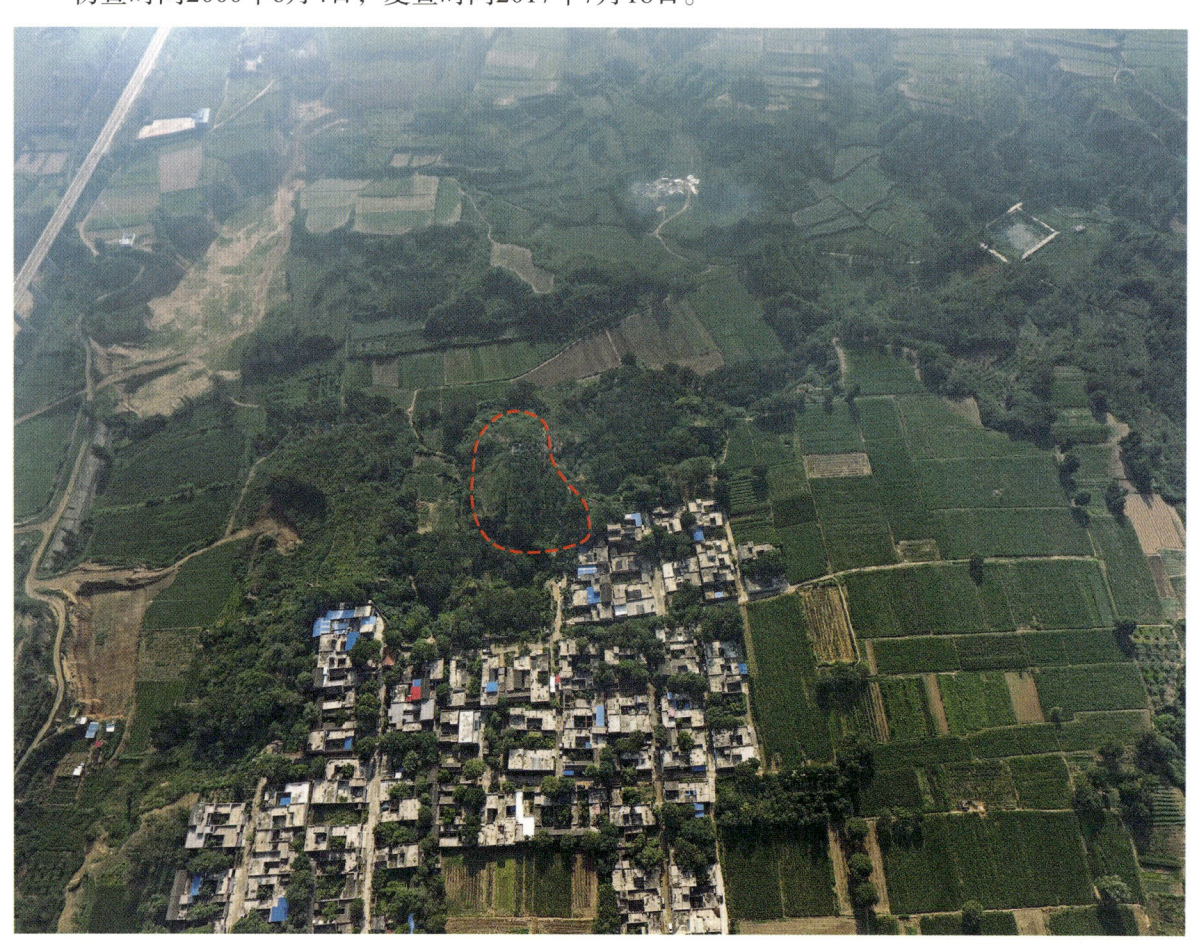

图2.373 石家沟东南（左为北）

（2）主要发现

台地周边断崖剖面上发现有灰土层。另发现墓葬1座，编号M1。

地表散见商周陶片，密度不大。采集陶片22片，其中口沿4片、腹片17片、足1件。属于殷墟和西周、东周时期。具体时段不详。标本1件。可能为两周之际。

鬲　Y095：1，口沿。夹砂灰陶。卷沿，方唇，沿面微凹，出有瓦棱，束颈。素面。口径19.6、残高4.3厘米（图2.372b，4）。

（3）基本认识

该遗址面积不大，采集的口沿标本数量不多，在调查中多将遗物判定为二里岗文化晚期，经过复核，所采集的遗物属于殷墟文化及西周、东周时期。遗址保存较差，可能大部分已被冲沟及人为破坏。

356. 石家沟东（Y094）

（1）概况

位于洛阳偃师市缑氏镇滹沱村石家沟村东，干沟河西岸，两条东西向小冲沟与干沟主河道交汇处的小台地上（图2.374）。面积约0.15万平方米。地理坐标北纬34°38′38.77″，东经112°49′57.98″，海拔约162米。台地三面临沟，地势高亢，较为平坦，现为林地。

初查时间2000年6月4日，复查时间2017年7月18日。

图2.374　石家沟东（上为北）

（2）主要发现

未发现遗迹现象。地表散见周代陶片，密度不大。

采集陶片9片，其中口沿1片、腹片8片，疑似有二里岗和西周时期遗物。具体时段不详。

（3）基本认识

该遗址面积较小，可能为二里岗期和西周时期遗存。可能大部分已被东部后发育沟壑破坏。

357. 念子庄西北（Y073）

（1）概况

位于郑州巩义市鲁庄镇念子庄西北约800米处。具体位置为石家沟村东250米，郑西高铁南400米，念子庄向北第三条小冲沟北部的干沟河东岸，现河谷东部的一个土柱状孤岛台地上（图2.375a）。台地高出河床20余米，只有一条很窄的小路通向台地，现存面积约1万平方米。地理坐标北纬34°38′36.28″，东经112°50′07.97″，海拔157米。地表现为农田。

初查时间2000年1月13、14日，复查时间2017年7月18日。

图2.375a　念子庄西北（左上为北）

（2）主要发现

遗址被河水冲刷切割殆尽，周边断崖上暴露龙山灰坑4个。H1采集了浮选土样。

地表陶片较多，分布密度较大。共采集陶片86片，其中口沿9片、腹片76片、底片1片。兽骨6件。多为龙山文化晚期，未见典型二里头文化陶片，部分陶片纹饰接近殷墟文化，有凸麻点，也有不少为西周时期。少量为东周时期，未采集遗物。

1）龙山文化

数量较多，见有泥质折沿罐、中口罐、小口高领罐、圈足盘、豆、碗、器盖，属于龙山文化晚期。标本7件。

中口罐 4件。Y073：1，口沿。夹砂灰陶。折沿，方唇，唇面饰一周凹弦纹，沿面微凹、饰一周凹弦纹，沿内处一道凸棱。腹饰方格纹。口径15.4、残高8.9厘米（图2.375b，4）。Y073：2，腹片。夹砂灰陶。饰方格纹。残长13.7、残宽12.2厘米（图2.375b，3）。Y073：4，腹片。夹砂灰陶。饰篮纹。残宽11.4、残高9.7厘米（图2.375b，2）。Y073：5，腹片。泥质灰陶。饰篮纹夹凹弦纹。残长7.4、残宽7.6厘米（图2.375b，1）。

碗 2件。Y073：3，可复原。泥质褐陶。下口直沿，沿内有一周凸棱，斜腹，平底。素面。口径21.7、底径9.9、高8.1厘米（图2.375b，6；图版三七五，3）。H1：2，口沿。泥质灰陶。卷沿，圆唇，弧腹。腹饰一周凹弦纹。口径12.6、残高6.1厘米（图2.375b，7）。

圈足 H1：1，可复原。泥质黑皮陶。下口外侈，圆唇，平底。通体磨光。足跟直径17.5、高6.8厘米（图2.375b，5）。

2）殷墟文化/西周时期

陶片纹饰有反麻点，近似殷墟晚期（商周之际），大部分时代暂定为西周。标本1件。

瓮 Y073：6，口沿。泥质褐陶。直领外侈，小折沿上翘，方唇，沿内出一周凸棱，平肩微溜。肩饰绳纹夹凹弦纹。口径14.9、残高5.4厘米（图2.375b，8）。

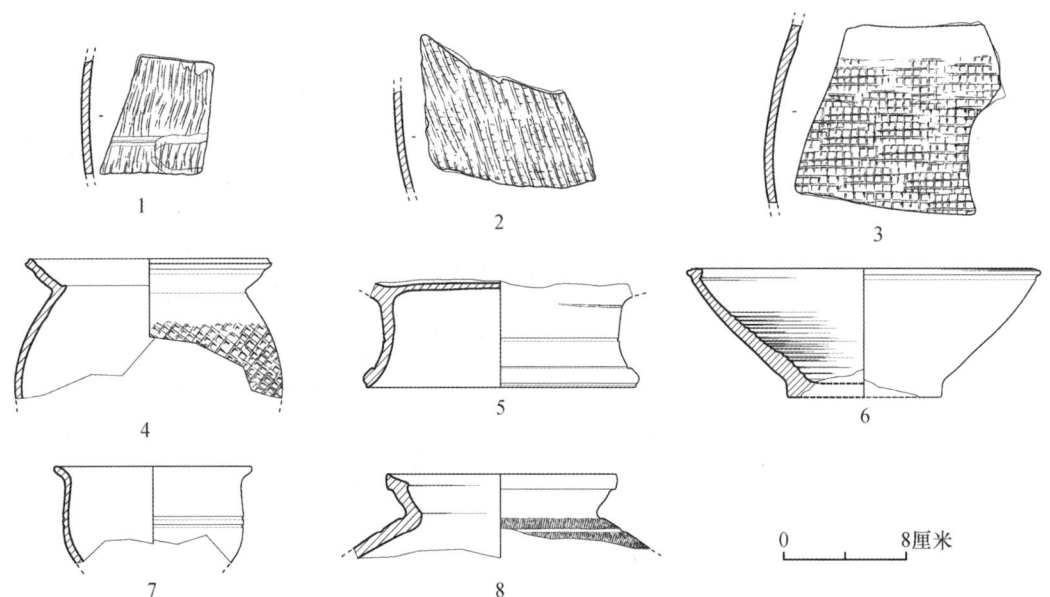

图2.375b 念子庄西北（Y073）采集标本

1—4.中口罐（Y073：5、Y073：4、Y073：2、Y073：1） 5.圈足（H1：1） 6、7.碗（Y073：3、H1：2）
8.瓮（Y073：6）

（3）基本认识

该遗址文化内涵较为复杂，以龙山晚期遗存为主，其余为商周之际，主要是西周遗物，也见有少量东周遗物，未发现典型二里头文化陶片。遗址现为土柱状，耸立在河间，受流水侵蚀严重，保存较差，估计原来面积很大，目前已被切割殆尽。

358. 石家沟东北（Y093）

（1）概况

位于洛阳偃师市缑氏镇滹沱村石家沟东北，干沟河西岸，郑西高铁以南，两条东西向小冲沟与干沟主河道交汇处的台地上（图2.376a）。面积约4万平方米。地理坐标北纬34°38′44.75″，东经112°49′50.95″，海拔约166米。遗址三面临沟，地势高亢，起伏不大，地表现为农田、菜地及核桃园。

初查时间2000年6月4日，复查时间2017年7月18日。

图2.376a 石家沟东北（上为北）

（2）主要发现

在沟边断崖上暴露出二里头文化的灰沟，南边沟壁见有灰坑。2017年7月18日复查时，在果园南部断崖剖面上暴露出多个灰坑。在其中2个灰坑中采集了陶片，灰坑编号H1、H2。

H1：陶片可辨器形鬲、盆等，属于殷墟文化。

H2：陶片可辨器形有鬲等，应为东周时期。

地表散见二里头文化陶片，密度较大。采集石器2件，陶片92片，其中口沿24片、腹片66片、底片2片。

石斧　2件。Y093：6，石灰岩。磨制。残。扁平梯形，双面刃残甚，侧面圆角方形。中部有一对穿圆孔，从孔部断裂。长11.1、残宽5、厚2厘米（图2.376b，4；图版二八七，5）。Y093：7，大理岩。磨制。残块。扁平长方体，圆角方形侧面。残长5.4、残宽3.1、厚1.8厘米（图2.376b，3；图版二八七，6）。

1）二里头文化

见有圆腹罐、刻槽盆、瓮、豆等器形，属于二里头文化二、三期。标本4件。

圆腹罐　Y093：1，口沿。夹砂灰陶。直口微侈，尖唇，沿外有一对称鸡冠錾，短颈，弧肩。饰细绳纹。残宽8.9、残高4.5厘米（图2.376b，2）。

刻槽盆　Y093：2，口沿。泥质灰陶。直口微侈，圆唇，沿外包边，束颈。腹饰细绳纹。残宽4.3、残高5.5、厚0.6厘米（图2.376b，5）。

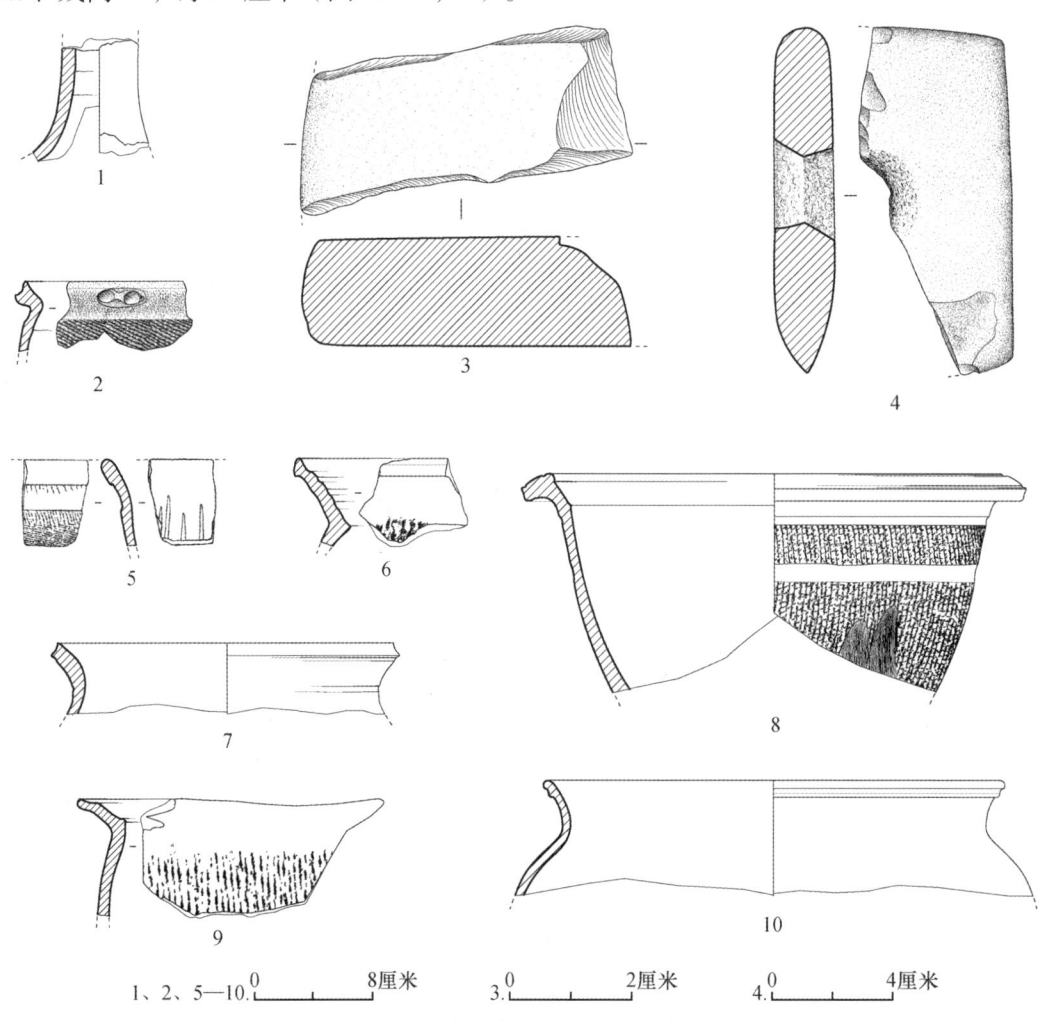

图2.376b　石家沟东北（Y093）采集标本

1.豆（Y093：4）　2.圆腹罐（Y093：1）　3、4.石斧（Y093：7、Y093：6）　5.刻槽盆（Y093：2）　6、9.鬲（H2：1、H1：1）　7.深腹罐（Y093：5）　8.盆（H1：2）　10.瓮（Y093：3）

瓮　Y093:3，口沿。泥质褐陶。直领外侈，圆唇，外沿出一周凹槽，束颈弧肩。磨光。口径29.4、残高7.3厘米（图2.376b，10）。

豆　Y093:4，柄部。泥质黑皮陶。喇叭形座残。磨光。残高8厘米（图2.376b，1）。

2）二里岗文化

见有深腹罐等，标本1件。疑似二里岗文化早期。

深腹罐　Y093:5，口沿。夹砂灰陶。卷沿，斜方唇，唇面微凹。素面。口径22.2、残高4.6厘米（图2.376b，7）。

3）殷墟文化

见有鬲、盆等器形，属于殷墟晚期。标本2件。

鬲　H1:1，口沿。夹砂灰陶。折沿上翘，圆唇，沿面微凸，沿内出一道凸棱，直腹（烧制过程中严重走形）。腹饰绳纹。残宽16.2、残高7.7厘米（图2.376b，9）。

盆　H1:2，口沿。泥质灰陶。折沿方唇，沿面饰两道凹弦纹，沿内凹，出一道凸棱，直腹。腹饰绳纹夹凹弦纹。口径29.4、残高14厘米（图2.376b，8）。

4）西周时期

见有鬲等，属于西周晚期，标本1件。

鬲　H2:1，口沿，夹砂灰陶。折沿方唇，沿面饰四道凹弦纹，溜肩。腹饰绳纹。残宽7.2、残高5.6厘米（图2.376b，6）。见有鬲等，属于西周晚期。标本1件。

（3）基本认识

该遗址文化内涵相对复杂，以二里头文化二、三期遗存为主，疑似有二里岗文化早期遗存、另有殷墟晚期及西周晚期遗物。二里头文化时期灰坑、灰沟挂在沟壁两侧，且沟较短，发育时间不长，说明当时沟应该不存在。遗址主要被新发育的冲沟破坏，不少陶片被冲到沟底。

359. 石家沟老村北（Y092）

（1）概况

位于洛阳偃师市缑氏镇滹沱村石家沟老村北。具体位置为高铁以北250米，冲沟北，营君路以东500米，干沟河西岸东西向小冲沟与干沟主河道交汇处的三角形台地上（图2.377a）。面积约0.3万平方米。地理坐标北纬34°38′59.11″，东经112°49′37.73″，海拔约151米。地势高亢，起伏较大，地表现为林地。

初查时间2000年6月4日，复查时间2017年7月18日。

图2.377a　石家沟老村北（右上为北）

（2）主要发现

断崖剖面未发现暴露的遗迹。地表散见陶片，密度较大。采集陶片22片，其中口沿5片、腹片16片、底片1片。主要为二里岗文化，另有少量二里头文化及东周时期（未采集）陶片。

1）二里头文化

采集遗物数量较少，见有圆腹罐等，疑似二里头文化二、三期。标本1件。

圆腹罐　Y092:1，口沿。夹砂褐陶。直领外侈，尖唇，沿外饰一道凸棱。腹饰绳纹。残宽6.2、残高3.8、厚0.7厘米（图2.377b，2）。

2）二里岗文化

采集陶片数量较多，见有鬲、假腹豆等器形，属于二里岗文化晚期。标本3件。

鬲　2件。Y092:2，口沿。夹砂灰陶。折沿，方唇，唇下出一周凸棱，沿面有一周凹弦纹，颈部饰两周凹弦纹。腹饰绳纹。残宽9.2、残高8.3厘米（图2.377b，3）。Y092:3，足部。夹砂灰陶。圆锥形实足残断。实足素面，袋足饰绳纹。残高5厘米（图2.377b，1）。

假腹豆　Y092:4，豆盘。泥质灰陶。折沿，尖唇，浅腹，平底。底部饰绳纹。口径16.4、残高3.6厘米（图2.377b，6）。

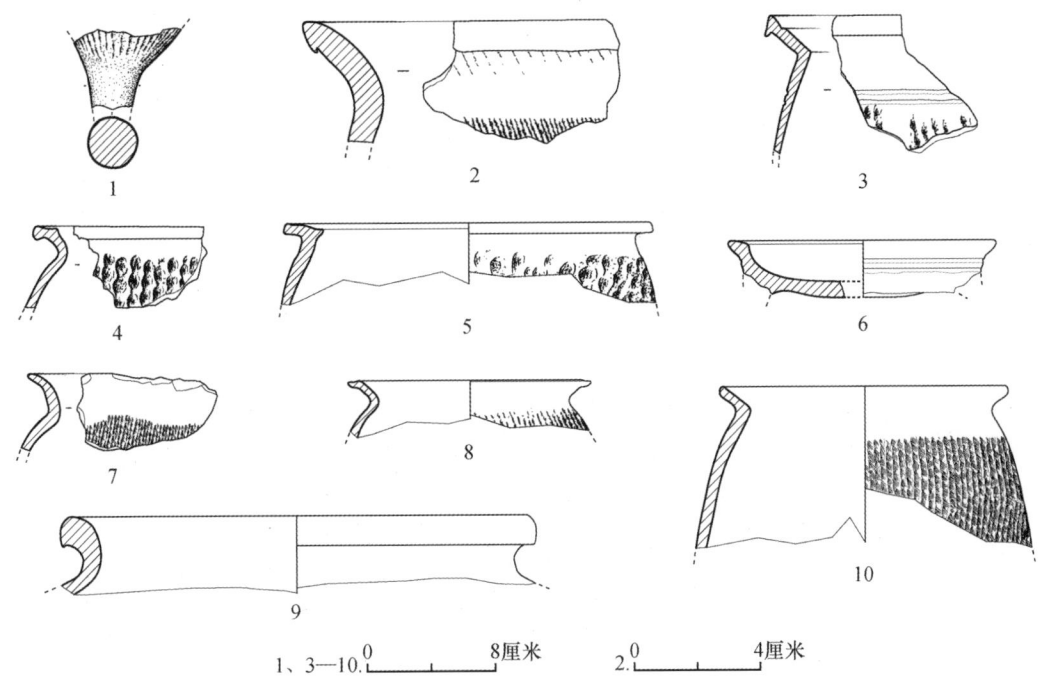

图2.377b　石家沟老村北（Y092）、干沟猪场（Y074）采集标本
1、3—5、7、8.鬲（Y092:3、Y092:2、Y074:4、Y074:5、Y074:2、Y074:3）　2.圆腹罐（Y092:1）
6.假腹豆（Y092:4）　9.瓮（Y074:6）　10.深腹罐（Y074:1）

（3）基本认识

该遗址面积较小，以二里岗文化晚期遗存为主，另有疑似少量二里头文化二、三期和东周时期遗物。遗址保存较差，遭水流侵蚀严重，现已被修高铁时取土破坏殆尽。

360. 干沟猪场（Y074）

（1）概况

位于郑州巩义市回郭镇干沟村南临河二级台地上。具体位置为瓦窑头西南约900米，史家湾新村东500米，干沟河东岸，郑西高铁北1000米，20世纪70年代的干沟猪场西200米（图2.378）。面积约6万平方米。地理坐标北纬34°39′24.59″，东经112°49′36.32″，海拔约150米。台地高出河床20余米。地势高亢，多断崖，地表现为葡萄园。

初查时间2000年1月13、14日，复查时间2017年7月18日。

图2.378　干沟猪场（左为北）

（2）主要发现

在临河一侧断崖剖面上见有灰坑、墓葬和文化层等遗迹。

地表陶片较多。采集石器1件，陶片59片，其中口沿10片、腹片49片。分属于二里头、二里岗和东周时期。

石刮削器　Y074：7，石灰岩。椭圆形。利用一打击石片，把与打击点相对应的一边作为刃部。无第二步加工，刃部可见使用痕迹。长6.7、宽5.9、厚1.3厘米。

1）二里头文化

数量较多，器形有深腹罐、圆腹罐、鬲、大口尊等，属于二里头文化第三、四期。标本2件。

深腹罐　Y074：1，口沿。夹砂灰陶。折沿，圆唇，束颈。饰绳纹。口径17.8、残高9.9厘米（图2.377b，10）。

鬲　Y074：2，口沿。夹砂灰陶。卷沿，圆唇，束颈，鼓肩。饰绳纹。残宽8.8、残高4.7厘米（图2.377b，7）。

2）二里岗文化

见有鬲、盆、深腹罐等，属于二里岗文化早期，标本1件。

鬲　Y074：3，口沿。夹砂灰陶。直领外侈，小折沿，沿面有一道凹槽，尖唇，束颈，鼓肩。饰绳纹。口径13.8、残高3.5厘米（图2.377b，8）。

3）东周时期

见有鬲、瓮等器形。包括春秋和战国时期。标本3件。

鬲　2件。Y074：4，口沿。夹砂灰陶。折沿，圆唇，沿面微凹，束颈。饰粗绳纹。残宽8.5、残高5厘米（图2.377b，4）。Y074：5，口沿。夹砂灰陶。折沿，圆唇。饰粗绳纹。口径22.4、残高5厘米（图2.377b，5）。

瓮　Y074：6，口沿。泥质灰陶。直领外卷，圆唇，束颈。素面。口径28、残高4.8厘米（图2.377b，9）。

（3）基本认识

该遗址面积较大，文化内涵相对复杂，兼有二里头文化第三、四期，二里岗文化早期与东周时期的遗存。现为葡萄园，可能对遗址造成一定破坏。

361. 回龙湾新村东（Y083）

（1）概况

位于洛阳偃师市顾县镇回龙湾新村东南，营君路以东200米，干沟河西岸一级台地上（图2.379a；图版二〇二，2）。面积约3万平方米。地理坐标北纬34°39′20.04″，东经112°49′20.35″，海拔约145米。干沟河在遗址北面折向东北，周围较为平坦，地势起伏较小，大部分被民居、工厂占压，少部分农田。

初查时间2000年1月20日，复查时间2017年7月18日。

图2.379a　回龙湾新村东（右为北）

（2）主要发现

在西侧的断崖上暴露出2座灰坑（H1、H2）。

地表散见陶片，密度较大。采集石器1件，陶片62片，其中口沿13片、腹片48片、底1片。其中二里头文化陶片数量最多，另外还见少量的仰韶、二里岗时期及东周时期遗物。

石锤　H1：3，石英岩，椭圆形。长3.8、宽2.8、厚1.9厘米。

1）二里头文化

陶片数量较多，见有深腹罐、圆腹罐、鼎、盆、刻槽盆等器形，多属于二里头文化二、三、四期。标本9件。

深腹罐　4件。Y083：1，口沿。夹砂灰陶。折沿，圆唇，沿面微凹，斜颈，弧腹。颈腹交接处饰一周凹弦纹，腹饰绳纹。口径22、残高9.9厘米（图2.379b，12）。Y083：2，口沿。泥质灰陶。折沿，尖唇，沿面饰一周凹弦纹，颈部饰两道凹弦纹，腹饰绳纹。口径20.6、残高4.7厘米（图2.379b，6）。Y083：3，口沿。夹砂灰陶。折沿，尖圆唇，沿面微凹，外沿面有一道凸棱，束颈。饰绳纹。口径21.6、残高6厘米（图2.379b，5）。H1：1，口沿。夹砂灰陶。折沿，方唇，沿面微凹。颈部饰一周凹弦纹。腹饰绳纹。口径19.9、残高6.2厘米（图2.379b，9）。

圆腹罐　Y083：4，口沿。夹砂灰陶。折沿上翘，方唇。腹饰绳纹。口径21.8、残高6.6厘米（图2.379b，3）。

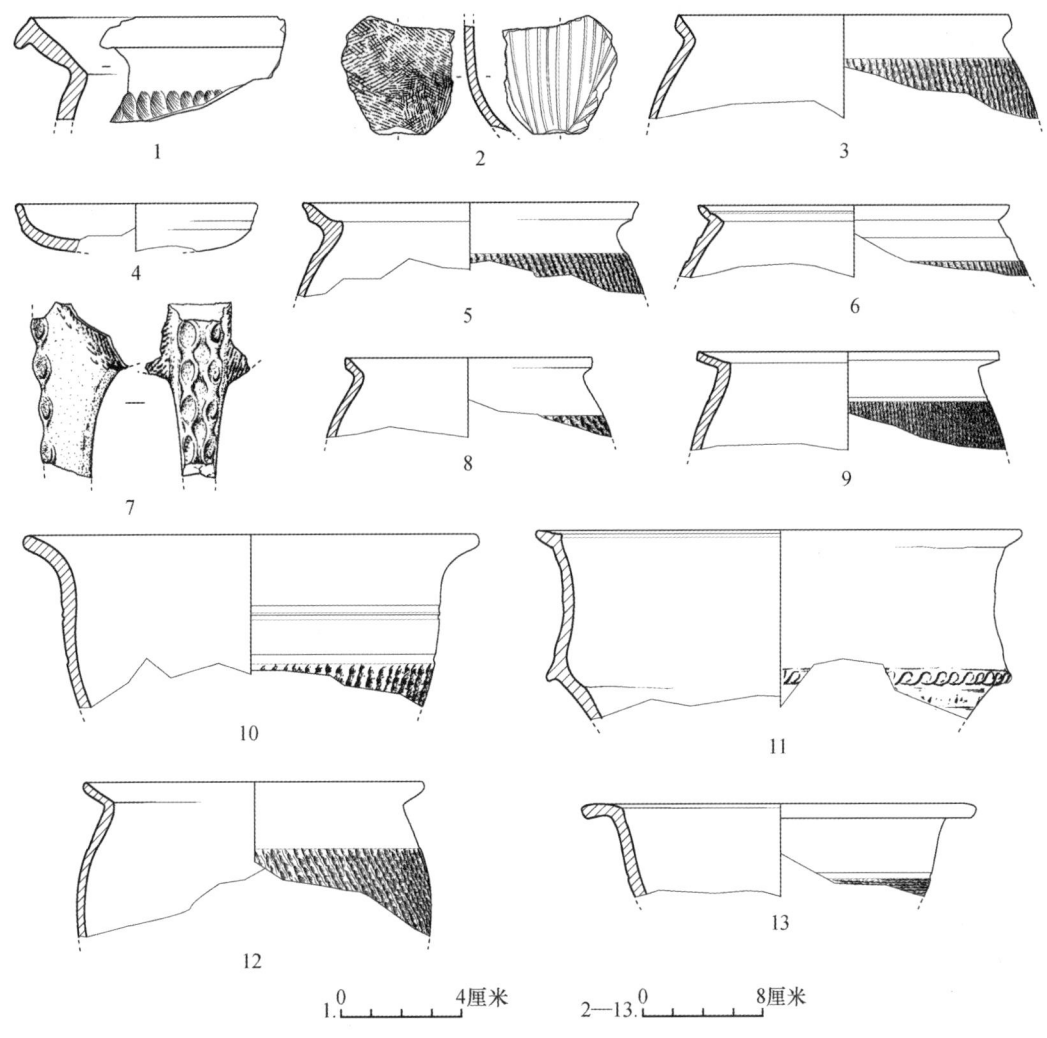

图2.379b　回龙湾新村东（Y083）采集标本

1.鬲（Y083：8）　2.刻槽盆（Y083：7）　3.圆腹罐（Y083：4）　4.豆（Y083：11）　5、6、9、12.深腹罐（Y083：3、Y083：2、H1：1、Y083：1）　7、8.鼎（Y083：6、Y083：5）　10、13.盆（Y083：9、H1：2）　11.大口尊（Y083：10）

鼎　2件。Y083：5，口沿。夹砂灰陶。折沿上翘，圆唇。腹饰绳纹。口径16、残高5.1厘米（图2.379b，8）。Y083：6，足部。夹砂褐陶。方三角形足，残足尖。足部素面，外侧棱饰按窝纹，腹部饰绳纹。残高11.2厘米（图2.379b，7）。

盆　H1：2，口沿。泥质灰陶。折沿，圆唇，沿面微鼓。斜直腹。上腹部素面，饰一周凹弦纹，下腹部腹饰绳纹。口径26.2、残高6厘米（图2.379b，13）。

刻槽盆　Y083：7，腹片。泥质灰陶。四分法刻槽。饰绳纹。残宽7.4、残高7.7厘米（图2.379b，2）。

2）二里岗文化

见有鬲、盆、大口尊等，属于二里岗文化早、晚期。标本3件。

鬲　Y083：8，口沿，夹砂灰陶。折沿上翘，尖唇，沿外饰一道凸棱。饰绳纹。残宽6.1、残高3.4、厚0.5厘米（图2.379b，1）。

盆　Y083：9，口沿。泥质灰陶。卷沿，圆唇。上腹部磨光，饰两周凹弦纹，下腹部饰绳纹。口径29.2、残高11厘米（图2.379b，10）。

大口尊　Y083：10，口沿。泥质灰陶。折沿，圆唇，直颈微弧，折肩。肩部饰一周附加堆纹，腹饰绳纹夹凹弦纹。口径31.8、残高12.2厘米（图2.379b，11）。

3）东周时期

见有豆等，疑似东周早期。标本1件。

豆　Y083：11，豆盘。泥质灰陶。素面。口径15.2、残高3.2厘米（图2.379b，4）。

（3）基本认识

该遗址文化内涵相对复杂，以二里头文化二至四期、二里岗文化遗存为主，也见有少量疑似东周（春秋晚）遗物。保存较差，大部被工厂等占压。

362. 干沟南（Y076）

（1）概况

位于郑州巩义市回郭镇干沟村南，瓦窑头村西南400米，魏顶村西500米，干沟河东岸二级台地上，高出河床20余米（图2.380a）。遗址面积约0.5万平方米。地理坐标北纬34°39′43.65″，东经112°49′38.12″，海拔约147米。地表现为苗圃。

初查时间2000年1月18日，复查时间2017年7月18日。

图2.380a 干沟南（左为北）

（2）主要发现

周边无冲沟和断崖，地貌保持较好，未发现暴露的遗迹。地表陶片不多，密度不大。采集陶片10片，其中口沿3片、腹片6片、底片1片。主要为二里头文化和东周时期。

1）二里头文化

见有深腹罐等。二里头文化三、四期。标本1件。

深腹罐 Y076：1，口沿。夹砂灰陶。折沿，圆唇，直腹微弧。饰绳纹。口径19.4、残高12.2厘米（图2.380b，3）。

2）东周时代

见有盆、碗等器形。属于东周晚期。标本2件。

碗 Y076：2，底部，泥质灰陶。平底。内壁磨光。残宽2.2、残高2.2厘米（图2.380b，1）。

盆 Y076：3，口沿。平折沿，方唇。束颈。磨光，腹饰一周凹弦纹，内壁磨光特亮。口径28、残高5.9、厚0.6厘米（图2.380b，2）。

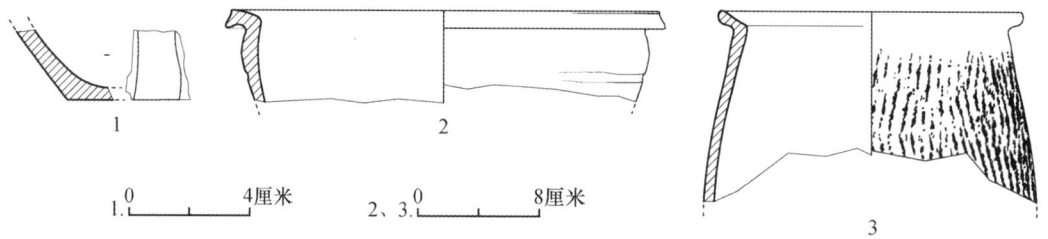

图2.380b 干沟南（Y076）采集标本
1.碗（Y076：2） 2.盆（Y076：3） 3.深腹罐（Y076：1）

（3）基本认识

该遗址面积较小，可能为二里头文化晚期及东周晚期的一处小型遗址。地表的苗圃对遗址造成一定程度的破坏。

363. 刘乐寨西南（Y075）

（1）概况

位于郑州巩义市回郭镇干沟村南。具体位置为刘乐寨村西1500米，瓦窑头西南600米。干沟河东岸台地上（图2.381a）。台地高出河床20余米，面积约1万平方米。地理坐标北纬34°39′33.60″，东经112°49′30.20″，海拔约147米。地表现为农田。

初查时间2000年1月18日，复查时间2017年7月18日。

图2.381a 刘乐寨西南（左为北）

（2）主要发现

在河边断崖上发现暴露的灰坑9个，自北向南依次编号为H1—H9。

H1：未采集陶片。据出土物年代现场判定，应该为仰韶时期灰坑。

H2：见有一些腹片，可辨认器形有鼎、罐、盆、钵、碗、器盖。时代为仰韶晚期。

H3：陶片可辨认器形有鼎、夹砂罐、碗。时代为仰韶晚期。

H4：见有二里岗时期和战国时期陶片。时代应为战国时期。

H5：时代为西周。

H6：陶片可辨认器形有夹砂罐、花边缸。时代为仰韶晚期。

H7：时代为仰韶晚期。

H8：陶片可辨认器形有夹砂罐、钵、盆。时代为仰韶晚期。

H9：见有7片仰韶陶片，另外1件鬲为二里岗文化早期。时代应该为二里岗文化早期。

采集石器3件，陶片96片，口沿14片，腹片75片，底片7片，足1件。分属于仰韶晚期、二里岗文化、西周和东周时期。标本共15件。

石锤　Y075：7，玄武岩。残。利用河卵石顶端做击打点，使用痕迹明显。残长9.8、宽5.7、厚4.8厘米（图版二八八，3）。

刮削器　H4：2，石灰岩。椭圆形。利用一打击石片，把与打击点相对应的远端作为刃部。无二次加工，刃部可见使用痕迹。长6.6、宽6.3、厚1.8厘米（图版二八八，1）。

石球　H9：2，白云岩。近圆形。磨制。较规整。长径3.1、短径2.9厘米（图版二八八，2）。

1）仰韶文化

遗物数量较多，见有鼎、碗、泥质彩陶罐、夹砂罐、敛口缸、花边缸、环，属于仰韶文化晚期。标本9件。

鼎　3件。Y075：1，口沿。夹砂褐陶。折沿，方唇，沿面出一周凹槽，弧腹。素面。口径14.9、残高8.5厘米（图2.381b，4）。H2：1，足。夹砂褐陶。凿形矮三角形足。背棱上部有两个按窝纹。足高7.5厘米（图2.381b，3）。H3：1，口沿。夹砂灰陶。折沿，方唇，沿面微凹，唇面有一道凹槽，斜腹。素面。残宽5、残高3.5厘米（图2.381b，7）。

花边缸　2件。H3：2，口沿。夹砂褐陶。直沿，敛口，沿外饰两周附加堆纹。残宽5、残高4厘米（图2.381b，5）。H6：1，口沿。夹砂灰陶。直沿敛口。沿外饰两周附加堆纹。残宽7.5、残高4.7厘米（图2.381b，6）。

夹砂罐　Y075：2，口沿。夹砂灰陶。敛口，矮领，圆唇，溜肩。素面。口径22、残高5.6、厚0.6厘米（图2.381b，11）。

泥质彩陶罐　Y075：3，口沿。泥质红陶，红衣红彩。折沿，尖唇。上施两道横向平行线纹夹网格纹，中施两道横向平行线纹夹纵向短平行线纹，其下施两道横向平行线纹。口径26.8、残高9.2厘米（图2.381b，9）。

碗　H2：2，复原。泥质灰陶。口部微侈，圆唇，斜腹下收成平底。褐衣棕彩。口径13.9、底径6.3、高6.2厘米（图2.381b，2；图版三四九，2）。

环　H6：2，残断。泥质灰陶。断面呈半圆形。磨光。残长3.1、宽0.8、厚0.5厘米（图2.381b，1）。

2）二里岗文化

见有鬲、簋等器形。包括二里岗文化早期和晚期。标本2件。

鬲　H9：1，口沿。夹砂褐陶。折沿，方唇，直腹微弧。裆较低。上腹部饰暗绳纹，下腹

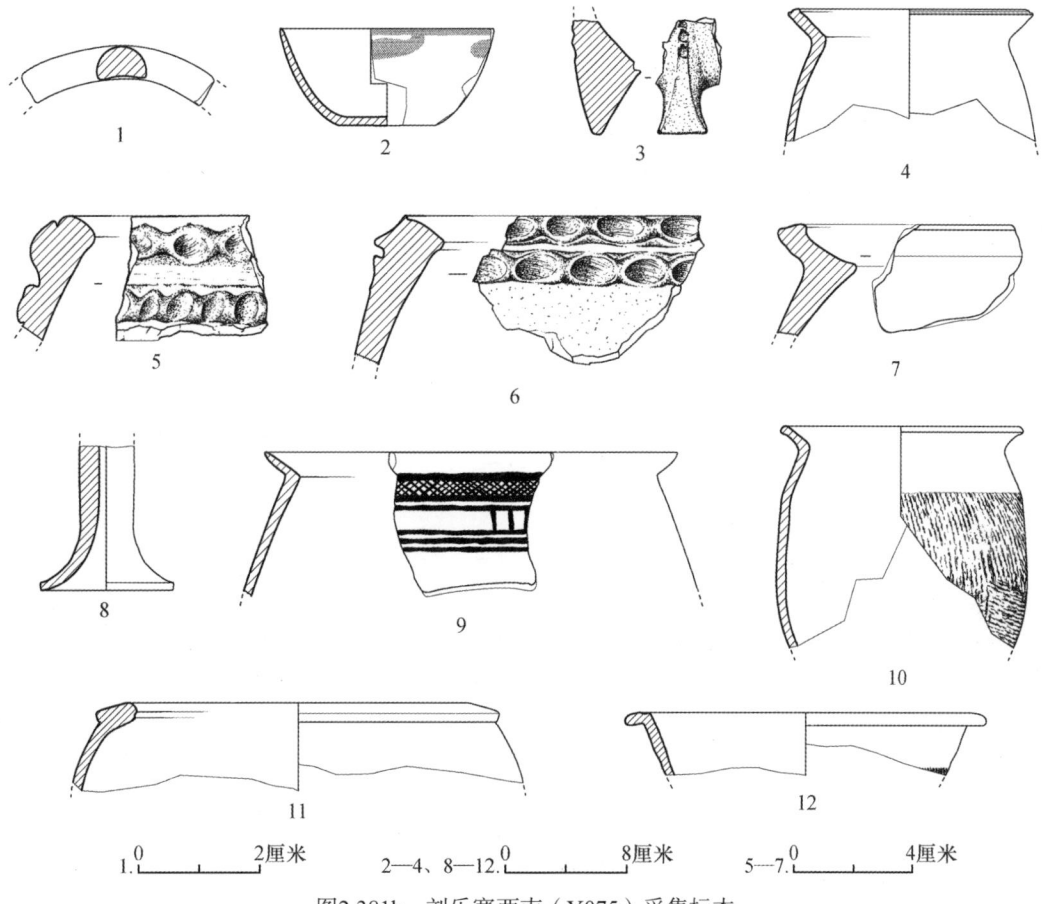

图2.381b 刘乐寨西南（Y075）采集标本
1.环（H6:2） 2.碗（H2:2） 3、4、7.鼎（H2:1、Y075:1、H3:1） 5、6.花边缸（H3:2、H6:1）
8.豆（Y075:4） 9.泥质彩陶罐（Y075:3） 10.鬲（H9:1） 11.夹砂罐（Y075:2） 12.簋（H4:1）

部饰绳纹。口径15.4、残高14.2厘米（图2.381b，10）。

簋 H4:1，口沿。泥质灰陶。折沿，圆唇，沿面微鼓，饰一周凹弦纹。口径20.8、残高4厘米（图2.381b，12）。

3）两周时期

见有两周灰坑，未采集遗物，时段不详。

见有豆等遗物，属于东周晚期。标本1件。

豆 Y075:4，柄部。泥质灰陶。喇叭状圈足，近实柄。足跟直径8.6、残高9.2厘米（图2.381b，8）。

（3）基本认识

该遗址文化内涵相对复杂，遗存较为丰富。以仰韶晚期（过渡期）遗存为主，见有不少二里岗早期、西周及战国时期遗存，未见龙山和二里头时期陶片。地表现为农田，保存尚好，主要受洪水冲刷、淤积影响。

364. 回龙湾南（Y082）

（1）概况

位于洛阳偃师市顾县镇回龙湾村南，新杨村南、路东，干沟河西岸的临河一级台地上（图2.382）。面积约4万平方米。地理坐标北纬34°39′45.46″，东经112°49′17.66″，海拔约138米。遗址周围地势较为平坦，台地高出河床10多米，部分被民居占压，其余部分现为农田。

初查时间2000年1月20日，复查时间2017年7月18日。

图2.382　回龙湾南（右上为北）

（2）主要发现

遗址周边未发现遗迹。河岸边及周围有二里头文化和周代的陶片，密度不大。采集石器1件，陶片6片，其中口沿1片、腹片4片、底片1片。

石刀　Y082∶1，紫色云母细砂岩。残。磨制。长方形，单面直刃，顶端有一圆形单面钻孔。残长3、宽4.3、厚0.8厘米（图版二八八，4）。

（3）基本认识

该遗址采集的陶片较少，根据采集的遗物来看，该遗址可能以二里头文化三、四期和东周时期的遗存为主。核查中未发现明确为二里岗文化的标本。

365. 回龙湾（Y081）

（1）概况

位于洛阳偃师市顾县镇回龙湾村中、西部，干沟河现台地上。面积约2万平方米（图2.383a）。地理坐标北纬34°40′05.47″，东经112°49′27.57″，海拔约135米。遗址大部分被民宅占压。

初查时间2000年1月20日，复查时间2007年11月9日、2017年7月18日。

图2.383a　回龙湾（上为北）

（2）主要发现

村子周围散见战国至汉代陶片，断崖剖面还发现了同时期灰坑，但都压于村子下面。

2007年复查时，在村子中部发现一个废弃的窑址，编号K1，采集有浮选土样及残留物分析标本。

地表陶片较多，密度较大。采集陶片13片，其中口沿7片、腹片6片。器形有罐、盆、豆等，属于战国时期至汉代。标本3件。

罐 Y081：1，口沿。泥质灰陶。小折沿，方唇，沿面出一道凹槽，曲颈，平肩。肩饰绳纹。口径20、残高5.6厘米（图2.383b，1）。

盆 Y081：2，口沿。泥质灰陶。折沿，圆唇，沿面微凹，直腹。饰绳纹。口径38.6、残高6.1厘米（图2.383b，2）。

豆 Y081：3，口沿。泥质灰陶。直沿，尖唇，斜腹，浅盘。素面。口径14.1、残高4.1厘米（图2.383b，3）。

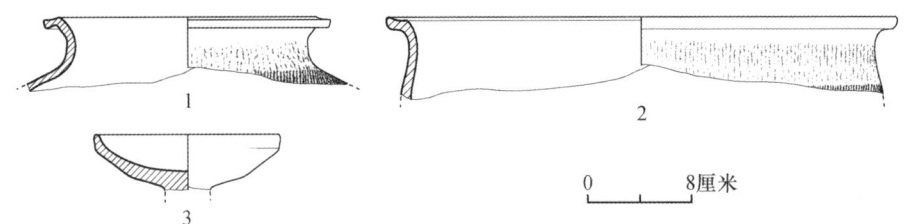

图2.383b 回龙湾（Y081）采集标本
1.罐（Y081：1） 2.盆（Y081：2） 3.豆（Y081：3）

（3）基本认识

该遗址面积不大，文化内涵较为单纯，主要为东周晚期即战国时期至汉代的遗存。遗址保存状况较差，被民居占压，破坏较甚。

366. 肖村北（102）

位于洛阳偃师市顾县镇木阁沟行政村肖村自然村村北。具体位置为肖村北部，源自白云岭东北部的两道冲沟之间（图2.384）。面积约2.5万平方米。地理坐标为北纬34°39′33.68″，东经112°48′40.22″，海拔约140米。地表为苗圃覆盖。

2003年3月2日，二里头工作队调查，2017年7月11日复查。

图2.384　肖村北（上为北）

地表采集的陶片较少，多数属于二里头文化，少量陶片疑似为龙山晚期或二里头文化一、二期。无典型标本。

该遗址可能为白云岭北部冲沟沿岸的一处小型的以龙山晚期至二里头文化早期遗存为主的遗址。

367. 木阁沟东南（103）

位于洛阳偃师市顾县镇木阁沟村东南。具体位置为木阁沟东南和史家湾正南两村交界处，东临营君路（X002），南至史家湾新村北一线，北至木阁沟村南台地边缘，西至魏家庄与木阁沟之间的冲沟（图2.385）。面积约6.4万平方米。地理坐标为北纬34°39′46.41″，东经112°49′00.93″，海拔约143米。遗址南部被工厂占压，北部被民居占压，中部为小片农田。

2003年3月2日，二里头工作队调查发现，2017年7月12日复查。

图2.385　木阁沟东南（上为北）

调查中在地表采集到少量的陶片，可能为二里头文化早期（一、二期），少量为东周时期。无标本。

该遗址可能为白云岭北部，伊河南岸冲沟沿岸的一处小型的二里头文化早期遗址，见有少量疑似东周时期遗存。

（十三）曹河

源于嵩山西北麓的平坡山和白云山西南侧的关帝庙村南及关帝庙村北沟，南源经山才沟，中源经曹庄，北源经关帝庙北沟，于打磨沟处汇合，该段称里河。西北流在曹河村东汇入五顶坡、外河来水，西北向经杨家沟、虎山坡村南、后林村北、东后庄东北、鲁庄西，汇入虎山坡北和南侯村南的支流，经安头西、苏家庄东、桃园沟、里河、小寨、北寺、李沟村东在回郭镇西侧北流汇入伊洛河。

沿岸发现遗址共计14处（图2.386）。

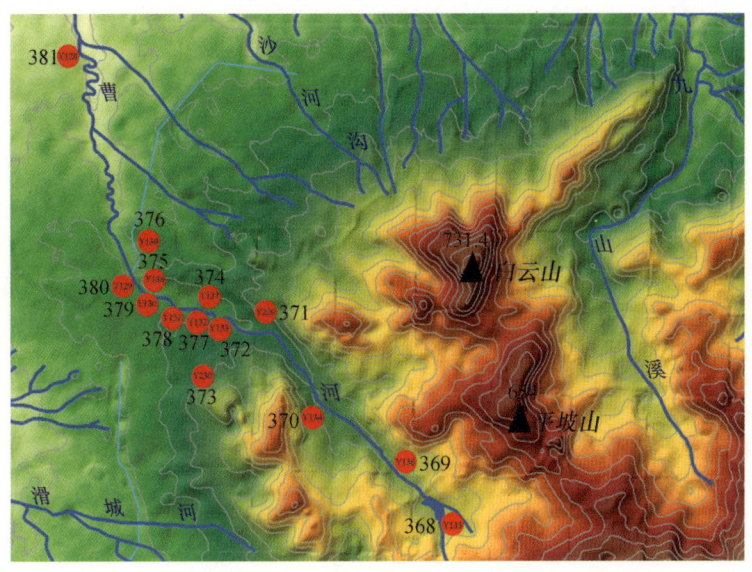

图2.386　曹河流域遗址分布示意图

368. 曹阏（Y135）

（1）概况

位于郑州巩义市鲁庄镇里河行政村曹阏村西，里河水库东，乡道X080后林至关帝庙段南侧（图2.387a）。遗址面积以水库东侧计算，估计约2.5万平方米。地理坐标北纬34°34′35.11″，东经112°55′24.57″，海拔约401米。遗址坐落在临河小盆地里，周围地势高亢，山峰林立，因水库蓄水西部现为沼泽地，局部为林地。

初查时间2001年1月1日，复查时间2017年7月19日。

图2.387a 曹阏（左上为北）

（2）主要发现

在里河入水库的东北角，路边断崖剖面上南距公路15米处，发现龙山灰坑1个。

在曹阏村南高台地上有陶片发现，其中1块橘红色陶片，疑似为裴李岗文化时期。另见仰韶和周代陶片。在水库西侧的山坡上，也有零星的龙山陶片发现。

采集石器2件，陶片22片，其中口沿4片、腹片17片、底片1片。可辨认器形有小口高领瓮

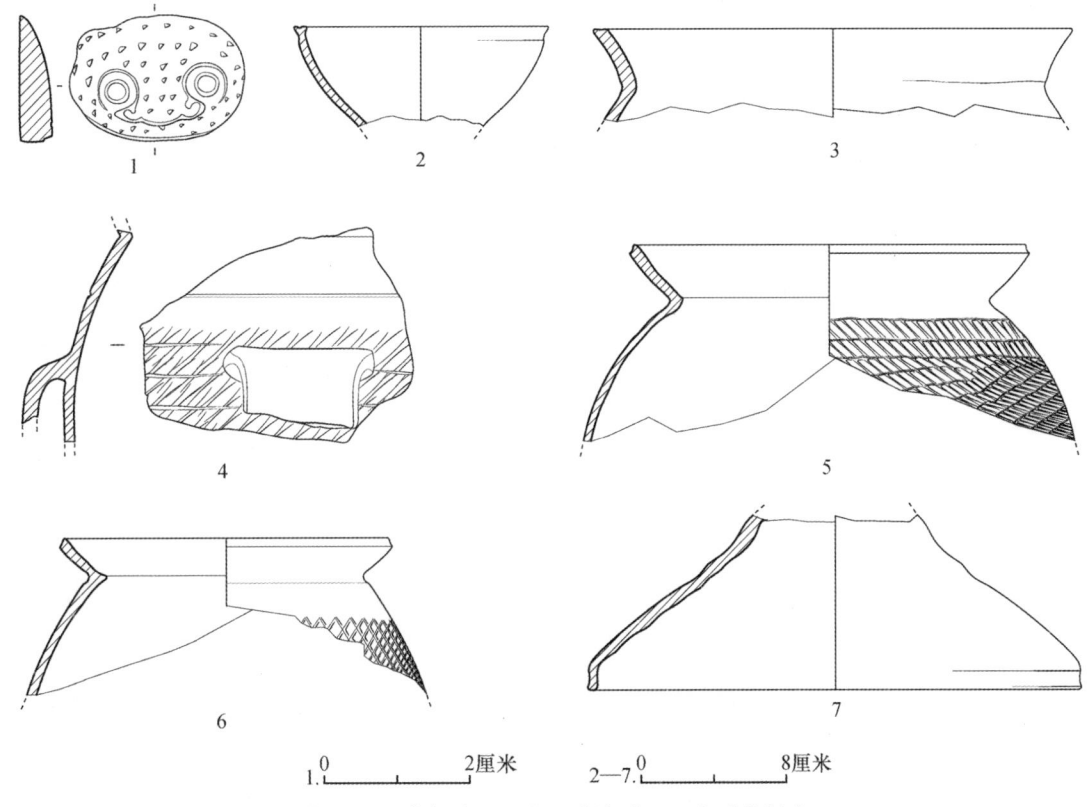

图2.387b 曹闷（Y135）、南沟（Y134）采集标本
1. 兽面石刻（Y135∶1） 2. 碗（Y134∶7） 3、5、6. 中口罐（Y134∶4、Y134∶1、Y134∶2） 4. 瓮（Y134∶5）
7. 器盖（Y134∶6）

（底）等，多为龙山晚期遗物。无典型标本。

兽面石刻 Y135∶1，紫色砂岩。残片。琢磨兼有。椭圆形，琢有小麻点纹，刻有兽面眼、鼻、口形纹。残长2.4、残宽1.7、残厚0.4厘米（图2.387b，1）。

石毛坯 Y135∶2，石灰岩，表面已严重风化。残断。打制。扁平长条形，断面呈椭圆形，两侧及顶均呈双面刃状，刃部残断。残长18.4、宽12.5、厚2.7厘米。

（3）基本认识

该遗址规模较小，以龙山晚期遗存为主，见有少量疑似仰韶、东周时期碎陶片。发现疑似裴李岗陶片，具体内涵尚需进一步调查。遗址部分已被水库淹没，分布范围可能至村庄所在山坡处。

369. 王闲（Y136）

（1）概况

位于郑州巩义市鲁庄镇里河行政村王闲自然村北，王闲与姚闲之间，打磨沟两侧，里河北岸，乡道X080公路北侧（图2.388）。面积约2.5万平方米。地理坐标北纬34°34′43.79″，东经112°55′08.31″，海拔约385米。地势四周陡高，中间沿河段较为平坦，属山间小盆地，地表现为村庄、林地。

初查时间2001年1月1日，复查时间2017年7月19日。

图2.388　王闲（左上为北）

（2）主要发现

遗物主要分布于沿河处，密度较小。采集陶片12片，其中口沿1片、腹片10片、底片1片。疑似东周时期，部分遗物可晚至汉代。无典型标本。

（3）基本认识

该遗址可能为里河岸边的一处规模较小的汉代遗址，见有少量疑似东周遗存。

370. 南沟（Y134）

（1）概况

位于郑州巩义市鲁庄镇外河行政村南沟自然村乡道X082西的曹河南岸（图2.389）。面积约1万平方米。地理坐标北纬34°35′07.75″，东经112°54′26.89″，海拔约363米。遗址所在山前台地，西靠曹坡山，东北临曹河水，周围地势高亢起伏很大，地貌相对比较平坦。周边地势与坞罗西坡遗址所处地势近似，地表现为林地、菜地。

遗址初查时间2000年12月31日，复查时间2017年7月19日。

图2.389 南沟（右为北）

（2）主要发现

在断崖剖面上暴露出灰坑，编号H1，取浮选土样3袋。

地表陶片较多，密度较大。采集石器2件，陶片75片，其中口沿12片、腹片59片、底片4片。陶片可辨认器形有泥质卷沿罐、中口罐、小口高领瓮、瓮、盆、豆、碗、器盖，属于龙山晚期。标本7件。

中口罐　4件。Y134：1，口沿。夹砂黑皮陶。折沿，方唇，沿面有一道凹槽，束颈，溜肩。饰方格纹。口径21.4、残高10.4厘米（图2.387b，5）。Y134：2，口沿。夹砂黑皮陶。折沿，方唇，束颈溜肩。饰方格纹。口径17.5、残高8.3厘米（图2.387b，6）。Y134：3，腹片，夹砂灰陶。饰方格纹。残高11.2、残宽8.5厘米。Y134：4，口沿。泥质黑皮陶。直领外侈，方唇，溜肩。磨光。口径25.5、残高4.9厘米（图2.387b，3）。

瓮　Y134：5，肩腹部。泥质灰陶。肩部磨光，饰一周凹弦纹，腹部饰弦断篮纹，附有一桥形大錾。残宽14.9、残高11.6厘米（图2.387b，4）。

器盖　Y134：6，口沿。泥质灰陶。口沿直沿，圆唇，斜壁上收，顶残。素面。口径26.6、残高9.2厘米（图2.387b，7）。

碗　Y134：7，口沿。夹砂灰陶。侈口，直沿，方唇，唇面有一道凹槽，沿外有一道凹槽，斜腹下收，底残。素面。口径13.1、残高5.3厘米（图2.387b，2）。

（3）基本认识

该遗址规模较小，是一处文化内涵较为单纯的龙山晚期遗址。

371. 虎山坡南（Y229）

（1）概况

位于郑州巩义市鲁庄镇虎山坡村西南，曹河水库北侧泄洪槽北台地上（图2.390）。面积0.5万平方米。地理坐标北纬34°35′50.30″，东经112°53′54.46″，海拔335米。北侧为山坡，台地地势较为平坦，地表现为农田。

初查时间2005年6月3日，复查时间2015年3月21日，2017年7月19日。

图2.390　虎山坡南（上为北）

（2）主要发现

遗址西侧靠近泄洪渠处的剖面上发现了仰韶文化早期灰坑，东侧扰土剖面有少量碎陶片，但非文化层。

采集陶片9片。2片为周代，西周晚期粗绳纹鬲残片1片。4片泥质橙黄陶、2片泥质红陶及1片灰陶，可辨器形有钵、盆、盖等，为仰韶早、中期。无典型标本。

（3）基本认识

该遗址可能以仰韶文化早、中期遗存为主，少量西周晚期，面积较小。可能大部已被水库破坏。

372. 曹河水库西（Y133）

（1）概况

位于郑州巩义市鲁庄镇后林村新后沟东，曹河水库西的曹河南岸，乡道X080后林至关帝庙公路北，蓄水池北，南北向小冲沟两侧（图2.391）。面积约6万平方米，其中仰韶遗存主要见于西北部，面积约1万平方米。地理坐标北纬34°35′47.25″，东经112°53′31.94″，海拔约316米。地表现为林地。

初查时间2000年12月30、31日，复查时间2017年7月19日。

图2.391　曹河水库西（上为北）

（2）主要发现

冲沟西北角散见仰韶陶片，未见遗迹现象。周代陶片分布范围较大，密度较小，采集了碎片，无标本。共采集陶片26片，其中口沿1片、腹片25片。多为东周时期，少量为仰韶时期，可辨认器形有夹砂叠唇敛口瓮、尖底瓶、盆、尖底缸底等，属于仰韶文化晚期。标本1件。

瓮　Y133:1，口沿。夹砂褐陶。敛口，圆唇，沿外包边成棱，斜腹。素面。残宽5、残高2.2、厚0.8厘米。

（3）基本认识

该遗址规模不大，被砖厂取土破坏殆尽，可能以东周时期的遗存为主，但地表陶片分布较稀疏。见有少量仰韶文化晚期遗存，主要分布于遗址西北部。

373. 后林东南（Y230）

（1）概况

位于郑州巩义市鲁庄镇后林村东南600米，乡道X080南350米，后林至崔洼大路两侧。中心区在井房附近（图2.392）。面积不详。地理坐标北纬34°35′38.58″，东经112°53′28.12″，海拔340—353米。地势南高北低，坡地被开辟成梯田。地表现为梯田。

初查时间2000年12月31日，复查时间2015年3月21日，2016年3月1、2日，2017年7月19日。

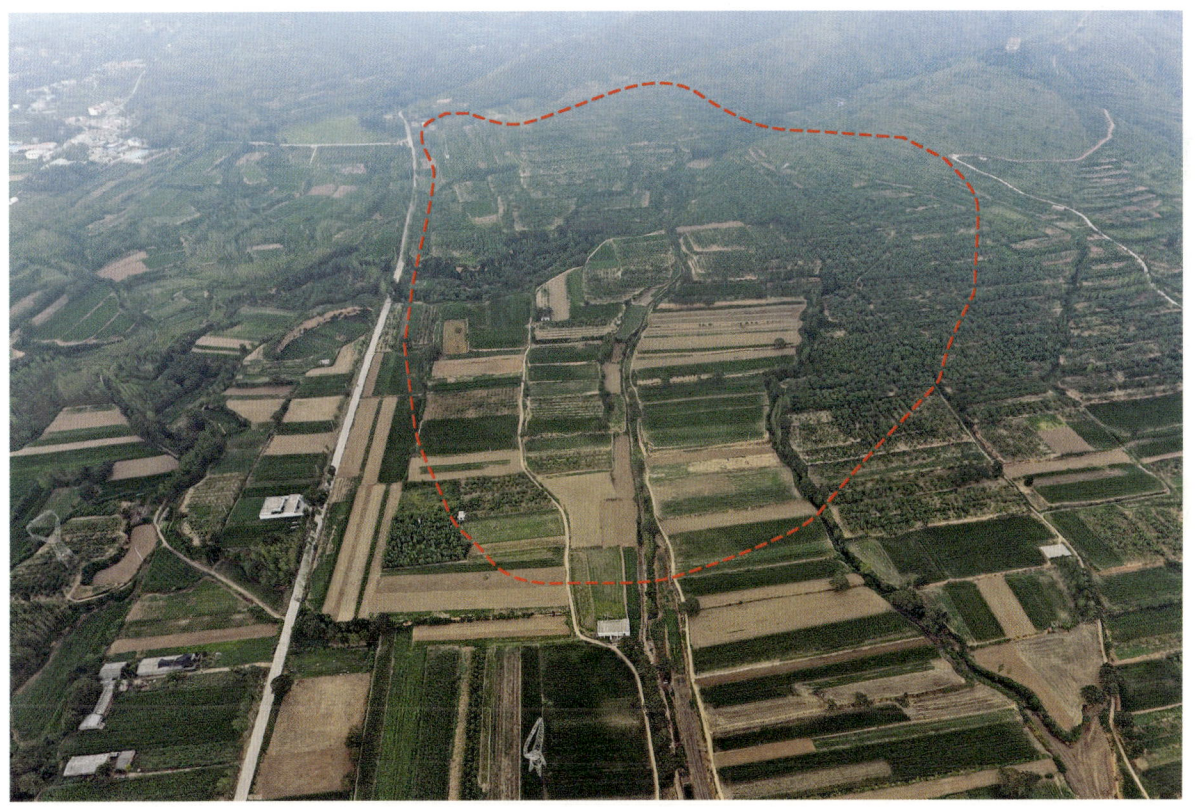

图2.392　后林东南（左为北）

（2）主要发现

地表散见燧石石片、石核等，分布范围较大，未见到原生堆积地点。中心区应该在井房附近。

（3）基本认识

该地点可能为旧石器时代晚期的遗址点。多见燧石石片、石核，属旧石器时代晚期早段小石片工艺传统，估计年代距今3万—5万年。

374. 北后沟东（Y137）

（1）概况

位于郑州巩义市鲁庄镇后林村后沟老村东，后沟至虎山坡小路南，曹河北岸。与新后沟东（Y131）南北隔河相望（图2.393a）。面积约0.5万平方米。地理坐标北纬34°36′01.18″，东经112°53′16.44″，海拔约310米。地表现为农田。

初查时间2001年1月1日，复查时间2017年7月19日。

图2.393a 北后沟东（上为北）

（2）主要发现

地表散见陶片，密度较小。采集石器2件，陶片12片，其中口沿1片、腹片11片。多为二里岗文化，少量属于东周至汉代。

石球 Y137：3，白云岩。琢磨兼制。椭圆形球体。长径3.2、短径3、厚2.6厘米（图2.393b，2）。

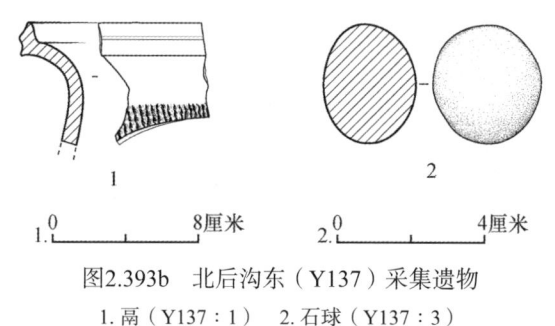

图2.393b 北后沟东（Y137）采集遗物
1. 鬲（Y137：1） 2. 石球（Y137：3）

砺石 Y137：4，黄褐砂岩。打制。顶面光滑，有切割痕迹。残长6.2、残宽6.1、厚3厘米。

鬲 2件。Y137：1，口沿。夹砂灰陶。折沿，方唇，唇面有一道凸棱，沿面内凹，直腹。饰绳纹。残宽6.1、残高6.5厘米（图2.393b，1）。Y137：2，腹片。夹砂褐陶。饰绳纹。残宽8.2、残高10厘米。

（3）基本认识

该遗址面积较小，疑似二里岗文化遗存为主，兼有少量东周至汉代遗物。

375. 北后沟北（Y138）

可能为战国至汉代遗址，详见附表。

376. 北后沟西北（Y139）

（1）概况

位于郑州巩义市鲁庄镇后林村后沟老村西北，曹河北岸，小冲沟北，东一干渠东北侧（图2.394a）。面积约3.75万平方米。地理坐标北纬34°36′18.36″，东经112°52′49.89″，海拔约300米。遗址所在临河台地地势高亢，上部较为平坦，高出河床30余米。地表土壤以黄土夹料姜石土为主，不如南岸肥沃，现为苗圃。

初查时间2001年1月2日，复查时间2007年11月10日，2017年7月19日。

图2.394a　北后沟西北（上为北）

（2）主要发现

在近渠处的现代窑洞院内发现2个灰坑，编号H1、H2。向西北约200米，仰韶陶片渐多，也多有灰坑发现，2007年复查时，在现代窑洞顶部也发现了灰坑，编号H3。3个灰坑均属仰韶时期。采集石器5件，陶片81片，其中口沿10片、腹片66片、底片5片。遗物以仰韶时期为主，少量龙山时期，东周时期的遗物未采集。

石斧　Y139∶14，辉绿岩。残断。琢磨兼制。长方梯形。圆弧状顶，一面平整，一面微鼓，刃部残断。残长10.6、宽7.1、厚5.7厘米。

砺石　Y139：15，黄褐砂岩。扁平梯形。残长8.1、残宽6.6、厚3.1厘米（图2.394b，2）。

石凿　Y139：16，辉绿岩。完整。琢磨兼制。近长条形，单面弧刃，圆弧顶，器身不规整，刃部使用痕迹明显。长11.4、宽4.6、厚3.8厘米（图2.394b，1）。

石砍砸器　Y139：17，白云岩。打制。利用打击石块，将其与打击点对应的一面作为刃部，打制成双面弧刃状，刃部使用痕迹明显。长9.4、宽11.4、厚3.8厘米（图版二八八，5）。

磨石　Y139：18，石英岩砂。琢磨兼制。残断。宽厚梯形。残长6.4、宽8.6、厚3.9厘米。

1）仰韶文化

数量相对较多，可辨认器形有泥质彩陶罐、夹砂弦纹罐、小钵形罐、内折沿缸、花边缸、钵、豆、双腹浅腹盆等，属于仰韶文化晚期。标本12件。

夹砂弦纹罐　2件。Y139：1，口沿。夹砂褐陶。折沿，方唇，溜肩。肩饰凹弦纹。口径19、残高4.1厘米（图2.394b，4）。Y139：3，腹片。夹砂褐陶。肩饰凹弦纹及一周附加堆纹。残宽11.7、残高8.7、厚0.9厘米（图2.394b，7），也可能为鼎。

泥质彩陶罐　Y139：4，口沿。泥质红陶。直领外侈，圆唇，溜肩。素面。残宽4.5、残高4.5厘米（图2.394b，6）。

缸　5件。Y139：2，口沿。夹砂褐陶。敞口，直沿微敛，方唇，唇面饰三周凹弦纹。素面，沿外有两周附加堆纹。残宽9.9、残高5厘米（图2.394b，13）。Y139：5，口沿。夹砂灰陶。敞口，直沿，方唇，沿内加厚呈敛口，沿外饰两周绳纹，腹部饰凹弦纹。残长4.6、残高5.7厘米（图2.394b，12）。Y139：6，口沿。泥质灰陶。内折沿敛口，尖唇，直腹微弧。磨光，夹饰数周凹弦纹。残宽14.8、残高12.6厘米（图2.394b，3）。Y139：7，腹片。泥质灰陶。饰凹弦纹。腹径40.1、残高18厘米（图2.394b，11）。Y139：8，口沿。泥质灰陶。敞口微敛，方唇，沿外饰数周凹弦纹，腹饰每组三周凸弦纹。口径36.9、残高28厘米（图2.394b，10）。

钵　Y139：9，可复原。泥质红陶。直沿，圆唇，腹部下收成平底。素面。口径20.9、底径8.5、高8.1厘米（图2.394b，8）。

盆　Y139：11，腹片。泥质褐陶。敞口，残唇，沿内出一道凸棱，折腹。素面。残宽8.1、残高6.3、厚0.7厘米（图2.394b，9）。

豆　Y139：10，口沿。泥质灰陶。敞口，直沿，圆唇，腹部有一道凹槽。素面。口径21.5、残高5厘米（图2.394b，5）。

彩陶片　Y139：12，泥质灰陶。饰黑彩不规则圆形纹。残高5.2、残宽8.8厘米。

2）龙山文化

数量较少，见有夹砂罐等器形，属于龙山早期。标本1件。

罐　Y139：13，口沿。夹砂灰陶。直领外侈，圆唇，卷沿，溜肩。饰竖篮纹。口径13.5、残高5.2厘米（图2.394b，14）。

3）东周时期

东周遗物未采集，时段不详。

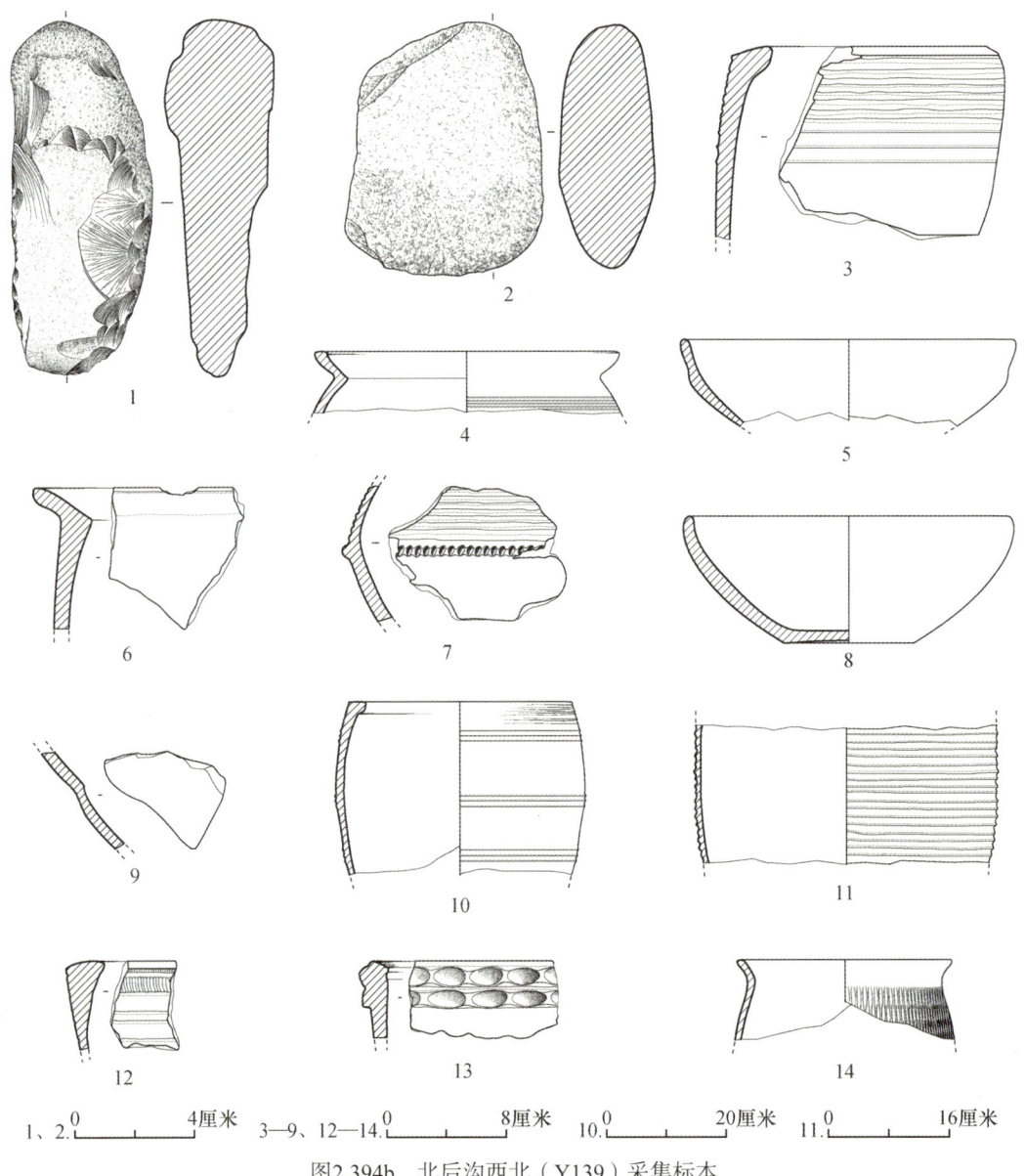

图2.394b 北后沟西北（Y139）采集标本

1.石凿（Y139：16） 2.砺石（Y139：15） 3、10—13.缸（Y139：6、Y139：8、Y139：7、Y139：5、Y139：2）
4、7.夹砂弦纹罐（Y139：1、Y139：3） 5.豆（Y139：10） 6.泥质彩陶罐（Y139：4） 8.钵（Y139：9） 9.盆
（Y139：11） 14.罐（Y139：13）

（3）基本认识

该遗址文化内涵相对复杂，以仰韶文化晚期（过渡期）至龙山早期和疑似东周的遗存为主。该遗址顺河向西北，东至南侯，北至鲁庄东公路北之大沟，无任何汉代以前遗物发现。此区域内水系少，冲沟深，从西侯西大沟北向北，东至新建西侯西至回郭镇的公路，逾5千米，直达回郭镇，除了在个别地点有零星的汉代空心砖发现，未见任何遗址。该区域除安头村外，从鲁庄东河（曹河）东至回郭镇，方圆五千米范围内也少见现代村庄，具体原因值得探究。

377. 新后沟窑厂东（Y132）

（1）概况

位于郑州巩义市鲁庄镇后林村新后沟窑厂东的曹河南岸，后林至关帝庙公路（X080）北高台地上。台地南临冲沟，北临曹河，东有冲沟，西隔几道台阶地与新后沟东（Y131）相望，间距约50米（图2.395a）。面积约2.25万平方米。地理坐标北纬34°35′50.82″，东经112°53′19.27″，海拔约304米。地表现为核桃林。

初查时间2000年12月31日，复查时间2007年11月10日、2017年7月19日。

图2.395a　新后沟窑厂东（上为北）

（2）主要发现

在台地西南部的一座现代窑洞剖面上暴露出1个灰坑，编号H1。在东北角也有1个灰坑挂在壁上，因距地面太高不易照相，未采集标本。2007年复查时，在北剖面中部发现1灰坑，编号H2，采集了浮选土样及残留物分析标本。

陶片分布密度较大，采集石器4件，陶片74片，其中口沿19片、腹片50片、底片5片。东周和汉代陶片未采集标本。二里头文化陶片可辨认器形有罐形鼎、深腹罐、圆腹罐、矮领瓮、刻槽盆、盆、大口尊、小尊、豆等。属于二里头文化二至四期。

燧石核　Y132：9，燧石。残断。大体呈自然状态，近三棱体，一棱边剥石叶痕迹明显。残长5.3、宽3.4、厚2.7厘米。

砺石　3件。Y132：8，紫砂岩，经火烧过。残断。近长方形柱体。残长11.7、宽5、厚4.4厘米。Y132：10，石英砂岩。残块。一个磨面，其余断面。残长6、残宽4、厚4.6厘米（图版二八八，6）。Y132：11，石英砂岩。残块。一个磨面，其余断面。残长4.3、残宽6.4、厚4.5厘米（图版二八九，1）。

深腹罐　3件。Y132：1，口沿。夹砂灰陶。折沿，圆唇，束颈，直腹微弧。饰绳纹。口径20.4、残高5厘米（图2.395b，8）。Y132：2，口沿。夹砂灰陶。卷沿，方唇，直腹微弧。饰绳纹。口径21.3、残高10.5厘米（图2.395b，7）。H1：1，口沿。夹砂灰陶。卷沿，方唇，束颈，直腹微弧。饰绳纹。口径20.1、残高20.2厘米（图2.395b，6）。

圆腹罐　5件。Y132：3，口沿。夹砂灰陶。卷沿，方唇，唇面有一对三角形小錾，束颈。素面。口径14.7、残高2.9厘米（图2.395b，5）。H1：2，复原。夹砂灰陶。侈口，方唇，束颈，溜肩，圆腹，底残。腹饰绳纹。口径14.9、底径7.9、高15.6厘米（图2.395b，3）。H1：3，复原。夹砂灰陶。侈口，方唇，唇面微凹，束颈，溜肩，圆腹，底残。饰绳纹。口径16.1、底径8.6、高16.5厘米（图2.395b，4）。H1：4，口沿。夹砂灰陶。侈口，方唇，唇面微凹，唇面附一对三角形小錾，束颈，颈部有一周凸弦纹，溜肩，圆腹。饰绳纹。口径13.7、

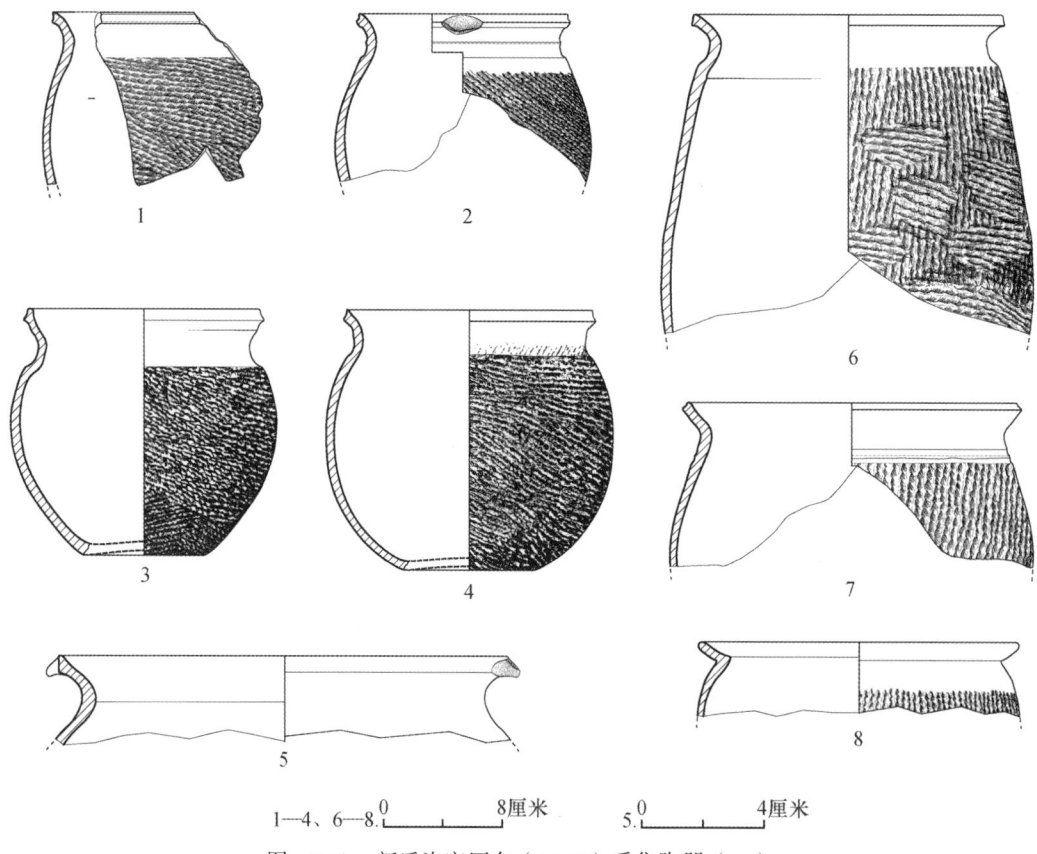

图2.395b　新后沟窑厂东（Y132）采集陶器（一）

1—5.圆腹罐（H1：5、H1：4、H1：2、H1：3、Y132：3）　6—8.深腹罐（H1：1、Y132：2、Y132：1）

残高10.7厘米（图2.395b，2）。H1：5，口沿。夹砂黑皮陶。侈口，方唇，唇面一道凹槽，溜肩，圆腹。饰绳纹。残宽11.1、残高11.2、厚0.5厘米（图2.395b，1）。

大口尊　4件。Y132：4，口沿。泥质灰陶。直领外侈，圆唇，折肩。磨光，颈部饰一周凸弦纹，肩部饰两周凹弦纹夹指甲纹，腹部饰两周凹弦纹，以下残。内壁有麻点。口径42.9、残高10厘米（图2.395c，2）。Y132：5，肩部。泥质灰陶。肩部饰两周凹弦纹夹绳纹，折腹处饰附加堆纹，腹饰绳纹。残宽4.5、残高4.8厘米（图2.395c，1）。H1：6，口沿。泥质灰陶。敞口，沿外卷，圆唇，溜肩。颈部饰一周凸弦纹，肩饰绳纹夹一周附加堆纹，腹饰绳纹。残宽13.5、残高12.6、厚0.9厘米（图2.395c，4）。H1：7，口沿。夹砂灰陶。直领外侈，方唇，宽溜肩。颈部饰一周凸弦纹，肩部饰绳纹夹一周附加堆纹，腹饰绳纹。口径31、残高10.8厘米（图2.395c，5）。

矮领瓮　Y132：6，口沿。泥质灰陶。圆唇，矮领，斜肩，肩饰两周凹弦纹。磨光，内壁有麻点。残宽11.3、残高3、厚0.6厘米（图2.395c，6）。

豆　Y132：7，柄座。泥质褐陶。喇叭口圈足，外沿面上方有一道凹槽，柄部有一对穿镂孔及两周凹弦纹。磨光。足跟直径12.2、残高12.8厘米（图2.395c，3）。

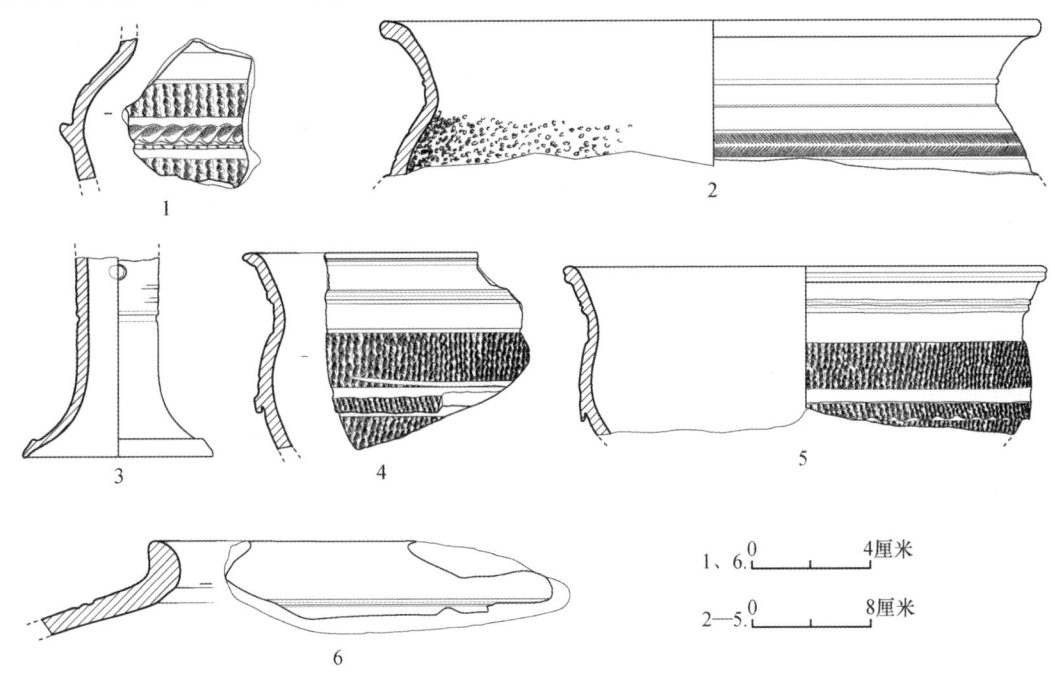

图2.395c　新后沟窑厂东（Y132）采集陶器（二）
1、2、4、5.大口尊（Y132：5、Y132：4、H1：6、H1：7）　3.豆（Y132：7）　6.矮领瓮（Y132：6）

（3）基本认识

该遗址以二里头二至四期文化遗存为主，见有少量战国至汉代陶片。该遗址距旧石器地点后林东南（Y230）约500米，从出土燧石石核来看，不排除有旧石器晚期遗存的可能性。遗址受流水侵蚀严重，沟壑较多，加上建窑洞等人为破坏，保存较差。

378. 新后沟东（Y131）

（1）概况

位于郑州巩义市鲁庄镇后林村新后沟东，曹河南岸，瓷砖厂以北的孤立台地上（图2.396a）。面积约1.5万平方米。地理坐标北纬34°35′55.55″，东经112°53′07.90″，海拔约293米。地表现为农田、蔬菜大棚。

初查时间2000年12月31日，复查时间2017年7月19日。

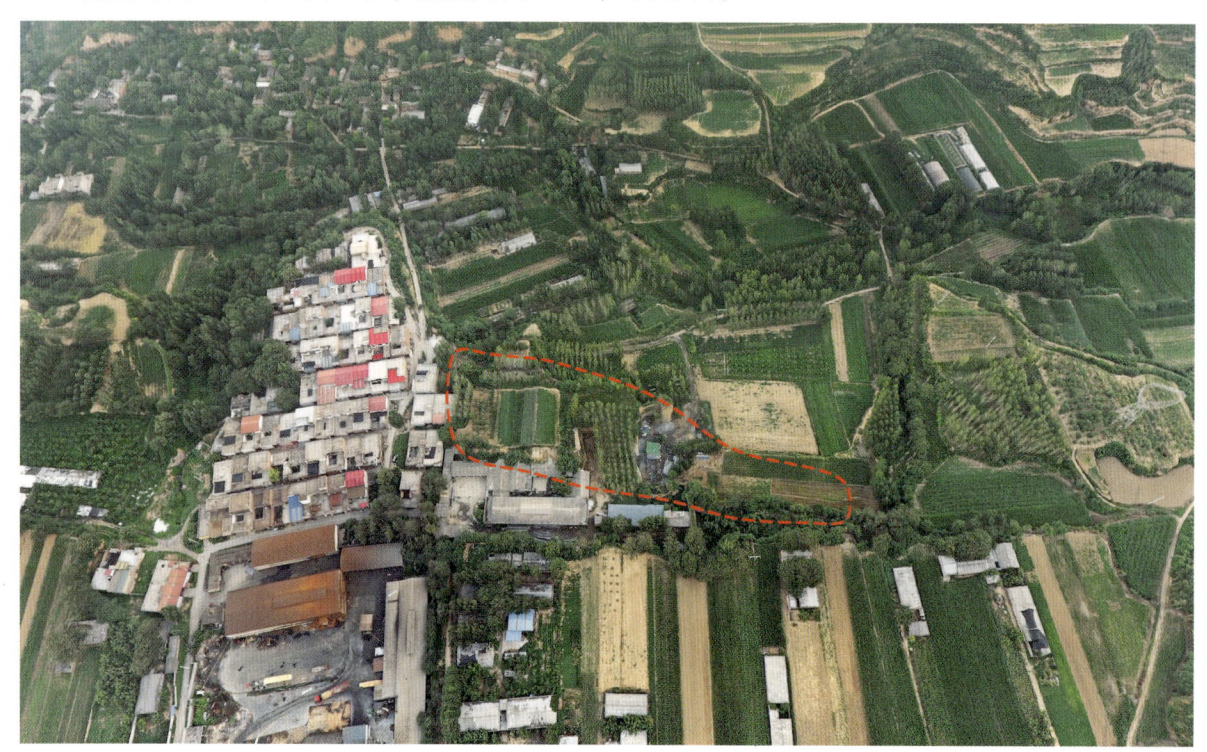

图2.396a　新后沟东（上为北）

（2）主要发现

在遗址所处的土台自下的第二级台阶靠北部河岸处，发现1座龙山灰坑，可能与新后沟（Y130）属于一体，未采集标本。

地表陶片不多，采集陶片13片，其中口沿3片、腹片6片、底片2片、足2件。其中3片褐红陶疑似仰韶晚期的盆和罐底，少量周、汉陶片。多数陶片为二里岗时期，可辨认器形有鬲、深腹罐等。标本3件。

深腹罐　Y131:1，口沿。夹砂灰陶。折沿，方唇，沿面内凹，直腹。饰绳纹。口径33.8、残高9厘米（图2.396b，8）。

鬲　Y131:2，口沿。夹砂灰陶。卷沿，圆唇，溜肩，圆弧腹。饰绳纹。口径14.6、残高10厘米（图2.396b，10）。

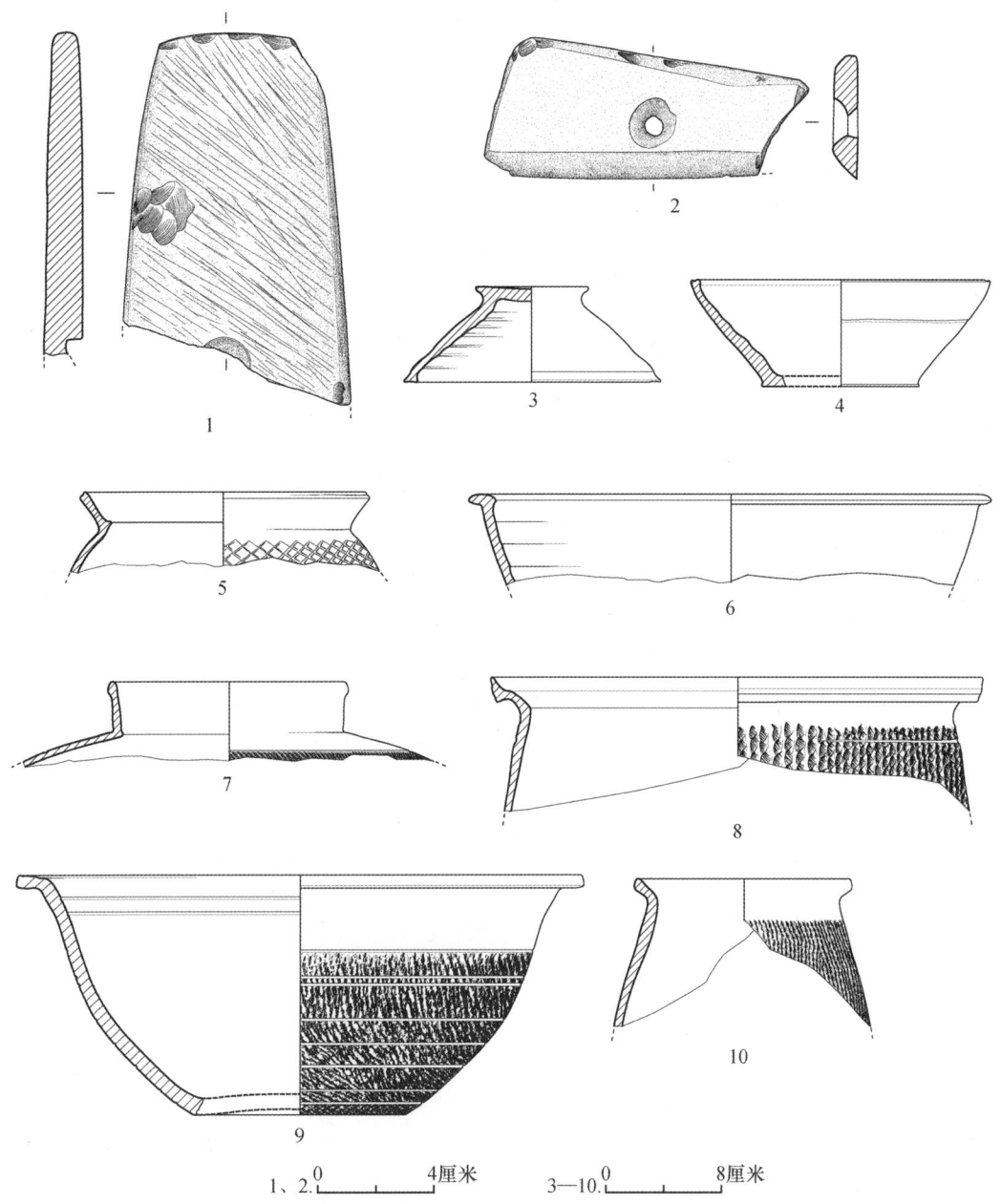

图2.396b 新后沟东（Y131）、新后沟（Y130）采集标本
1. 石铲半成品（Y130:7） 2. 石刀（Y130:6） 3. 器盖（Y130:2） 4. 碗（Y130:5） 5. 罐（Y130:1）
6、9. 盆（Y130:4、Y131:3） 7. 瓮（Y130:3） 8. 深腹罐（Y131:1） 10. 鬲（Y131:2）

盆 Y131:3，口沿。泥质黑灰陶。卷沿，圆唇，斜腹缓收，底残。饰弦断绳纹。口径38.6、底径14.5、残高16厘米（图2.396b，9）。

（3）基本认识

该遗址以二里岗文化遗存为主，见有龙山晚期灰坑和少量疑似仰韶晚期及东周、汉代遗物碎片。结合附近几处遗址的分布规律及地貌观察，原河道应偏北，可能受上游水库影响及人为取土破坏等，后河流改道，将该遗址分割成孤台。附近沟壑众多，地貌变动较大，不太稳定。

379. 新后沟（Y130）

（1）概况

位于郑州巩义市鲁庄镇后林村新后沟西，圆形水池东，后林村北乡道X080以北120米，曹河南岸（图2.397）。龙山遗存分布在遗址东南侧，面积约1万平方米。地理坐标北纬34°35′53.46″，东经112°53′00.16″，海拔约293米。地表现为农田、林地。

初查时间2000年12月31日，复查时间2017年7月19日。

图2.397 新后沟（上为北）

（2）主要发现

在废弃的砖厂内，发现了龙山文化陶片，砖窑剖面见有灰坑3个，编号H1—H3。

H1：陶片口沿较碎小，可辨认器形有中口罐、豆。时代为龙山晚期。采集了浮选土样。

H2：陶片均小碎片，无口沿。采集了浮选土样。

H3：未采集陶片，见有人骨、木炭等。

遗址被砖厂破坏殆尽，地表散见较多陶片，密度较大。采集石器6件，鹿角1件，陶片84

片，其中口沿16片、腹片62片、底片6片。陶片可辨认器形有大口罐、小口高领瓮、盆、豆、罐、瓮、器盖。以龙山文化晚期陶片为主，少量周代陶片。陶器标本5件。

石刀　Y130：6，细砂岩。磨制。残断。略呈梯形，单面斜直刃，直背，中部有一对穿圆孔，孔径1厘米。残长11.2、宽4.7、厚1厘米（图2.396b，2）。

石铲半成品　Y130：7，石灰岩。磨制。残断。扁平梯形，断面呈圆角长方形，中部有一未钻透圆孔，从钻孔处断裂。残长12.5、宽7.8、厚1.4厘米（图2.396b，1）。

打制石片　3件。Y130：8，石英砂岩。长16.1、宽8.6、厚3.4厘米（图版二八九，2）。Y130：9，石英砂岩。长9.3、宽7.6、厚2厘米（图版二八九，3）。130：10，玄武岩。残长4.7、残宽3.1、厚4厘米（图版二八九，4）。

白烧石　Y130：11，白云岩。因其不属于石灰岩石料，未烧成石灰。长7、宽5、厚1.9厘米（图版二八九，5）。

罐　Y130：1，口沿。夹砂黑皮陶。折沿，方唇，溜肩。饰方格纹。口径19.1、残高5.3厘米（图2.396b，5）。

瓮　Y130：3，口沿。泥质黑陶。直领外侈，圆唇，广肩较平。磨光，肩部饰有一周刻划纹，内壁有麻点。口径15.9、残高5.8厘米（图2.396b，7）。

盆　Y130：4，口沿。泥质黑陶。折沿，圆唇，沿面微鼓，沿内出一道凸棱，直腹微斜。磨光。口径34、残高6.1厘米（图2.396b，6）。

碗　Y130：5，可复原。泥质灰陶。敞口，方唇，唇面有一道凹槽，斜腹下收成平底。素面。口径19.8、底径11、高7.1厘米（图2.396b，4）。

器盖　Y130：2，可复原。夹砂灰陶。下口沿敞口，方唇，外沿面有一道凹槽，斜腹，假圈足平底握手，顶面外凸成棱。口径15.9、顶径7.8、高6.4厘米（图2.396b，3）。

（3）基本认识

该遗址规模较小，以龙山晚期遗存为主，其范围与后沟（Y129）部分重合。少量战国陶片归入后沟（Y129）。整理中未见明确的属于二里头文化一期的遗存。大部分已被砖厂破坏，保存较差。

380. 后沟（Y129）

（1）概况

位于郑州巩义市鲁庄镇后林村新后沟西，圆形水池周围，后林村北乡道X080以北120米，曹河南岸（图2.398a）。面积约7.5万平方米。地理坐标北纬34°35′53.46″，东经112°52′56.10″，海拔约246米。地表现为苗圃、农田、林地。

初查时间2000年12月31日，复查时间2017年7月19日。

图2.398a 后沟（上为北）

（2）主要发现

汉代遗存较多，发现了陶窑，难以确定具体时段。据当地村民说，出土过较多两缸套接的瓮棺葬，亦不能确定属东周还是汉代遗存。

地表遗物较多，多为砖瓦残块，密度较大。采集陶盆口沿2片，瓦片4片，完整瓦1件，已烧变形，部分属于战国时期，部分可能已到汉代。标本6件。

瓦　5件。Y129：1，筒瓦。残断。泥质灰陶。半圆形。外面半截素面，半截饰绳纹，内素面无布纹。残宽14.3、残长17.2厘米。Y129：4，筒瓦。完整。泥质灰陶。子母口，走形已近平。外饰绳纹，内有布纹。残长34.9、残宽16.8厘米（图2.398b，5）。Y129：3，口沿。泥质灰陶。折沿，方唇，沿面微鼓，唇面有一道凹槽，直腹。素面。残宽7.9、残高4.8、厚0.7厘米（图2.398b，4）。Y129：5，板瓦。残块。泥质灰陶。直沿，方唇。烧制过程中严重变形。外饰绳纹，内有布纹。残长13.1、残宽9.5厘米（图2.398b，1）。Y129：6，板瓦。残块。泥质灰陶。仅存小头一块。外饰绳纹，内有布纹。残长13.2、残宽11.4、厚1厘米（图2.398b，2）。

盆　2件。Y129：2，口沿。泥质灰陶。折沿，方唇，沿面较平，唇面有一道凹槽，直腹。素面，有瓦棱。口径37.7、残高11.3厘米（图2.398b，6）。

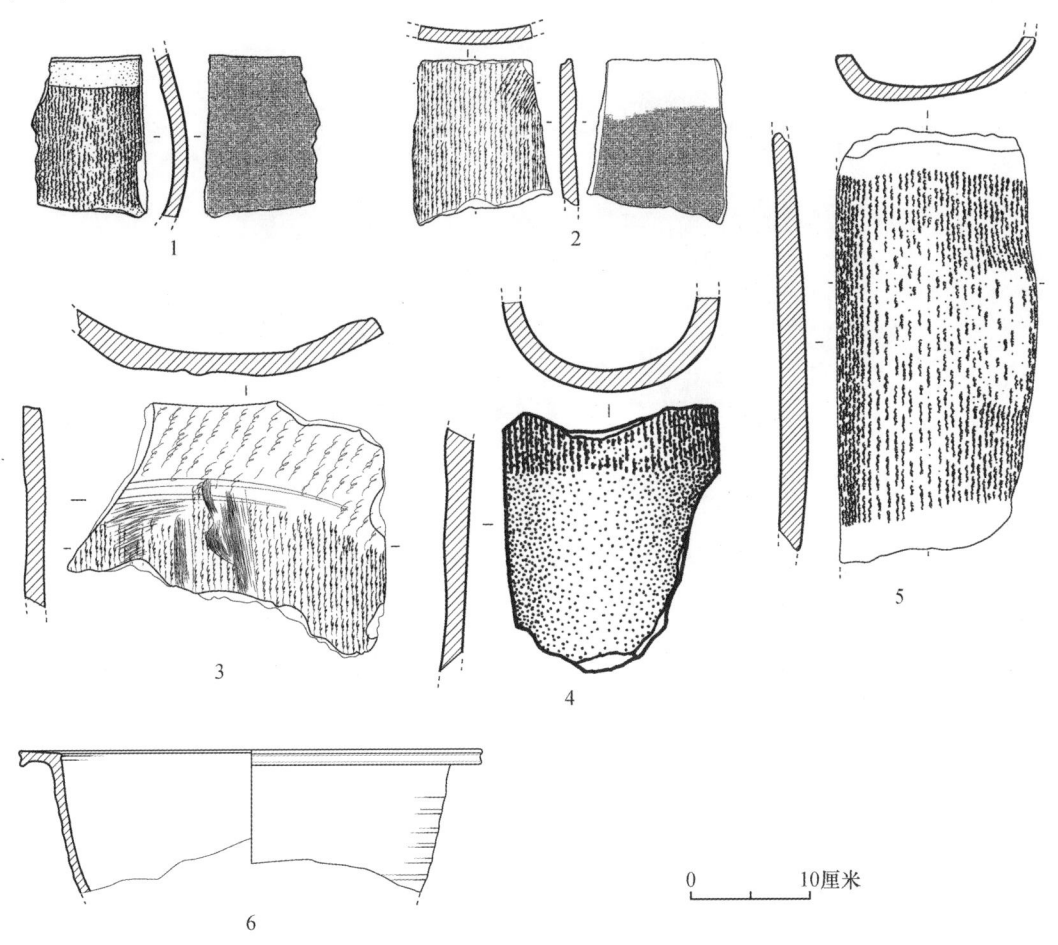

图2.398b　后沟（Y129）、鲁庄东北（Y128）采集标本
1—5.瓦（Y129：5、Y129：6、Y128：1、Y129：3、Y129：4）　6.盆（Y129：2）

（3）基本认识

该遗址规模相对较大，遗存以战国至汉代为主。新后沟（Y130）发现遗物并入该遗址。受砖厂取土破坏较甚，东周与汉代遗存不易详细区分。

381. 鲁庄东北（Y128）

（1）概况

位于郑州巩义市鲁庄镇鲁庄村东北曹河西岸台地上。X058县道以东回郭镇至赵城公路东侧，正对鲁庄村北公路西拐处（图2.399）。面积约8万平方米。可能为已报道的鲁庄遗址[①]。地理坐标北纬34°37′34.28″，东经112°52′18.30″，海拔约246米。地表现为林地、农田。

2000年12月28日初查，2017年7月22日复查。

图2.399　鲁庄东北（左为北）

（2）主要发现

断崖剖面见有灰坑，编号H1。地表遗物较多，多为砖瓦残块，密度较大。采集陶片11片，其中口沿4片、腹片7片。多为汉代遗物，少量为东周时期。

瓦　Y128：1，板瓦。残块。泥质灰陶。大头残断，小头直口，方唇，上部饰斜绳纹，其下为两道弧形凹弦纹，再下饰纵绳纹。残长20.5、残宽26、厚1.6厘米（图2.398b，3）。

（3）基本认识

之前报道中，该遗址见有仰韶文化遗存，调查和复查中未见。本次调查采集的遗物多属汉代，部分遗物可能早至东周晚期。

---

① 国家文物局：《中国文物地图集·河南分册》，中国地图出版社，1991年，第35页，18-A18。

（十四）沙河沟

又称仨沟河，沙河。发源于白云山北麓，其源有三：西源安头沟源于东侯村南，经东侯西南、北侯西南、安头村东汇入沙河沟；中源源于东侯村东，经北侯东北汇入八陵沟；东源源于桂花村张嘴寨，经桂花村西北折汇入八陵沟，之后汇入沙河沟。沙河沟北经由大院沟、柏坡西、里三沟、南罗东等村庄，在清易镇和回郭镇之间汇入伊洛河。

沿岸发现遗址较少，仅2处（图2.400）。

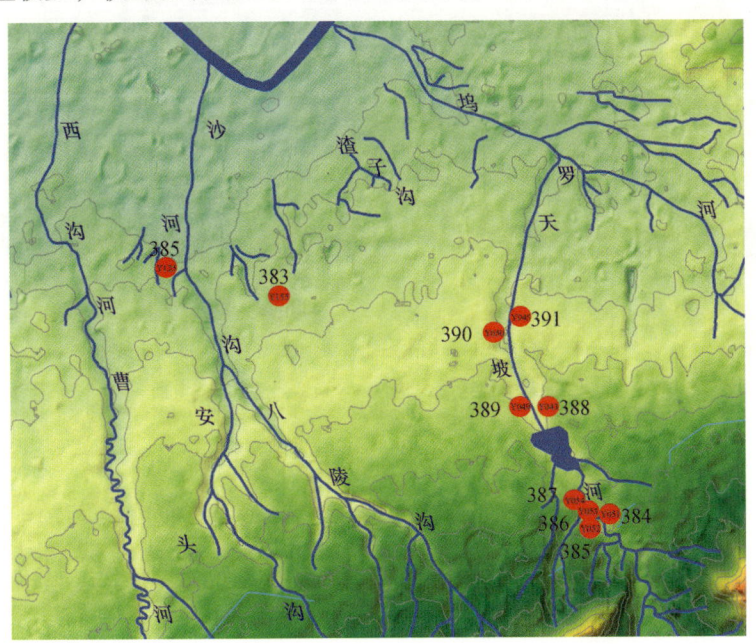

图2.400　沙河沟、天坡河流域遗址分布示意图

382. 南罗（Y125）

（1）概况

位于郑州巩义市回郭镇南罗村。具体位置为南罗村南，包括南罗村南部，东到乡道X046西侧，西到乡道X048东侧（图2.401a；图版二〇三，1）。南北800余米，东西500余米，面积24万平方米。地理坐标北纬34°40′04.48″，东经112°52′30.56″，海拔123—150米。地表现为农田、民居、厂房。

初查时间2001年1月4日，复查时间2017年7月22日。

（2）主要发现

地面散见大量的绳纹瓦片、砖块、空心砖块和汉代陶器残片，也见有少量两周时期遗存。采集陶片5片，其中口沿2片、腹片2片、圈足1件。

图2.401a 南罗（上为北）

1）西周时期

陶片数量较少，见有瓮等器形，疑似西周时期。标本1件。

瓮 Y125：1，口沿。泥质黑皮褐陶。直领尖圆唇，束颈，溜肩。素面。残宽4.8、残高5.9厘米（图2.401b，1）。

2）东周时期

陶片数量较少，见有圈足、盘等器形，疑似东周时期。标本2件。

圈足 Y125：2，完整。泥质灰陶。直沿，方唇，沿面上部有一周凹槽，束腰。与器物结合部断裂。素面。足跟直径8.6、高3.9厘米（图2.401b，2）。

平底盆 Y125：3，可复原。泥质灰陶。卷沿，圆唇，浅腹，平底。口径29.3、底径22.7、高4.1厘米（图2.401b，3）。

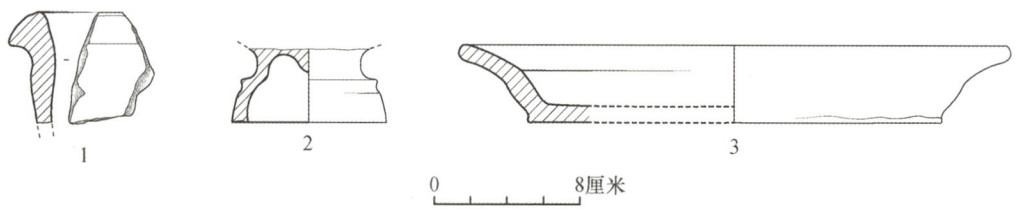

图2.401b 南罗（Y125）采集标本
1.瓮（Y125：1） 2.圈足（Y125：2） 3.平底盆（Y125：3）

（3）基本认识

该遗址面积较大，以汉代遗存为主，另外可能少量西周和东周时期遗物，具体范围不详。

383. 八陵西（Y155）

（1）概况

位于郑州巩义市芝田镇八陵村西，八陵沟东。具体位置为郑西高铁以北150米，乡道X044以西150米（图2.402；图版二〇三，2）。面积约0.5万平方米。地理坐标北纬34°39′58.75″，东经112°53′46.27″，海拔约173米。遗址所在地势自北向西南逐级抬高，形成一道道梯田，地表现为农田。

初查时间2001年6月14日，复查时间2017年7月22日。

图2.402　八陵西（右上为北）

（2）主要发现

未见遗迹现象。在一条南北向沟的沟头处东侧约250米的地方发现少量周代陶片。共采集陶片9片，其中口沿1片、腹片8片。个别疑似仰韶时期，多数为东周时期。无典型标本。

（3）基本认识

该地点所见遗物主要为东周时期，可能存在仰韶时期遗存。其所处位置相对独特，周围未发现任何遗址。调查者认为该地区为北宋时期的陵区所在，在修建陵墓的过程中，附近的遗址都被清理殆尽。是否如此，尚需更多工作证明。

（十五）天坡河

天坡河为伊洛河支流坞罗河的支流之一。发源于嵩山北麓的白云山和金牛山之间，在芝田镇南侧汇入坞罗河。

天坡河源头有二：西源为九山溪，源于窑岭盆地诸水，包括张沟及白云山南麓各个水流，流经窑岭、赵窑、山东村；东源为圣水河，包括五岭村、圣水、王沟等讲山北麓诸水，北流经车园，在李家窑与九山溪汇合，入天坡水库，后经堤东村东、河上村西、天坡、羽林庄村东、滹沱村西，在芝田南注入坞罗河。

沿岸共发现遗址8处（图2.400）。

384. 鳌坡（Y051）

（1）概况

位于郑州巩义市西村镇西村西南，坞罗河支流圣水河东岸，东一干渠渡槽北一椭圆形台地上。圣水河自南向北流过，地势高亢起伏较大，西北南三面被"几"字形河湾环绕（图2.403a）。面积约4万平方米。地理坐标北纬34°38′14.44″，东经112°57′19.90″，海拔247米。现地表为取土坑及厂房区。

图2.403a　鳌坡（左上为北）

1991年10月,巩义市文管所曾调查该遗址,发现了文化层、灰坑等遗迹,判定其为商代遗址,面积约8万平方米。因修建东一干渠,遗址已遭到严重破坏①。

初查时间1999年1月13日,复查时间2000年1月6日、2017年6月16日。

（2）主要发现

遗址被砖厂破坏严重,取土坑壁上裸露有文化层。地表采集陶片较多,但是分布密度不大。共采集陶片47片,其中腹片较多,计38片,口沿5片、底片4片。采集的遗物均为东周时期,未见有二里岗文化遗物。

甑　Y051：1,可复原。泥质灰陶。口残。直腹下收成平底,圆角梯形孔（残）。上腹部饰绳纹夹凹弦纹,下腹部素面。底径12.9、残高22.1厘米（图2.403b,5；图版四六四,6）。

盆　2件。Y051：2,口沿。泥质灰陶。平折沿,方唇。饰凹弦纹。口径30.1、残高3.8厘米（图2.403b,7）。Y051：3,口沿。泥质灰陶。平折沿,方唇。素面。口径31.4,残高4.8厘

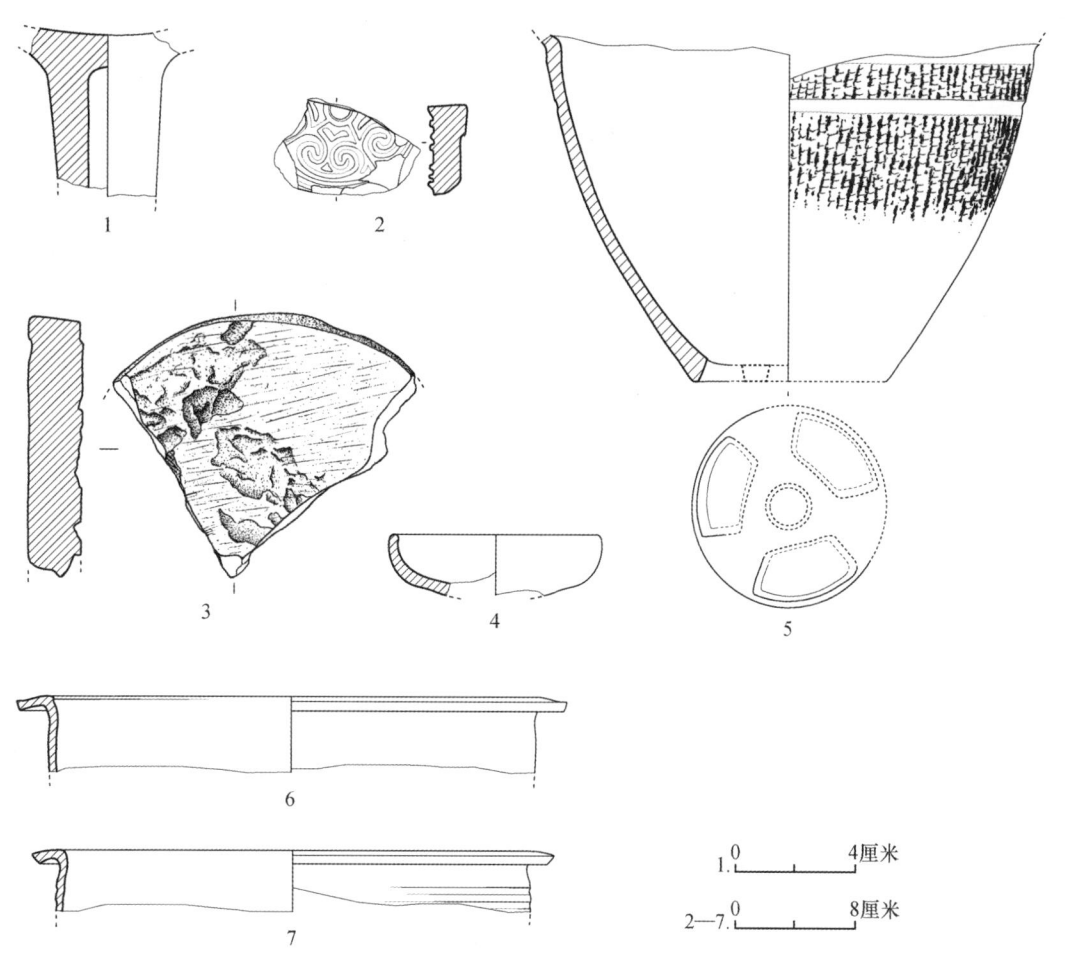

图2.403b　鳌坡（Y051）采集标本

1、4.豆（Y051：5、Y051：4）　2.瓦当（Y051：7）　3.垫（Y051：8）　5.甑（Y051：1）　6、7.盆（Y051：3、Y051：2）

---

① 巩义市文管所:《巩义市坞罗河流域二里头文化、商、周文化遗存调查》,《中原文物》1992年第4期。

米（图2.403b，6）。

豆　2件。Y051：4，豆盘。泥质灰陶。直沿，圆唇，腹较深。素面。口径13.1、残高3.8厘米（图2.403b，4）。Y051：5，豆柄。泥质灰陶。空心柱柄。素面。残高5.3厘米（图2.403b，1）。

垫　Y051：8，泥质灰陶，素面。圆形，较规整。存近四分之一。疑为制陶的陶垫。长19.9、宽16.7、厚3.5厘米（图2.403b，3）。

瓦当　Y051：7，残块。泥质灰陶。三条弧线构成卷云纹，背面有箭镞形堆塑。残长9.5、残宽6.3、厚2.5厘米（图2.403b，2）。

（3）基本认识

该遗址以东周时期的遗存为主，调查中未见到二里岗文化遗存。此前相关机构调查时将该遗址判定为商代，发表的1件陶罐口沿及1件骨戈，从器形看也不排除是东周时期的遗物，故而是否存在商代遗存尚待进一步工作证实。

385. 堤东（Y052）

（1）概况

位于郑州巩义市西村镇堤东村，村东大沟与圣水河交汇处的沟嘴上，坞罗河支流圣水河西岸三角形台地北部（图2.404a；图版二〇四，1）。面积约4万平方米。圣水河自东南向西北流过，地势高亢，高出河底30余米。台地自南向北逐渐降低，形成阶梯状梯田。地理坐标北纬34°38′01.71″，东经112°56′55.70″，海拔约271米。地表现为梯田及养猪、鸡场。

1991年10月，巩义市文管所调查该遗址时称沟东遗址，发现了文化层、白灰面居住遗迹、灰坑、墓葬、瓮棺葬等，认为属于仰韶文化晚期向龙山文化过渡期（前段及后段），估计面积20万平方米[①]。

初查时间1999年1月13日，复查时间2000年1月6日、2007年11月12日、2015年3月、2017年6月16日。

图2.404a　堤东（上为北）

---

① 巩义市文管所：《巩义市坞罗河流域仰韶文化遗址调查》，《中原文物》1992年第4期。

（2）主要发现

在遗址台地断崖剖面上裸露出文化层及灰坑（图版二〇四，2）。2007年复查时，在苹果园东侧的东西向小断崖剖面上发现灰坑H1，在南北向小断崖剖面发现灰坑H2，均采集了浮选土样及残留物分析标本。

地表陶片不多，陶片分布密度不大。共采集陶片48片，其中腹片较多，计39片，口沿9片，此外还采集石器1件。遗物多属于仰韶文化晚期至龙山文化过渡期，部分或可到龙山早期。此外还见有疑似东周绳纹陶片1片。

砺石　Y052：12，黄色石英砂岩，方形，残断，上下面磨制平滑，一侧面磨制明显，其余三面残断。有两面被草木灰染成黑色。残长8.9、宽7.7、厚3厘米（图2.404b，12）。

1）仰韶文化

采集遗物不多，见有鼎、罐、瓮、盆、彩陶罐等器形，属于仰韶晚期。标本7件。

鼎　2件。Y052：1，口沿。夹砂灰陶。敛口，平沿，尖唇，沿外饰花边，溜肩。素面。残宽7.3、残高4.7、厚0.5厘米（图2.404b，3）。Y052：2，足部。夹砂灰陶。鸭嘴形足，四面各有一道刻槽。素面。高12厘米（图2.404b，4）。

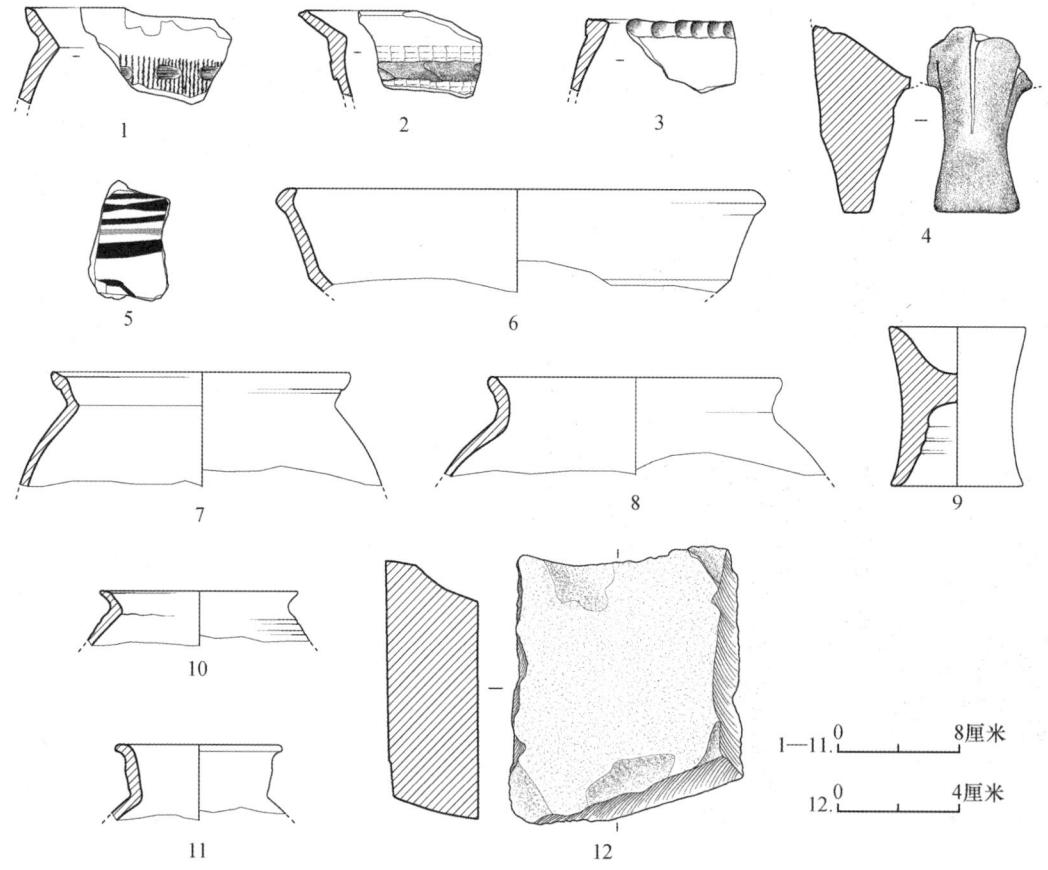

图2.404b　堤东（Y052）采集标本

1—4.鼎（Y052：10、Y052：9、Y052：1、Y052：2）　5.彩陶片（Y052：7）　6.盆（Y052：6）　7、10.罐（H1：1、Y052：11）　8、11.瓮（Y052：3、Y052：5）　9.杯形器（Y052：8）　12.砺石（Y052：12）

罐　2件。Y052：11，口沿。夹砂灰陶。卷沿，尖唇，沿面出道凸棱，溜肩。腹饰凹弦纹。口径12.8、残高3.5、厚0.4厘米（图2.404b，10）。H1：1，口沿。夹砂褐陶。直领外侈，圆唇，沿面饰一周凹槽，沿外包边，溜肩。素面。口径19.6、残高7.3厘米（图2.404b，7）。

彩陶罐　Y052：4，口沿。泥质红陶。敛口，圆唇。红衣黑彩。饰平行线纹夹网格纹。残宽3.2、残高5.2厘米。

瓮　2件。Y052：3，口沿。夹砂褐陶。直领外侈，圆唇，广肩。素面。口径18.9、残高6.3厘米（图2.404b，8）。Y052：5，口沿。泥质褐陶。直领外侈，卷沿，圆唇，广肩。素面。口径10.1、残高4.9厘米（图2.404b，11）。

盆　Y052：6，口沿。泥质黑陶。敛口，尖圆唇，沿内出道凹槽，沿外包边，斜折腹。外部素面，内部磨光。口径29.8、残高6.6、厚0.7厘米（图2.404b，6）。

彩陶片　Y052：7，残片。泥质灰陶。饰白衣褐彩平行线纹。残长7.7、残宽5.3、厚0.6厘米（图2.404b，5）。

2）龙山文化

采集遗物较少，见有鼎、杯等器形，属于龙山早期。标本3件。

鼎　2件。Y052：9，口沿。夹砂褐陶。折沿上翘，方唇，沿面饰一道凹弦纹，弧腹，腹饰篮纹及附加堆纹。残宽8.2、残高5.6、厚0.5厘米（图2.404b，2）。Y052：10，口沿。夹砂褐陶。折沿上翘，尖唇，溜肩。饰绳纹。残宽9.8、残高6.2厘米（图2.404b，1）。

杯形器　Y052：8，可复原。泥质黑皮陶。敞口，圆唇，圆柱体，下部喇叭口状。通体磨光。口径8.6、底径8.1、高10.2厘米（图2.404b，9）。

（3）基本认识

该遗址是一处以仰韶晚期向龙山过渡期遗存为主的遗址，可晚到龙山文化早期，可能还有少量东周遗存。与龙骨堆（Y053）仅隔一条冲沟，该冲沟也许形成较晚，二者可能原为一个遗址。遗址在被改造为梯田时遭到较为严重的破坏。近年多次复查发现地貌变化不大，未再有大的破坏，但周围成了养猪、养鸡场，污水横流，环境恶劣，加上农田内开始种植果树，对遗址也形成一定破坏。

386. 龙骨堆（Y053）

（1）概况

位于郑州巩义市西村镇堤东村东北，坞罗河支流圣水河主河道中间一个椭圆形孤岛状台地上（图2.405a；图版二〇五，1）。遗址高出河床30米，地势突兀高亢，上面较为平坦。遗址受河水侵蚀及人为破坏，残存面积约0.15万平方米。地理坐标北纬34°38′08.14″，东经112°56′56.03″，海拔约271米。地表现为林地。

1991年，巩义市文管所调查该遗址时称龙谷堆遗址。发现大量仰韶及周、汉、唐文化遗存。仰韶文化遗存涵盖仰韶早、中、晚期，发现了文化层、灰坑、成人墓葬及瓮棺葬等，推测面积为1.5万平方米[①]。

初查时间1999年1月13日，复查时间2000年1月6日、2007年11月12日、2017年6月16日。

图2.405a　龙骨堆（上为北）

---

① 巩义市文管所：《巩义市坞罗河流域仰韶文化遗址调查》，《中原文物》1992年第4期。

（2）主要发现

遗址周边断崖上裸露出灰坑及文化层。

2007年复查时，在北部断崖的一个灰坑里采集了浮选土样及残留物分析标本，灰坑编号H1。2017年6月16日复查时，发现遗址被挖掘机挖过的西南部剖面上暴露出一个大灰坑，南北长约5米，深约4米，编号H2。共采集陶片59片，其中腹片较多计49片，口沿4片，底片6片。遗物以仰韶文化中、晚期为主，1片篮纹陶片疑似龙山晚期，可辨认器形有鼎、尖底瓶、盆、碗、环、折肩钵、鼓肩钵、盖等。东周时期的陶片未采集。

鼎　Y053∶1，足部。夹砂褐陶。扁宽长条形，外侧饰竖凹槽。内侧呈圆弧状。足高7.5、宽3.8厘米（图2.405b，1）。

盆　2件。Y053∶2，口沿。夹砂褐陶，敛口，内折沿，圆唇。沿外饰一周凹弦纹。素面。残宽4.9、残高3.1厘米（图2.405b，2）。H2∶1，口沿。夹砂褐陶。敛口，内折沿，圆唇，斜腹微弧。口径61.8、残高11.6厘米（图2.405b，11）。

尖底瓶　2件。H2∶2，口沿。泥质红陶。包口，内折沿，圆唇，沿面内凹，束颈。饰线纹。口径5、残高8.6厘米（图2.405b，8）。H2∶3，口沿。夹砂红陶。直口，沿外折，圆唇，颈部出一道凸棱。磨光。口径4.8、残高5.1厘米（图2.405b，7）。

钵　4件。Y053∶3，口沿。泥质灰陶。直沿，圆唇，圆弧腹。残宽5.3、残高3.9厘米（图2.405b，3）。Y053∶4，口沿。泥质红陶。敛口，圆唇，圆弧腹。残宽9.6、残高4.9厘米（图2.405b，6）。Y053∶5，口沿。泥质灰陶。施褐衣红彩。直沿，尖唇，折腹。口径26.1、残高

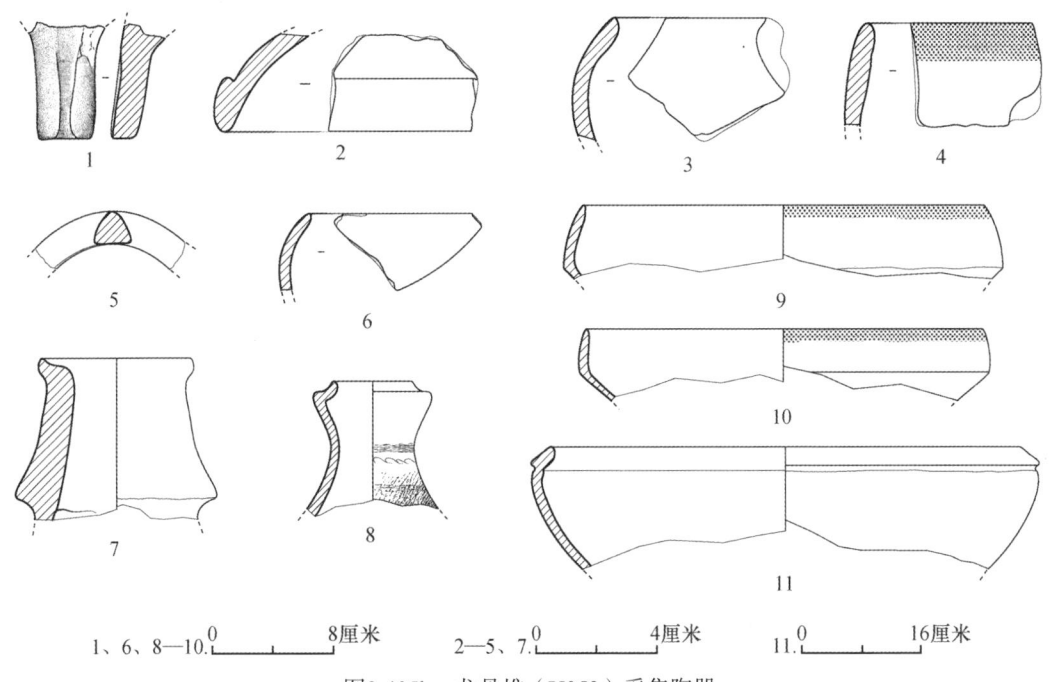

图2.405b　龙骨堆（Y053）采集陶器

1.鼎（Y053∶1）　2、11.盆（Y053∶2、H2∶1）　3、6、9、10.钵（Y053∶3、Y053∶4、H2∶4、Y053∶5）
4.碗（Y053∶6）　5.环（Y053∶7）　7、8.尖底瓶（H2∶3、H2∶2）

4.6厘米（图2.405b，10）。H2：4，口沿。泥质红陶。直口微内敛，圆唇，折腹。磨光，沿外饰红衣红彩彩带纹。口径26.4、残高4.6厘米（图2.405b，9）。

碗　Y053：6，口沿。泥质灰陶。施褐衣棕彩。直沿，圆唇，口微敛。残宽4.3、残高3.3厘米（图2.405b，4）。

环　Y053：7，残。泥质灰陶。断面呈三角形。残长4.9、厚1.1厘米（图2.405b，5）。

（3）基本认识

调查采集的遗物以仰韶中、晚期遗存为主。据以往调查资料可知，该遗址包含仰韶早中晚各个时段的遗存[①]，同时见有少量疑似龙山晚期和东周时期遗物。因河水冲刷及历年取土，遗址被破坏较甚，现呈河中心一孤岛。近年复查时发现，因修路取土，遗址再次被挖损，已经岌岌可危，保护现状不容乐观。该遗址其南侧冲沟或较遗址形成晚得多，估计至少不会早过汉代，原或与堤东遗址连成一片。倘若如此，则堤东遗址面积还可以大大增加。该遗址见有仰韶各时段遗存，值得重视，应加强保护力度，建议与堤东遗址一起提升文保等级。

---

① 巩义市文管所：《巩义市坞罗河流域仰韶文化遗址调查》，《中原文物》1992年第4期。

387. 金钟寺（Y054）

（1）概况

位于郑州巩义市西村镇堤东村北部，坞罗河支流圣水河西岸，村中冲沟与圣水河之间的台地上（图2.406）。这里原为金钟寺旧址，当地群众仍称此地为"金钟寺"。遗址受河水侵蚀及人为破坏，龙山、二里头、二里岗文化残存面积约0.5万平方米，东周遗存5万平方米。遗址所在位置地势高亢，较为平坦，高出河床20余米，由南向北形成缓坡状地形。地理坐标北纬34°38′14.58″，东经112°56′48.62″，海拔约280米。地表现为农田及村庄。

1991年，巩义市文管所曾调查该遗址，发现地层、灰坑等，认为文化内涵以汉、唐及龙山晚期遗存为主[①]。

初查时间1999年1月13日，复查时间2000年1月6日、2017年6月22日。

图2.406　金钟寺（左为北）

---

① 巩义市文管所：《巩义市坞罗河流域河南龙山文化遗址调查》，《中原文物》1992年第4期。

（2）主要发现

遗址周围的断崖上裸露有灰坑及文化层。

地表多见汉唐时期的建筑构件，也见有少量疑似龙山、二里头及二里岗时期陶片。采集陶片不多，陶片密度不大。共采集陶片17片，其中腹片较多，共计14片，口沿3片。陶片主体可能为龙山晚期，均碎片，其余陶片疑似属于二里头、二里岗、东周等不同时期。无典型标本。

（3）基本认识

该遗址保存较差，先秦时期遗存无法确认。疑似主要为东周时期的遗存，也见有少量龙山文化晚期、二里头及二里岗文化遗物。

388. 天坡水库东北（Y043）

（1）概况

位于郑州巩义市西村镇西村西北。具体位置为乡道X025（西村至鲁庄）公路北侧，坞罗河支流圣水河东岸台地上，天坡水库泄洪槽东北侧，与西面的天坡村隔河相望。地表和剖面多见二里岗文化遗迹和遗物，个别为东周时期（图2.407a；图版二〇五，2）。遗址面积约3万平方米。地理坐标北纬34°38′59.76″，东经112°56′33.65″，海拔约231米。遗址西部紧靠河岸，部分被河流冲毁。西村砖厂历年取土已将遗址破坏殆尽，目前遗址分布区域已成一片杨树林。现地表为林地及农田。

初查时间1999年1月9日，复查时间2001年5月30日、2001年6月20日、2017年6月13日。

图2.407a 天坡水库东北（右为北）

（2）主要发现

该遗址东周时期遗存的分布范围大体与二里岗文化遗存的分布范围相当，但发现的遗迹很少。

被砖厂破坏的断崖边暴露出数个灰坑，均属二里岗文化时期（图版二〇六）。采集了浮选、植硅石及孢粉分析土样。编号为H1—H4。2001年5月30日复查时，将中部靠东南侧一灰坑编号H5，将中部砖窑门上方的一灰坑编号H6。

H1：采集浮选、植硅石土样。陶片可辨认器形有鬲、簋等（图版二〇七，1）。

H2：采集植硅石土样。陶片可辨认器形有鬲、小罐、缸、瓮。

H3：采集浮选、孢粉分析、植硅石土样（图版二〇七，2；图版二〇八）。

H5：采集浮选土样。陶片可辨认器形有簋、鬲、甑、尊。

H6：采集浮选、植硅石土样。

2001年6月20日采集陶片92片，其中口沿49片、腹片37片、底片5片、鬲足1件。3次采集陶片共234片，其中腹片较多，口沿87片、足5件、底片8片。此外还采集了大量石器，猪、鹿骨等4件，蚌刀3件。陶片数量众多，可辨认器形有鬲、鼎、深腹罐、圆腹罐、捏口罐、盆、簋、尊、瓮、缸等，涵盖二里岗文化早、晚期。

石锛坯　Y043：33，辉绿岩。打琢兼制。近梯形，斜圆顶。打制单面刃，未经磨制。长12.5、宽6.7、厚3.3厘米（图版二八九，6）。

石刀　Y043：34，砂岩。完整。磨制。长方形。单面直刃，中部对琢圆孔。刃部可见使用痕迹，有光泽，不见条痕（40×显微观察）。最大长7.7、宽5.4、厚1.4厘米（图2.407b，1；图版二九〇，1）。

石铲　2件。Y043：35，石灰岩。残片。磨制。双面凸弧刃，刃部可见磨制纵向条痕，使用痕迹，有小崩疤及光泽（40×显微观察）。残长9.4、残宽4.7、厚1.3厘米（图版二九〇，2）。Y043：36，石灰岩。残段。磨制。两端残断，仅留中部一段，"凸"字形有肩石铲。残长7.7、宽6、厚2.3厘米。

石镰　Y043：37，石灰岩，磨制。残余柄部。直背，弧边收薄，双面曲弧刃。残长7、宽4.7、厚1.2厘米（图2.407b，2；图版二九〇，3）。

大型砺石　8件。Y043：38，石英砂岩。完整。琢磨兼制。近长方体。上下平面经磨砺较为平整，侧面经打琢均为圆角方形。长20.7、宽15.8、厚6.5厘米（图版二九〇，4）。Y043：39，黄褐粗砂岩。基本完整。略呈圆角长方体。上面经磨砺呈坡状，一侧面磨成凹状，底面为自然断面，凸凹不平。长30.9、宽17、厚12.6厘米（图版二九〇，5）。Y043：40，石英砂岩。完整。琢磨兼制。略呈圆角梯形，形制规整，上下两面琢磨光滑，研磨痕迹明显。长32.5、宽29.9、厚12.7厘米。Y043：41，石英砂岩。完整。琢磨兼制。略呈圆角方形，形制规整，上下两面及四个侧面均经琢磨，上面研磨痕迹明显。长29.9、宽28.9、厚5.2厘米（图版二九〇，6）。Y043：42，石英砂岩。完整。琢磨兼制。不规则形。下面及周边稍经琢磨，上面琢磨光滑，研磨痕迹明显。长27.8、宽20.7、厚7.7厘米（图版二九一，1）。Y043：43，石英砂岩。基本完整。琢磨兼制，不规则椭圆形。圆弧状侧面，下面微凹，磨砺光滑，上面略鼓，磨砺光滑，呈坡状。长23.8、宽18、厚6.1厘米（图版二九一，2）。Y043：44，石英砂岩。完整。琢磨兼制。不规则椭圆形。下面为自然断面，微鼓，稍加琢磨，上面磨砺光滑呈坡

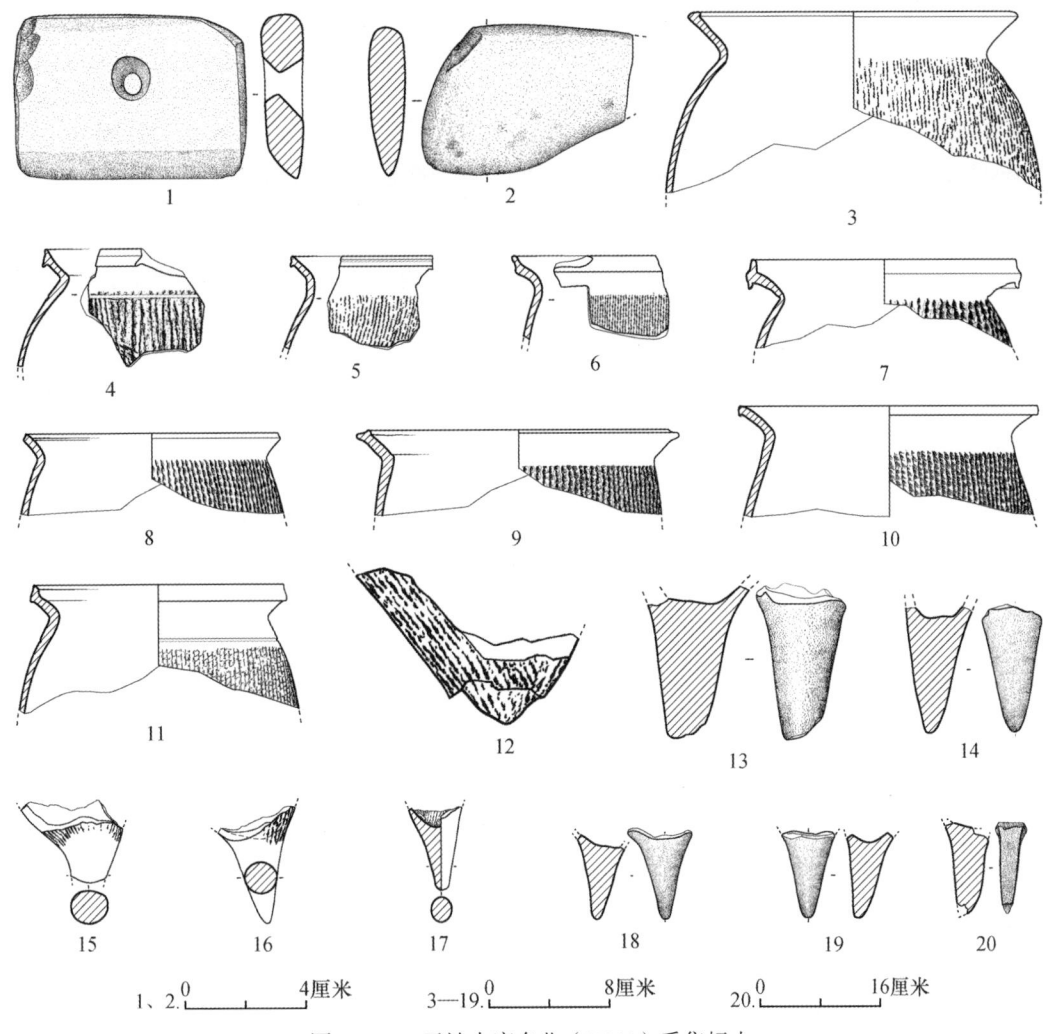

图2.407b 天坡水库东北（Y043）采集标本

1. 石刀（Y043：34） 2. 石镰（Y043：37） 3、5、6、8—19. 鬲（Y043：3、Y043：7、Y043：8、Y043：6、Y043：1、Y043：9、Y043：2、Y043：10、Y043：13、Y043：14、Y043：11、Y043：12、Y043：16、Y043：15、H5：5） 4、7. 深腹罐（Y043：5、Y043：4） 20. 鼎足（Y043：17）

状。长22.8、宽14.8、厚7.1厘米（图版二九一，3）。Y043：45，石英砂岩。残。琢磨兼制。圆角方形。下面平整为自然断面，上面磨面光滑，有凸起。残长16.2、宽13.4、厚5.2厘米（图版二九一，4）。

石锤 9件。Y043：46，石灰岩。完整。不规则长条形。琢磨兼制。两端有击打痕迹。长12.6、宽4.1、厚3.8厘米（图版二九一，5）。Y043：47，砂岩。基本完整。圆角长方体。琢磨兼制，上下两面及四侧面均经琢磨，使用痕迹明显。长7.4、宽3.7、厚3.7厘米（图版二九一，6）。Y043：48，石英砂岩。完整。略呈梯形。琢磨兼制，有明显的击打痕迹。长9.1、宽5.3、厚2.5厘米（图版二九二，1）。Y043：49，石英砂岩。残。长条形。琢磨兼制，有使用痕迹。长12.7、宽4.4、厚4.6厘米（图版二九二，2）。Y043：50，石英砂岩。完整。略呈梯形。琢磨兼制，有使用痕迹。长13.6、宽7.2、厚4.5厘米（图版二九二，3）。Y043：69，石英砂岩。完整。椭圆形。打磨兼制，有使用痕迹。长径8、短径5.4、厚3.8厘米（图版二九二，4）。

Y043：72，石英砂岩。完整。近长方形。琢磨兼制，使用痕迹明显。长7.7、宽5.3、厚3厘米（图版二九二，5）。Y043：73，石灰岩。完整。圆角方形。琢磨兼制，有使用痕迹。长5.9、宽5.8、厚2.5厘米（图版二九二，6）。Y043：74，石灰岩。完整。长条形。利用河卵石为击打工具，两端均有打击痕迹。长8.9、宽3.8、厚2.3厘米（图版二九三，1）。

中型砺石 5件。Y043：51，砂岩。残块。琢磨兼制。略呈长方体。下面为自然断面，上面经琢磨光滑，一侧面略经琢磨，其余面为断面。残长12.6、残宽12.6、厚4.1厘米（图版二九三，2）。Y043：52，砂岩。基本完整。琢磨兼制。略呈梯形。上下两面均经磨制，侧面略经琢磨。长16.9、宽11.6、厚5.6厘米（图版二九三，3）。Y043：53，砂岩。残块。琢磨兼制。略呈长方体。上下两面均经磨制，一侧面经琢磨，其余为断面。残长11、残宽5.6、厚4厘米（图版二九三，4）。Y043：58，砂岩。残。琢磨兼制。圆角长方体。下面为自然断面，未经琢磨，上面及侧面均经琢磨。残长14.2、宽10.7、厚3.1厘米（图版二九三，5）。Y043：63，细砂岩。基本完整。琢磨兼制。略呈梯形，形制规整。上下两面均有研磨痕迹。长14.28、宽9.85、厚4.96厘米（图版二九三，6）

手持磨石 5件。Y043：55，砂岩。基本完整。琢磨兼制。略呈圆角长方体。上下两面及周边四面均经琢磨，上面有研磨痕迹。长10.2、宽6.3、厚2.6厘米（图版二九四，1）。Y043：56，砂岩。残。上下两面经磨砺，凸凹不平。残长11.8、残宽9.6、厚2.5厘米（图版二九四，2）。Y043：57，砂岩。残。上下两面经磨砺，凸凹不平，四侧面均为断面。残长8.8、残宽8.1、厚2.1厘米（图版二九四，3）。Y043：61，砂岩。残。琢磨兼制。圆角长方形。周边及上下两面均经磨砺。残长5.6、宽7.1、厚3厘米（图版二九四，4）。Y043：65，砂岩。残。长方形条状。琢磨兼制。上下两面及侧面均经琢磨，使用痕迹明显。残长15、宽5.1、厚3.1厘米（图版二九四，5）。

砺石 3件。Y043：59，砂岩。残块。打制。略呈长方形。一面有磨砺痕迹。残长8.8、残宽7、厚1.9厘米（图版二九四，6）。Y043：60，砂岩。残。琢磨兼制。长方形。一端残断，两侧面均经琢磨，上下两面磨砺平整。残长10、宽10.6、厚2.8厘米（图版二九五，1）。Y043：64，砂岩。残。琢磨兼制。椭圆形。经磨砺，上下两面均有凸凹。残长5.2、宽11.4、厚2.7厘米（图版二九五，2）

石砧 2件。Y043：67，石英砂岩。完整。近梯形。琢磨兼制。上下两面琢磨规整，击打痕迹明显，周边侧面稍加琢磨。长19.9、宽18.6、厚8.2厘米（图版二九五，3）。Y043：68，石灰岩。完整。近椭圆形。琢磨兼制。一面平整，击打痕迹明显；一面突兀，有琢痕。长26.8、宽22.2、厚9.8厘米（图版二九五，4）。

石灰岩片 Y043：75，石灰岩。残块。长条形。去薄过程中打落残片。长12.7、宽3.3、厚3.4厘米（图版二九五，5）。

石料 5件。Y043：54，石灰岩。磨制。不规则形。长12.9、宽10.1、厚4厘米（图版二九五，6）。Y043：62，砂岩。长方体。长9、宽4.7、厚3.5厘米（图版二九六，1）。Y043：66，砂岩。残长10.3、宽5.6、厚2.7厘米（图版二九六，2）。Y043：70，石英砂岩。

长14、宽6.6、厚4.3厘米（图版二九六，3）。Y043：71，石灰岩。长17.6、宽10.1、厚7.4厘米（图版二九六，4）。

石灰皮　Y043：76，墙皮或地面。白灰与沙土凝合而成。残长6.5、残宽4.3、厚2.1厘米。

兽骨　包括猪上颌骨1块。鹿下颌骨、肢骨、肋骨各1块。

鬲　18件。Y043：1，口沿。夹砂灰陶。折沿，方唇，唇内有一凹槽。饰绳纹。口径19.5、残高5.4厘米（图2.407b，9）。Y043：2，口沿。夹砂灰陶，折沿，方唇，沿外有一周棱，沿内有一周凹槽，颈下有一周凹弦纹。饰细绳纹。口径16.4、残高8.2厘米（图2.407b，11）。Y043：3，口沿。夹砂灰陶。折沿，圆唇，唇面内侧有一周凸棱，束颈，鼓腹。饰绳纹。口径20.4、残高11.5厘米（图2.407b，3）。Y043：6，口沿。夹砂灰陶。卷沿，圆唇，沿内饰一道凹槽。饰绳纹。口径16.6、残高5.2厘米（图2.407b，8）。Y043：7。口沿。夹砂灰陶。折沿，方唇，唇面饰一道凹槽，沿面下垂，沿面微凹。饰绳纹。残宽6.9、残高6、厚0.4厘米（图2.407b，5）。Y043：8，口沿。夹砂灰陶。折沿，方唇，唇面饰一道凹槽，盘口。饰细绳纹。残宽7.6、残高5.4、厚0.4厘米（图2.407b，6）。Y043：9，口沿。夹砂灰陶。卷沿，方唇，沿下饰一道凸棱。饰绳纹。口径19.7、残高7.1厘米（图2.407b，10）。Y043：10，鬲足。夹砂褐陶。袋足饰粗绳纹。实足尖缺失。残高10.1厘米（图2.407b，12）。Y043：11，鬲足。夹砂褐陶。袋足，饰绳纹，实足尖残。残高5.2厘米（图2.407b，15）。Y043：12，鬲足。夹砂灰陶。袋足饰绳纹。锥形实足。残高7.5厘米（图2.407b，16）。Y043：13，鬲足。夹砂灰陶。锥足，尖残。素面。残高10厘米（图2.407b，13）。Y043：14，鬲足。夹砂灰陶。锥足。素面。足高8厘米（图2.407b，14）。Y043：15，鬲足。夹砂灰陶。锥足。素面。足高5.9厘米（图2.407b，18）。Y043：16，鬲足。夹砂灰陶。锥足。素面。残高5.3厘米（图2.407b，17）。H1：1，口沿。夹砂灰陶。折沿，方唇，唇面有一道凹槽。饰绳纹。口径16.7、残高7.4厘米（图2.407c，8）。H1：3，口沿。夹砂灰陶。卷沿，圆唇，沿内有一道凸棱。饰粗绳纹。残宽8.2、残高6、厚0.6厘米（图2.407c，2）。H2：1，口沿。夹砂灰陶。沿外折，沿内凹。薄胎，饰细绳纹。口径13.1、残高3.9厘米（图2.407c，5）。H5：5，鬲足，夹砂灰陶。锥形实足。残高5.5厘米（图2.407b，19）。

鼎足　Y043：17，泥质黑皮陶，褐胎。三棱形足。磨光。足高11.6厘米（图2.407b，20）。

深腹罐　6件。Y043：4，口沿。夹砂灰陶。折沿，唇中出一周凸棱，形成"T"形唇，沿内有一周凹槽。口径17.3、残高5.7厘米（图2.407b，7）。Y043：5，口沿。夹砂灰陶。折沿，方唇，沿面微凹。饰绳纹。残宽8.2、残高7.5、厚0.4厘米（图2.407b，4）。H1：2，口沿。夹砂灰陶。折沿，"T"形唇，唇中出一周凸棱，沿内有一周凹槽。残宽6.9、残高3.3厘米（图2.407c，1）。H5：3，口沿。夹砂褐陶。折沿，方唇，盘口，饰绳纹。口径16.7、残高6.6厘米（图2.407c，9）。Y043：18，口沿。夹砂灰陶。折沿，方唇，沿外有一周棱，沿面有一周凹槽。饰粗绳纹。口径30.7、残高8.8厘米（图2.407c，10）。H1：4，口沿。泥质灰褐陶。敞口，圆唇，外壁饰纵向刮抹纹，内壁饰横向刮抹纹。残高4.1、残宽5.4厘米。H2：2，口沿。夹砂灰陶。折沿、方唇、沿内凹，唇上部饰一周花边。唇下沿出一周棱。饰细绳纹。口径30、残

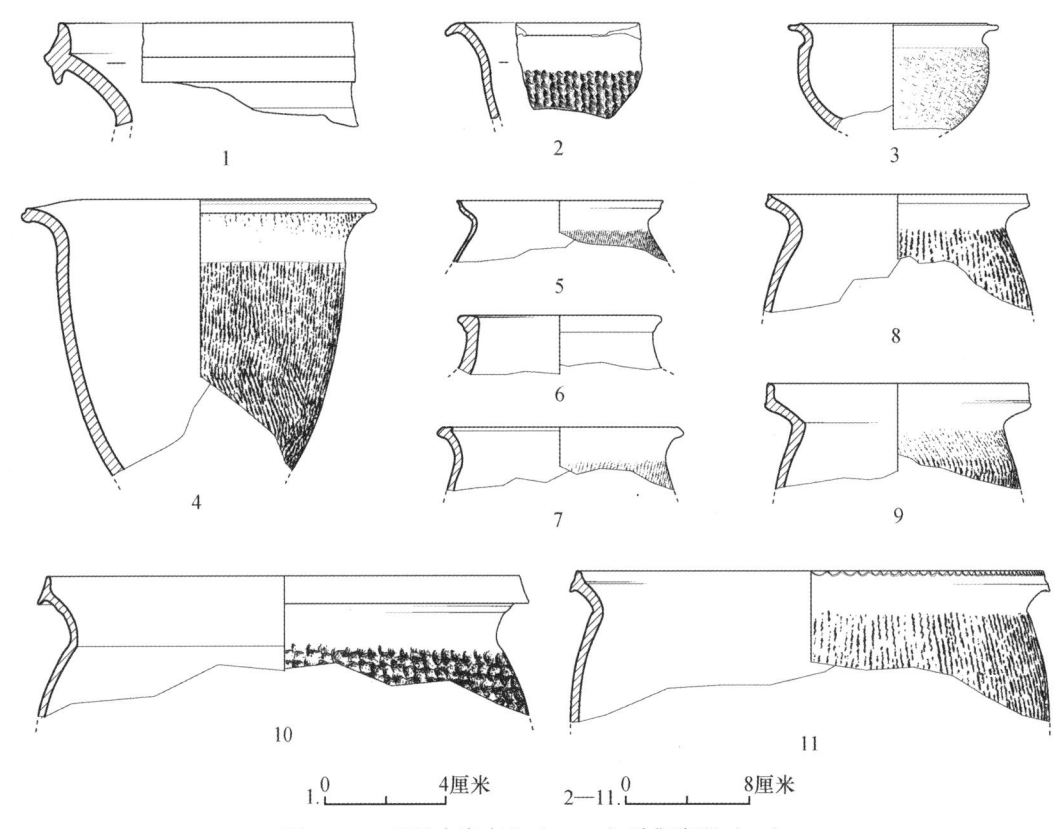

图2.407c 天坡水库东北（Y043）采集陶器（一）

1、9—11. 深腹罐（H1∶2、H5∶3、Y043∶18、H2∶2） 2、5、8. 鬲（H1∶3、H2∶1、H1∶1） 3. 小盆（H2∶3） 4. 甑（Y043∶19） 6、7. 捏口罐（Y043∶21、Y043∶20）

高9.5厘米（图2.407c，11）。

小盆 H2∶3，口沿。夹砂灰陶。斜折沿，方唇，唇内出一周凹槽。素面。口径12、残高6.7厘米（图2.407c，3）。

甑 Y043∶19，口沿。泥质褐陶。卷沿，方唇，直腹下收，残底。饰绳纹。口径23.2、残高17.5厘米（图2.407c，4；图版四一八，6）。

捏口罐 2件。Y043∶20，口沿。侈口，小折沿，尖唇，沿内包边，出一道凸棱。颈饰绳纹，磨光。口径14.2、残高4.1厘米（图2.407c，7）。Y043∶21，口沿。泥质灰陶。直领，小折沿，圆唇，沿外包边，加厚。素面。口径12、残高3.7厘米（图2.407c，6）。

爵 Y043∶22，底部。夹砂灰陶。平底。残高6.1、厚0.4厘米（图2.407d，4）。

盆 3件。Y043∶23，口沿。泥质灰陶。折沿，圆唇，沿面微凹，深腹较直。磨光。口径31.1、残高12.1厘米（图2.407d，3）。Y043∶24，口沿。泥质褐陶。折沿，方唇，直腹下收。上腹部饰凹弦纹，下腹部饰绳纹。残宽16.7、残高14.2、厚0.5厘米（图2.407d，5）。Y043∶26，口沿。泥质灰陶。卷沿，圆唇下耷。上腹部磨光，下腹部饰细绳。残宽10.9、残高12.4、厚0.6厘米（图2.407d，2）。

束颈盆 3件。Y043∶25，口沿。泥质灰陶。折沿，方唇。颈下饰凹弦纹。口径35.5、残

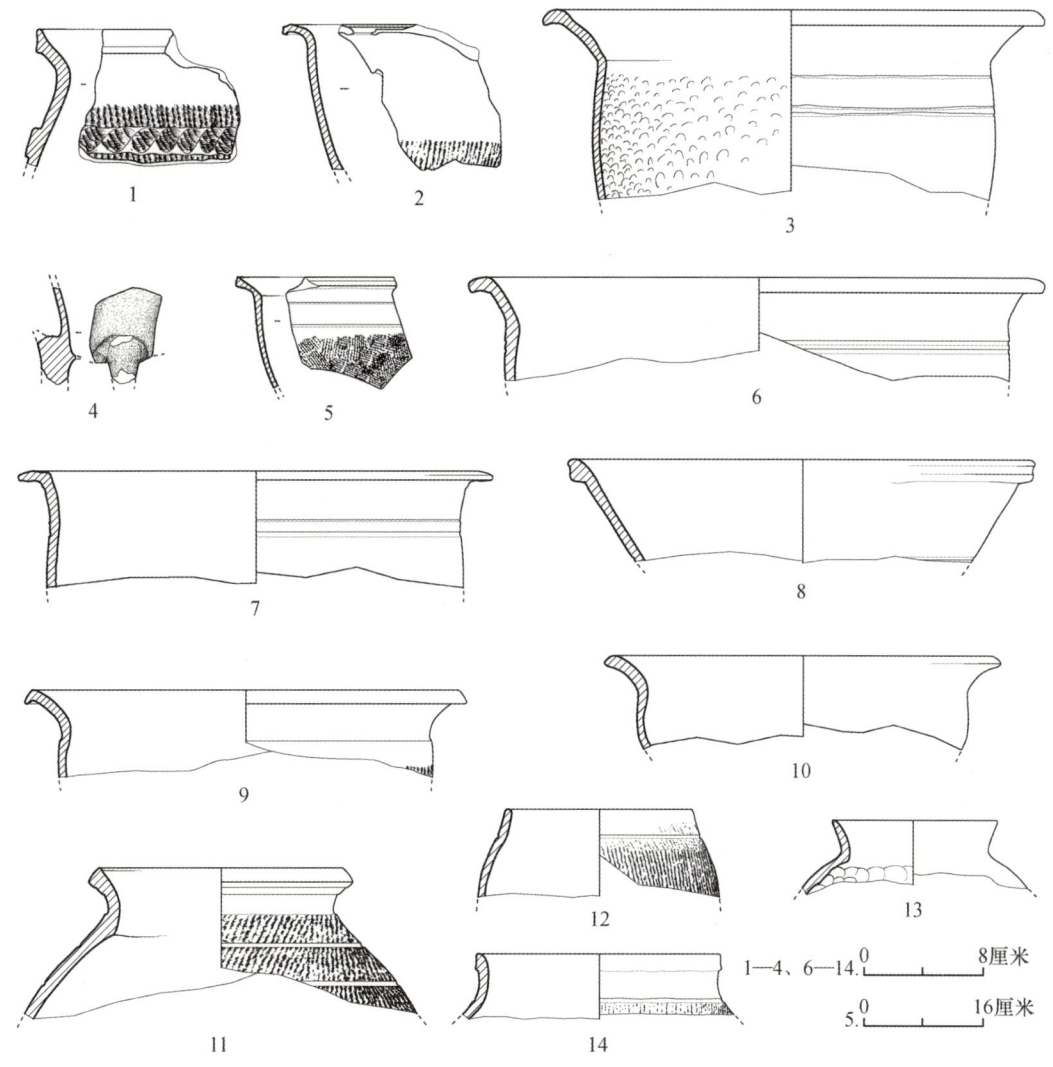

图2.407d 天坡水库东北（Y043）采集陶器（二）
1.缸（H5：1） 2、3、5.盆（Y043：26、Y043：23、Y043：24） 4.爵（Y043：22） 6、9、10.束颈盆（Y043：25、Y043：27、Y043：28） 7.簋（Y043：29） 8.大口尊（Y043：30） 11.瓮（Y043：31） 12—14.罐（H5：4、Y043：32、H5：2）

高6.6厘米（图2.407d，6）。Y043：27，口沿。泥质灰陶。侈口，卷沿，圆唇，唇下起一道凸棱，束颈。磨光。口径27.8、残高5.6厘米（图2.407d，9）。Y043：28，口沿。泥质灰陶。敞口，卷沿，方唇，束颈。磨光。口径25、残高6厘米（图2.407d，10）。

簋 Y043：29，口沿。泥质灰陶。卷沿，圆唇，直腹微鼓。饰凹弦纹。口径29.1、残高7.7厘米（图2.407d，7）。

大口尊 Y043：30，口沿。泥质灰陶。侈口，方唇，唇面有一道凹槽。斜壁磨光。口径30、残高6.4、厚0.6厘米（图2.407d，8）。

瓮 Y043：31，口沿。泥质灰陶。直领外侈，方唇，溜肩。饰弦断绳纹。口径15.8、残高9.6厘米（图2.407d，11）。

罐　3件。Y043：32，口沿。黑皮褐陶。直领外侈，圆唇，广肩。磨光，内壁有按窝。口径10.8，残高4.8厘米（图2.407d，13）。H5：2，口沿。泥质褐陶。直领外侈，圆唇，沿外包边成凸棱。饰绳纹。口径15.7、残高4.2厘米（图2.407d，14）。H5：4，口沿，夹砂褐陶。直领内敛，圆唇，鼓腹。口径12、残高5.6、厚0.4厘米（图2.407d，12）。

缸　H5：1，口沿。夹砂灰陶。卷沿，尖唇，沿外有一道凸棱，直腹。饰绳纹夹附加堆纹。残宽10.6、残高8.9厘米（图2.407d，1）。

腹片　H1：5，泥质灰陶。磨光，饰弦纹夹拍印方格纹。残高5.6、残宽5.6厘米。

（3）基本认识

该遗址主要为二里岗文化及战国时期遗存（未采集战国时期标本）。其中二里岗文化遗存涵盖二里岗文化早、晚期，见有岳石文化风格遗物，是区域内较为重要的一处遗址，建议设为文保单位。遗址西、中部遭河水冲刷及砖厂取土破坏严重。

389. 天坡（Y049）

（1）概况

位于郑州巩义市芝田镇羽林庄行政村天坡自然村东部。具体位置为坞罗河支流圣水河西岸，天坡村东土台状台地上。台地地势突兀，东、北、南三面临沟，高出河床数十米。圣水河自南向北流过，遗址西部紧靠村落，西距小学校约100余米，高出地面约5米（图2.408a；图版二〇九，1）。现存面积约2.5万平方米。地理坐标北纬34°39′06.93″，东经112°56′15.96″，海拔约131米。地表现为林地及废弃砖厂建筑垃圾。

初查时间1999年1月11日，复查时间2007年11月12日、2008年10月5日、2017年6月16日。

图2.408a　天坡（右为北）

（2）主要发现

天坡砖厂已将遗址破坏殆尽，土台中心已被挖空。调查时见有灰坑（图版二一〇，1）。西边断崖剖面发现灰坑3个，编号H1—H3。2007年复查时，在台地内被破坏剖面上发现灰坑2个，编号H4、H5。2008年10月5日，又在H5内采集了孢粉分析土样。

H1：采集了浮选土样，陶片可辨认器形有圈足盘、钵。时代为仰韶晚期。

H2：采集了植硅石土样，陶片可辨认器形有鼎、彩陶碗。时代为仰韶晚期（图版二〇九，2）。

H3：均取有浮选土样，无口沿陶片。时代为仰韶晚期。

H4：采集了浮选土样及残留物分析标本，可辨认器形有碗。时代为仰韶晚期。

遗址共采集陶片71片，其中地面采集12片，灰坑内采集59片。其中腹片57片，口沿12片，底片2片。可辨认器形有鼎、豆、杯、刀、泥质彩陶罐、夹砂折肩罐、小口高领瓮、尖底瓶、钵、盆、圈足盘、杯等。多数仰韶文化晚期遗物，标本15件。少量东周时期，未采集标本。

鼎　H2：1，腹部。夹砂褐陶。直腹，圜底。饰凹弦纹。口残。残宽12.3、残高14.7厘米（图2.408b，8）。

罐　4件。Y049：1，口沿，夹砂褐陶。直领外侈，圆唇，沿面饰三周凹弦纹，广肩。素面。残宽6.8、残高4.3、厚0.7厘米（图2.408b，5）。Y049：2，口沿。泥质红陶。折沿，尖唇，弧腹。素面。残宽10.7、残高7.3厘米（图2.408b，9）。Y049：3，口沿。泥质红陶。敛口，卷沿，圆唇，弧腹。饰灰彩平行线纹夹网格纹。口径24、残高6.7厘米（图2.408b，7）。

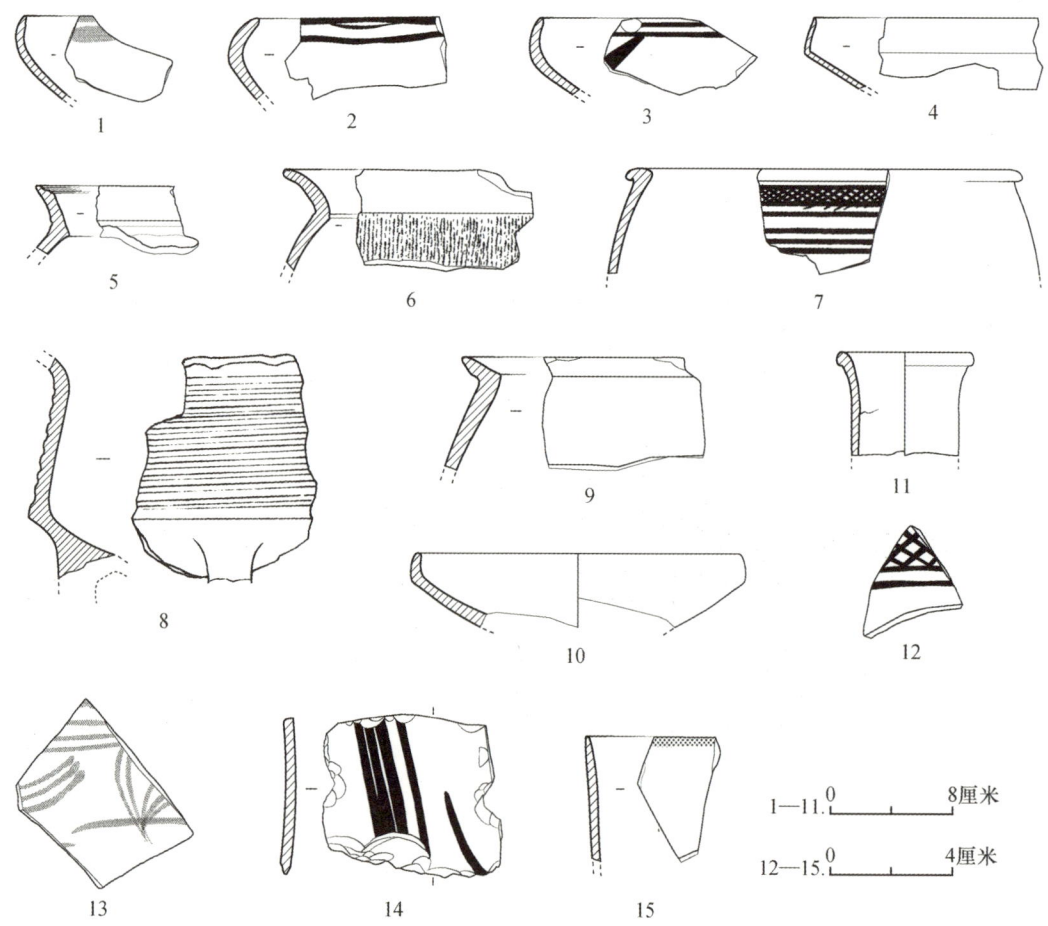

图2.408b　天坡（Y049）采集标本

1—4.钵（Y049：5、Y049：6、Y049：7、H1：2）　5—7、9.罐（Y049：1、H1：1、Y049：3、Y049：2）　8.鼎（H2：1）　10.豆（Y049：8）　11.尖底瓶（Y049：4）　12、13.彩陶片（H2：2、H1：3）　14.刀（Y049：9）　15.杯（H4：1）

H1：1，口沿。夹砂灰陶。折沿，圆唇。饰细绳纹。残宽11.7、残高6.5厘米（图2.408b，6）。

尖底瓶　Y049：4，口沿。泥质红陶。直领外侈，圆唇外包边。素面。口径8.3、残高6.6厘米（图2.408b，11）。

钵　4件。Y049：5，口沿。泥质灰陶。直沿，尖唇，圆弧腹。沿外施红彩。残宽7.1、残高5.5厘米（图2.408b，1）。Y049：6，口沿。泥质红陶。敛口，圆唇，圆弧腹。沿外施黑彩。残宽10.9、残高5.2厘米（图2.408b，2）。Y049：7，口沿，泥质红陶。直沿微内敛，尖圆唇，内折腹。磨光，沿外饰两周黑彩平行线纹及黑彩柳叶状纹。残宽10.1、残高4.9、厚0.6厘米（图2.408b，3）。H1：2，口沿。泥质褐陶。直沿，尖唇，折腹。素面。残宽10.7、残高4.6厘米（图2.408b，4）。

豆　Y049：8，口沿。泥质褐陶。直沿微敛，圆唇，内折腹浅盘。外饰细绳纹，内部磨光。口径20.8、残高4.8厘米（图2.408b，10）。

杯　H4：1，口沿。泥质灰陶。直领，尖唇，直腹。磨光，口部有一周红彩带纹。残宽2.7、残高4、厚0.3厘米（图2.408b，15）。

刀　Y049：9，泥质红陶。利用残陶片磨制而成，两端打制豁口，单面直刃，刃部已磨损严重。饰三道平行线黑彩及一段斜线黑彩。长6、宽5.2、厚0.4厘米（图2.408b，14）。

彩陶片　2件。H1：3，腹片。泥质灰陶。红彩。饰四道横向平行线纹，夹饰短弧形平行线纹。残长6.1、残宽5.9、残高4厘米（图2.408b，13）。H2：2，腹片。泥质灰陶。红衣黑彩。饰横向平行线纹夹网格纹。残长3.7、残宽3.2、残高3.5厘米（图2.408b，12）。

（3）基本认识

该遗址以仰韶文化晚期遗存为主，少量东周时期。遗址被砖厂破坏严重，2015年复查时已几乎完全被破坏，仅在东壁残余灰坑1个。

390. 羽林庄南（Y050）

（1）概况

亦称凤凰咀遗址。位于郑州巩义市芝田镇羽林庄村南200米，南北向路以东50米，坞罗河支流圣水河西岸尖嘴上。圣水河自南向北流过，地势高亢平坦，起伏不大，高出河底20余米（图2.409a；图版二一〇，2）。面积约1.5万平方米。地理坐标北纬34°39′35.35″，东经112°55′58.30″，海拔约214米。地表现建一农家乐，水泥铺地及围墙，将遗址东部圈占，该建筑周围地表已荒草丛生，可能已经废弃。

初查时间1999年1月12日，复查时间2007年11月12日、2017年6月16日。

图2.409a 羽林庄南（上为北）

（2）主要发现

遗址东面被村民取土挖成大坑，周边坑壁发现灰坑5个，墓葬1座，自西向东分别编号H1—H5（图版二一一）及M1。H4、H5取有浮选土样及植硅石土样。2007年复查时，在东壁剖面的一个灰坑里采集了浮选土样及残留物分析标本，编号H6。2008年10月5日，又在H6采集了孢粉分析土样。

H1：见有少量陶片，可辨认器形有泥质彩陶罐。

H4：见有少量陶片，采集浮选土样、植硅石土样（图版二一二，1）。

H5：采集浮选土样、植硅石土样（图版二一二，2）。

H6：见有不少陶片，可辨认器形有鼎、泥质罐、钵、尖底瓶、附加堆纹缸、小口高领罐等。

采集石器3件。地表采集陶片较多，密度不大。共采集陶片191片，其中腹片122片、口沿50片、底片19片。多为仰韶中、晚期遗存。标本共23件。

石刀　Y050：16，石英砂岩，打制。利用一打击石片，把与打击点相对应的一边作为刃部，刃部可见使用痕迹。残长7.9、残宽7.3、残厚2厘米（图版二九六，5）。

石饼　Y050：17，白云岩。残。琢磨兼制。弧形侧面，琢光，下面为自然断面，未经修整，上面磨光。长5.5、宽3.8、残厚1.6厘米。

石环　Y050：18，残段，绿色大理岩，磨制。断面呈正方形弧顶。外径6.4、内径4.6、厚0.8厘米（图2.409b，1；图版二九六，6）。

鼎　Y050：2，底部。夹砂灰褐陶。平底，长方体柱足，足上部有一圆形镂孔，足残后磨平再利用。底部饰一周附加堆纹。残高7.2厘米（图2.409b，19）。

罐　7件。Y050：3，口沿。夹砂褐陶。折沿，方唇。素面。口径24.7、残高4.7厘米（图2.409b，17）。Y050：4，腹片。夹砂黑陶。肩部饰凹弦纹五周，折肩处饰按窝纹。残宽6.5、残高5.4厘米（图2.409b，18）。Y050：6，腹片。夹砂褐陶。腹饰桥形大錾。饰篮纹。残宽16、残高19.1厘米（图2.409b，13）。Y050：7，口沿。泥质红陶。折沿，圆唇，口沿外侧及腹壁可见轮制痕迹。施黑彩。口沿下饰两道横向平行线纹，其间饰斜状网格纹，再下饰两道横向平行线纹，其间饰竖向平行短线。残长9、残高8.5厘米（图2.409b，12）。Y050：8，口沿。泥质灰陶。小折沿，圆唇。红衣施黑彩。口沿下饰两组横行平行线纹，其间饰竖直线纹。残宽6.7、残高8.3厘米（图2.409b，14）。Y050：10，口沿。夹砂黑皮褐陶。直领，圆唇微卷。磨光，领内可见泥条盘筑痕迹，领内可见轮纹。口径10、残高3.7厘米（图2.409b，16）。H6：1，口沿。泥质褐陶。卷沿，圆唇，口沿内侧可见轮制痕迹。白衣施棕彩。沿下饰两道横向平行线纹之间夹斜向平行线纹。残宽9.3、残高4.1、胎厚0.6厘米（图2.409b，15）。

豆　Y050：5，豆盘。泥质灰陶。内折沿，尖唇，浅盘。磨光。残宽6.4、残高3.8、厚0.6厘米（图2.409b，5）。

尖底瓶　Y050：9，底部。泥质红陶。底较肥大。素面。残宽9.2、残高6厘米（图2.409b，10）。

器盖　Y050：11，口沿。夹砂褐陶。覆碗形。敞口，方唇，浅腹斜直。素面。残宽6.9、残高6.9、厚0.7厘米（图2.409b，11）。

彩陶片　4件。Y050：12，泥质红陶。白衣黑彩夹红彩，目纹。残宽7、残高3.8厘米（图2.409b，6）。Y050：13，泥质红陶。施白衣褐彩、红彩，饰横向平行线纹夹网格纹。残宽4.4、残高4.5厘米（图2.409b，9）。Y050：14，泥质红陶。施黑彩，上部饰网格纹，网格纹下饰四道横向平行线纹。残宽6、残高5.8厘米（图2.409b，7）。H6：3，泥质红陶。施黑彩，饰横向平行线纹，加纵向平行线纹。残宽6、残高5.9厘米（图2.409b，8）。

环　2件。Y050：15，残断。泥质灰陶。断面略呈长方形。素面。残长4.9、宽1.2、厚0.7厘米（图2.409b，2）。M1：1，残断。泥质褐陶。断面呈正方形。素面。残长2.3、直径0.5厘米（图2.409b，3）。

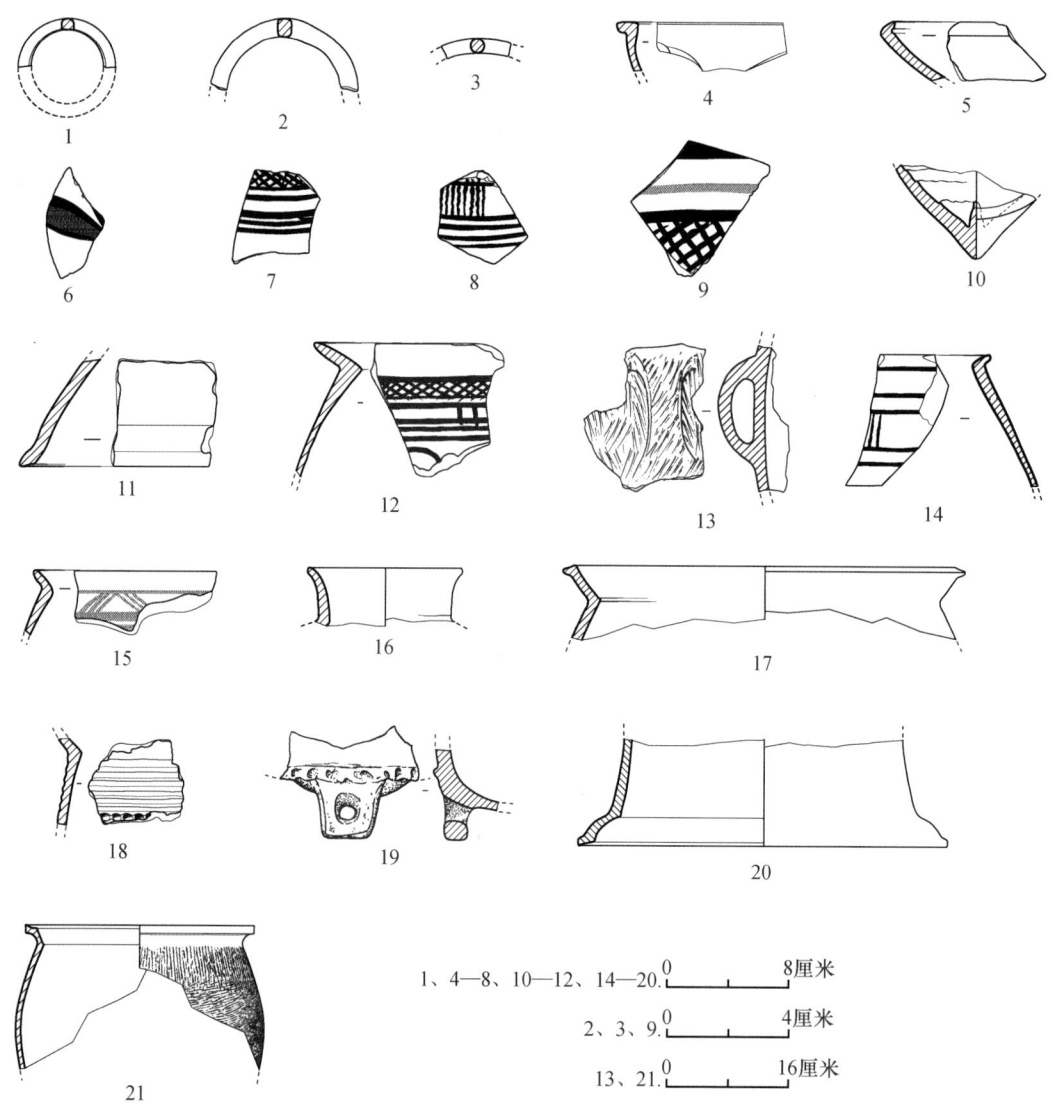

图2.409b　羽林庄南（Y050）、新移（Y045）采集标本

1. 石环（Y050：18）　2、3. 环（Y050：15、Y050M1：1）　4、21. 盆（Y050H6：2、Y045：1）　5. 豆（Y050：5）　6—9. 彩陶片（Y050：12、Y050：14、Y050H6：3、Y050：13）　10. 尖底瓶（Y050：9）　11. 器盖（Y050：11）　12—18. 罐（Y050：7、Y050：6、Y050：8、Y050H6：1、Y050：10、Y050：3、Y050：4）　19. 鼎（Y050：2）　20. 圈足盘（Y050：1）

盆　H6：2，口沿。泥质黑皮陶。侈口，折沿，圆唇。素面。残长8.5、残高3.2厘米（图2.409b，4）。

圈足盘　Y050：1，口沿。夹砂灰陶。折沿，方唇，直腹，盆形。素面。口径23.9、残高4.7厘米（图2.409b，20）。

腹片　H6：4，桥形器鋬。泥质红陶。素面。残高3.8、残宽5.4厘米。

（3）基本认识

该遗址为圣水河沿岸的一处仰韶中、晚期遗址。遗址西部田地较平，无断面可观察，地面仍可见陶片，实际面积不确定。遗址东部受河水冲刷及取土破坏较甚。

391. 新移（Y045）

（1）概况

位于郑州巩义市西村镇新移村南，坞罗河支流圣水河东岸，与西面的羽林庄隔河相望。圣水河自南向北流过，遗址西部紧靠河岸，部分被河流冲毁（图2.410）。遗址面积约1万平方米。地理坐标北纬34°39′45.45″，东经112°56′11.70″，海拔约211米。地表现大部为农田，北部少量被村庄占压。

初查时间1999年1月10日，复查时间2017年7月22日。

图2.410　新移（上为北）

（2）主要发现

在断崖剖面上发现一个小灰坑，采集盆口沿1件，属殷墟早期。地表采集陶片较少。共采集陶片10片，其中口沿2片、腹片8片。个别遗物可能晚至西周早期。

盆　Y045：1，口沿。泥质灰陶。方唇，窄折沿，沿面微凹，直腹。上腹部饰竖绳纹，下腹部饰横绳纹。口径30、残高18.6厘米（图2.409b，21）。

（3）基本认识

该遗址可能为殷墟早期和西周早期的一处小型遗址。遗存保存较差，被河流摆动冲刷破坏。

（十六）坞罗河

坞罗河为伊洛河的支流。古称长罗川或罗水，源于五指岭西南山麓，其源有二：西源有二，西为邨沟，东为申沟，两沟在纸坊村南汇合，东北流经小纸坊村，在夹津口南汇入坞罗河；东源为夹津口以上涉村乡段，称南河。源于核桃园乡南的嵩山北坡上的郭峪口等沟，经寺坪、方家园、核桃园、桑树沟、牛鼻子沟、上庄、北地沟、涉村、东坟沟、大水葡萄沟、铁生沟至夹津口。

夹津口以下，称坞罗河，流经双河、石井村西，黄石渣、寺院沟，柏沟、坞罗村之间，入坞罗水库，之后流经罗口村北、喂庄村南、费窑村南至芝田村南，纳天坡河。芝田以下，坞罗河经由罗河南、范堂坞东、稍柴、南石、北石等村之间，汇入伊洛河。沿途汇合有平顶寺、牛鼻泉、涌泉、姜沟河、凌沟水，罗汉寺水等小支流。

沿岸共发现遗址54处（图2.411）。

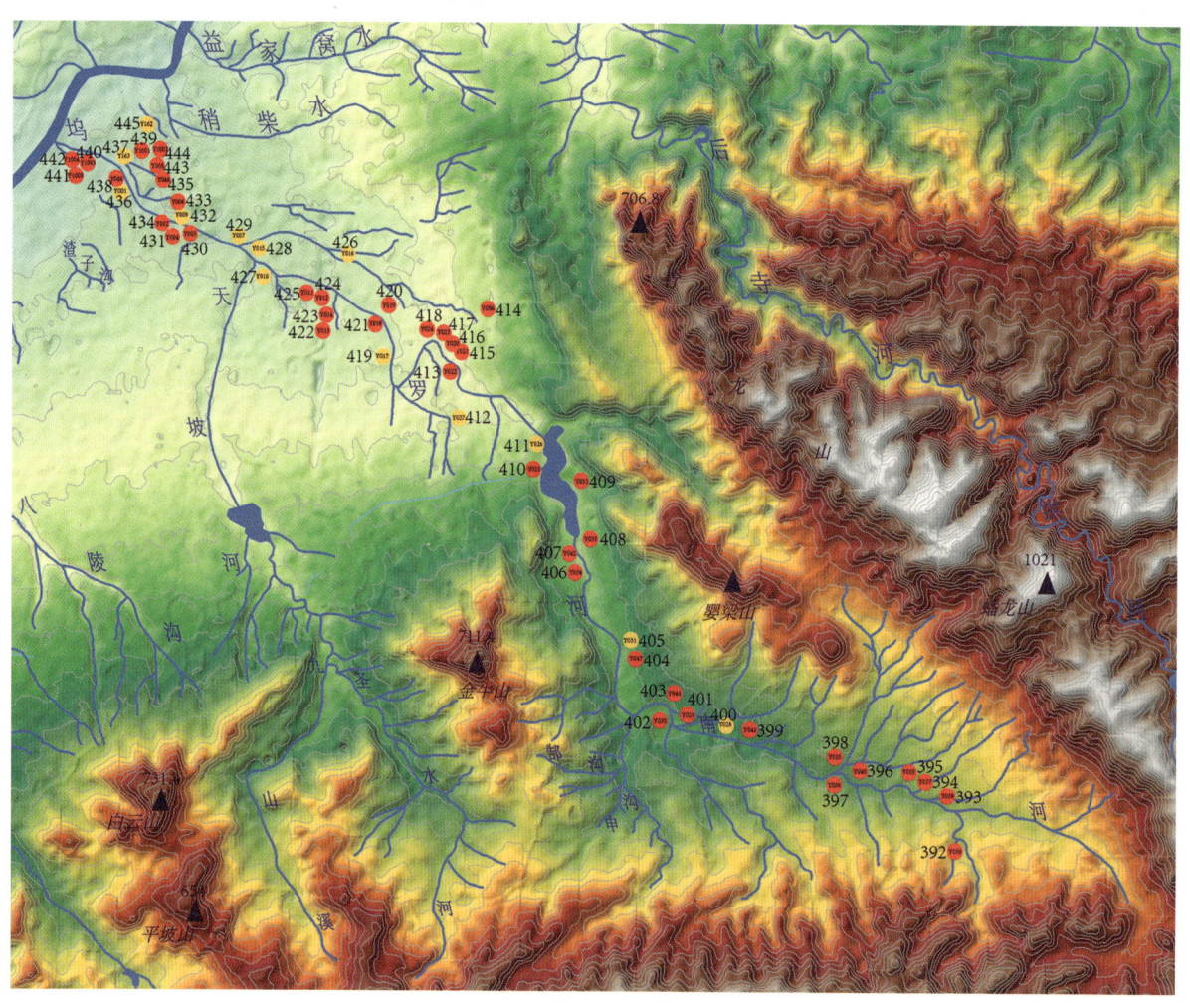

图2.411　坞罗河流域遗址分布示意图

392. 大南沟（Y038）

（1）概况

位于郑州巩义市核桃园乡大南沟村北，上庄至大南沟路东，核桃园至大南沟村大路西侧，坞罗河南岸临河台地上。具体位置为大南沟村北400米，省道S237南400米，乡道X070西200米（图2.412a；图版二一三，1）。面积1.5万平方米。地理坐标北纬34°36′03.47″，东经113°05′19.29″，海拔434米。地势稍微平坦，遗址以南地势起伏很大，为阶梯状梯田，地表现为村庄及梯田。

初查时间1999年1月7日，复查时间2001年1月8日、2017年6月13日。

图2.412a 大南沟（下为北）

（2）主要发现

地表散见陶片，密度不大，多较破碎，断崖处见有红烧土块及零星碎陶片，但不似原生堆积。采集陶片56片，其中腹片52片，口沿4片。可辨器形有钵、罐、尖底瓶等，多为仰韶文化早期。1件疑似裴李岗锥足。少数疑似为东周时期。

尖底瓶　Y038：1，尖底瓶底部泥芯。泥质红陶，素面。一端为蘑菇状，一端为圆锥状。长6、宽4.6厘米（图2.412b，1）。

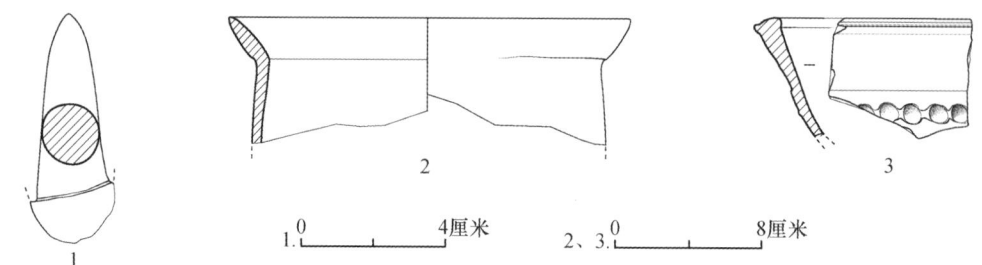

图2.412b　大南沟（Y038）、上庄东南（Y039）采集陶器
1.尖底瓶（底芯）（Y038：1）　2.鼎（Y039：1）　3.盆（Y039：2）

（3）基本认识

该遗址主体遗存为仰韶文化早期，可能早至裴李岗文化晚期，少数遗存可能为东周时期。

393. 上庄东南（Y039）

（1）概况

位于郑州巩义市涉村镇上庄村东南，上庄至涌泉村公路两侧，S237省道南200米，坞罗河北岸阶梯状台地上（图2.413；图版二一三，2）。现存面积约0.4万平方米。地理坐标北纬34°36′19.99″，东经113°04′43.12″，海拔约400米。遗址破坏严重，现地表为梯田。

初查时间1999年1月7日，复查时间2007年11月13日、2017年6月13日。

图2.413　上庄东南（左上为北）

（2）主要发现

调查时在路东断崖剖面发现灰坑1个，编号H1，路西断崖剖面有灰坑1个，编号H2。2007年复查时，在路西断崖剖面新发现灰坑1个，编号H3。分别采集了浮选及残留物分析土样（图版二一四）。2017年6月13日复查时，采集了陶片数片，其中标本2件。

以仰韶、二里头文化为主，未见典型龙山晚期、二里岗文化，共采集陶片29片，其中口沿2个、腹片23片、底片1片。另有3片疑似周代碎绳纹陶片。石器1件。

石片　Y039：3，石灰岩。打击点对应的较薄一侧可能作刃部，但无二次加工及使用痕迹。长4.8、宽3.5、厚1.2厘米。

1）仰韶文化

见有鼎、盆等遗物，属于仰韶文化晚期。标本2件。

鼎　Y039：1，口沿。夹砂灰陶。折沿上翘，复查，直腹。磨光。口径21.8、残高6.8厘米（图2.412b，2）。

盆　Y039：2，口沿。泥质黑陶。直口方唇，沿内凸呈棱，沿外包边，呈"T"形口，直腹下收。磨光，腹饰一周按窝纹。残宽7.8、残高6.4厘米（图2.412b，3）。

2）二里头文化

见有碎片少量，无典型标本。

（3）基本认识

该遗址以仰韶晚期及二里头文化遗存为主。复查中未发现二里岗文化遗存，见有零星的疑似东周时期的遗物。遗址因平整土地或取土遭破坏严重，梯田断崖可见灰坑，分布比较零散，可能已接近边缘地区。

394. 上庄南（Y037）

（1）概况

位于郑州巩义市涉村镇上庄村西南，上庄水泥厂西大冲沟东侧，坞罗河北岸台地上，东北距厂区200米（图2.414a；图版二一五，1）。地理坐标北纬34°36′21.77″，东经113°04′29.66″，海拔386米。整个遗址均见有东周遗存，以西部为主，面积约6万平方米；中部为仰韶遗存分布区，面积1万平方米；东部以二里岗文化遗存为主，面积2万平方米。地表现为农田。

初查时间1999年1月7日，复查时间2007年11月13日、2017年6月13日。

图2.414a　上庄南（左为北）

（2）主要发现

共发现灰坑7座。1999年在断崖剖面上发现灰坑5个（图版二一五，2）。南剖面的灰坑由东向西分别编号H1—H4，东剖面灰坑编号H5。2007年复查时，在东部断崖剖面的2个灰坑里，采集了浮选土样和残留物分析标本，分别编号H6、H7。采集陶片156片，其中口沿22个，腹片133片。分属于仰韶、二里头、二里岗和东周时期。另采集石器2件。

H1：陶片可辨认器形有深腹罐、花边圆腹罐、缸、瓮、盆、大口尊、尊等。属于二里头文化四期。采集了浮选土样。

H2：属于二里头文化四期，采集了浮选土样。

H3：时代为东周。

H5：时代为二里岗文化时期，采集了植硅石土样。

石斧　Y037：16，辉绿岩。基本完整。琢制。厚重长方体，斜顶不规整，两侧面呈圆弧状，刃尖部似为打制尚未经磨制，可能为毛坯。长14.9、宽5.5、厚3.3厘米（图2.414b，1；图版二九七，1）。

石环形器坯　Y037：17，白云岩。残，或为残坯。琢制。半环状，厚薄不匀，中部琢有圆孔。残长12.6、残宽4.2、厚3厘米（图2.414b，2；图版二九七，2）。

1）仰韶文化

采集陶片数量较多，可辨器形有夹砂罐、泥质彩陶罐、鼎、盆、钵、尖底瓶、缸、豆、盖等，多为仰韶晚期。标本3件。

罐　Y037：1，口沿。夹砂黑皮褐。卷沿，圆唇，束颈，溜肩。磨光。残宽4.5、残高3.8、厚0.4厘米（图2.414b，6）。

彩陶罐　Y037：2，口沿。泥质红陶。折沿上翘，圆唇，溜肩。饰红彩平行线纹夹纵向平

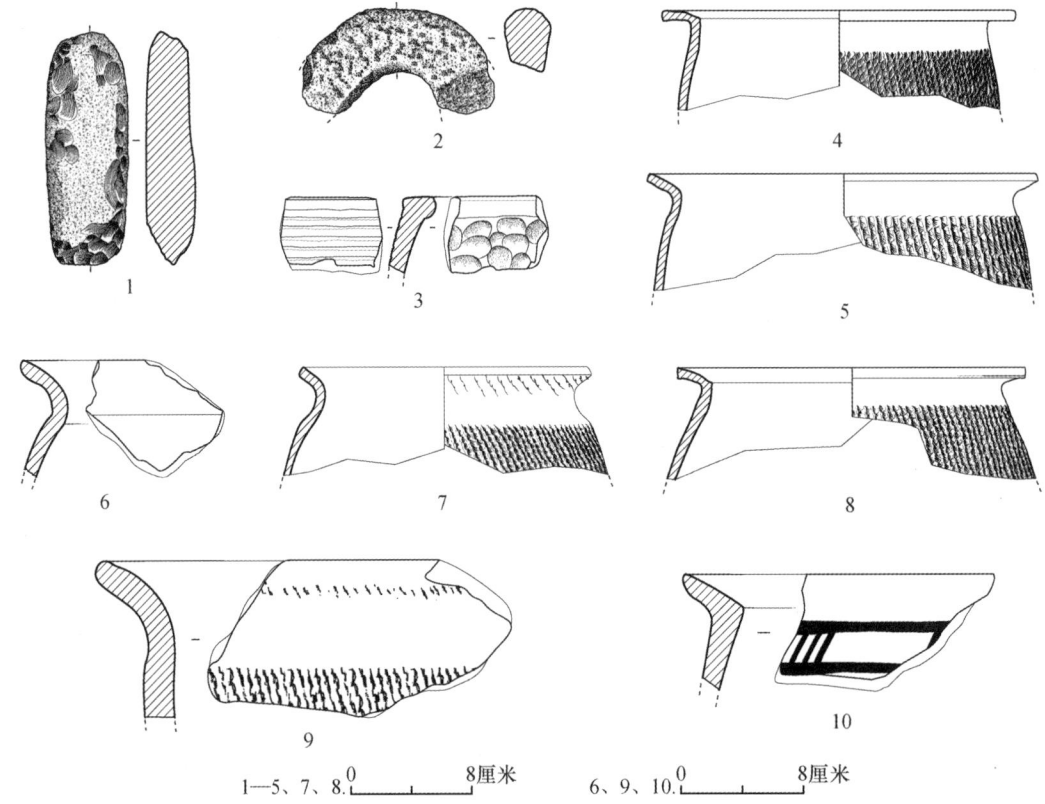

图2.414b　上庄南（Y037）采集标本

1.石斧（Y037：16）　2.石环形器坯（Y037：17）　3.盆（Y037：3）　4、5、7—9.深腹罐（Y037：5、H1：3、H1：2、Y037：4、H1：5）　6.罐（Y037：1）　10.彩陶罐（Y037：2）

行线纹。残宽6.1、残高3.7、厚0.6厘米（图2.414b，10）。

盆 Y037：3，口沿。夹砂红陶。平沿，圆唇，敛口，弧腹饰凹弦纹，内部按窝明显。残宽6.7、残高4.9、厚1.1厘米（图2.414b，3）。

2）二里头文化

见有灰坑5个。采集陶片数量较多，可辨认器形有深腹罐、圆腹罐、高领罐、大口尊、豆、盆等，属于二里头文化三、四期。标本17件。

深腹罐 5件。Y037：4，口沿。夹砂灰陶。折沿，方唇。饰绳纹。口径22.4、残高7.1厘米（图2.414b，8）。Y037：5，口沿。折沿，方唇，饰绳纹。口径22.3、残高6.4厘米（图2.414b，4）。H1：2，口沿。夹砂灰陶。卷沿，方唇，曲颈。沿下饰暗绳纹，腹饰绳纹。口径18.5、残高7厘米（图2.414b，7）。H1：3，口沿。夹砂灰陶。卷沿，方唇，饰绳纹。口径25、残高7.3厘米（图2.414b，5）。H1：5，口沿。夹砂黑褐陶。卷沿，圆唇，直腹。沿外饰暗绳纹，腹饰绳纹。残宽10.1、残高5厘米（图2.414b，9）。

圆腹罐 4件。Y037：6，口沿。夹砂灰陶。卷沿，方唇，唇面有一道凹槽，束颈，溜肩。饰绳纹。口径19.8、残高4.7厘米（图2.414c，12）。Y037：7，口沿。夹砂灰陶。卷沿，圆唇，唇面有一道凹槽，溜肩。饰绳纹。口径19.7、残高5厘米（图2.414c，10）。Y037：8，口沿。夹砂灰陶。沿外卷，圆唇，有鸡冠錾，长颈内曲，弧肩。饰绳纹。口径20.3、残高6.3厘米（图2.414c，9）。H1：1，口沿，夹砂褐陶。卷沿，圆唇，唇外饰花边，束颈，溜肩。素面。残宽6.8、残高5、厚0.5厘米（图2.414c，4）。

高领罐 2件。Y037：9，口沿。泥质灰陶。卷沿，圆唇，肩较平。饰绳纹。残宽13.8、残高5.5、厚0.7厘米（图2.414c，8）。Y037：10，口沿。泥质灰陶。直领外侈，方唇，唇面饰一道凹弦纹，溜肩，鼓腹。饰绳纹。残宽14.1、残高8.6、厚0.4厘米（图2.414c，6）。

大口尊 5件。Y037：11，口沿。泥质灰陶。卷沿，圆唇，颈部饰凸弦纹。残宽7.6、残高4.7厘米（图2.414c，1）。Y037：12，口沿。泥质灰陶。卷沿，圆唇。颈部饰凸弦纹。残宽8.2、残高5厘米（图2.414c，2）。H1：6，口沿。泥质灰陶。卷沿，圆唇。颈部饰凸弦纹。口径53.9、残高4.1厘米（图2.414c，11）。H1：7，腹部。泥质黑皮褐陶。肩部磨光，饰凹弦纹，腹饰弦断绳纹。肩径36.2、残高29.7厘米（图2.414c，7）。H1：8，口沿。泥质灰陶。卷沿，圆唇，溜肩。肩部饰一周凹弦纹，凹弦纹以下饰绳纹。残宽10.3、残高8.2厘米（图2.414c，3）。

盆 H1：4，口沿。泥质灰陶。折沿，方唇，直腹。饰绳纹，附加鸡冠錾。残宽9.6、残高6.5厘米（图2.414c，5）。

3）二里岗文化

采集遗物数量较多，见有深腹罐、圆腹罐、高领罐、豆等器形。主要为二里岗文化晚期，少量疑似早期。标本3件。

深腹罐 H5：1，口沿。夹砂灰陶。卷沿，方唇，沿面内凹，束颈，溜肩。饰绳纹。残宽11.9、残高6.5厘米、厚0.5厘米（图2.414d，3）。

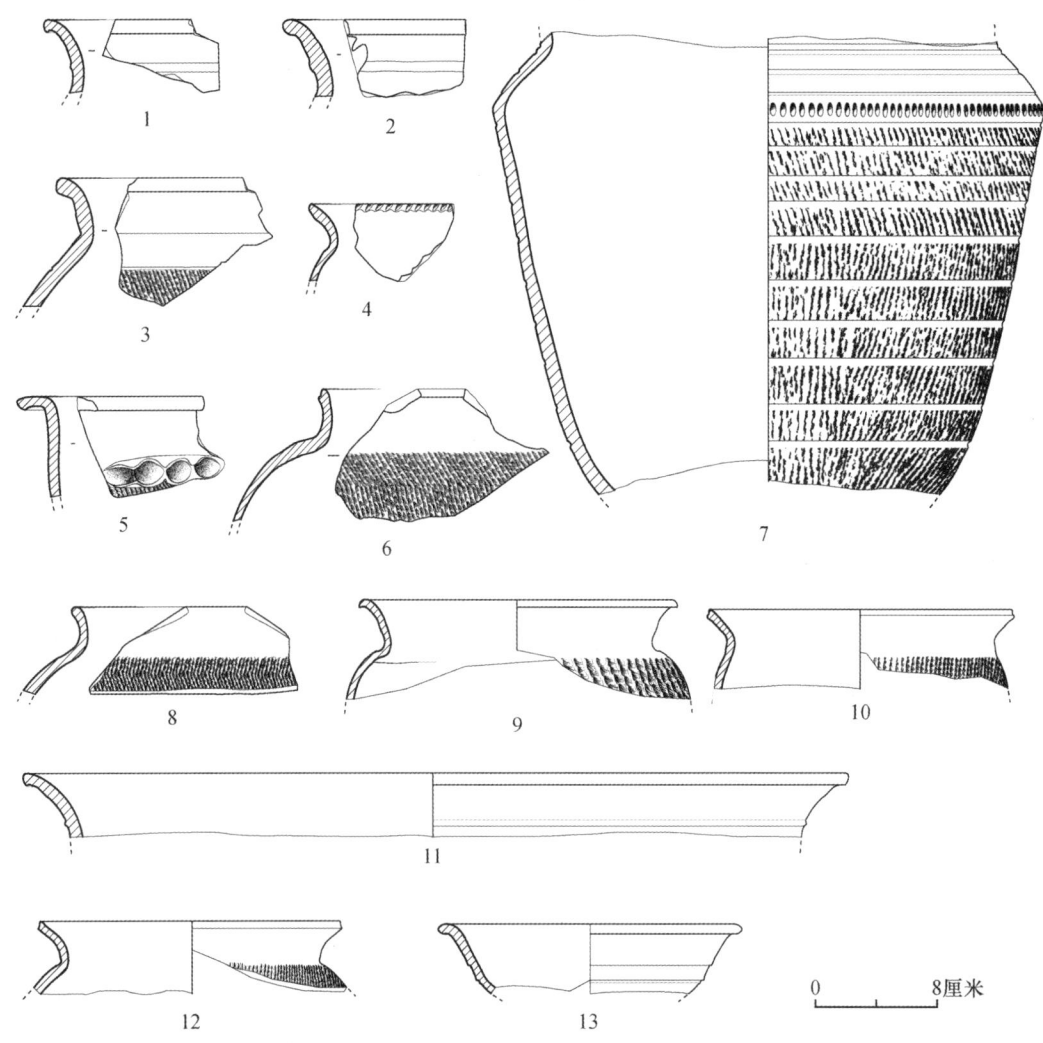

图2.414c 上庄南（Y037）采集陶器

1—3、7、11.大口尊（Y037∶11、Y037∶12、H1∶8、H1∶7、H1∶6） 4、9、10、12.圆腹罐（H1∶1、Y037∶8、Y037∶7、Y037∶6） 5.盆（H1∶4） 6、8.高领罐（Y037∶10、Y037∶9） 13.豆（Y037∶13）

圆腹罐 H5∶2，口沿。夹砂灰陶。沿外卷，沿外加厚，出一道凹槽，方唇，长颈内曲，颈肩交接处形成一周凹槽。饰绳纹。口径13.7、残高5.6厘米（图2.414d，5）。

豆 Y037∶13，豆盘。泥质灰陶。卷沿，圆唇，深斜腹，浅底。饰凸弦纹。口径18.8、残高4.4厘米（图2.414c，13）。

4）东周时期

数量较多，见有鬲、盆等。包括东周早、晚两期。标本4件。

鬲 Y037∶14，口沿，夹砂灰陶。卷沿，圆唇，沿面微凹。素面。残宽5.6、残高4.5、厚0.7厘米（图2.414d，1）。

盆 3件。Y037∶15，口沿，泥质灰陶。折沿，方唇，唇面饰一道凹弦纹，沿面有一道凹槽，直腹微弧。饰凹弦纹。口径33.6、残高7.4厘米（图2.414d，4）。H3∶1，口沿。平折沿，

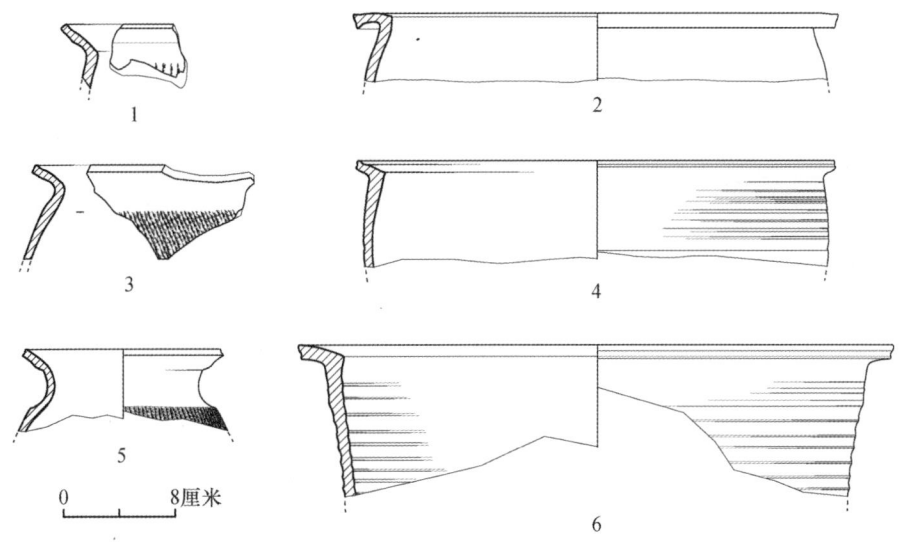

图2.414d　上庄南（Y037）采集标本
1. 鬲（Y037∶14）　2、4、6. 盆（H3∶1、Y037∶15、H3∶2）　3. 深腹罐（H5∶1）　5. 圆腹罐（H5∶2）

方唇，直腹。素面。口径31.1、残高4.8厘米（图2.414d，2）。H3∶2，口沿。折沿，方唇，唇部饰一周凹弦纹，直腹。饰凹弦纹。口径41.8、残高10.4厘米（图2.414d，6）。

（3）基本认识

该遗址中东周时期遗存面积最大，次为二里头文化晚期及二里岗文化时期，仰韶晚期面积较小，主要位于遗址中部。遗址保存状况一般，多年复查大致保持原貌，未见更大破坏，当地农民多以石砌地边作护坡，利于保护遗址。

395. 北地沟（Y055）

（1）概况

位于郑州巩义市涉村镇东涉村东部。东涉村与上庄之间，有一条东北—西南向冲沟自翟沟、大王河至上庄西南与坞罗河交汇，遗址即在交汇处西侧台地中部靠近冲沟的位置。北距省道S237约150米，西南与上庄（Y037）隔沟相望（图2.415a）。面积约0.2万平方米。地理坐标北纬34°36′27.25″，东经113°04′14.00″，海拔约385米。现地表为梯田，地势自西南向东北逐渐升高，遗址中部因取土挖出长条形浅坑。

1991年，巩义市文管曾调查该遗址。发现的遗物较少，除石凿外，陶器主要器形有豆、罐、碗，判断为仰韶文化中期[①]。

2017年6月22日复查涉村东南（Y040）时发现此遗址。

图2.415a　北地沟（左为北）

---

① 巩义市文管所：《巩义市坞罗河流域仰韶文化遗址调查》，《中原文物》1992年第4期。

（2）主要发现

地面采集了少量陶片，在遗址中部的取土浅坑两侧断面上发现了零星灰坑，土色为红褐色，含烧土颗粒及灰烬，包含物不甚丰富。采集陶片11片，其中口沿1片、腹片10片。疑似仰韶文化早期。标本1件。

鼎　Y055∶1，口沿。夹砂红陶。直领外侈，圆唇，溜肩。素面。残宽4.8、残高4厘米（图2.415b，1）。

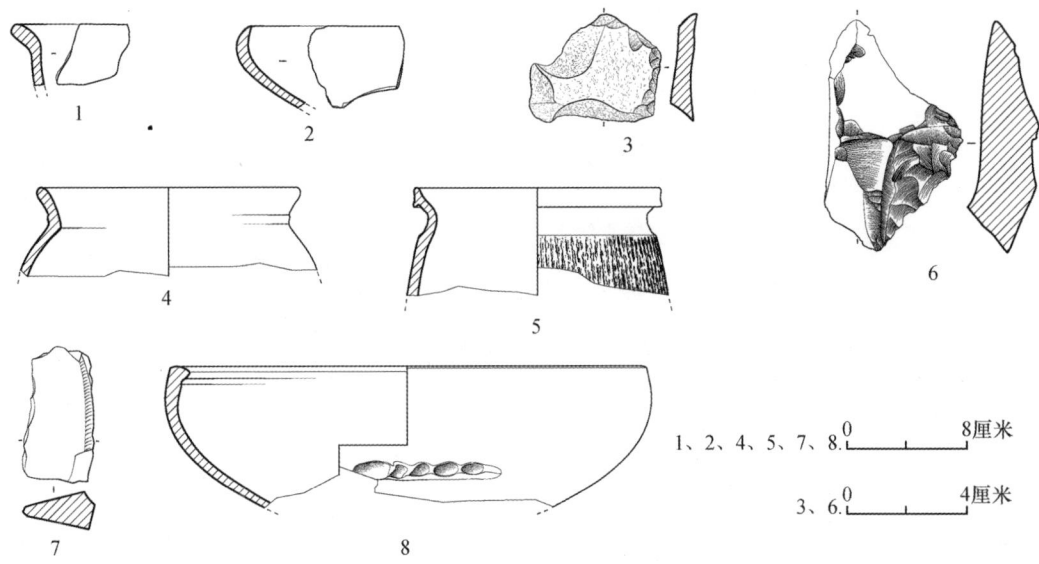

图2.415b　北地沟（Y055）、涉村南南沟（Y036）、涉村东（Y035）、东山原（Y041）采集标本
1.鼎（Y055∶1）　2、8.钵（Y041∶1、Y041∶2）　3.石刮削器（Y035∶3）　4.罐（Y035∶1）　5.深腹罐/鬲（Y035∶2）
6.石核（Y036∶1）　7.石片（Y036∶2）

（3）基本认识

根据此次调查发现的遗物分析，该遗址发现的陶片陶色偏褐色，器形较为简单，可能为仰韶文化早期遗存。遗址处于山前台地，面积不大，包含物较少，中部因取土破坏较甚。

396. 涉村上古朵（Y040）

（1）概况

位于郑州巩义市涉村镇东涉村东200米，省道S237南200米，南北向水泥路两侧，坞罗河北岸台地上（图2.416；图版二一六，1）。现存面积约0.4万平方米。地理坐标北纬34°36′25.92″，东经113°03′57.84″，海拔约374米。遗址现被挖成大坑，已完全破坏。

初查时间1999年1月7日，复查时间2017年6月14日。

图2.416　涉村上古朵（右下为北）

（2）主要发现

遗址被砖厂取土破坏严重，在断崖剖面上发现较薄的文化层。地表陶片较少。采集陶片12片，其中口沿1片，腹片11片。另有红烧土块2块。见有篮纹较深陶片，个别陶片如蛋壳般薄，当属龙山晚期。可辨认器形有器盖。无典型标本。

（3）基本认识

该遗址面积较小，已完全破坏，应属于龙山文化晚期。

397. 涉村南南沟（Y036）

（1）概况

位于郑州巩义市涉村镇西涉村南，南北向小冲沟之间，南沟西，涉村南小公路西，坞罗河南岸临河山前台地上。具体位置为涉村南300米，工厂区以西200米，南北向小路东侧台地（图2.417）。遗址面积不详。地理坐标北纬34°36′17.98″，东经113°03′21.16″，海拔约380米。地表现为林地。

初查时间1999年1月6日，复查时间为2017年7月23日。

图2.417　涉村南南沟（上为北）

（2）主要发现

在断崖剖面发现细石器石核1件，打制石片1件。

石核　Y036：1，黑色燧石。打制，长方形，一面有长石叶剥片，剥片痕迹明显。长7.4、宽4.5、厚2.4厘米（图2.415b，6）。

石片　Y036：2，黑色燧石。打制，不规则形，多处边缘有修整小疤。长2.3、宽4.4、厚1.3厘米（图2.415b，7；图版三○三，1）。

（3）基本认识

从出土石核和石片观察，该遗址采集的遗物具有细石器的特征，可能为旧石器时代晚期的地点。

398. 涉村东（Y035）

（1）概况

位于郑州巩义市涉村镇东涉村西南，南北向大冲沟与坞罗河交汇处，河北岸东台地上，涉村镇东大庙东南角（文化广场北）（图2.418）。遗址现存面积约0.2万平方米。地理坐标北纬34°36′39.48″，东经113°03′28.05″，海拔约355米。地表现为狭长台地、林地。

初查时间1999年1月6日，复查时间2017年7月23日。

图2.418 涉村东（上为北）

（2）主要发现

台地破坏严重，在断崖剖面的一层料姜石层下发现文化层，距地表约2.5米，为灰褐土夹散碎红烧土颗粒，其中陶片较为残碎。地表陶片较少。采集陶片56片，其中腹片52片、口沿4片。属于仰韶文化早期和二里岗文化晚期。另采集石器1件。

石刮削器　Y035：3，玄武岩。不规则形，打制。石片较薄，三面作刃，刃部较锋利。使用痕迹明显。长8.5、宽6.9、厚1.8厘米（图2.415b，3）。

1）仰韶文化

数量较多，见有罐、钵、盆等。属于仰韶文化早期。标本1件。

罐　Y035∶1，口沿。夹砂褐陶。直领微侈，圆唇，弧肩。素面。口径16.6、残高5.8厘米（图2.415b，4）。

2）二里岗文化

数量不多，见有深腹罐（或鬲）等遗物，属于二里岗文化晚期。标本1件。

深腹罐/鬲　Y035∶2，口沿。夹砂褐陶。折沿，方唇。沿下出一凸棱，饰绳纹。口径15.4、残高7厘米（图2.415b，5）。

（3）基本认识

该遗址面积较小，大部分已遭破坏，仅残余少许。遗存涵盖仰韶早期和二里岗文化晚期。

399. 东山原（Y041）

（1）概况

位于郑州巩义市夹津口镇铁生沟村东南。具体位置为铁生沟村东南500米，省道S237南400米，土路东，坞罗河北岸，东坟沟东的台地上，台地高出河床30米（图2.419）。遗址现存面积约0.7万平方米。地理坐标北纬34°36′56.37″，东经113°02′16.78″，海拔约330米。因取土现已挖平，遭完全破坏。

1991年10月，巩义市文管所做过调查，发现了0.5—1.3米厚的文化层及灰坑，包含裴李岗文化及仰韶文化晚期遗存，面积分别估计为3.75万和2万平方米。采集了一批陶、石器，征集了裴李岗文化石磨盘、磨棒、镰、铲等器物[1]。

初查时间1999年1月8日，复查时间2017年7月23日。

图2.419　东山原（上为北）

---

[1] 巩义市文管所：《巩义市坞罗河流域裴李岗文化遗存调查》，《中原文物》1992年第4期；巩义市文管所：《巩义市坞罗河流域仰韶文化遗址调查》，《中原文物》1992年第4期。

（2）主要发现

初查时，砖厂取土已将遗址破坏殆尽，从残存的剖面可以看到稀薄的灰土层堆积。地面散见少量陶片。采集陶片38片，其中口沿4片、腹片32片、底片2片，涵盖裴李岗文化和仰韶文化。

1）裴李岗文化

均为碎片，泥质橘黄陶，多为壶、钵的腹片。属于裴李岗文化晚期。无典型标本。

2）仰韶文化

采集了数量较多的残片，属于仰韶文化晚期。标本2件。

钵　2件。Y041：1，口沿。泥质红陶。敛口，内卷沿，圆唇，内弧腹。素面。残宽6.3、残高5.2、厚0.5厘米（图2.415b，2）。Y041：2，口沿，泥质灰陶。直沿微敛，圆唇，沿内出一道凸棱，内弧腹，腹饰鸡冠錾。口径30.3、残高9厘米（图2.415b，8）。

（3）基本认识

该遗址主要为裴李岗文化晚期和仰韶文化晚期（含向龙山过渡期）遗存。遗址初查时已被砖厂取土破坏殆尽，2017年复查发现地貌已完全变样，遗址已被取平，稍高于河床，已被完全破坏。

400. 铁生沟西南（Y028）

（1）概况

即原铁生沟遗址，位于郑州巩义市夹津口镇铁生沟村西南，坞罗河北岸河谷一级台地上。从周边地貌观察，此台地属于坞罗河冲积台地，地势较为平缓，起伏不多。低于北面大断崖6—7米（图2.420；图版二一六，2）。遗址面积约4.6万平方米。地理坐标北纬34°36′57.86″，东经113°02′05.57″，海拔约315米。现地表为农田。

1958—1959年河南省文化局文物工作队曾在此发掘，发现有矿坑、冶炼工场、居住址以及从开采矿石到制出成品的全部生产设备的遗迹和遗物[①]。1963年，铁生沟冶铁遗址被列为第一批河南省文物保护单位；2013年，其被确定为第七批全国重点文物保护单位。

初查时间1999年1月3日，复查时间2001年1月7日、2017年7月24日。

图2.420　铁生沟西南（下为北）

---

① 河南省文化局文物工作队：《巩县铁生沟》，文物出版社，1962年。

（2）主要发现

地层中见有较多的汉代陶片、绳纹瓦片及炼渣等（图版二一七）。复查中采集盆口沿1件，绳纹瓦片6片。

盆　Y028:1，口沿。泥质灰陶，折沿方唇，素面。沿面刻有"未刀"两字。口径40、残高13.5厘米。

（3）基本认识

该遗址为汉代冶铁遗址。

401. 铁生沟（Y029）

（1）概况

或称下西坡遗址。位于郑州巩义市夹津口镇铁生沟村西，现铁生沟社区南，坞罗河北岸，遗址地处临河台地，台地高出河床十余米，地势较为平坦。砖厂取土已将遗址破坏殆尽，从残存的剖面可以看到稀薄的文化层堆积（图2.421a；图版二一八，1）。遗址现存面积约0.2万平方米。地理坐标北纬34°36′58.32″，东经113°01′45.06″，海拔约315米。地表现为新建社区楼房、废弃砖厂及农田。

图2.421a 铁生沟（下为北）

开封地区文管会等和中国社会科学院考古研究所河南第一工作队都曾在此进行过发掘。中国社会科学院考古研究所河南第一工作队调查和发掘，称铁生沟（下西坡）遗址，发现了房基、窖穴、灰坑等遗迹，以及石磨盘、石磨棒、锯齿石镰、壶等裴李岗文化典型器物，推测面积1万平方米[1]。

---

[1] 开封地区文管会、巩县文管会、郑州大学历史系考古专业：《河南巩县铁生沟新石器早期遗址试掘简报》，《文物》1980年第5期；中国社会科学院考古研究所河南一队：《1984年河南巩县考古调查与试掘》，《考古》1986年第3期。

初查时间1999年1月3日，复查时间2007年11月13日、2015年3月、2017年6月14日。

（2）主要发现

初查时在砖窑附近发现了零星地层及少量陶片（图版二一八，2；图版二一九，1）。有村民在取土时发现了石镰（未征集）。

2007年复查时，在村西一个新建砖厂的砖窑剖面上，发现灰坑1个，编号H1，采集了浮选土样及残留物分析标本。

2015年复查时发现被严重破坏的残墓葬一座，编号M1，仅存下半段肢骨，未发现随葬品，在地面农田护坡发现残石磨盘1件，并做残留物分析。

2017年6月14日复查时，在东部废窑场的剖面上，发现有灰坑1个，编号H2，采集了少量陶片。旧窑厂顶部剖面残余灰坑，几乎已全部破坏，其下压有两层洪积层。

共采集陶片32片，其中腹片29片、足3片，石器7件，蚌器1件（已残碎）。

小石锛　Y029∶5，辉绿岩。完整。大部磨制。扁平梯形，单面弧刃，有较小的使用条痕及崩疤。长7.6、宽4.9、厚1.8厘米（图2.421b，3；图版二九七，5）。

石刀　2件。Y029∶6，石英砂岩。利用一打击石片，把与打击点相对应的一边作为刃部，刃部可见使用痕迹。长7.9、宽5.3、厚1.3厘米（图2.421b，2；图版二九七，6）。H2∶6，石英砂岩。利用一打击石片，把与打击点相对应的一边作为刃部，刃部可见使用痕迹。长11.4、宽7.5、厚2.3厘米（图版二九七，3）。

石饼　Y029∶7，砂岩。磨制。近椭圆形。下面平整，上面微鼓下收呈刃状。长径7、短径6.2、厚2厘米（图2.421b，4；图版二九八，1）。

打制石片　Y029∶9，石灰岩。周边较多打制、砸击痕迹，似为未成形器物毛坯。长7.7、宽5.6、厚1.9厘米。

燧石核　Y029∶4，燧石。近长方体，两级法打片，似仍在修整石核阶段。长5、宽3.6、厚1.3厘米（图2.421b，5；图版二九七，4）。

采集的陶片多为裴李岗文化时期，见有鼎、钵、垫等。其中见有典型的裴李岗文化石磨盘。标本9件。

石磨盘　Y029∶8，红褐砂岩。残。琢磨兼制，上面琢磨平整，使用痕迹明显，下面琢磨规整，残留有一圆柱形矮足，侧棱琢磨规矩，呈圆弧状斜面。残长23.6、残宽23.3、高6.3厘米（图2.421b，1；图版二九八，2）。

鼎　5件。Y029∶1，鼎足。泥质红陶。锥形足，残断。素面。残高5.6厘米（图2.421b，10）。Y029∶2，鼎足。泥质灰陶。乳钉状足。素面。高3.7厘米（图2.421b，8）。H2∶1，鼎足。泥质红陶。锥形足，足尖残断。素面。残高4.6（图2.421b，7）。H2∶2，鼎足。泥质红陶。锥形足，足尖残。素面。残高5.1厘米（图2.421b，9）。H2∶3，鼎足。泥质红陶。乳钉状足。素面。残宽4.6、残高2.6厘米（图2.421b，6）。

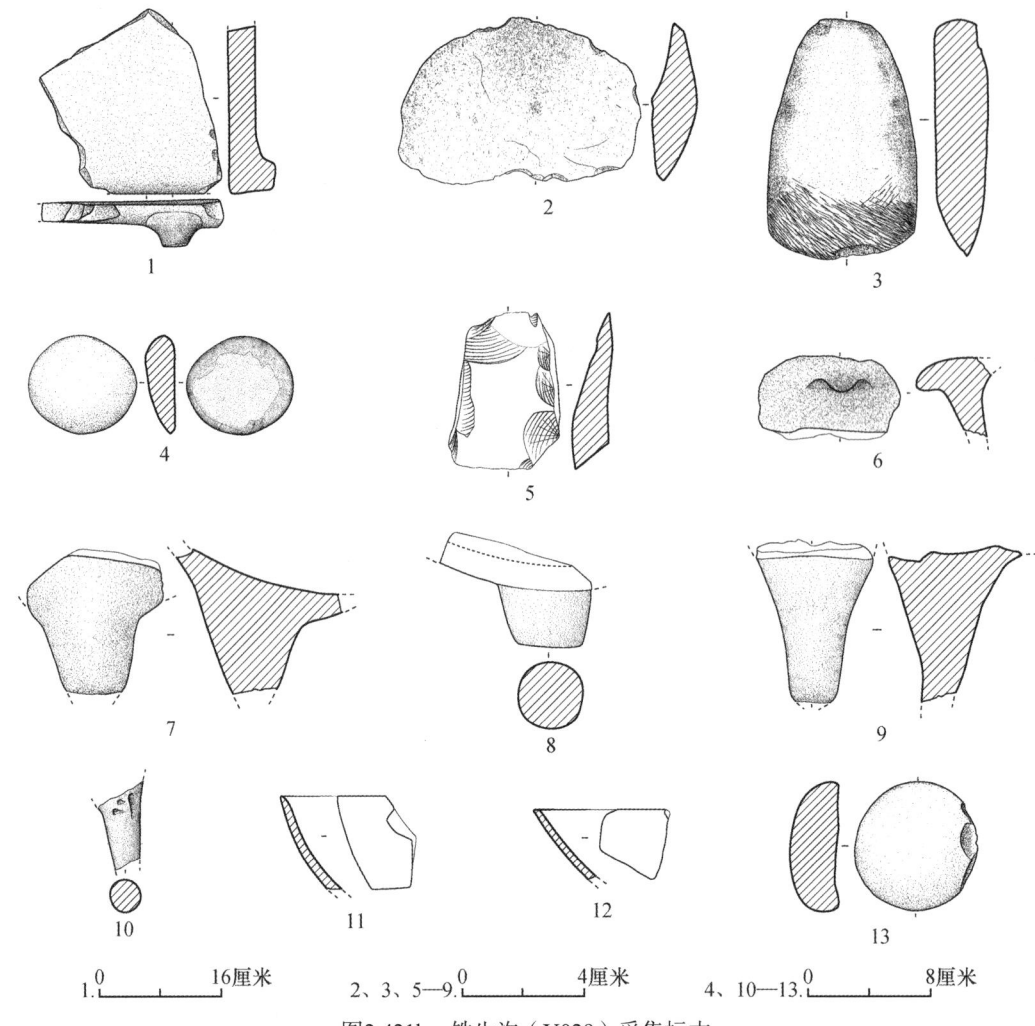

图2.421b 铁生沟（Y029）采集标本

1. 石磨盘（Y029：8） 2. 石刀（Y029：6） 3. 小石锛（Y029：5） 4. 石饼（Y029：7） 5. 燧石核（Y029：4） 6—10. 鼎（H2：3、H2：1、Y029：2、H2：2、Y029：1） 11、12. 钵（H2：4、H2：5） 13. 垫（Y029：3）

钵 2件。H2：4，口沿。泥质红陶。敞口，圆唇，斜腹。素面。残宽5.1、残高5.8厘米（图2.421b，11）。H2：5，口沿。泥质红陶。敞口，圆唇，斜腹。素面。残宽4.6、残高4.4厘米（图2.421b，12）。

垫 Y029：3，基本完整。泥质褐陶。圆形，圆弧顶面，底面制作时切割不平。长8.02、高8.2、厚3.18厘米（图2.421b，13）。

（3）基本认识

铁生沟遗址为文化内涵较为单纯的裴李岗文化遗址，一般认为属裴李岗文化晚期。调查期间先后新建了两处砖厂和新社区，对遗址造成了极大的破坏，现仅存铁生沟社区南一小块为农田，保护形势较为严峻。

402. 夹津口（Y030）

（1）概况

位于郑州巩义市夹津口镇夹津口村西南，具体位置为坞罗河南岸台地，在废弃砖厂烟囱与新建移动发射塔之间，残余的小块台地上（图2.422a）。面积约0.25万平方米。地理坐标北纬34°36′48.66″，东经113°01′10.39″，海拔约321米。地表大部为废弃砖厂，堆放煤渣、建筑垃圾及小面积农田。

1984年，中国社会科学院考古研究所河南第一工作队在调查时发现有白衣黑彩夹红彩陶鼎、鼎、缸、盆等陶器及残石斧等，另外在遗址下部断崖采集到3片疑似裴李岗文化的泥质红陶片[1]。

1999年1月3日初查时未发现，当时发现的是河对面村北另一处汉代遗址。2014年复查时发现，见有少量仰韶陶片及灰坑。初查时间2014年6月17日，复查时间2017年7月14日。

图2.422a　夹津口（下为北）

---

[1] 中国社会科学院考古研究所河南一队：《1984年河南巩县考古调查与试掘》，《考古》1986年第3期。

（2）主要发现

调查中发现了零星灰坑，采集到少量陶片。陶片21片，其中口沿7片、底片2片、腹片12片。可辨器形有碗、折腹钵、钵、夹砂罐、小口尖底瓶、小口高领瓮、鼎、器盖等，属于仰韶文化中、晚期。标本3件。

碗　Y030:1，口沿。泥质灰陶。薄胎。敞口，圆唇，弧腹。残长4.3、残高3.8厘米（图2.422b，5）。

钵　2件。Y030:2，口沿。泥质灰陶。敞口，近方唇，内壁近口处抹一周凹槽。残长4.1、残高3.8厘米（图2.422b，2）。Y030:3，口沿。泥质灰陶。敛口，圆唇，折腹。残长6.1、残高3.4厘米（图2.422b，1）。

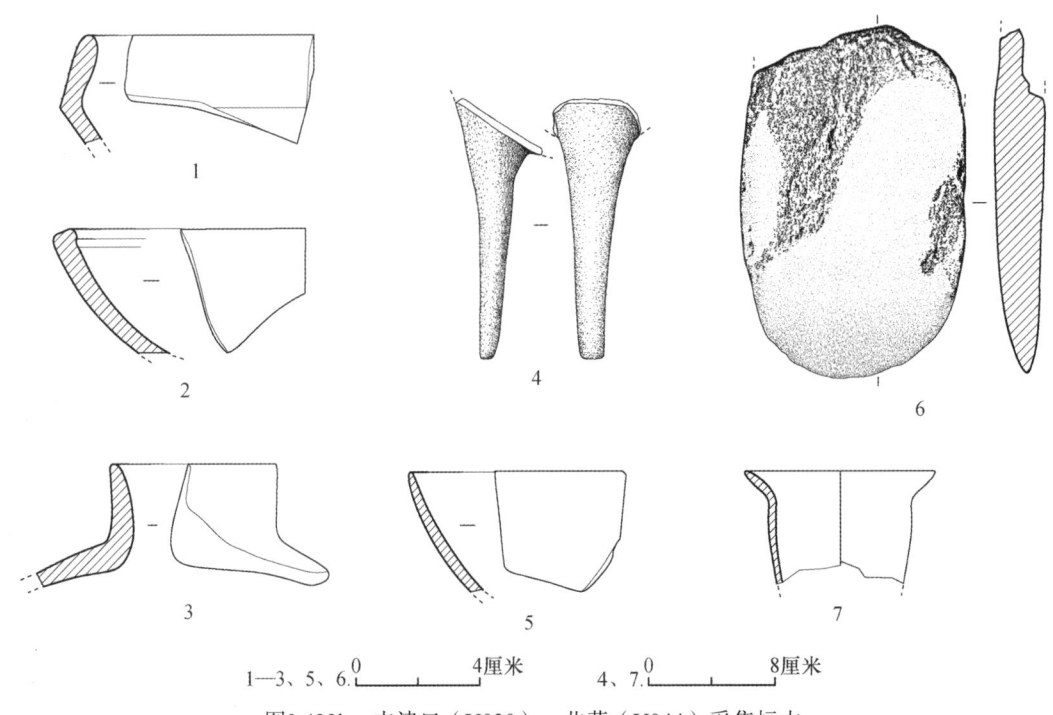

图2.422b　夹津口（Y030）、北营（Y044）采集标本
1、2.钵（Y030:3、Y030:2）　3.壶（Y044:3）　4.鼎足（Y044:1）　5.碗（Y030:1）　6.石铲（Y044:4）
7.罐（Y044:2）

（3）基本认识

该遗址以仰韶文化中、晚期遗存为主，曾发现疑似裴李岗晚期文化的陶片。现地表断崖被垃圾堆埋，地表植被茂密，无法详查，本次调查未见到裴李岗文化遗物。此地距铁生沟、北营、东山原等裴李岗文化晚期遗址不远，为裴李岗期遗址的小片聚落聚集区，不排除存在裴李岗文化遗存的可能性。在早年砖厂取土时已遭严重破坏，残余面积较小。

403. 北营（Y044）

（1）概况

位于郑州巩义市夹津口镇北营村东，铁生沟社区西，坞罗河北岸两条小岔沟交汇所夹台地东侧，阶梯形梯田上（图2.423）。现存面积约0.4万平方米。地理坐标北纬34°37′12.08″，东经113°01′28.41″，海拔约325米。现地表紧邻铁生沟新社区西侧，新建了水泥硬化路面，下有污水处理厂。遗址被硬化路面及周围堆土覆盖，地面已见不到遗址，地貌发生巨变。

1991年，巩义市文管所曾做过调查，估计面积2万平方米，包含物不多，采集了石磨棒与陶三足钵、深腹罐等少量遗物[1]。

初查时初查时间1999年1月3日，复查时间2001年1月8日、2007年11月13日、2017年7月24日。

图2.423　北营（上为北）

---

[1] 巩义市文管所：《巩义市坞罗河流域裴李岗文化遗存调查》，《中原文物》1992年第4期。

（2）主要发现

见有文化层，破坏较甚不连续，含少量红烧土块及陶片等。2007年，在北营文化层内曾采集浮选土样。地表散落陶片很少，两次采集陶片60片，多为腹片，其中口沿2片、鼎足1件。另采集石器2件。

石铲　Y044：4，片麻岩。顶部残断。大部磨光。扁薄舌形石铲，大部有使用光泽、小崩疤及长条状搽痕。残长10.8、残宽7、厚1.6厘米（图2.422b，6；图版二九八，3）。

石刀　Y044：5，砂岩。琢磨兼制。略呈菱形。利用一打击石片，把打击点对应的一侧片刃部，稍加琢磨而成。长6.5、宽6.1、厚1.4厘米。

陶片多为碎片，多泥质橘黄陶，见有夹砂褐陶，难拼合复原。可辨器形有三足钵（足）、鼎足、罐、深腹罐、壶等，属于裴李岗文化晚期。标本3件。

鼎足　Y044：1，泥质红陶。椭圆形扁平足。素面。足高16厘米（图2.422b，4）。

罐　Y044：2，口沿。夹砂红陶。卷沿，圆唇，直腹。素面。口径11.8、残高7.1厘米（图2.422b，7）。

壶　Y044：3，口沿。泥质灰陶。直领，尖唇，广肩较平。残宽5.1、残高3.8、厚0.5厘米（图2.422b，3）。

（3）基本认识

该遗址以裴李岗文化晚期遗存为主，遗物数量不多，可能与破坏较严重有关。现今坞罗河在夹津口村至遗址附近拐了两个S形大弯，从地貌观察，原河道西部应较直且偏北，河流摆动和遗址西、南侧新发育的小岔沟加上人为取土破坏，致使遗址保存状况极差。新修建铁生沟社区及西侧的污水处理厂道路，再次对遗址造成了更大破坏，已难见到遗址的原貌。

404. 双河（Y047）

（1）概况

位于郑州巩义市夹津口镇双河村东，坞罗河东岸，省道S237（孝义—许昌）线西南侧，属山前台地（图2.424）。现存面积约0.1万平方米。地理坐标北纬34°37′27.28″，东经113°01′09.88″，海拔约320米。现已被民宅占压。

初查时间1999年1月3日，复查时间2017年7月24日。

图2.424　双河（上为北）

（2）主要发现

采集陶片3片，其中龙山文化篮纹陶片1片，周代灰白甑底及绳纹陶片各1片。无典型标本。

（3）基本认识

仅采集少量陶片，未发现地层堆积。该遗址可能为一处小型的龙山晚期及周代遗址。

405. 双河东南（Y031）

（1）概况

位于河南省巩义市夹津口镇双河村东南。坞罗河东岸，属山前台地，地势高亢，起伏较大，自西向东逐级抬升（图2.425）。面积约3万平方米。地理坐标北纬34°37′36.59″，东经113°01′08.12″，海拔约310米。地表为山前台地。

初查时间1999年1月3日，复查时间2017年7月24日。

图2.425　双河东南（上为北）

（2）主要发现

山坡上散见有较多的汉代绳纹瓦片，未采集标本。

（3）基本认识

该遗址应为坞罗河流域的一处汉代遗址。

406. 寺院沟（Y034）

（1）概况

位于郑州巩义市西村镇坞罗村寺院沟自然村南，东西向路沟北，坞罗河西岸台地上，台地高出河谷10余米，地势起伏较大，多开辟阶梯形梯田（图2.426a；图版二一九，2）。现存面积约1.5万平方米。地理坐标北纬34°38′14.68″，东经113°00′20.10″，海拔约290米。地表现被新挖出巨型大坑，并被部分平毁。

巩义市文管所1991年调查，估计面积10万平方米，发现了龙山文化灰坑及房址等，文化堆积十分丰富，地面还散见周代遗存[①]。

初查时间1999年1月4日，复查时间2017年6月15日。

图2.426a　寺院沟（左下为北）

（2）主要发现

梯田剖面上发现灰坑2个。地表散落陶片较多。采集陶片70片，其中口沿4片、腹片65片、

---

① 巩义市文管所：《巩义市坞罗河流域河南龙山文化遗址调查》，《中原文物》1992年第4期；巩义市文管所：《巩义市坞罗河流域二里头文化、商、周文化遗存调查》，《中原文物》1992年第4期。

底片1片。涵盖龙山文化和二里头文化时期。采集石器1件。

石楔　Y034：6，石灰岩。基本完整。琢磨兼制。厚重长条梯形，圆顶，两侧面呈圆弧状，单面直刃，刃部使用痕迹明显，刃尖部已残。长13、宽4.9、厚2.84厘米（图2.426b，6；图版二九八，4）。

1）龙山文化

陶片数量较多，见有中口罐、小口高领瓮、豆、盆、折腹盆。属于龙山文化晚期。标本5件。

瓮　2件。Y034：1，口沿。泥质灰陶。直沿外侈，厚圆唇，唇面有刻划痕迹，口内出一周凸棱，颈部以下残。素面。残宽7.1，残高4.4厘米（图2.426b，1）。Y034：2，口沿。泥质灰陶。直沿外侈，圆唇，颈部呈圆弧状，肩部以下残。素面。残宽7.7，残高4.7厘米（图2.426b，2）。

盆　Y034：3，口沿。泥质黑皮褐陶。平折沿，圆唇，直腹。上腹部素面，下腹部饰篮纹夹凹弦纹。口径33、残高9.8厘米（图2.426b，4）。

折腹盆　Y034：4，口沿。泥质灰陶。平折沿，方唇，斜腹。素面。残宽6.8，残高4.3厘米（图2.426b，3）。

豆　Y034：5，柄部。泥质黑皮褐陶。粗矮柄。饰凹弦纹。残高12.8厘米（图2.426b，5）。

2）二里头文化

数量不多，均为碎片，属于二里头文化一、二期。无典型标本。

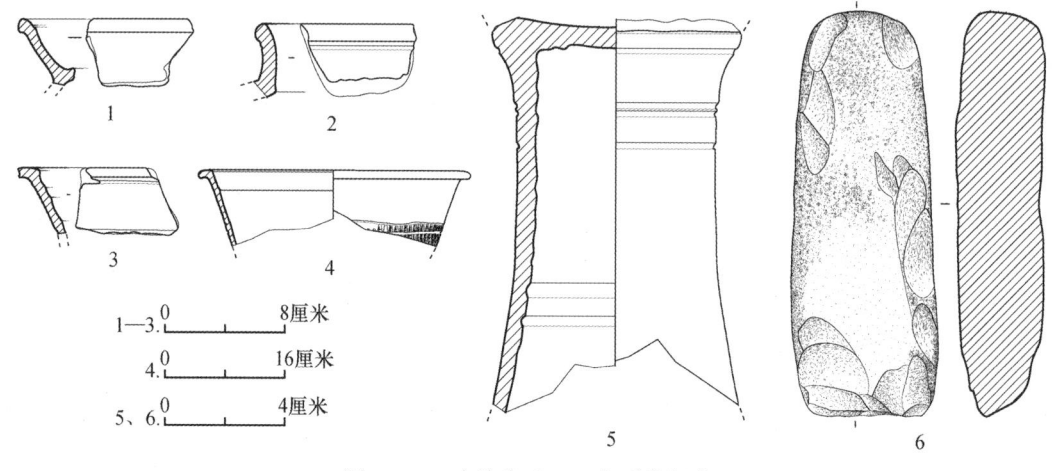

图2.426b　寺院沟（Y034）采集标本

1、2.瓮（Y034：1、Y034：2）　3.折腹盆（Y034：4）　4.盆（Y034：3）　5.豆（Y034：5）　6.石楔（Y034：6）

（3）基本认识

该遗址主体为龙山晚期文化遗存，也见有二里头文化早期遗物，巩义市文管所调查还发现少量疑似周代陶片等。遗址南部现被挖出巨型大坑并整平，破坏殆尽；北部仅地表见有遗物，未见文化层。

407. 坞罗西坡2（Y042）

（1）概况

位于郑州郑州巩义市西村镇坞罗河西岸的坞罗柏沟村南坞罗河西岸，坞罗柏沟村南，寺院沟村西北，当地人们称为"西坡"的第三级台地上。处于坞罗西坡1（Y033）和寺院沟（Y034）之间（图2.427a；图版二二〇，2）。现存面积约0.5万平方米。台地东临断崖，西靠山坡，高出河谷20余米。地势高亢起伏较大，自东向西逐级抬高，形成阶梯形梯田。地理坐标北纬34°38′20.74″，东经113°00′13.84″，海拔约282米。地表现为梯田及民居。

图2.427a　坞罗西坡2（上为北）

1991年10—11月，巩义市文管所曾对该遗址进行调查。推测遗址面积约3万平方米。西部文化层较厚，东部、南部较薄。发现了房基和墓葬等遗迹。采集到钵、碗、盆、罐、鼎等器物。认为属于裴李岗文化遗存，部分地段见有战国和汉代堆积[①]。

---

① 巩义市文管所：《巩义市坞罗河流域裴李岗文化遗存调查》，《中原文物》1992年第4期。

1993年5月，河南省社科院河洛文化研究所与巩义市文管所联合调查了该遗址。发现房址1处，并采集到部分遗物。认为该遗址裴李岗时期的文化遗存具有裴李岗文化向仰韶文化过渡期的特征，有别于两者，因而称之为"坞罗西坡文化"①。

初查时间1999年1月13日，复查时间2007年11月13日、2014年4月12日、2017年6月15日。

（2）主要发现

在遗址东部的断崖剖面上见有文化层、灰坑、墓葬。文化层为黑褐色黏土夹碎红烧土颗粒，内陶片较少且碎。

2007年复查时，在一个废弃的窑洞剖面上发现有灰坑1个（H2），采集了浮选土样及残留物分析标本。2014年再次复查时发现东部断崖下也有较大的袋状坑，出土有三足钵足及大量兽骨等，堆积较丰富。前后共发现灰坑4座（H1—H4），墓葬1座（M1）。

地表散落陶片很少。采集陶片54片，其中口沿3片、腹片46片、底片5片。陶片中红黄色泥质陶火候较低，夹砂陶内夹粗砂。还见有泥质黑陶，磨光，质软，与瓦窑嘴相同，中间呈灰褐色（胎）。为裴李岗文化偏晚阶段。标本9件。

石磨棒　Y042：6，砂岩。残。琢磨兼制。断面呈圆角三角形，柱体。一端残断。下面较平而光，磨痕明显，两侧面微弧，琢痕明显。残长9.2、宽4.6、厚4厘米（图版三〇三，4）。

磨石　2件。Y042：5，砂岩。残。琢制。两端残断。无明显使用痕迹，或为杵。近半圆柱体，下面为平面，两侧面一面为平面、一面与顶面相连呈圆弧面。残长6.8、宽7.9、厚5.7厘米（图2.427b，5；图版三〇三，3）。Y042：7，砂岩。基本完整。琢磨兼制。长方体，三面为较光平的磨面。长7.2、宽5.9、厚4.8厘米（图版三〇三，5）。

石球　Y042：8，砂岩。基本完整。椭圆球形。琢制。中部琢一周不连续凹槽，可能为方便系绳。长径4.7、短径4.3、厚4厘米（图2.427b，4）。

砺石　Y042：9，砂岩。残。圆角长方形。琢磨兼制。上面经磨砺略有凸凹，下面为自然断面，周边为圆弧状磨面。残长7.1、残宽6.4、厚1.5厘米。

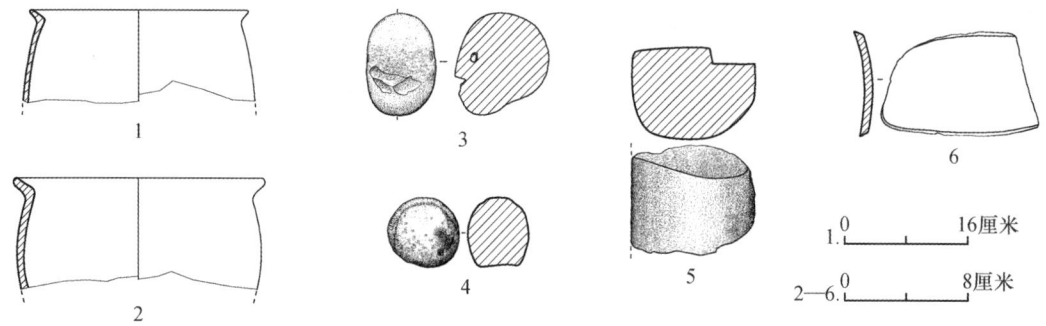

图2.427b　坞罗西坡2（Y042）采集标本
1、2.罐（Y042：1、Y042：2）　3.球（Y042：4）　4.石球（Y042：8）　5.磨石（Y042：5）　6.刀（Y042：3）

---

① 廖永民：《坞罗西坡文化遗址试析》，《中原文物》1994年第1期。

罐　2件。Y042：1，口沿。夹砂褐陶，素面。折沿，尖唇，直腹。口径28、残高11.6厘米（图2.427b，1）。Y042：2，口沿。夹砂褐陶。火候较低。折沿上翘，圆唇，直腹。口径15.8、残高6.9厘米（图2.427b，2）。

刀　Y042：3，残断。泥质红陶。近梯形。利用残陶片磨制而成。刃部为单面直刃，背部为弧背单面弧刃。素面。残长10.1、宽6.5、厚0.6厘米（图2.427b，6）。

球　Y042：4，泥质红陶，近椭圆形，上部有一对穿方孔，疑为网坠。素面。孔径0.3×0.5、长径6.2、短径6.2、厚4.6厘米（图2.427b，3；图版三〇三，2）。

（3）基本认识

据以往调查资料看，该遗址主要为裴李岗文化晚期至仰韶早期过渡阶段的遗存。该阶段遗址发现不多，对于探讨新石器时代中期社会面貌十分重要。遗址东部断崖较高，被修整为梯田，靠下部壁上见有裴李岗文化灰坑。而其南部近山，较高处还见有可能为仰韶早期的灰坑，采集到褐色夹粗砂的大陶盆及兽骨等，说明遗址原本依山坡呈倾斜走势。局部有战国时期遗存。遗址面积不大，被修成梯田后对遗址（尤其东部）破坏较大，自初查后历年复查地貌未见明显变化。近年来附近多有建房及取土等，潜在破坏可能性较大。

408. 坞罗西坡1（Y033）

（1）概况

位于郑州巩义市西村镇坞罗河西岸的坞罗柏沟村南，寺院沟村西，当地人们称为"西坡"的台地上，台地西靠山坡，东临断崖，高出河谷约30米。具体位置为柏沟南1000米，寺院沟北400米，坞罗河西，南北向小路西，紧邻现西坡自然村村庄房屋（图2.428a；图版二二〇，1）。现存面积约0.2万平方米。地理坐标北纬34°38′26.33″，东经113°00′10.60″，海拔约281米。地势高亢，起伏较大，自东向西形成阶梯形梯田。现地表为村庄及农田。

初查时间1999年1月4日，复查时间2017年6月15日。

图2.428a　坞罗西坡1（下为北）

（2）主要发现

调查中见有二里岗文化晚期灰坑。采集陶片100余片，可辨认器形有鼎、圆腹罐、圈足豆、大口尊、缸等。以二里岗文化晚期为主，兼有少量二里头三、四期。

1）二里头文化

见有深腹罐、圆腹罐、鼎、缸、豆、大口尊等器形。涵盖二里头文化三、四期。标本7件。

深腹罐　Y033:1，口沿。夹砂灰陶。折沿，方唇。饰绳纹。口径24.5、残高9.9厘米（图2.428b，5）。

圆腹罐　Y033:3，口沿。夹砂黑皮褐陶。直沿外卷，方唇，有鸡冠錾，短颈内曲，弧肩。饰绳纹。口径17.7、残高5.2厘米（图2.428b，6）。

鼎　2件。Y033:2，口沿。夹砂灰陶。直沿外侈，厚圆唇，短颈，溜肩。素面。口径16.9、残高4厘米（图2.428b，2）。Y033:4，足部。夹砂褐陶。扁平三角形长足，正面呈长方形，饰绳纹。足高16.2厘米（图2.428b，3）。

缸　Y033:5，口沿。夹砂灰陶。直沿微侈，圆唇，腹饰绳纹加附加堆纹。残宽6.4、残高6.5厘米（图2.428b，7）。

豆　Y033:6，豆盘。烧制有变形。泥质黑皮褐陶。平折沿，尖唇，浅斜腹，圜底，粗圈足残。腹饰凹弦纹。口径26.4、残高8厘米（图2.428b，1；图版四一〇，6）。

大口尊　Y033:7，腹部。泥质褐陶。饰绳纹。残宽27.6、残高32.6、厚1.2厘米（图2.428b，4）。

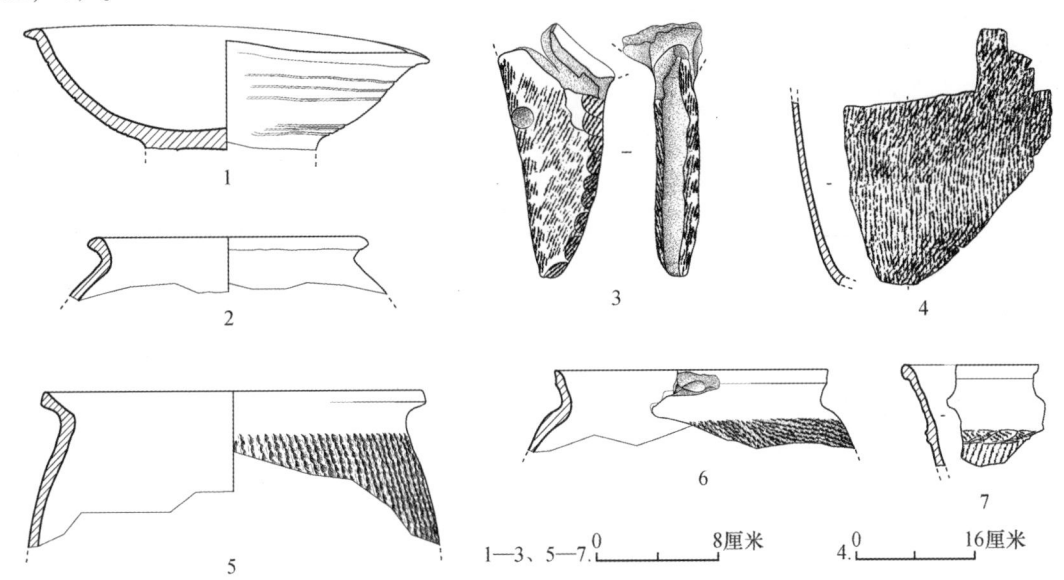

图2.428b　坞罗西坡1（Y033）采集标本

1.豆（Y033:6）　2、3.鼎（Y033:2、Y033:4）　4.大口尊（Y033:7）　5.深腹罐（Y033:1）　6.圆腹罐（Y033:3）　7.缸（Y033:5）

2）二里岗文化

见有少量二里岗文化遗存，主要属于晚期。无典型标本。

（3）基本认识

该遗址为本次调查新发现，遗存主要为二里头文化晚期和二里岗文化晚期。复查期间发现，紧邻遗址南侧已经开始新建了数排民居，面临继续被破坏的危险。

409. 坞罗南店（Y032）

（1）概况

位于郑州巩义市西村镇坞罗村南店自然村南，坞罗河东岸台地上，北为S237（孝许线），南临断崖。具体位置为坞罗水库东南300米，S237以西100米，乡道X025以北260米，沟东台地高出河床约7米，地势起伏较大（图2.429a；图版二二二，1）。遗址现存面积约3万平方米。地理坐标北纬34°39′03.92″，东经113°00′18.95″，海拔约262米。地表现为阶梯形梯田。

巩义市文管所1991年调查，仰韶文化遗存与龙山文化遗存分别报道，前者估计面积12万平方米，后者估计面积2万平方米；未见仰韶文化层，且标本较少；龙山文化遗存发现了地层和4个灰坑及陶、石器等；同时发现有周代文化遗存[①]。

初查时间1999年1月4日，复查时间2017年7月23日。

图2.429a　坞罗南店（上为北）

---

① 巩义市文管所：《巩义市坞罗河流域仰韶文化遗址调查》，《中原文物》1992年第4期；巩义市文管所：《巩义市坞罗河流域河南龙山文化遗址调查》，《中原文物》1992年第4期；巩义市文管所：《巩义市坞罗河流域二里头文化、商、周文化遗存调查》，《中原文物》1992年第4期。

（2）主要发现

遗址已被南店砖厂严重破坏，调查所见主要为龙山文化遗存。据当地村民描述，曾见小口尖底瓶类遗物，但调查中未发现仰韶时期遗存。地面采集陶片26片，分3个不同时期，其中龙山时期15片，二里岗5片，周汉6片。

断崖剖面见有2座房基和4个袋状灰坑（图版二二四，图版二二五，1）。由西向东依次编号H1、F1、H2、H3、F2、H4。

F1：袋状地穴式，底径约2.9米，填土上层灰色，下层红黄色，墙壁未经烧烤，地面为硬面。采集了浮选及植硅石土样。为龙山文化晚期（图版二二二，2）。

F2：袋状地穴式，底径约3.8米，填灰土及烧土块，墙壁经烧烤成红烧土层，地面堆积陶片石块等。为龙山文化晚期。

H1：袋状坑，底径约1.8米，填灰土。采集浮选土样、植硅石土样。采集陶片22片，可辨认器形有罐、器盖。为龙山文化晚期（图版二二三，1）。

H2：袋状坑，底径约3米，内填灰土及红烧土。采集陶片28片，可辨认器形有泥质罐、大口罐、折腹盆。为龙山文化晚期（图版二二三，2）。

H3：袋状坑，采集陶片5片，可辨认器形有罐、小口高领瓮、器盖。为龙山文化晚期。

H4：袋状坑，采集陶片26片，可辨认器形有大口罐、小罐、小口高领瓮、器盖。为龙山文化晚期。

共采集陶片107片，石器2件，蚌器1件。陶片包括腹片89片、口沿15片、底片3片。

残石器　Y032：5，石灰岩。残。磨制。方顶，扁平长方形。刃部残断。具体器形不明。残长10.32、宽4.85、厚1.54厘米。

蚌刀　H1：3，蚌壳磨制而成。椭圆形，一端残。中部有一圆孔。蚌壁较厚，外表凸凹不平。残长8.8、残宽6厘米。

1）龙山文化

采集陶片较多，见有大口罐、瓮、折腹盆和器盖等器形，多为龙山文化晚期。标本5件。

大口罐　2件。H4：1，口沿。夹砂灰陶。直领外侈，小折沿，圆唇，溜肩。饰方格纹。口径24.6、残高8.6厘米（图2.429b，9）。H4：2，口沿。夹砂灰陶。直领外侈，圆唇，沿外饰一道凸棱，溜肩。腹饰方格纹。口径37.1、残高14.6厘米（图2.429b，7）。

瓮　H1：2，腹片，泥质灰陶。饰篮纹夹凹弦纹，附桥形鋬。残长10.5、残宽8.5厘米（图2.429b，3）。

折腹盆　H2：1，可复原。泥质灰陶。折沿，圆唇，沿面内有一道凸棱，斜腹，折腹棱凸，下腹急收成小平底。素面。口径30.5、高19.5厘米（图2.429b，8；图版三七五，4）。

器盖　H1：1，口沿。泥质褐陶。直沿，唇面出一道凹槽，弧腹，底残。内外壁有轮纹。口径18.7、残高9厘米（图2.429b，6）。

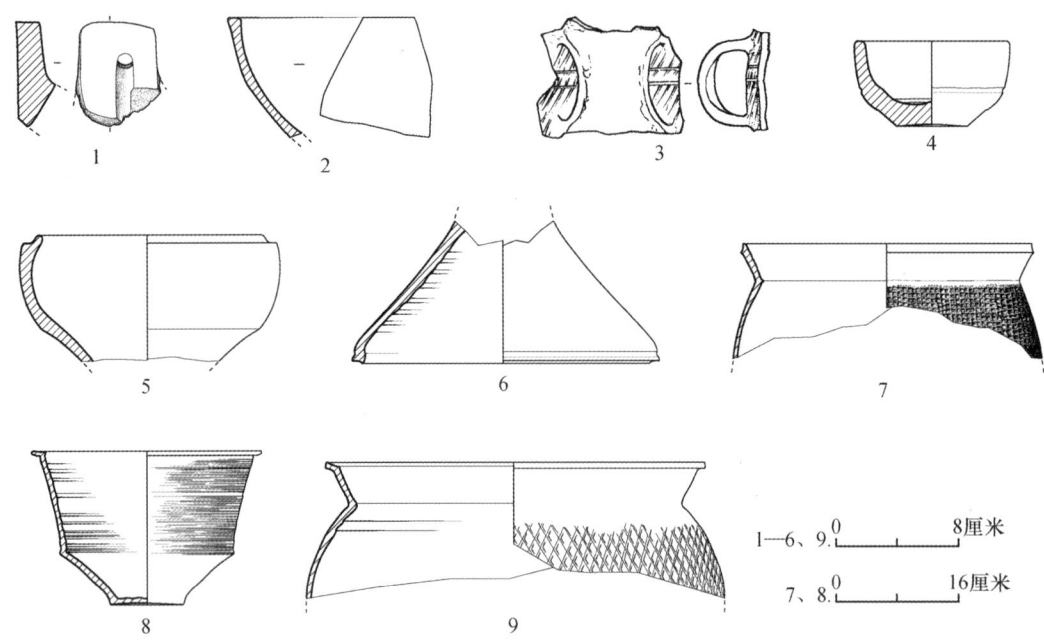

图2.429b 坞罗南店（Y032）采集标本

1. 鼎（Y032：1） 2、4. 盆（Y032：4、Y032：3） 3. 瓮（H1：2） 5. 豆（Y032：2） 6. 器盖（H1：1） 7、9. 大口罐（H4：2、H4：1） 8. 折腹盆（H2：1）

2）二里岗文化

仅发现碎片，属于二里岗文化晚期。无典型标本。

3）东周时期

见有一定数量的陶片，器形有鼎、豆、盆等，多为东周晚期。标本4件。

鼎 Y032：1，耳部。泥质灰陶。近长方形耳。下部有一镂空，镂空下外饰一道竖向凹槽。残宽5.5、残高6.6、厚2.34厘米（图2.429b，1）。

豆 Y032：2，口沿。泥质灰陶。直沿微内敛，子母口，弧腹，下腹急收，残底。素面。口径14、残高8厘米（图2.429b，5）。

盆 2件。Y032：3，口沿。泥质灰陶。素面。直沿，圆唇，下腹急收成小平底。口径9.4、底径4.4、高5.4厘米（图2.429b，4）。Y032：4，口沿。泥质灰陶。直沿，方唇，直腹下收，残底。素面。残宽7.4、残高7.5、厚0.7厘米（图2.429b，2）。

（3）基本认识

该遗址以龙山晚期遗存为主，多为灰坑、房基等遗迹。另有少量二里岗文化晚期及东周晚期遗存。可能有仰韶时期的遗存，调查中未发现。遗址南部被砖厂破坏较严重。遗址被修成梯田，落差较大，破坏严重。

410. 坞罗水库西1（Y025）

（1）概况

亦称坞罗遗址。位于郑州巩义市西村镇坞罗村坞罗水库大坝西南端的小山岗下，两个山头之间的谷地。坞罗水库的泄洪槽从遗址中部穿过（图2.430a）。面积约2万平方米。地理坐标北纬34°39′23.42″，东经112°59′51.43″，海拔约255米。遗址因水库修建及农业耕种破坏严重，地表现为农田。

巩义市文管所曾在该遗址试掘过，命名坞罗遗址。巩义市文管所1991年调查时，估计面积3万平方米，主要为仰韶中、晚期及仰韶向龙山过渡期遗存，发现了仰韶灰坑6个及文化层[1]。1963年，被定为第一批郑州市文物保护单位。

初查时间1999年1月2日，复查时间2001年6月5日、2017年7月23日。

图2.430a 坞罗水库西1（右下为北）

---

[1] 巩义市文管所：《巩义市坞罗河流域仰韶文化遗址调查》，《中原文物》1992年第4期。

（2）主要发现

坞罗水库西岸断崖上发现残存灰坑2个，编号H1、H2。大部已被破坏。灰坑位于顶部，下层为料姜石，见有陶片，石片、兽骨等。复查时东西向沟与水库交汇处发现残缺灰坑，接近水库水面。采集石器4件，蚌器1件。

石斧　H2：3，砂岩。残。扁平长方形，磨制规整。刃部残断，仅存顶端。残长6.1、残宽3.7、厚1.3厘米。

石研磨器　Y025：8，砂岩。椭圆形柱体。顶部略残，底部有研磨光泽，器周遍布碾磨痕。长9.9、长径4、短径3厘米（图2.430b，11；图版二九八，5）。

石锤　Y025：9，石灰岩。基本完整。近圆角方形。琢磨兼制，有击打痕迹。长9.4、宽9.1、厚2.1厘米。

砺石　Y025：10，石灰岩。基本完整。磨制。长方形，形状规整，六面均经磨制，光滑平整。长4.8、宽3.5、厚1.2厘米。

1）仰韶文化

采集陶片数量较多，彩陶纹饰以白衣黑彩为主，见有鼎足、罐、钵、瓮等。涵盖仰韶中、晚期，部分遗物可晚至龙山早期。标本8件。

鼎足　2件。Y025：1，楔形足。残断后磨平。夹砂褐陶。残高5.4厘米（图2.430b，1）。Y025：2，楔形足。夹砂褐陶。外面为长方形平面，剖面呈三角形，扁平足尖。足高7.2厘米

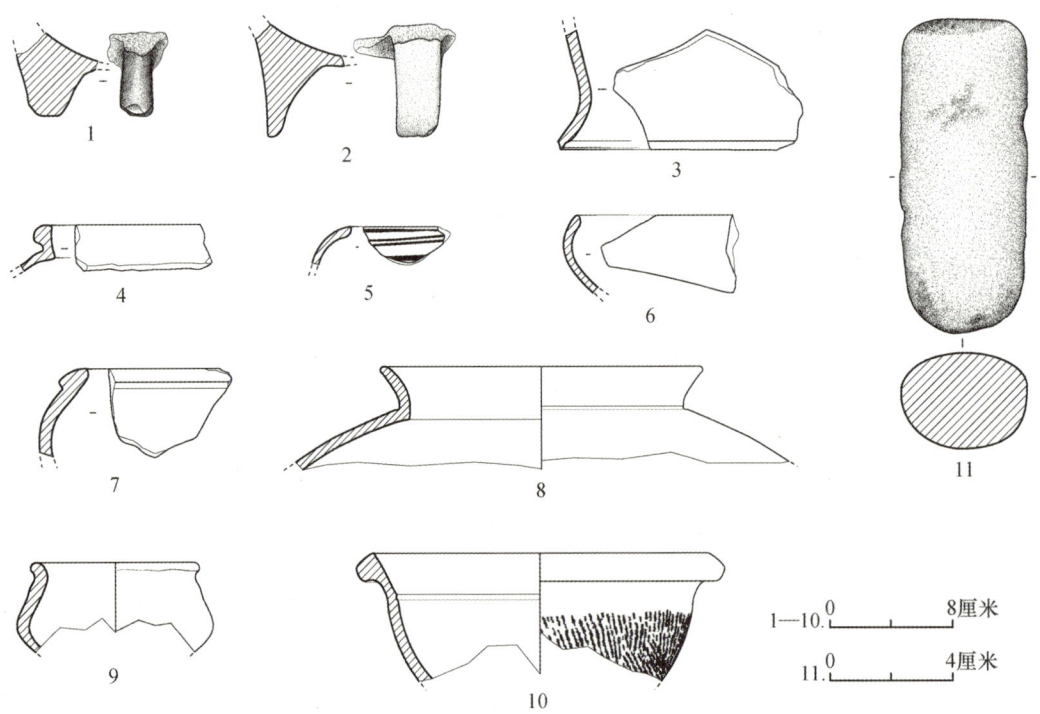

图2.430b　坞罗水库西1（Y025）采集标本

1、2.鼎足（Y025：1、Y025：2）　3.圈足（Y025：6）　4、9.罐（H1：1、Y025：3）　5、6.钵（Y025：5、Y025：4）
7、8.瓮（H2：2、H2：1）　10.簋（Y025：7）　11.石研磨器（Y025：8）

（图2.430b，2）。

罐　2件。Y025：3，口沿。夹砂灰陶。直沿，圆唇，溜肩。肩饰数道凹弦纹。口径10.2、残高5.7厘米（图2.430b，9）。H1：1，口沿。夹砂褐陶。直领，圆唇，沿外包边成凸棱，沿内凹，广肩。素面。残宽8.9、残高2.9、厚0.4厘米（图2.430b，4）。

钵　2件。Y025：4，口沿。泥质灰陶。敛口，尖唇。素面。残宽9、残高4.9厘米（图2.430b，6）。Y025：5，口沿。泥质红陶。敛口，圆唇。施白衣黑彩。残宽5.8、残高2.5厘米（图2.430b，5）。

瓮　2件。H2：1，口沿。泥质灰陶。直领外侈，圆唇，广肩。素面。口径20.6、残高6.5厘米（图2.430b，8）。H2：2，口沿。夹砂褐陶。矮领，敛口，圆唇，广肩。素面。残宽8.1、残高5.6、厚0.8厘米（图2.430b，7）。

2）龙山文化

采集遗物数量较少，见有罐等。属于龙山晚期。标本1件。

圈足　Y025：6，底部残片。黑皮褐陶。方唇，唇面有一道凹槽。磨光。宽12.3、残高7.6、厚0.7厘米（图2.430b，3）。

3）殷墟文化

见有少量陶片。器形有罐、簋等。属于殷墟晚期。标本1件。

簋　Y025：7，口沿。泥质褐陶。折沿下耷，方唇，颈内有一道凹弦纹。饰绳纹。口径21.8、残高8.2厘米（图2.430b，10）。

（3）基本认识

该遗址以仰韶中、晚期（含向龙山过渡期）遗存为主，少量龙山和殷墟晚期遗存。遗址在修建水库及农业耕种时遭到破坏严重，保存较差。

411. 坞罗水库西2（Y026）

（1）概况

位于郑州巩义市西村镇坞罗村，南距坞罗水库大坝约500米，北距坞罗河已干涸的河床约300米。地处两条南北向小冲沟之间，地势较平缓（图2.431）。面积约2万平方米。地理坐标北纬34°39′30.82″，东经112°59′29.98″，海拔约232米。地表现为农田。1963年，列为郑州市第一批文物保护单位。

初查时间1999年1月2日，复查时间2017年7月23日。

图2.431　坞罗水库西2（右下为北）

（2）主要发现

地表散见汉代陶片及绳纹瓦，未采集标本。

（3）基本认识

该遗址应为坞罗河流域的一处汉代遗址。

412. 罗口南（Y027）

（1）概况

位于郑州巩义市西村镇罗口村南约500米，地处两条南北向冲沟之间，地势自北西南逐级抬升，形成一个个地坎（图2.432）。面积约0.2万平方米。地理坐标北纬34°39′40.59″，东经112°58′53.81″，海拔约235米。地表现为农田。

初查时间1999年1月2日，复查时间2017年7月24日。

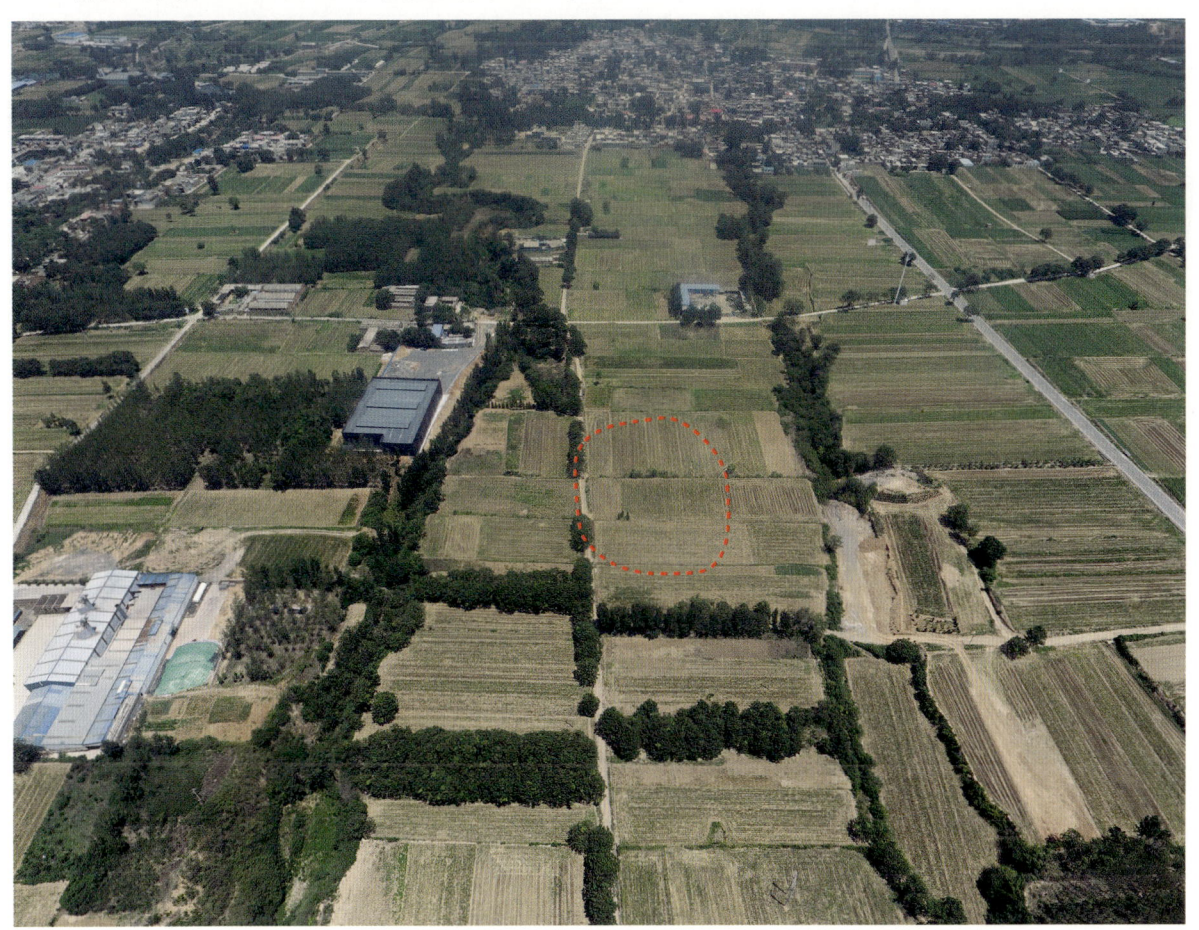

图2.432　罗口南（上为北）

（2）主要发现

地表散见汉代陶片及绳纹瓦，未采集标本。

（3）基本认识

该遗址应该为坞罗河沿岸的一处汉代遗址。

413. 罗口（Y022）

（1）概况

位于郑州巩义市西村镇罗口村。北至村西北坞罗河南岸，南至村南，整个村子东部都见有灰坑。坞罗河在遗址北面流过，在遗址西北面拐弯南流，对遗址形成包围之势，地势起伏较大，由西北向东逐渐抬升，到村东北台地高出河床4—5米（图2.433a；图版二二五，2）。仰韶文化遗存的面积约0.4万平方米；龙山文化、西周、东周时期面积约20万平方米；二里头文化遗存面积约2万平方米；二里岗文化晚期的遗存面积约18万平方米。地理坐标北纬34°39′59.17″，东经112°58′55.10″，海拔约218米。地表主要为民居及农田。2009年，列为河南省第二批文物保护单位。

初查时间1999年1月1日，复查2001年6月4日、2008年6月16—18日、2017年6月15日。

图2.433a 罗口（上为北）

（2）主要发现

初查和第12次复查时，在村东、村东南和村北均有龙山时期灰坑发现。其中村东口断崖剖面上见有10多个灰坑，编号为H1—H6，其余未编号（图版二二六、图版二二七）。

H1位于村东口路北，采集了浮选土样。H2—H6在路南魏家东南院壁（属地坑院）上。H3发现一残磨盘，H2、H3各采集了植硅石土样1袋。除H4为二里头文化时期外，其余为龙山时期。

2008年夏季复查时，在村东北断崖剖面上的一个灰坑里，发现石铲1件，灰坑编号为H7。另在村子东南部（八队沟）周围断崖剖面上发现了文化层及灰坑2个，编号H8、H9。村中所见遗迹主要文化内涵为龙山、二里岗文化晚期及东周时期。

H1：采集浮选土样、植硅石土样。可辨认器形有大口罐、小口高领罐。时代为龙山文化晚期。

H2：采集浮选土样、植硅石土样。时代为龙山文化晚期。

H3：采集植硅石土样。可辨认器形有泥质折沿罐、大口罐、石磨盘、蚌刀。时代为龙山文化晚期。

H4：采集植硅石土样。发现口沿2件。时代为二里头文化四期。

H5：时代为龙山文化晚期。

H6：陶器表面有石灰状残留物，时代为龙山文化晚期。

H7：2008年复查时发现。位于罗口路东（八队沟东）。可辨认器形有深腹罐、鬲、盆、束颈盆、大口尊。时代为二里岗文化晚期。

该遗址地表陶片较多。三次采集陶片274片，其中腹片212片、口沿49片、底11片、足2件。采集石器11件，有的残损较甚，已不辨器形。蚌器2件。

石斧坯　Y022：26，石灰岩。基本完整。大部保留石皮，两侧边有砸击打片痕，扁平略呈梯形，疑为磨制钺形石斧的毛坯，尚未完全成形，为粗坯。长11.1、宽8、厚4.5厘米（图2.433b，7）。

石斧　3件。Y022：27，辉绿岩。形体较小，基本完整。磨制。平面呈梯形。顶部遍布使用砸击疤痕，两面刃，刃部遍布使用疤痕，损耗较大。残长8.5、宽4.3、厚3厘米（图2.433b，1；图版二九九，1）。Y022：28，辉绿岩。残块。打磨兼制。略呈梯形。残长7.7、宽7.3、厚2厘米（图版二九九，2）。Y022：29，石灰岩。残。磨制。扁平梯形，仅存顶部。残长8.7、宽7.7、厚2.7厘米。

石凿　Y022：30，石灰岩。残。扁平长方形，单面刃，刃部残。残长5.9、宽3.9、厚1厘米。

石刀　Y022：31，石灰岩。残。磨制。长方形，两端残。顶部收薄，单面直刃。弧背。残长5.9、残宽6.5、厚1.4厘米（图2.433b，5；图版二九九，3）。

石镰　Y022：32，细砂岩。残存柄部。磨制。略呈长方形，弧背。残长、宽4.9、厚1.1厘米（图版二九九，4）。

石铲　Y022：33，石灰岩。残块。磨制光滑，圆弧状侧面。残长7.9、残宽4.9、厚1.1厘米（图2.433b，4；图版二九九，5）。

石饼　2件。Y022：34，石灰岩。完整。磨制。圆形。一面平整，一面呈圆弧状。直径3.8、厚1.5厘米（图2.433b，2；图版二九九，6）。Y022：35，石灰岩。完整。磨制。圆形。形状规则，两面鼓起。直径4.5、厚1.9厘米（图2.433b，3；图版三〇〇，1）。

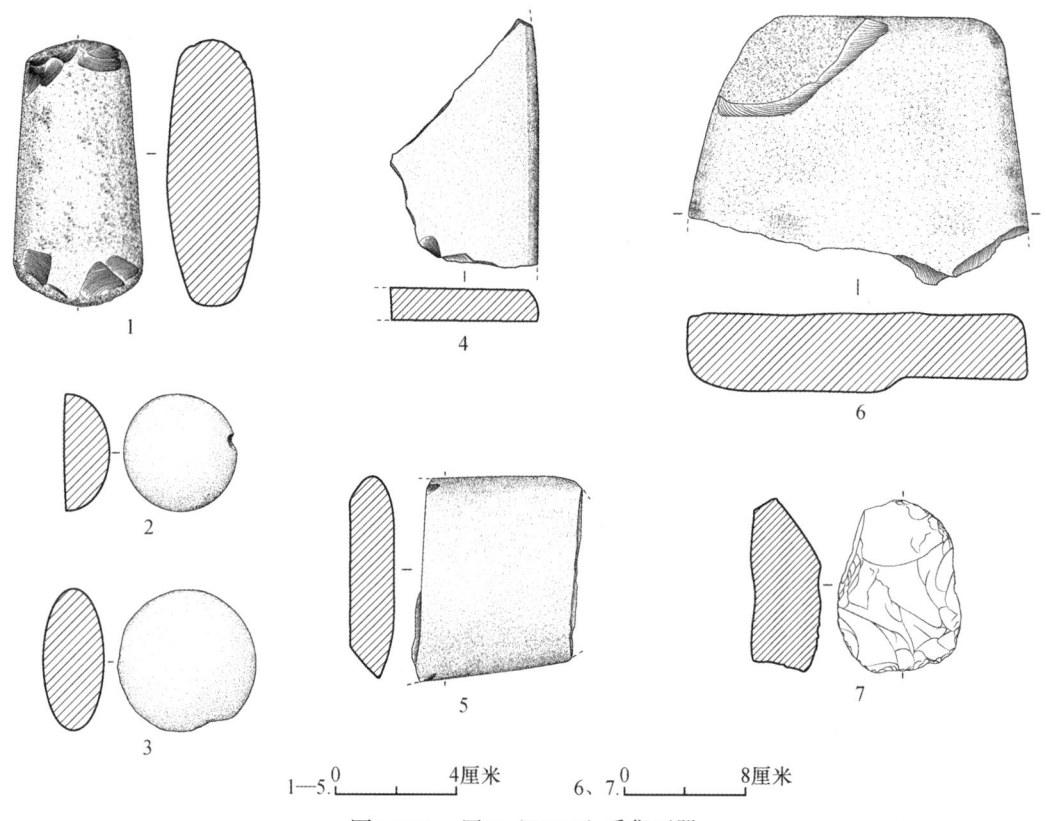

图2.433b 罗口（Y022）采集石器
1. 石斧（Y022：27） 2、3. 石饼（Y022：34、Y022：35） 4. 石铲（Y022：33） 5. 石刀（Y022：31） 6. 石磨盘（H3：2）
7. 石斧坯（Y022：26）

石磨盘 H3：2，残。砂岩。H3龙山灰坑中采集。残。形状规整，呈梯形。一两平整，一面微凸凹。两侧和顶部磨制平整光滑。残长17.1、宽22.2、厚4.9厘米（图2.433b，6；图版二九八，6）。

蚌刀 2件。H3：3，残断。椭圆形，用蚌壳口部一面磨制成单面弧刃，刃部使用痕迹明显。蚌壁较厚，外表较平。残长7、残宽5.5、厚1.6厘米。H3：4，残断。H3采集。椭圆形。用蚌壳口部一面磨制成单面弧刃，刃部使用痕迹明显。蚌壁较薄，外表凸凹不平。残长8.5、宽6厘米。

1）仰韶文化

数量较少，见有罐等，属于仰韶文化晚期。标本1件。

罐 Y022：1，口沿。夹砂灰陶，素面。折沿，圆唇，溜肩。肩部饰一周附加堆纹。口径13.4、残高9.8厘米（图2.433c，9）。

2）龙山文化

遗物数量较多，见有中口罐、小口高领罐、瓮、纺轮等，多为龙山晚期。标本9件。

中口罐 5件。Y022：2，口沿。夹砂灰陶。折沿，方唇，唇部有一道凹弦纹，弧腹。饰方格纹。口径23.4、残高9.9厘米（图2.433c，8）。Y022：3，口沿。夹砂褐陶。折沿，方唇。

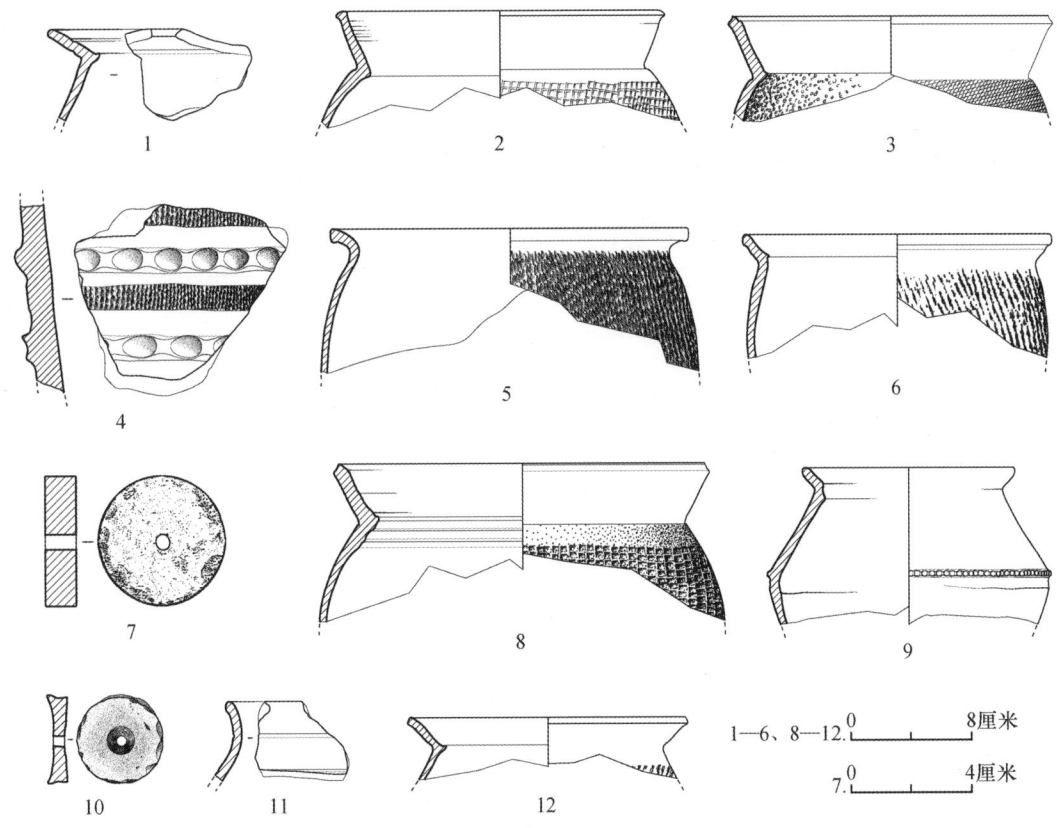

图2.433c 罗口（Y022）采集陶器（一）

1—3、8、12.中口罐（H3∶1、Y022∶4、H1∶1、Y022∶2、Y022∶3） 4.残陶片（Y022∶11） 5、6.深腹罐（H4∶1、Y022∶8） 7、10.纺轮（Y022∶24、Y022∶25） 9.罐（Y022∶1） 11.小口高领罐（Y022∶5）

饰绳纹。口径17.6、残高3.9厘米（图2.433c，12）。Y022∶4，口沿。夹砂灰陶。直领微外侈，方唇，溜肩。饰方格纹。口径20.1、残高7.3厘米（图2.433c，2）。H1∶1，口沿。夹砂灰陶。直领外侈，方唇，唇面饰一道凹弦纹，溜肩。饰方格纹。口径20.5、残高6.6厘米（图2.433c，3）。H3∶1，口沿。泥质灰陶。折沿，圆唇，沿面有一道凸棱，溜肩。磨光。残宽8.3、残高5.8、厚0.4厘米（图2.433c，1）。

小口高领罐 Y022∶5，口沿。泥质灰陶。卷沿，圆唇。磨光，颈饰凹弦纹。残宽6.1、残高5厘米（图2.433c，11）。

瓮 Y022∶6，腹片。泥质灰陶。饰篮纹，内壁有反麻点。残高11.1、残宽20.6厘米。

纺轮 2件。Y022∶24，泥质黑陶。直壁，两面平，中有一小孔。磨光。孔径0.4、长径4.1、短径4、厚1厘米（图2.433c，7）。Y022∶25，泥质灰陶。圆形，中间有一圆孔。素面。直径5.1、厚1.32厘米（图2.433c，10）。

3）二里头文化

遗物数量较多，见有深腹罐、鬲、簋等器形，属于二里头文化三、四期。标本3件。

深腹罐 2件。Y022∶8，口沿。夹砂灰陶。折沿上翘，圆唇，鼓腹。饰绳纹。口径19.7、残高7.8厘米（图2.433c，6）。H4∶1，口沿。夹砂灰陶。卷沿，小方唇，鼓腹。饰绳纹。口径

22.7、残高8.9厘米（图2.433c，5）。

残陶片　Y022：11，腹片。夹砂褐陶，饰绳纹夹附加堆纹，可能为尊类腹片。残宽13.7、残高12厘米（图2.433c，4）。

4）二里岗文化

数量较多，见有盆形鼎、深腹罐、捏口罐、盆、束颈盆等，属于二里岗文化早、晚期。标本11件。

鬲　Y022：9，足部。夹砂灰陶。圆锥形足，较尖。素面。足高5.2厘米（图2.433d，1）。

簋　Y022：10，口沿。泥质灰陶。折沿，方唇，直腹。饰凹弦纹。残宽8.9、残高4.9厘米（图2.433d，2）。

盆形鼎　Y022：12，口沿。夹砂灰陶。卷沿，方唇，直腹。腹饰绳纹夹附加堆纹。残宽7.2、残高7.1厘米（图2.433d，5）。

盆　4件。Y022：13，口沿。泥质灰陶。敛口，折沿，尖唇。饰凸弦纹。残宽5.4、残高7.4厘米（图2.433d，6）。Y022：14，口沿。泥质红陶。平折沿，圆唇，颈较长，弧腹。饰绳纹。残宽13、残高7.9、厚0.8厘米（图2.433d，7）。Y022：15，口沿。泥质灰陶。折沿，方唇，直腹。磨光，饰凹弦纹。残宽10.5、残高9.2、厚0.6厘米（图2.433d，8）。H7：4，口沿。泥质灰陶。折沿，方唇，唇面饰一道凹弦纹，直腹微弧。外壁饰五周凹弦纹，内壁饰两周凹弦纹。口径25.9、残高8.2厘米（图2.433d，9）。

捏口罐　Y022：16，口沿。泥质黑皮褐陶。直领平沿，沿外附加泥条呈方唇。颈部饰暗绳纹。残宽6.2、残高3.8厘米（图2.433d，3）。

深腹罐　2件。H7：1，口沿。夹砂灰陶。折沿，方唇，唇面下耷成棱，盘口，溜肩。饰绳纹。口径27.1、残高7.8厘米（图2.433d，10）。H7：2，口沿。夹砂灰陶。折沿，方唇，唇

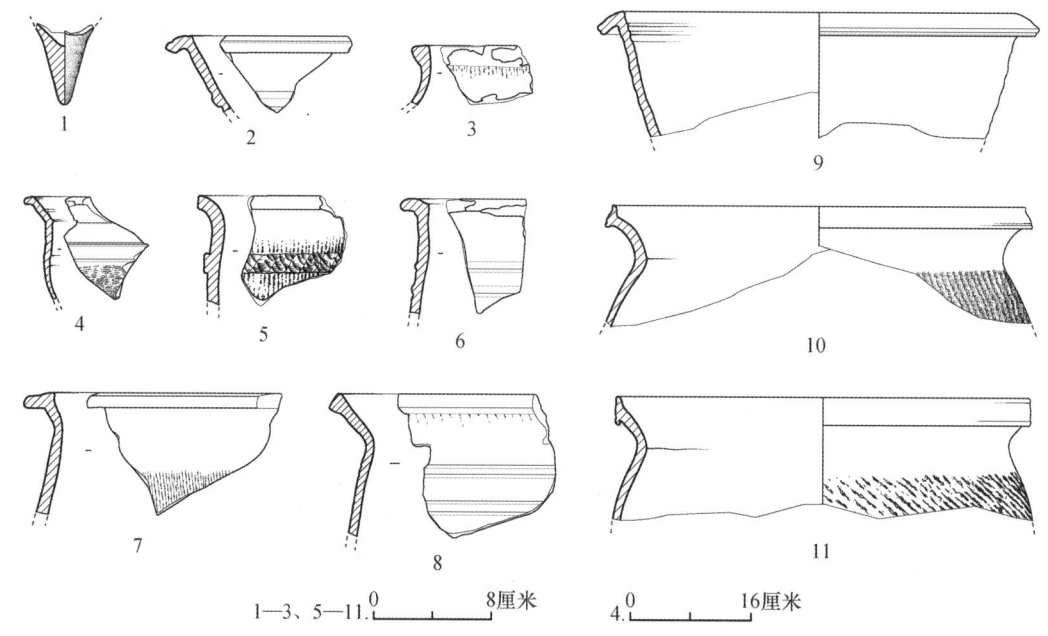

图2.433d　罗口（Y022）采集陶器（二）

1.鬲（Y022：9）　2.簋（Y022：10）　3.捏口罐（Y022：16）　4.束颈盆（H7：3）　5.盆形鼎（Y022：12）　6—9.盆（Y022：13、Y022：14、Y022：15、H7：4）　10、11.深腹罐（H7：1、H7：2）

面下斜成棱，盘口，溜肩。饰绳纹。口径27、残高8、厚0.5厘米（图2.433d，11）。

束颈盆　H7：3，口沿。泥质灰陶。折沿上翘，圆唇，束颈，溜肩。上部饰凹弦纹，下部饰绳纹。残宽11.4、残高13.5、厚0.5厘米（图2.433d，4）。

5）西周时期

遗物数量较少，其中见有印纹陶片疑似为西周时期。标本1件。

印纹陶片　Y022：7，腹片。泥质褐陶。饰"回"形拍印纹。残长5、残宽5.1厘米（图2.433e，8）。

6）东周时期

遗物数量较多，见有鬲、瓮、豆等器形，属于东周早、晚期。标本7件。

鬲　2件。Y022：17，口沿。夹砂灰陶。平折沿，方唇，沿面上有一道不明显的凸棱，斜腹。饰绳纹。残宽8.2、残高5.5厘米（图2.433e，2）。Y022：18，口沿。夹砂灰陶。折沿，方唇。饰绳纹。残宽7.1、残高4.7、厚0.6厘米（图2.433e，1）。

瓮　4件。Y022：19，口沿。泥质红陶。平沿下斜，圆唇，短颈，肩较平。肩饰凹弦纹。残宽10.3、残高7.1、厚0.6厘米（图2.433e，5）。Y022：20，口沿。泥质褐陶。折沿，方唇，矮领，广肩。饰凹弦纹。残宽10.3、残高7.3、厚0.7厘米（图2.433e，6）。Y022：21，口沿。泥质灰陶。折沿，方唇，矮领，广肩。饰凹弦纹。残宽9.8、残高7.2、厚0.6厘米（图2.433e，7）。

罐　Y022：22，口沿。泥质灰陶。直领，折沿，盘口，肩较平。饰绳纹。口径15.3、残高5厘米（图2.433e，4）。

豆　Y022：23，残存豆盘部。泥质灰陶。直口，圆唇，浅盘。磨光。口径18.3、残高4.4厘米（图2.433e，3）。

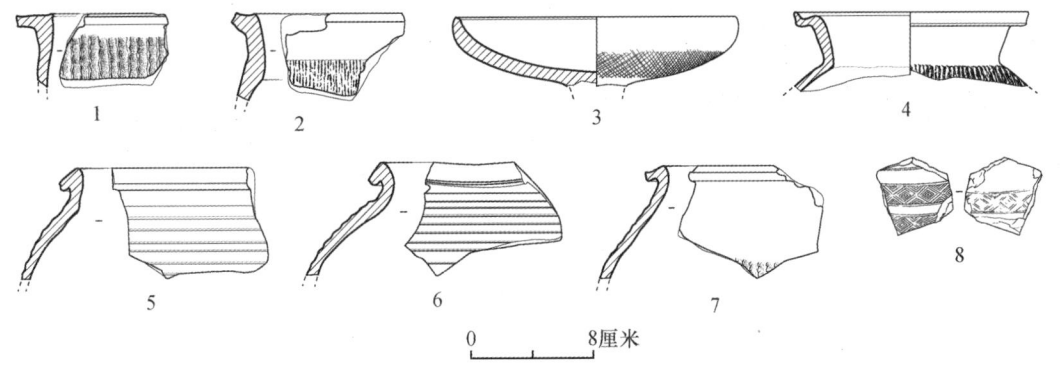

图2.433e　罗口（Y022）采集陶器（三）

1、2.鬲（Y022：18、Y022：17）　3.豆（Y022：23）　4.罐（Y022：22）　5—7.瓮（Y022：19、Y022：20、Y022：21）
8.印纹陶片（Y022：7）

（3）基本认识

该遗址仰韶晚期、二里头晚期的遗存面积较小，其他时期遗存面积都比较大，尤其是龙山晚期、二里岗时期及东周时期，值得重视。但主体遗存大部被村子占压，破坏比较严重。

414. 火葬场南／山川西南（Y056）[①]

（1）概况

位于郑州巩义市北山口镇山川西南，S237与银河路（X021）交汇处东，变电站、看守所所在台地（图2.434）。面积约3万平方米。地理坐标北纬34°40′32.30″，东经112°59′22.18″，海拔约274米。因看守所建设已被平毁。

初查时间2000年1月5日，复查时间2017年7月24日。

图2.434 火葬场南／山川西南（左为北）

（2）主要发现

地表陶片很少。共采集陶片4片，皆为腹片。可能为东周时期。无典型标本。2017年复查时采集到燧石核一块。

石核 Y056：1，完整。燧石。近梯形，剥片痕迹明显。长5.8、宽4.5、厚2.1厘米。

（3）基本认识

采集到的遗物较少，无法详细断代，可能属东周时期遗址。复查中发现较多黑色燧石，多为自然石块，不排除存在旧石器的可能性，但因周边被圈占而无法详查。

[①] 调查中将其称为火葬场南，因其位置靠近山川村，故并称山川西南。

415. 喂庄东南高地（Y021）

(1) 概况

位于郑州巩义市芝田镇喂庄村东南，坞罗河北岸台地上。具体位置为罗口村东北250米，S237省道以西400米，鑫源汽车运输公司以南（图2.435）。面积约0.4万平方米。地势较为高亢，因此处盛产白灰土，是烧制水泥的原料，乱掘现象严重，形成一个个大坑。当地人们称其为"白土坡"。地表土壤以红黏土夹料姜石为主，土壤较为贫瘠。未发现遗迹。遗址面积约0.4万平方米。地理坐标北纬34°40′17.90″，东经112°59′04.35″，海拔约235米。地表现为工厂、林地。

初查时间1999年1月1日，复查时间2017年7月23日。

图2.435 喂庄东南高地（下为北）

(2) 主要发现

地表陶片较少。共采集陶片5片，其中腹片4片、口沿1片。4片灰陶，疑似二里头文化时期。无典型标本。

(3) 基本认识

此区域地势较高，土壤贫瘠，不太适合人类长期居住。遗存可能以二里头文化时期的遗存为主，遗物可能为搬运而至。

416. 喂庄东南（Y020）

（1）概况

位于郑州巩义市芝田镇喂庄村东南，东西向大路路南，坞罗河北岸。坞罗河自遗址东南向西北流过。在遗址西部南拐形成一个"几"字形弯曲。遗址位于临河台地上，地势较为平坦，起伏不大，有少量断崖沟坎。地形大势由西向东逐渐抬升，形成一道道梯田（图2.436a；图版二二八，1）。遗址面积约6万平方米。地理坐标北纬34°40′21.83″，东经112°58′52.63″，海拔209米。地表现为农田。2008年，与喂庄其他几处地点合称喂庄遗址，并定为河南省文物保护单位。

初查时间1999年1月1日，复查时间2008年6月19—23日，2017年6月15日再次复查。

图2.436a 喂庄东南（左为北）

（2）主要发现

初查发现周代墓葬1座。2008年夏季复查时，在遗址东南部断崖剖面上发现了灰坑及文化层。地表发现陶片较多。调查共采集陶片108片，其中腹片101片、口沿7片。典型的二里头陶片6片，二里岗陶片5片，其余为东周至汉代陶片。采集石器2件。

石铲　2件。Y020：10，石灰岩。残，磨制，两端残断。有一残孔，单面管钻。残长7.6、残宽7.5、厚1.5厘米（图2.436b，8；图版三〇〇，2）。Y020：11，石灰岩。残，磨制光滑。残长6.5、残宽7.1、厚1.1厘米（图2.436b，9；图版三〇〇，3）。

圆陶片　Y020：9，泥质灰陶。近椭圆形。饰绳纹。长4.9、宽4.4厘米（图2.436b，10）。

1）仰韶文化

遗物数量较少，见有罐等，以仰韶文化晚期为主。标本2件。

罐　Y020：1，口沿。夹砂褐陶。卷沿，圆唇，束颈。饰暗绳纹。残宽7.6、残高4.1、厚0.6厘米（图2.436b，7）。

陶片　Y020：2，腹片。夹砂褐陶。附有大鸡冠錾。饰绳纹。残宽9.8、残高9.2厘米（图2.436b，3）。

2）二里头文化

遗物数量较少，见有圆腹罐等。标本2件。

圆腹罐　Y020：3，口沿。夹砂灰陶。卷沿，方唇。饰绳纹。残宽6.1、残高4.2厘米（图2.436b，6）。

陶片　Y020：4，腹片。夹砂灰陶。饰绳纹夹附加堆纹。残宽7.5、残高4.5厘米（图2.436b，4）。

3）二里岗文化

数量较少，见有圆腹罐、捏口罐等，属于二里岗文化晚期。标本2件。

捏口罐　Y020：6，口沿。泥质灰陶。直领外侈，小折沿，尖唇，沿面上有一道凹槽。残宽5.4、残高5.5厘米（图2.436b，5）。

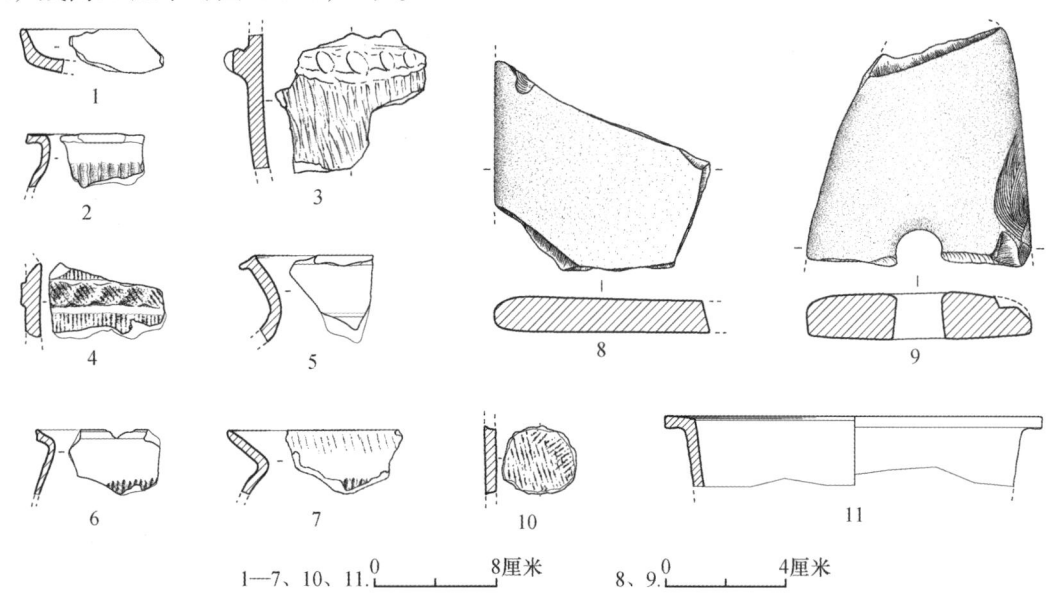

图2.436b　喂庄东南（Y020）采集标本

1.豆（Y020：7）　2.鬲（Y020：5）　3、4.陶片（Y020：2、Y020：4）　5.捏口罐（Y020：6）　6.圆腹罐（Y020：3）　7.罐（Y020：1）　8、9.石铲（Y020：10、Y020：11）　10.圆陶片（Y020：9）　11.盆（Y020：8）

4）西周时期

陶片数量较少，见有豆等。标本1件。

豆　Y020∶7，豆盘。泥质灰陶。直沿微侈，圆唇，浅盘。素面。宽6.2、残高2.7、厚0.8厘米（图2.436b，1）。

5）东周时期

数量较多，见有鬲、盆等，多为东周晚期。标本1件。

鬲　Y020∶5，口沿。夹砂灰陶。平折沿，方唇。饰绳纹。残宽5.6、残高3.4厘米（图2.436b，2）。

盆　Y020∶8，口沿。泥质褐陶。折沿，方唇，沿面微平，直腹。口径25、残高4.5厘米（图2.436b，11）。

（3）基本认识

该遗址以西周至汉代的遗存为主，兼有少量仰韶晚期、二里头文化、二里岗文化晚期等不同时期的遗存。遗址现为农田，地表变化不大，保存尚好。

417. 喂庄东南角（Y023）

（1）概况

位于郑州巩义市芝田镇喂庄村东南角，坞罗河西岸。坞罗河自遗址北部拐成一个"几"字形弯曲。遗址位于临河台地上，地势平坦（图2.437a；图版二二八，2）。面积约0.3万平方米。地理坐标北纬34°40′23.67″，东经112°58′33.89″，海拔约205米。地表现为农田。

巩义市文管所1991年调查称喂庄遗址，估计面积3万平方米，认为主要为仰韶中、晚期，散见少量商、周时期遗存，发现了文化层和仰韶灰坑6座[①]。2008年，与喂庄其他几处地点合称喂庄遗址，并定为河南省文物保护单位。

初查时间1999年1月1日，复查时间2008年夏季、2016年7月28日、2017年6月15日。

图2.437a 喂庄东南角（左下为北）

（2）主要发现

在被人为破坏呈土柱状剖面上，暴露出残存的灰坑。巩义市文保所此前清理过几个灰坑。2008年夏季复查时，在遗址西部被化工厂破坏的断崖剖面上发现较多的灰坑及文化层，可能与西面的喂庄南（Y024）连成一个大的遗址。

地表发现陶片较少。采集陶片45片，其中腹片38片、口沿5片、底片2片。其中26片属仰韶文化时期，10片疑似为西周时期。

---

① 巩义市文管所：《巩义市坞罗河流域仰韶文化遗址调查》，《中原文物》1992年第4期。

石砍砸器　Y023：8，白云岩。利用打制石块的较薄一端作刃部，无二次加工痕迹，刃部使用痕迹明显。长6.5、宽9.8、厚3.7厘米。

石环坯　Y023：9，石灰岩。残半。近圆形。打、琢、磨兼制，对琢孔后断裂。残长8.9、残宽5、厚1.7厘米（图2.437b，8）。

采集的陶片数量较多，见有罐、钵、鼎、豆等器形。多为仰韶文化晚期，个别可能晚至龙山文化早期。标本7件。

鼎　Y023：1，口沿。夹砂褐陶。折沿，圆唇，沿面出一道凸棱。饰篮纹。残长6.8、残高5.2厘米（图2.437b，1）。

罐　Y023：2，口沿。黑皮褐陶。折沿上翘，圆唇，沿下饰一道凹弦纹，溜肩。磨光。口径27.5、残高6.8厘米（图2.437b，7）。Y023：3，口沿。泥质红陶。折沿，尖唇。施黑彩，口沿下饰网格纹。残宽5.9、残高4.9厘米（图2.437b，2）。

钵　Y023：4，口沿。泥质黑陶。敛口，圆唇。素面。口径35.8、残高7.8厘米（图2.437b，6）。

豆　2件。Y023：5，豆盘。泥质黑陶。直沿，尖唇，浅盘。磨光。口径22、残高4.4厘米（图2.437b，4）。Y023：6，豆盘。泥质黑陶。内折沿，尖唇，浅盘。磨光。口径20.6、残高4.4厘米（图2.437b，5）。

彩陶片　Y023：7，泥质红陶。红衣深红彩。残长5.9、残宽3.2厘米（图2.437b，3）。

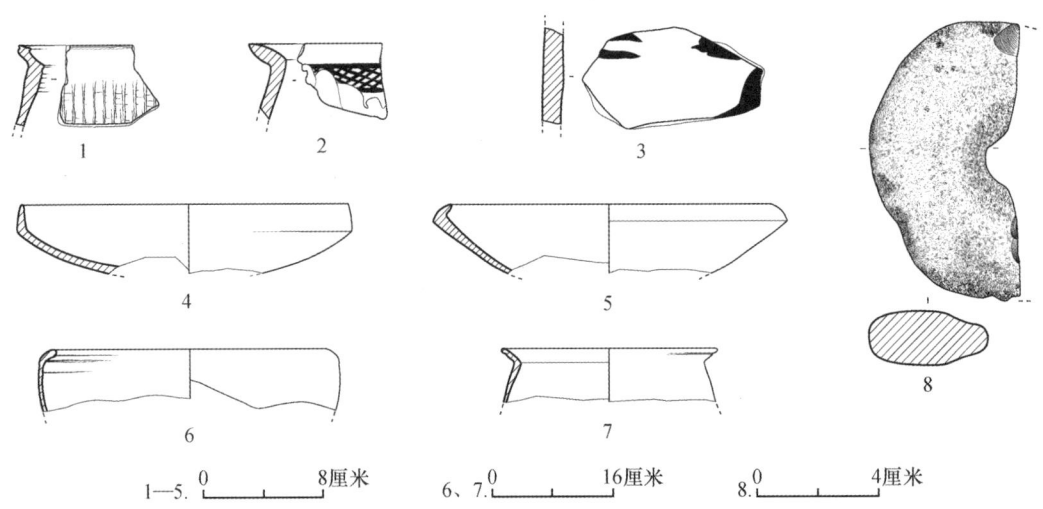

图2.437b　喂庄东南角（Y023）采集标本

1. 鼎（Y023：1）　2、7. 罐（Y023：3、Y023：2）　3. 彩陶片（Y023：7）　4、5. 豆（Y023：5、Y023：6）
6. 钵（Y023：4）　8. 石环坯（Y023：9）

（3）基本认识

该遗址是一处以仰韶晚期向龙山早期过渡时期遗存为主的遗址。南部被河流冲刷破坏，现存部分多次复查无变化，保存较好。西部或与喂庄南（Y024）连为一体，倘若如此，则面积还会大大增加。经复核，未发现典型的龙山早期和二里岗期陶片，原判定二里岗期遗物可能为西周时期。

418. 喂庄南（Y024）

（1）概况

位于郑州巩义市芝田镇喂庄村南，村中东西向大路以南，南北向小路两侧。坞罗河在遗址东面拐成"几"字形。遗址位于半岛形台地底端，地势平坦高亢（图2.438）。遗址面积约3.5万平方米。地理坐标北纬34°40′25.69″，东经112°58′23.38″，海拔约198米。地表现为工厂、农田。

巩义市文管所1991年调查称喂庄遗址，估计面积3万平方米，认为主要为仰韶中、晚期及散见少量商、周时期遗存，发现有仰韶灰坑6个及文化层[1]。2008年，与喂庄其他几处遗址合称喂庄遗址，并定为河南省文物保护单位。

初查时间1999年1月1日，复查时间2008年夏季、2017年7月23日。

图2.438　喂庄南（右为北）

---

[1] 巩义市文管所：《巩义市坞罗河流域仰韶文化遗址调查》，《中原文物》1992年第4期。

（2）主要发现

在路东的断崖剖面上暴露出灰坑。2008年夏季复查时，在遗址东部被化工厂破坏的断崖剖面上发现了较多灰坑及文化层。地表发现陶片较多，未采集标本。

（3）基本认识

该遗址可能包含仰韶晚期、二里头文化、周代文化遗存，南部被河流冲刷破坏，北部压在工厂下，容易被破坏。

419. 罗口砖厂东北（Y017）

（1）概况

位于郑州巩义市西村镇罗口村西北。具体位置为喂庄村西南400米，乡道X038以东100米，罗口砖厂东北450米。遗址面积约2.5万平方米。坞罗河自东南向西北流过，河流在遗址东面南北向两度弯曲，成"U"形从遗址东面蜿蜒北流。遗址位于坞罗河与南北冲沟之间的台地上，地势平坦高亢，由北向南逐渐抬升（图2.439；图版二二九，1）。地理坐标北纬34°40′06.64″，东经112°58′03.41″，海拔192米。遗址已被罗口砖厂取土破坏殆尽，形成3—4米深的大坑，地表现为农田。

初查时间1998年12月31日，2007年11月14日、2017年7月23日两次复查。

图2.439 罗口砖厂东北（上为北）

（2）主要发现

在砖厂取土残留的台地北部剖面上，暴露着一个很大的汉代灰坑，直径约10米，编号H1，照相并绘制草图，取有土样。2007年复查时，在H1采集了浮选土样及残留物分析标本。陶片未采集，无标本。

（3）基本认识

该遗址可能为坞罗河沿岸的一处小型的汉代聚落。

420. 喂庄西（Y019）

（1）概况

位于郑州巩义市芝田镇喂庄村西偏北，喂庄村西北工厂区以南100米坞罗河北岸，与西南方的喂庄西南（Y018）隔河相望。遗址位于河流的二级台地上，地势平坦高亢，起伏不大（图2.440a；图版二二九，2）。遗址面积约0.2万平方米。地理坐标北纬34°40′41.27″，东经112°58′08.30″，海拔184米。地表现为农田。2008年，与喂庄其他几处遗址合称喂庄遗址，并定为河南省文物保护单位。

初查时间为1998年12月31日，复查时间2001年6月4日、2007年11月14日、2017年7月23日。

图2.440a　喂庄西（上为北）

（2）主要发现

断崖上发现有仰韶文化的灰坑2个，编号H1、H2（图版二三〇）。2001年复查时，将断崖拐角处的灰坑编号H1，采集了浮选土样。2007年秋季复查时，在H1里采集了浮选土样及残留物分析土样，并在H1北部水渠冲沟剖面上发现仰韶文化地层，在层内采集3件残碎陶器。另发现二里头时期碎陶片1块。

该遗址地表遗物较少。采集陶片15片，其中腹片13片，口沿2片。采集石器2件，蚌器1件。

石斧　Y019：6，辉绿岩。残。磨制，圆角梯形。仅余顶端，断面呈圆角长方形。残长9.9、宽6.2、厚4.1厘米（图版三〇〇，4）。

石砍砸器　Y019：7，石灰岩。打制，呈梯形。较薄一端可做刃部。长7.7、宽10、厚5.8厘米（图版三〇〇，5）。

陶器多为仰韶文化时期。见有夹砂罐、泥质彩陶罐、器盖、碗等，为仰韶文化中、晚期。标本7件。

夹砂罐　4件。Y019：1，口沿。夹砂褐陶。直领，微折沿，圆唇，口沿内有一道凸棱。肩部饰数道凹弦纹。口径21.7、残高11.6厘米（图2.440b，5）。Y019：2，口沿。夹砂褐陶。折沿，圆唇，沿面内有一道凹槽。肩部饰凹弦纹。口径17.7、残高6.7厘米（图2.440b，7）。Y019：3，口沿，夹砂褐陶。直领外侈，尖唇，溜肩。素面。残宽7.1、残高3、厚0.5厘米（图2.440b，1）。H1：1，口沿。夹砂褐陶。折沿上翘，圆唇，沿面微凹，直腹。口径12.7、残高4.8厘米（图2.440b，6）。

泥质彩陶罐　H1：2，口沿。泥质红陶。折沿尖唇，溜肩。磨光，饰红彩横向平行线纹夹网格纹。口径18.7、高5.3厘米（图2.440b，4）。

器盖　Y019：4，可复原。夹砂褐陶。下口小折沿，圆唇，斜腹，平顶。素面。口径17.2、顶径10.9、高4.7厘米（图2.440b，2；图版三二二，1）。

碗　Y019：5，口沿，泥质灰陶。直口外侈，圆唇，弧腹。饰红彩柳叶状纹。残宽4.7、残高3.8、厚0.3厘米（图2.440b，3）。

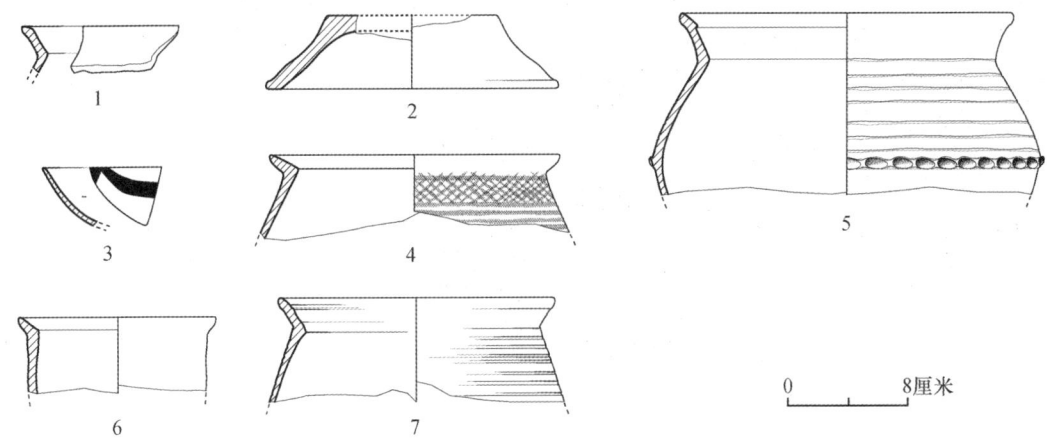

图2.440b　喂庄西（Y019）采集标本
1、5—7.夹砂罐（Y019：3、Y019：1、H1：1、Y019：2）　2.器盖（Y019：4）　3.碗（Y019：5）　4.泥质彩陶罐（H1：2）

（3）基本认识

该遗址面积较小，地层堆积较薄，以仰韶文化中、晚期的遗存为主。保存状况一般。

421. 喂庄西南（Y018）

（1）概况

位于郑州巩义市芝田镇喂庄村西南坞罗河南岸的二级台地上，与东北方的巩义市芝田镇喂庄村隔河相望。具体位置为喂庄村以西400米，废弃小工厂以南100米（图2.441a；图版二三一，1）。仰韶文化遗址面积约5.5万平方米，龙山、二里岗文化晚期文化遗址面积约0.2万平方米。地理坐标北纬34°40′28.68″，东经112°57′57.23″，海拔约189米。坞罗河自东南向西北流过。河流在遗址东南不到2千米的范围内南北两度弯曲，从遗址东南面蜿蜒北流，在遗址正东面折向西北。地势平坦高亢，由北向南逐渐抬升。在遗址西南约二三百米的地方，形成一道西北东南向的冲沟，宽约50米，对遗址形成包围之势。遗址部分被河流冲毁，喂庄砖厂历年取土也对遗址造成巨大破坏。地表现为农田。

图2.441a　喂庄西南（上为北）

巩义市文管所1991年调查时称喂庄西遗址，推测面积15万平方米，认为含仰韶早、中、晚、过渡期及战国、汉代遗存。发现仰韶灰坑7个，墓葬1座，瓮棺3座[1]。2008年，与喂庄其他几处地点合称喂庄遗址，并列为河南省重点文物保护单位。

---

[1] 巩义市文管所：《巩义市坞罗河流域仰韶文化遗址调查》，《中原文物》1992年第4期。

初查时间1998年12月31日，2001年6月4日、2007年11月14日、2017年7月23日多次复查。

（2）主要发现

在遗址北侧靠近河流的断崖上发现仰韶文化灰坑3个，编号H1—H3（图版二三一，2；图版二三二，1）。个别灰坑见有多块红烧土块，在其中的两个灰坑取浮选和植硅石分析土样。还发现瓮棺葬2座。

地表多见仰韶文化遗迹和遗物。龙山文化的分布范围较小。龙山、二里岗文化晚期、殷墟和周文化遗物多分布在遗址南部。采集品主要是仰韶文化遗物。2001年复查时采集陶片较多，共计87片，其中口沿21片、底片10片、腹片55片、鼎足1件，还有蛋壳陶杯1件，彩陶较多，有10余片。2014年复查时，在遗址东南靠新修水泥路旁破坏的取土坑断崖上，还发现了仰韶晚期的灰坑及陶片。采集陶片共计150片，其中腹片92片，口沿40片，底片13片。石器多系地面采集，部分为一般石锤破损石片，一般打击石片，不见进一步加工痕迹。另外还采集了蚌刀1件。

石斧　Y018：42，辉绿岩。残，仅余小块刃部。双面直刃，刃部磨光。残长4.1、残宽3.8、厚3.4厘米（图2.441b，4；图版三〇〇，6）。

石刀坯　Y018：47，石英砂岩。完整。利用一砸击石片，在其长端的左右两侧各打下一个缺口。长8.2、宽4.9、厚2厘米（图2.441b，1）。

石铲　Y018：48，石灰岩。残块，磨制光滑。残长3.5、残宽5.5、厚1.2厘米。

小石锛　Y018：49，泥岩。完整，较精致。不规则梯形。单面直刃，小平顶，磨光。长8.4、宽4、厚2.6厘米（图2.441b，3；图版三〇一，1）。

石刮削器　4件。Y018：50，石灰岩。略呈三角形。利用一打击石片，把打击点对应的较薄一边作为刃部。无第二步加工，两边刃部可见有使用痕迹。长9.1、宽7、厚1.7厘米（图版三〇一，2）。Y018：53，石灰岩。利用一打击石片，把较薄两边作为刃部。无第二步加工，两边刃部可见有明显使用痕迹。长7.4、宽4.1、厚1.3厘米。Y018：54，石英岩。利用一打击石片，把打击点对应的较薄一边作为刃部，中部两边打制有豁口可能用于绑系。长9.9、宽7.1、厚2.2厘米。Y018：55，石灰岩。利用一打击石片，把较薄两边作为刃部。无第二步加工，两边刃部可见有明显使用痕迹。长7.4、宽4.2、厚1.3厘米。

石毛坯　Y018：56，石灰岩。残块。近长方形，周边有剥片痕迹。长5.1、宽7.1、厚2.4厘米。

石砍砸器　2件。Y018：43，辉绿岩。三角形。在一初级石片的一长边，用锤击法从劈裂面向背面加工成刃部。长6.9、宽6.5、厚2.5厘米。Y018：51，石灰岩。在一卵石的一端打片，形成刃部，刃部留有锤打痕迹。长13.7、宽13.6、厚4.5厘米。

石饼　Y018：52，砂岩。形状规整，两面鼓起，打磨光滑。长6.3、宽6、厚3厘米（图2.441b，2；图版三〇一，3）。

砺石　2件。Y018：44，细砂岩。残，扁平长方形。形制规整，全身施磨。仅存顶端。残长7.5、宽9.6、厚2.9厘米（图2.441b，8）。Y018：57，黄色砂岩。残。近长方形。两面磨面凹陷。两侧似有火烧痕迹。残长11、宽8、厚4.5厘米（图2.441b，7；图版三〇一，4）。

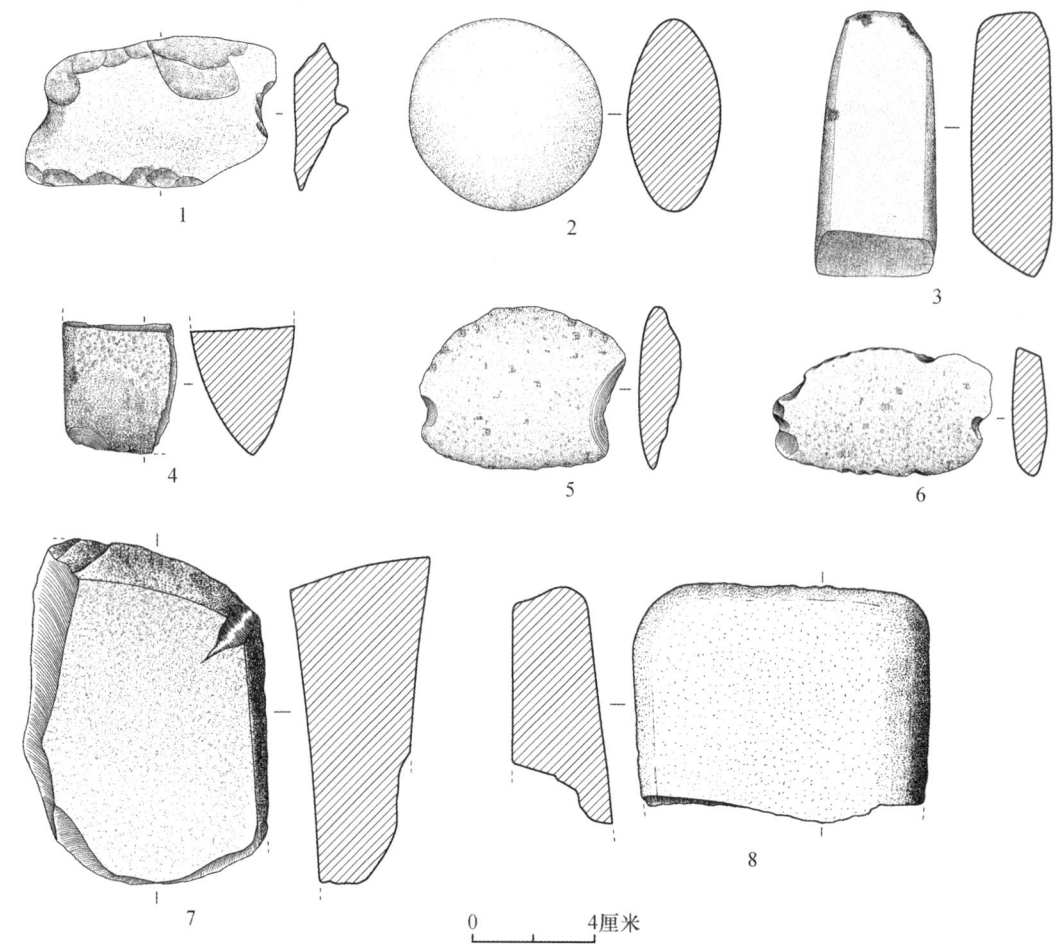

图2.441b 喂庄西南（Y018）采集石器
1. 石刀坯（Y018：47） 2. 石饼（Y018：52） 3. 小石锛（Y018：49） 4. 石斧（Y018：42） 5、6. 石刀（Y018：45、Y018：46） 7、8. 砺石（Y018：57、Y018：44）

石磨盘　2件。Y018：59，紫色砂岩。残。近圆角长方形，磨面凹陷，较为规整。残长9.1、残宽14.9、厚4.8厘米。Y018：60，砂岩。残。圆角长方形，磨面微凹，边棱较为规整。残长8.7、残宽7、厚3.6厘米。

石锤　3件。Y018：58，鲕状灰岩。残。圆角方形。表面有打击痕迹。残长5.8、残宽5.9、厚3.1厘米。Y018：61，石灰岩。残。不规则长方体。长11、宽8.84、厚6.66厘米（图版三〇一，5）。Y018：62，石灰岩。残。圆角方形。表面有打击痕迹。残长8.7、宽10、厚4厘米。

蚌刀　Y018：41，残断。椭圆形，利用蚌壳口部作刃，刃部使用痕迹明显。蚌壁较厚，外表凸凹不平。残长5.5、残宽5.4、厚1厘米。

1）仰韶文化

采集遗物较多。包括鼎、夹砂罐、器盖、盆、钵等，属于仰韶文化中、晚期。标本44件。

石刀　2件。Y018：45，辉绿岩。完整。利用一打击石片，在其长端的左右两侧各打下一个缺口。将与打击点相对应的一边作为刃部，无进一步加工，有使用痕迹。长6.7、宽5.2、厚1.3厘米（图2.441b，5；图版三五〇，5）。Y018：46，灰岩。完整。利用一打击石片，在其长端的左右两侧各打下一个缺口。将打击点所在的一边作为刃部，无进一步加工，刃部可见明显使用凹缺及光泽。长7.1、宽4.1、厚1.1厘米（图2.441b，6；图版三五〇，6）。

鼎 4件。Y018：1，口沿。夹砂褐陶。直口，平沿，沿外饰一周花边，直腹微弧。素面。口径28、残高7.2厘米（图版三四九，3）。Y018：2，口沿。夹砂褐陶。直口，平沿，沿外饰一周花边，直腹微弧。素面。口径27、残高5.1厘米。Y018：3，足部。夹砂红陶。楔形足，上部分叉与鼎腹之间形成圆孔，中间可容食指。残高9.8厘米（图2.441c，3）。H1：1，口沿。夹砂红褐陶。折沿，尖唇，沿面出一道凸棱，直腹。素面。残宽7.9、残高6.2、厚0.4厘米（图2.441c，6）。

夹砂罐 3件。Y018：4，口沿。夹砂褐陶。折沿，圆唇，沿内外侧可见轮制痕迹。口径16.7、残高6厘米（图2.441c，8）。Y018：5，口沿。夹砂褐陶。直领外侈，圆唇，弧颈，溜肩。肩部以上磨光。口径26.6、残高7.3厘米（图2.441c，10）。Y018：6，口沿。夹砂红陶。直领微侈，圆弧肩。素面。口径16.1、残高8.3厘米（图2.441c，9）。

瓮 3件。Y018：7，口沿，夹砂褐陶。敛口，方唇，唇面一道凹弦纹，沿外饰一道花边，斜腹。腹饰绳纹。残宽9.3、残高5.8、厚0.7厘米（图2.441c，2）。Y018：8，口沿，夹

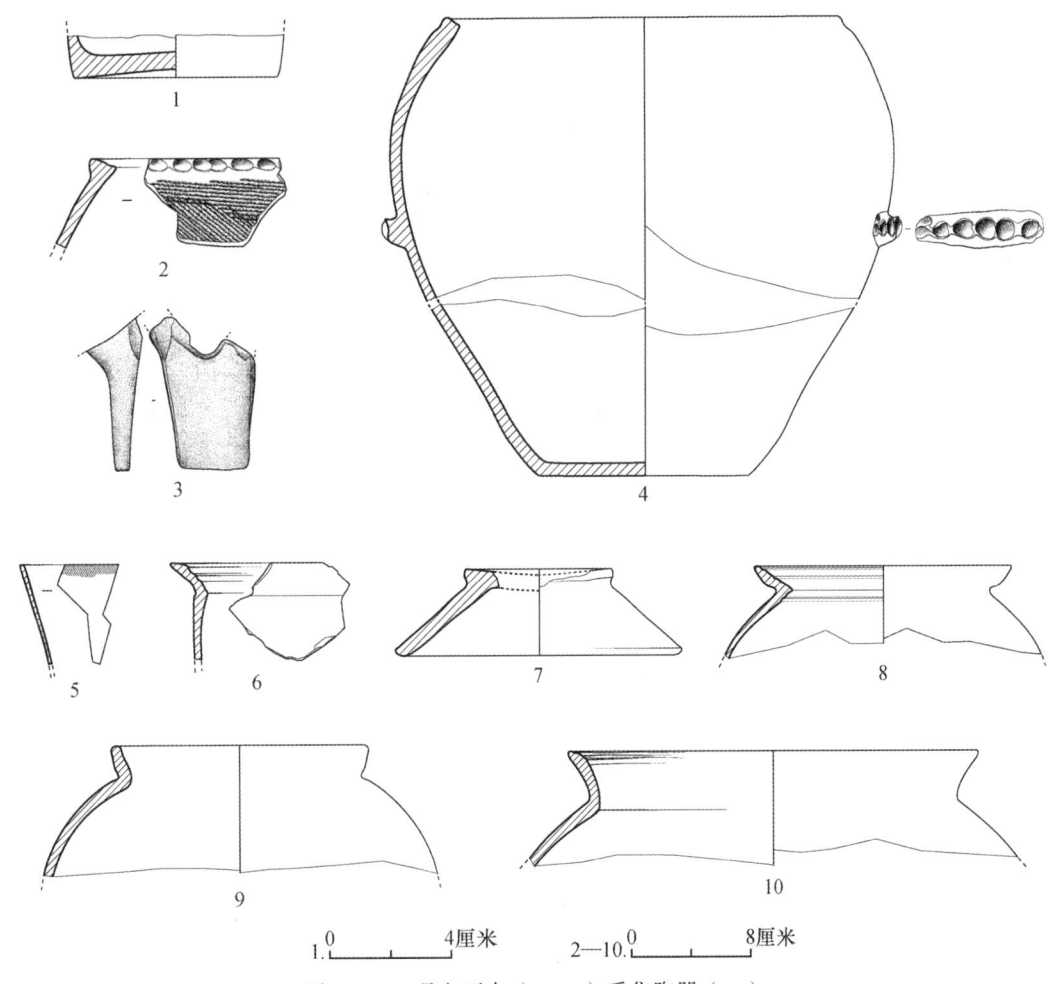

图2.441c 喂庄西南（Y018）采集陶器（一）

1、5. 杯（Y018：24、Y018：34） 2、4. 瓮（Y018：7、Y018：9） 3、6. 鼎（Y018：3、H1：1） 7. 器盖（Y018：10）
8—10. 夹砂罐（Y018：4、Y018：6、Y018：5）

砂褐陶。敛口，平沿，沿外饰一周花边，圆弧腹。素面。口径36、残高6厘米（图版三四九，4）。Y018：9，口沿。夹砂褐陶，敛口，弧腹，腹有一鸡冠錾，平底。素面。口径25.8、高29.3、底径13.8厘米（图2.441c，4）。

罐 14件。Y018：11，口沿。泥质红陶，橙红色陶衣上施褐彩。折沿，圆唇，口沿内外侧可见轮制痕迹。口沿下饰两组横行平行线纹，其间饰多组竖直线纹。口径26.8、残高6.7厘米（图2.441d，11）。Y018：12，口沿。泥质红陶。折沿，圆唇，口沿外侧及腹壁可见轮制痕迹。橙黄色陶衣上施黑彩，口沿下饰一道横线，上腹部饰三道平行横线，其间饰多组竖向平行短线。残宽7.4、残高8.1厘米（图2.441d，1）。Y018：13，口沿。泥质灰陶。折沿，圆唇。饰红衣网格纹，网格纹粗糙。残宽7.1、残高5.8厘米（图2.441d，2）。Y018：14，口沿。卷沿。泥质红陶。唇下饰黑彩网格纹。残宽7.2、残高3.8厘米（图2.441d，3）。Y018：15，口沿。泥质红陶。折沿，圆唇，口沿内外侧可见轮制痕迹。橙红色陶衣上施黑彩，口沿下饰一组横行平行线纹夹网格纹，其下饰两道横向平行线纹。残宽8.1、残高5.2厘米（图2.441d，4）。Y018：16，口沿。泥质红陶。折沿，尖唇。红衣黑彩。饰一组平行线纹夹网格纹及四道平行线纹。口径27.4、残高7.2厘米（图2.441d，6）。Y018：17，口沿。泥质红陶。折沿，尖唇。红衣黑彩。腹饰一周网格纹，其下饰两周横向平行线纹中间夹纵向平行线纹。口径28.9、残高7.8厘米（图2.441d，7）。Y018：18，口沿。泥质红陶。折沿，圆唇。腹饰一周网格纹，其下饰一组横向平行线纹夹纵向平行线纹，再下饰两条横向平行线纹。口径24.8、残高7.6厘米

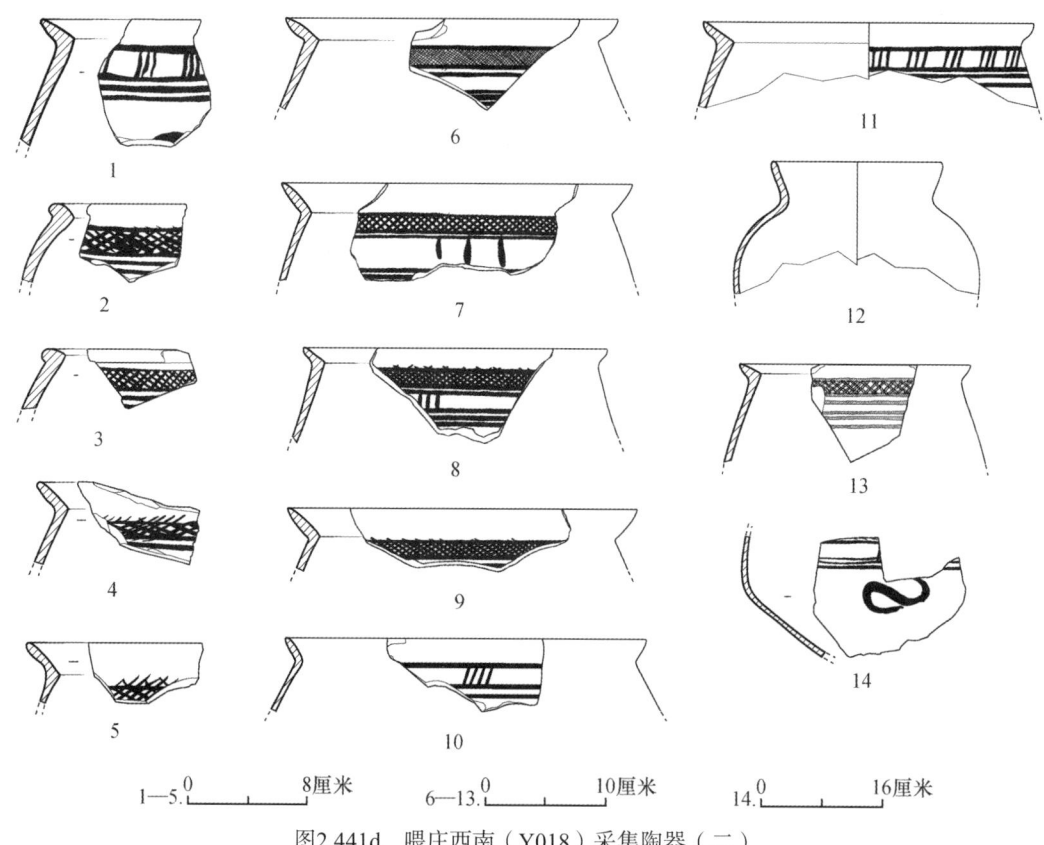

图2.441d 喂庄西南（Y018）采集陶器（二）

1—14.罐（Y018：12、Y018：13、Y018：14、Y018：15、Y018：22、Y018：16、Y018：17、Y018：18、Y018：19、Y018：21、Y018：11、H1：2、Y018：23、Y018：20）

（图2.441d，8）。Y018：19，口沿。泥质红陶。折沿，尖唇。红衣黑彩。腹饰一周网格纹。口径28.8、残高5厘米（图2.441d，9）。Y018：20，腹片。泥质红陶。溜肩，圆弧腹下收。红衣黑彩。肩部饰五道横向平行线纹，之间可能夹有纵向平行线纹，平行线纹下饰倒"S"纹。残宽19.7、残高15.3、厚0.6厘米（图2.441d，14）。Y018：21，口沿。泥质红陶。直领外侈，圆唇，溜肩。饰三周黑彩横向平行线纹夹纵向平行线纹。口径29.7、残高5.9厘米（图2.441d，10）。Y018：22，口沿，泥质红陶。直领外侈，圆唇，溜肩。饰黑彩网格状纹。残宽7.5、残高3.9、厚0.3厘米（图2.441d，5）。Y018：23，口沿。泥质红陶，折沿上翘，尖唇。饰两周红彩横向平行线纹夹网格纹，其下饰两周红彩横向平行线纹夹纵向平行线纹，再下饰两周红彩横向平行线纹。口径18.8、残高7.8厘米（图2.441d，13）。H1：2，口沿。泥质灰陶。直领，领与器体连接处可见泥条连接痕迹，领内可见轮制痕迹。磨光。口径13.6、残高10.5厘米（图2.441d，12）。

杯　2件。Y018：24，底部。泥质灰陶。平底微凹。磨光。底径6.6、残高1.4厘米（图2.441c，1）。Y018：34，口沿。蛋壳陶。泥质灰陶。折沿外侈，圆唇，直腹。磨光，沿外施一周带状红彩。残宽4、残高6.4、厚0.2厘米（图2.441c，5）。上述2件标本可能为同一件器物。

缸　3件。Y018：25，口沿。泥质黑陶。敛口，平沿。饰九道凹弦纹。口径39.8、残高8.2厘米（图2.441e，2）。Y018：26，口沿。夹砂红陶。敛口，方唇，唇面饰一道凹弦纹。磨光。残宽9.7、残高4.4、厚1.1厘米（图2.441e，3）。Y018：27，口沿。泥质红陶。敛口，平沿，圆唇。表面磨光，口沿下有三道凹弦纹，器内壁有一层白色水垢。残宽8.9、残高7.3厘米（图2.441e，1）。

盆　3件。Y018：28，口沿。泥质灰陶。敛口，平折沿，折腹。口沿及器壁可见轮制痕迹。残宽9.3、残高5.3厘米（图2.441e，4）。Y018：29，口沿。泥质红陶。折沿，圆唇，直腹。口径31.1、残高4.4厘米（图2.441e，5）。Y018：30，口沿。夹砂黑皮褐陶。敛口，圆唇，沿面较平。饰凹弦纹。口径32、残高5.9厘米（图版三四九，5）。

钵　3件。Y018：31，口沿。泥质红陶。敛口，圆唇，折腹。磨光。口径29.1、残高7.4厘米（图2.441e，8）。Y018：32，口沿。泥质灰陶。敛口，圆唇。唇下有一条褐色带饰，腹部饰弧线三角纹。残宽8.6、残高3.7厘米（图2.441e，6）。Y018：33，口沿。泥质红陶。敛口，圆唇。唇下有一圈褐色带饰，带下有三道长短不一的平行条带。残宽7.1、残高5厘米（图2.441e，7）。

彩陶片　4件。Y018：35，泥质橙红陶，饰红色平行线纹、网格纹和X形纹。残宽11.6、残高8.9厘米（图2.441e，10）。Y018：36，泥质红陶，红色陶衣上饰直线和"人"字形纹，黑彩。残宽7.7、残高5.8厘米（图2.441e，12）。Y018：37，泥质红陶。器表磨光，饰黑色钩形纹。残宽12.8、残高8.5厘米（图2.441e，13）。Y018：38，泥质红陶。饰黑色钩形纹。残宽8.5、残高6.7厘米（图2.441e，11）。

圈足　Y018：40，泥质褐陶，磨光，有镂空。底径13、残高4.5厘米（图版三四九，6）。

器盖　Y018：10，可复原。夹砂褐陶。覆碗形。敞口，圆唇，浅腹斜直。素面。口径

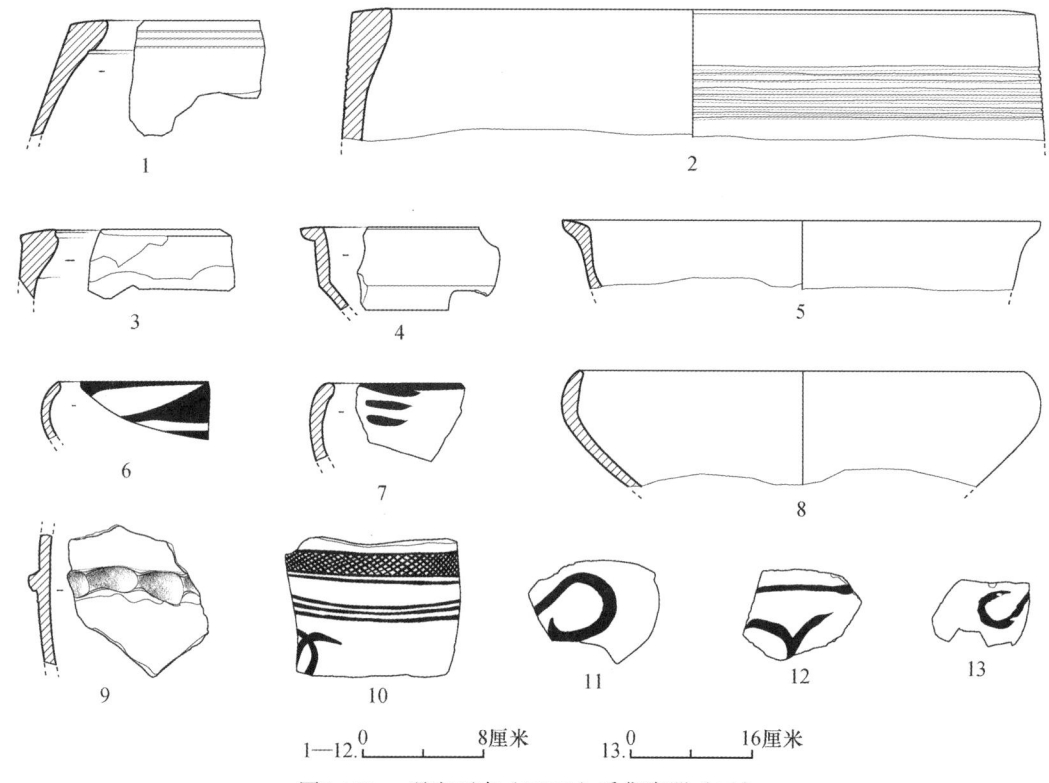

图2.441e 喂庄西南（Y018）采集陶器（三）

1—3.缸（Y018：27、Y018：25、Y018：26） 4、5.盆（Y018：28、Y018：29） 6—8.钵（Y018：32、Y018：33、Y018：31） 9.陶片（H1：3） 10—13.彩陶片（Y018：35、Y018：38、Y018：36、Y018：37）

17.6、底径9.4、高5.5厘米（图2.441c，7；图版三二二，2）。

陶片 H1：3，夹砂红陶。腹内外壁皆粗。饰附加堆纹。疑为缸片。残宽9.3、残高9.7厘米（图2.441e，9）。

2）龙山文化

数量较少，见有瓮等。可能为龙山早、晚期。标本1件。

瓮 Y018：39，腹片。泥质灰陶。饰篮纹。残高16、残宽11.4厘米。

3）二里岗文化

仅采集少量碎片，多为二里岗文化晚期。无典型标本。

4）殷墟文化

核查中见有不少殷墟文化的遗物，无典型标本。

5）西周时期

遗存也较丰富，陶片较多，未采集标本。具体时段不详。

（3）基本认识

该遗址是以仰韶中、晚期遗存为主的较为重要的遗址，同时还见有少量龙山早、晚期与二里岗晚期至东周时期等不同时期的遗存。东周晚期（战国）遗存应该也较丰富，但破坏更甚。多次调查遗址地貌变化不大，未再有大的破坏。

422. 费窑南2（Y013）

（1）概况

位于郑州巩义市西村镇费窑村南临河台地上。具体位置为坞罗河西南侧，费窑村南1000米，永安路东侧工厂以东，永安路东净水厂周围。此地点北距费窑南1（Y012）约400米。遗址地处临河台地，东临冲沟，较为平坦（图2.442）。遗址面积约0.5万平方米。地理坐标北纬34°40′30.49″，东经112°57′33.09″，海拔约182米。地表现为农田、苗圃。

巩义市文保所曾在配合净水厂施工时发掘东周墓1座，但未发现其他遗迹和文化层。

初查时间1998年12月28日，复查时间2017年7月23日。

图2.442 费窑南2（上为北）

（2）主要发现

地表陶片很多，且残碎。采集陶片4片，均为腹片。无标本。具体年代不详。

（3）基本认识

该遗址可能为东周时期的一处小型墓地。

423. 费窑南3（Y014）

（1）概况

位于郑州巩义市西村镇费窑村南临河台地上。具体位置为费瑶村南，坞罗河西南，永安路东。此地点北距费窑南1（Y012）约200米，南距费窑南2（Y013）约150米。遗址地处临河台地，较为平坦（图2.443）。遗址面积约0.2万平方米。地理坐标北纬34°40′37.63″，东经112°57′31.82″，海拔178米。地表现为农田、苗圃。

初查时间1998年12月28日，复查时间2017年7月23日。

图2.443　费窑南3（上为北）

（2）主要发现

采集陶片6片，均为腹片，多属二里头文化，部分疑似二里岗文化，无典型标本。

（3）基本认识

该遗址可能为二里头文化时期的一处小型遗址，另有少量疑似二里岗文化晚期遗物。地表所见陶片数量较少，可能因地面平坦，被破坏较轻，遗存未露出地表，也可能为附近遗址搬运而来。

424. 费窑南1（Y012）

（1）概况

位于郑州巩义市西村镇费窑村南临河台地上，具体位置为坞罗河南岸，费窑村南400米，永安路西侧工厂以东。遗址地处临河台地，较为平坦（图2.444）。面积约2.5万平方米。地理坐标北纬34°40′43.58″，东经112°57′26.38″，海拔约178米。地表现为农田。

初查时间1998年12月28日，复查时间2017年7月23日。

图2.444 费窑南1（左为北）

（2）主要发现

地表陶片很少。采集陶片17片，均为腹片。16片陶色以灰陶为主，褐陶1片。16片纹饰多为绳纹，其中3片夹砂绳纹，素面1片。部分可能为二里头文化二期，部分疑似二里岗文化晚期。采集石片1片。石片为燧石，打制。无标本。

（3）基本认识

该遗址可能为二里头文化二期或二里岗文化晚期的一处小型遗址，此地点与费窑西南（Y011）一路之隔，可能与其连成一片。地表陶片较少，以二里头文化为主，部分碎陶片属二里头还是二里岗文化晚期尚有争议，需进一步复查。

425. 费窑西南（Y011）

（1）概况

位于郑州巩义市西村镇费窑村西南临河台地上。具体位置为坞罗河南岸，费窑村西南300米，永安路西侧厂房以北。费窑村砖厂用土已将台地破坏殆尽，现已成大坑，北面留1—2米的台地与沟相隔，西边台地仅存不足10米（图2.445a；图版二三二，2）。遗址面积约2万平方米。地理坐标北纬34°40′49.87″，东经112°57′22.43″，海拔约170米。地表现为厂房。

初查时间1998年12月28日，2007年11月14日、2008年10月5日、2017年6月15日曾多次复查。

图2.445a　费窑西南（下为北）

（2）主要发现

共发现灰坑7个。1998年初查时，在大坑残留的西、北二壁上暴露有灰坑5座，H1取有土样。2007年复查时，将西壁剖面的2个灰坑编号H6、H7，分别采集了浮选土样和残留物分析标本。2008年10月5日又采集了孢粉分析土样。H1、H6、H7采集有陶片，均属二里岗文化。

该遗址地表陶片较多。采集陶片124片，其中腹片较多，口沿20片，足2件，底片1片。采集石器1件。标本共计14件。

砍砸器 Y011：14，石灰岩。残长10.6、残宽7.6、残厚3.5厘米（图2.445b，6；图版三〇一，6）。

陶器见有鬲、大口尊、矮领尊、盆、束颈盆、簋等器形，多为二里岗文化晚期，部分为早期。标本13件。

鬲 3件。Y011：1，腹片。夹砂灰陶。颈部饰两周凹弦纹，腹饰绳纹。残宽7、残高6.2

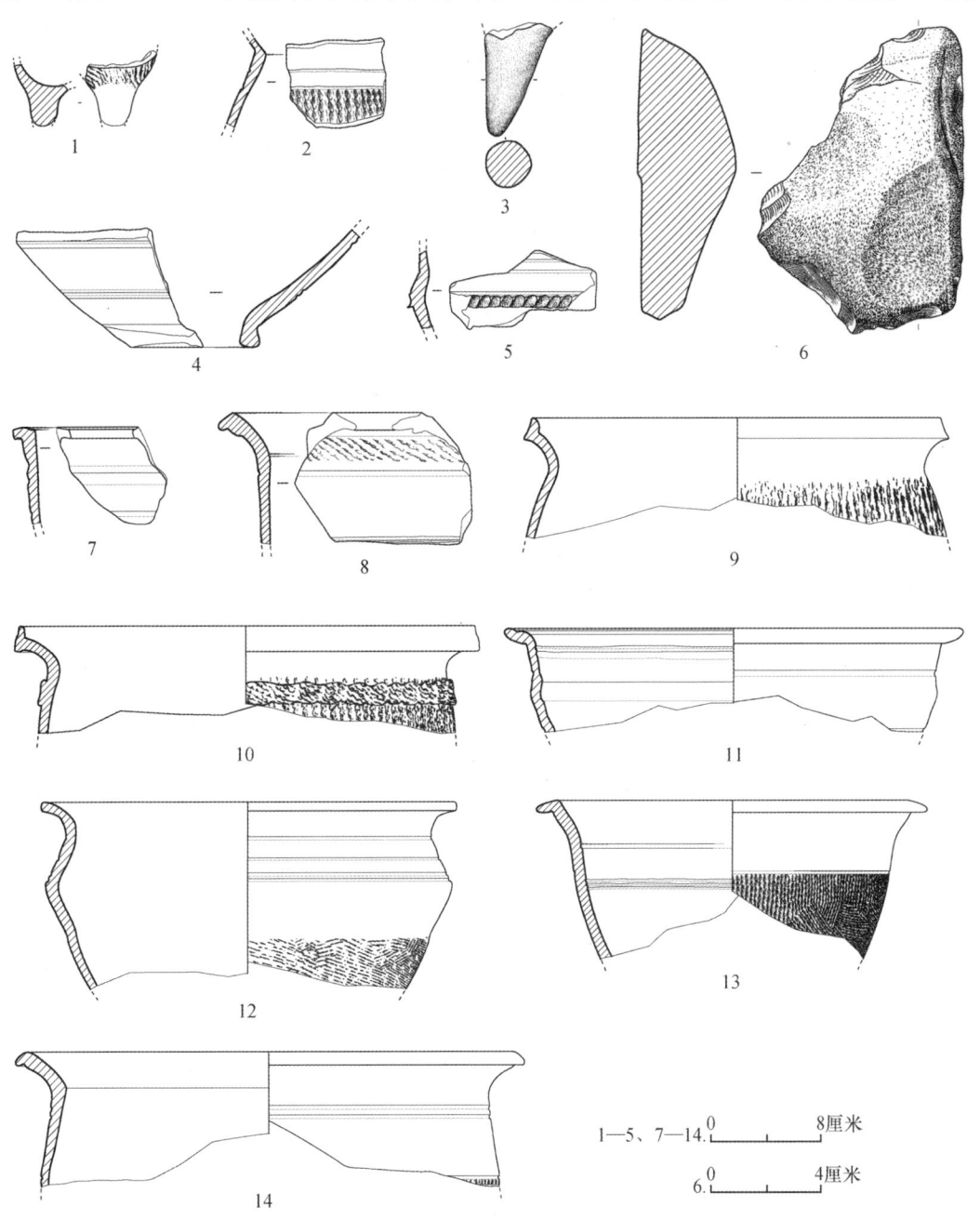

图2.445b 费窑西南（Y011）采集标本

1—3.鬲（Y011：2、Y011：1、Y011：3） 4.矮领尊（Y011：8） 5、12.大口尊（Y011：7、Y011：6） 6.砍砸器（Y011：14） 7、8.簋（Y011：12、Y011：13） 9、10.深腹罐（Y011：4、Y011：5） 11、13、14.盆（Y011：11、Y011：10、Y011：9）

厘米（图2.445b，2）。Y011：2，足部。夹砂灰陶。锥足，袋足部分饰绳纹。尖残后磨平。残高5.2厘米（图2.445b，1）。Y011：3，足部。夹砂灰陶。锥足。素面。足高7.8厘米（图2.445b，3）。

深腹罐　2件。Y011：4，口沿。夹砂褐陶。折沿，方唇，沿内出一周凹槽。饰绳纹。口径29、残高8.2厘米（图2.445b，9）。Y011：5，口沿。夹砂灰陶。折沿，方唇，沿内沿外各出一周凹槽，颈部以下饰绳纹夹一周附加堆纹。口径32.2、残高7.4厘米（图2.445b，10）。

大口尊　2件。Y011：6，口沿。泥质灰陶。卷沿，圆唇，敞口，折肩凸出。肩以上饰凹弦纹，腹上部素面，下部饰横绳纹。口径29.2、残高12.9厘米（图2.445b，12）。Y011：7，肩部。泥质灰陶（灰皮褐陶）。肩部饰附加堆纹及一周凹弦纹，颈部饰两周凹弦纹。残宽10.5、残高5.4厘米（图2.445b，5）。

矮领尊　Y011：8，口沿。泥质灰陶。矮领，广肩。肩饰两组四周凹弦纹。残宽9.8、残高8.3厘米（图2.445b，4）。

盆　2件。Y011：9，口沿。泥质灰陶。折沿，方唇，沿下有一周凹槽，直腹。上腹部素面饰凹弦纹，下腹部饰绳纹。口径34.3、残高9.3厘米（图2.445b，14）。Y011：10，口沿。泥质灰陶。折沿，圆唇，直腹微弧。上腹部饰绳纹后磨光（暗绳纹），下腹部饰一周凹弦纹，下饰绳纹。口径25、残高11厘米（图2.445b，13）。Y011：11，口沿。泥质灰陶。折沿，圆唇，沿面有一周凹槽，直颈，微出肩。磨光，肩颈之间饰一周凹弦纹。口径32、残高7.2厘米（图2.445b，11）。

簋　2件。Y011：12，口沿。泥质黑皮褐陶。平沿，方唇，直腹。饰弦纹。残宽8、残高6.7厘米（图2.445b，7）。Y011：13，口沿。泥质灰陶。折沿，方唇，沿下有一周凹槽，直腹。饰暗绳纹夹凹弦纹。残宽12.5、残高9.2厘米（图2.445b，8）。

（3）基本认识

该遗址是一处以二里岗文化遗存为主的中小型遗址，被砖厂破坏殆尽，断崖见有数座残缺的灰坑。

426. 官庄西（Y016）

（1）概况

位于郑州巩义市西村镇官庄村南面。具体位置为费窑村东北300米，永安路以东800米，小工厂西侧两条东西向冲沟之间（图2.446）。面积约0.5万平方米。遗址地处临沟台地，地势自西向东逐级抬升，形成一道道地坎。地理坐标北纬34°41′05.54″，东经112°57′53.56″，海拔180米。地表现为农田。

初查时间1998年12月29日，复查时间2017年7月23日。

图2.446　官庄西（右为北）

（2）主要发现

冲沟断崖上见有大量汉代绳纹瓦片。未采集遗物，无标本。

（3）基本认识

该遗址可能为一处小型的汉代聚落。

427. 永熙陵北（Y010）

（1）概况

位于郑州巩义市西村镇滹沱村北，圣水河东岸台地上。具体位置为滹沱村以北800米，芝田村以南800米，永安路以西800米，东西向小路南北两侧。地势自北向南逐级抬升，起伏不大，较为平坦（图2.447）。遗址范围约0.4万平方米。地理坐标北纬34°40′48.61″，东经112°56′48.40″，海拔171米。地表现为苗圃。

初查时间1998年12月27日，复查时间2017年7月22日。

图2.447 永熙陵北（右为北）

（2）主要发现

该遗址路沟堆积有大量的绳纹汉瓦堆积，未采集遗物。

（3）基本认识

该遗址可能为汉代时期的一处小型遗址。

428. 芝田东南（Y015）

（1）概况

位于郑州巩义市西村镇芝田村东南。具体位置为坞罗河北岸，郑西高铁以南100米，永安路以西800米（图2.448）。面积约2万平方米。地理坐标北纬34°41′11.55″，东经112°56′52.02″，海拔160米。遗址地处临河台地，地势凸凹不平，多断崖，地表现为苗圃。

初查时间1998年12月29日，复查时间2017年7月22日。

图2.448　芝田东南（上为北）

（2）主要发现

地表多见两汉时期的遗物，未采集遗物。

（3）基本认识

该遗址可能为坞罗河流域的一处小型汉代聚落。

429. 电厂东南1（Y007）

（1）概况

遗址位于郑州巩义市芝田镇芝田村西，坞罗河北岸二级台地（图2.449；图版二三三，1）。面积0.2万平方米。地理坐标北纬34°41′12.65″，东经112°56′32.53″，海拔约137米。地表现为农田。

初查时间1998年12月27日，复查时间2017年7月22日。

图2.449　电厂东南1（下为北）

（2）主要发现

该遗址沟边断崖上暴露出大量的汉瓦堆积，无文化层，未采集遗物。

（3）基本认识

该遗址可能属于汉代的普通遗址，面积较小。

430. 清易镇东2（Y003）

（1）概况

位于郑州巩义市回郭镇清东村（可能属于芝田镇寨沟村），坞罗河南岸，清易镇东约1000米，清易镇东1（Y002）地点东南100余米。遗址被一条南北向冲沟分割，北临河岸，西至小沟，地势由北向南逐渐抬升，起伏较小（图2.450a；图版二三三，2）。遗址面积15万平方米。地理坐标北纬34°41′08.11″，东经112°55′39.18″，海拔约145米。地表现为农田。

初查时间1998年12月25日，复查时间2007年11月14日，2017年7月22日再次复查。

图2.450a　清易镇东2（上为北）

（2）主要发现

2007年复查时发现有数座灰坑及文化层，并将一条东西向断崖剖面上的灰坑编号H1，采有浮选土样及残留物分析标本。地表陶片沟西较多，沟东较少且残碎，多为绳纹陶片、瓦片、豆把。复查时采集陶片4片，其中腹片2片、口沿2片。2017年复查发现口沿2片。

瓮　3件。Y003：1，口沿。泥质灰陶。平折沿，方唇，短颈，溜肩。肩上部素面，下部饰绳纹。口径27.1、残高6.4厘米（图2.450b，4）。Y003：2，口沿。泥质灰陶。平沿，方唇，短颈，溜肩。颈部饰绳纹后磨光。口径23.6、残高5.9厘米（图2.450b，3）。Y003：3，口沿。泥质灰陶。折沿上翘，方唇，沿面内凹，束颈，溜肩。素面。残宽5.6、残高3.4厘米（图2.450b，1）。

盆　Y003：4，口沿。泥质灰陶。折沿，方唇，浅腹。残宽8.1、残高5.2厘米（图2.450b，2）。

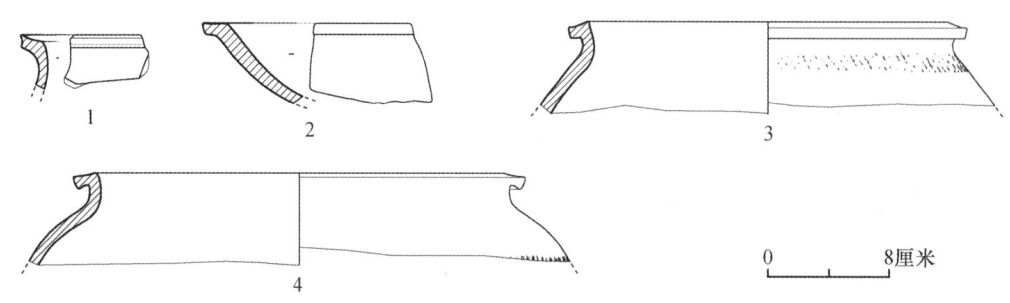

图2.450b　清易镇东2（Y003）采集标本
1、3、4.瓮（Y003：3、Y003：2、Y003：1）　2.盆（Y003：4）

（3）基本认识

该遗址可能为东周至汉代遗址，发现的陶片有战国时期的。

431. 清易镇东3（Y004）

（1）概况

位于郑州巩义市回郭镇清东村（可能属于芝田镇寨沟村），遗址位于坞罗河南岸，清易镇东约900米，清易镇东1（Y002）南300多米、清易镇东2（Y003）地点西南200多米。总体地势由北向南逐渐抬升，较为平坦（图2.451）。遗址面积0.5万平方米。地理坐标北纬34°41′04.25″，东经112°55′31.03″，海拔156米。地表现为杨树林和农田。

初查时间1998年12月27日，复查时间2017年7月22日。

图2.451　清易镇东3（右为北）

（2）主要发现

地表陶片较少，多为东周、汉代的陶片、瓦片，未采集遗物。

（3）基本认识

该遗址可能为战国至汉代时期小型遗址，具体时段不详。

432. 电厂南（Y009）

（1）概况

位于郑州巩义市芝田镇芝田村南，稍柴电厂以南，坞罗河北岸二级台地上，电厂东南（Y008）南部。地势平坦（图2.452；图版二三四，1）。范围不详。地理坐标北纬34°41′32.23″，东经112°55′52.21″，海拔141米。地表大部分被电厂厂房占压，外面堆积矿渣。

初查时间1998年12月27日，复查时间2017年7月22日。

图2.452　电厂南（上为北）

（2）主要发现

该遗址沟边断崖上暴露出大量的汉瓦堆积，无文化层，未采集遗物。

（3）基本认识

此地点仅见汉代砖瓦堆积，未见到文化层，可能为附近较大型汉代建筑废弃后堆积搬运而至。

433. 电厂东南2（Y008）

（1）概况

位于郑州巩义市芝田镇稍柴电厂以南，坞罗河北岸二级台地上，地势平坦（图2.453a）。遗址范围约1.5万平方米。地理坐标北纬34°41′36.50″，东经112°55′45.20″，海拔143米。地表现为废矿渣堆。

初查时间1998年12月27日，复查时间2017年7月22日。

图2.453a　电厂东南2（左下为北）

（2）主要发现

地表陶片很多，经铲探，未发现早于汉代的文化层堆积。采集陶片17片，其中腹片16片、口沿1片。分属于二里头文化二至四期。标本2件。

盆　Y008：1，口沿。泥质灰陶。卷沿，圆唇。素面，颈下饰绳纹。残宽5.6、残高5.6厘米（图2.453b，1）。

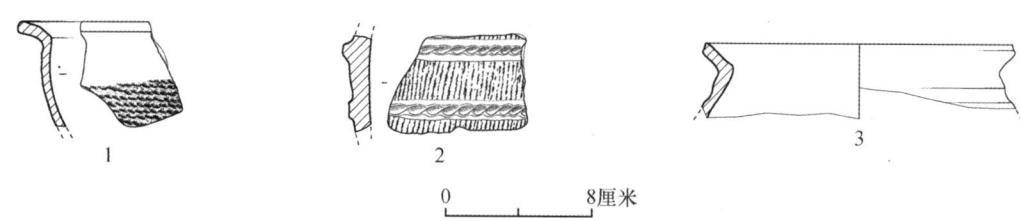

图2.453b 电厂东南2（Y008）、电厂西（Y048）采集标本
1.盆（Y008∶1） 2.陶片（Y008∶2） 3.圆腹罐（Y048∶1）

陶片 Y008∶2，腹片。泥质灰陶。饰绳纹夹附加堆纹。残长7.7、残高5.4厘米（图2.453b，2）。

（3）基本认识

该地点可能为二里头文化二至四期的小型遗址。现为废矿渣堆占压。

434. 清易镇东1（Y002）

（1）概况

位于郑州巩义市回郭镇清东村（可能属于芝田镇寨沟村），坞罗河南岸，清易镇东约800米。坞罗河自东南向西北流过，河床下切严重，河床较宽。台地地势平坦高亢，抬升不多（图2.454；图版二三四，2）。遗址面积0.7万平方米。地理坐标北纬34°41′19.05″，东经112°55′25.20″，海拔150米。地表为农田。

1998年12月25日初查，2017年7月22日复查。

图2.454　清易镇东1（上为北）

（2）主要发现

见有多件东周至汉代陶片，未采集遗物。

（3）基本认识

该遗址可能为战国至汉代时期的一处小型遗址。

435. 电厂西（Y048）

（1）概况

位于郑州巩义市芝田镇稍柴村，坞罗河北岸，稍柴电厂西北400米，国道天连线（G310）以南50米处（图2.455）。陶片分布范围约3万平方米。地理坐标北纬34°41′52.89″，东经112°55′40.04″，海拔约144米。地势平坦，现为农田。

初查时间1999年1月11日，复查时间2017年7月22日。

图2.455　电厂西（下为北）

（2）主要发现

遗址北部断崖处2米以上均为晚期堆积。二里头文化的遗存可能为建设公路、电厂时破坏后暴露出来的堆积。地面上散见陶片。采集陶片15片，其中腹片12片、口沿3片。其中灰陶12片，褐陶3片。主要为二里头文化遗物。标本1件。

圆腹罐　Y048：1，口沿。夹砂灰陶。直领外侈，方唇，唇面饰一道凹弦纹，束颈。上部素面。口径17.6、残高4厘米（图2.453b，3）。

（3）基本认识

该遗址距离稍柴遗址较近，不排除遗物为稍柴遗址搬运而来。遗物以二里头文化时期为主。

436. 范堂东南（Y001）

（1）概况

位于郑州巩义市芝田镇南石村范堂东南，坞罗河西南岸，河流从遗址东南面蜿蜒北流，河床下切严重。台地高出河床底部10余米，地势平坦高亢，由西北向东南逐渐抬升，到达遗址处海拔148米，此处称为"阎王寨"，断崖寨墙依稀可见，西南部还有寨壕，亦无人家，种植小麦。断崖上未见文化层，铲探亦无文化层。西北角发现夯土，疑为寨墙，年代颇晚（图2.456）。遗址面积8万平方米。地理坐标北纬34°41′32.83″，东经112°55′07.99″。

初查时间1998年12月25日，复查时间2017年7月22日。

图2.456　范堂东南（上为北）

（2）主要发现

南石村南高地，自南向北发现二里岗至殷墟文化陶片3片，龙山陶片2片，仰韶陶片1片。东南方发现东周、汉代遗址，面积大，中间被水冲成深沟，见有绳纹罐、豆，多为绳纹瓦片、瓦当等。未采集遗物。

（3）基本认识

遗址主体遗存为战国至汉代，具体年代不详。见有极其少量的仰韶、龙山、二里岗时期遗物，难以判定为一个遗址。

437. 稍柴西南（Y163）

可能为战国至西汉时期遗址，未采集遗物。详见附表。

438. 南石路南（Y046）

位于郑州巩义市芝田镇南石村范堂自然村，南石村南，坞罗河西岸，范堂村东。地势平坦自北向西南逐渐抬升（图2.457）。遗址面积约0.2万平方米。地理坐标北纬34°41′36.46″，东经112°55′07.21″，海拔约141米。地表现为农田。

1998年12月25日初查，2017年7月22日复查。

图2.457　南石路南（上为北）

地表采集陶片较少，密度较低，无典型标本。

该地点可能为龙山时期的小型遗址。

439. 稍柴（Y1001）

（1）概况

位于郑州巩义市芝田镇稍柴村，伊洛河南岸，坞罗河从遗址东南向西北流过汇入伊洛河。遗址坐落在坞罗河与伊洛河交汇的台地上，地势较为平坦，南高北低，起伏较小（图2.458a）。二里头、二里岗文化遗存面积40万平方米，周代面积5.5万平方米。地理坐标北纬34°42′15.85″，东经112°55′12.35″，海拔133米。遗址大部被稍柴村民居占压。

图2.458a　稍柴（右下为北）

1959年，河南省文化局文物工作队在调查"夏文化"遗址时发现。推测该遗址面积约100万平方米。1960年，河南省文化局文物工作队进行过试掘，发掘面积620平方米。1963年，北京大学历史系考古专业学生在河南省文物局文物工作队指导下再次进行发掘，面积约70平方米。两次发掘690平方米，清理房基5座，灰坑45个，墓葬7座。出土陶、石、骨、蚌等各类遗物500余件，涵盖二里头文化一至三期及二里岗文化晚期[①]。

---

① 河南省文物研究所：《河南巩县稍柴遗址发掘报告》，《华夏考古》1993年第2期。

1962年6月,中国科学院考古研究所洛阳发掘队曾调查该遗址。资料显示,该遗址时属西村公社稍柴大队,位于孙家湾遗址对岸的石子河[①]东北150米处。推测面积约15万平方米以上,文化层厚1—3米,发现了文化层、灰坑、夯土建筑、墓葬等遗迹。采集了篮纹、绳纹及素面的盆、罐、尊、瓮等陶片及骨、蚌片。判定该遗址有"二里头类型"和二里岗期遗存,也有少量殷墟和西周时期遗存[②]。

1976年7月,中国科学院考古研究所洛阳发掘队对该遗址进行了较大规模的钻探,发现2处汉代建筑基址,钻探发现二里头文化的一、三期和二里岗文化晚期的地层堆积、灰坑等[③]。

1991年,巩义市文管所调查发现二里头、商代、西周、东周文化遗存,认为遗址的西部可能属于其原定北石遗址的范围,主要含商周时期遗存[④]。2003年,郑州市文物考古研究院也曾在此发掘。

该遗址1963年被列为河南省重点文物保护单位,2013年,被列为第七批全国重点文物保护单位。

伊洛河流域联合考古队1997年12月30日初查,1998年12月24、28日,2001年6月7、8日,2006年7月18日,2008年6月12—23日,2013年,2017年7月21日曾多次复查。

(2)主要发现

遗址以稍柴村旧村部为中心,文化层最厚1.5—4米,遗迹现象最多,周围区域逐渐减少。多次调查发现灰坑10座。

1997年初查采集陶片35片。其中口沿6片、圈足1片、鼎足1件;1998年12月24日复查采集陶片14片,其中口沿1片、底片1片。另发现石片1片。在老村东西大路东头大坡处路南断面发现灰坑2个,编号H1、H2。1998年12月28日复查,采集陶片14片,其中口沿2片,蚌片1片。在24日发现H1的西面发现灰坑2个,编号H3、H4。

经过1997年初查与1998年复查,发现稍柴遗址的实际面积与以前报道的面积相差较大,为了确定稍柴遗址的具体范围、准确面积以及不同区域的遗物分布状况,2001年6月7、8日,对稍柴遗址做了一次分区复查。在老村中东西向大路东大坡处路北张力家院内西南角及老大队部西三孔窑洞内,发现灰坑4个,编号H5—H8。

2006年7月18日,复查时新发现灰坑1个,位于老村东去河滩大路西侧断崖豁口北剖面,1998年H1—H4之北,编号为H9。采集少量陶片,还发现石镰1件、砺石1件,属二里头文化。

为了更好地弄清稍柴遗址的范围和遗迹分布状况,以及周边区域的遗物分布是否属于后期搬运。2008年6月12—23日,再次对稍柴遗址进行了更加细致的复查工作,并结合铲探进行记录。

---

① 石子河位置判断有误,应为坞罗河。
② 中国科学院考古研究所洛阳发掘队:《河南偃师商代和西周遗址调查简报》,《考古》1963年第12期。
③ 河南二里头工作队资料。
④ 巩义市文管所:《巩义市坞罗河流域二里头文化、商、周文化遗存调查》,《中原文物》1992年第4期。

2013年复查时，在老村东去河滩大路西侧断崖豁口南剖面新发现灰坑1个，采集少量陶片，有大口尊口沿1件，属二里头文化，编号H10。调查共发现石器7件，兽骨21、蚌15件，其中蚌刀5件。

历年发现的主要遗迹如下。

H1：位于断面最东端。采集陶片21片，其中口沿6片、底片1片。并采集了浮选土样。时代属二里头文化二期。

H2：位于断面中段，H1西。采集陶片3片。时代属二里头文化二期。

H3：位于断面西端，H2西。采集陶片4片，其中口沿2片，另有蚌片2片。并采集了浮选土样。时代属二里头文化时期。

H4：位于断面中段，H2西，H3东面。采集陶片13片，其中口沿2片。时代属二里头四期。

H5：位于老村东西大路东头大坡处路北张力家院内西南角，采集陶片70片，其中口沿22片，另有蚌片9片，石制品6个，猪骨头17块。时代属二里头文化二期。

H6：位于老大队部西三孔窑洞，东窑洞南剖面。采集陶片26片，其中口沿3片，另有猪骨2块，其他兽骨1块，蚌片1片。以二里头文化四期陶片为主，杂有二期之物。

H7：位于老大队部西三孔窑洞，中窑洞南剖面。采集陶片13片，其中口沿1个，另有骨头1块。以二里头文化二期陶片为主，少量四期。

H8：位于老大队部西三孔窑洞，西窑洞南剖面。采集陶片7片，其中口沿1片。属二里头文化二期。

石刀　Y1001：30，辉绿岩。基本完整。应由石镰改制，大部磨光，一侧边有不同于其他部位的新改制磨痕。横长方形，近直背，单面直刃。长7.1、宽2.95、厚0.7厘米（图2.458b，1）。

石刀坯　Y1001：31，砂岩。残余左半段。琢、磨兼制。较厚，刃部尚留琢痕未经磨制，应为刀坯。圆角长方形。单面直刃，中部有一对琢圆孔。残长6、宽5.4、厚1.9厘米（图2.458b，3；图版三〇二，3）。

石镰　H9：1，砂岩。磨制。近长条形，弧背，单面直刃，尖残。刃部有使用光泽。残长12.6、宽5.2、厚1.6厘米（图2.458b，2；图版三〇二，1）。

砺石　H9：2，砂岩。残块。对应两面使用，中部凹陷。残长15.7、残宽10.4、厚3.4厘米（图2.458b，4；图版三〇二，2）。

片状残断石器　Y1001：33，石灰岩。残。扁薄。磨制光滑。单面直刃。三面有明显的锯切痕。残长4.6、残宽4.2、厚0.4厘米。

蚌刀　3件。Y1001：34，近圆角长方形。用蚌壳口部一面磨制成单面直刃，刃部使用痕迹明显。蚌壁较薄，外表较平。长11、宽5厘米。Y1001：20，近圆角长方形。用蚌壳口部一面磨制成单面直刃，刃部使用痕迹明显。蚌壁较厚，外表凸凹不平。残长8.7、宽5.7厘米。Y1001：32，近圆角长方形。用蚌壳口部一面磨制成单面直刃，刃部使用痕迹明显。蚌壁较厚，外表凸凹不平。残长5.6、宽4.8厘米。

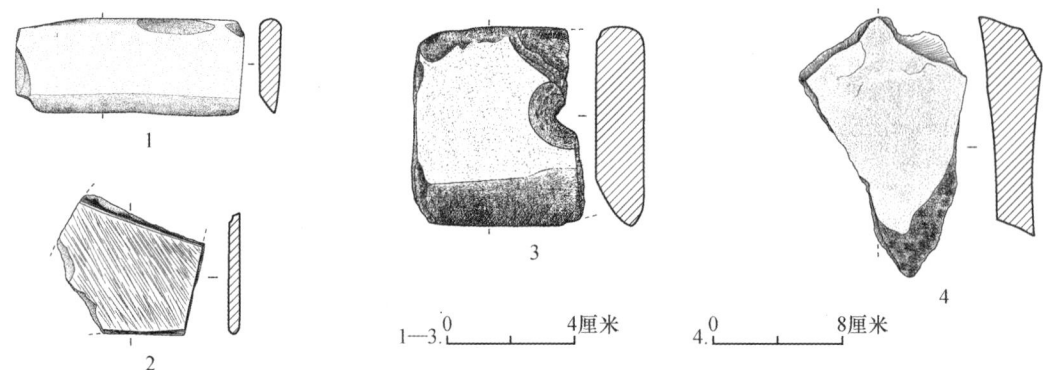

图2.458b 稍柴（Y1001）采集石器
1. 石刀（Y1001：30） 2. 石镰（H9：1） 3. 石刀坯（Y1001：31） 4. 砺石（H9：2）

1）仰韶文化

发现遗物较少较少，标本1件，疑似仰韶文化中期。

钵 Y1001：1，可复原。泥质灰陶。敞口，圆唇，唇下出一道凹槽，斜壁，平底。器壁内外留有数周轮制弦痕。口径25.7、底径11.6、高7厘米（图2.458c，1；图版三二二，3）。

2）龙山文化

发现较多龙山文化方格纹陶片，疑似龙山文化晚期。无典型标本。

3）二里头文化

采集陶片较多，可辨器形有深腹罐、圆腹罐、鼎、甗、高领尊、大口尊、三足盘、豆、刻槽盆、盆、缸、器盖等。涵盖二里头文化二至四期。标本31件。

深腹罐 5件。Y1001：2，口沿。卷沿，方唇，上腹微鼓。残宽8.7、残高8.2厘米（图2.458c，2）。Y1001：3，口沿。卷沿，圆唇。沿面有一道凹弦纹。残宽8.1、残高5.9厘米（图2.458c，3）。H1：1，卷沿，方唇，上腹微鼓。残宽7.22、残高6.92厘米（图2.458c，4）。H5：1，口沿。夹砂褐陶。短卷沿，圆唇下部增厚，沿面微凹。直腹。口径26.8、残高9厘米（图2.458c，13）。H5：2，口沿。卷沿，方唇，上腹微鼓。腹饰篮纹。口径21.7、残高8.4厘米（图2.458c，14）。

圆腹罐 8件。Y1001：5，口沿。夹砂褐陶。直领微侈，方唇略凹，唇外饰一周花边。残宽7.3、残高5.6厘米（图2.458c，7）。Y1001：6，口沿。夹砂灰陶。卷沿，圆唇，唇部有一对称鸡冠鋬。腹饰绳纹。残宽6.2、残高4.9、厚0.6厘米（图2.458c，6）。H1：2，口沿。夹砂灰陶。卷沿，方唇，唇面附一三角形小鋬，圆肩。肩部以上素面。口径14.7、残高4.4厘米（图2.458c，5）。H5：3，口沿。直领外侈，尖唇，沿外饰一周花边，圆弧腹。腹饰竖绳纹。口径15.7、残高9.5厘米（图2.458c，12）。H5：4，口沿。夹砂灰陶。直领外侈，尖唇，唇外有一周凸棱，凸棱上饰花边，圆弧肩。腹饰竖绳纹。口径15.8、残高12.8厘米（图2.458c，9）。H5：5，口沿。夹砂黑陶。直领外侈，方唇，唇外有一对三角形小鋬，直腹。上腹部饰竖绳纹，下腹部饰横绳纹。口径15.4、残高13.7厘米（图2.458c，11）。H5：6，口沿。夹砂灰陶。直领外侈，圆唇，束颈。腹饰细绳纹。残宽7.7、残高7、厚0.4厘米（图2.458c，8）。H9：3，

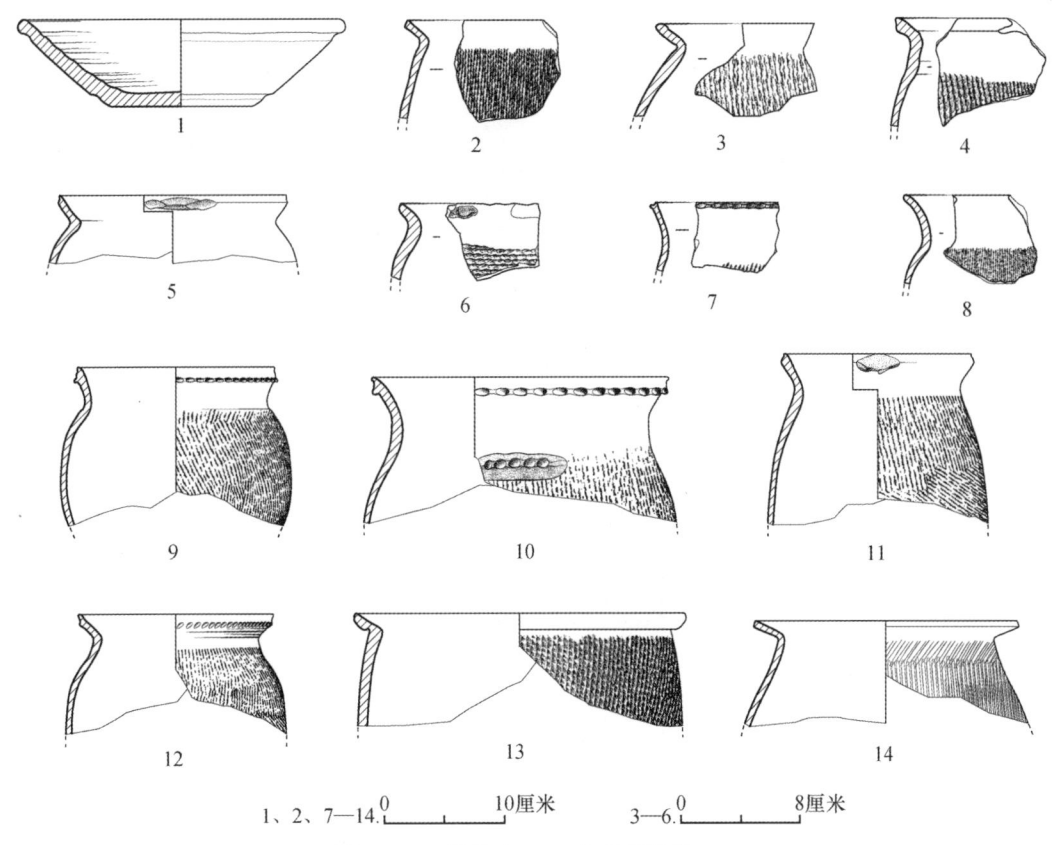

图2.458c 稍柴（Y1001）采集陶器（一）

1. 钵（Y1001∶1） 2—4、13、14. 深腹罐（Y1001∶2、Y1001∶3、H1∶1、H5∶1、H5∶2） 5—12. 圆腹罐（H1∶2、Y1001∶6、Y1001∶5、H5∶6、H5∶4、H9∶3、H5∶5、H5∶3）

口沿。夹砂灰陶。直领外侈，尖唇，唇外饰一周凹弦纹及一周花边，长颈，溜肩，肩部有一对称鸡冠錾。腹饰绳纹。口径24、残高11.7厘米（图2.458c，10）。

鼎 5件。Y1001∶4，口沿。夹砂灰陶。折沿上翘，圆唇，圆弧腹。腹饰绳纹。口径13.3、残高5.1厘米（图2.458d，9）。Y1001∶7，口沿。夹砂褐陶。折沿上翘，圆唇，弧腹。腹饰篮纹。口径15.7、残高6厘米（图2.458d，8）。Y1001∶8，口沿。夹砂黑皮陶。卷沿，圆唇，弧腹。腹上部饰一周附加堆纹，下部饰绳纹。残宽7.9、残高7.7、厚0.6厘米（图2.458d，7）。Y1001∶9，足部。夹砂褐陶。扁长三角形足。两侧有手捏花边。宽4、残高6.2厘米（图2.458d，4）。Y1001∶10，足部。夹砂褐陶。扁长三角形足。残尖部。外侧面有手捏纹。宽5.2、残高9.5、厚2.4厘米（图2.458d，3）。

甑 H5∶9，可复原。泥质灰陶。折沿上翘，圆唇，沿外饰宽带状包边，椭圆形孔。腹饰绳纹。口径25.4、高15.6厘米（图2.458d，6；图版三九五，1）。

高领尊 2件。H1∶3，口沿。泥质灰陶。直领沿外卷，圆唇，折肩。颈部有一周凸弦纹。口径14.3、残高4.9厘米（图2.458d，2）。H6∶1，口沿，泥质灰陶。直领外侈，圆唇。磨光，颈部饰一道凸棱。残宽6、残高4.9、厚0.4厘米（图2.458d，1）。

大口尊 H10∶1，口沿，泥质灰陶。直领外侈，圆唇，溜肩，直腹。肩部饰两周凹弦

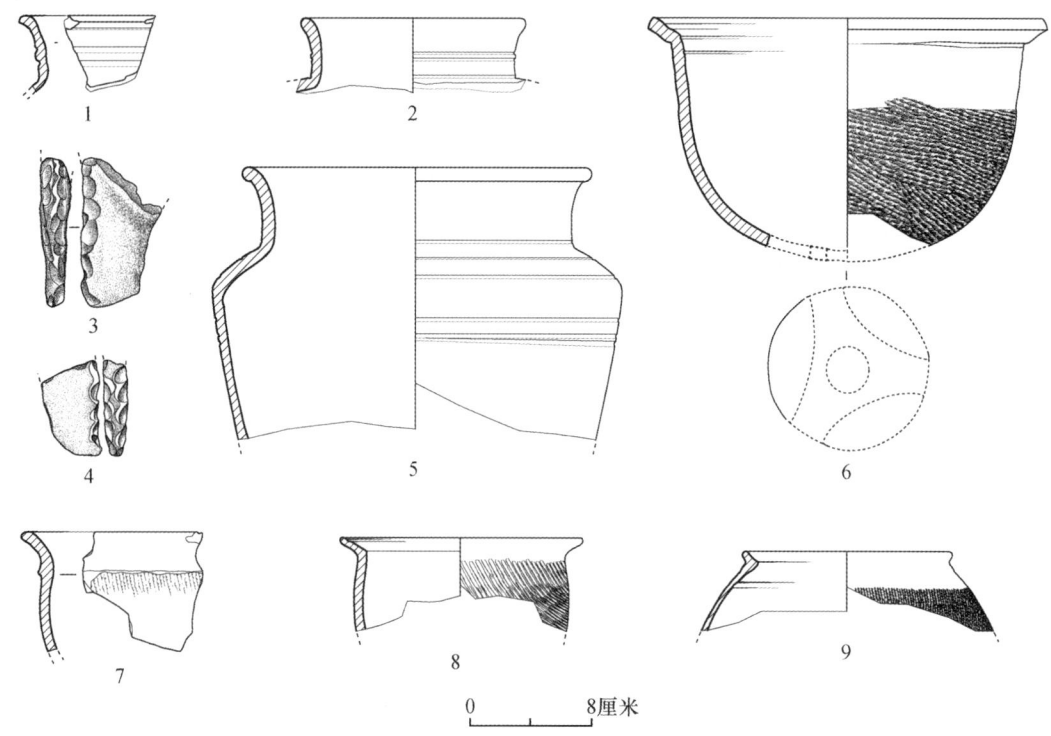

图2.458d 稍柴（Y1001）采集陶器（二）

1、2.高领尊（H6∶1、H1∶3） 3、4、7—9.鼎（Y1001∶10、Y1001∶9、Y1001∶8、Y1001∶7、Y1001∶4） 5.大口尊（H10∶1） 6.甑（H5∶9）

纹，腹饰三周凹弦纹。口径22.3、残高17.4厘米（图2.458d，5）。

三足盘 H5∶8，足部。泥质灰陶。舌形足。磨光。残宽8.5、残高7.8、厚0.8厘米（图2.458e，2）。

豆 2件。Y1001∶12，柄部。泥质灰陶。豆盘为平底，柄中部有一周凸弦纹，上部有一对穿镂空。残高10.3厘米（图2.458e，4）。Y1001∶13，豆盘。泥质灰陶。卷沿，圆唇，深腹，平底。柄断后磨平再利用。口径15、残高4.8厘米（图2.458e，7）。

刻槽盆 Y1001∶11，口沿。泥质灰陶。侈口外卷，圆唇，肩部起棱。粉红色绳纹，内壁刻槽呈平行线纹。口径24.2、残高7.5厘米（图2.458e，9）。

盆 2件。Y1001∶27，口沿。泥质褐陶。折沿上翘，圆唇，沿面上部微鼓，下部有一周凹槽。腹饰绳纹。残宽10.3、残高9.8、厚0.7厘米（图2.458e，3）。H5∶10，口沿。泥质黑陶。小折沿上翘，圆唇，直腹。磨光，有划纹。残宽10.7、残高6.3、厚0.7厘米（图2.458e，5）。

缸 H5∶7，口沿。夹砂灰陶。卷沿，圆唇，直腹。腹饰附加堆纹。残宽10.7、残高11厘米（图2.458e，1）。

器盖 H1∶4，口沿。泥质黑皮陶。下口沿外卷，盖腹较深，圆弧腹顶。腹部磨光，饰凹弦纹，腹顶饰绳纹，腹顶残。口径33.8、残高8.9厘米（图2.458e，8）。

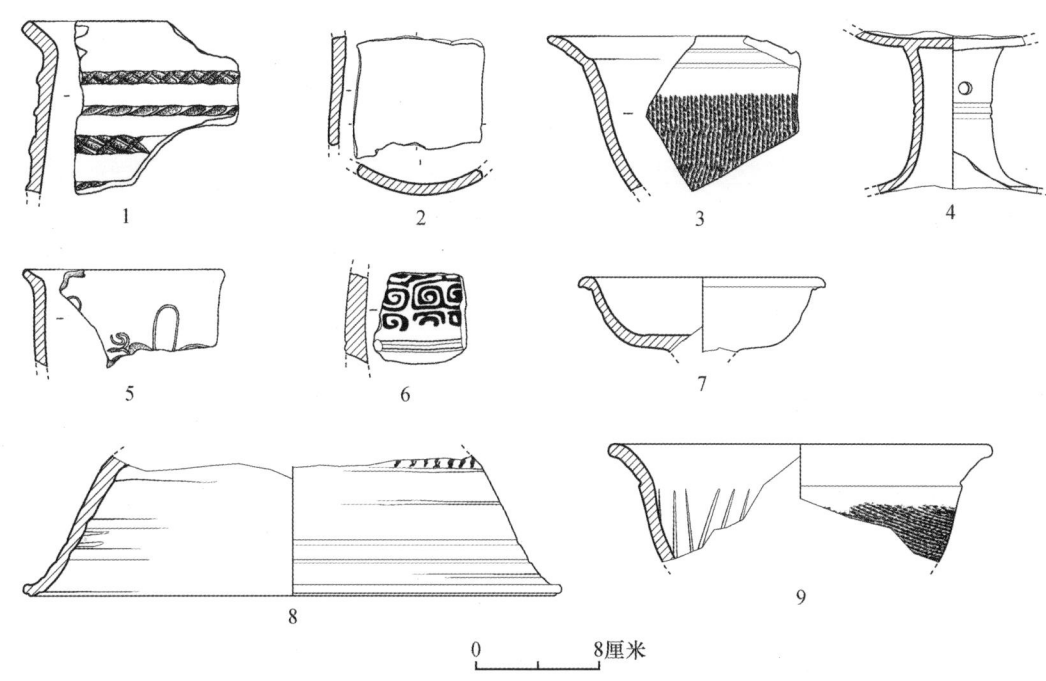

图2.458e 稍柴（Y1001）采集陶器（三）

1.缸（H5：7） 2.三足盘（H5：8） 3、5.盆（Y1001：27、H5：10） 4、7.豆（Y1001：12、Y1001：13） 6.花纹陶片（Y1001：29） 8.器盖（H1：4） 9.刻槽盆（Y1001：11）

花纹陶片 Y1001：29，腹片。泥质灰陶。饰云雷纹。残长3.1、残宽2.9、厚0.7厘米（图2.458e，6）。

4）二里岗文化

见有鬲、高领罐、簋、盆、假腹豆、缸等，部分为二里岗文化晚期，部分可到二里岗文化早期。标本11件。

鬲 2件。Y1001：16，口沿。夹砂灰陶。卷沿，圆唇。腹饰细绳纹。残宽9.5、残高4.6、厚0.3厘米（图2.458f，4）。Y1001：17，足。夹砂灰陶。圆锥形尖足。素面。足高5.3、宽3.2厘米（图2.458f，1）。

深腹罐 3件。Y1001：14，口沿。夹砂灰陶。折沿，方唇，沿内凹，唇面有一周凹槽。薄胎，饰细绳纹。口径19.5、残高7.2厘米（图2.458f，6）。Y1001：15，口沿。夹砂灰陶。折沿，方唇，沿面内凹。素面。残宽5.7、残高3.6厘米（图2.458f，5）。H7：1，口沿。折沿，方唇，沿面有一周凹槽。腹饰绳纹。残宽10.6、残高8.9厘米（图2.458f，8）。

高领罐 2件。Y1001：18，口沿。直领，圆唇，溜肩。肩部饰一周凸棱、一周凹弦纹，以下饰绳纹。残宽8.4、残高4.5、厚0.4厘米（图2.458f，2）。Y1001：23，口沿。泥质褐陶。直领外卷沿，圆唇，溜肩。饰绳纹，附加一周附加堆纹。残宽14.3、残高9.8、厚0.6厘米（图2.458f，9）。

簋 Y1001：19，口沿。泥质褐陶。小折沿下垂，尖唇，沿面微鼓，外沿下附加泥条。斜腹。素面。口径22.2、残高7.9厘米（图2.458f，7）。

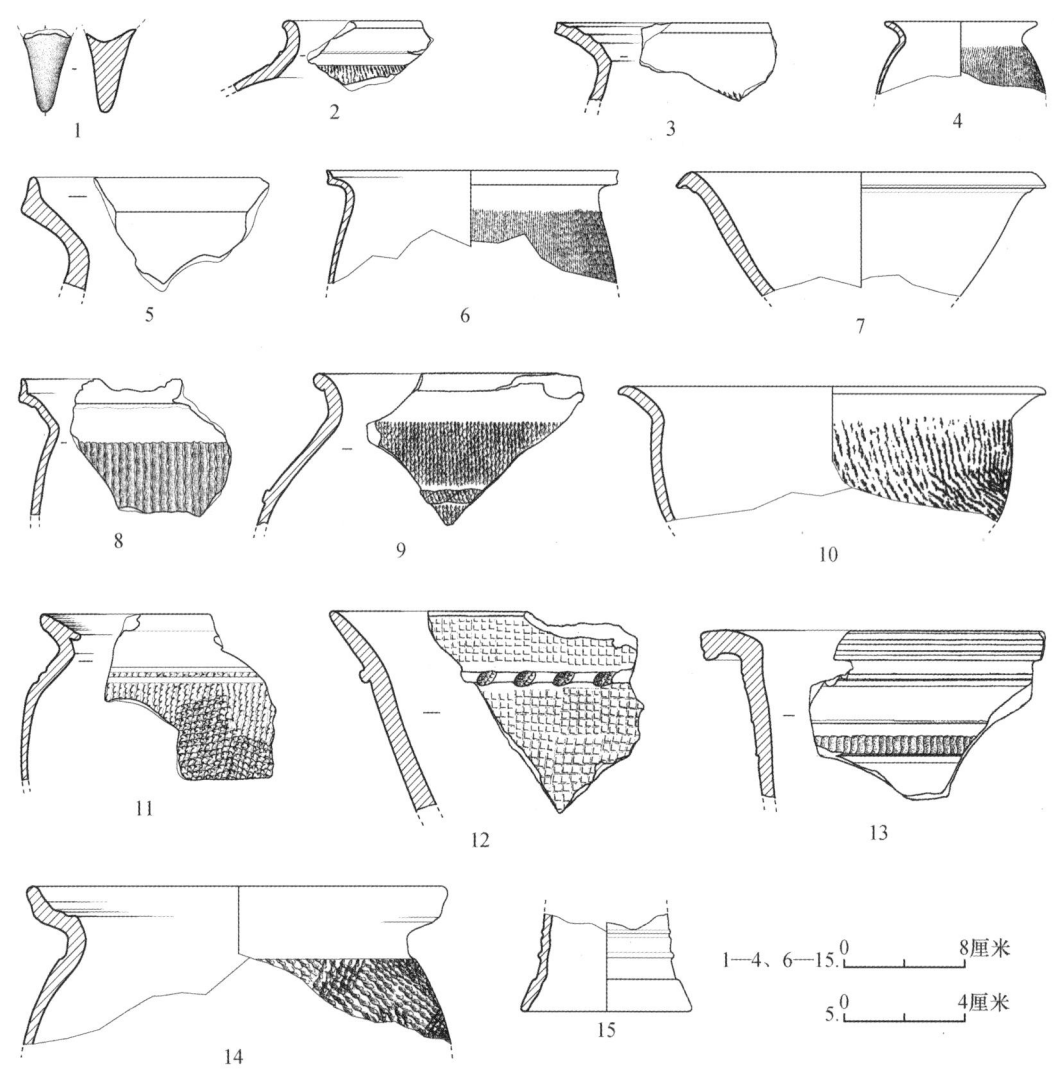

图2.458f 稍柴（Y1001）采集陶器（四）

1、3、4、11、14.鬲（Y1001：17、Y1001：25、Y1001：16、Y1001：26、Y1001：24） 2、9.高领罐（Y1001：18、Y1001：23） 5、6、8.深腹罐（Y1001：15、Y1001：14、H7：1） 7.簋（Y1001：19） 10、13.盆（H7：2、Y1001：28） 12.缸（Y1001：22） 15.假腹豆（Y1001：21）

盆 H7：2，口沿。泥质灰陶。卷沿，尖唇，腹较直。腹饰绳纹。口径26.8、残高8.8厘米（图2.458f，10）。

假腹豆 Y1001：21，圈足。泥质灰陶。足口外侈，圆唇，宽带状边。磨光，饰凸棱和凹弦纹。足跟直径10.7、残高6.3、厚0.5厘米（图2.458f，15）。

缸 Y1001：22，口沿。夹砂红陶。直口外侈，圆唇，直腹。腹饰方格纹，上部附一周附加堆纹。残宽14.3、残高12.9、厚1.3厘米（图2.458f，12）。

5）殷墟文化

陶片数量较少，殷墟文化。标本1件。

鬲 Y1001：24，口沿。夹砂红陶。折沿，方唇，沿内凹，呈盘口，直颈，溜肩。腹饰绳纹。口径27、残高10.1厘米（图2.458f，14）。

6）两周时期

见有少量遗物，包括西周晚期，标本3件。

鬲　2件。Y1001：25，口沿。夹砂灰陶。卷沿，方唇，沿面上出三道瓦棱。弧腹。残宽9、残高5、厚0.7厘米（图2.458f，3）。Y1001：26，口沿。夹砂褐陶。折沿，圆唇，沿内出一周明显的凸棱。肩部饰一周凹弦纹，腹饰绳纹。残宽11.3、残高10.6、厚0.6厘米（图2.458f，11）。

盆　Y1001：28，口沿。泥质灰陶。平折沿，方唇，直腹。腹饰凹弦纹及一周戳印纹。残宽15.5、残高10.9、胎厚0.8厘米（图2.458f，13）。

（3）基本认识

稍柴遗址位于伊洛河北流前的黑石关南侧，与伊洛河对岸的寺沟遗址一样，都发现了丰富的、不同时期的遗存，其地位十分重要。但历年调查估计的面积偏大，经过分区调查，我们认为，稍柴遗址各时期面积差别较大，主要以二里头和二里岗文化遗存为主，分布在以老村部为中心的区域。调查和试掘中也见有仰韶中期、龙山时期、殷墟文化、两周陶遗物，但是具体位置和面积不详，未见相关地层和遗迹。其中殷墟至周代遗存可能已经破坏殆尽。

440. 南石（Y1003）

（1）概况

位于郑州巩义市芝田镇南石村，具体位置为南石村北，小訾殿村东北，坞罗河西南岸台地上（图2.459a）。遗址面积约0.2平方米。地理坐标北纬34°41′53.91″，东经112°54′37.60″，海拔约124米。

巩义市文管所1991年调查认为有丰富的龙山、二里头、商代、战国文化遗存，周代面积估计为7.5万平方米，可能是将小訾殿北（Y1004）及村庄也全部归入该遗址[①]。遗址中部被砖厂破坏，南部被民居占压。

1997年12月31日，伊洛河流域联合考古队调查，1998年12月28日复查，2000年1月17日再次复查，2017年6月18日第三次复查。

图2.459a　南石（左上为北）

---

① 巩义市文管所：《巩义市坞罗河流域河南龙山文化遗址调查》，《中原文物》1992年第4期；巩义市文管所：《巩义市坞罗河流域二里头文化、商、周文化遗存调查》，《中原文物》1992年第4期。

（2）主要发现

断崖见龙山早期堆积，但疑似为二次堆积，出大量陶片及石器，推测遗址原位置可能较高，断崖所见为扰动下来的堆土。断崖剖面暴露有灰坑，灰坑底部堆积成薄层状，疑为房屋基础，出少量陶器和石器。在台地上铲探，发现有灰坑，文化层。

1997年采集陶片11片，均为腹片。1998年复查时，采集有浮选土样，发现房址1处，编号F1，属龙山晚期（图版二三五）。在F1内采集陶片10片，皆为腹片。2001年采集陶片10片，口沿2片，余为腹片。2017年复查时，在村北部断崖上发现1个袋状灰坑，编号H1，采集陶鼎1件，属仰韶晚期（图版二三六，1）。

石铲　Y1003：2，石灰岩。残余下段。磨制光滑。平面长方形，两侧边圆角三角形。单面弧刃，刃部使用痕迹明显，有多处崩疤及条痕。残长10.1、残宽8.8、厚1.6厘米（图2.459b，5；图版三〇二，4）。

砺石　Y1003：3，砂岩。残块。略呈长方形。一面磨制甚光，其余面为残断面。残长10.7、残宽7.8、残厚3.9厘米（图2.459b，2）。

1）仰韶文化

包括灰坑1个，采集了陶鼎等，属于仰韶文化晚期。标本1件。

鼎　H1：1，基本完整，夹砂褐陶，折沿圆唇，直腹，圜底中部内外稍平，三足断后又经磨平继续使用，折腹处饰一周锯齿状附加堆纹。口径18.1、残高13.2厘米（图2.459b，4）。

2）龙山文化

见有盆、瓮等，属于龙山晚期。标本2件。

盆　Y1003：1，口沿。泥质黑陶。直沿、圆唇，腹较直。磨光。残宽5.4、残高3.6、厚0.5厘米（图2.459b，1）。

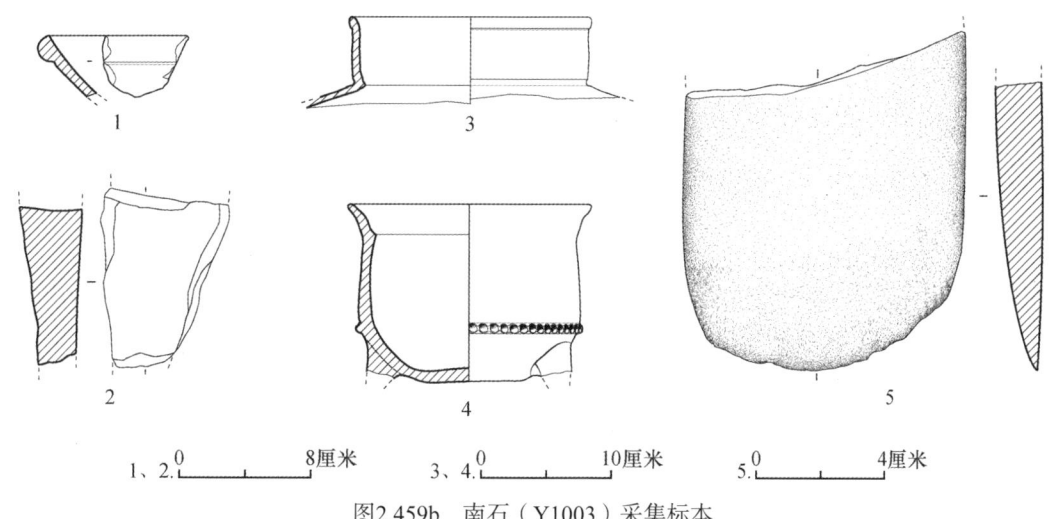

图2.459b　南石（Y1003）采集标本

1.盆（Y1003：1）　2.砺石（Y1003：3）　3.瓮（F1：1）　4.鼎（H1：1）　5.石铲（Y1003：2）

瓮　F1∶1，口沿。泥质褐陶。直领微侈，圆唇，平肩微溜，磨光。口径18.1、残高6.7、厚0.3厘米（图2.459b，3）。

3）二里岗文化

陶片数量较少，无典型标本，多属于二里岗文化晚期。

（3）基本认识

遗址上发现二次堆积的龙山早期遗存，但未采集到该时期的遗物。调查及钻探发现的主要为龙山晚期遗存。其旁见战汉时期灰坑和陶窑。南侧东部主要为龙山晚期遗存，中部已被砖厂取土破坏成大坑。此遗址面积较小，主要以龙山晚期遗存为主，兼有仰韶晚期、二里岗文化晚期和战国与汉代时期的遗存，疑似有龙山早期。

441. 小訾殿南（Y1005）

（1）概况

位于郑州巩义市回郭镇小訾殿村南，国道连天线（G310）以北，坞罗河西岸台地上。西临伊洛河冲积平原。地势较为平坦。路边工厂厂址所在即为1958年发掘地点（图2.460a）。现存遗址面积2万平方米。地理坐标北纬34°41′44.06″，东经112°54′27.44″，海拔约121米。1963年，定为巩县文物保护单位。

1958年，河南省博物馆（河南省文化局文物工作队）在该遗址进行过发掘。1976年，中国科学院考古研究所洛阳发掘队曾经对该遗址进行调查和钻探①。

1997年12月31日，伊洛河流域联合考古队调查，2017年6月18日复查，发现其上部已堆满现代建筑垃圾。

图2.460a 小訾殿南（下为北）

（2）主要发现

该遗址地面见有零星的龙山、二里头和周代陶片分布。采集陶片12片，其中口沿4片、腹片7片，另外采集石器和牛角各1件。

石砍砸器 Y1005∶5，石英砂岩，利用一打击石块，把较薄一边作为刃部。无二次加工，刃部可见使用痕迹。长12、宽6.6、厚3.1厘米。

---

① 河南二里头工作队资料。

1）龙山文化

见有罐等少量器形，属于龙山晚期。标本1件。

罐　Y1005∶1，口沿。泥质黑陶。折沿上翘，圆唇，沿面内凹，折棱明显。磨光。残宽8.8、残高4.2、厚0.4厘米（图2.460b，3）。

2）二里头文化

发现有碎片，疑似二里头文化遗存。无典型标本。

3）西周时期

盆　Y1005∶3，口沿。泥质灰陶。折沿方唇，唇面有一周凹弦纹。素面。残宽9.5、残高3.2、厚0.7厘米（图2.460b，4）。

4）东周时期

见有罐等器形。属于东周时期。标本2件。

罐　2件。Y1005∶4，口沿。泥质灰陶。上折沿呈盘口，圆唇，沿外有一周索状花边。磨光。残宽7.1、残高3.3、厚0.5厘米（图2.460b，5）。Y1005∶2，口沿。泥质灰陶。平折沿，方唇，曲颈，溜肩。饰绳纹。口径13.8、残高9.5厘米（图2.460b，8）。

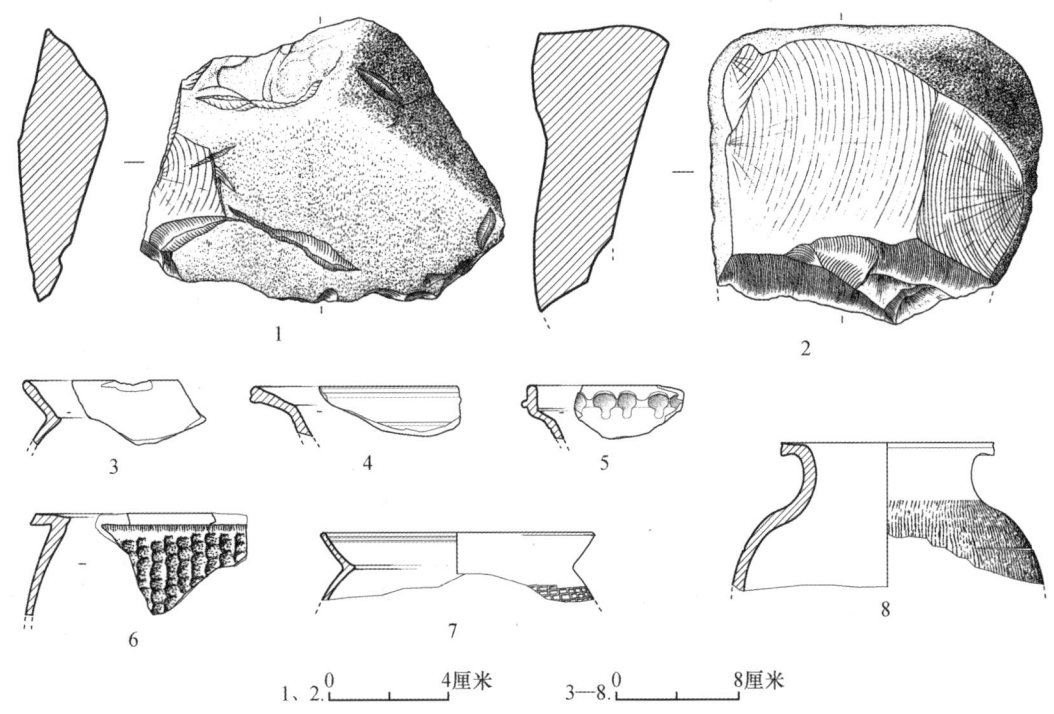

图2.460b　小訾殿南（Y1005）、小訾殿北（Y1004）、稍柴南（Y1002）采集标本

1、2.石片（Y1004∶2、Y1004∶3）　3、5、8.罐（Y1005∶1、Y1005∶4、Y1005∶2）　4.盆（Y1005∶3）

6.鬲（Y1002∶1）　7.中口罐（Y1004∶1）

（3）基本认识

遗址面积较小，发现龙山晚期、二里头文化二期、西周与东周时期遗物。现在为现代建筑垃圾占压。

442. 小訾殿北（Y1004）

（1）概况

位于郑州巩义市回郭镇小訾殿村北，伊洛河南岸，坞罗河西岸台地西北角。地势较为平坦（图2.461；图版二三六，2）。遗址面积0.2万平方米。地理坐标北纬34°41′55.81″，东经112°54′31.81″。海拔为124米。地表为农田。1963年，被列为第一批巩县文物保护单位。

1991年，巩义市文管所调查该区域时，可能其归入南石遗址[①]。

1997年12月31日，伊洛河流域联合考古队调查，2017年6月18日复查。

图2.461　小訾殿北（左上为北）

（2）主要发现

断崖见有未扰乱的龙山晚期灰坑。附近靠机井房处地面采集到打制石片2件。

---

① 巩义市文管所：《巩义市坞罗河流域河南龙山文化遗址调查》，《中原文物》1992年第4期；巩义市文管所：《巩义市坞罗河流域二里头文化、商、周文化遗存调查》，《中原文物》1992年第4期。

石片　2件。Y1004：2，石英岩。长12.1、宽9、厚2.9厘米（图2.460b，1；图版三〇二，5）。Y1004：3，砂岩。平面略呈长方形。长11、宽9.6、厚4.7厘米（图2.460b，2；图版三〇二，6）。

1）龙山文化

见有中口罐等，属于龙山晚期。标本1件。

中口罐　Y1004：1，口沿。夹砂黑皮褐陶。折沿上翘，圆唇，沿面内凹，沿内饰一周凹弦纹，折沿处凸棱较明显，弧腹。饰方格纹。口径17.7、残高4.5厘米（图2.460b，7）。

2）二里头文化

仅见碎片，无典型标本。疑似二里头文化遗物。

（3）基本认识

该遗址面积较小，主要为龙山晚期遗存，分布在台地西北角。此外还见有少量疑似二里头文化遗物。该遗址可能为龙山晚期至二里头时期坞罗河沿岸的一处小型遗址。

443. 稍柴电厂北路东（Y005）

（1）概况

位于郑州巩义市芝田镇稍柴村东南，稍柴电厂以北，稍柴村东南北大路以东。地势平坦，土地肥沃（图2.462）。大致范围东西100米，南北350米，面积3.5万平方米。地理坐标北纬34°42′01.43″，东经112°55′43.22″，海拔137米。地表现为苗圃及农田。

初查时间1998年12月27日，复查时间2017年7月21日。

图2.462　稍柴电厂北路东（右为北）

（2）主要发现

地表陶片较少，密度很小。采集陶片12片，其中腹片11片、口沿1片。另有蚌刀1件。陶片多属二里头文化，1片为二里岗文化晚期。

无典型标本。

（3）基本认识

陶片较少，分布密度低，可能以二里头文化二、三期遗物为主，兼有少量疑似二里岗文化晚期。遗物不排除为稍柴（Y1001）搬运而来。

444. 稍柴南（Y1002）

（1）概况

位于郑州巩义市芝田镇稍柴村，具体位置为稍柴村以南，现稍柴小学南，东南—西北向小冲沟以北，北石新村东，南临坞罗河，距稍柴（Y1001）300—400米（图2.463）。面积约15万平方米。地理坐标北纬34°42′01.73″，东经112°55′33.83″，海拔137米。遗址地势较平，起伏较少，现为苗圃和农田。

初查时间1997年12月30日，1998年12月24日、2001年6月7日、2008年6月12—23日、2017年7月21日曾多次复查。

图2.463　稍柴南（右为北）

（2）主要发现

见有大量二里头文化和周代的陶片。东部密度较低，西部密度较高。涵盖二里头文化一、二期、东周等时期，多次复查未发现文化层及遗迹，可能从稍柴遗址搬运而来。

该遗址1997年初查采集陶片44片，口沿3片，余为腹片。1998年复查，采集陶片12片，口沿1片，余为腹片，另有蚌器2件。2001年采集，陶片61片，其中口沿6片。还有石刀1件，蚌刀2件。陶器标本1件。

石刀　Y1002：2，石灰岩。基本完整。打磨兼制。单面直刃。利用一打击石片，把与打击点相对应的一边作为刃部。稍加磨制，刃部可见使用痕迹。长7.8、宽6.3、厚1.8厘米。

蚌刀　2件。Y1002：3，残断。用蚌壳口部一面磨制成单面弧刃，刃部使用痕迹明显。蚌壁较厚，外表凸凹不平。残长4.5、残宽3.5厘米。Y1002：4，残断。用蚌壳口部一面磨制成单面直刃，刃部使用痕迹明显。蚌壁较厚，外表凸凹不平。残长4、宽5厘米。

1）二里头文化

多为碎片，疑似二里头文化一、二期。无标本。

2）东周时期

见有鬲等器形，可能为战国时期。

鬲　Y1002：1，口沿。夹砂灰陶。平折沿，方唇。沿面饰一周凹弦纹，腹饰绳纹。残宽10、残高6.5、厚0.5厘米。

（3）基本认识

遗址地表包含物丰富，但多为碎片，时代包含二里头文化早期及东周晚期。采集口沿较少，虽然陶片覆盖面积较大，但2008年复查钻探也未发现文化层及遗物，推测大部分可能系从稍柴遗址搬运而来。

445. 稍柴东南（Y162）

可能为东周至汉代遗址，详见附表。

（十七）稍柴水

稍柴水系青龙山北麓小型冲沟汇水形成的河流，源自于永安陵北侧山坡上，向西流经芝田村北，业茂沟村南、东沟村北，在东沟和小南沟村之间汇入伊洛河。在入伊洛河处东侧东有业茂沟、小南沟等冲沟汇入。

附近共发现遗址9处（图2.464）。

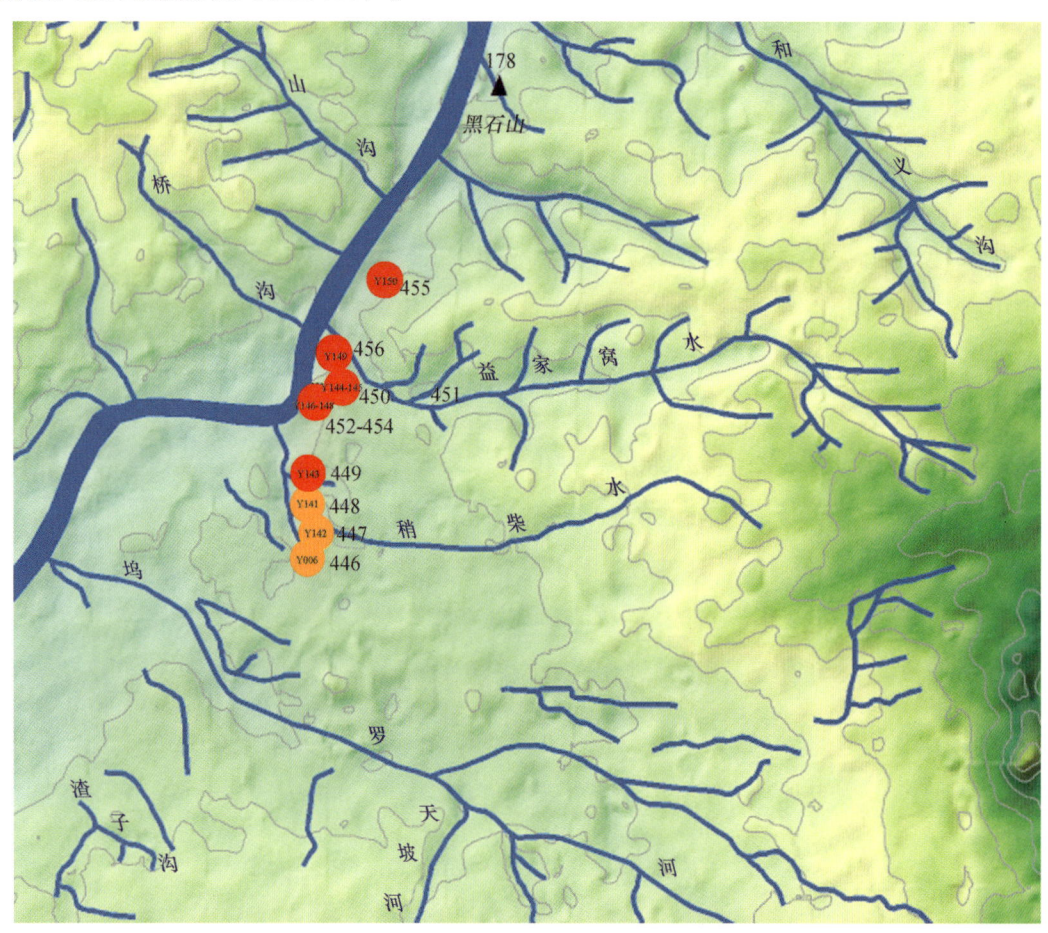

图2.464　稍柴水、益家窝水流域遗址分布示意图

446. 稍柴东A（Y006）

（1）概况

位于郑州巩义市芝田镇稍柴村东，稍柴电厂以北，东沟以东，稍柴村南东西大路以北，稍柴电厂北路东（Y005）西北。临稍柴水南侧冲沟的台地，地势平坦（图2.465）。面积不详。地理坐标北纬34°42′10.99″，东经112°55′44.16″，海拔约138米。地表现为苗圃和农田。

初查时间1998年12月27日，复查时间2017年7月21日。

图2.465　稍柴东A（左上为北）

（2）主要发现

在沟边断崖上有大量人骨暴露，不像是晚期墓葬，可能是早期多人合葬墓，墓圹较小，没有陶器暴露，人骨暴露范围约15米。时代不详。

（3）基本认识

仅发现合葬墓，具体性质待确定。

447. 稍柴东B（Y142）

（1）概况

位于郑州巩义市芝田镇东沟村和稍柴村东，伊洛河南岸，南北向大路东侧沟（稍柴水）东三角形台地上（图2.466）。面积约0.3万平方米。地理坐标北纬34°42′15.96″，东经112°55′46.02″，海拔约138米。地表现为农田。

初查时间2001年6月8日，复查时间2017年7月21日。

图2.466　稍柴东B（左上为北）

（2）主要发现

地表散见疑似战国至汉代陶片。未发现相关遗迹现象。
采集陶片3片，皆为腹片。无典型标本。

（3）基本认识

该地点未见相关遗迹，遗物可能为搬运而至。

448. 东沟（Y141）

（1）概况

位于郑州巩义市芝田镇东沟村东，伊洛河南岸稍柴水东侧东西向冲沟业茂沟以南的临沟台地上。台地东临业茂沟村，西南临沟（稍水柴），北有小冲沟（路沟）。遗址坐落在台地向南部，有一条小沟将其与东沟西（Y143）隔开（图2.467）。面积约1万平方米。地理坐标北纬34°42′22.32″，东经112°55′44.95″，海拔约134米。地表现为农田。

初查时间2001年6月8日，复查时间2017年7月21日。

图2.467　东沟（左上为北）

（2）主要发现

周边地貌保持较好，破坏力度很小，未发现遗迹现象。
地表散见周代陶片。采集陶片3片，皆为腹片。可能系搬运而至。无标本。

（3）基本认识

该地点未见明显的遗迹，遗物可能是别处搬运而来。
调查中采集有燧石1件，当非自然搬运，但数量太少，不足以确认该时期遗址存在。

449. 东沟西（Y143）

（1）概况

位于郑州巩义市芝田镇东沟村东，伊洛河南岸业茂沟村以西临沟台地上。台地东靠业茂沟村，西南临沟（稍柴水），北有小冲沟（路沟）。遗址坐落在台地东北部（图2.468）。面积约2万平方米。地理坐标北纬34°42′27.39″，东经112°55′45.89″，海拔约134米。地表现为农田。

初查时间2001年6月8日，复查时间2017年7月21日。

图2.468　东沟西（左上为北）

（2）主要发现

未发现相关遗迹。地表散见疑似东周时期陶片，数量不多，密度很小。采集陶片8片，其中口沿3片、腹片5片。多残碎，无典型标本。

（3）基本认识

该地点遗存分布范围较小，采集遗物可能以东周时期为主。

450、451. 业茂沟／小南沟西南（Y144、Y145）

（1）概况

位于郑州巩义市芝田镇益家窝村小南沟西南，业茂沟西北，伊洛河南岸台地上。台地东临小南沟村，西临稍柴水，北有路沟直通伊洛河滩。遗址坐落在台地西南部，隔路沟相对（图2.469a）。龙山晚期遗存约7万平方米。地理坐标北纬34°42′36.91″，东经112°55′45.42″，海拔135米。地表现为农田。

初查时间2001年6月8日，复查时间2017年7月21日。

图2.469a　业茂沟／小南沟西南（左为北）

（2）主要发现

遗址中部道路两边断崖上暴露出灰坑和文化层。不少遗物被雨水冲入路旁小沟，数量较多。在小南沟西南（Y145）发现龙山晚期灰坑1处，编号H1。

共采集陶片86片，其中口沿23、腹片63片。可辨认器形有中口罐、小口高领瓮、双腹盆、缸、盆、环，多属于龙山文化晚期。标本9件。

中口罐　3件。Y145：1，口沿。夹砂灰陶。折沿，方唇，溜肩。饰方格纹。口径23.7、残高4.7厘米（图2.469b，3）。Y145：2，口沿。夹砂灰陶。折沿，方唇，沿面内侧有一道凸棱，溜肩。饰方格纹。残宽11.4、残高6.9、厚0.3厘米（图2.469b，5）。Y145：3，口沿。夹砂灰陶。折沿，方唇，沿面内侧出一道凸棱，溜肩。素面。残宽10.7、残高5.5、厚0.5厘米（图2.469b，4）。

瓮　Y145：4，口沿。泥质灰陶。直领微侈，圆唇，广肩。磨光。残宽21.1、残高6.3、厚0.6厘米（图2.469b，6）。

折腹盆　3件。Y145：6，口沿。泥质灰陶。侈口微卷，圆唇，折腹。残顶。素面。口径35.5、残高17.2厘米（图2.469b，9）。Y145：7，口沿。泥质灰陶。折沿，圆唇，沿面微鼓，沿内出一周凸棱，折腹。上腹部磨光，饰凹弦纹，下腹部素面。口径31、残高17.7厘米（图2.469b，10）。Y145：8，口沿。泥质灰陶。折沿，圆唇，沿面微鼓，沿内出一周凸棱。磨光。残宽10.9、残高5、厚0.5厘米（图2.469b，8）。

盆　Y145：5，口沿。泥质灰陶。敞口，沿内卷，圆唇，浅腹。素面。口径30、残高10.9厘米（图2.469b，7）。

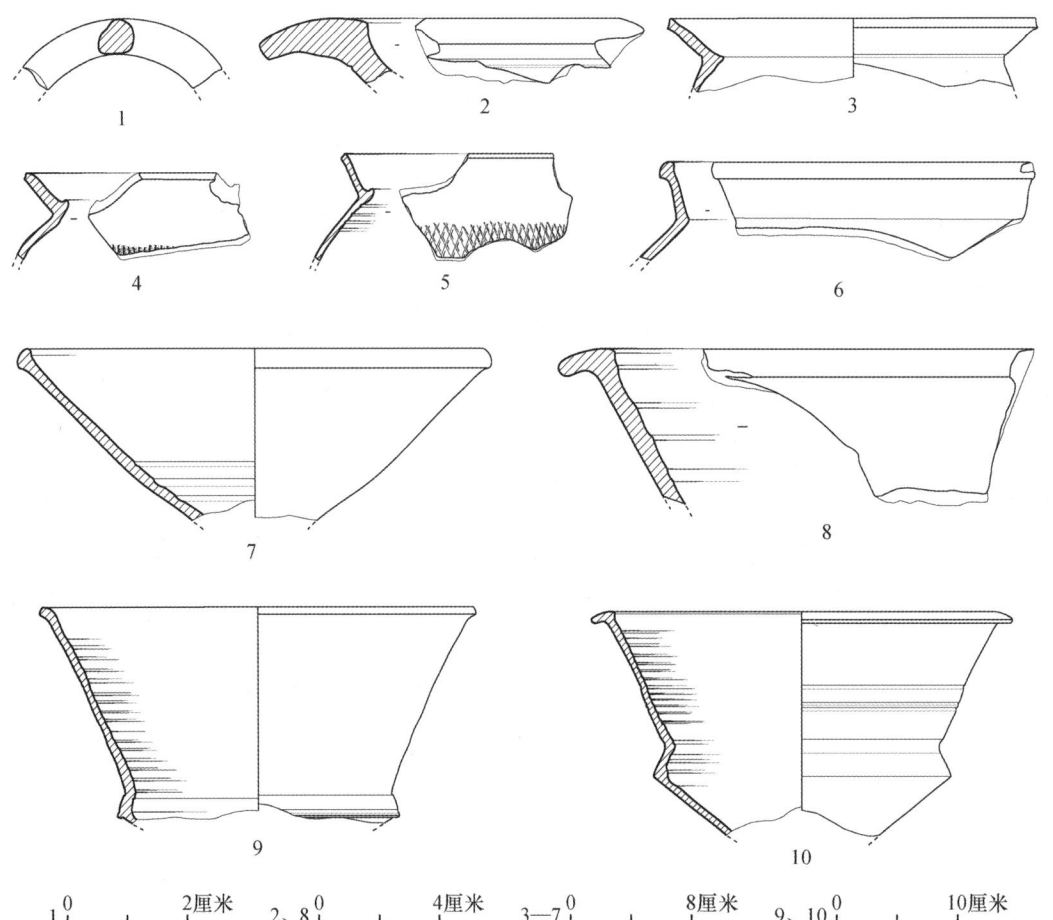

图2.469b　业茂沟／小南沟西南（Y144、Y145）、东沟北／西北／东（Y146—Y148）采集标本
1.环（Y145：9）　2、7.盆（Y147H1：1、Y145：5）　3—5.中口罐（Y145：1、Y145：3、Y145：2）　6.瓮（Y145：4）
8—10.折腹盆（Y145：8、Y145：6、Y145：7）

环　Y145∶9，残断。泥质黑陶。断面长圆顶方形。磨光。残长3.3、残宽0.6、厚0.6厘米（图2.469b，1）。

（3）基本认识

该遗址规模较小，文化内涵相对单一，属于龙山文化晚期遗址。调查中原判断部分遗物属于二里岗文化，经核查，未发现具有典型特征的该期遗物。

452—454. 东沟北／西北／东（Y146—Y148）

（1）概况

位于郑州巩义市芝田镇东沟村北稍柴水与伊洛河交汇处西南侧，伊洛河南岸，防汛大堤和沿河公路南侧台地上东北部，隔（稍柴水）与小南沟西南（Y145）相对。东临稍柴水，西北依伊洛河，南临稍柴水东沟。遗址坐落在台地（图2.470）。面积约6万平方米。地理坐标北纬34°42′36.57″，东经112°55′33.31″，海拔约130米。地表现为林地、农田。

初查时间2001年6月8日，复查时间2017年7月21日。

图2.470　东沟北／西北／东（下为北）

（2）主要发现

遗址周边断崖剖面上暴露出龙山及周代灰坑。采集陶片29片，均为腹片。其中属于龙山时期的陶片10片，属于周代陶片19片。多为碎片。

在东沟村西北（Y147）附近发现龙山晚期灰坑1处，编号H1。标本1件。

盆　H1∶1，口沿。泥质黑皮陶。折沿圆唇，沿面微鼓，直腹。磨光。残宽7.6、残高2.1厘米（图2.469b，2）。

（3）基本认识

该遗址规模不大，由东沟北（Y146）、东沟西北（Y147）、东沟东（Y148）东沟村周边的三个地点合并。该遗址以龙山文化晚期和疑似东周时期的遗存为主。

（十八）益家窝水

又称北石河。源于北山口镇的青龙山西北部，西流经后泉沟、水泉沟和高山村之间，于八字沟处北折，在益家窝村东北汇入伊洛河，沿岸发现遗址（点）2处（图2.464）。

455. 益家窝（Y150）

（1）概况

位于郑州巩义市芝田镇益家窝村东北600米，寇家湾西南200米小山上（图2.471）。面积约0.25万平方米。遗址所在台地北依伊洛河，西临益家窝水（北石河）冲沟，地势高亢，呈山丘状。地理坐标北纬34°43′13.46″，东经112°56′11.62″，海拔179米。遗址所出地点海拔较高，人类活动较少，保存相对完好，地表现为林地。

初查时间2001年6月8日，复查时间2017年7月21日。

图2.471　益家窝（右上为北）

（2）主要发现

该地点未见相关遗迹现象。发现有燧石质小石器，包括燧石片、燧石核和石英石片等，重160克。见有大量汉代陶器和瓦件残片。

（3）基本认识

该地点可能为伊洛河沿岸的一处旧石器地点，值得关注。

456. 牌坊沟（Y149）

（1）概况

位于郑州巩义市芝田镇益家窝村牌坊沟南，村文化大院北，小南沟村北的高台地上。西依伊洛河，东临益家窝水（北石河）冲沟，南靠小南沟（图2.472a）。面积约1万平方米。地理坐标北纬34°42′52.93″，东经112°55′52.67″。海拔约149米。现已被平毁，地表现为复耕农田、民居。

初查时间2001年6月8日，复查时间2017年7月21日。

图2.472a 牌坊沟（上为北）

（2）主要发现

因地貌大多保持原始状态，后期破坏很小，未见遗迹现象。

地表散见陶片。采集蚌刀4件，陶片65片，其中口沿7片，腹片58片。疑似二里岗文化和东周时期。

蚌刀 4件。Y149：7，完整。椭圆形，用蚌壳口部一面磨制成单面弧刃，刃部使用痕迹明显。蚌壁较厚，外表凸凹不平。长7.5、宽4.5、厚0.7厘米。Y149：8，完整。椭圆形，用自然蚌壳口部一面磨制成单面弧刃，刃部使用痕迹明显。蚌壁较厚，外表凸凹不平。长6.5、宽4、厚0.7厘米。Y149：9，完整。椭圆形，利用自然蚌壳口部一面磨制成单面弧刃，刃部使用痕迹明显。蚌壁较薄，外表凸凹不平。长7.2、宽4、厚0.6厘米。Y149：10，残断。椭圆形，利用自然蚌壳口部一面磨制成单面弧刃，刃部使用痕迹明显。蚌壁较薄，外表凸凹不平。残长7.5、宽5.8、厚0.9厘米。

1）二里岗文化

见有罐器形，疑似二里岗文化。标本3件。

罐　Y149：1，口沿。泥质褐陶。卷沿，方唇，溜肩，直腹。素面。口径28.6、残高6.8厘米（图2.472b，3）。

2）东周时期

见有鬲、罐、豆等，春秋和战国时期。标本2件。

鬲　Y149：4，口沿。夹砂褐陶。折沿，方唇，沿面有一道凹槽，溜肩，直腹。饰绳纹。残宽11.7、残高5.8、厚0.7厘米（图2.472b，1）。

罐　Y149：5，口沿。夹砂灰陶。折沿，方唇，溜肩，直腹。饰粗绳纹。口径26.5、残高7.4厘米（图2.472b，6）。

豆　Y149：6，豆盘。泥质灰陶。直沿，方唇，唇面有一道凹弦纹，浅弧腹。素面。口径17.7、残高4.6厘米（图2.472b，2）。

盆　2件。Y149：2，口沿。泥质灰陶。折沿，方唇，束颈，弧腹。饰绳纹。口径29.2、残高10.6厘米（图2.472b，5）。Y149：3，口沿。泥质黑陶。折沿，方唇，唇面有一道凸棱，直腹微弧。腹饰弦断细绳纹。口径31.6、残高20.5厘米（图2.472b，4）。

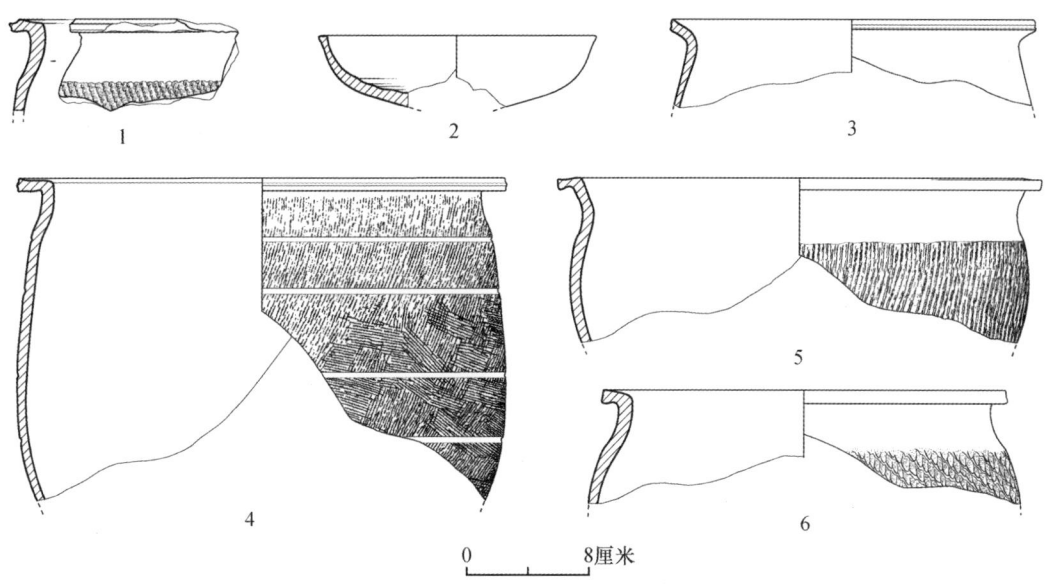

图2.472b　牌坊沟（Y149）采集标本

1.鬲（Y149：4）　2.豆（Y149：6）　3、6.罐（Y149：1、Y149：5）　4、5.盆（Y149：3、Y149：2）

（3）基本认识

该遗址规模不大，文化内涵相对复杂，疑似包含二里岗文化、西周及东周（主要是战国）时期遗存。遗址部分被村庄民居占压，部分为农田。2017年复查时，该遗址已被取土平毁。

第三章 调查结果

第一节 概 述

自1997年12月开始,至2007年结束,中国社会科学院考古研究所与澳大利亚拉筹伯大学及美国相关机构的学者共同组建了中澳美伊洛河流域联合考古队,先后对洛阳盆地东部的坞罗河、曹河、干沟河、马涧河等流域以及伊洛河以北部分区域开展了系统调查,期间共发现包含旧石器、裴李岗、仰韶、龙山、二里头、二里岗、殷墟及两周汉代等不同时期的编号遗址(地点)共计230处。2001年3月开始,至2003年6月结束,中国社会科学院考古研究所河南二里头工作队对洛阳盆地中部的洛河北岸、伊洛河之间以及伊河南岸的杨沟、酒流沟、沙河、东沙沟、浏涧河等流域展开了区域系统调查,期间发现了包含裴李岗、仰韶、龙山、二里头、二里岗、殷墟及两周时期的编号遗址(地点)共计222处。

两队调查区域有部分重合,其中寺沟、石家庄等遗址两队均分别调查,上文已经对两队调查结果分别予以介绍,下文对调查涉及的总计456处[①]遗址或地点(图3.1),按照遗址内包含遗存的相对年代顺序分别予以介绍。

需要说明的是,调查中两队采用的具体方法和判断标准不完全相同,对于遗存分布范围的判定也有差异。报告整理过程中,由于距离调查时间已经比较久远,部分标本在搬运过程中可能存在着遗失的情况,因而对现存遗物文化属性的判定中可能会存在着一定的偏差,进而可能会影响个别遗址部分遗存文化属性的判定。再加上基于遗物和遗存分布范围来确定遗址规模或的面积方法本身还有不尽妥善之处,下文中基于遗址年代和遗物分布面积所进行的洛阳盆地中东部先秦时期聚落形态的考察只是根据现有的资料和认识所给出的简单总结。

---

① 部分地点或遗址重合,部分地点合并为一个遗址,部分遗址拆分为不同的地点,所涉及的遗址详见前文相关条目。

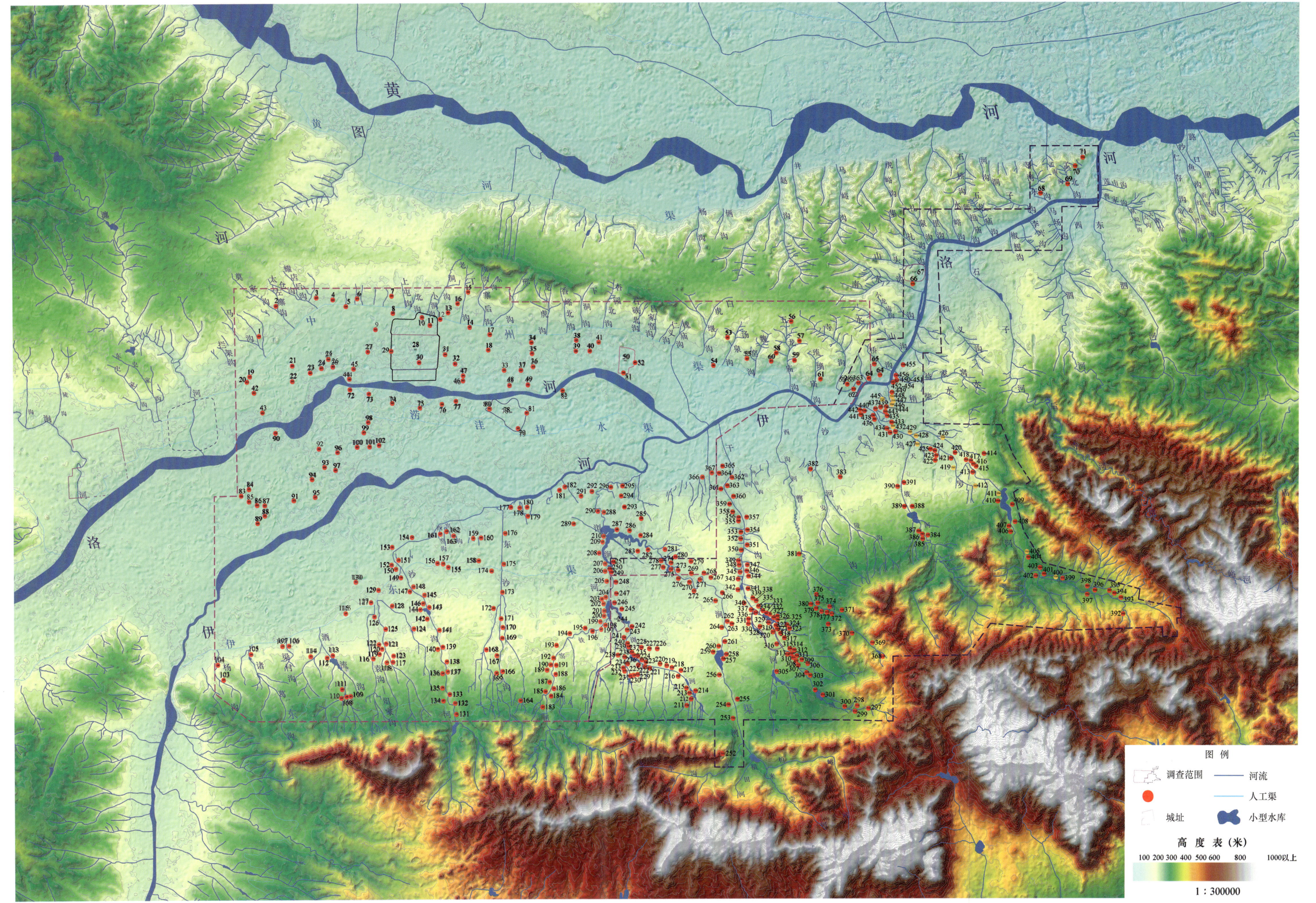

图3.1 洛阳盆地中东部先秦时期遗址分布

第二节 分 述

一、旧石器时代

洛阳盆地内以往发现的旧石器时代地点有多处（详见上文），本次调查共计发现旧石器时代的地点6处（图3.2），分别为涉村南南沟（Y036）、火葬场南/山川西南（Y056）、益家窝（Y150）、九龙角水库西（Y223）、后林东南（Y230），复查了洪沟（Y160）。

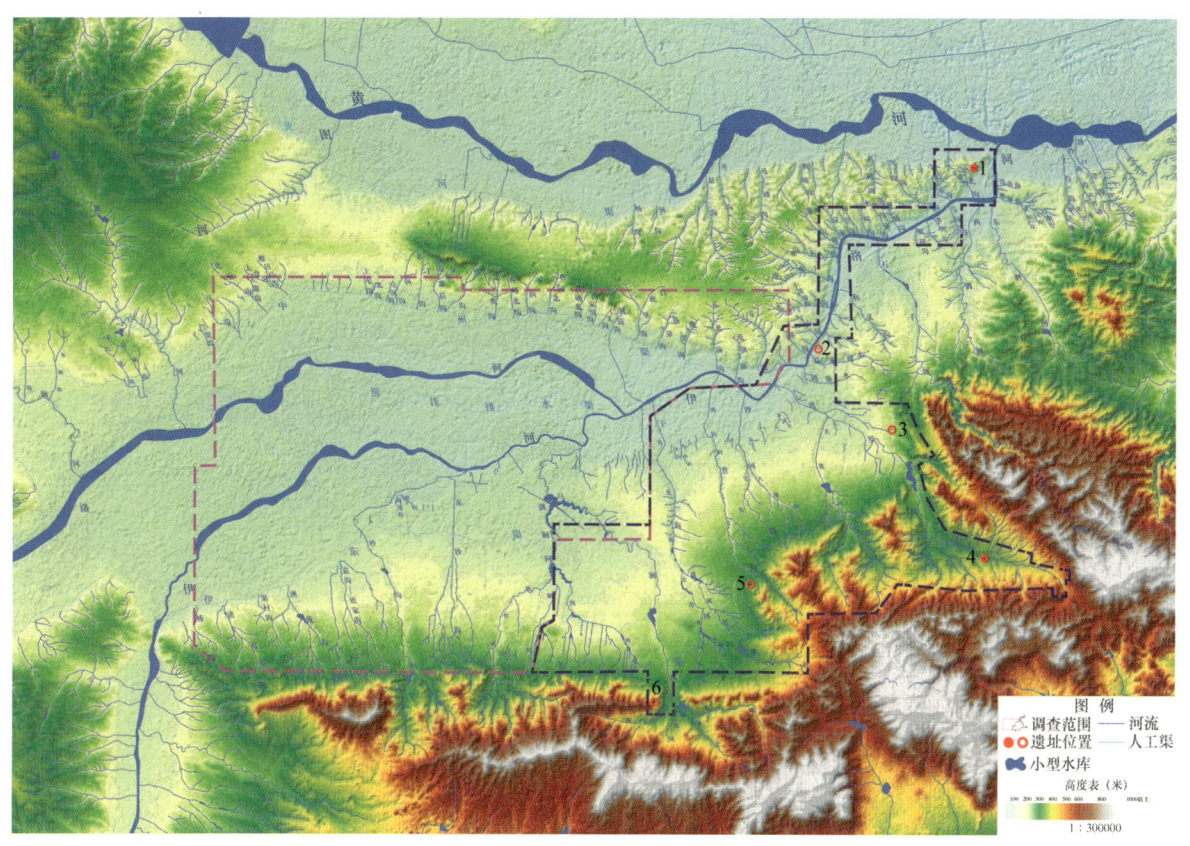

图3.2 旧石器时代地点分布图
1. 洪沟（Y160） 2. 益家窝（Y150） 3. 火葬场南/山川西南（Y056） 4. 涉村南南沟（Y036） 5. 后林东南（Y230）
6. 九龙角水库西（Y223）

其中火葬场南/山川西南（Y056）采集到燧石石核1块，疑似为旧石器时代的一处地点。此外，在九龙角水库西（Y223）发现大量鸡窝状采石坑，山脚下发现了石器加工场遗址，面积约0.2万平方米，发现了大量的石锤、砺石、石毛坯、砍砸器等遗物。发现的石器风化严重，石锤、砍砸器打制特征较为明显，地表上裸露出大量基岩。可能是从上面的采石场开采石料，然后在此处经过粗加工后再运往他处，但也不排除直接加工成半成品或成品的可能性。但是在周围未发现生活类遗迹。此遗址性质还不确定，也可能与龙山晚期至二里头时期该区域常见的鲕状白云岩石铲毛坯加工场采集原料的场所有关，但因未发现陶片，只能提供一个可能的线索。

洪沟（Y160）曾经进行过发掘，出土了大量的古脊椎动物化石和石制品，有刮削器、砍砸器、尖状器等，距今约10万年前后，属于旧石器时代中期的地点。另外在益家窝（Y150）发现了燧石片、燧石核和石英石片等小石器，该地点可能为伊洛河沿岸处的一处旧石器地点。在后林东南（Y230）见有燧石石片、石核，具有旧石器晚期早段小石片工艺特征，估计年代距今3万—5万年。在涉村南南沟（Y036）发现的石核和石片具有细石器的特征，应该为旧石器时代晚期晚段的地点（图3.3）。

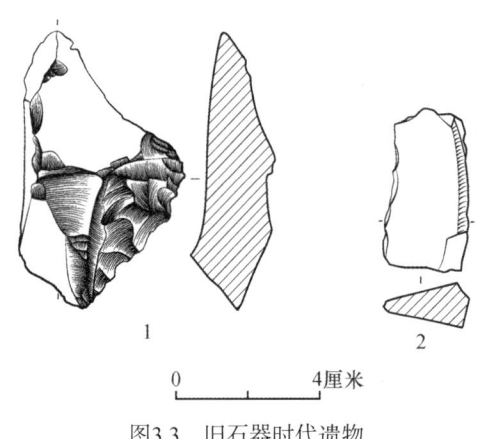

图3.3　旧石器时代遗物
1. 石核（Y036∶1）　2. 石片（Y036∶2）

从遗址的分布规律看，这些遗址多位于丘陵或山地近河地段，海拔较高，规模也较小。

除洪沟（Y160）遗址经过发掘确定为距今约10万年前后之外，新发现的旧石器地点标本大多不够典型，数量也不多，调查时没有见到原生地层。区域内旧石器遗存，所做工作还远远不够，尚需在今后开展更细致的调查，本次调查的资料只作为今后工作的一个参考。其中九龙角水库西（Y223），源于我们对灰嘴（Y127）、西口孜（Y201）、夏后寺（Y182）、李家沟东（Y099）等遗址发现的龙山至二里头时期鲕状白云岩石铲毛坯加工场的石料来源调查。在嵩山南麓，我们见到较多的鲕状白云岩鸡窝状采石坑，推测可能与此有关，但并没有发现同时期的陶片，因此性质尚不确定。九龙角水库西（Y223）发现的石器，打制特征比较明显，砺石风化较严重，或许与采集石料并初步加工有关系，但目前也缺乏相关的证据，因此暂定为旧石器地点。这些资料，可以作为我们今后寻找区域内旧石器遗存、新石器石器加工场石料来源调查的一个参考，作为其他相关工作的一个起点。

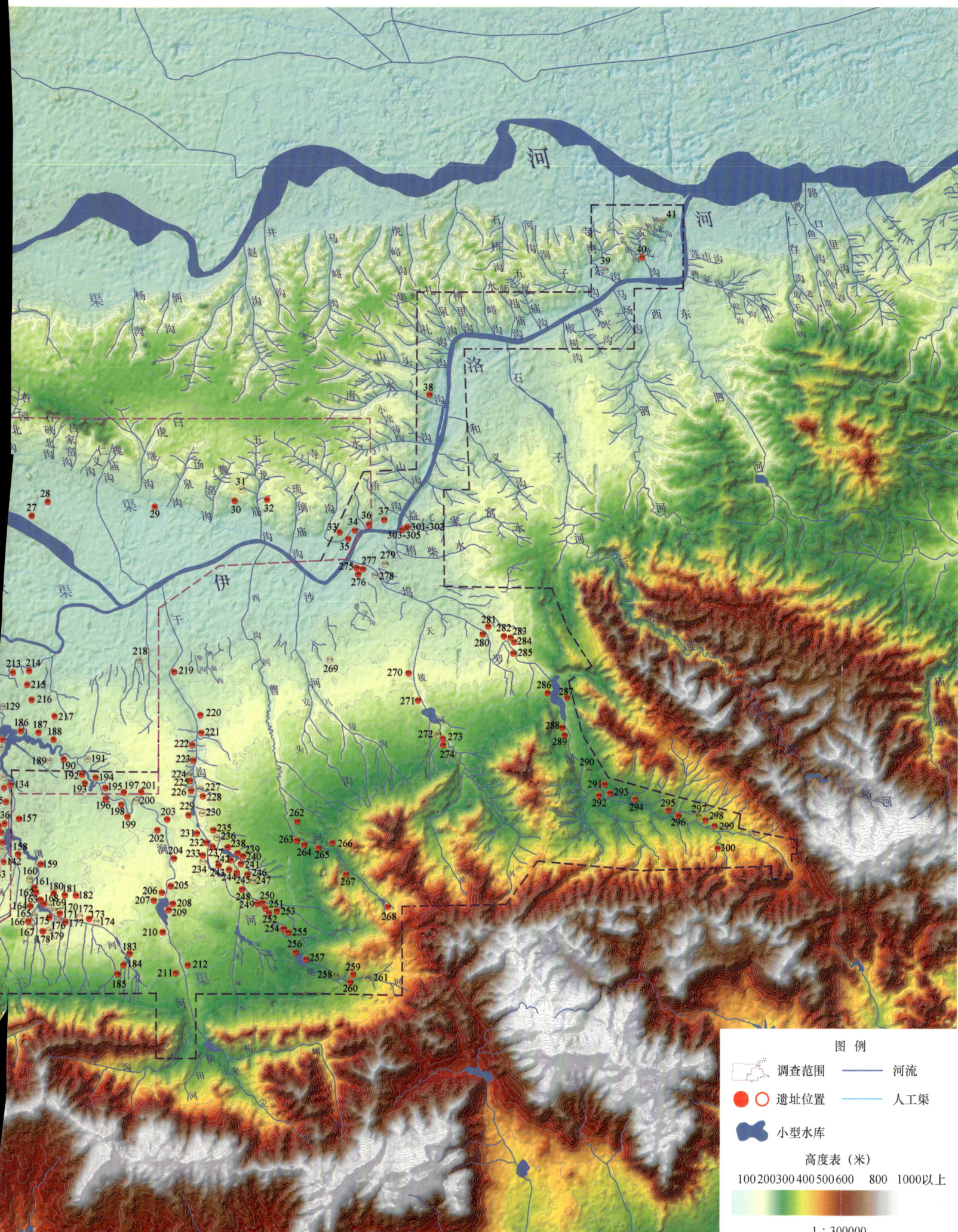

图3.4 新石器时代遗址分布图

二、新石器时代

新石器时代是人类文明社会形成和发展的重要阶段，在地质年代上已经进入全新世阶段。随着石器加工技术的进步、陶器的烧制、农业的产生、冶金术的出现，人类社会逐步进入复杂社会。

按照目前学术界的基本认知，中国境内的新石器时代大体可分为四个阶段，分别为新石器时代早期、中期、晚期和末期。

洛阳盆地中东部区域调查发现的属于新石器时代的遗址，包含了除新石器时代早期以外的各个阶段，数量众多。根据调查结果的统计，遗址（地点）数量为303处（图3.4）。

下文按照时代早晚分别予以概括。

（一）裴李岗文化

1. 主要发现

洛阳盆地内属于新石器时代中期的遗存一般认为是裴李岗文化晚期的遗存。其中西石桥东（076）、夹津口（Y030）、大南沟（Y038）、赵城（Y077）、赵城西（Y078）、颜良村西（Y088）、双泉西南（Y171）、曹闫（Y135）等8处遗址采集的遗物疑似为裴李岗文化晚期。其余9处遗址确定存在裴李岗文化晚期的遗存。包括宫家窑（183）、高崖西（134）、浏涧河水库东（Y187）、府店东南（Y118）、府店东（Y124）、铁生沟（Y029）、东山原（Y041）、坞罗西坡2（Y042）、北营（Y044）等遗址（地点）。以上共计17处（图3.5）。

2. 遗址规模

上述遗址除了西石桥东（076）、大南沟（Y038）、赵城西（Y078）、府店东（Y124）、曹闫（Y135）、浏涧河水库东（Y187）为新发现外，其余遗址均经过相关机构的调查或发掘。从遗址的面积看，西石桥东（076）遗址面积较大，约为9万平方米外[①]，多数遗址的规模都很小，面积在0.5万—2.5万平方米，少数遗址裴李岗时期的遗存面积不详，遗址面积的极差不明显，大体呈现出两级聚落的格局。

3. 分布特点

从遗址的分布状况来看，这些遗址既有分布于平原地区的，有分布于丘陵山地的，但是

---

① 西石桥东遗址只发现了戳刺纹碗，应该属于裴李岗至仰韶早期的过渡期，可以归入裴李岗晚期偏晚，但是调查没有发现裴李岗时期典型的侈口深腹罐、三足钵等器形。关于遗址面积约为9万平方米的数据，也仅仅是根据相关陶片分布的范围推测而来。

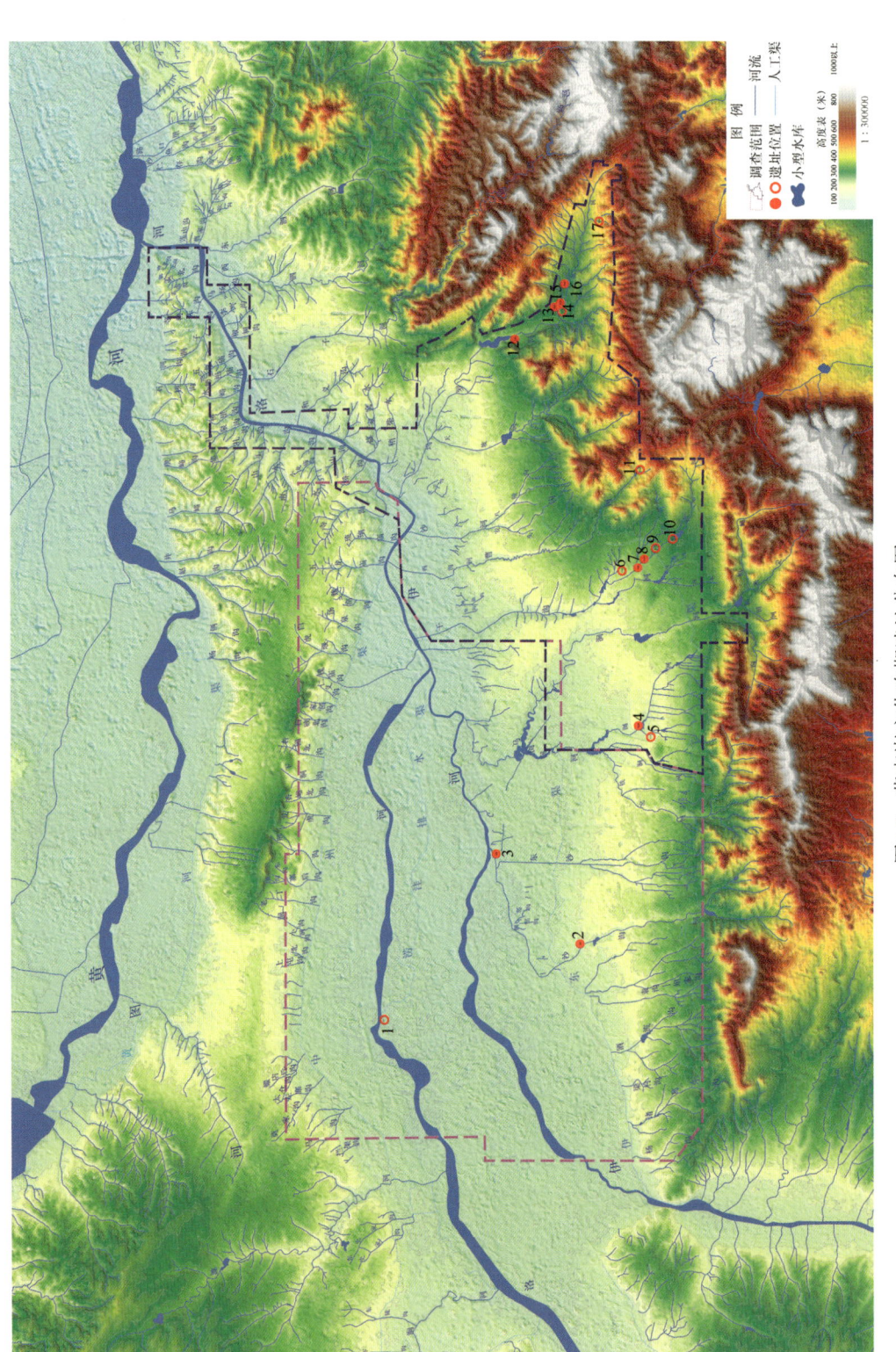

图3.5 裴李岗文化晚期遗址分布图

1. 西石桥东（076） 2. 宫家窑（183） 3. 高崖西（134） 4. 浏涧河水库东（Y187） 5. 双泉西南（Y171） 6. 颜良村西（Y088） 7. 府店东（Y124） 8. 府店东南（Y118）
9. 赵城西（Y078） 10. 赵城（Y077） 11. 曹疙（Y135） 12. 坞罗西坡2（Y042） 13. 北营（Y044） 14. 夹津口（Y029） 15. 铁生沟（Y030） 16. 东山原（Y041） 17. 大南沟（Y038）

本区域内多处于伊洛河流域干流或较大支流近旁[①]，如包括洛河沿岸的西石桥东（076）、伊河沿岸的高崖西（134）以及伊河的支流沙河附近的宫家窑（183），浏涧河附近的浏涧河水库东（Y187）、双泉西南（Y171），干沟河附近的赵城西（Y078）、府店东（Y124）、府店东南（Y118），曹河上游的曹阏（Y135），坞罗河流域的大南沟（Y038）、铁生沟（Y029）、夹津口（Y030）、东山原（Y041）、坞罗西坡（Y042）、北营（Y044）等，海拔从125—434米，12个遗址位于海拔200米以上（图3.5），可能人类对水资源的利用和掌控能力尚为有限。这些小型聚落往往三两成组出现。

4. 遗物特征

该区域发现的裴李岗文化遗存与裴李岗文化区内其他遗址发现的遗存较为相似。石器常见锯齿石镰、石磨盘和石磨棒等。陶器火候较低，多为橘红色或橘黄色，部分为褐色。泥质陶常见有三足钵、碗、壶等，夹砂陶常见罐、鼎等。从器物特征来看，这批裴李岗文化遗存主要为裴李岗文化晚期，部分遗址还具有裴李岗向仰韶文化过渡期的特征（图3.6）。

本区域内以往发现的属于裴李岗文化的遗存较少，且主要集中于裴李岗文化晚期，部分遗存甚至可能晚至裴李岗文化与仰韶文化过渡期。相对缺乏新石器时代早期偏早阶段尤其是新旧石器时代之交的遗址。但是，本次调查对于探讨裴李岗文化的区域分布与类型、生业形态等，以及新石器时代早期考古学文化相关问题的研究提供了重要的基础资料。

---

① 关于裴李岗文化的聚落分布方式，研究者的看法不尽相同。一般认为该文化是从嵩山周围的山前台地逐渐向平原区域拓展，可能和其所依赖的以狩猎和采集为主的生计模式相关。本区域内出现较多遗址靠近河流的现象，其具体原因尚待进一步探讨。

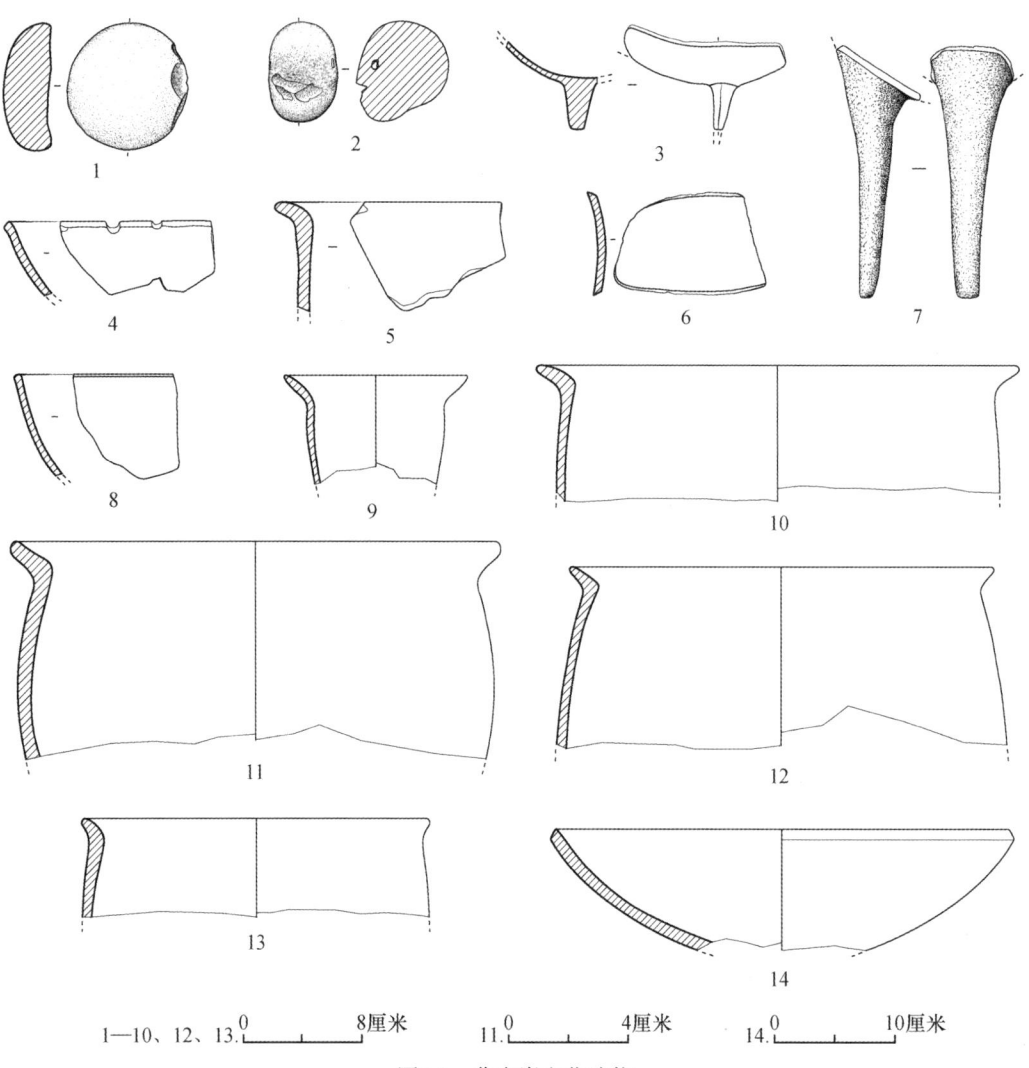

图3.6 裴李岗文化遗物

1.垫（Y029∶3） 2.球（Y042∶4） 3.三足钵（Y124H1∶7） 4、8、14.钵（Y124H1∶4、Y124H1∶6、Y124H1∶5）
5、9、11—13.罐（Y124H1∶3、Y044∶2、Y042∶2、Y042∶1、Y124H1∶2） 6.刀（Y042∶3） 7.鼎足（Y044∶1）
10.鼎（Y124H1∶1）

图3.7 仰韶文化遗址分布图

1. 刘坡（036） 2. 平乐A（034） 3. 平乐B（035） 4. 翟泉北（029） 5. 翟泉东北（030） 6. 翟泉西南（031） 7. 丁沟南（028） 8. 丁沟新村南（027） 9. 保庄北（047） 10. 保庄西北（046） 11. 史家湾北（001） 12. 凹杨（004） 13. 扁担赵南（003） 14. 黑王（007） 15. 白王北（006） 16. 景阳岗（041） 17. 渔骨西南（044） 18. 宋湾东南（042） 19. 白村东（043） 20. 南蔡庄西北（052） 21. 羊二庄东南（055） 22. 古城东北（056） 23. 塔庄（063） 24. 槐庙南（064） 25. 汤泉沟（066） 26. 王窑（073） 27. 化村北（068） 28. 寺沟（074） 29. 寺沟南（Y151） 30. 寺沟东南（Y152） 31. 石家庄（075） 32. 石家庄西南（Y153） 33. 南瓦窑（Y156） 34. 康沟（Y158） 35. 董沟（Y159） 36. 神北（Y161） 37. 纲常（019） 38. 齐村西南（024） 39. 齐村东南（023） 40. 夏庄西北（025） 41. 二郎庙北（026） 42. 潘寨老寨东（015） 43. 西马庄西北（086） 44. 西石罢（016） 45. 火龙庙（017） 46. 大郎庙南（083） 47. 乐马庄东（084） 48. 金钟寺（081） 49. 碑楼南（085） 50. 罗圪垱（082） 51. 西石桥东（076） 52. 孙家岗（077） 53. 大郊寨东（087） 54. 关公家（089） 55. 北许南（092） 56. 四角楼（091） 57. 圪垱头北（093） 58. 谷堆头寨（094） 59. 刘窑东（180） 60. 诸葛水库北（178） 61. 洒流沟水库西（159） 62. 洒流沟水库北（158） 63. 杨河西（163） 64. 王沟东（162） 65. 杨何东（161） 66. 南寨西村南（151） 67. 南寨上村东（154） 68. 翘家庄北（156） 69. 偏桥北（168） 70. 毛村东（164） 71. 袁沟B（166） 72. 常村西南（174） 73. 西庞村西北（135） 74. 武屯南（153） 75. 苏家窑西北（137） 76. 武屯东南（152） 77. 刘李西北（182） 78. 刘李东北（181） 79. 刘李寨B（187） 80. 刘李寨A（186） 81. 九贤（139） 82. 宫家窑（183） 83. 陈家窑（184） 84. 寇店西（185） 85. 王湾西北（195） 86. 韩寨北（191） 87. 贾庄坡西南（194） 88. 孙家窑西（193） 89. 东庞村北（150） 90. 撅山（147） 91. 杨村北（145） 92. 辛庄东北（142） 93. 东庞村南（136） 94. 白草坡西南（141） 95. 新彭店东（143） 96. 石牛沟（124） 97. 郭家岭北（203） 98. 宁村西北（211） 99. 高崖西（134） 100. 高崖东北（132） 101. 半个寨西南（131） 102. 丁沟店西南（133） 103. 五岔沟西北（130） 104. 段西村西北（105） 105. 段东村东北（126） 106. 吴家沟西南（107） 107. 李家湾东南（104） 108. 铺刘北（128） 109. 陶化店水库（127） 110. 陶化店东南（127） 111. 崔河北（115） 112. 程子沟南（116） 113. 裴村D（121） 114. 裴村C（120） 115. 裴村B（119） 116. 裴村A（118） 117. 张村东南（123） 118. 符家寨东北（198） 119. 符家寨北（199） 120. 符家寨西（200） 121. 韩村南B（202） 122. 西张庄西北（221） 123. 西张庄东南（222） 124. 寨湾东北（217） 125. 寨湾东南（216） 126. 铁村南（220） 127. 铁窑东（219） 128. 马寨西（213） 129. 杨寨西（214） 130. 杨寨西南（215） 131. 铁窑东南（218） 132. 郑村西（Y194） 133. 郑窑南（Y189） 134. 灰嘴北（Y192） 135. 灰嘴（Y127E） 136. 双泉西北（Y175） 137. 双泉西南（Y171） 138. 西齐家窑（Y165） 139. 浏涧河水库西（Y187） 140. 西齐家窑东南（Y164） 141. 卢村东北（Y169） 142. 卢村西（Y177） 143. 卢村西南（Y227） 144. 双泉东南（Y174） 145. 任才村西南（Y178） 146. 扒头西南（Y180） 147. 邢村东（Y225） 148. 邢寨东北（Y226） 149. 苗湾A（095） 150. 苗湾B（096） 151. 苗湾C（097） 152. 苗湾东南（098） 153. 东王河北（100） 154. 陶化店水库东（108） 155. 东王河（099） 156. 东王河东南（101） 157. 盆窑寨东南（109） 158. 化寨东（111） 159. 北寨北（Y219） 160. 北寨东南（Y218） 161. 吊桥寨东南（Y213） 162. 南吴家湾东南（Y213） 163. 邱河西（Y221） 164. 北吴家寨（Y214） 165. 金屯东（Y215） 166. 王湾西北（Y209） 167. 张湾西北（Y210） 168. 马河北（Y207） 169. 布村东（Y206） 170. 布村东南（Y204） 171. 老周寨（Y200） 172. 东管茅东（Y202） 173. 新寨北嘴（Y197） 174. 屯寨西北（Y198） 175. 老电寨（Y199） 176. 刘乐寨西南（Y075） 177. 顾家屯东（Y096） 178. 顾家窑南（Y098） 179. 马屯老村（Y102） 180. 三官庙北（Y104） 181. 马屯北（Y070） 182. 马屯新村（Y069） 183. 桑沟南（Y066） 184. 三官庙窑厂东南（Y105） 185. 府西村北（Y110） 186. 府西村东北（Y111） 187. 滑城河西（Y109） 188. 桑沟五队北（Y108） 189. 滑城河北（Y108） 190. 南村寨东南（Y061） 191. 冯寨西北（Y090） 192. 冯寨西南（Y089） 193. 颜良村西（Y088） 194. 府店东南（Y118） 195. 小相西南（Y080） 196. 赵城西（Y078） 197. 赵城西南（Y079） 198. 赵城（Y077） 199. 赵城水库东（Y119） 200. 邢村（Y120） 201. 半个寨（Y123） 202. 邢村东（Y121） 203. 李家窑西南（Y122） 204. 北后沟西北（Y139） 205. 新后沟东（Y131） 206. 曹河水库西（Y133） 207. 虎山坡南（Y229） 208. 曹闸（Y135） 209. 八陵西（Y155） 210. 羽林庄南（Y050） 211. 天坡（Y049） 212. 龙骨堆（Y053） 213. 堤东（Y052） 214. 南石（Y1003） 215. 稍柴（Y1001） 216. 喂庄西（Y018） 217. 喂庄西（Y019） 218. 喂庄南（Y024） 219. 喂庄东南角（Y023） 220. 喂庄东南（Y020） 221. 罗口（Y022） 222. 坞罗水库西1（Y025） 223. 坞罗南店（Y032） 224. 坞罗西2（Y042） 225. 夹津口（Y030） 226. 东山原（Y041） 227. 涉村东（Y035） 228. 北地沟（Y055） 229. 上庄（Y037） 230. 上庄东南（Y039） 231. 大南沟（Y038）

图例
调查范围 河流
遗址位置 人工渠
小型水库

高度表（米）
100 200 300 400 500 600 800 1000以上

1:300000

（二）仰韶文化

仰韶文化遗址在本区域较为常见，历年来多有发现。结合其他地区的发现来看，仰韶文化大体经历了三个较大的阶段，其中早期为半坡期（或称半坡文化），中期为庙底沟期（或称庙底沟文化），晚期为西王村期或半坡四期（或称西王村文化、半坡上层类型、半坡晚期类型等）。王湾遗址发掘后，本区域内仰韶文化遗存的年代序列逐渐完备。以往的工作中，发现的仰韶文化早期的遗址相对较少，多数遗址为中、晚期。一般认为该区域内的仰韶文化遗存主要为仰韶文化中、晚期的王湾类型。由于洛阳盆地内仰韶文化遗存区域差异的存在，也有不少遗存被视为仰韶文化大河村类型。

本次调查发现的属于仰韶文化的遗址数量较多。部分遗址采集的遗物较为残碎，疑似属于仰韶文化遗址，包括白王北（006）、南蔡庄西北（052）、羊二庄东南（055）、古城东北（056）、化村北（068）、王窑（073）、北许南（082）、夏庄西北（025）、潘寨老寨东（015）、火龙庙（017）、大郎庙南（083）、碑楼南（085）、罗圪垱（082）、王沟东（162）、常村西南（174）、贾庄坡西南（194）、刘李寨B（187）、武屯南（153）、白草坡西南（141）、辛庄东北（142）、东庞村南（136）、宁村西北（211）、郭家岭北（203）、符家寨北（199）、裴村D（121）、崔河北（115）、陶化店东南（127）、邢寨东北（Y226）、邢村东（Y225）、扒头西南（Y180）、卢村西南（Y227）、卢村西（Y177）、双泉东南（Y174）、双泉西北（Y175）、西齐家窑东南（Y164）、灰嘴北（Y192）、屯寨西北（Y198）、布村东（Y206）、东王河（099）、陶化店水库（108）、李家湾东南（104）、曹闶（Y135）、八陵西（Y155）、坞罗南店（Y032）等，合计44处。部分遗址可以确定属于仰韶文化，但是难以判定具体期段，包括刘坡（036）、平乐B（035）、翟泉东北（030）、偏桥北（168）、丁湖店西南（133）、任才村西南（Y178）、化寨东（111）、李家窑西南（Y122）等，合计8处。其余遗址可以根据遗物的形制特征划分到不同的期别，合计179处。

以上总计231处（图3.7）。

1. 早期

根据现有的研究来看，仰韶文化早期遗存一般称之为半坡期（或谓之半坡文化）。

（1）主要发现

在调查中发现的疑似该时期的遗址数量相对较少，包括寺沟东南（Y152）、武屯东南（152）、韩寨北（191）、赵城（Y077）、赵城西（Y078）、府店东南（Y118）、颜良村西（Y088）、虎山坡南（Y229）、北地沟（Y055）等9处。确定含有早期遗存的遗址数量也不多，包括西石桥东（076）、南瓦窑（Y156）、董沟（Y159）、金钟寺（081）、诸葛水库北（178）、孙家窑西（193）、双泉西南（Y171）、浏涧河水库东（Y187）、龙骨堆（Y053）、大南沟（Y038）、涉村东（Y035）、坞罗西坡2（Y042）等12处。以上共计21处（图3.8）。

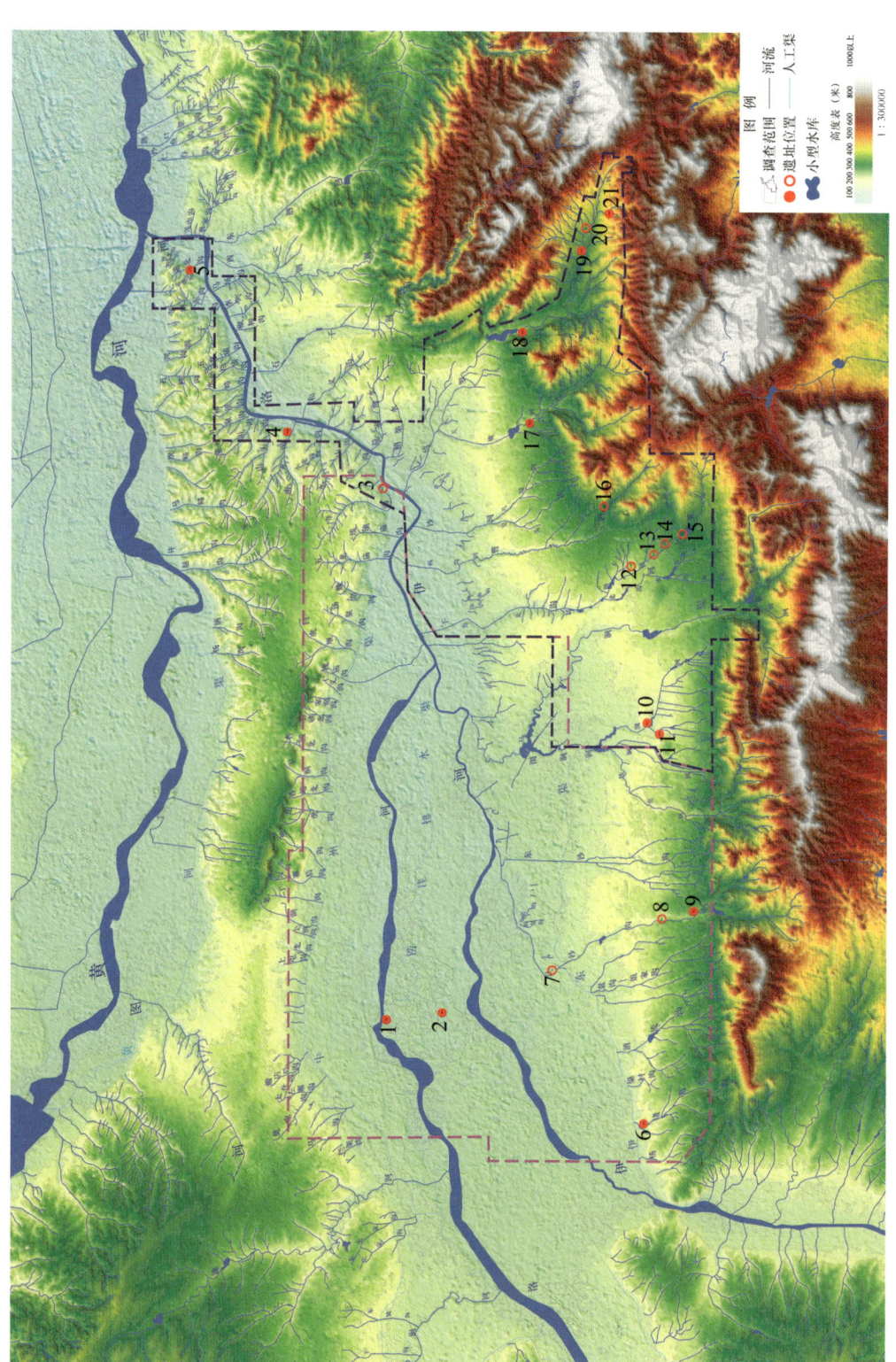

图3.8 仰韶文化早期遗址分布图

1. 西石桥东（076） 2. 金钟寺（081） 3. 寺沟东南（Y152） 4. 南瓦窑（Y156） 5. 董沟（Y159） 6. 诸葛水库南（Y178） 7. 武屯东南（152） 8. 韩寨北（191） 9. 孙家窑西（193） 10. 瀍涧河水库东（Y187） 11. 双泉西南（Y171） 12. 颜良村西（Y088） 13. 府店东南（Y118） 14. 赵城（Y077） 15. 赵城西（Y078） 16. 虎山坡南（Y229） 17. 龙骨堆（Y053） 18. 坞罗西坡2（Y042） 19. 涉村东（Y035） 20. 北地沟（Y055） 21. 大南沟（Y038）

（2）数量规模

从遗址的数量来看，该期的遗址数量稍高于裴李岗文化晚期遗址的数量，发现9处裴李岗文化晚期的遗址上存续有仰韶文化早期的遗址，遗址延续使用的比例约占该期遗址数量的42%，新辟遗址的比率约为58%。在一定程度上显示出该区域早、晚期考古学文化背后居民的延续性。

从遗址的规模来看，超过10万平方米的遗址仅有3处；5万—10万平方米的遗址4处；1万—5万平方米的遗址6处；1万平方米以下的遗址8处。整体而言，遗址的规模都不大，没有大中型的遗址发现，基本延续了裴李岗文化晚期以来的二级聚落体系的格局。

（3）分布特点

上述遗址零星分布于沙沟河、浏涧河、马涧河、坞罗河等流域，部分遗址位于（古）洛河北岸，如西石桥东（076）、南瓦窑（Y156）、董沟（Y159）等，部分位于古洛河的南岸，如金钟寺（081）。多数遗址位于伊河南岸的支流上，如诸葛沟流域的诸葛水库北（178），沙沟河流域的武屯东南（152），浏涧河流域的孙家窑西（193）、双泉西南（Y171）、浏涧河水库东（Y187），曹河流域的虎山坡南（Y229），坞罗河及其支流附近的龙骨堆（Y053）、大南沟（Y038）、涉村东（Y035）、坞罗西坡2（Y042）等，早期居民在居住位置的选择上基本遵循择水而居的原则，相对而言，仰韶文化早期遗址的分布密度仍然较低，但稍高于裴李岗文化晚期遗址的分布密度。

从遗址所处的位置来看，除了遵循近水的原则外，多分布在近山的小台地附近，这些遗址所处位置的海拔为118—434米，周边地貌既有平原地带，也有丘陵山地。

（4）文化特征

相比较而言，属于仰韶文化早期的遗址数量较少，可能该区域在仰韶文化早期是半坡文化的边缘区。

调查中采集的属于仰韶文化早期陶器多见夹砂陶和泥质红陶，极少量黑灰色的陶器。器形有圜底和小平底钵、深腹盆、细颈壶、小口尖底瓶等，也见有少量圈足器。夹砂陶纹饰中见有绳纹、细绳纹、弦纹和锥刺纹等，泥质彩陶中见有宽带纹、三角等几何纹和变体几何鱼纹等动物纹饰，部分见有内彩。石器以磨制为主，兼有打制，多见斧、铲、锛、刀、凿等（图3.9）。

总体上来看，该区域仰韶文化早期的整体面貌不甚清晰，仅有个别遗址如金钟寺（081）和南瓦窑（Y156）等遗址见有较为典型的仰韶文化早期遗存。要了解区域内该阶段文化的状况，尚需更为详细的调查和发掘工作来深化。

2. 中期

根据现有的研究，洛阳盆地中东部区域仰韶文化中期的遗存一般认为属于仰韶文化庙底沟期（或称庙底沟类型/文化），也有研究者认为，该期遗存可归属为仰韶文化大河村类型（或称大河村文化）。

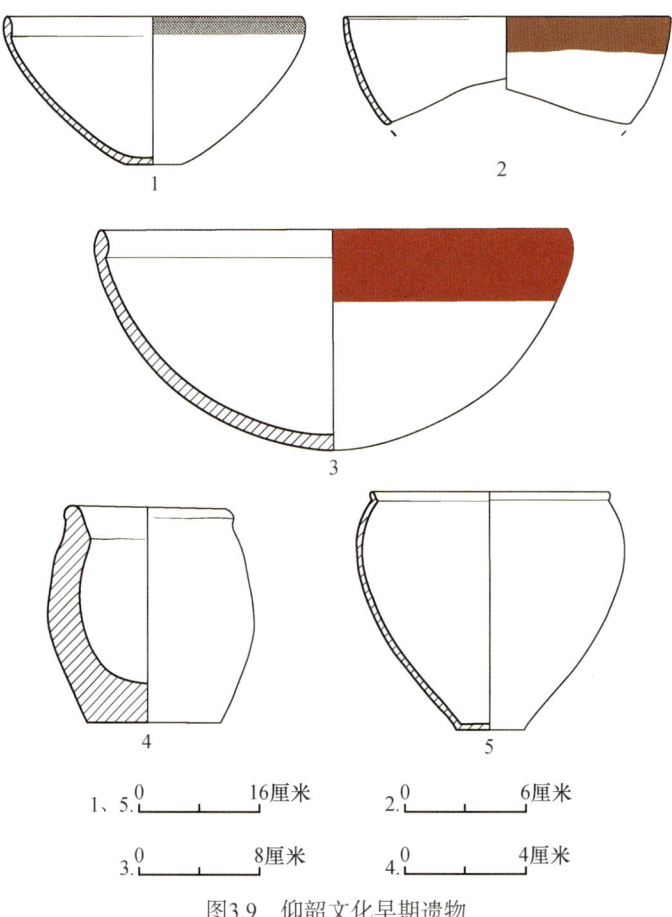

图3.9 仰韶文化早期遗物
1.盆（Y156W1∶1） 2.碗（081∶34） 3.钵（081∶82） 4、5.罐（Y156W1∶2、081∶83）

（1）主要发现

仰韶文化中、晚期的遗存在本区域发现较多。

其中疑似含有仰韶文化中期遗存的遗址有史家湾北（001）、景阳岗（041）、刘窑东（180）、韩寨北（191）、邱河西（Y221）、虎山坡南（Y229）等6处。确定含有中期遗存的遗址数量非常多，包括翟泉西南（031）、凹杨（004）、扁担赵南（003）、白村东北（043）、汤泉沟（066）、寺沟（62、63）、寺沟东南（Y152）、石家庄/石家庄西南（075、Y153）、南瓦窑（Y156）、西石桥东（076）、孙家岗（077）、四角楼（091）、纲常（019）、齐村东南（023）、西马庄西北（086）、金钟寺（081）、诸葛水库北（178）、酒流沟水库西（159）、袁沟B（166）、孙家窑西（193）、王湾西北（195）、寇店西（185）、刘李寨A（186）、陈家窑（184）、宫家窑（183）、九贤（139）、俎家庄北（156）、武屯东南（152）、西庞村西北（135）、掘山（147）、新彭店东（143）、高崖西（134）、铁窑东南（218）、马寨西（213）、西张庄东北（221）、符家寨东北（198）、裴村A（118）、陶化店水库（126）、双泉西南（Y171）、瀍涧河水库东（Y187）、西齐家窑（Y165）、灰嘴东（Y127E）、郑窑南（Y189）、郑村西（Y194）、老周寨（Y200）、老屯寨（Y199）、张湾西北（Y210）、王湾西北（Y209）、北吴家湾（Y214）、南吴家湾东南（Y213）、北寨东南（Y218）、北寨北（Y219）、东王河东南（101）、苗湾东南（098）、苗湾C（097）、苗湾B（096）、苗湾A（095）、半个寨（Y123）、赵城（Y077）、赵城西南（Y079）、赵城西（Y078）、冯寨西北（Y090）、南村寨东南（Y061）、滑城河西（Y109）、滑城河北（Y108）、三官庙窑厂东南（Y105）、顾家屯东（Y096）、龙骨堆（Y053）、羽林庄南（Y050）、夹津口（Y030）、坞罗水库西1（Y025）、喂庄西（Y019）、喂庄西南（Y018）等74处。

以上总计79处（图3.10）。

（2）数量规模

从遗址的数量来看，仰韶文化中期遗址的数量较上一个时期有了大幅度的提升，总数较仰韶早期增加了将近3倍。这些遗址中同时含有早期遗存的遗址数量不多，主要包括寺沟东南（Y152）、南瓦窑（Y156）、西石桥东（076）、金钟寺（081）、诸葛水库北（178）、孙家窑西（193）、韩寨北（191）、武屯东南（152）、双泉西南（Y171）、浏涧河水库东（Y187）、赵城（Y077）、赵城西（Y078）、虎山坡南（Y229）、龙骨堆（Y053）等14处。遗址的替代率仅为18%左右，其中82%为该期新出现的遗址。一定程度上反映了仰韶文化中期洛阳盆地内的人口数量较上一时期有了较大的提升。

从遗址的规模来看，多数遗址的面积仍在10万平方米以下，其中0—3万平方米、3万—6万平方米和6万—9万平方米等不同规模的遗址数量约为该期遗址总数的80%，超过10万平方米以上的遗址数量约为该期遗址总数的20%左右，但是这些遗址的估算面积较大，与这些遗址为复合型遗址有关，调查所获数据与该期遗存的实际面积可能存在着相当的误差。而从文化内涵相对单纯的单一型遗址的面积来看，面积在10万—30万平方米的遗址数量虽然相对较多，超过30万平方米的遗址数量则较少，整体上来看，该期的遗址基本维持上一个时期两级聚落体系的格局，显示出社会结构与上一时期相比未发生实质性的变化。

（3）分布特点

从遗址所处的位置来看，这些遗址所在的海拔为118—403米，集中分布于伊洛河的干流或支流两侧。其中伊河南岸的支流沙沟河、浏涧河和马涧河流域的遗址相对密集，其他小流域如酒流沟、干沟河等区域遗址的数量较上一时期有所增加，而伊洛河古河道以北，伊洛河之间及伊洛河下游的山前台地等区域，遗址的数量也有较大的增加。这些现象显示出由于遗址数量和人口的增加，居民对土地开发的程度加深，对水资源的掌控能力也增加。

（4）文化特征

该区域发现的仰韶中期的遗址数量较多，采集的遗物标本也相对丰富，从总体特征上看，遗物表现出来的特征兼具庙底沟文化和大河村文化的特征（图3.11）。从采集的陶器标本来看，这一时期仍然是以夹砂和泥质的陶器为主，主要器形见有卷沿和敛口的曲腹盆、敛口曲腹钵、双唇小口尖底瓶、包口或杯型口尖底瓶、葫芦口平底瓶、敛口深腹瓮、深腹罐、釜灶等。夹砂陶常见纹饰有线纹、绳纹。泥质陶常见彩绘，除了黑彩外，还见有红彩和白衣彩陶，纹饰有鸟纹、蛙纹和花卉形几何图案。石器常见斧、锛、铲、刀等。陶刀和陶纺轮也较为常见。

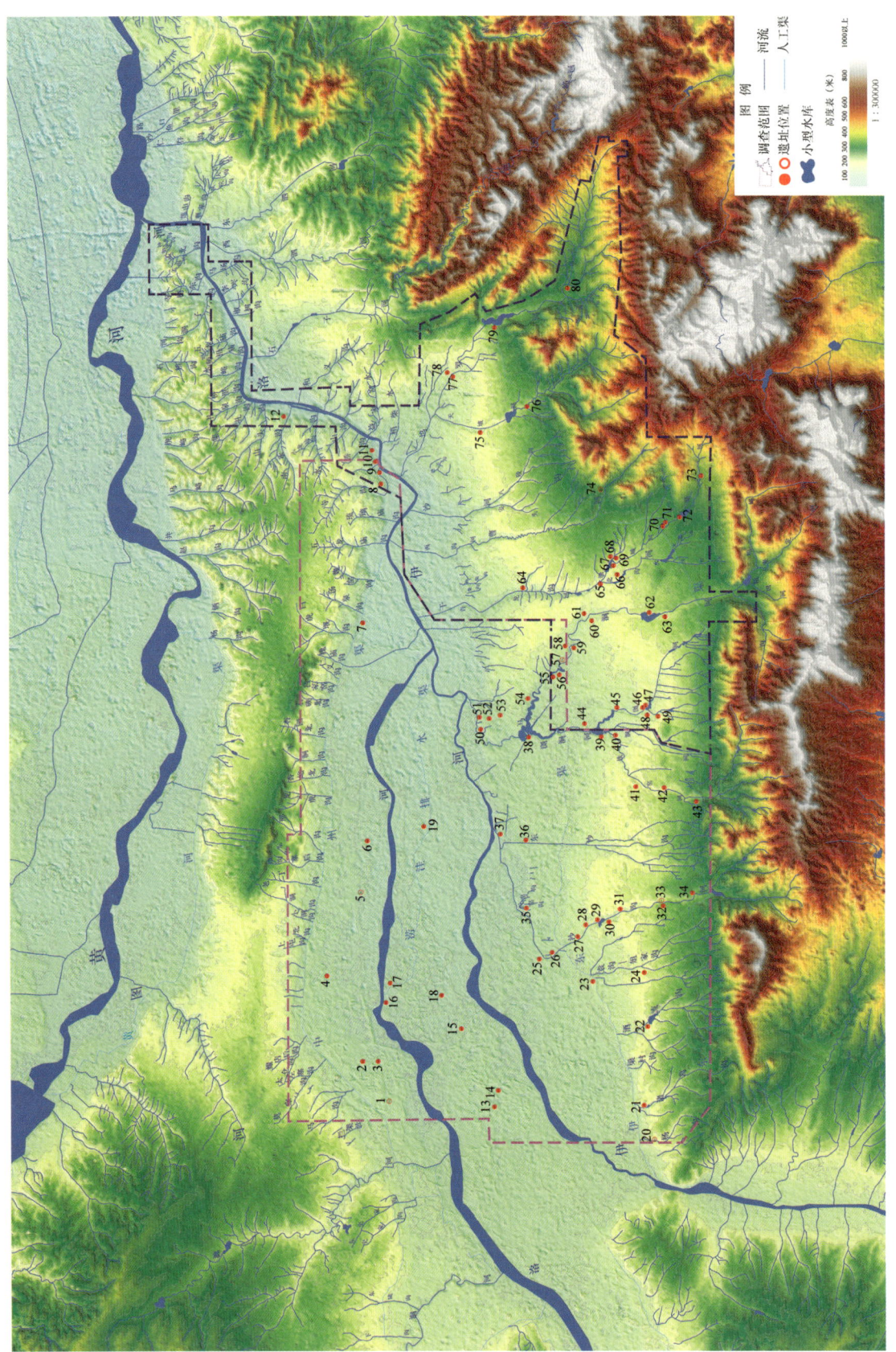

图3.10 仰韶文化中期遗址分布图

1. 史家湾北（001） 2. 凹杨（004） 3. 扁担赵南（003） 4. 翟泉西南（031） 5. 景阳岗（041） 6. 白村东北（043） 7. 汤泉沟（066） 8. 寺沟（074） 9. 寺沟东南（Y152） 10. 石家庄（075） 11. 石家庄西南（Y153） 12. 南瓦窑（086） 13. 纲常（019） 14. 齐村东南（076） 15. 西马庄西北（023） 16. 西石桥东（077） 17. 孙家岗（135） 18. 金钟寺（081） 19. 四角楼（091） 20. 刘窑东（180） 21. 诸葛水库西（156） 22. 酒流沟水库西（159） 23. 袁沟B（166） 24. 袁沟北（178） 25. 西庞村西北（193） 26. 武屯东南（152） 27. 九贤（139） 28. 宫家窑（183） 29. 张家窑（184） 30. 刘李寨A（186） 31. 冠店西（185） 32. 王湾西北（191） 33. 韩寨北（195） 34. 孙家窑西（147） 35. 掘山（143） 36. 新彭店东（134） 37. 高崖西（126） 38. 陶化店水库（Y165） 39. 裴村A（118） 40. 符家寨东北（198） 41. 西张庄东北（221） 42. 马寨西（213） 43. 铁窑东南（218） 44. 郑村西（Y194） 45. 郑窑南（Y189） 46. 西齐家窑（Y187） 47. 浏涧河水库东（Y127E） 48. 灰嘴（Y171） 49. 双泉西南（Y214） 50. 苗湾A（095） 51. 苗湾B（096） 52. 苗湾C（097） 53. 苗湾东南（098） 54. 东王河东南（101） 55. 北寨北（Y219） 56. 西王河西北（Y218） 57. 邱河西（Y221） 58. 北吴家湾（Y214） 59. 南吴家湾东南（Y213） 60. 张湾西北（Y108） 61. 王湾西北（Y061） 62. 老周寨（Y199） 63. 老屯寨（Y209） 64. 顾家屯东（Y096） 65. 三官庙窑厂东南（Y105） 66. 渭城河西（Y109） 67. 渭城河北（Y229） 68. 南村寨东南（Y050） 69. 冯寨西北（Y200） 70. 赵城西（Y090） 71. 赵城西南（Y079） 72. 赵城（Y077） 73. 半个寨（Y123） 74. 虎山坡南（Y229） 75. 羽林庄南（Y050） 76. 龙骨堆（Y053） 77. 喂庄西北（Y019） 78. 喂庄西南（Y018） 79. 鸟罗水库西1（Y025） 80. 夹津口（Y030）

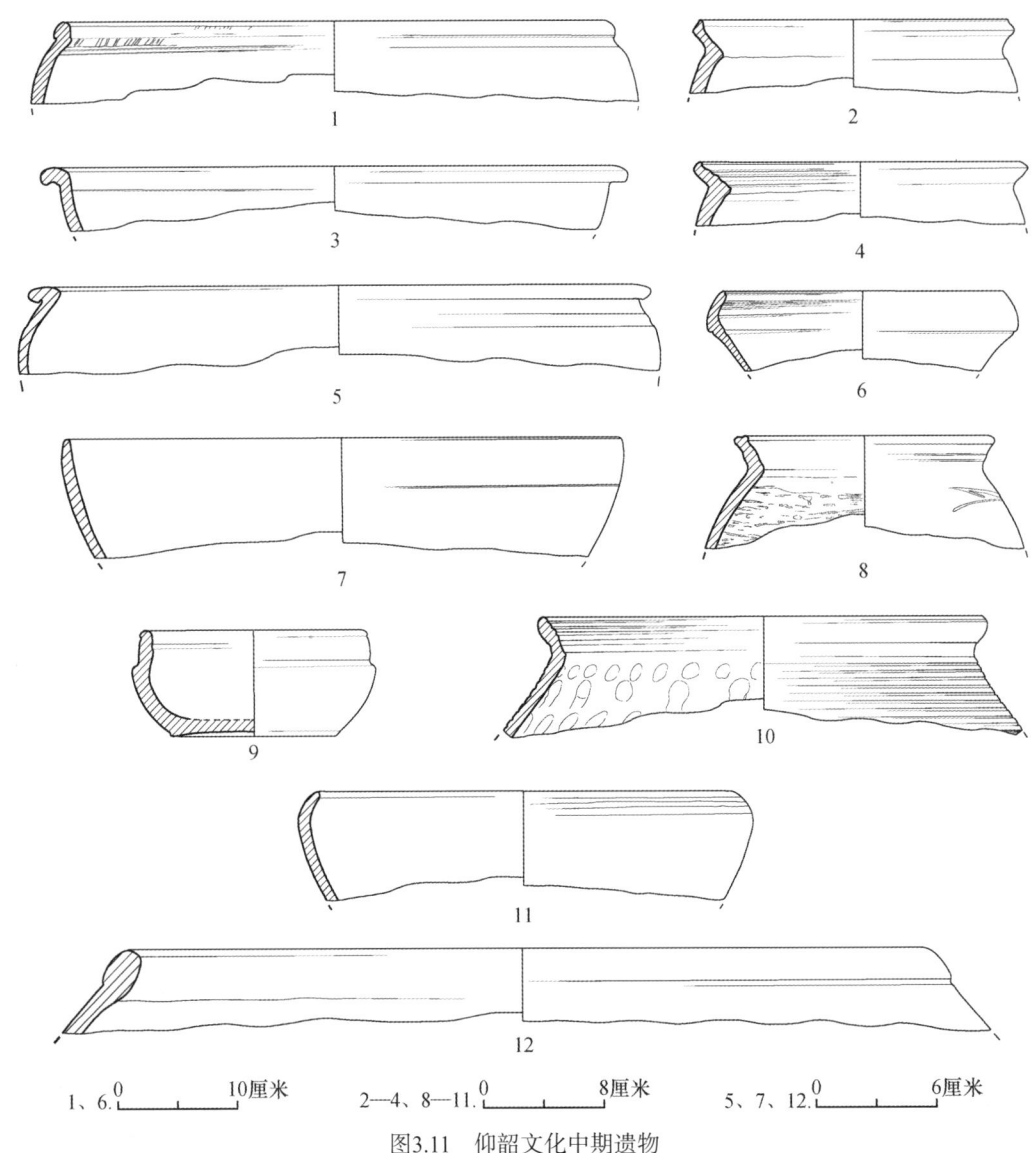

图3.11 仰韶文化中期遗物

1、3、6.盆（185∶7、185∶5、184∶5） 2、5、8、10、12.罐（184∶11、218M1∶3、193∶2、198H1∶2、184∶12） 4.鼎（184∶8） 7、11.钵（185∶3、184∶6） 9.碗（185∶4）

3. 晚期

仰韶文化晚期的遗存，研究者一般将其划归西王村期（或称西王村文化、半坡四期、半坡晚期、半坡上层等）。洛阳盆地及周边区域该时期的考古学文化主要为王湾二期（也被称为仰韶文化王湾类型），或将其归入大河村文化（主要为大河村四期、也称秦王寨类型、阎寨类型等）。

（1）主要发现

该区域调查发现仰韶文化晚期的遗址数量较多，其中疑似含有仰韶文化晚期遗存的遗址，包括史家湾北（001）、南瓦窑（Y156）、康沟（Y158）、神北（Y161）、西石桥东（076）、孙家岗（077）、大郊寨东（087）、齐村西南（024）、刘窑东（180）、邢村（Y120）、冯寨西南（Y089）、府西村东北（Y111）、马屯北（Y070）、新后沟东（Y131）、喂庄南（Y024）、稍柴（Y1001）等合计16处。

确定含有仰韶文化晚期遗存的遗址数量较多，包括平乐A（034）、翟泉北（029）、翟泉西南（031）、保庄西北（046）、保庄北（047）、丁沟南（028）、丁沟新村南（027）、凹杨（004）、扁担赵南（003）、黑王（007）、景阳岗（041）、白村东北（043）、宋湾东南（042）、渔骨西南（044）、塔庄（063）、槐庙南（064）、汤泉沟（066）、寺沟（074）、寺沟南（Y151）、寺沟东南（Y152）、董沟（Y159）、金钟寺（081）、关公冢（089）、四角楼（091）、圪当头东北（093）、谷堆头寨（094）、纲常（019）、齐村东南（023）、二郎庙北（026）、西石罢（016）、东马庄西（084）、杨闸东（161）、杨河西（163）、酒流沟水库西（159）、酒流沟水库北（158）、袁沟B（166）、毛村东（164）、俎家庄北（156）、南寨上村东（154）、南寨西村南（151）、王湾西北（195）、陈家窑（184）、宫家窑（183）、刘李东北（181）、刘李西北（182）、九贤（139）、苏家窑西北（137）、武屯东南（152）、东庞村北（150）、杨村北（145）、掘山（147）、石牛沟（124）、高崖西（134）、高崖东北（132）、半个寨西南（131）、五岔沟西北（130）、铁窑东南（218）、杨寨西南（215）、铁窑东（219）、杨寨西（214）、铁村南（220）、马寨西（213）、寨湾东南（216）、寨湾东北（217）、西张庄东南（222）、西张庄东北（221）、韩村B（202）、符家寨西（200）、符家寨东北（198）、张村东南（123）、裴村A（118）、裴村B（119）、裴村C（120）、程子沟南（116）、陶化店水库（126）、卢村东北（Y169）、西齐家窑（Y165）、灰嘴东（Y127E）、郑村西（Y194）、东管茅东（Y202）、老周寨（Y200）、老屯寨（Y199）、布村东南（Y204）、新寨北嘴（Y197）、马河北（Y207）、张湾西北（Y210）、王湾西北（Y209）、金屯东（Y215）、北吴家湾（Y214）、南吴家湾东南（Y213）、吊桥寨东南（Y216）、北寨东南（Y218）、北寨北（Y219）、盆窑寨东南（109）、东王河东南（101）、东王河北（100）、铺刘北（128）、吴家湾东南（107）、段西村西北（105）、段西村东北（106）、苗湾东南（098）、苗湾C（097）、苗湾B（096）、苗湾A（095）、邢村东（Y121）、半个寨（Y123）、赵城水库东（Y119）、赵城（Y077）、小相西南（Y080）、冯寨西北（Y090）、南村寨东南（Y061）、滑城河西（Y109）、滑城河北（Y108）、府西村北（Y110）、桑沟五队北（Y126）、三官庙窑厂东南（Y105）、桑沟南（Y066）、三官庙北（Y104）、马屯新村（Y069）、马屯老村（Y102）、顾家屯南（Y098）、刘乐寨西南（Y075）、曹河水库西（Y133）、北后沟西北（Y139）、堤东（Y052）、龙骨堆（Y053）、天坡（Y049）、羽林庄南（Y050）、上庄东南（Y039）、上庄南（Y037）、东山原（Y041）、夹津口（Y030）、坞罗河水库西1（Y025）、罗口（Y022）、喂庄东南（Y020）、喂庄东南角（Y023）、喂庄西（Y019）、喂庄西南（Y018）、南石（Y1003）等合计139处。

以上总计155处（图3.12）。

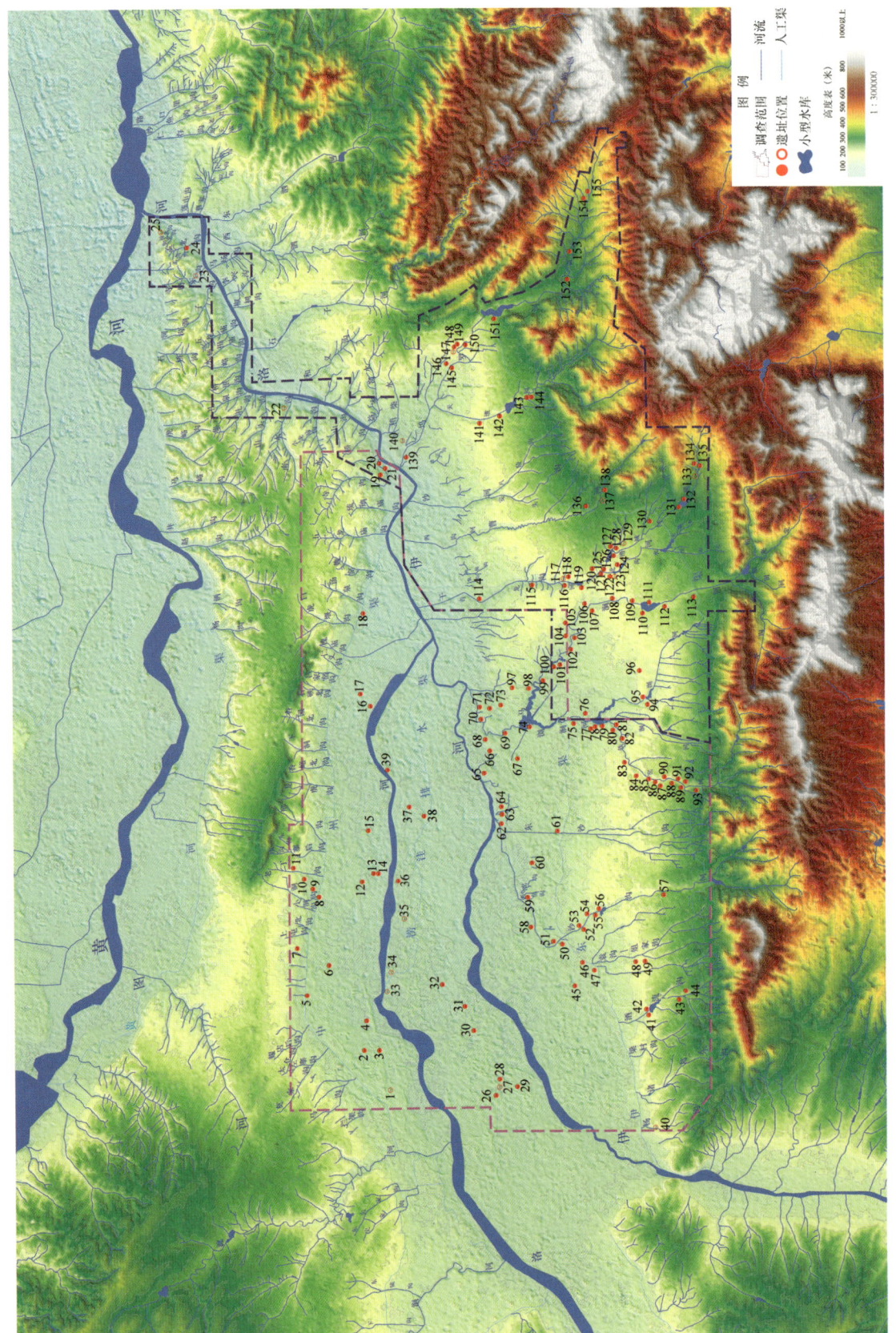

图3.12 仰韶文化晚期遗址分布图

1. 史家湾北（001） 2. 凹杨（004） 3. 扁担赵南（003） 4. 黑王（007） 5. 平乐A（034） 6. 翟泉西南（031） 7. 翟泉北（029） 8. 保庄西南（046） 9. 保庄北（047） 10. 丁沟新村南（027） 11. 丁沟南（028） 12. 景阳岗（041） 13. 渔骨西南（042） 14. 禾湾东南（044） 15. 白村东北（043） 16. 塔庄（063） 17. 槐庙南（064） 18. 汤泉沟（066） 19. 寺沟（074） 20. 寺沟东南（Y152） 21. 寺沟南（Y151） 22. 南瓦窑（Y156） 23. 康沟（Y158） 24. 董沟（Y159） 25. 神北（Y161） 26. 纲常（019） 27. 齐村西南（024） 28. 齐村东南（023） 29. 二郎庙注（026） 30. 西石垩（016） 31. 东马庄西（084） 32. 金钟寺（081） 33. 西石水库北（077） 34. 孙家岗（087） 35. 大邹寨东（089） 36. 关公家（089） 37. 圪当头东北（093） 38. 四角楼（091） 39. 合堆头寨（094） 40. 刘峪东（180） 41. 酒流沟水库北（158） 42. 酒流沟东南（159） 43. 杨河西（163） 44. 杨阿东（161） 45. 南寨西村南（151） 46. 南寨上村东（154） 47. 祖家庄北（156） 48. 毛村东（164） 49. 袁沟B（166） 50. 苏家窑西北（137） 51. 武屯东南（152） 52. 刘李西北（182） 53. 九贤（139） 54. 官家窑（183） 55. 刘李东北（181） 56. 陈家窑（184） 57. 王湾西北（195） 58. 东庞村北（150） 59. 掘山（147） 60. 杨村北（145） 61. 石牛沟（124） 62. 高崖东（134） 63. 高崖西（132） 64. 半个寨西南（131） 65. 五岔沟西北（130） 66. 段西村西北（105） 67. 铺刘北（128） 68. 段东寨村东北（106） 69. 吴家湾东南（107） 70. 苗湾A（095） 71. 苗湾B（096） 72. 苗湾C（097） 73. 苗湾东南（098） 74. 程子沟西南（126） 75. 程村南（116） 76. 西张庄西北（Y194） 77. 裴村C（120） 78. 裴村B（119） 79. 裴村A（118） 80. 张村东南（123） 81. 符家寨西（198） 82. 符家寨东北（200） 83. 韩村南B（202） 84. 西张庄东北（221） 85. 西张庄东南（222） 86. 寨湾东北（217） 87. 寨湾东北（216） 88. 铁沟东（219） 89. 铁村南（220） 90. 马寨西（213） 91. 杨寨西（214） 92. 杨寨西（215） 93. 铁窑东南（218） 94. 灰嘴（Y127E） 95. 西齐家窑（Y165） 96. 卢村东北（Y169） 97. 东王河北（Y214） 98. 王河东南（101） 99. 盆窑寨东北（109） 100. 北梁北（Y219） 101. 北寨西南（Y218） 102. 吊桥寨东南（Y197） 103. 南吴家湾东南（Y216） 104. 北吴家湾（Y204） 105. 金屯东（Y215） 106. 王湾西北（Y209） 107. 张家湾西北（Y210） 108. 马河北（Y207） 109. 新寨北嘴（Y199） 110. 布村东北（Y213） 111. 老屯寨（Y200） 112. 老周寨（Y202） 113. 东管茅东（Y203） 114. 刘乐寨西南（Y075） 115. 顾家屯南（Y098） 116. 马屯老村（Y102） 117. 马屯北（Y070） 118. 马屯新村（Y069） 119. 三官庙北（Y104） 120. 桑沟东南（Y066） 121. 三官庙窑厂东南（Y105） 122. 府西村北（Y110） 123. 府西村东北（Y111） 124. 滑城河北（Y109） 125. 桑沟五队北（Y108） 126. 滑城河北（Y126） 127. 南村寨东南（Y061） 128. 冯寨西北（Y090） 129. 冯寨西南（Y089） 130. 小相西南（Y080） 131. 赵城西南（Y077） 132. 赵城水库东（Y120） 133. 邢村（Y121） 134. 邢村东（Y123） 135. 半个寨（Y139） 136. 北后沟西北（Y139） 137. 新后沟东（Y131） 138. 曹河西（Y133） 139. 南石（Y1001） 140. 稻柴（Y1003） 141. 羽林庄南（Y050） 142. 天坡（Y049） 143. 龙骨堆（Y053） 144. 堤东（Y052） 145. 喂庄西南（Y018） 146. 喂庄西（Y019） 147. 喂庄南（Y024） 148. 喂庄南角（Y023） 149. 喂庄东南（Y020） 150. 罗口（Y022） 151. 垡罗水库西1（Y025） 152. 夹津口（Y330） 153. 东山原（Y041） 154. 上庄（Y037） 155. 上庄东南（Y039）

（2）数量与规模

调查发现的属于仰韶文化晚期的遗址共计155处，遗址数量较上一时期增加了90%以上，其中共57处遗址为上一个时期的延续，接近仰韶文化中期遗址数量的71.2%，另外98处为这一阶段新出现的遗址，约占仰韶文化晚期遗址总数的63%。一定程度上反映了仰韶文化中、晚期之间居民的延续性，同时人口数量可能又有较大规模的提升。

由于调查过程中难以确定复合型遗址不同时期遗存的准确面积，而仰韶文化遗址中，相当数量的遗址均包含不同时期的遗存。从面积可以大体确定的遗址来看，多数遗址仍维持较小的规模，面积不超过10万平方米，相当数量遗址的面积在1万平方米以下，部分遗址的面积较大，如高崖西（134）、酒流沟水库西（159）、金钟寺（081）、掘山（147）、宫家窑（183）、陈家窑（184）等面积约在20万平方米左右。大体来看，仰韶文化晚期的遗址基本维持了仰韶文化中期的两级聚落体系，即十数个区域性的中心聚落和百余个小型聚落。

（3）分布特点

从遗址的分布状况来看，不管是伊洛河平原地区还是两侧的丘陵地带，遗址的密度均较上一个时期有较大提升，其中伊河南岸的酒流沟、浏涧河、干沟河、坞罗河流域的遗址数量增加得更为明显。而洛河以北区域和伊洛河之间区域内遗址数量的增加，一定程度上揭示了人们对于海拔较高地区和海拔相对较低地区资源获取能力的提升。

（4）遗物特征

调查中采集的仰韶晚期的遗物数量较多，大部分为陶器。也见有不少的石铲、石刀、石镰等（图3.13）。

采集的陶器中泥质和夹砂的数量都比较多。泥质陶多为红色，不少饰有彩绘，彩陶有复彩，晚期还有横S形纹、X纹、"川"字纹、钩形纹，图案有弧边三角纹、月牙纹、太阳纹、网格纹、六角星纹、直线纹、斜线纹等，器形多为大口罐、敛口钵、折腹和曲腹盆、碗、小口尖底瓶。夹砂陶多为炊器，纹饰有少量绳纹、附加堆纹、横篮纹。常见器形有器盖、釜形鼎、罐形鼎、罐、大口尖底缸等。此外还有不少有镂孔的陶豆等。

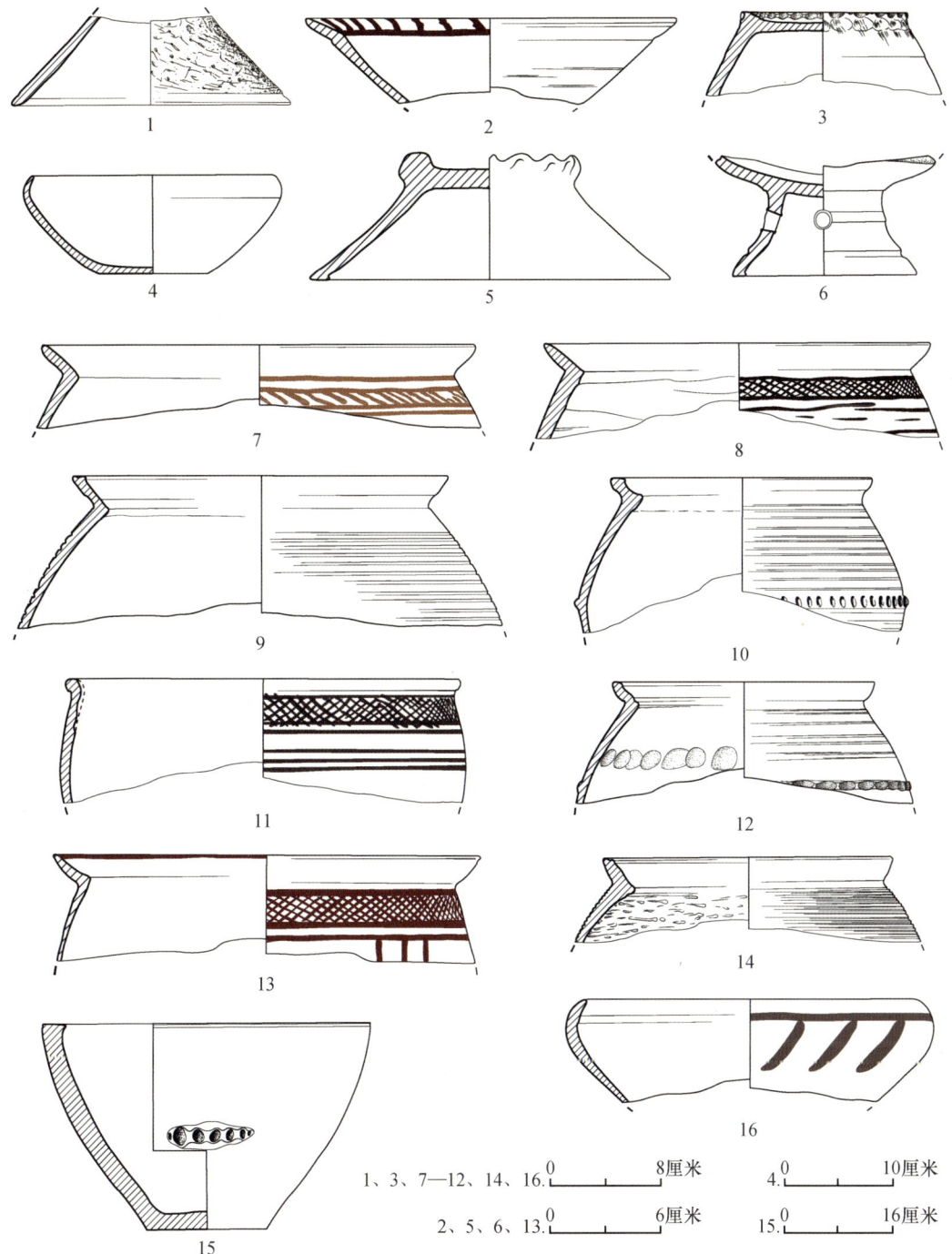

图3.13　仰韶文化晚期遗物图

1、3、5.器盖（046H2：2、217：4、213H4：3）　2、4、16.钵（181：24、213H4：7、181：25）　6.壶（181：26）
7—9、11—14.罐（132：1、216H8：4、077H1：1、074：9、181：15、213H1：5、217：5）　10.罐形鼎（046H2：1）
15.缸（213H4：2）

（三）龙山文化

龙山文化为新石器时代末期考古学文化的统称。

根据现有的研究来看，新石器时代末期本区域的考古学文化主要有庙底沟二期文化、大河村五期文化以及王湾三期文化。一般来讲，本区域龙山时代早期的考古学文化主要为前两者，晚期的考古学文化则主要为王湾三期文化。

部分仰韶文化晚期和龙山文化早期之间的遗存被认为属于仰韶至龙山过渡期的遗存，下文在叙述中，一般将过渡期（包括王湾二期晚段）的遗存归入龙山文化早期，将龙山时代晚期的典型龙山文化称之为龙山文化晚期。

调查区域内发现的属于疑似龙山文化遗存的遗址有石桥东南（050）、龙虎滩北（040）、白村东北（043）、古城东北（056）、石家庄（075）、关庄东南（088）、火龙庙（017）、袁沟西（170）、大王村东北（155）、苏家窑南（138）、西庞村西北（135）、西窑沟（148）、高崖东北（132）、西张庄东南（221）、符家寨东北（198）、崔河北（115）、扒头西南（Y180）、泉寨西（Y170）、西齐家窑东南（Y164）、灰嘴北（Y192）、铺刘北（128）、南石路南（Y046）等，合计22处。确定含有龙山文化遗存不能判定早晚阶段的遗址2处，为东王河（099）、盆窑寨西南（110）遗址。其余190处遗址，均可以判定属于具体阶段。

以上总计214处（图3.14）。

1. 早期（庙底沟二期文化/大河村五期）

区域内属于龙山时代早期的考古学文化主要为庙底沟二期文化或大河村五期文化。

（1）主要发现

调查发现的疑似含有早期遗存的遗址有凹杨（004）、扁担赵南（003）、史家湾北（001）、塔庄（063）、槐庙南（064）、汤泉沟（066）、大郊寨东（087）、齐村西南（024）、西马庄西北（086）、武屯东南（152）、马河北（Y207）、段西村东北（106）、邢村（Y120）、三官庙窑厂东南（Y105）、喂庄东南角（Y023）、南石（Y1003）等16处。明确含有早期遗存的遗址有翟泉西南（031）、景阳岗（041）、宋湾东南（042）、山圪垱（072）、寺沟（074）、寺沟东南（Y152）、董沟（Y159）、四角楼（091）、西石罢（016）、牛王庙东北（078）、金钟寺（081）、酒流沟水库西（159）、宫家窑（183）、九贤（139）、苏家窑西北（137）、掘山（147）、肖村南寨（209）、石牛沟（124）、高崖西（134）、铁窑东南（218）、马寨西（214）、寨湾东南（216）、西张庄东北（221）、符家寨西（200）、张村东南（123）、裴村A（118）、卢村东北（Y169）、卢村北（Y168）、高祖庙（Y167）、灰嘴东（Y127E）、东管茅东（Y202）、老屯寨（Y199）、北寨东南（Y218）、盆窑寨东南（109）、东王河东南（099）、苗湾B（096）、苗湾A（095）、

图3.14　龙山文化遗址分布图

1. 西吕庙（014）　2. 史家湾北（001）　3. 凹杨（004）　4. 扁担赵南（003）　5. 油王南（005）　6. 平乐A（034）　7. 翟泉西南（031）　8. 保庄西北（046）　9. 保庄北（047）　10. 丁沟新村南（027）　11. 龙虎滩北（040）　12. 景阳岗（041）　13. 宋湾东南（042）　14. 石桥东南（050）　15. 白村东北（043）　16. 南蔡庄西北（052）　17. 古城东北（056）　18. 塔庄（063）　19. 槐庙南（064）　20. 汤泉沟（066）　21. 王窑（073）　22. 山圪垱（072）　23. 寺沟（074）　24. 寺沟南（Y151）　25. 寺沟东南（Y152）　26. 石家庄（075）　27. 石家庄西南（Y153）　28. 董沟（Y159）　29. 神北（Y161）　30. 桂连凹东北（021）　31. 纲常（019）　32. 齐村西南（024）　33. 夏庄西北（025）　34. 二郎庙北（026）　35. 西石罡（016）　36. 火龙庙（017）　37. 潘寨老寨东（015）　38. 西马庄西北（086）　39. 大郎庙南（083）　40. 东马寨西（084）　41. 金钟寺（081）　42. 碑楼南（085）　43. 罗圪垱（082）　44. 牛王庙东北（078）　45. 西石桥东（076）　46. 大郊寨东（087）　47. 关庄东南（088）　48. 四角楼（091）　49. 谷堆头寨（094）　50. 刘窑东（180）　51. 洒流沟水库西（159）　52. 杨圳东南（160）　53. 南寨西村南（151）　54. 南寨上村东（154）　55. 俎家庄北（156）　56. 毛village东（164）　57. 袁沟西（170）　58. 袁沟B（166）　59. 袁沟东南（173）　60. 大王村西北（155）　61. 常村东北（169）　62. 武屯南（153）　63. 武屯东南（152）　64. 苏家窑西北（137）　65. 苏家窑南（138）　66. 九贤（139）　67. 宫家窑（183）　68. 刘李东北（181）　69. 刘李寨B（187）　70. 陈家窑（184）　71. 刘李寨A（186）　72. 西湾北（189）　73. 沙沟南（188）　74. 杨装屯西南（190）　75. 马寨（192）　76. 东庞村北（150）　77. 掘山（147）　78. 西窑沟（148）　79. 杨村北（145）　80. 东庞村南（136）　81. 新彭店东（143）　82. 石牛沟（124）　83. 肖村南寨（209）　84. 高崖西（134）　85. 高崖东北（132）　86. 半个寨西南（131）　87. 五岔沟西北（130）　88. 铺刘北（128）　89. 段东村东北（106）　90. 苗湾A（095）　91. 苗湾B（096）　92. 吴家湾东南（107）　93. 崔河北（115）　94. 涧东村西北（Y196B）　95. 程子沟（117）　96. 程子沟南（116）　97. 裴村D（121）　98. 裴村B（119）　99. 裴村A（118）　100. 裴村E（122）　101. 张村东南（123）　102. 符家寨东北（198）　103. 符家寨西（200）　104. 西张庄东北（221）　105. 西张庄东南（222）　106. 寨湾东北（217）　107. 寨湾东南（216）　108. 符窑东（219）　109. 曹寨北（212）　110. 马寨西（213）　111. 杨寨西（214）　112. 杨寨东南（215）　113. 铁窑东南（218）　114. 刘国故城（Y190）　115. 郑窑南（Y189）　116. 灰嘴北（Y192）　117. 西齐家窑西北（Y188）　118. 西齐家窑东北（Y166）　119. 灰嘴（Y127E）　120. 泉寨西（Y170）　121. 双泉南（Y172）　122. 高祖庙（Y167）　123. 卢村北（Y168）　124. 卢村东北（Y169）　125. 西齐家窑东南（Y164）　126. 卢村西北（Y176）　127. 卢村西（Y177）　128. 双泉东北（Y224）　129. 卢村西南（Y227）　130. 卢村南（Y186）　131. 任才村东南（Y178）　132. 任才村东南（Y179）　133. 扒头西南（Y180）　134. 九龙水库东南（Y183）　135. 邢村东（Y225）　136. 邢寨东北（Y226）　137. 陶化店水库东（108）　138. 东王河（099）　139. 东王河东南（101）　140. 盆窑寨西南（110）　141. 盆窑寨东南（109）　142. 北寨北（Y219）　143. 北寨东南（Y218）　144. 凤凰台（Y220）　145. 邱河西（Y221）　146. 吊桥寨东南（Y216）　147. 南吴家湾东南（Y213）　148. 林小寨西南（Y212）　149. 北吴家湾（Y214）　150. 林小寨（Y211）　151. 张湾西北（Y210）　152. 马河北（Y207）　153. 新寨北嘴（Y197）　154. 布村东（Y206）　155. 屯寨西北（Y198）　156. 老屯寨（Y199）　157. 东管茅东（Y202）　158. 西口孜（Y201）　159. 肖村北（102）　160. 念子庄西北（Y073）　161. 顾家屯南（Y098）　162. 李家湾东（Y099）　163. 孙家厕南（Y100）　164. 贾屯（Y101）　165. 马屯老村（Y102）　166. 马屯北（Y070）　167. 马屯新村（Y069）　168. 桑沟西北（Y067）　169. 三官庙窑厂（Y106）　170. 三官庙窑厂东南（Y105）　171. 桑沟五队北（Y126）　172. 府西村北（Y110）　173. 滑城河西（Y109）　174. 桑沟老村（Y065）　175. 南村寨西南（Y063）　176. 南村寨南（Y060）　177. 滑城河北（Y108）　178. 冯寨西北（Y090）　179. 滑城河东（Y112）　180. 冯寨西南（Y089）　181. 府北村北（Y113）　182. 颜良寨水库西（Y087）　183. 颜良寨水库西南（Y114）　184. 小相西南（Y080）　185. 赵城（Y077）　186. 邢村（Y120）　187. 邢村东（Y121）　188. 半个寨（Y123）　189. 北后沟西北（Y139）　190. 新后沟（Y130）　191. 新后沟东（Y131）　192. 南沟（Y134）　193. 曹厕（Y135）　194. 金钟寺（Y054）　195. 龙骨堆（Y053）　196. 堤东（Y052）　197. 小訾北（Y1004）　198. 南石（Y1003）　199. 小訾南（Y1005）　200. 南石路北（Y046）　201. 稍柴（Y1001）　202. 喂庄西南（Y018）　203. 喂庄东南角（Y023）　204. 罗口（Y022）　205. 坞水库西1（Y025）　206. 坞南店（Y032）　207. 寺院沟（Y034）　208. 双河（Y047）　209. 涉村上古朵（Y040）　210、211. 业茂沟/小南沟 西南（Y144、Y145）　212—214. 东沟北/西北/东（Y146—Y148）

邢村东（Y121）、半个寨（Y123）、滑城河东（Y112）、滑城河西（Y109）、滑城河北（Y108）、府西村北（Y110）、桑沟五队北（Y126）、北后沟西北（Y139）、堤东（Y052）、坞罗水库西1（Y025）、喂庄西南（Y018）等48处。

以上共计64处（图3.15）。

（2）数量规模

根据调查的结果来看，龙山时代早期的遗址数量仅为64处，与仰韶文化晚期相比，减少幅度接近60%，这种现象出现的原因值得深入探讨。

从遗址的规模来看，由于复合型的遗址数量较多，该时期遗存的面积多不能准确确定。整体来看，遗址面积多不大，目前难以判定哪些遗址是区域性的中心聚落。

（3）分布特点

从遗址的分布状况来看，这一时期遗址密度相对较高的区域为瀍涧河、马涧河流域，其次为伊洛河谷的南岸台地上，伊洛河冲积平原区的遗址数量虽然也不少，但是密度显然偏低，高海拔地区的遗址数量相对不多。

（4）遗物特征

龙山早期的遗物采集的相对较少，多为陶器。陶器见夹砂陶和泥质陶，也见有一定数量的磨光陶。纹饰以绳纹为主，篮纹次之，另有一定数量的附加堆纹和弦纹等。炊器类常见有鼎、斝，盛器类常见瓮、缸、盆、罐等，此外还见有钵、豆、杯、壶、器盖等器形。石器见有斧、锛、铲、刀等（图3.16）。

该区域可能为庙底沟二期文化和大河村五期遗存的交错分布区，少量遗址发现的遗物见有庙底沟二期文化遗物的特征，较多遗址的遗物显示出大河村五期遗存的特征，个别遗址还见有大汶口文化晚期风格的遗物，上述不同文化因素的遗物在洛阳盆地的遗址内出现，显示出了龙山时代早期区域内文化面貌的复杂性与多样性，值得关注。

2. 晚期（王湾三期文化）

洛阳盆地及其周边，龙山晚期的遗存主要为王湾三期文化。

（1）主要发现

调查区域内发现的疑似含有龙山晚期遗存的有南蔡庄西北（052）、神北（Y161）、夏庄西北（025）、罗圪垱（025）、常村东（169）、裴村E（122）、卢村西南（Y227）、卢村西北（Y176）、林小寨（Y211）、桑沟老村（Y065）、马屯北（Y070）、孙家峆南（Y100）、肖村北（102）、龙骨堆（Y053）、金钟寺（Y054）、双河（Y047）、稍柴（Y1001）等17处。

确定含有晚期遗存的遗址有西吕庙（014）、平乐A（034）、保庄西北（046）、保庄北（047）、丁沟新村南（027）、凹杨（004）、扁担赵南（003）、油王南（005）、景阳岗（041）、塔庄（063）、槐庙南（064）、王窑（073）、寺沟（074）、寺沟南（Y151）、寺沟东南（Y152）、西石桥东（076）、四角楼（091）、谷堆头寨（094）、桂连圪东北

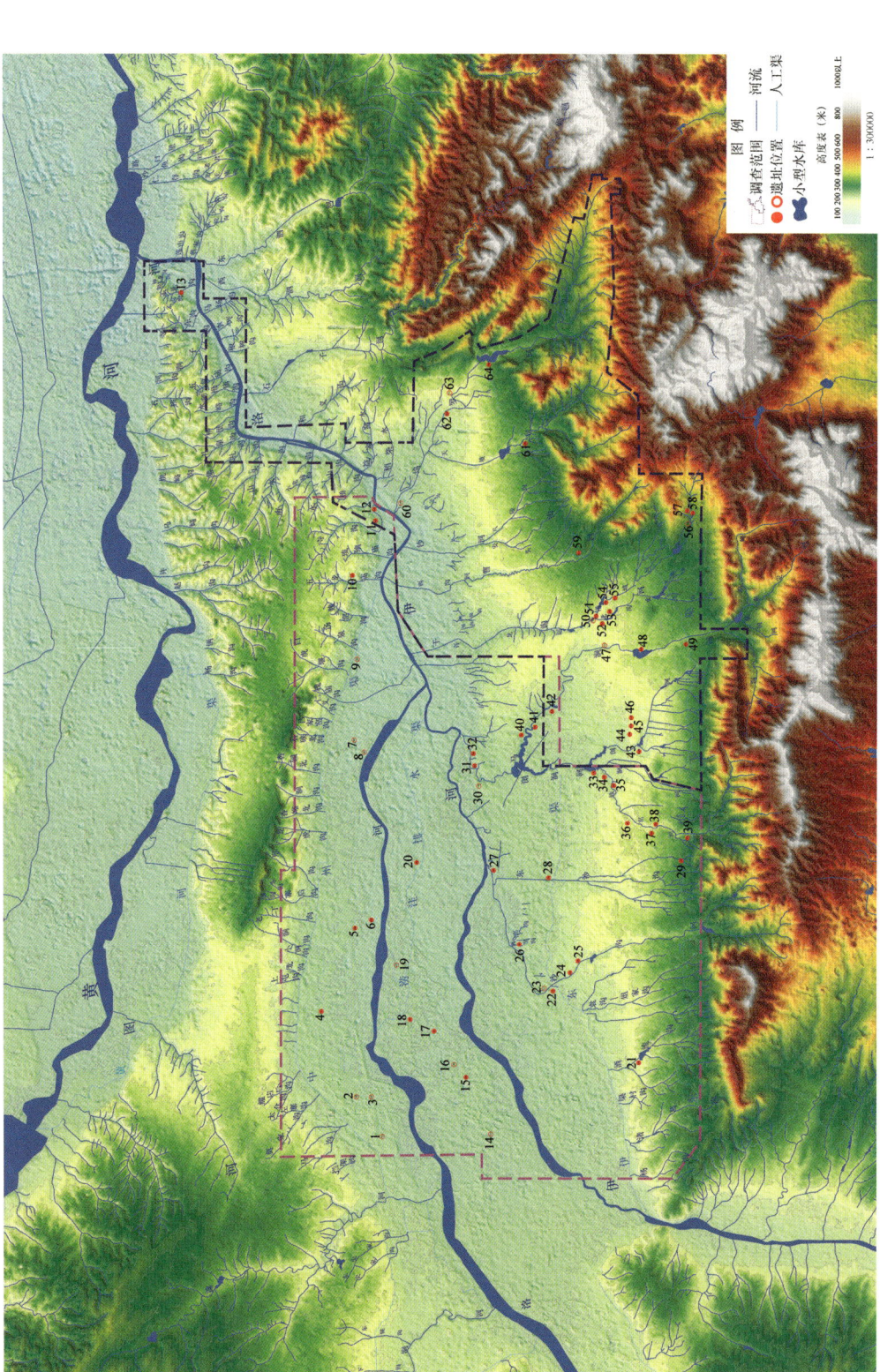

图 3.15 龙山文化早期遗址分布图

1. 史家湾北（001） 2. 凹杨（004） 3. 扁担楖南（003） 4. 翟泉西南（031） 5. 景阳冈（041） 6. 宋湾东南（042） 7. 槐庙南（064） 8. 塔庄（063） 9. 汤泉沟（066） 10. 山圪垯（072） 11. 寺沟（074） 12. 寺沟东南（Y152） 13. 董沟（024） 14. 西石崖（016） 15. 西马庄西北（086） 16. 西马庄西北（152） 17. 金钟寺（081） 18. 牛王庙东北（078） 19. 大郊寨东（087） 20. 四角楼（091） 21. 酒流沟水库西（159） 22. 苏家窑西北（137） 23. 武屯西南（137） 24. 九贤（139） 25. 宫家窑（183） 26. 掘山（147） 27. 高崖西（124） 28. 石牛沟（134） 29. 首村南寨（209） 30. 段东村东北（106） 31. 苗湾B（096） 32. 苗湾A（095） 33. 裴村A（118） 34. 张村东南（123） 35. 符家寨西（200） 36. 西张庄东北（221） 37. 寨湾东南（216） 38. 马寨西（213） 39. 铁窑东南（101） 40. 东王河东南（218） 41. 盆窑寨东南（109） 42. 北寨东南（Y202） 50. 三官庙窑厂东南（Y218） 43. 灰嘴（Y127E） 44. 高祖庙（Y126） 45. 卢村北（Y167） 46. 卢村东北（Y168） 47. 马河北（Y169） 48. 老屯寨（Y207） 49. 东管茅东（Y199） 56. 邢村（Y120） 57. 邢村东（Y121） 51. 寨沟五队北（Y105） 52. 府西村（Y139） 53. 渭城河西（Y109） 54. 渭城河东（Y108） 55. 馒庄河北（Y112） 63. 喂庄东南角（Y023） 64. 坞罗水库1（Y025） 58. 半个寨（Y123） 59. 北后沟西北（Y110） 60. 南石（Y1003） 61. 堤东（Y052） 62. 馒庄西南（Y018）

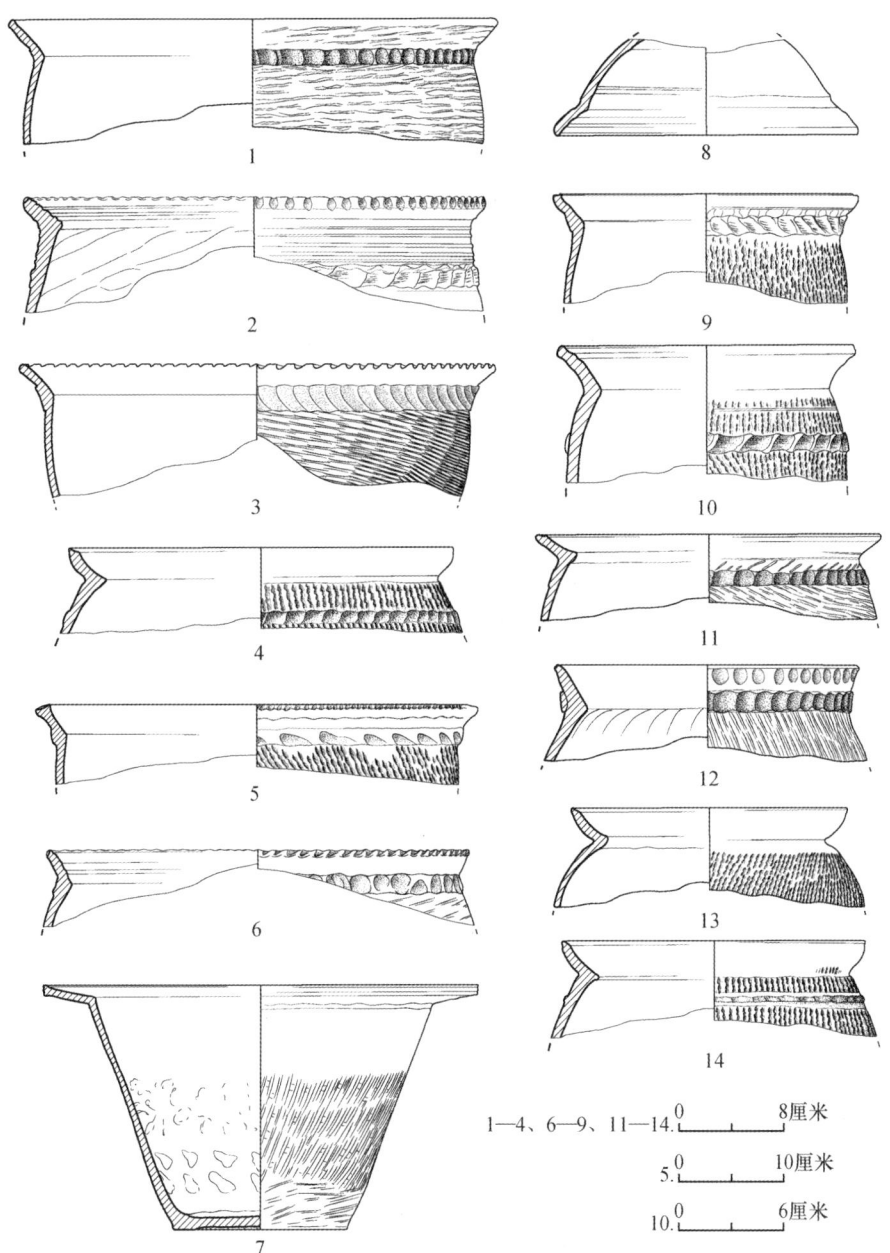

图3.16 龙山文化早期遗物

1、4、9、11、14.鼎（095∶26、016∶25、213∶10、095∶24、016∶21） 2、3.缸（213∶9、Y152H2∶6） 5、6、10、12、13.罐（074∶14、074∶11、200∶2、139∶7、139∶9） 7.盆（221H1∶1） 8.器盖（213H2∶1）

（021）、纲常（019）、二郎庙北（026）、潘寨老寨东（015）、西马庄西北（086）、西石罢（016）、大郎庙南（083）、东马庄西（084）、金钟寺（081）、碑楼南（085）、刘窑东（180）、杨闵东南（160）、酒流沟水库西（159）、袁沟东南（173）、袁沟B（166）、毛村东（164）、俎家庄北（156）、南寨上村东（154）、南寨西村南（151）、马寨（192）、杨裴屯西南（190）、沙沟西（188）、西湾北（189）、刘李寨A（186）、陈家窑（184）、刘李寨B（187）、刘李东北（181）、九贤（139）、苏家窑西北（137）、武屯东南（152）、武屯南（153）、东庞村北（150）、东庞村南（136）、杨村北（145）、掘山（147）、新彭店东（143）、高崖西（134）、半个寨西南（131）、五岔沟西北（130）、铁窑东南（218）、杨寨西南（215）、铁窑东（219）、杨寨西（214）、马寨西（213）、寨湾东南（216）、寨湾东北（217）、曹寨北（212）、张村东南（123）、裴村A（118）、裴村B（119）、裴村D（121）、程子沟南（116）、程子沟（117）、邢寨东北（Y226）、邢村东（Y225）、九龙水库东南（Y183）、任才村东南（Y179）、任才村西南（Y178）、卢村南（Y186）、卢村西（Y177）、双泉东北（Y224）、卢村东北（Y169）、双泉南（Y172）、灰嘴东（Y127E）、西齐家窑东北（Y166）、西齐家窑西北（Y188）、郑窑南（Y189）、刘国故城（Y190）、涧东村西北（Y196B）、西口孜（Y201）、老屯寨（Y199）、屯寨西北（Y198）、布村东（Y206）、新寨北嘴（Y197）、马河北（Y207）、张湾西北（Y210）、北吴家湾（Y214）、南吴家湾东南（Y213）、林小寨西南（Y212）、邱河西（Y221）、凤凰台南（Y220）、吊桥寨东南（Y216）、北寨北（Y219）、陶化店水库东（108）、吴家湾东南（107）、苗湾B（096）、邢村东（Y121）、半个寨（Y123）、赵城（Y077）、小相西南（Y080）、颜良寨水库西南（Y114）、颜良寨水库西（Y087）、府北村北（Y113）、冯寨西南（Y089）、冯寨西北（Y090）、南村寨南（Y063）、滑城河西（Y109）、滑城河北（Y108）、府西村北（Y110）、南村寨西南（Y063）、桑沟东村（Y065）、桑沟五队北（Y126）、三官庙窑厂（Y106）、马屯新村（Y069）、马屯老村（Y102）、贾屯（Y101）、李家沟东（Y099）、顾家屯南（Y098）、念子庄西北（Y073）、曹阙（Y135）、南沟（Y134）、新后沟东（Y131）、新后沟（Y130）、涉村上古朵（Y040）、寺院沟（Y034）、坞罗南店（Y032）、坞罗水库西1（Y025）、罗口（Y022）、喂庄西南（Y018）、南石（Y1003）、小訾殿南（Y1005）、小訾殿北（Y1004）、业茂沟（Y144）、小南沟西南（Y145）、东沟北（Y146）、东沟西北（Y147）、东沟东（Y148）等145处。

以上总计162处（图3.17）。

（2）数量规模

龙山晚期的遗址数量较上一个时期有了大幅的提升，增量接近160%。不少遗址为复合型遗址，其中36处遗址见有龙山早期遗存，这些遗址存续至龙山晚期。其他126处遗址为该时期新出现遗址，反映出了龙山晚期区域内的遗址数量和人口较上一时期有了较大的增加。

从遗址的规模来看，2个较大型遗址位于伊河南岸，面积超过了50万平方米。近10个中型遗址分布于洛河北岸、伊河南岸和伊洛河之间，面积在20万平方米上下，其余近百处遗址的规模多在10万平方米以下。

（3）分布特点

从分布状况来看，龙山时代晚期的遗址主要集中于三个区域：其一为洛河以北的邙山南麓冲积平原上；其二为伊洛河之间五凤岭周围的古伊洛河交汇处上游；其三为伊河南岸支流中较大的几条支流两侧，包括袁沟、沙河、浏涧河、马涧河、干沟河与坞罗河等。

伊河南岸的南寨上村东（154）、高崖西（134）2处遗址，面积较大。洛河北岸的3处包括

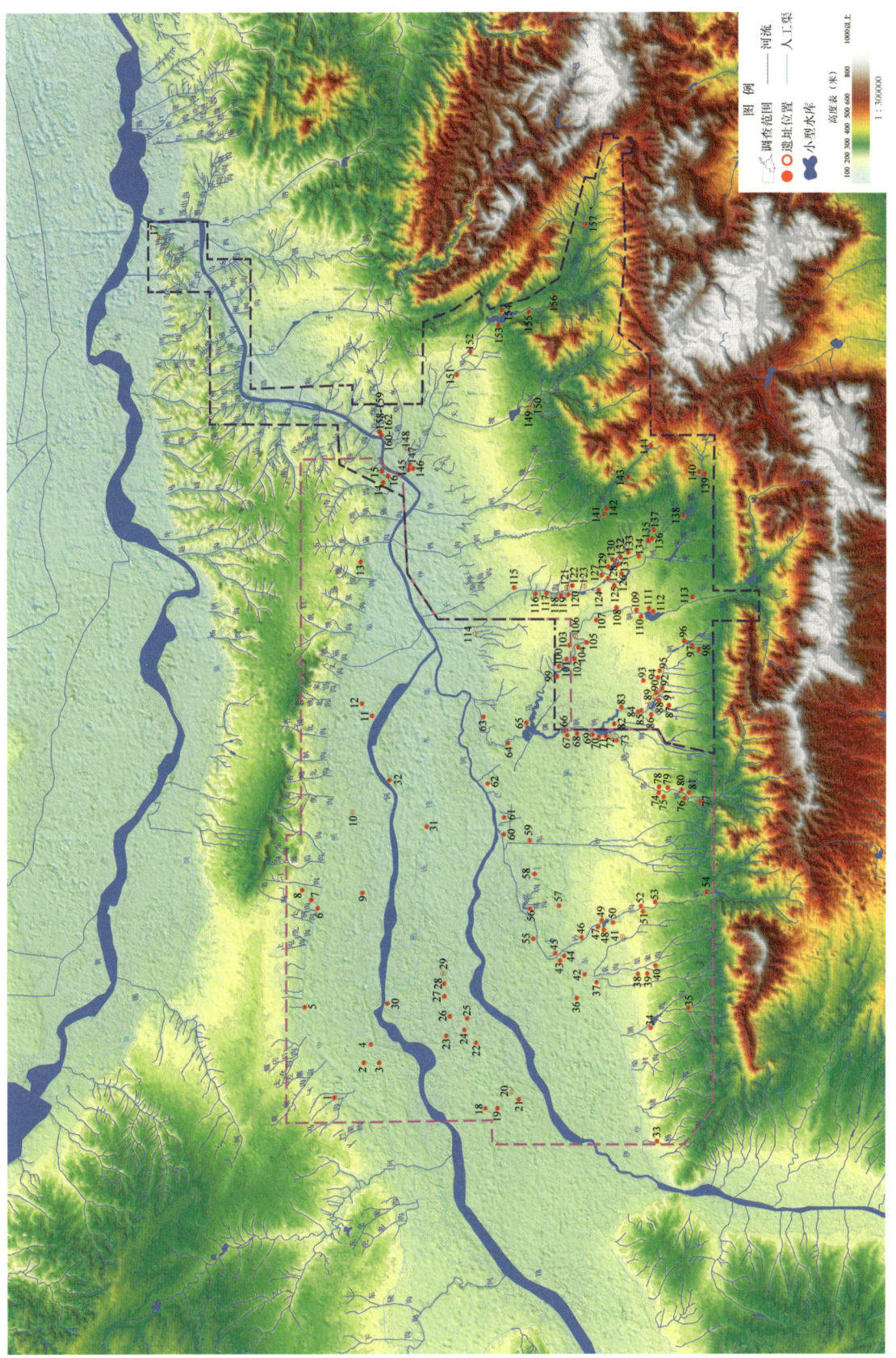

图3.17 龙山文化晚期遗址分布图

1. 西吕庙（014） 2. 凹杨（004） 3. 扁担赵南（003） 4. 油王南（005） 5. 平乐A（034） 6. 保庄西南（046） 7. 保庄北（047） 8. 丁沟新村南（027） 9. 景阳岗（041） 10. 南蔡庄西北（052） 11. 塔庄（063） 12. 槐庙南（064） 13. 王窑（073） 14. 寺沟（074） 15. 寺沟东南（Y152） 16. 寺沟南（Y151） 17. 神北（Y161） 18. 桂连凹东北（021） 19. 纲常（019） 20. 夏庄西北（025） 21. 二郎庙北（026） 22. 西石罢（082） 23. 潘寨老寨东（015） 24. 西马庄西北（086） 25. 神北（Y161） 26. 大郎庙南（159） （083） 27. 金钟寺（081） 28. 碑楼南（085） 29. 罗圪垱（076） 30. 西石桥东（082） 31. 四角楼（091） 32. 谷堆头寨（094） 33. 刘窑东（180） 34. 酒流沟水库西（159） 35. 杨闹东南（160） 36. 南寨西南（151） 37. 殂家庄北（156） 38. 毛沟B（166） 39. 袁沟东南（173） 40. 袁沟东北（169） 41. 常村东（154） 42. 南寨上村东 43. 武 屯南（153） 44. 苏家窑西北（137） 45. 武屯东南（152） 46. 九贤（139） 47. 刘李东南（181） 48. 刘李寨B（187） 49. 陈家窑（184） 50. 刘李寨A（186） 51. 西湾北 （189） 52. 沙沟西（188） 53. 杨裴屯西南（190） 54. 马寨（192） 55. 东庞村北（136） 56. 掘山（147） 57. 东庞村南（136） 58. 杨村北（145） 59. 新彭店东（143） 60. 高崖西（134） 61. 半个寨西南（131） 62. 五盆沟西北（130） 63. 苗湾B（096） 64. 吴家沟西南（107） 65. 陶化店水库东（108） 66. 涧东村西北（Y196B） 67. 程子沟 （117） 68. 程子沟东（116） 69. 裴村D（121） 70. 裴村A（118） 71. 马寨B（119） 72. 裴村E（122） 73. 张村东南（123） 74. 寨湾东北（217） 75. 涧东村东（217） 76. 铁 窑东（219） 77. 铁窑东南（218） 78. 曹寨北（212） 79. 马寨西（213） 80. 杨寨西（214） 81. 杨寨东北（Y190） 82. 刘国故城（Y190） 83. 郑窑东南（Y189） 84. 齐家窑 西北（Y188） 85. 西齐家窑东北（Y166） 86. 灰嘴（Y127E） 87. 双泉南（Y172） 88. 双泉东北（Y179） 89. 卢村西北（Y176） 90. 卢村西（Y177） 91. 卢村西南（Y227） 92. 卢村南（Y186） 93. 卢村东北（Y169） 94. 任才村西南（Y178） 95. 任才村东南（Y216） 96. 九龙水库东南（Y216） 97. 邢村东（Y183） 98. 邢家寨东北（Y212） 99. 北寨 小寨（Y219） 100. 凤凰台南（Y220） 101. 邱河西（Y221） 102. 吊桥寨东北（Y178） 103. 北吴家湾（Y214） 104. 南吴家湾东南（Y213） 105. 林小寨西北（Y226） 106. 林 小寨（Y211） 107. 张沟西北（Y210） 108. 马河北（Y207） 109. 新寨北嘴（Y197） 110. 布村东（Y206） 111. 屯寨西南（Y198） 112. 老屯寨（Y199） 113. 西口孜（Y201） 114. 肖村北（Y102） 115. 念子庄西北（Y073） 116. 顾家屯南（Y098） 117. 李家阁南（Y099） 118. 孙家阁东（Y100） 119. 贾屯（Y101） 120. 马屯老村（Y102） 121. 马屯 北（Y070） 122. 马屯新村（Y069） 123. 秦沟西北（Y067） 124. 三官庙窑厂（Y106） 125. 府店村北（Y108） 126. 渭城河西（Y109） 127. 秦沟五队（Y065） 128. 秦沟五队 北（Y126） 129. 南村寨西南（Y063） 130. 南村寨南（Y060） 131. 渭城河北（Y090） 132. 冯寨西北（Y080） 133. 冯寨西南（Y089） 134. 府北村北（Y113） 135. 颜良寨 水库西（Y087） 136. 颜良寨水库西南（Y114） 137. 小湘西南（Y080） 138. 赵城（Y077） 139. 半个寨（Y123） 140. 邢家东（Y121） 141. 新后沟（Y130） 142. 新后沟东 （Y131） 143. 南闹（Y134） 144. 曹闹（Y1001） 145. 小訾默北（Y1004） 146. 小訾默南（Y1005） 147. 南石（Y1003） 148. 稍柴（Y1001） 149. 金钟寺（Y054） 150. 龙骨 堆（Y053） 151. 喂庄西南（Y018） 152. 罗口（Y022） 153. 坞罗水库西1（Y144, Y145） 154. 坞罗南店（Y032） 155. 寺院龙（Y034） 156. 双河（Y047） 157. 涉村上古朵（Y040） 158, 159. 业茂沟/小南沟西北/东（Y146—Y148） 160—162. 东沟北/西北/东（Y146—Y148）

景阳岗（041）、保庄西北（046）、寺沟（074，Y151—Y152），分布于洛阳盆地北侧的中部和东部。伊洛河之间的3处中型遗址即潘寨老寨东（015）、纲常（019）和金钟寺（081）。伊河南岸的支流附近的2处遗址陈家窑（184）和罗口（Y022），分别位于伊河南岸较大的支流沙河和坞罗河附近。上述8处遗址的规模较大，应该是不同片区的较高层级聚落，其余近百处遗址与前述较大型遗址一起共同构建了本区域内龙山时代晚期的三级聚落体系。

（4）遗物特征

调查中采集到的属于龙山时代晚期的遗物较多，主要为陶器。同时也见有不少的石器、骨器、蚌器等。石器包括铲、斧、锛、凿、刀、镰、矛、镞等。

陶器质地多为夹砂和泥质，颜色为灰色或者深灰色，这两类的数量最多。也见有不少的泥质黑陶、夹砂红陶。所见陶器多为轮制而成，器底可见轮旋纹，烧制的火候一般较高。纹饰的种类较少，主要见有篮纹、方格纹、绳纹、附加堆纹和弦纹等。常见的器形有罐形鼎、矮足鼎、斝、大口罐（敞口罐）、深腹罐（中口罐）、小口鼓腹罐、盆、钵、豆、碗、杯、盘、鬶等（图3.18）。

本区域内发现的龙山时代晚期的遗址多为王湾三期文化遗址，但是也见有少量的其他区域的文化因素，如陶寺文化的典型遗物扁壶曾见于西吕庙（014）和张湾西北（Y210）等，这些文化因素的发现，表明了龙山晚期社会复杂化背景下跨区域文化交流的频繁程度。

尤其值得注意的是塔庄（063）遗址发现了龙山文化的大型夯土基础和排水管道显示了该时段区域内社会复杂化程度的加剧。

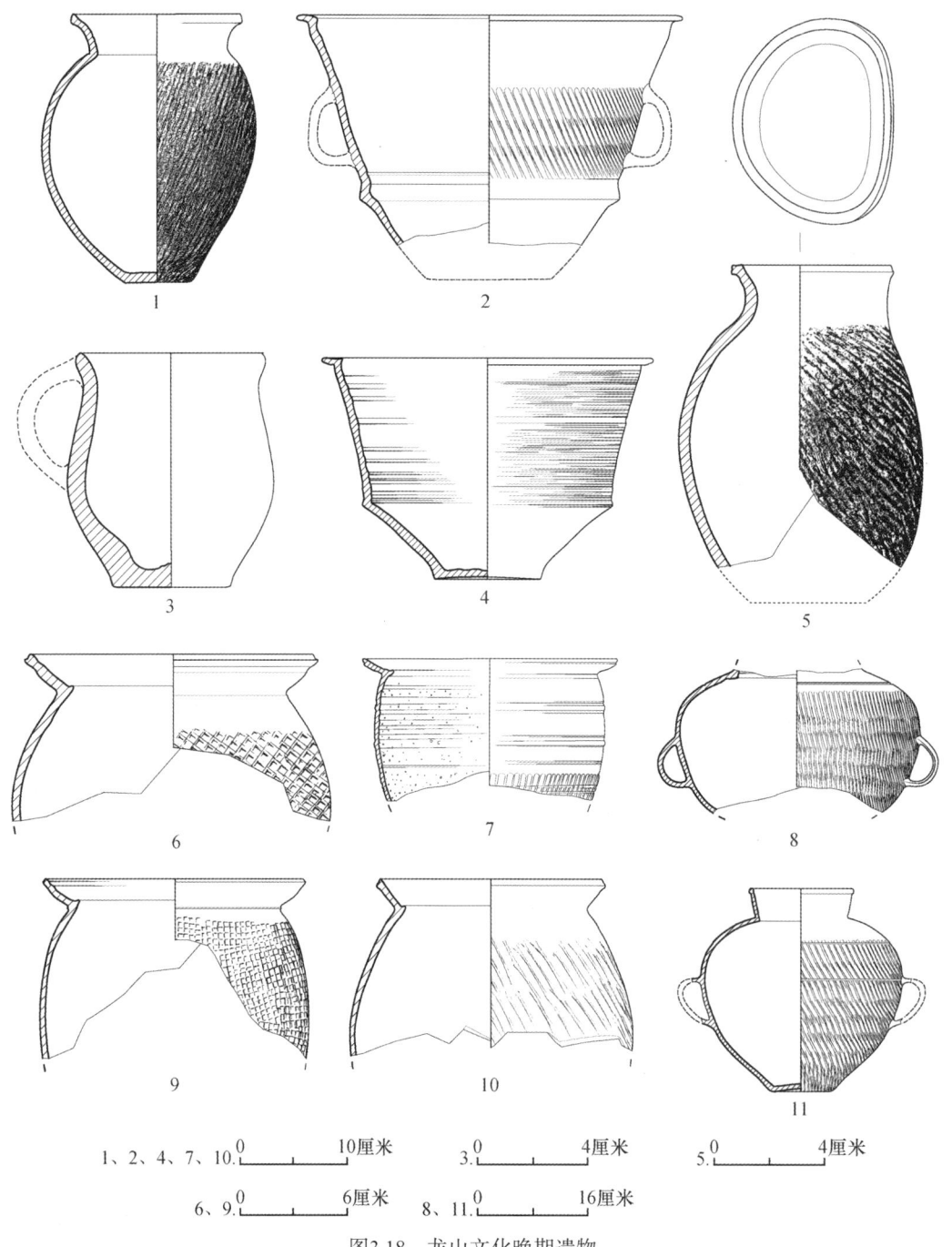

图3.18 龙山文化晚期遗物

1、5.扁壶（Y210H1：2、Y210H1：3） 2、4.折腹盆（Y210H1：8、Y032H2：1） 3、6、9、10.大口罐（Y110：7、Y073：1、Y087H5：2、Y110：1） 7.罐（214：7） 8、11.瓮（Y210H1：5、Y210H1：4）

图3.19 青铜时代遗址分布图

1. 刘坡（036） 2. 耀店东（037） 3. 平乐中州渠墓地（038） 4. 平乐A（034） 5. 平乐B（035） 6. 翟泉北（029） 7. 翟泉东北（030） 8. 金村东北（032） 9. 金村墓地（033） 10. 保庄西北（046） 11. 保庄（047） 12. 丁沟新村南（027） 13. 丁沟南（028） 14. 帽郭A（012） 15. 帽郭B（013） 16. 史家湾北（001） 17. 杨湾西（002） 18. 凹ску（004） 19. 扁担赵南（003） 20. 油王南（005） 21. 黑王（007） 22. 白王北（006） 23. 分金网（008） 24. 陈屯老村（009） 25. 枣园北（010） 26. 白马寺（011） 27. 翟泉西南（031） 28. 永宁寺西南（037） 29. 韩旗城北（045） 30. 龙虎滩北（040） 31. 寺里碑北（048） 32. 景阳岗（041） 33. 渔骨西南（044） 34. 石桥北庄东北（051） 35. 石桥东北（049） 36. 石桥南（050） 37. 白村东北（043） 38. 古城西（057） 39. 羊二庄东南（055） 40. 新庄东南（054） 41. 南蔡庄西北（052） 42. 南蔡庄西（053） 43. 古城东北（056） 44. 坟庄东（058） 45. 山神庙（061） 46. 赫田寨西北（060） 47. 杜楼（059） 48. 偃师商城（062） 49. 塔庄（063） 50. 槐庙南（064） 51. 汤泉沟（066） 52. 北窑东北（065） 53. 凤凰沟（067） 54. 王窑（073） 55. 石头沟北（069） 56. 山屹垯北（071） 57. 忠义村黄家（070） 58. 寺沟（074） 59. 寺沟南（Y151） 60. 寺沟东南（Y152） 61. 石家庄（075） 62. 高岭（Y154） 63. 石家庄东北（153） 64. 康北古城（Y157） 65. 康沟（Y158） 66. 董沟（Y159） 67. 神北（Y161） 68. 桂连凹南（020） 69. 桂连凹东北（021） 70. 纲常（019） 71. 齐村东北（023） 72. 夏庄西北（025） 73. 太平庄北（018） 74. 穆庄（022） 75. 西丁罗（016） 76. 火龙庙（017） 77. 潘寨老寨东（015） 78. 西马庄西北（086） 79. 东马庄东（084） 80. 大郎庙南（083） 81. 金钟寺（081） 82. 碑楼南（085） 83. 罗艺垯（082） 84. 西三家（079） 85. 牛王庙东北（078） 86. 西石桥东（076） 87. 孙家岗（077） 88. 佃庄东（080） 89. 大郊寨东（087） 90. 关东南（088） 91. 关公冢（089） 92. 北许南（092） 93. 二里头（090） 94. 四角楼（091） 95. 谷堆头寨（094） 96. 刘窑东（180） 97. 刁窑东（175） 98. 道湛东南（177） 99. 梁村南（178） 100. 刘沟东北（175） 101. 酒流沟水库西（159） 102. 酒流沟水库西（158） 103. 杨沟西（163） 104. 王沟东（162） 105. 刘家窑（157） 106. 南寨西南（151） 107. 南寨上村东（154） 108. 徂家庄北（156） 109. 徂家庄东南（167） 110. 偏桥北（168） 111. 毛村东（164） 112. 袁沟A（165） 113. 袁沟B（166） 114. 袁沟西（170） 115. 袁沟东南（173） 116. 偏桥西南（171） 117. 常村西南（174） 118. 袁沟东（172） 119. 大王村西北（155） 120. 武屯南（153） 121. 苏家窑西北（137） 122. 武屯东南（152） 123. 刘李西北（182） 124. 九贤（139） 125. 宫家窑（183） 126. 刘李东北（181） 127. 刘李寨B（187） 128. 陈家窑（184） 129. 刘李寨A（186） 130. 寇店西南（185） 131. 西沟北（189） 132. 沙沟西（188） 133. 韩装屯西南（190） 134. 王湾西北（195） 135. 韩窑北（191） 136. 东朱村东北（196） 137. 贾庄坡西南（194） 138. 东朱村东南（197） 139. 孙家窑西（193） 140. 马寨（192） 141. 东庞村北（150） 142. 辛庄东北（142） 143. 东庞村南（136） 144. 白草坡西南（141） 145. 掘山（147） 146. 西窑沟（148） 147. 窑村（149） 148. 杨村北（145） 149. 魏家窑北（146） 150. 杨村东南（144） 151. 新彭店东（143） 152. 石牛沟（124） 153. 军屯东南（140） 154. 部寨北（125） 155. 郭家岭北（203） 156. 吕桥经周北（204） 157. 吕桥（205） 158. 吕桥东南（210） 159. 宁村西北（211） 160. 经周东北（208） 161. 南村西寨西北（208） 162. 肖村南寨（209） 163. 肖村南寨（209） 164. 高崖西（131） 165. 高崖东北（132） 166. 丁湖店西南（133） 167. 铺刘北（128） 168. 五岔沟西北（129） 169. 段西村西北（105） 170. 吴家湾东北（107） 171. 李家湾东南（104） 172. 购化店东南（127） 173. 郝寨东北（114） 174. 崔河北（115） 175. 程子沟（117） 176. 程子沟南（116） 177. 姬家村南（Y228） 178. 洞林村西北（Y196B） 179. 洞林村北（Y196A） 180. 洞林村（Y195） 181. 裴村D（121） 182. 裴村C（120） 183. 裴村E（122） 184. 张村东南（123） 185. 符家寨东北（198） 186. 韩村A（201） 187. 韩村B（202） 188. 西张庄东北（221） 189. 西张庄东北（222） 190. 杨湾东北（217） 191. 杨湾东南（216） 192. 铁村南（215） 193. 曹寨北（213） 194. 杨寨东南（214） 195. 杨寨西南（197） 196. 杨寨西南（171） 197. 铁沟东北（218） 198. 耳村（Y185） 199. 郑村西（Y194） 200. 搢坡台水库东（Y193） 201. 刘国故城（Y190） 202. 郑窑南（Y189） 203. 陶家村东（Y191） 204. 灰嘴北（Y192） 205. 西齐家窑西北（Y188） 206. 西齐家窑东北（Y166） 207. 高祖山北（Y167） 208. 卢村东北（Y169） 209. 灰嘴（Y127W） 210. 灰嘴（Y127E） 211. 西齐家窑东北（Y164） 212. 卢村东南（Y176） 213. 卢村西（Y177） 214. 双泉东北（Y224） 215. 卢村西南（Y227） 216. 卢村南（Y186） 217. 任才村西南（Y178） 218. 任才村东北（Y179） 219. 扒头西南（Y180） 220. 扒头东南（Y181） 221. 扒头水库南（Y185） 222. 泉寨北（Y226） 223. 双泉东（Y173） 224. 邢村北（Y174） 225. 夏寺（Y184） 226. 夏寺东（Y182） 227. 邢村A（Y225） 228. 邢寨东北（Y222） 229. 九龙水库东南（Y183） 230. 东王河（099） 231. 东王河东（101） 232. 东王河东北（109） 233. 盆窑寨东北（109） 234. 化寨东（111） 235. 陈河北（112） 236. 北寨北（Y219） 237. 北寨东南（Y218） 238. 凤凰台南（Y220） 239. 老吊桥寨（Y217） 240. 邱河西（Y221） 241. 吊桥寨东南（Y216） 242. 陈河东北（113） 243. 北吴家湾（Y214） 244. 南吴家湾东南（Y213） 245. 林小寨东南（Y212） 246. 林小寨（Y211） 247. 柏谷坞东（Y222） 248. 王寨西北（Y209） 249. 张湾西北（Y210） 250. 马河北（Y207） 251. 花张东北（Y205） 252. 马河（Y208） 253. 新寨北嘴（197） 254. 布村东南（Y204） 255. 老屯寨（Y207） 256. 老屯寨西北（Y198） 257. 老周寨（Y200） 258. 东管茅东（Y202） 259. 西口孜（Y201） 260. 东管茅东北（Y203） 261. 苗湾A（095） 262. 苗湾B（096） 263. 苗湾C（097） 264. 苗湾东南（098） 265. 东王河北（100） 266. 肖村北（102） 267. 木阁南东南（103） 268. 回龙湾（Y081） 269. 回龙湾南（Y082） 270. 干沟湾（Y076） 271. 刘乐寨西南（Y075） 272. 回龙湾新村东（Y083） 273. 干沟猪场（Y074） 274. 石家沟老村北（Y092） 275. 石家东北（Y093） 276. 石家沟东（Y094） 277. 石家沟东南（Y095） 278. 念子庄西北（Y073） 279. 顾家屯东北（Y097） 280. 顾家屯南（Y098） 281. 顾家屯东（Y096） 282. 罗彦店西南/肖家沟（Y072） 283. 李家东北（Y099） 284. 孙家阀南（Y103） 285. 马屯（Y101） 286. 王阀（Y071） 287. 马屯北（Y104） 288. 马屯西村南（Y103） 289. 三官庙北（Y067） 290. 桑沟西南（Y067） 291. 桑沟西（Y068） 292. 桑沟北（Y066） 293. 桑沟老村（Y065） 294. 桑沟水库西（Y064） 295. 桑沟水库南（Y063） 296. 南村寨南（Y063） 297. 南村寨西（Y062） 298. 南村寨（Y057） 299. 南村寨南（Y060） 300. 南村寨东南（Y061） 301. 杨寨西北（Y058） 302. 杨寨西（Y059） 303. 三官庙窑厂（Y106） 304. 三官庙厂东南（Y105） 305. 府西北（Y110） 306. 府西村东北（Y111） 307. 滑城西（Y109） 308. 滑城河北（Y108） 309. 滑城故城（Y107） 310. 滑城河东（Y112） 311. 府北村北（Y113） 312. 冯寨西北（Y090） 313. 冯寨西（Y091） 314. 颜良村西（Y088） 315. 颜良寨西（Y086） 316. 小相西（Y085） 317. 小相南（Y084） 318. 小相东南（Y115） 319. 延城西北（Y116） 320. 颜良寨水库西（Y087） 321. 颜良寨水库西南（Y114） 322. 高村东北/小相南（Y115） 323. 赵城东南（Y079） 324. 刘村西南（Y117） 325. 赵城（Y077） 326. 赵城水库东（Y119） 327. 邢村（Y120） 328. 邢村北（Y121） 329. 李家窑东南（Y122） 330. 鲁庄东北（Y128） 331. 北后沟西北（Y139） 332. 后沟（Y129） 333. 新后沟东（Y131） 334. 新后沟窑厂东（Y132） 335. 曹河水库西（Y133） 336. 北后沟北（Y138） 337. 北后沟南（Y137） 338. 虎山坡南（Y229） 339. 王阀（Y136） 340. 曹阀（Y135） 341. 南罗（Y125） 342. 八陵西（Y053） 343. 新移（Y045） 344. 天坡（Y055） 345. 天坡水库东北（Y043） 346. 金钟寺（Y054） 347. 龙岱堆（Y053） 348. 堤东（Y052） 349. 鏊坡（Y051） 350. 小营殿北（Y1004） 351. 小营殿南（Y1005） 352. 南石（Y1003） 353. 范堂东北（Y001） 354. 稍柴西南（Y163） 355. 稍柴（Y1001） 356. 稍柴北（Y1002） 357. 稍柴电厂北路北（Y005） 358. 电厂西（Y048） 359. 电厂东南（Y008） 360. 清易镇东1（Y002） 361. 清易镇东3（Y004） 362. 清易镇东2（Y003） 363. 费窑西南（Y011） 364. 费窑南1（Y012） 365. 费窑南3（Y014） 366. 费窑南2（Y013） 367. 喂庄西南（Y018） 368. 喂庄东（Y024） 369. 喂庄东南东角（Y023） 370. 喂庄东南（Y020） 371. 喂庄东南高地（Y021） 372. 罗口（Y022） 373. 火葬场南/山川村西南（Y056） 374. 坞家水库西1（Y025） 375. 坞家南北（Y032） 376. 坞罗西坡1（Y033） 377. 坞罗西坡2（Y042） 378. 寺院南（Y034） 379. 双河（Y047） 380. 涉村东（Y035） 381. 上庄南（Y037） 382. 上庄东南（Y039） 383. 大南沟（Y038） 384. 东沟西（Y143） 385—387. 东沟北/西北/东（Y146—Y148） 388. 牌坊沟（Y149）

三、青铜时代

青铜时代是人类社会步入较高层级文明社会的重要阶段，洛阳盆地内的二里头文化、二里岗文化已经开始进行金属生产和使用，是青铜时代的早期阶段，这一阶段部分地区已经步入较复杂社会，中原地区开始进入广域王权国家阶段；殷墟时期由于政治中心迁出郑洛地区，原属二里岗文化重要分布区的洛阳盆地的重要性下降，直至西周时期，由于周人灭商后营建洛邑等大事件的催生，洛阳盆地境内的青铜文化再次兴盛，该阶段为青铜时代的中期；西周灭亡之后的平王东迁带来的政治中心转移，将洛阳盆地内的青铜文明带入新的发展阶段，可以视作区域青铜时代的晚期。

调查区域内发现的青铜时代的遗存属于二里头文化、二里岗文化、殷墟文化和西周以及东周时期，遗址数量众多，总计388处（图3.19）。

以下按照不同的阶段分别予以总结。

（一）二里头文化

区域内调查发现二里头文化遗址数量较多。

其中采集遗物较为残碎，难以确定的疑似包含二里头文化遗存的遗址有石桥东北（049）、石桥东南（050）、帽郭B（013）、油王南（005）、分金沟（008）、龙虎滩北（040）、羊二庄东南（055）、坟庄东（058）、杜楼（059）、赫田寨西北（060）、渔骨西南（044）、古城东北（056）、石头沟北（069）、山圪垱北（071）、王窑（073）、大郊寨东（087）、关公冢（089）、齐村东南（023）、西马庄西北（086）、碑楼南（085）、酒流沟水库西（159）、酒流沟水库北（158）、刘沟东北（175）、偏桥西南（171）、大王村西北（155）、南寨上村东（154）、贾庄坡西南（194）、东朱村东南（197）、寇店西（185）、刘李寨A（187）、刘李寨B（187）、武屯南（153）、白草坡西南（141）、东庞村南（136）、杨村东南（144）、西窑沟（148）、经周东北（206）、新彭店东（143）、程子沟南（116）、崔河北（115）、扒头水库南（Y185）、双泉东北（Y224）、灰嘴北（Y192）、林小寨（Y211）、东王河北（100）、东王河（099）、陶化店水库东（108）、段西村西北（105）、颜良寨水库西（Y087）、小相西北（Y085）、冯寨西北（Y090）、南村寨西（Y062）、南村寨西南（Y063）、桑沟水库北（Y064）、罗彦庄西南/肖家沟（Y072）、金钟寺（Y054）、喂庄东南高地（Y021）、喂庄南（Y024）、小訾殿南（Y1005）、小訾殿北（Y1004）等，合计60处。

确定属于二里头文化，但是采集物不够典型，难以划分期段的遗址包括刘坡（036）、耀店东（037）、翟泉北（029）、丁沟新村南（027）、寺沟东南（Y152）、康沟（Y158）、丁湖店西南（133）、苗湾B（096）、苗湾A（095）、滑城河北（Y108）、上庄东南

（Y039）、喂庄东南（Y020）、费窑南3（Y014）、电厂西（Y048）等，合计14处。

其余遗址属于二里头文化某一阶段，共计130处。

以上共计204处（图3.20）。

1. 一期

（1）主要发现

见有二里头文化一期遗存的遗址数量不多，疑似含有一期遗存的遗址有陈屯老村（009）、南蔡庄西北（052）、杨裴屯西南（190）、肖村北（102）、木阁沟东南（103）、稍柴南（Y1002）等6处。大体可以确定包含一期遗存的遗址有二里头（090）、桂连凹东北（021）、东马庄西（084）、毛村东（164）、武屯东南（152）、高崖西（134）、寨湾东南（216）、程子沟（117）、灰嘴东（Y127E）、灰嘴西（Y127W）、东王河东南（101）、邢村东（Y121）、寺院沟（Y034）等13处。以上合计19处（图3.21）。

（2）数量规模

多数二里头文化的遗址为复合型遗址，从二里头遗址的发掘情况来看，二里头文化一期的遗存均被后期的遗存叠压。如果遗址的破坏程度较轻，很难在地表上暴露出来，调查过程中也难以发现。调查结果也表明，明确的二里头一期的遗址数量较少，相较于龙山晚期的遗址数量来说，呈现出极大的下降。单从数据统计的角度看，下降的幅度约为88%。

其中南蔡庄西北（052）、桂连凹东北（021）、东马庄西（084）、毛村东（164）、杨裴屯西南（190）、武屯东南（152）、高崖西（134）、寨湾东南（216）、程子沟（117）、灰嘴东（Y127E）、邢村东（Y121）、肖村北（102）、寺院沟（Y034）等13处确定或疑似一期遗址中见有确定或疑似龙山晚期遗存，约占一期遗址总数的65%。显示出多数的一期遗址是在龙山晚期遗址的基础上发展而来的，在龙山晚期和二里头文化一期这一转折时期，区域内的居民存在着相当程度的延续性。

从遗址面积来看，目前仅有已经发掘的二里头遗址中一期遗存的面积超过了100万平方米，其他遗址的规模不甚清晰。这一时期的聚落体系呈现什么样的格局，还需要更多的资料支撑。根据调查结果，初步统计可确认含有二里头文化一期遗存的13处遗址中，可估算面积的遗址共12个。其中面积小于12万平方米的遗址共7个，8万—29万平方米的遗址共1处，33万—80万平方米的遗址共1个，100万平方米以上的遗址1个，即二里头遗址。尽管这些遗址多为复合型的遗址，一期遗存的真实面积尚难以确认，但是这一时期至少延续了龙山晚期的多级聚落体系（三级或四级）。

（3）分布特点

从遗址的分布状况看，这一阶段伊洛河或其较大型支流沿岸均有遗址分布，包括洛河北岸和伊洛河之间，伊河南岸较大型支流袁沟、沙河、浏涧河、马涧河、干沟河和坞罗河等。由于遗址数量较少，分布密度相应较低。

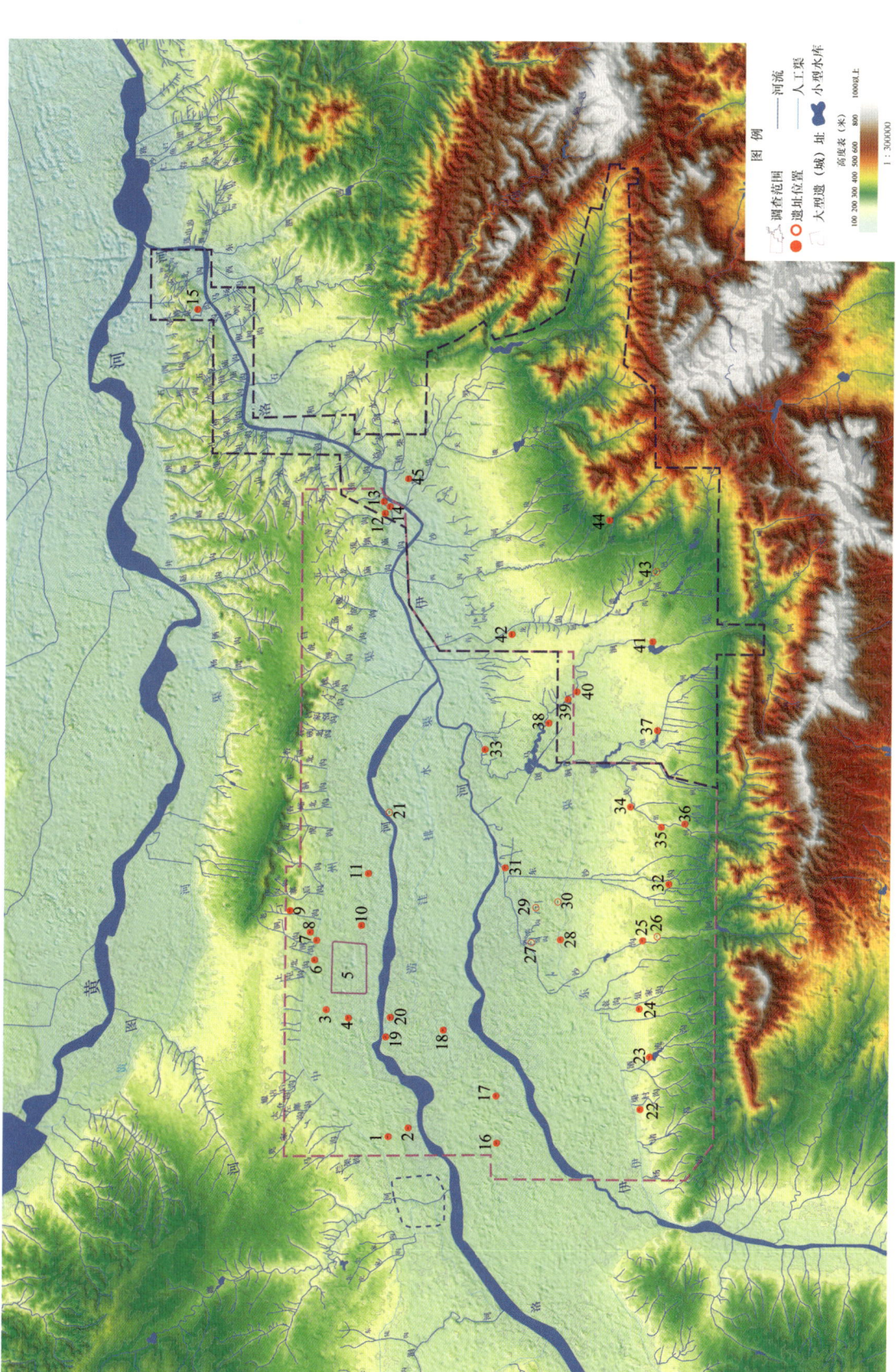

图3.38 西周晚期遗址分布图

1. 史家湾东北（001） 2. 杨湾西（002） 3. 翟泉西南（031） 4. 白马寺（011） 5. 韩旗城址（045） 6. 金村东北（032） 7. 保庄西北（046） 8. 保庄北（047） 9. 丁沟南（028） 10. 景阳岗（041） 11. 白村东北（043） 12. 寺沟（074） 13. 寺沟东南（Y152） 14. 寺沟南（Y158） 15. 康沟（Y151） 16. 纲常（019） 17. 穆庄（022） 18. 金钟寺（081） 19. 西石桥东（076） 20. 孙家岗（077） 21. 谷堆头寨（094） 22. 渣渣东南（177） 23. 酒流沟水库北（158） 24. 毛村东（164） 25. 沙沟西（188） 26. 杨裴屯西南（190） 27. 掘山（147） 28. 东庞村南（136） 29. 杨村北（145） 30. 盆窑寨东南（109） 31. 经周东（207） 32. 苗湾B（096） 33. 高崖西（134） 34. 韩村南B（202） 35. 寨岭东北（Y093） 36. 杨寨西（214） 37. 卢村西北（Y176） 38. 颜良寨水库西南（Y114） 39. 老吊桥寨（Y217） 40. 吊桥寨东南（Y216） 41. 屯寨西北（Y198） 42. 石家沟东北（217） 43. 颜良寨水库西南（Y114） 44. 虎山坡南（Y229） 45. 稍柴（Y1001）

别的存在，关中地区西周时期的遗存与洛阳盆地内西周时期的遗存不论是器物组合还是器物形态都存在着相当大的差异，加上本区域发掘出土的可资参照断代的典型器物数量有限，因而在核定标本的年代时会出现一定的偏差；最后可能是因为商周之际的殷墟文化四期和西周早期的陶器标本很难从器物形态上做出明确的区别，进而导致部分遗址的西周早期遗物被视作殷墟文化晚期的遗物。

鉴于以上原因，我们将疑似西周时期和不能准确判定具体年代的西周遗址一并计入来进行整体统计，以期能够从较长的时间段中考察区域内的社会变化过程。西周时期遗址的总数量为138处，超过了二里岗文化的119处和殷墟文化的61处。相较而言，西周时期该区域的数量较殷墟文化有了较大的提升，数量翻了一番多。整体来看，属于西周时期的28处遗址是从殷墟文化的遗址发展而来的，而其余的110处遗址是从西周时期逐渐开始出现的，这些数据显示了从二里岗文化以来本区域内的人口和地位经过了从下降到上升这一过程。数量下降这一现象应该与二里岗文化晚期区域中心的衰落和政治中心由郑洛地区迁出相关。

而西周时期遗址数量的上升与周灭商后对区域内人群的再次整合和"殷遗民"的安置有关，也与文献中所载的周初"洛邑"（成周）的营建，西周晚期对东部和南部区域进行征伐而营建的韩旗城址（045）有着相当大的关系，而上述遗址不论是从规模，还是已经发现的文化内涵上看都显示出其处于区域社会中心的地位。不少遗址如经周东（207）、孙家岗（077）、穆庄（022）、高崖东北（132）、南寨上村东（154）等遗物的分布范围在50万平方米以上，虽然这些遗址的实际面积可能与调查的判断存在一定偏差，但是从聚落形态的角度看，这样规模的遗址应该是不同片区的次级中心。而保庄北（047）、保庄西北（046）、西石罢（016）、南罗（Y125）、屯寨西北（Y198）、寺沟（074）、纲常（019）、金钟寺（081）等遗址的面积在20万—40万平方米，应该是不同片区内的第三级中心，其他相当数量的遗址面积在10万平方米以下，应该是区域内层级最底的聚落。

上述不同规模的遗址共同构成了西周时期洛阳盆地内的社会，形成了本区域的四级聚落体系，也与关中地区以周原和丰镐遗址为中心的西周聚落群成为西周时期社会的至少四级的聚落体系的一部分。

3. 分布特点

由于可以确定的西周早中期的遗址数量较少，我们将调查区域内西周时期的遗址进行总体的分析，根据分布状况看，这些遗址大体可分为以下几个较为集中的区域。

第一，瀍河两岸西周时期的大型聚落周围。研究者们一般认为该聚落为西周早期兴建的洛邑（成周），面积约为9平方千米，至少延续至西周中期。而位于调查区域内的杨湾西（002）、史家湾北（001）、帽郭B（013）、扁担赵现（003）、油王南（005）等均位于该聚落的东部不远处，是西周早期以来区域中心的遗址群之一。

第二，韩旗城址（045）周围。韩旗城址的面积达到了480万平方米。根据目前的发掘资料来看，城址的年代不早于西周中期，结合先秦文献与金文的资料来看，该城址更可能是西周晚

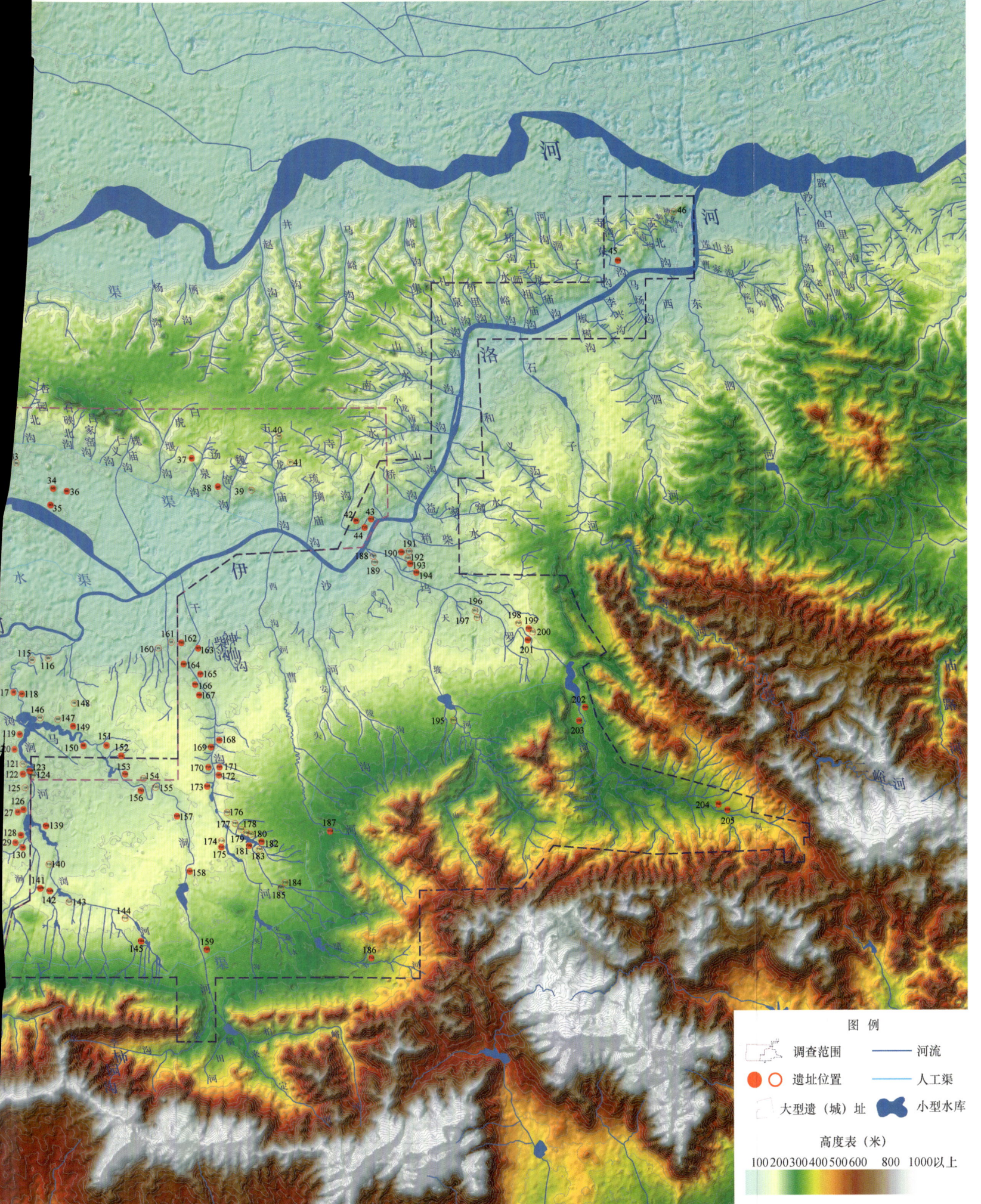

图3.20 二里头文化遗址分布图

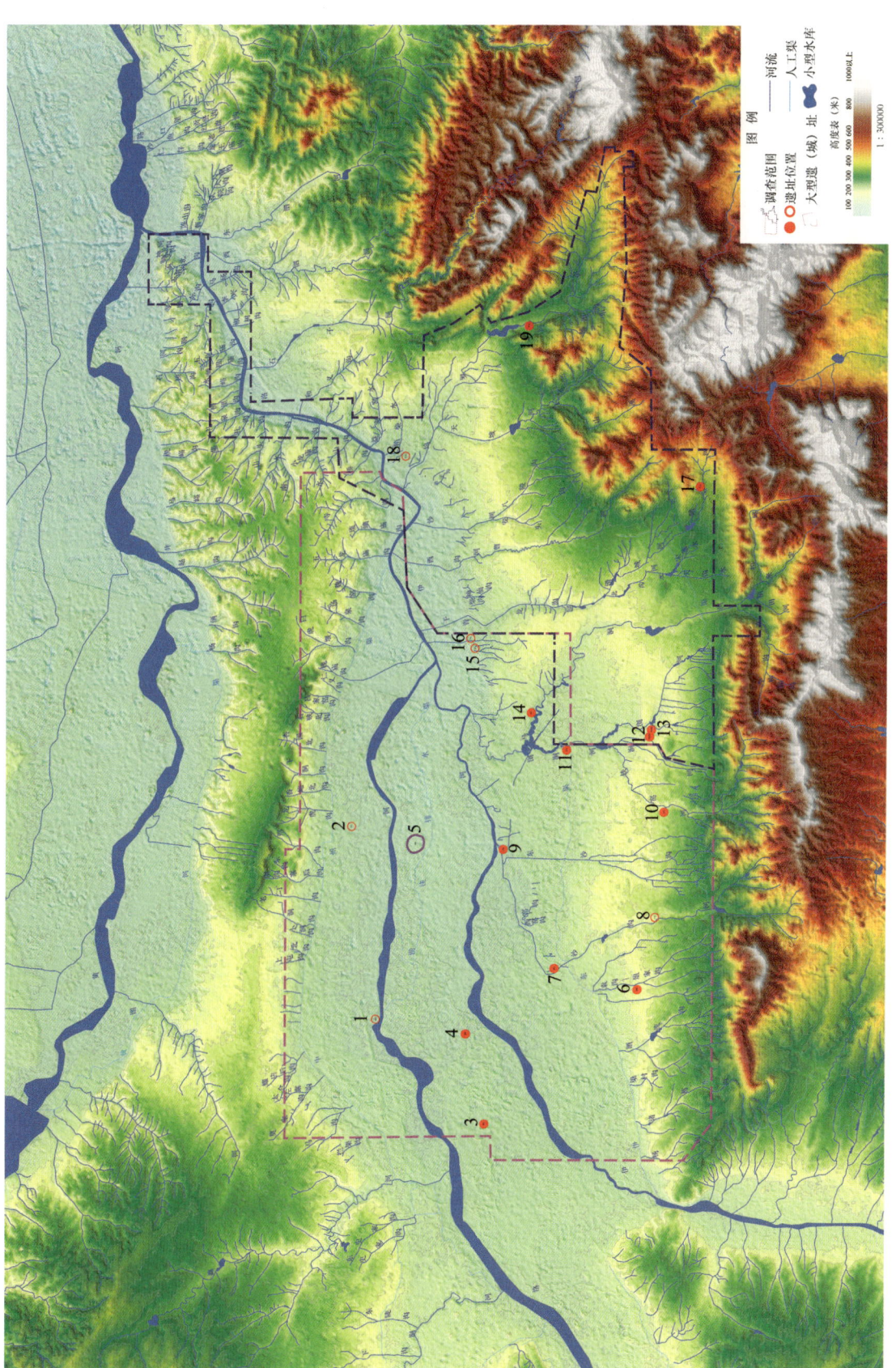

图3.21 二里头文化一期遗址分布

1.陈屯老村（009） 2.南蔡庄西北（052） 3.桂连凹东北（021） 4.东马庄西（084） 5.二里头（090） 6.毛村东（164） 7.武屯东南（152） 8.杨裴屯西南（190） 9.高崖西（134） 10.寨洼东南（216） 11.程子沟（117） 12.灰嘴（Y127W） 13.灰嘴（Y127E） 14.东王河东南（101） 15.肖村北（102） 16.木阁沟东南（103） 17.邢村东（Y121） 18.稍柴南（Y1002） 19.寺院沟（Y034）

可确定的一期遗址所处的海拔也较低，绝大多数（10处）遗址都位于海拔200米以下，仅见有3处遗址位于海拔200米以上，大型遗址则位于大型河流附近。从遗址所处的位置看，二里头文化一期，洛阳盆地内居民对水资源的依赖程度较高，对土地资源的开发和利用也主要局限于低海拔的平原区域和浅山丘陵处。

（4）遗物特征

调查中采集到的标本数量有限，部分标本由于较为残碎，难以从龙山晚期遗物中析出。陶器质地仍以夹砂和泥质为主，陶器的整体色调较为复杂，颜色多偏深偏重，夹砂灰陶的颜色也不尽一致，或深灰，或浅灰，部分器物中的砂粒较大，甚至凸出于器表；泥质陶多为泥质黑陶或黑皮陶。夹砂中常见篮纹，篮纹较深，或斜或竖，较为清晰；绳纹次之，细而整齐；方格整体数量较少，多呈菱形，少数正方形或长方形。泥质陶则多为磨光陶，纹饰主要为弦纹、篮纹等。这一阶段的陶器类型基本延续了龙山晚期的器形，常见器类有深腹罐、圆腹罐、鼎、甑等炊煮器，捏口罐、壶、豆、三足皿（瓦足器）、圈足盘、折沿盆、平底盆、小口尊、矮领尊、大口缸等盛储器和觚、鬶等酒器和器盖，而后者多见于较大型遗址。总体来说，这一时期的陶器仍然较多地保留了龙山晚期的遗物特征。

由于采集到的典型二里头文化一期陶器与龙山晚期陶器难以详细区分，根据相关遗址的测年结果来看，龙山晚期与二里头文化一期的绝对年代可能还存在着相当程度的重合，有理由相信，龙山晚期至二里头文化这一转变期，在陶器风格的转变过程中可能存在着地域的差别，我们很难断言洛阳盆地内所有二里头文化遗址都经过了二里头一期这一阶段才进入二里头文化二期（详见研究编第四章）。

2. 二期

（1）主要发现

调查区域内发现的疑似含有二期遗存的有陈屯老村（009）、金村东北（032）、南蔡庄西北（052）、寺沟（074）、神北（Y161）、杨裴屯西南（190）、北吴家湾（Y214）、府西村北（Y110）、桑沟西（Y068）、石家沟老村北（Y092）、肖村北（102）、木阁沟东南（103）、费窑南1（Y012）、稍柴电厂北路东（Y005）、稍柴南（Y1002）等遗址，合计15处。基本确定包含二里头文化二期遗存的遗址数量较多，包括平乐A（034）、保庄北（047）、帽郭A（012）、凹杨（004）、扁担赵南（003）、黑王（007）、永宁寺西南（039）、景阳岗（041）、白村东北（043）、枣园北（010）、古城西（057）、塔庄（063）、槐庙南（064）、寺沟南（Y151）、西石桥东（076）、二里头（090）、桂连凹南（020）、桂连凹东北（021）、纲常（019）、夏庄西北（025）、大郎庙南（083）、东马庄西（084）、金钟寺（081）、罗圪垱（082）、王沟东（162）、袁沟B（166）、袁沟A（165）、毛村东（164）、俎家庄北（156）、南寨西村南（151）、西湾北（189）、陈家窑（184）、武屯东南（152）、辛庄东北（142）、军屯东南（140）、石牛沟（124）、高崖西（134）、铁窑东南（218）、杨寨西（214）、铁村南（220）、马寨西（213）、寨湾东南

(216)、寨湾东北（217）、韩村南A（201）、张村东南（123）、程子沟（117）、郝寨东北（114）、夏后寺（Y182）、灰嘴东（Y127E）、灰嘴西（Y127W）、涧东村北（Y196A）、涧东村西北（Y196B）、西口孜（Y201）、新寨北嘴（Y197）、张湾西北（Y210）、南吴家湾东南（Y213）、陈河北（112）、东王河东南（101）、马屯西村南（Y103）、马屯北（Y070）、贾屯（Y101）、李家沟东（Y099）、石家沟东北（Y093）、回龙湾新村东（Y083）、新后沟窑厂东（Y132）、寺院沟（Y034）、电厂东南2（Y008）、稍柴（Y1001）等遗址（地点），合计68处。以上总计83处（图3.22）。

（2）数量规模

疑似和确认包含二期遗存的遗址数量共计83处，与上一个时期相比增加了3.36倍。调查结果可以看出，49处龙山晚期的遗址中，存在二里头文化二期的遗存，其中仅有18处遗址中见有二里头一期的遗存。如前文所述，由于不同规模的遗址出现二里头文化特征陶器的时间可能不完全同步，单从绝对年代上讲，我们很难确定有多少含有二里头文化二期特征陶器遗址的绝对年代一定会晚于二里头遗址的一期遗存。^{14}C测年也表明，不少小型遗址二期遗存的年代与龙山晚期遗存的年代有重合（详见研究编第四章）。尽管如此，从二里头文化发展的趋势来看，二里头二期遗址数量相较于一期遗址的数量有较大幅度增加，应该是没有大的问题的。

根据统计情况来看，其中18处遗址兼有疑似或确定的二里头一期和二期遗存，几乎所有的二里头一期遗址均直接转变为二期的遗址，可见在这一阶段，不同时期的居民保持了连贯性。而大量新出现的遗址和二里头遗址本身的扩大，一定程度上揭示了这一阶段人口的聚集和流动。

初步统计，确认包含二里头文化二期遗存的遗址共68处，其中可估算面积的遗址共62个，面积小于12万平方米的遗址共46处；18万—29万平方米的遗址共7处；33万—80万平方米的遗址共8处；100万平方米以上的遗址1处。由于有相当数量的二里头文化遗址为复合型遗址，多数遗址没有开展过系统的考古勘探和发掘工作，二期遗址的具体面积难以准确判定。单从遗址规模来讲，这一阶段，以二里头遗址为核心的超大型遗址的出现，以多处大中型遗址为区域次级中心、中小型遗址为小区域中心，以大量小型遗址为基层聚落的4级聚落体系在二里头文化二期已经确立。

（3）分布特点

从遗址的分布状况来看，这一时期的遗址密度较上一时期有明显的增加，遗址分布区域仍与本地区的地形地势和水系有着相当程度的关联，主要分布于洛河北岸，伊洛河之间的微高地两侧和伊河南岸与伊洛河下游的较大型支流近旁。而位于伊洛河古河道北侧的二里头遗址，不论从地理空间角度还是聚落体系中的位置来看，无疑都处于中心地位。

根据对调查结果的统计，年代可以确定的68处遗址中，海拔超过200米的遗址，数量14处；海拔低于200米的遗址，数量54处。海拔超过200米遗址的数量较上一时期有了明显的提升，如果考虑到相当数量二里头文化遗址难以准确判定具体期段，这一时期位于较高海拔的遗址数量应该更多。统计结果显示，这一阶段人们对土地资源开发程度有所加深，部分遗址距离河流较远，显示出居民对地表水资源的依赖程度可能降低。

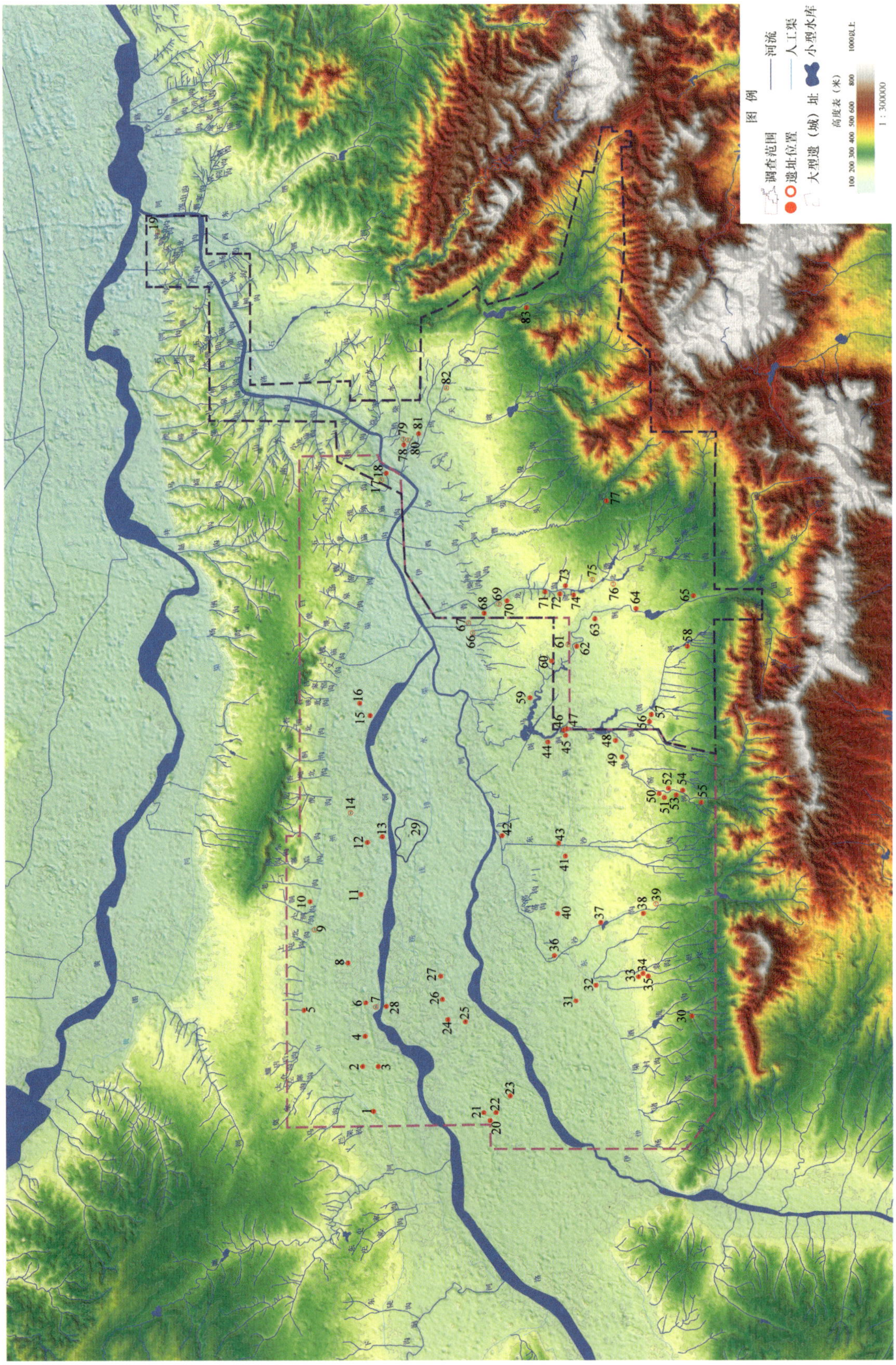

图3.22 二里头文化二期遗址分布图

1. 帽郭A（012） 2. 凹杨（004） 3. 扁担赵南（003） 4. 黑王（007） 5. 平乐A（034） 6. 枣园北（010） 7. 陈屯老村（009） 8. 永宁寺西南（039） 9. 金村东北（032） 10. 保庄北（047） 11. 景阳岗（041） 12. 白村东北（043） 13. 古城西（057） 14. 南蔡庄西北（052） 15. 塔庄（063） 16. 槐庙南（064） 17. 寺沟（074） 18. 寺沟南（Y151） 19. 神北（Y161） 20. 桂连凹南（020） 21. 桂连凹东北（021） 22. 纲常（019） 23. 夏庄西北（025） 24. 大郎庙南（083） 25. 东马庄西（084） 26. 金钟寺（081） 27. 罗圪塔（082） 28. 西石桥东（076） 29. 二里头（090） 30. 王沟东（162） 31. 南寨西村南（151） 32. 祖家庄北（156） 33. 毛村东（164） 34. 袁沟A（165） 35. 袁沟B（166） 36. 武屯东北（114） 37. 陈家窑（117） 38. 西湾北（189） 39. 杨裴屯西南（190） 40. 辛庄东北（142） 41. 军屯东南（140） 42. 高崖西（134） 43. 石牛沟（124） 44. 郝寨东北（152） 45. 程子沟（117） 46. 涧东村西北（Y196B） 47. 涧东村北（Y196A） 48. 张村东南（123） 49. 韩村南A（201） 50. 寨沟东北（217） 51. 寨沟东南（216） 52. 马寨西（213） 53. 铁村南（220） 54. 杨寨西（214） 55. 铁窑东南（218） 56. 灰嘴（Y127W） 57. 灰嘴（Y127E） 58. 夏后寺（Y182） 59. 东王河东南（101） 60. 陈河北（112） 61. 北吴家湾（Y214） 62. 南吴家湾东南（Y213） 63. 张湾西北（Y210） 64. 新寨北嘴（Y197） 65. 西口孜（Y201） 66. 肖村北（102） 67. 木阁沟东南（103） 68. 回龙湾新村东（Y083） 69. 石家沟老村北（Y092） 70. 石家沟东北（Y093） 71. 李家沟东（Y099） 72. 贾屯（Y101） 73. 马屯（Y070） 74. 马屯西南（Y103） 75. 枣沟西（Y005） 76. 府西村东（Y102） 77. 新后沟窑厂东（Y110） 78. 稍柴（Y1001） 79. 稍柴南（Y1002） 80. 稍柴电厂北路东（Y005） 81. 电厂东北（Y068） 82. 费窑南2（Y008） 82. 费窑南1（Y012） 83. 寺院沟（Y034）

（4）遗物特征

二里头文化二期遗址内采集到的标本数量较多，包括石器、骨器、蚌器和大量陶器。

整体来看，二期陶器的颜色仍然较为深重，尤其是二期早段的陶色与一期的差别较小。黑皮陶仍较为常见，且开始出现白陶。陶器的纹饰开始以绳纹为主，绳纹较细，竖直，规整清晰。篮纹逐渐减少，浅而不甚清晰，且主要见于早段。方格纹基本不见。从陶器的器形来看，这一阶段圆腹罐数量开始增多，尤以花边圆腹罐最具特色，其他器类与一期大体保持一直，常见器形有深腹罐、圆腹罐、甑、捏口罐、深腹盆、刻槽盆、爵、盉、鬶、觚等，但是开始出现卷沿盆、大口尊等（图3.23）。

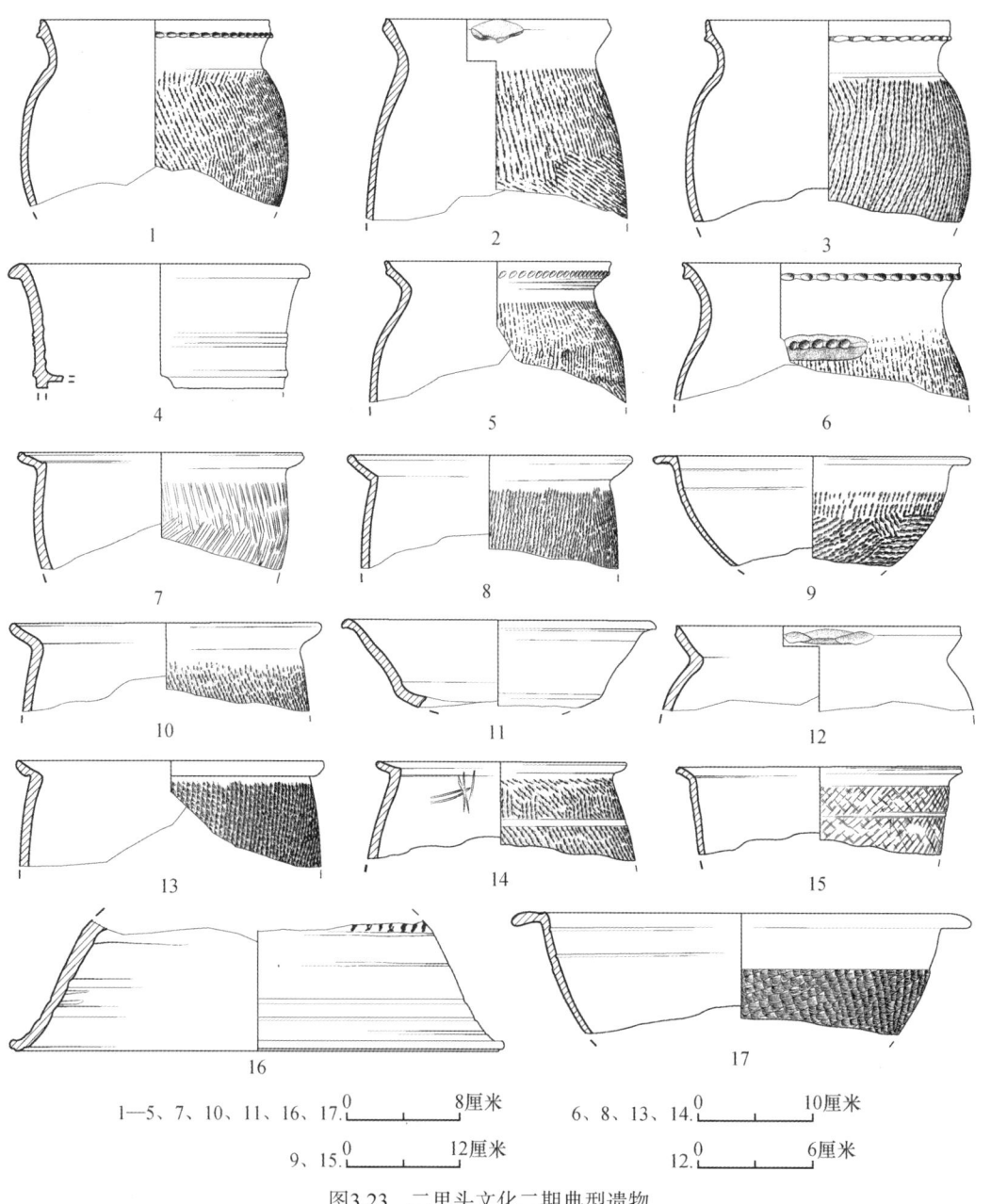

图3.23 二里头文化二期典型遗物

1—3、5、6、12.圆腹罐（Y1001H5∶4、Y1001H5∶5、112H1∶1、Y1001H5∶3、Y1001H9∶3、Y1001H1∶2） 4.三足盘（020∶28） 7.深腹盆（020∶13） 8.鼎（020H1∶1） 9、15、17.盆（114H1∶1、216H1∶6、114H1∶2） 10、13、14.深腹罐（216H6∶1、Y1005H5∶1、217H6∶1） 11.豆（162H1∶3） 16.器盖（Y1001H1∶4）

从二期晚段开始，陶器的陶质、陶色、纹饰、器类等二里头文化的特征基本确立。含有二里头文化二期遗存的遗址不仅仅开始在洛阳盆地内大量出现，也开始广泛出现于晋南、豫东、豫中南等不同地区，二里头文化的地方类型逐渐形成。二里头文化的四级聚落体系基本确立，二里头文化的分布区基本奠定，这一进程与二里头遗址本身的发展步调基本保持一致，预示着先秦时期的区域社会已经进入到了一个新的阶段。

3. 三期

（1）主要发现

调查区域内发现的疑似含有二里头文化三期遗存的遗址数量较少，分别为神北（Y161）、北吴家湾（Y214）、府西村北（Y110）、石家沟老村北（Y092）和稍柴电厂北路东（Y005）共5处。大体确定含有二里头文化三期遗存的遗址数量众多，包括平乐A（034）、金村东北（032）、保庄北（047）、帽郭A（012）、凹杨（004）、扁担赵南（003）、黑王（007）、白王北（006）、永宁寺西南（039）、景阳岗（041）、白村东北（043）、南蔡庄西北（052）、枣园北（010）、古城西（057）、塔庄（063）、槐庙南（064）、寺沟（074）、寺沟南（Y151）、西石桥东（076）、孙家岗（077）、二里头（090）、谷堆头寨（094）、桂连凹南（020）、纲常（019）、夏庄西北（025）、大郎庙南（083）、西三家（079）、金钟寺（081）、罗圪垱（082）、王沟东（162）、袁沟B（166）、毛村东（164）、袁沟A（165）、俎家庄北（156）、南寨西村南（151）、东朱村东北（196）、西湾北（189）、陈家窑（184）、宫家窑（183）、刘李东北（181）、东庞村北（151）、辛庄东北（142）、杨村北（145）、魏家窑北（146）、经周东（207）、肖村西寨西北（208）、军屯东南（140）、石牛沟（124）、高崖西（134）、铁窑东南（218）、杨寨西（214）、铁村南（220）、马寨西（213）、寨湾东南（216）、寨湾东北（217）、曹寨北（212）、韩村南A（201）、符家寨东北（198）、张村东南（123）、裴村C（120）、裴村D（121）、程子沟（117）、郝寨东北（114）、陶化店东南（127）、夏后寺（Y182）、灰嘴东（Y127E）、灰嘴西（Y127W）、郑窑（Y140）、涧东村西北（Y196B）、西口孜（Y201）、新寨北嘴（Y197）、张湾西北（Y210）、邱河西（Y221）、陈河北（112）、化寨东（111）、盆窑寨东南（109）、东王河东南（101）、李家湾东南（104）、吴家湾东南（107）、南村寨东南（Y061）、马屯西村南（Y103）、王阏（Y071）、贾屯（Y101）、李家沟东（Y099）、干沟猪场（Y074）、回龙湾新村东（Y083）、干沟南（Y076）、回龙湾南（Y082）、新后沟窑厂东（Y132）、上庄南（Y037）、坞罗西坡1（Y033）、罗口（Y022）、稍柴电厂东南2（Y008）、稍柴（Y1001）等遗址，合计95处。以上总计100处（图3.24）。

（2）数量规模

从发现情况来看，这一阶段遗址的数量较上一阶段有不少增加，增幅约为20%，反映了区域内二里头文化持续发展的势头。此外二里头文化二期的83个遗址中有69处遗址兼有三期遗存，占比超过80%，显示了这一时期居民的延续性。而新出现的31处遗址也从一定程度上反映

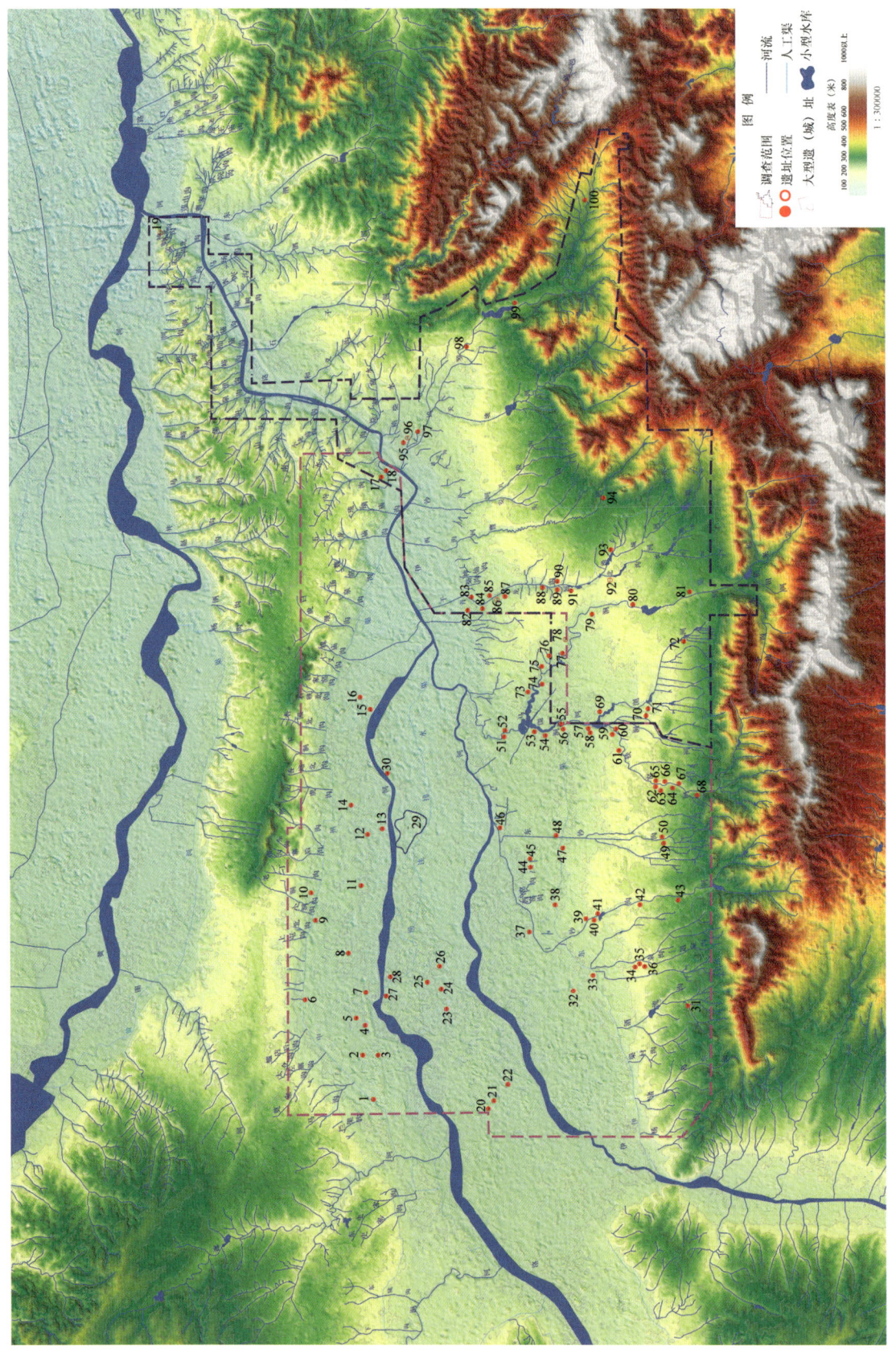

图3.24 二里头文化三期遗址分布图

1. 帽郭A（012） 2. 凹杨（004） 3. 扁担赵南（003） 4. 黑王（007） 5. 白王北（006） 6. 平乐A（034） 7. 枣园北（010） 8. 永宁寺西南（039） 9. 金村东北（032） 10. 保庄北（047） 11. 景阳岗（041） 12. 白村东北（043） 13. 古城西（057） 14. 南蔡庄西北（052） 15. 塔庄（063） 16. 槐庙南（064） 17. 寺沟（074） 18. 寺沟南（Y151） 19. 神北（Y161） 20. 桂连回南（020） 21. 纲常（019） 22. 夏庄西北（025） 23. 大郎庙南（083） 24. 金钟寺（081） 25. 西三家（079） 26. 罗坨挡（082） 27. 西石桥东（076） 28. 孙家岗（077） 29. 二里头（090） 30. 合堆头寨（094） 31. 王沟东（162） 32. 南寨西村南（151） 33. 俎家庄北（156） 34. 毛村东（164） 35. 袁沟A（165） 36. 袁沟B（166） 37. 东庞村北（150） 38. 辛庄东北（142） 39. 宫家窑（183） 40. 刘李东北（181） 41. 陈家窑（184） 42. 西湾北（189） 43. 东木村东北（196） 44. 李家湾东北（145） 45. 魏家窑北（146） 46. 高崖西（140） 47. 军屯东南（134） 48. 石牛沟（124） 49. 经周东（207） 50. 肖村西寨西北（208） 51. 吴家湾东南（107） 52. 李家湾东南（104） 53. 陶化店东北（127） 54. 郝寨东南（114） 55. 涧东村西北（Y196B） 56. 程子沟（117） 57. 裴村D（121） 58. 裴村C（120） 59. 张村东北（123） 60. 符家寨东北（198） 61. 韩村南A（201） 62. 寨湾东北（217） 63. 铁湾东南（216） 64. 曹寨北（213） 65. 马寨西（212） 66. 马寨南（220） 67. 杨寨西（214） 68. 铁箸东南（218） 69. 郑窑（Y140） 70. 灰嘴（Y127W） 71. 张湾西北（Y210） 72. 夏后寺（Y182） 73. 东王河东南（101） 74. 盆窑寨东南（109） 75. 化寨东（111） 76. 陈河北（112） 77. 邱河西（Y221） 78. 北吴家湾（Y214） 79. 张湾（Y197） 80. 新寨北嘴（Y127E） 81. 夏口孜（Y201） 82. 回龙湾西南（Y076） 83. 西石桥东（Y083） 84. 回龙湾东南（Y103） 85. 干沟猪场（Y074） 86. 石家沟老村北（Y061） 87. 石家沟东北（Y093） 88. 李家沟东北（Y099） 89. 贾屯（Y101） 90. 王坨（Y071） 91. 马屯西村路东（Y082） 92. 府西村北（Y110） 93. 南村寨东南（Y132） 94. 新后沟窑厂东（Y1001） 95. 稍柴（Y005） 96. 稍柴电厂北路东（Y092） 97. 电厂东南2（Y008） 98. 罗口（Y022） 99. 坞罗西坡1（Y033） 100. 上庄南（Y037）

出了区域间和区域内文化的持续发展、人群的重组或流动。

从遗址的规模上看，可估算面积的86个遗址中，超大型的遗址仍为二里头遗址，面积小于12万平方米的遗址66处，18万—29万平方米的遗址共11处，33万—80万平方米的遗址有8处，这些核心型遗址、区域中心和次级中心与小型聚落仍旧维持了上一个阶段四级聚落体系的格局。

（3）分布特点

从遗址的分布状况来看，这一阶段的遗址密度较上一阶段略有提升，但是洛河以北和古伊洛河之间这两个区域内的遗址数量基本上没有大的变化，新增的遗址主要位于伊河南岸的较大支流附近，包括沙河流域的各节段，袁沟的上游，马涧河的中游、下游，干沟河的上游和下游，坞罗河的上游几个区域。

从遗址所在位置的海拔来看，73处遗址位于100—200米，较上一阶段增加了19处，22处遗址位于200米以上，较上一阶段增加了8处。

可见，与上一阶段相比，人们对土地资源的开发程度加深，已不满足于较为平坦的地区，开始开发海拔较低的河谷地段和海拔较高的丘陵和浅山区域。这一状况也与资源、环境和植物考古的认识相符合（详见研究编第五、六章）。

（4）遗物特征

调查中采集的属于二里头文化三期的遗物数量相对较少，典型标本也不多。根据标本的观察情况来看，采集的遗物多为陶器，少量石器、骨器和蚌器等（图3.25）。

这一阶段的陶器颜色较为纯正，整体颜色较二期为浅，内外的颜色基本一致。白陶和黑皮陶较为少见。夹砂陶的数量较多，砂粒较为细小。纹饰基本为绳纹，早段绳纹稍细，晚段绳纹稍粗，一般称之为中绳纹，篮纹、方格纹基本不见。部分器物的颈肩部饰有弦纹和附加堆纹，较大型器物的器壁上见有弦纹夹绳纹，不少器物内壁见有用陶垫加工时因陶垫表面有砂石类器物而留下的麻点。麻点相对不大。陶器的器类基本保持了上一个时期的器类，只是器形有历时性的差异。相对而言，卷沿盆的数量增多，鬲的数量减少，浅盘口状的深腹罐数量增多，典型大口尊的数量增多等。

4. 四期

调查区域内发现的含有二里头文化四期的遗存的遗址数量较多。

（1）主要发现

其中疑似含有四期遗存的有扁担赵南（003）、金村东北（032）、桑沟老村（Y065）、涧东村北（Y196B）、府西村北（Y110）和北吴家湾（Y214）等遗址，合计6处。基本确定含有二里头文化四期遗存的有平乐A（034）、保庄北（047）、帽郭A（012）、黑王（007）、白王北（006）、永宁寺西南（039）、景阳岗（041）、白村东北（043）、史家湾北（001）、杨湾西（002）、枣园北（010）、古城西（057）、偃师商城（062）、塔庄（063）、槐庙南（064）、北窑东北（065）、凤凰沟（067）、寺沟（074）、西石桥东

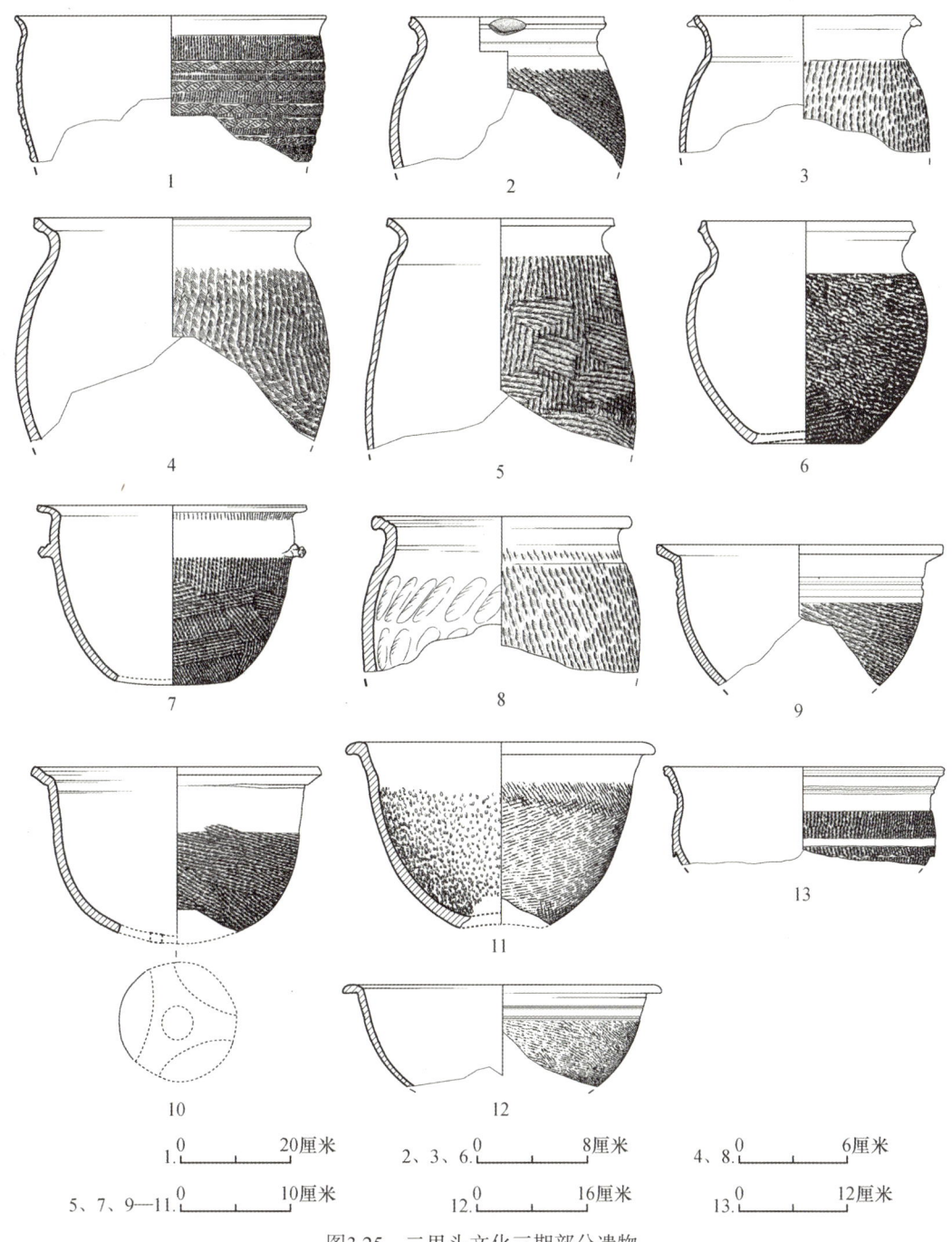

图3.25 二里头文化三期部分遗物

1.缸（212H1∶1） 2—4、6.圆腹罐（Y132H1∶4、212H3∶1、Y099∶9、Y132H1∶2） 5.深腹罐（Y132H1∶1）
7、9、10.甗（Y099∶11、Y201H2∶1、Y1001H5∶9） 8.鼎（217∶12） 11、12.盆（Y099∶15、Y099∶16）
13.大口尊（Y132H1∶7）

（076）、孙家岗（077）、二里头（090）、谷堆头寨（094）、桂连凹南（020）、纲常（019）、夏庄西北（025）、大郎庙南（083）、西三冢（079）、金钟寺（081）、罗圪垱（082）、刘窑东（180）、毛村东（164）、袁沟A（165）、偏桥北（168）、南寨西村南（151）、孙家窑西（193）、东朱村东北（196）、王湾西北（195）、西湾北（189）、陈家窑（184）、宫家窑（183）、刘李东北（181）、东庞村北（151）、辛庄东北（142）、杨村北（145）、魏家窑北（146）、掘山（147）、经周东（207）、肖村西寨西北（208）、吕桥（205）、军屯东南（140）、石牛沟（124）、高崖西（134）、高崖东北（132）、杨寨西（214）、铁村南（220）、寨湾东南（216）、寨湾东北（217）、曹寨北（212）、韩村南A（201）、符家寨东北（198）、张村东南（123）、裴村E（122）、裴村C（120）、裴村D（121）、陶化店东南（127）、夏后寺（Y182）、灰嘴东（Y127E）、灰嘴西（Y127W）、郑窑（Y140）、涧东村北（Y196A）、涧东村西北（Y196B）、西口孜（Y201）、新寨北嘴（Y197）、张湾西北（Y210）、邱河西（Y221）、陈河北（112）、化寨东（111）、盆窑寨东南（109）、东王河东南（101）、李家湾东南（104）、吴家湾东南（107）、南村寨东南（Y061）、府西村东北（Y111）、马屯西村南（Y103）、贾屯（Y101）、李家沟东（Y099）、干沟猪场（Y074）、回龙湾新村东（Y083）、干沟南（Y076）、回龙湾南（Y082）、新后沟窑厂东（Y132）、上庄南（Y037）、坞罗西坡1（Y033）、罗口（Y022）、稍柴电厂东南2（Y008）、稍柴（Y1001）等遗址，合计96处。以上总计102处（图3.26）。

（2）数量规模

从数量来看，包含四期遗存的遗址有102处，较上一个阶段有些许增加，但是增幅很小。其中86处遗址兼有三期遗存，可见将近86%的三期遗址发展为四期，而在四期的时候新增加的遗址约占四期遗址总数的15%，一定程度上反映了这一个阶段区域内考古学文化的持续发展和变化。

从遗址的规模来看，确定属于四期的遗址中，可估算面积的遗址共88个，其中面积小于12万平方米的遗址共66处，18万—29万平方米的遗址共10处，33万—80万平方米的遗址共11处，100万平方米以上的遗址1处。显见，这一时期的聚落格局延续了上一个阶段，依旧维持以二里头遗址为核心的四级聚落体系。

（3）分布特点

整体来看，该阶段的遗址密度与上一阶段大体持平。其中洛河以北区域的遗址数量有少量增加，且增加的遗址多位于邙山南坡或邻近山前的平地上。伊洛河古河道之间的遗址数量和位置大体保持不变，仅个别遗址为新出现的，如孙家岗等。而伊河南岸的较大支流如酒流沟、沙河、马涧河、浏涧河流域各区段的遗址数量或有增加，或有减少，总量基本维持不变。其他小流域内的遗址数量和位置基本未发生变化，仍旧维持了上一个阶段的发展。

从遗址所处的海拔来看，处于100—200米的遗址数量为74处，高于200米的遗址数量为22处，与上一阶段基本持平。

总的来说，遗址的时空分布显示了这一时段，区域内二里头文化的资源利用策略并未发生根本性的变化，聚落体系反映的社会管理策略也未发生质的变化。

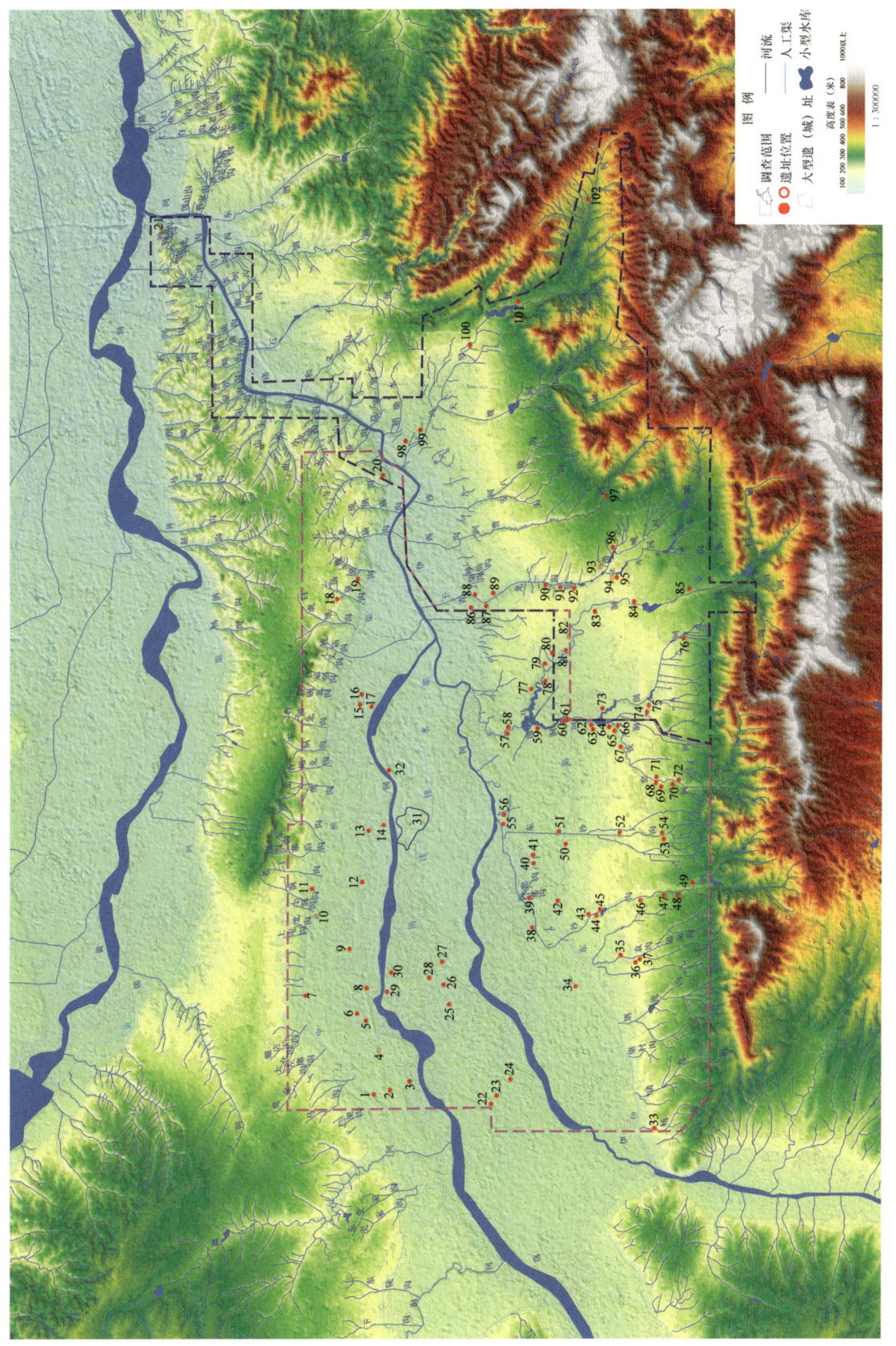

图3.26 二里头文化四期遗址分布图

1. 帽郭A（012） 2. 史家湾北（001） 3. 杨湾西（002） 4. 扁担赵南（003） 5. 黑王（007） 6. 白王北（006） 7. 平乐A（034） 8. 枣园北（010） 9. 永宁寺西南（039） 10. 金村东北（032） 11. 保庄北（047） 12. 景阳岗（041） 13. 白村东北（043） 14. 古城西（057） 15. 偃师商城（062） 16. 槐庙南（064） 17. 塔庄（063） 18. 北窑东北（065） 19. 凤凰沟（067） 20. 寺沟（074） 21. 神北（Y161） 22. 桂连凹南（020） 23. 纲常（019） 24. 夏庄西南（083） 25. 大郎庙南（081） 26. 金钟寺（081） 27. 罗圪垱（082） 28. 西三家（079） 29. 西石桥东（076） 30. 孙家岗（077） 31. 二里头（090） 32. 合堆头寨（094） 33. 南寨西村南（151） 34. 南寨西村南（151） 35. 偏桥北（168） 36. 毛村东（164） 37. 袁沟A（165） 38. 东庞村北（150） 39. 掘山（147） 40. 杨村北（145） 41. 魏家窑北（142） 42. 辛庄东北（142） 43. 宫家窑（183） 44. 刘李东北（181） 45. 陈家窑（184） 46. 西湾北（189） 47. 王湾西北（195） 48. 东禾村东北（196） 49. 孙家窑西（193） 50. 罕屯东南（140） 51. 石牛沟（124） 52. 吕桥（205） 53. 经同东（207） 54. 肖村西寨西北（208） 55. 高崖西（134） 56. 高崖东北（132） 57. 吴家湾南（107） 58. 李家湾东南（104） 59. 陶化店东北（127） 60. 涧东村西北（Y196B） 61. 涧东村北（Y196A） 62. 裴村D（121） 63. 裴村C（120） 64. 裴村E（122） 65. 张村东南（123） 66. 符家寨东北（198） 67. 韩村南A（201） 68. 寨湾东北（217） 69. 寨湾东南（216） 70. 铁村南（220） 71. 曹寨北（212） 72. 杨寨西（214） 73. 郑窑（Y140） 74. 灰嘴（Y127W） 75. 灰嘴（Y127E） 76. 夏后寺（Y182） 77. 东王河东南（101） 78. 盆窑东南（109） 79. 化寨东（111） 80. 邱河西（112） 81. 千沟南（Y221） 82. 北吴家湾（Y074） 83. 张湾西北（Y210） 84. 新寨北嘴（Y197） 85. 西口孜（Y103） 86. 回龙湾南（Y082） 87. 回龙湾新东（Y083） 88. 千沟南（Y076） 89. 千沟猪场（Y099） 90. 李家沟东（Y099） 91. 贾屯（Y101） 92. 马屯西村南（Y008） 93. 寨沟老村（Y065） 94. 府西村北（Y110） 95. 府西村东北（Y111） 96. 南村寨东北（Y083） 97. 新后沟窑厂东（Y074） 98. 稍柴（Y132） 99. 电厂东南（Y103） 100. 罗口（Y022） 101. 坞罗西坡1（Y033） 102. 上庄南（Y037）

（4）遗物特征

相比较而言，四期遗址上采集的遗物数量较多，包括石器、骨器、蚌器和陶器等（图3.27）。

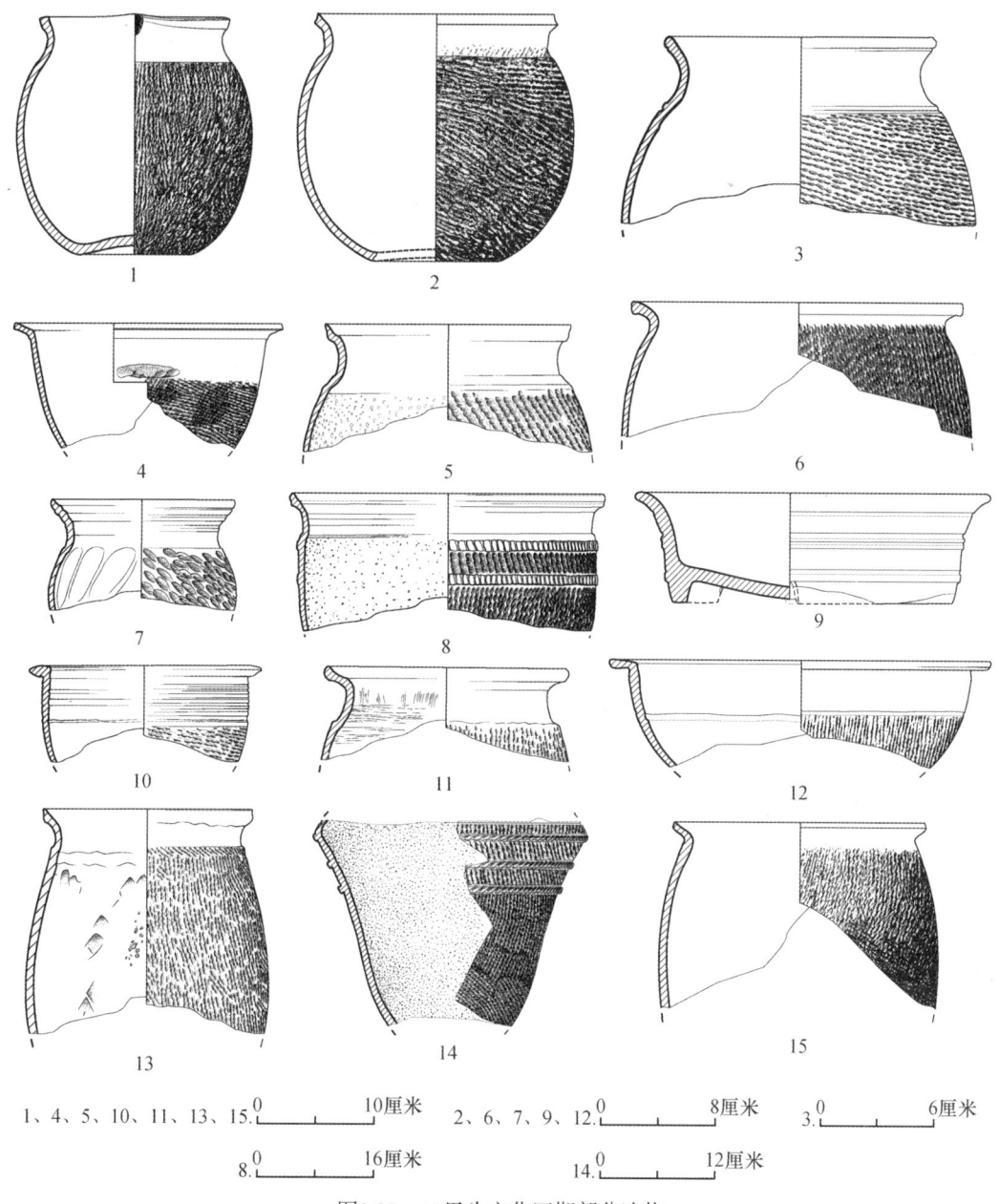

图3.27　二里头文化四期部分遗物

1—3、7.圆腹罐（Y201H3∶5、Y132H1∶3、076∶16、205H1∶1）　4.甑（Y201H3∶4）　5、6、11、13、15.深腹罐（205H1∶3、Y022H4∶1、205H1∶4、041∶20、Y201H3∶1）　8.缸（140H1∶1）　9.三足盘（Y201H3∶7）　10、12.盆（205H1∶5、Y111∶3）　14.大口尊（Y099H3∶1）

调查所采集的陶质遗物数量较多。颜色整体偏浅，泥质灰陶的比重增加，夹砂陶的沙粒细小，见有少量红褐色陶器，几乎不见白陶、黑陶和黑皮陶。这一时期陶器的装饰基本为绳纹，仅在特定的部分器类上见有附加堆纹和弦纹。部分陶鬲和圆腹罐上见有细绳纹，不少的深腹罐上见有粗绳纹。多数陶器仍旧装饰中绳纹。器物内壁上多见大型麻点。部分遗址的个别陶器装饰有篦状刮抹纹。采集的遗物中，以圆腹罐和深腹罐的数量为最，同时也见有一定数量的鼎、甗、鬲、豆、簋、盆、矮领尊、大口尊、缸、瓮、觚、爵、盉、器盖等器形。

整体而言，这一时期基本维持了二里头文化三期的基本器类，但是出现了不少新的变化：如卷沿薄胎细绳纹鬲、橄榄形深腹罐、束颈盆、浅盘假腹豆、簋；夹砂褐陶深腹罐、红褐色夹砂卷沿刮抹纹陶鬲、甗等这些具有下七垣文化和岳石文化风格的陶器在该区域的不少遗址开始出现。

上述特征揭示了区域内二里头文化四期（早晚段）文化面貌上既有延续性，也有不少的变化，文化因素的复杂性和多样性显然出这一时段不同区域间的文化交流或人群迁徙。四期陶器特征上的复杂性可能也是二里头文化和二里岗文化在绝对年代上存在着一定范围重叠的直接体现。

（二）二里岗文化

调查区域内发现的，属于二里岗文化的遗址也较多。

其中由于采集物较为残碎，疑似含有二里岗文化遗存有分金沟（008）、陈屯老村（009）、齐村东南（023）、羊二庄东南（055）、王窑（073）、大郎庙南（083）、大郊寨东（087）、西窑沟（148）、东庞村北（150）、刘沟东北（175）、刘窑东（180）、刘李寨B（187）、陶家村东（Y191）、花张东北（Y205）、林小寨（Y211）、林小寨西南（Y212）、府北村北（Y113）、冯寨西北（Y090）、南村寨西（Y062）、桑沟老村（Y065）、罗彦庄西南/肖家沟（Y072）、石家沟东（Y094）、北后沟东（Y137）、金钟寺（Y054）、费窑南3（Y014）、牌坊沟（Y149）等遗址，合计26处。可以确定属于二里岗文化，但是因为器形不够典型，难以判定早晚期的有刘坡（036）、平乐A（034）、康沟（Y158）、西口孜（Y201）、柏谷坞东（Y222）、李家窑西南（Y122）、南村寨西南（Y063）、新后沟东（Y131）等遗址，合计8处。其余可以划分早晚期的遗址数量合计85处。个别遗址含有疑似商周时期的遗存，未计入总数。

以上共计119处（图3.28）。

1. 早期

（1）主要发现

调查发现疑似含有二里岗文化早期遗存的有赫田寨西北（041）、寺沟（074）、府西村西北（Y110）、石家沟东北（Y093）、上庄南（Y037）遗址，计5处。基本可以确定含有二里岗文化早期遗存的有帽郭A（012）、景阳岗（041）、枣园北（010）、偃师商城（062）、北窑东北（065）、二里头（090）、王沟东（162）、袁沟B（166）、贾庄坡西南（194）、沙沟西（188）、刘李东北（181）、杨村东南（144）、杨村北（145）、掘山（147）、肖村西寨西北（208）、吕桥北（204）、军屯东南（140）、高崖东北（132）、铁村南（220）、韩村南A（201）、符家寨东北（198）、扒头东南（Y181）、陈河北（112）、邢村（Y120）、高村东北（Y115）、颜良寨西南（Y086）、滑城河东（Y112）、杨寨西北（Y058）、南村寨东南（Y061）、滑城河北（Y108）、府西村东北（Y111）、马屯新村（Y069）、李家沟东（Y099）、干沟猪场（Y074）、回龙湾新村东（Y083）、刘乐寨有西南（Y075）、天坡水库东北（Y043）、罗口（Y022）、费窑西南（Y011）、稍柴（Y1001）等遗址，计40处。

以上合计45处（图3.29）。

（2）数量规模

从数量来看，二里岗文化早期的遗址数量仅为45处，与二里头文化四期的遗址数量相比有55%的减少。即使将难以细分时段的二里岗文化的遗址数量统计在内，仍有20%以上的减少量，可见在二里头文化和二里岗文化之间遗址数量的减少是明显的。而二里岗文化早期的遗

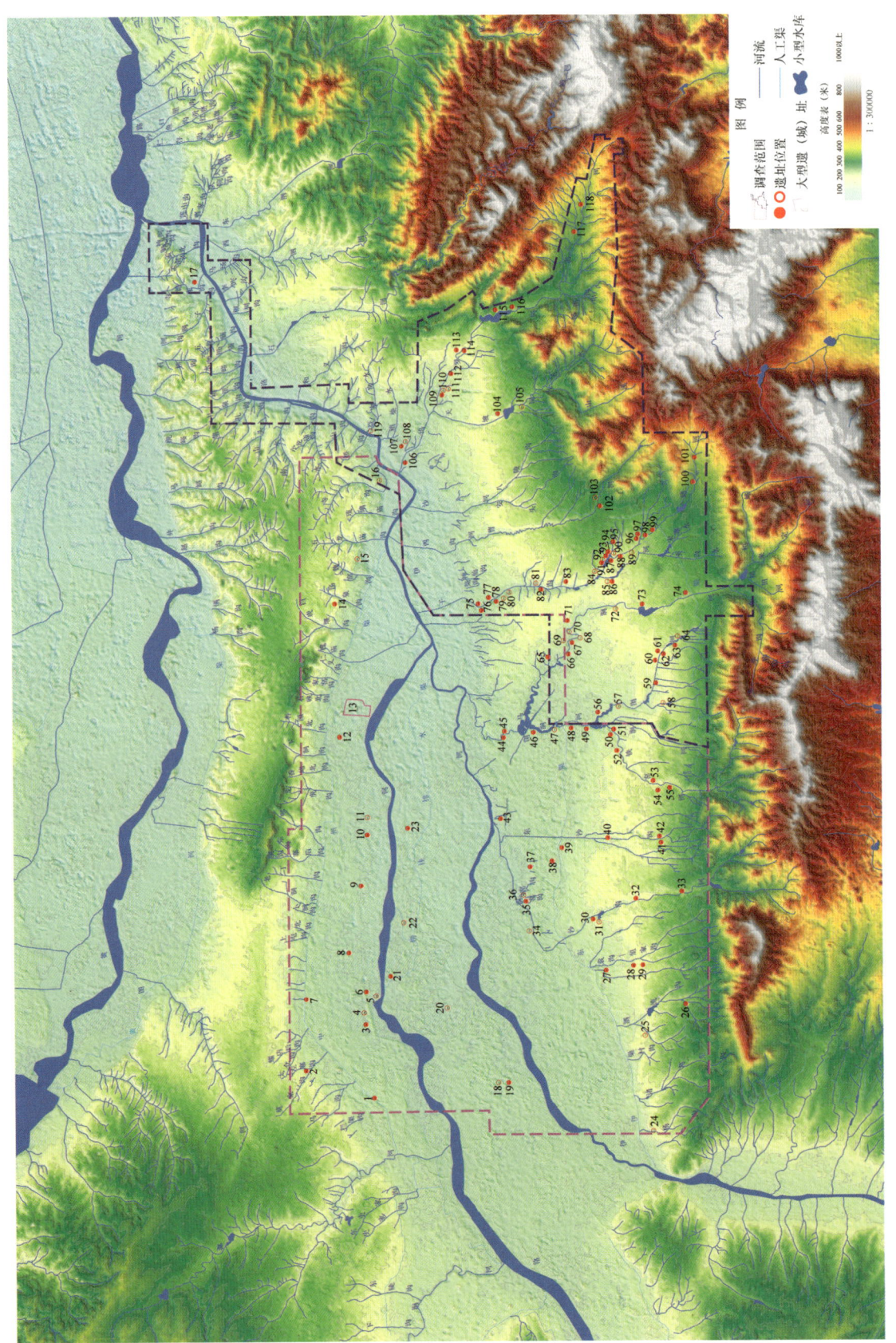

图3.28 二里岗文化遗址分布图

1. 唱郭A（012） 2. 刘坡（036） 3. 黑王（007） 4. 分金沟（008） 5. 陈屯老村（009） 6. 枣园北（010） 7. 平乐A（034） 8. 永宁寺西南（039） 9. 景阴岗（041） 10. 白村东北（043） 11. 羊二庄东南（055） 12. 赫田寨西北（060） 13. 偃师商城（062） 14. 北窑东北（065） 15. 王窑（073） 16. 寺沟（074） 17. 康沟（Y158） 18. 齐村东南（023） 19. 夏庄西北（025） 20. 大郎庙南（083） 21. 孙家岗（077） 22. 大郊寨东（087） 23. 二里头（090） 24. 刘窑东（180） 25. 刘沟东北（175） 26. 王沟东（162） 27. 祖家庄东南（167） 28. 毛村东（164） 29. 袁沟B（166） 30. 刘李东北（181） 31. 刘李寨B（187） 32. 沙沟西（188） 33. 贾庄坡西南（194） 34. 东庞西北（150） 35. 掘山（147） 36. 西窑沟（148） 37. 杨村北（145） 38. 杨村东南（144） 39. 军屯东南（140） 40. 吕桥北（204） 41. 经固东南（207） 42. 肖村西寨西北（208） 43. 高崖东北（132） 44. 吴家湾东南（107） 45. 李家湾东南（104） 46. 陶化店东南（127） 47. 崔河北（115） 48. 程子沟北（116） 49. 裴村D（121） 50. 张村东南（123） 51. 符家寨东北（198） 52. 韩村南A（201） 53. 扒头东南（Y181） 62. 扒头水库东南（Y184） 65. 陈河北（112） 66. 吊桥寨东北（Y198） 67. 南吴家湾东北（Y180） 61. 林小寨西北（Y212） 69. 北吴家湾（Y214） 70. 林小寨（Y211） 71. 柏合坞东（Y205） 72. 花张东北（Y222） 73. 屯寨西北（Y198） 74. 西口孜（Y201） 75. 刘乐寨西南（Y075） 76. 回龙湾新村东（Y074） 77. 干沟猪场（Y083） 78. 石家沟老村东（Y092） 79. 石家沟东北（Y093） 80. 石家沟东北（Y094） 81. 罗彦庄西南肖家沟（Y072） 82. 李家沟东南（Y099） 83. 马屯新村（Y069） 84. 枣沟北（Y065） 85. 府西村东北（Y110） 86. 府西村东北（Y111） 87. 滑城河北（Y108） 88. 滑城河东（Y112） 89. 府北村北（Y113） 90. 冯寨西北（Y090） 91. 南村寨西南（Y062） 92. 南村寨西（Y063） 93. 南村寨东南（Y060） 94. 南村寨东南（Y061） 95. 杨寨西北（Y058） 96. 颜良寨（Y075） 97. 小相西北（Y086） 98. 颜良寨水库东北（Y085） 99. 高村东北/小相东（Y115） 100. 邢村（Y114） 101. 李家坌西南（Y120） 102. 新后沟东（Y122） 103. 北后沟西南（Y137） 104. 天坡水库东北（Y043） 105. 金钟寺（Y054） 106. 南石（Y1003） 107. 稍柴（Y1001） 108. 稍柴电厂北路东（Y005） 109. 费窑西南（Y011） 110. 费窑南1（Y012） 111. 费窑南3（Y014） 112. 喂庄西南（Y018） 113. 喂庄东南（Y020） 114. 罗口（Y022） 115. 坞罗南店（Y032） 116. 坞罗西坡1（Y033） 117. 涉村东（Y035） 118. 上庄南（Y037） 119. 牌坊沟（Y149）

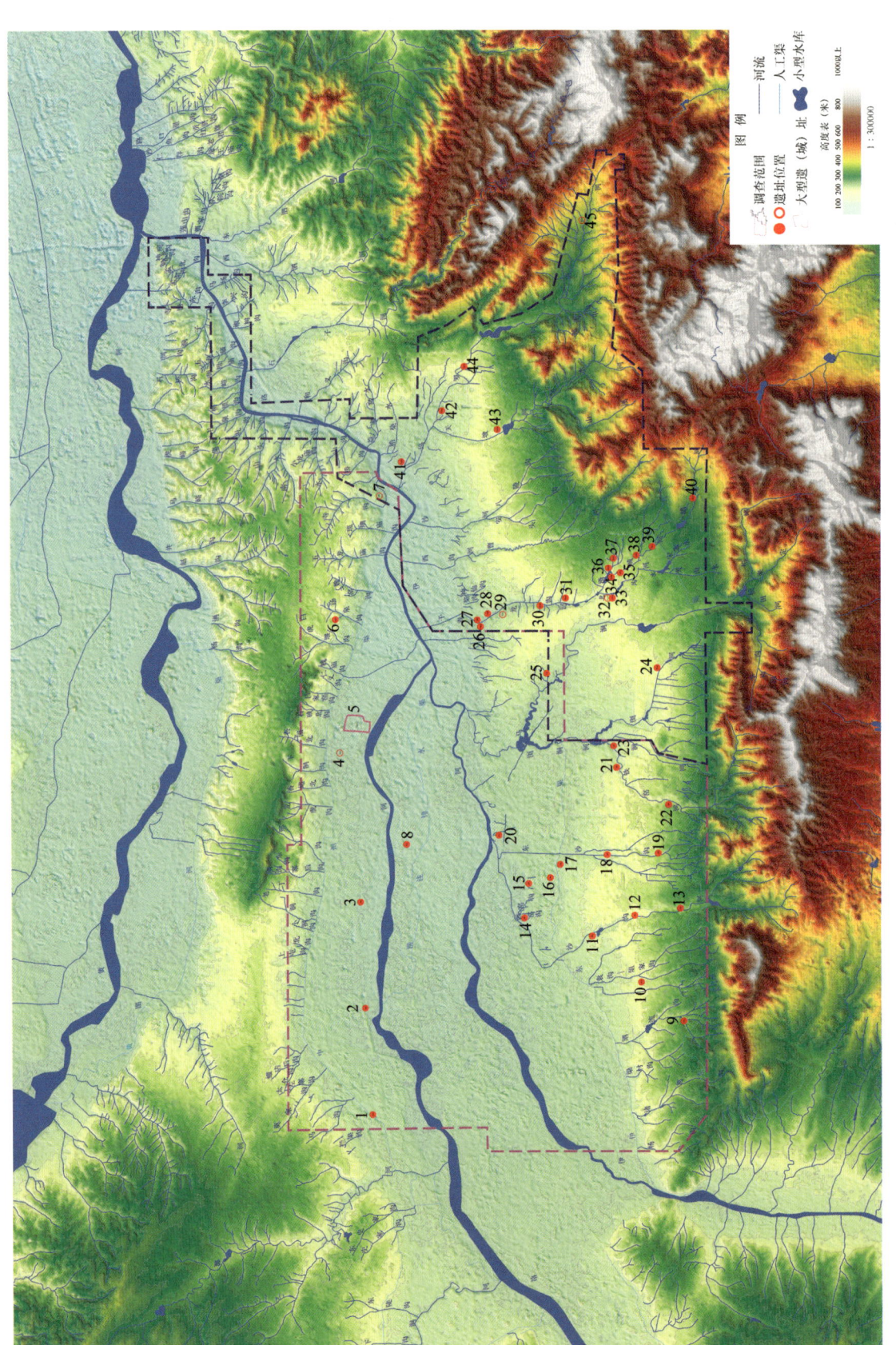

图3.29 二里岗文化早期遗址分布图

1.帽郭A（012） 2.枣园北（010） 3.景阳岗（041） 4.赫田寨西北（060） 5.偃师商城（062） 6.北窑东北（065） 7.苇沟（074） 8.二里头（090） 9.王沟东（162）
10.袁沟B（166） 11.刘李东北（181） 12.沙沟西（188） 13.贾庄坡西南（194） 14.掘山（147） 15.杨村北（145） 16.杨村东南（144） 17.军屯东南（140） 18.吕桥北（177） 26.回龙（204） 19.肖村西寨西北（208） 20.高崖东北（201） 21.韩村南（220） 22.铁村南（074） 23.符家寨东北（198） 24.扒头东南（Y181） 25.陈河北（112） 32.府西村北（Y110） 33.府西村（204） 27.湾新村东（Y083） 28.干沟猪场（Y075） 29.石家沟东北（Y093） 30.李家西东（Y099） 31.马屯新村（Y069） 32.府西村北（Y110） 33.府西村（Y115） 40.邢村
东北（Y111） 34.滑城河北（Y108） 35.滑城河东（Y112） 36.南村寨东南（Y061） 37.杨家西北（Y058） 38.颜良寨西北（Y086） 39.高村东北/小相西（Y115） 40.邢村
（Y120） 41.稍柴（Y1001） 42.费窑西北（Y011） 43.天坡水库东北（Y043） 44.罗口（Y022） 45.上庄南（Y037）

址中有26处遗址兼有二里头文化四期的遗存，可见超过57%的遗址在二里头文化基础上发展而来。遗址数量的变化表明区域内考古学文化更替过程中仍有相当的延续性，其余42%新增加的遗址在保持延续性的前提下，人群经过了新一轮的区域内整合或者跨区域的流动。

从遗址的规模来看，这一时期早段先出现了以偃师商城小城为代表的面积超过80万平方米的中心城址，晚段又扩建成了面积达到190万平方米的区域性中心城址，并以此为基础形成了包括次级中心和一般聚落在内的区域三级聚落体系。如果考虑到郑州商城和其他该时期的城址，二里岗文化仍然延续了二里头文化开创的以郑州商城为最高等级聚落的至少四级的聚落体系。由于区域调查中发现的二里岗文化遗址多为复合型的遗址，具体面积难以判定，所以目前很难确认哪些遗址属于区域内的次级中心聚落。

（3）分布特点

总体上来看，这一时期的聚落分布密度较上一阶段降低了很多。从各个区域来看，洛河以北区域的遗址数量大幅减少，但是该区域内最大的变化是二里头的衰落和偃师商城的出现；伊洛河之间遗址数量的减少幅度也很大；伊河南岸各个小流域内沙河、东沙沟、浏涧河、马涧河等流域，伊洛河南岸的坞罗河、天坡河、沙沟河和干沟河流域的遗址数量均有不同程度的减少。但是如果将整个二里岗时期的遗址考虑在内的话，伊洛河南岸的干沟河、坞罗河等流域遗址的数量明显呈增加态势，其他区域遗址的数量则变化不大。从遗址分布变化这一角度看，二里头文化四期和二里岗文化之间经历过新一轮的社会整合。

（4）遗物特征

调查中采集的属于二里岗文化早期的遗物数量较少。除个别见有早段的遗物外，多数遗址见到的陶器为二里岗文化早期晚段的遗物。

早段的遗物主要有薄胎卷沿细绳纹鬲、橄榄形平底深腹罐、圜底深腹罐、卷沿鼓腹捏口罐、折肩束颈盆、卷沿深腹平底盆、大口尊等，见于二里头、偃师商城等较大型的遗址内。而其余器类与二里头文化四期晚段的陶器区别不是特别大。显示出在洛阳盆地区域内中小遗址中仍然较多地保留了本地区固有的文化传统和器物使用习惯。

晚段具有典型二里岗文化特征的遗物数量相对较多。陶器多为浅灰色，个别为红褐色。绳纹以中绳纹为主，麦粒状绳纹基本不见，细绳纹所占比例上升，部分精致陶器上开始出现戳印或者模印的饕餮纹、"S"形纹。这一时段以陶鬲为代表的三足器的比例大幅上升，圈足器如簋、豆等的数量也明显增加，卷沿深腹罐的数量下降、橄榄形深腹罐的数量增多，折沿器开始出现并逐步取代卷沿的深腹罐和鬲等器形。主要器形有折沿双唇鬲、卷沿鬲、橄榄形平底深腹罐、圜底深腹罐、折沿盆、捏口罐、敞口斝、大口尊和爵等（图3.30）。

2. 晚期

（1）主要发现

调查区域内发现的疑似含有二里岗文化晚期遗存的有崔河北（115）、九龙水库东南（Y183）、泉寨东（Y173）、北吴家湾（Y214）、费窑南1（Y012）、稍柴电厂北路东

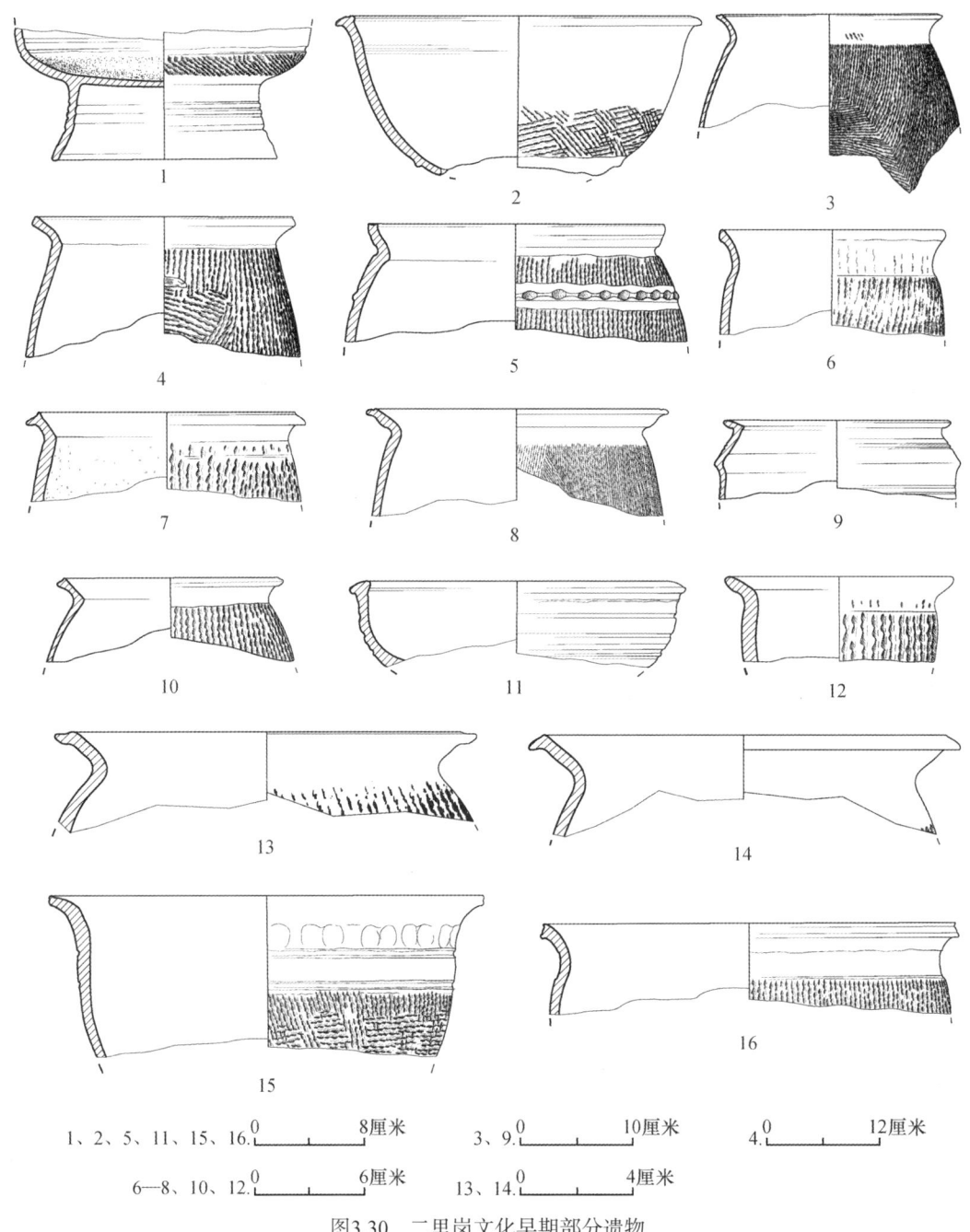

图3.30 二里岗文化早期部分遗物

1、2、11. 簋（010：4、166H2：1、010：2） 3、4、6—8、10、13、14、16. 鬲（012：21、132：12、012：22、204：1、Y069：7、144：3、Y074：3、Y086：1、198：13） 5. 罐形鼎（181：30） 9. 尊（181H1：2） 12. 深腹罐（181：28）
15. 盆（188：5）

（Y005）等遗址，计6处。大体确定含有二里岗文化遗存的有黑王（007）、永宁寺西南（039）、白村东北（043）、赫田寨西北（060）、枣园北（010）、偃师商城（062）、北窑东北（065）、孙家岗（077）、二里头（090）、夏庄西北（025）、毛村东（164）、俎家庄东南（167）、沙沟西（188）、刘李东北（181）、经周东（207）、肖村西寨西北（208）、高崖东北（132）、铁村南（220）、寨湾东南（216）、曹寨北（212）、韩村南A（201）、张村东南（123）、裴村D（121）、程子沟南（116）、陶化店东南（127）、邢村北（Y184）、扒头水库南（Y185）、扒头东南（Y181）、扒头西南（Y180）、卢村南（Y186）、郑窑（Y140）、屯寨西北（Y198）、南吴家湾东南（Y213）、吊桥寨东南（Y216）、李家湾东南（104）、吴家湾东南（107）、邢村（Y120）、颜良寨水库西南（Y114）、小相西北（Y085）、颜良寨西南（Y086）、杨寨西北（Y058）、南村寨南（Y060）、李家沟东（Y099）、石家沟老村北（Y092）、回龙湾新村东（Y083）、刘乐寨西南（Y075）、天坡水库东北（Y043）、上庄南（Y037）、涉村东（Y035）、坞罗西坡1（Y033）、坞罗南店（Y032）、罗口（Y022）、喂庄东南（Y020）、喂庄西南（Y018）、费窑西南（Y011）、稍柴（Y1001）、南石（Y1003）等遗址，合计57处。

以上共计63处（图3.31）。

（2）数量规模

根据统计结果看，二里岗文化晚期的遗址数量较上一个时段增加了40%，由之前的45处增加至63处。区域内的考古学文化转变在二里岗文化早期晚段时已经基本完成，二里头文化已经被二里岗文化所取代。这些遗址中有23处遗址见有二里岗文化早期的遗存，新出现遗址40处，这些变化显示了区域内原有的二里头风格陶器被二里岗风格陶器取代的过程。

多数的遗址为复合型的遗址，尤其是中小型遗址的面积多不清晰。但是根据发掘资料和调查资料，偃师商城遗址仍然是区域性的中心聚落，这一时期偃师商城遗址内部的宫殿区经历了新一轮的扩建，府库等建筑基址也有新的改建。而二里头、稍柴、景阳岗、寺沟等遗址的面积则在20万—40万平方米，其余遗址的面积多小于12万平方米，可见二里岗文化晚期在该区域仍然维持了以偃师商城为中心的三级聚落体系，这一聚落体系也是以郑州商城和小双桥等大型遗址为代表的二里岗文化区至少四级聚落体系的一部分。

（3）分布特点

从遗址的分布状况来看，二里岗文化晚期的聚落分布密度比上一阶段有了一定程度的提升，各个区域内的遗址数量都呈上升趋势。其中洛河北岸和古伊洛河之间区域内遗址的总数量基本没有变化，只是两个区域互有增减；伊河南岸诸支流附近遗址的数量实现了倍增，尤其是东沙沟、浏涧河、马涧河、干沟河、坞罗河等流域越接近二里岗文化的核心分区，遗址的数量增加越为明显。遗址分布状况显示出这一阶段对土地资源开发程度日益加深，同时也表明了自二里头文化被取代后，区域内人口虽然逐步提升，但是已经没有了超大型的遗址，区域的重要性也日渐下降。

（4）遗物特征

调查中采集到的二里岗文化晚期的遗物数量不是太多。根据标本拣选的情况来看，夹砂陶的数量略多于泥质陶的数量，粗砂陶也有一定的比例。陶色以灰色为主，还见有少量的灰褐和红褐色，灰褐陶较为少见。纹饰以中粗绳纹和粗绳纹为主。陶器整体上表现出胎体厚重、口沿宽厚、折沿方唇器物流行、粗绳纹主导、器体偏大的趋势。器类基本沿袭了早期晚段以来的器类，圜底粗绳纹的深腹罐和假腹豆等器形较多。这一阶段常见器形有方唇折沿鬲、侈口折沿

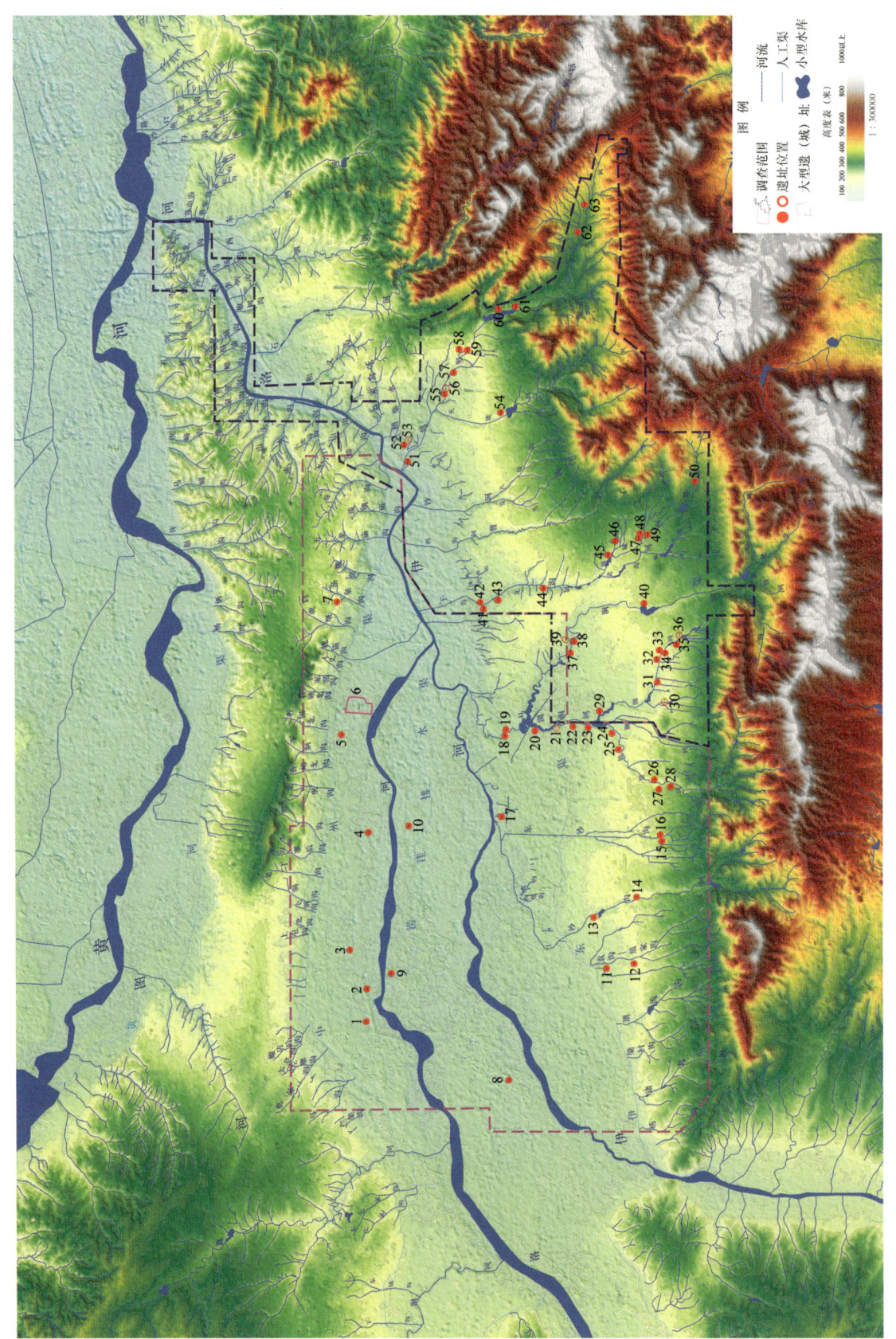

图3.31 二里岗文化晚期遗址分布图

1. 黑王（007） 2. 枣园北（010） 3. 永宁寺西南（039） 4. 白村东北（043） 5. 赫田寨西北（060） 6. 偃师商城（062） 7. 北窑东北（065） 8. 夏庄西北（025） 9. 孙家岗（077） 10. 二里头（090） 11. 祖家庄东南（167） 12. 毛村东（164） 13. 刘李东北（181） 14. 沙沟西（188） 15. 经周东（207） 16. 肖村西寨西北（208） 17. 高崖东北（132） 18. 吴家湾东南（107） 19. 李家湾东南（104） 20. 陶化店东南（127） 21. 程子沟东南（116） 22. 裴村D（121） 23. 扒头西南（186） 24. 张村东南（180） 25. 韩村南A（201） 26. 曹寨北（212） 27. 寨湾东南（216） 28. 铁村南（220） 29. 郑窑（Y140） 30. 泉寨东（Y173） 31. 卢村南（Y183） 32. 扒头东南（Y180） 33. 扒头东南（Y181） 34. 扒头水库南（Y185） 35. 邢村北（Y184） 36. 九龙水库东南（Y216） 37. 吊桥寨东南（Y213） 38. 南吴家湾东南（Y214） 40. 屯寨西北（Y198） 41. 回龙湾新村东（Y083） 42. 刘乐寨西南（Y075） 43. 石家沟老村北（Y092） 44. 李家沟东（Y099） 45. 南村寨南（Y060） 46. 杨寨西北（Y058） 47. 颜良寨西南（Y086） 48. 小相西北（Y085） 49. 颜良寨水库西南（Y114） 50. 邢村（Y120） 51. 南石（Y1003） 52. 稍柴（Y1001） 53. 稍柴电厂北路东（Y005） 54. 天坡水库东北（Y043） 55. 费窑西南（Y011） 56. 费窑南1（Y012） 57. 喂庄西南（Y018） 58. 喂庄东南（Y020） 59. 罗口（Y022） 60. 坞罗南店（Y032） 61. 坞罗西坡1（Y033） 62. 涉村东（Y035） 63. 上庄南（Y037）

方唇圜底粗绳纹深腹罐、侈口折肩盆、高领垂腹捏口罐、夹砂灰陶爵、大喇叭口小平底大口尊等，此外还见有缸、簋、假腹豆等器形（图3.32）。

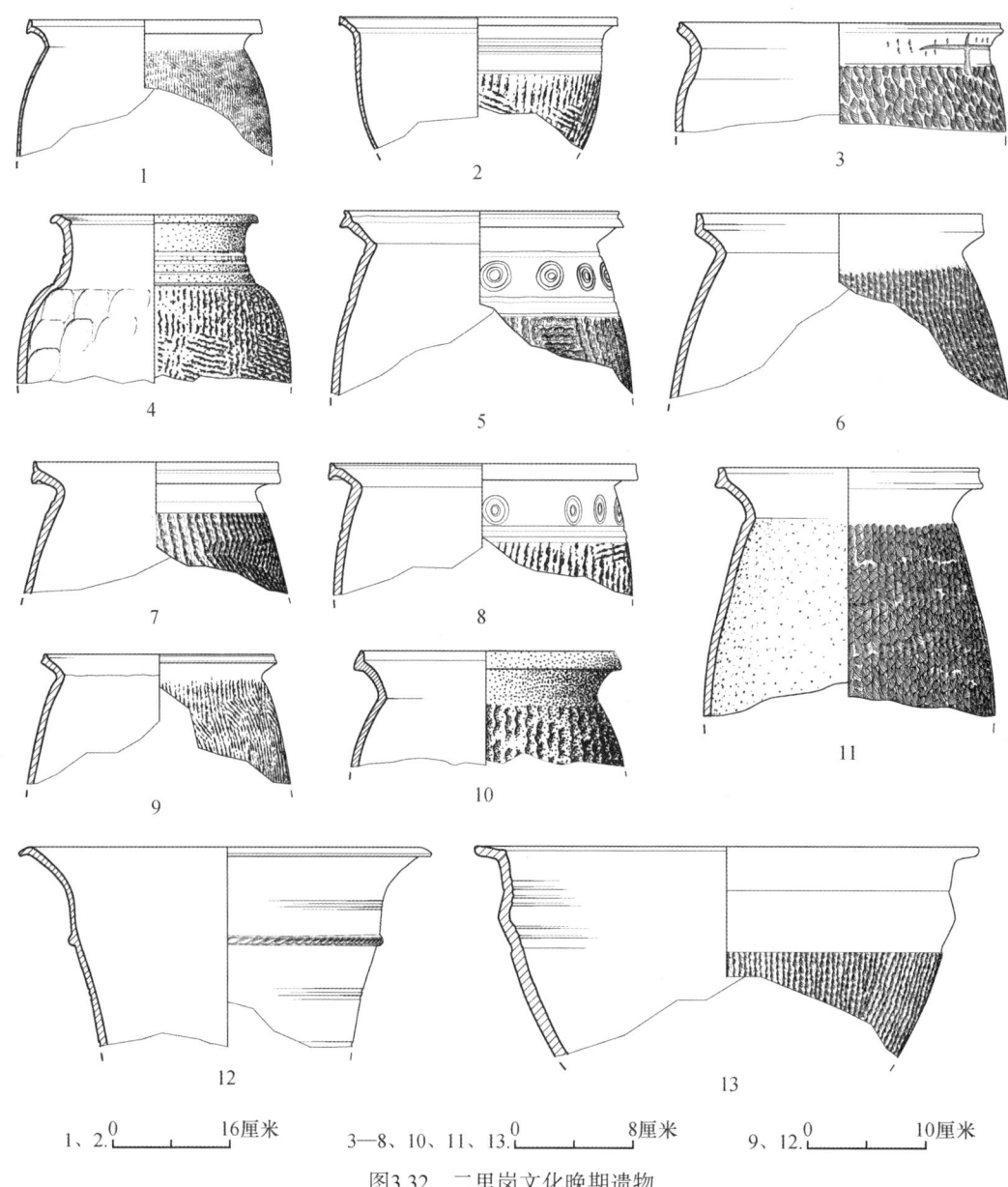

1、2. 0 ⎯⎯⎯⎯ 16厘米　　3—8、10、11、13. 0 ⎯⎯⎯⎯ 8厘米　　9、12. 0 ⎯⎯⎯⎯ 10厘米

图3.32　二里岗文化晚期遗物

1.深腹罐（Y111H1∶1）　2.盆（Y099∶31）　3.罐（188∶4）　4.捏口罐（Y184∶2）　5、7、8、10、11.鬲（Y099H4∶2、Y099H4∶1、Y099∶24、Y181∶5、132∶6）　6、9.深腹罐（Y099∶29、Y099∶27）　12.大口尊（Y058∶6）　13.折腹盆（Y099∶32）

调查中发现的遗物多属于二里岗文化晚期早段的遗物，而属于晚期晚段的遗物则非常罕见，这一状况与偃师商城遗址在二里岗文化晚期早段以后逐渐废弃基本同步，预示着该区域进入了新一轮的潜伏期。

（三）殷墟文化

调查区域内发现的殷墟文化的遗址数量不多。

（1）主要发现

疑似含有殷墟文化遗存的包括关庄东南（088）、韩寨北（191）、东庞村北（150）、杨村东南（144）、郜寨北（125）、崔河北（115）、北吴家湾（Y214）、林小寨西南（Y212）、东王河（099）、念子庄西北（Y073）、桑沟老村（Y065）、罗彦庄西南/肖家沟（Y072）等遗址，计12处。

基本确定含有该时期遗存的遗址数量相对较多，包括刘坡（036）、丁沟南（028）、帽郭A（012）、帽郭B（013）、杨湾西（002）、北窑东北（065）、忠义黄家（070）、寺沟（074）、寺沟南（Y151）、寺沟东南（Y152）、康沟（Y158）、孙家岗（077）、关公冢（089）、穆庄（022）、西石罢（016）、袁沟A（165）、毛村东（164）、俎家庄东南（167）、南寨上村东（154）、杨裴屯西南（190）、西湾北（189）、九贤（139）、肖村西寨西北（208）、高崖西（134）、铁村南（220）、马寨西（213）、寨湾东北（217）、夏后寺（Y182）、扒头水库南（Y185）、卢村西北（Y176）、涧东村北（Y196A）、姬家村南（Y228）、东管茅东南（Y203）、东管茅东（Y202）、老屯寨（Y199）、屯寨西北（Y198）、王湾西北（Y209）、吊桥寨西南（Y216）、东王河东南（101）、苗湾B（096）、小相西北（Y085）、杨寨西（Y059）、贾屯（Y101）、石家沟东南（Y095）、石家沟东北（Y093）、新移（Y045）、坞罗水库西1（Y025）、喂庄西南（Y018）、稍柴（Y1001）等遗址，计49处。

以上共计61处（图3.33）。

（2）数量规模

根据调查的结果来看，殷墟文化遗址的数量为61处，略少于二里岗文化晚期的遗址数量，如果考虑进难以确定期段和疑似二里岗文化遗址的数量，则统计数据会有较大的减少。整体来看，这一阶段相较于二里岗文化晚期，遗址数量应该呈下降的趋势。

这61处遗址中，总计有14处遗址兼有二里岗文化晚期的遗存，约占遗址总数的23%，这些遗址应该是二里岗文化晚期遗址的自然发展，如果计入二里岗文化难以判定早晚段的遗址数量，这一比例应该更低些。而其他超过70%的遗址是这一阶段新出现的遗址，这些遗址的出现说明了在偃师商城废弃之后，区域内的文化发展并未因为政治中心的变迁而完全中断，一定程度上来讲，区域内仍然有相当数量中小型遗址在自然发展。

鉴于多数殷墟文化的遗址为复合型的遗址，殷墟文化的遗存面积难以准确判定，因而很难从规模上来判断聚落形态的详细状况。但是根据历年来的考古调查和发掘情况来看，忠义黄家

1180　洛阳盆地中东部先秦时期遗址

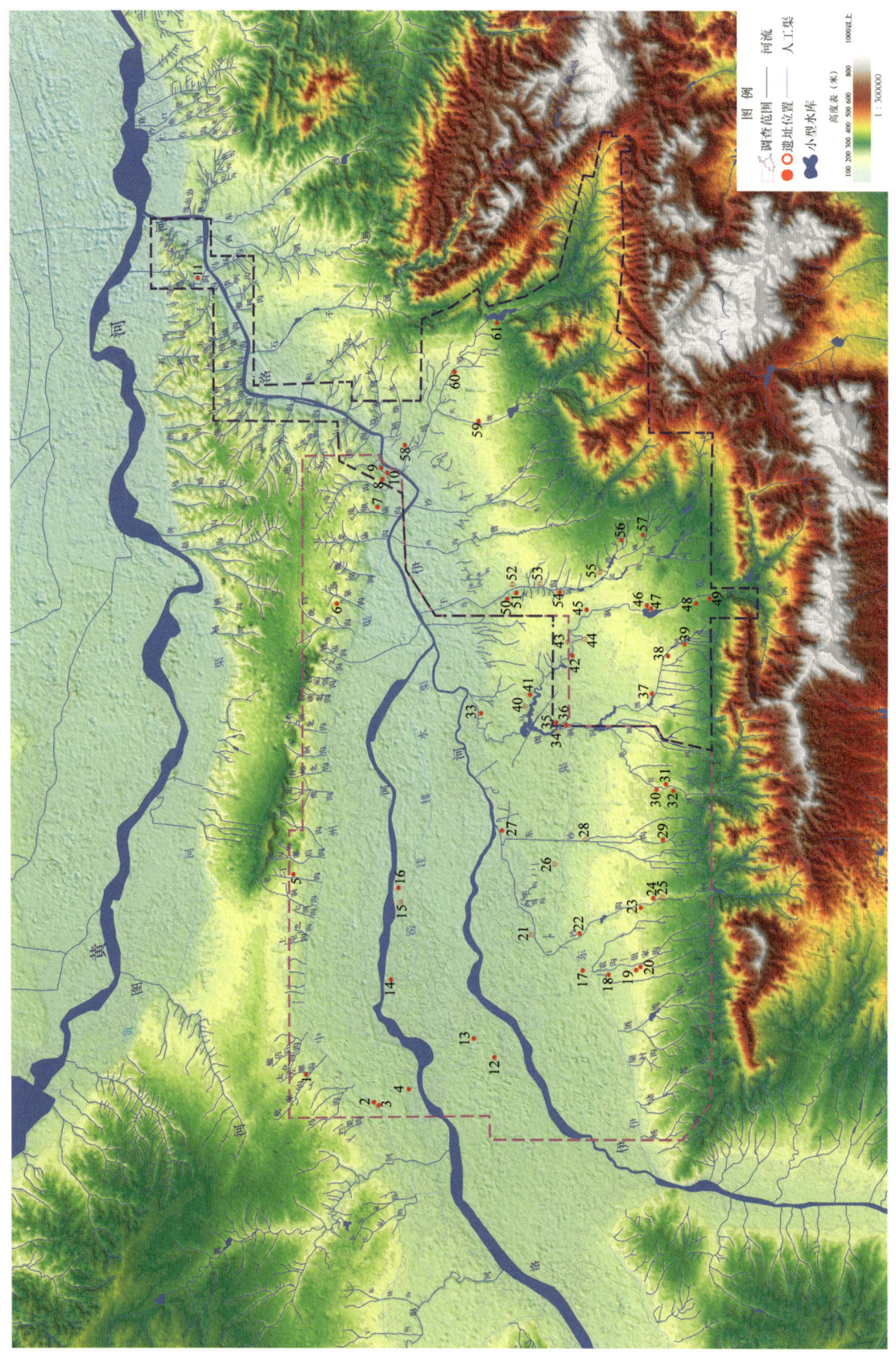

图3.33　殷墟文化遗址分布图

1. 刘坡（036） 2. 帽郭A（012） 3. 帽郭B（013） 4. 杨鸿湾（002） 5. 丁沟南（028） 6. 北笞东北（065） 7. 忠义黄家（070） 8. 寺沟（074） 9. 寺沟东南（Y152） 10. 寺沟南（Y151） 11. 康沟（Y158） 12. 穆庄（022） 13. 西石罢（016） 14. 孙家岗（077） 15. 关庄东南（088） 16. 关公家（089） 17. 南寨上村东（154） 18. 祖家庄东南（167） 19. 毛村东（164） 20. 袁沟A（165） 21. 东庞村北（150） 22. 西鸿北（189） 23. 西寒屯西南（190） 24. 杨麦屯西南（190） 25. 韩寨北（191） 26. 杨村东（115） 27. 高崖西（134） 28. 邸寨北（125） 29. 肖村西北（Y176） 30. 寨湾东北（208） 31. 马寨西（217） 32. 铁村南（220） 33. 苗湾B（096） 34. 崔河北（115） 35. 姬家村南（Y228） 36. 涧东村北（Y196A） 37. 卢村西北（Y212） 38. 扒头水库南（Y185） 39. 夏后寺（Y182） 40. 东王河（099） 41. 东王河东南（101） 42. 吊桥寨东南（Y216） 43. 北吴家湾（Y214） 44. 林小寨西南（Y095） 45. 王湾西北（Y073） 46. 屯寨西北（Y209） 47. 老屯寨（Y198） 48. 东管茅东（Y199） 49. 东管茅东南（Y202） 50. 石家沟东北（Y093） 51. 石家沟东南（Y095） 52. 念子庄西北（Y072） 53. 罗彦庄西南/肖家沟（Y101） 54. 贾屯（Y065） 55. 桑沟老村（Y065） 56. 杨寨西（Y059） 57. 小相西北（Y085） 58. 稍柴（Y1001） 59. 新移（Y045） 60. 喂庄西南（Y018） 61. 坞罗水库西1（Y025）

（070）遗址发现带有铭文的殷墟文化的铜爵①，洛阳盆地西侧的侯城遗址发现有殷墟文化的环壕聚落②。上述遗址的规格应该相对较高。但是多数遗址的规模可能较小，这一阶段区域内的聚落大体维持二级聚落的结构体系。即小型的区域中心依然存在，多数遗址依然为普通聚落。

（3）分布特点

从遗址的分布状况来看，这一阶段伊洛河以北区域的遗址数量大体保持不变，但是多数遗址分布在洛阳盆地中部的偏西侧，而邙山脚下或山坡上的遗址数量增多，平原地区的遗址数量明显减少；同时伊洛河古河道之间的西部区域也新出现了少量遗址；伊河南岸片区的遗址数量略有减少，主要体现在部分支流区域。整体上看这一时期的遗址分布特点与上一阶段相比，没有特别大的变化。而盆地中部西侧遗址数量较多，可能与殷墟文化晚期遗存的年代判定存在着误差有关联，这一区域正是从西周早期延续至西周晚期的瀍河两岸的大型聚落所在，根据已有的研究，瀍河东岸区域是商被灭后商人被周人相对集中安置的"殷遗民"所在区域③。

（4）遗物特征

采集的遗物数量较少。发现的遗物以陶器为主（图3.34）。采集的陶器标本中，器形相对较少，主要包括鬲、簋、豆、盆、罐等，此外还见有一定量的瓮等。从遗物来看，这些遗存的年代存在着较大的不均衡性，多数遗存的年代为殷墟文化晚期（三、四期）或殷周之际，少量遗存的年代则可以早至殷墟早期（一、二期）乃至更早。

---

① 《偃师县志》编纂委员会：《偃师县志》，生活·读书·新知三联书店，1992年，第737页。
② 河南省第三次全国文物普查领导小组办公室、河南省文物局：《河南省第三次全国文物普查300项重要发现》，海燕出版社，2011年。
③ 张剑：《洛阳两周考古概述》，《洛阳考古四十年》，科学出版社，1996年。

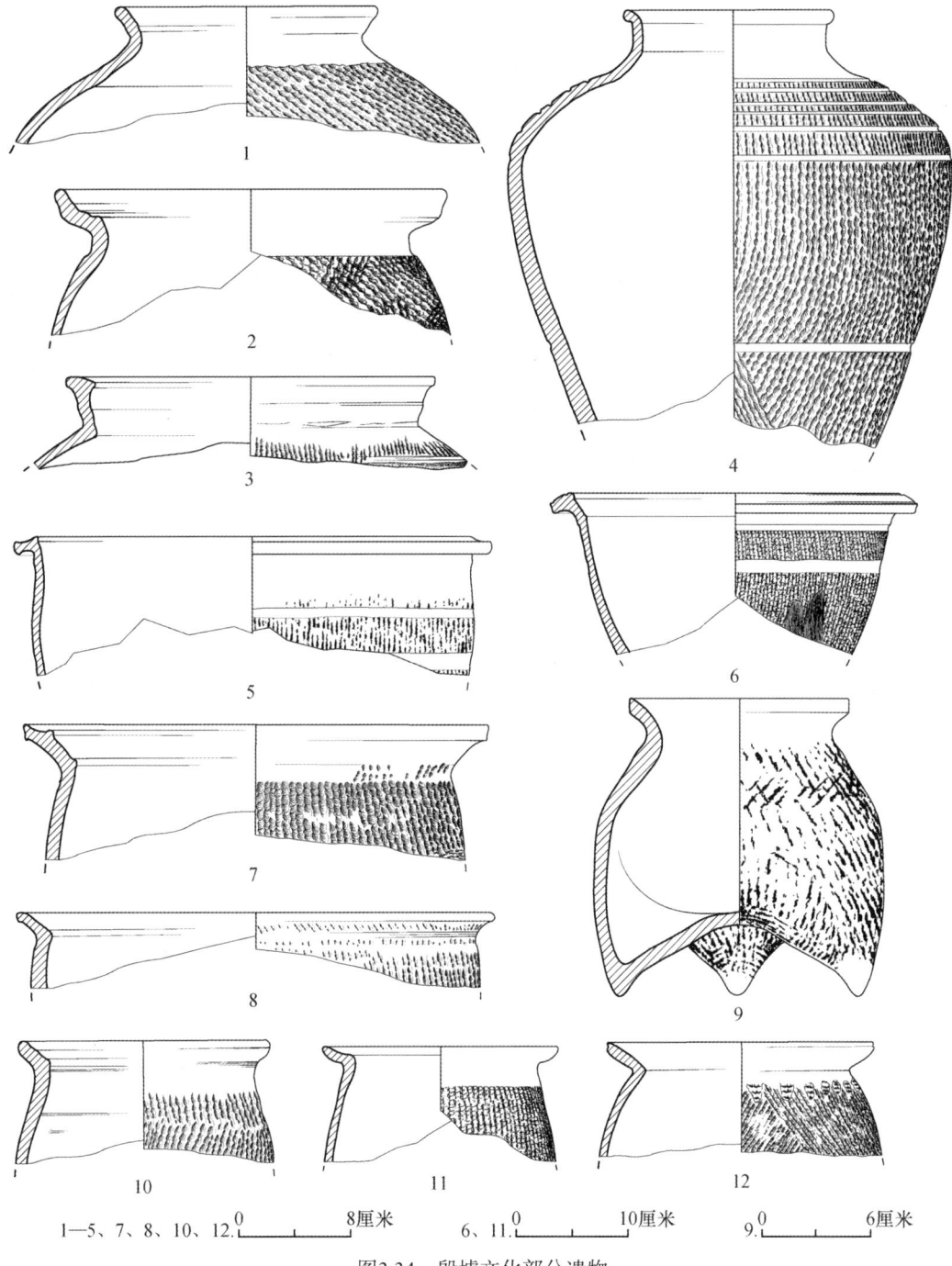

图3.34 殷墟文化部分遗物

1、7、10.罐（217：26、074：16、217：28） 2、6、9、11、12.鬲（Y1001：24、Y093H1：2、Y059H1：1、Y228：1、012：26） 3、4.瓮（013：1、217F3：1） 5、8.盆（Y085：5、217：30）

（四）西周时期

调查区域内发现的西周时期的遗存数量相对较多，结合现有对西周时期陶器和青铜器等遗物为基础的研究来看，西周时期的考古学遗存大体可以分为早、中、晚三期。

1. 主要发现

调查中，相当数量的遗址未拣选两周时期标本，导致多数遗址无法确定准确年代。

区域内发现的，因为采集物较为残碎，疑似包含西周时期遗存的有石桥北庄东北（051）、石桥东南（050）、帽郭A（012）、扁担赵南（003）、油王南（005）、新庄东南（054）、南蔡庄西北（052）、南蔡庄西（053）、羊二庄东南（055）、山神庙（061）、赫田寨西北（060）、陈屯老村（009）、枣园北（010）、北窑东北（065）、汤泉沟（066）、石头沟北（069）、山圪垱北（071）、王窑（073）、石家庄西南（Y153）、关庄东南（088）、关公家（089）、齐村东南（023）、夏庄西北（025）、潘寨老寨东（015）、西石罢（016）、大郎庙南（083）、王沟东（162）、常村西南（174）、大王村西北（155）、南寨西村南（151）、西湾北（189）、寇店西（185）、东庞村北（150）、辛庄东北（142）、西窑沟（148）、窑沟（149）、肖村南寨（209）、郭家岭北（203）、郜寨北（125）、杨寨西南（215）、程子沟南（116）、邢寨东北（Y226）、邢村东（Y225）、夏后寺（Y182）、卢村西南（Y227）、卢村西（Y177）、双泉东北（Y224）、卢村东北（Y169）、西齐家窑东南（Y164）、灰嘴北（Y196）、陶家村东（Y191）、涧东村西北（Y196B）、姬家村南（Y228）、老屯寨（Y199）、张湾西北（Y210）、柏谷坞东（Y222）、北吴家湾（Y214）、林小寨（Y211）、林小寨西南（Y212）、北寨东南（Y218）、刘村西南（Y117）、赵城西北（Y216）、冯寨西北（Y090）、南村寨东南（Y061）、府西村东北（Y111）、桑沟老村（Y065）、孙家闸南（Y100）、顾家屯南（Y098）、石家沟东（Y094）、南罗（Y125）、双河（Y047）、寺院沟（Y034）、罗口（Y022）、喂庄南（Y024）、喂庄东南（Y020）、喂庄东南角（Y023）等遗址，合计76处。

大体可以判定属于西周时期，但是难以准确具体期段的有帽郭B（013）、灰嘴西（Y127W）、西口孜（Y201）、老周寨（Y200）、凤凰台南（Y220）、陈河东北（113）、赵城（Y077）、三官庙窑厂东南（Y105）、石家沟东南（Y095）、念子庄西北（Y073）、刘乐寨西南（Y075）、喂庄西南（Y018）、小訾殿南（Y1005）等遗址，合计13处。

其余49处遗址，属于西周时期的某一个或某几个阶段。

以上共计138处（图3.35）。

（1）早期

调查区域内发现的疑似含有西周早期遗存的遗址数量较少，包括史家湾北（001）、杨湾西（002）、寺沟（074）、寺沟东南（Y152）、杨裴屯西南（190）、杨村东南（144）等，

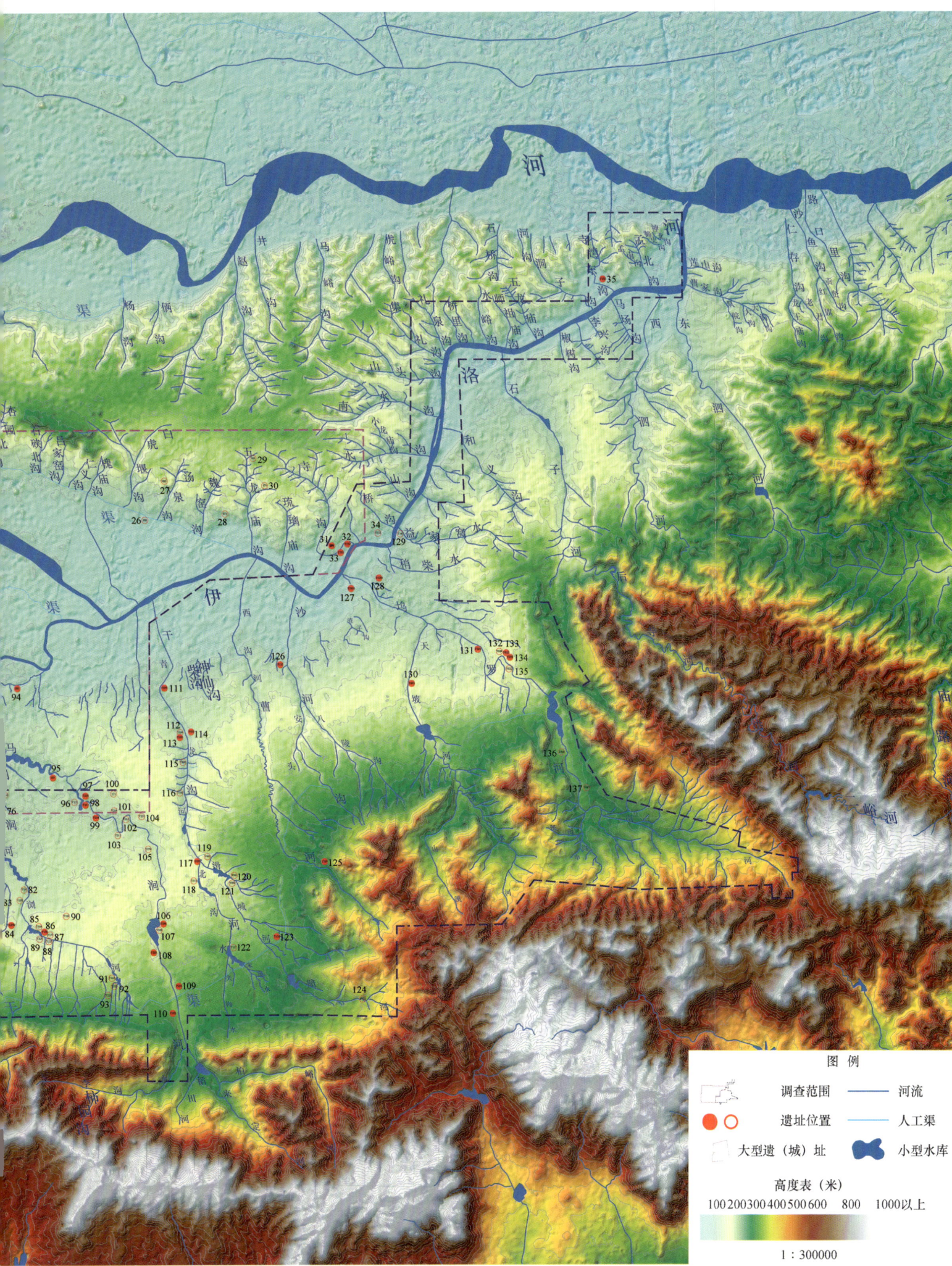

合计6处。基本确定含有早期遗存的遗址有寺沟南（Y151）、南寨上村东（154）、涧东村北（Y196A）、东管茅东南（Y203）、新移（Y045）等5处。以上合计11处（图3.36）。

根据发现的情况来看，能够确定为西周早期遗址的数量极少，仅有10余处。多数遗址为复合型遗址，早期遗存的面积基本不清楚。根据洛阳盆地内已有的考古发现来看，瀍河两岸西周时期的大型聚落应该为该区域的中心聚落，其他聚落中哪些是次级中心，哪些是普通聚落有待更多的考古资料支撑。区域内采集的确定属于西周早期的标本极少，本节不再专门总结。

（2）中期

调查区域内发现的疑似含有西周中期遗存的遗址数量也较少，仅有景阳岗（041）、寺沟（074）、史家湾北（001）、杨湾西（002）等4处遗址。大体可以判定含有西周中期遗存的遗址数量也不多，包括金村东北（032）、寺沟南（Y151）、康沟（Y158）、老吊桥寨（Y217）等4处。合计共8处（图3.37）。

由于发现的相关遗址的数量太少，采集的标本也不多，西周中期遗址的数量和规模、分布特点、遗物特征等问题难以展开讨论，此处从略。

（3）晚期

调查区域内发现的疑似含有西周晚期遗存的遗址数量较少，包括谷堆头寨（094）、杨裴屯西南（190）、杨村东南（144）、杨村北（145）、掘山（147）、颜良寨水库西（Y114）等遗址，计6处。确定含有西周晚期遗存的遗址数量相对较多，包括翟泉西南（031）、金村东北（032）、保庄西北（046）、保庄北（047）、丁沟南（028）、白马寺（011）、韩旗城址（045）、景阳岗（041）、白村东北（043）、史家湾北（001）、杨湾西（002）、寺沟（074）、寺沟南（Y151）、寺沟东南（Y152）、康沟（Y158）、西石桥东（076）、孙家岗（077）、纲常（019）、穆庄（022）、金钟寺（081）、道湛东南（177）、酒流沟水库北（158）、毛村东（164）、沙沟西（188）、东庞村南（136）、经周东（207）、高崖西（134）、杨寨西（214）、寨湾东北（217）、韩村南B（202）、卢村西北（Y176）、屯寨西北（Y198）、老吊桥寨（Y217）、吊桥寨东南（Y216）、盆窑寨东南（109）、苗湾B（096）、石家沟东北（Y093）、虎山坡南（229）、稍柴（Y1001）等遗址，合计39处。

以上共计45处（图3.38）。

2. 数量规模

根据调查情况来看，西周早、中期遗址的数量似乎与洛阳盆地西部瀍河两岸"洛邑"这样的大型聚落的出现不相匹配，也难以解释殷墟文化该区域仍然有相当数量聚落存在，而到了西周早、中期却急剧减少。

通过资料整理，我们发现可能由于以下原因的存在，导致该期遗址数量的统计存在着偏差。

首先是调查初期遗物采集时，因为调查目的的差异，对待两周时期的遗物是否完全采集标准可能不同，致使不少西周时期的标本没有采集；其次是在资料整理中，我们发现由于区域差

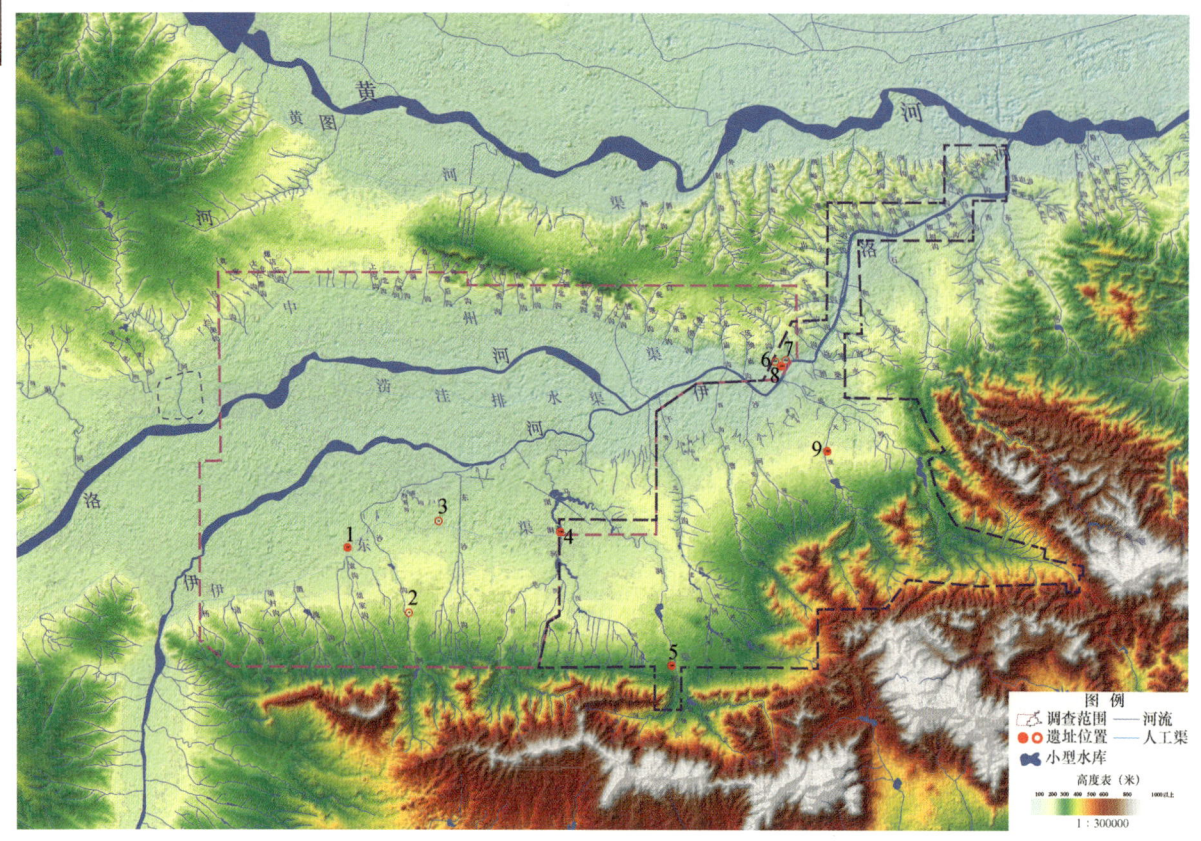

图3.36 西周早期遗址分布图

1. 史家湾北（001） 2. 杨湾西（002） 3. 南寨上村东（154） 4. 杨裴屯西南（190） 5. 杨村东南（144） 6. 涧东村北（Y196A） 7. 东管茅东南（Y203） 8. 寺沟（074） 9. 寺沟东南（Y152） 10. 寺沟南（Y151） 11. 新移（Y045）

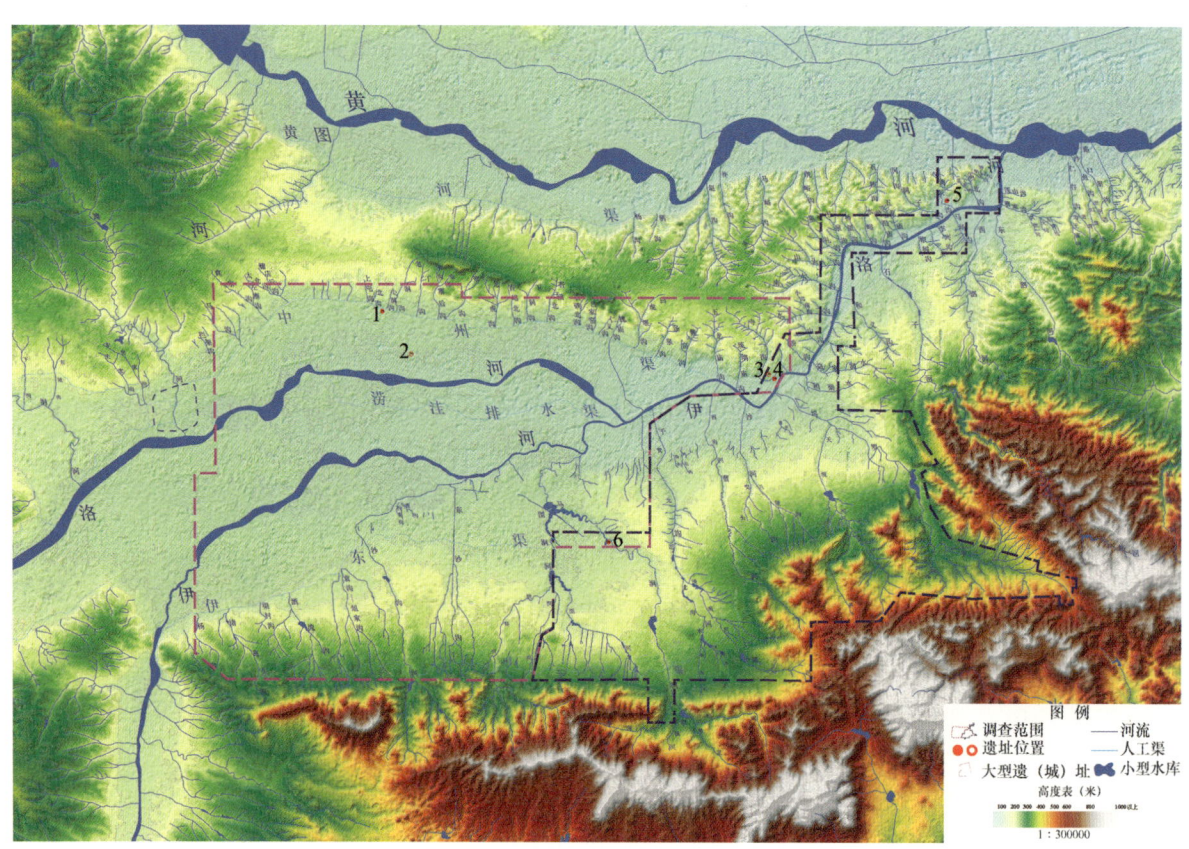

图3.37 西周中期遗址分布图

1. 史家湾北（001） 2. 杨湾西（002） 3. 金村东北（032） 4. 景阳岗（041） 5. 寺沟（074） 6. 寺沟南（Y151） 7. 康沟（Y158） 8. 老吊桥寨（Y217）

期出现，与其同时，该城址周围的古洛河以北区域出现了一大批西周晚期的遗址，包括西石桥东（076）、孙家岗（077）、翟泉西南（031）、金村东北（032）、保庄西北（046）、保庄北（047）、丁沟南（028）、白马寺（011）、景阳岗（041）、白村东北（043）等，这一区域可能为西周晚期（或两周之际）形成的新的区域性的中心。

第三，伊洛河沿岸的黑石关地区，这一区域内的多个遗址如寺沟（包括寺沟南和寺沟东南），从新石器时代以来一直是各个考古学文化的重要分布点，显示了此位置在地理和军事意义上的重要性，同时也可能是区域内的次级中心所在。

第四，古伊洛河之间，这一时期的遗址数量相对较多，可能存在着穆庄（022）、西石罢（016）、纲常（019）等区域性的次级中心。

第五，伊河南岸区域，在这一区域的遗址数量较多，与前几个时期一样，这些遗址多分布在支流的两岸，形成不同的次级中心和小型聚落共存的遗址群。

4. 遗物特征

洛阳盆地内发现的西周时期的遗址数量虽然不少，但采集的遗物相对较少。整体来看，这一时期的不少的遗物在形制上与关中地区以周原和丰镐遗址为代表的西周时期的遗物有相当的差异，仅在部分典型器类上存在共通性。调查中发现的相对典型的遗物有鬲、罐、豆、簋等，这些器物的形制特征与关中地区大致相同（图3.39）。

囿于洛阳盆地内发现的西周时期遗存多为墓葬或作坊、祭祀遗存，缺乏普通遗址内出土的陶质遗物，因而在陶器编年和考古学文化的研究中存在着一定的局限性。此外，西周初年"殷遗民"的大量迁入和东周初期"平王东迁"这些历史事件的发生，导致我们对殷末周初和两周之际这两个阶段的遗物难以准确区分，认识上也存在着一定的局限。

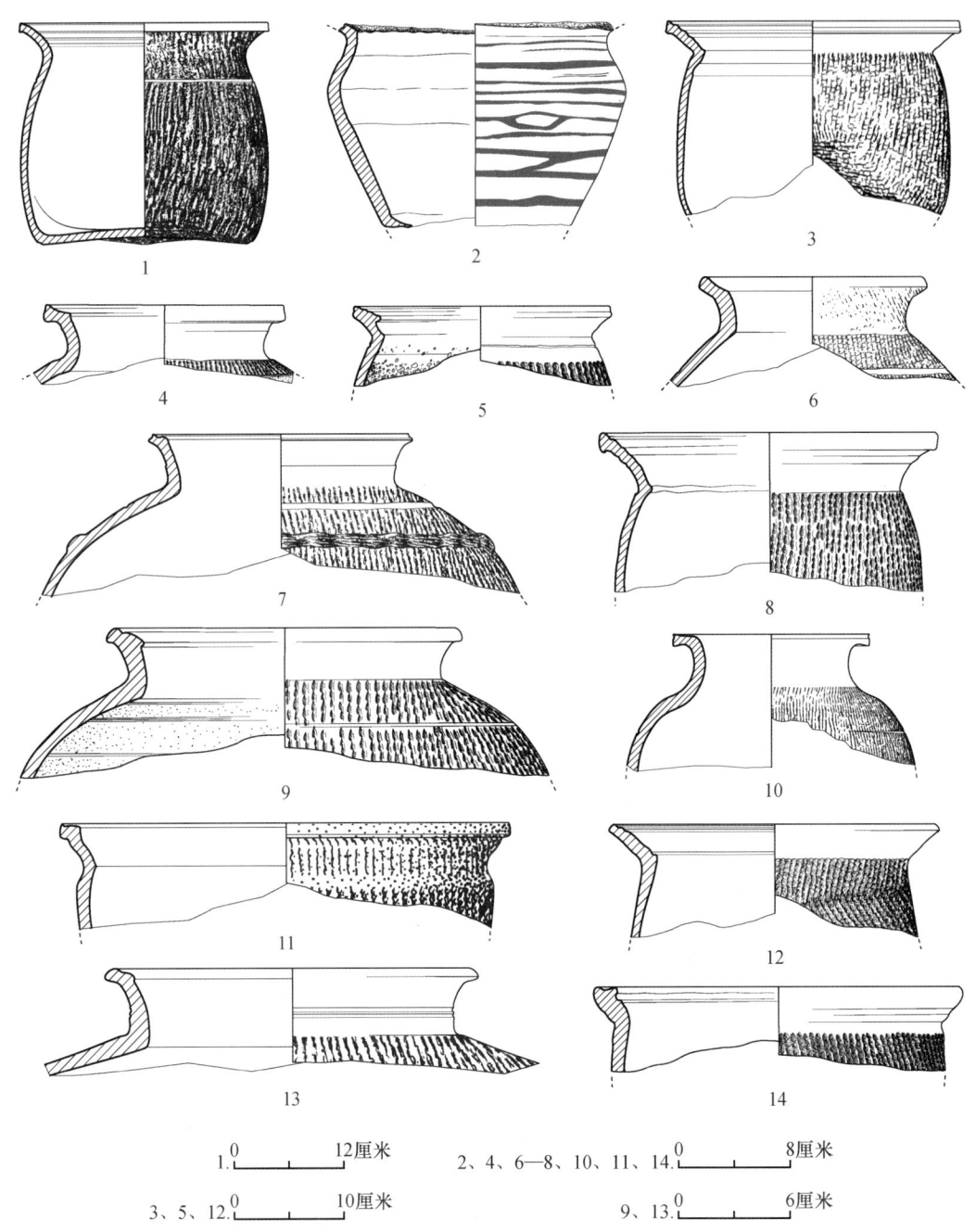

图3.39 采集的部分西周遗物

1、8、12.鬲（Y152：12、214：31、Y151：7） 2、11.盆（074：23、Y216：15） 3、4、6、9、10.罐（001：13、022：6、Y152：22、116：3、Y1005：2） 5、14.甑（081：79、081：77） 7、13.瓮（Y105：5、Y090：8）

(五)东周时期

调查区域内发现的东周时期的遗址数量最多。不少遗址在调查中未采集标本,部分遗址虽然采集了一定的标本,但是可资断代的遗物数量相对较少,总体上影响了对这些遗址存续年代的判定。

区域内发现的疑似含有东周时期遗存的遗址数量较多,包括石桥东南(050)、凹杨(004)、扁担赵南(003)、油王南(005)、黑王(007)、分金沟(008)、新庄东南(054)、南蔡庄西北(052)、南蔡庄西(053)、羊二庄东南(055)、山神庙(061)、赫田寨西北(060)、汤泉沟(066)、石头沟北(069)、山圪垱北(071)、王窑(073)、石家庄西南(Y153)、董沟(Y159)、佃庄东(080)、大郊寨东(087)、北许南(092)、桂连凹东北(021)、齐村东南(023)、夏庄西北(025)、大郎庙南(083)、牛王庙东北(078)、梁村南(176)、王沟东(162)、杨河西(163)、酒流沟水库西(159)、袁沟西(170)、袁沟东(172)、偏桥西南(171)、常村西南(174)、爼家庄北(156)、大王村西北(155)、南寨西村南(151)、马寨(192)、东朱村东南(197)、王湾西北(195)、西湾北(189)、寇店西(185)、刘李寨B(187)、东庞村北(150)、白草坡西南(141)、辛庄东北(142)、魏家窑北(146)、西窑沟(148)、窑沟(149)、肖村南寨(209)、经周东北(206)、宁村西北(211)、郜寨北(125)、五岔沟北(129)、杨寨西南(215)、曹寨北(212)、西张庄东南(222)、西张庄东北(221)、张村东南(123)、裴村C(120)、裴村D(121)、陶化店东南(127)、邢寨东北(Y226)、邢村东(Y225)、夏后寺(Y182)、扒头西南(Y180)、卢村南(Y186)、卢村西南(Y227)、卢村西(Y177)、双泉东北(Y224)、卢村东北(Y169)、高祖庙(Y167)、泉寨东(Y173)、西齐家窑东南(Y164)、灰嘴北(Y192)、陶家村东(Y191)、擂鼓台水库东(Y193)、郑村西(Y194)、涧东村(Y195)、姬家村南(Y228)、东管茅东南(Y203)、老屯寨(Y199)、新寨北嘴(Y197)、马河北(Y207)、张湾西北(Y210)、柏谷坞东(Y222)、北吴家湾(Y214)、南吴家湾东南(Y213)、林小寨(Y211)、林小寨西南(Y212)、邱河西(Y221)、北寨东南(Y218)、北寨北(Y219)、东王河(099)、李家湾东南(104)、苗湾东南(098)、苗湾C(097)、刘村西南(Y117)、赵城西北(Y116)、府北村内(Y113)、颜良村西(Y088)、冯寨西(Y091)、南村寨东南(Y061)、南村寨(Y057)、桑沟西北(Y067)、王闸(Y071)、孙家闸南(Y100)、罗彦庄西南/肖家沟(Y072)、顾家屯东南(Y098)、石家沟老村北(Y092)、木阁沟东南(103)、曹闸(Y135)、王闸(Y136)、曹河水库西(Y133)、北后沟东(Y137)、北后沟西北(Y139)、新后沟东(Y131)、南罗(Y125)、堤东(Y052)、金钟寺(Y054)、大南沟(Y038)、上庄东南(Y039)、双河(Y047)、寺院沟(Y034)、火葬场南/山川西南(Y056)、喂庄南(Y024)、稍柴(Y1001)、东沟西(Y143)、东沟北(Y146)、东沟西北(Y147)、东沟东（Y148）等遗址，合计131处。

大体可以确定含有东周时期遗存的遗址有刘坡（036）、耀店东（037）、平乐B（035）、翟泉北（029）、翟泉东北（030）、丁沟新村南（027）、永宁寺西南（039）、龙虎滩北（040）、寺里碑东（048）、偃师商城（062）、康北古城（Y157）、康沟（Y158）、四角楼（091）、火龙庙（017）、道湛东南（177）、刘家窑（157）、卢村西北（Y176）、灰嘴东（Y127E）、灰嘴西（Y127W）、王湾西北（Y209）、陈河北（112）、东王河东南（101）、吴家湾东南（107）、赵城（Y077）、滑城河北（Y108）、三官庙窑厂东南（Y105）、三官庙北（Y104）、李家沟东（Y099）、顾家屯东（Y096）、石家沟东南（Y095）、念子庄西北（Y073）、回龙湾南（Y082）、八陵西（Y155）、鳌坡（Y051）、龙骨堆（Y053）、天坡（Y049）、喂庄西南（Y018）、费窑南2（Y013）、小訾殿南（Y1005）等遗址，合计39处。

其余126处遗址均包含春秋和战国两个时期的遗存，不少遗址还兼有汉代的遗存。

以上合计296处（图3.40）。

1. 春秋时期

（1）主要发现

不少遗址疑似含有春秋时期的遗物，包括丁沟南（028）、史家湾北（001）、纲常（019）、袁沟东南（173）、偏桥北（168）、杨裴屯西南（190）、杨村东南（144）、杨村北（145）、杨寨西（214）、赵城西南（Y079）、小相西南（Y080）、颜良寨水库西南（Y114）、颜良寨西南（Y086）等遗址，合计13处。部分遗址可以确定含有春秋时期的遗物，包括平乐中州渠墓地（038）、翟泉西南（031）、金村东北（032）、金村墓地（033）、保庄北（047）、石桥东北（049）、韩旗城址（045）、景阳岗（041）、杨湾西（002）、寺沟（074）、寺沟东南（Y152）、孙家岗（077）、桂连凹南（020）、西石罢（016）、金钟寺（081）、碑楼南（085）、刁窑东（179）、酒流沟水库北（158）、刘沟东北（175）、毛村东（164）、偏桥北（168）、沙沟西（188）、陈家窑（184）、宫家窑（183）、刘李西北（182）、苏家窑西北（137）、武屯南（153）、掘山（147）、经周东（207）、吕桥东南（210）、新彭店东（143）、寨湾东北（217）、刘国故城（Y190）、屯寨西北（Y198）、吊桥寨东南（Y216）、化寨东（111）、小相西（Y084）、颜良寨水库西（Y087）、小相西北（Y085）、滑国故城（Y107）、杨寨西（Y059）、南村寨西（Y062）、桑沟老村（Y065）、三官庙窑厂（Y106）、贾屯（Y101）、顾家屯东南（Y097）、干沟猪场（Y074）、上庄南（Y037）、罗口（Y022）、牌坊沟（Y149），合计50处。

以上共计63处（图3.41）。

（2）数量规模

与西周晚期相比，这一阶段的遗址数量有了不少的增加，如果考虑到调查中发现的不少遗址未采集标本，实际上春秋时期的遗址数量应该较目前判定的数量高出不少，这些遗址不少是在西周晚期遗址上发展起来的。

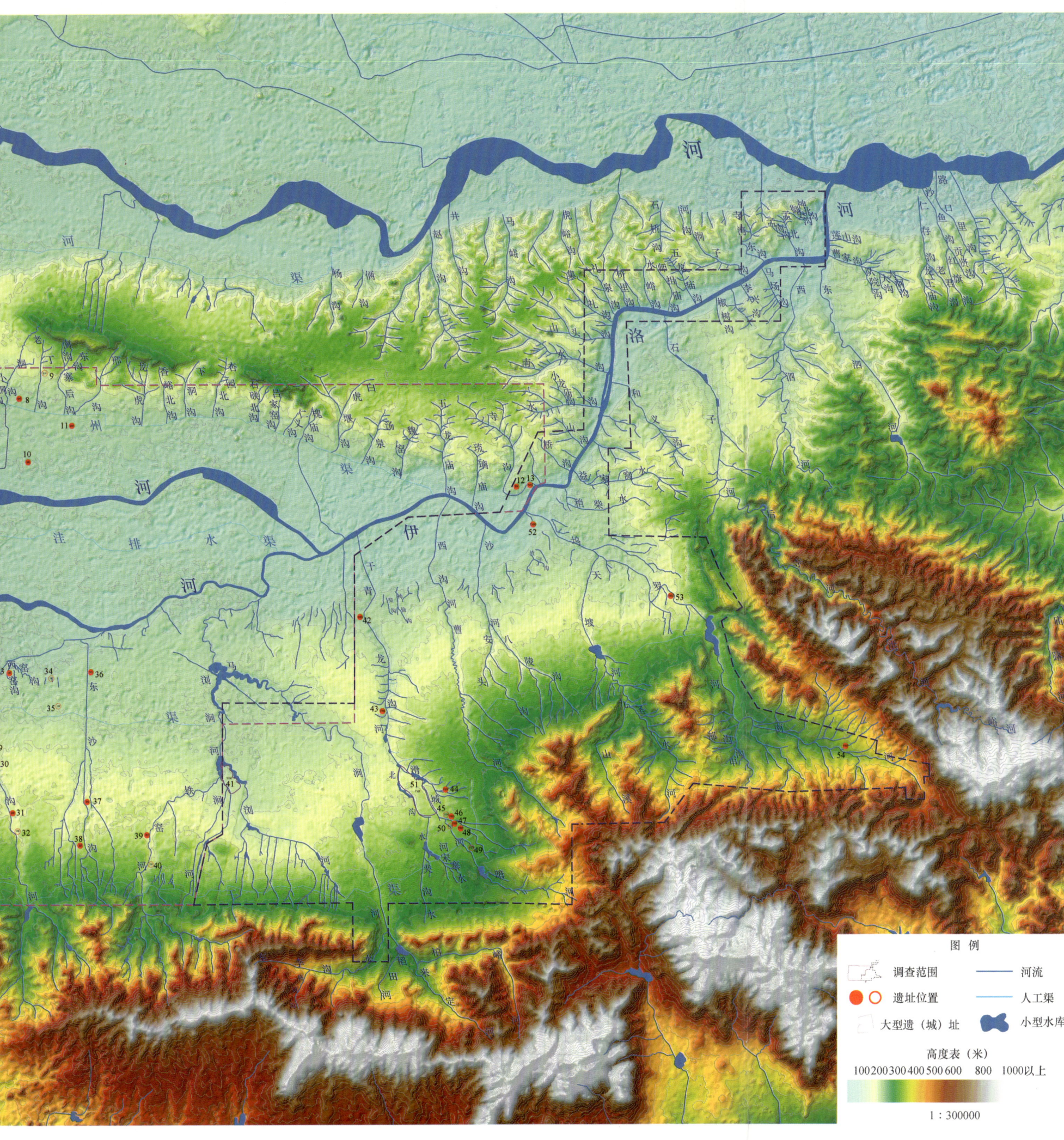

图3.41 春秋时期遗址分布图

1. 史家湾北（001） 2. 杨湾西（002）
3. 平乐中州渠墓地（038） 4. 翟泉西南（031） 5. 金村东北（032）
6. 金村墓地（033） 7. 韩旗城址（045） 8. 保庄北（047） 9. 丁沟南（028） 10. 景阳岗（041）
11. 石桥东北（049） 12. 寺沟（074）
13. 寺沟东南（Y152） 14. 桂连凹南（020） 15. 纳常（019） 16. 西石罢（016） 17. 金钟寺（081） 18. 碑楼南（085） 19. 孙家岗（077） 20. 刁窑东（179） 21. 刘沟东北（175）
22. 洒流沟水库北（158） 23. 偏桥北（168） 24. 毛村东（164） 25. 袁沟东南（173） 26. 武屯南（153）
27. 苏家窑西北（137） 28. 刘李西北（182） 29. 宫家窑（183） 30. 陈家窑（184） 31. 沙沟（188） 32. 杨裴屯西南（190） 33. 掘山（147）
34. 杨村北（145） 35. 杨村东南（144） 36. 新彭店东（143） 37. 吕桥东南（210） 38. 经周东（207）
39. 寨湾东北（217） 40. 杨寨西（214）
41. 刘国故城（Y190） 42. 化寨东（111） 43. 吊桥寨东南（Y216）
44. 屯寨西北（Y198） 45. 回龙湾新村东（Y083） 46. 干沟猪场（Y074）
47. 顾家屯东南（Y097） 48. 贾屯（Y101） 49. 三官庙窑厂（Y106）
50. 桑沟老村（Y065） 51. 滑国故城（Y107） 52. 南村寨西（Y062）
53. 杨寨西（Y059） 54. 颜良寨西南（Y086） 55. 颜良寨水库西（Y087）
56. 颜良寨水库西南（Y114） 57. 小相西北（Y085） 58. 小相西（Y084）
59. 小相西南（Y080） 60. 赵城西南（Y079） 61. 罗口（Y022） 62. 上庄南（Y037） 63. 牌坊沟（Y149）

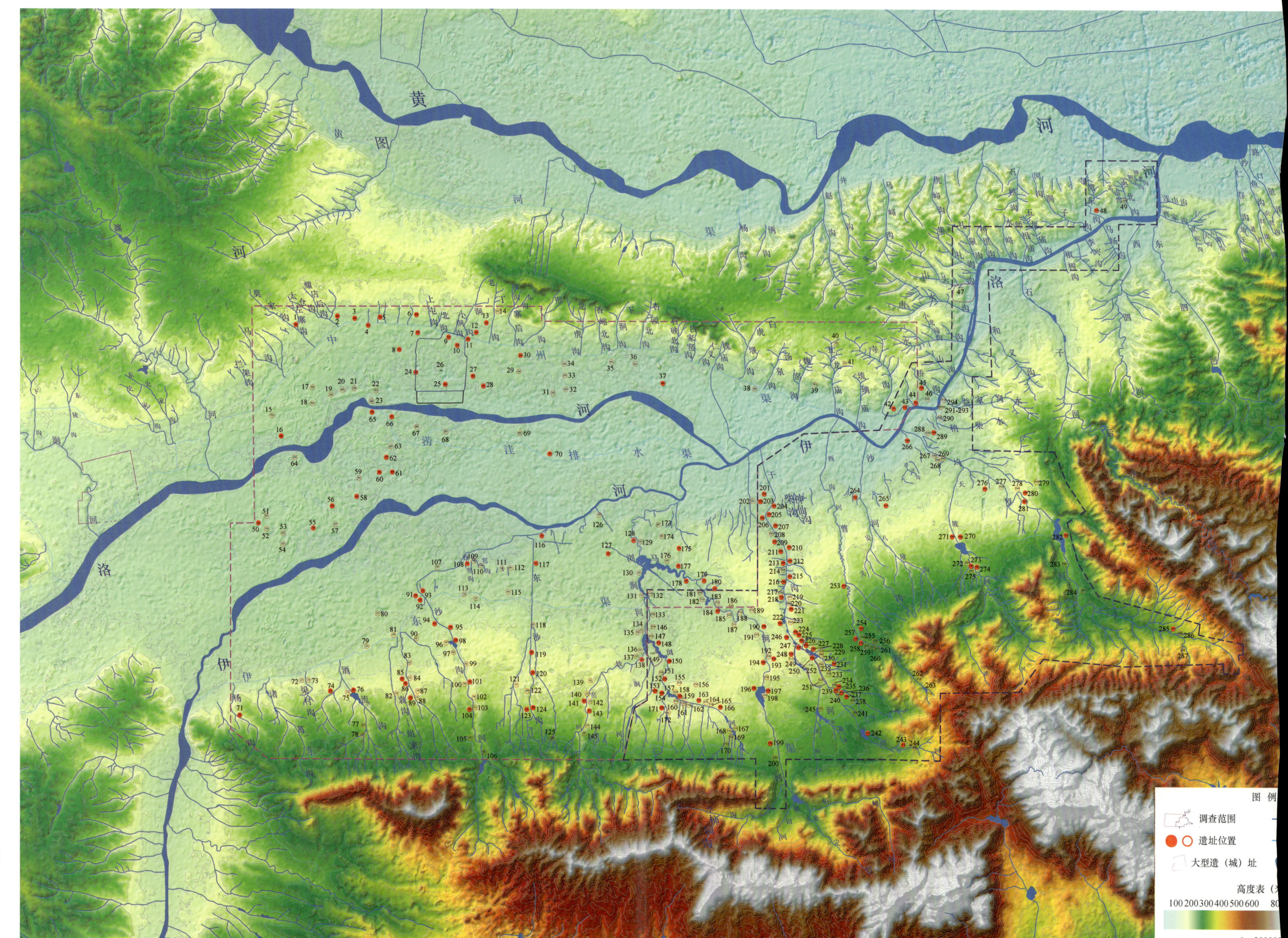

从遗址的规模来看，平王东迁之后进入春秋时期，东周王城遗址和敬王时期（或以后）营建的成周城（韩旗城址，045），成为区域内规模最大的遗址。其中春秋时期的王城遗址可能没有外郭城，其具体面积不详[①]；成周城在敬王时期扩建后，面积超过了720万平方米[②]。这两个城址在春秋时期交替作为区域社会的中心聚落。

刘国故城（Y190）的面积超过80万平方米，滑国故城（Y107）的面积超过了125万平方米，这些春秋时期诸侯国的都城，应该是本区域内的次级中心聚落。其他多处遗址如宫家窑、孙家岗（077）、西石罢（016）、桂连凹南（020）、袁沟东南（173）、经周东（207）、东王河北（100）、颜良水库西等的遗物分布面积在30万—80万平方米，应该是区域内的第三级聚落。其余十余处面积在13万—30万的中型遗址和面积小于12万平方米的其他小型遗址应该是区域内的第四级和第五级聚落。

（3）分布特点

这一时期，遗址的密度较西周时期增加很多，不少遗址仍然延续之前的分布规律，即位于伊洛河流支流的两侧。同时遗址分布的范围继续扩大，伊洛河故道之间的数量增多，邙山南坡和伊河南岸的较高海拔的位置都有新的遗址出现。

从分布状况可以看出，这一时期的遗址围绕不同片区中心聚落成群分布，大型遗址与周围不同层级的聚落共同支撑中心聚落的发展，不管是韩旗城址周围，还是刘国故城和滑国故城周围都有大量的遗址环绕分布，形成了新的遗址群。由于人口的增加，对土地资源的需要也逐步增加，较高海拔的土地资源得到相应地开发，而随着铁质生产工具质量和数量的提升，开发能力也大幅增强。不少遗址都发现了手工业遗存，如滑国故城（Y107）的陶器作坊等，显示出区域内的手工业专业化的程度正在深化。

（4）遗物特征

采集到的遗物数量众多，以陶器为主。这一时期的陶器种类繁多，不仅包括日常生活所用的各类器具，如鬲、鼎、盆、罐、豆、缸、瓮等，还出现了不少的建筑构件，如筒瓦、板瓦、瓦当等（图3.42）。

2. 战国时期

（1）主要发现

区域内发现的疑似含有战国时期遗存的遗址较多，包括丁沟南（028）、史家湾北（001）、陈屯老村（009）、枣园北（010）、纲常（019）、太平庄北（018）、刘沟东北（175）、韩寨北（191）、刘李寨A（186）、杨村东南（144）、杨村北（145）、裴村E（122）、崔河北（115）、九龙水库东南（Y183）、府西村东北（Y111）、马屯北（Y070）、北后沟北（Y138）、新后沟窑厂东（Y132）、鲁庄东北（Y128）、清易镇东

[①] 徐昭峰：《成周与王城考略》，《考古》2007年第11期。
[②] 中国社会科学院考古研究所洛阳汉魏城队：《汉魏洛阳城城垣试掘》，《考古学报》1998年第3期。

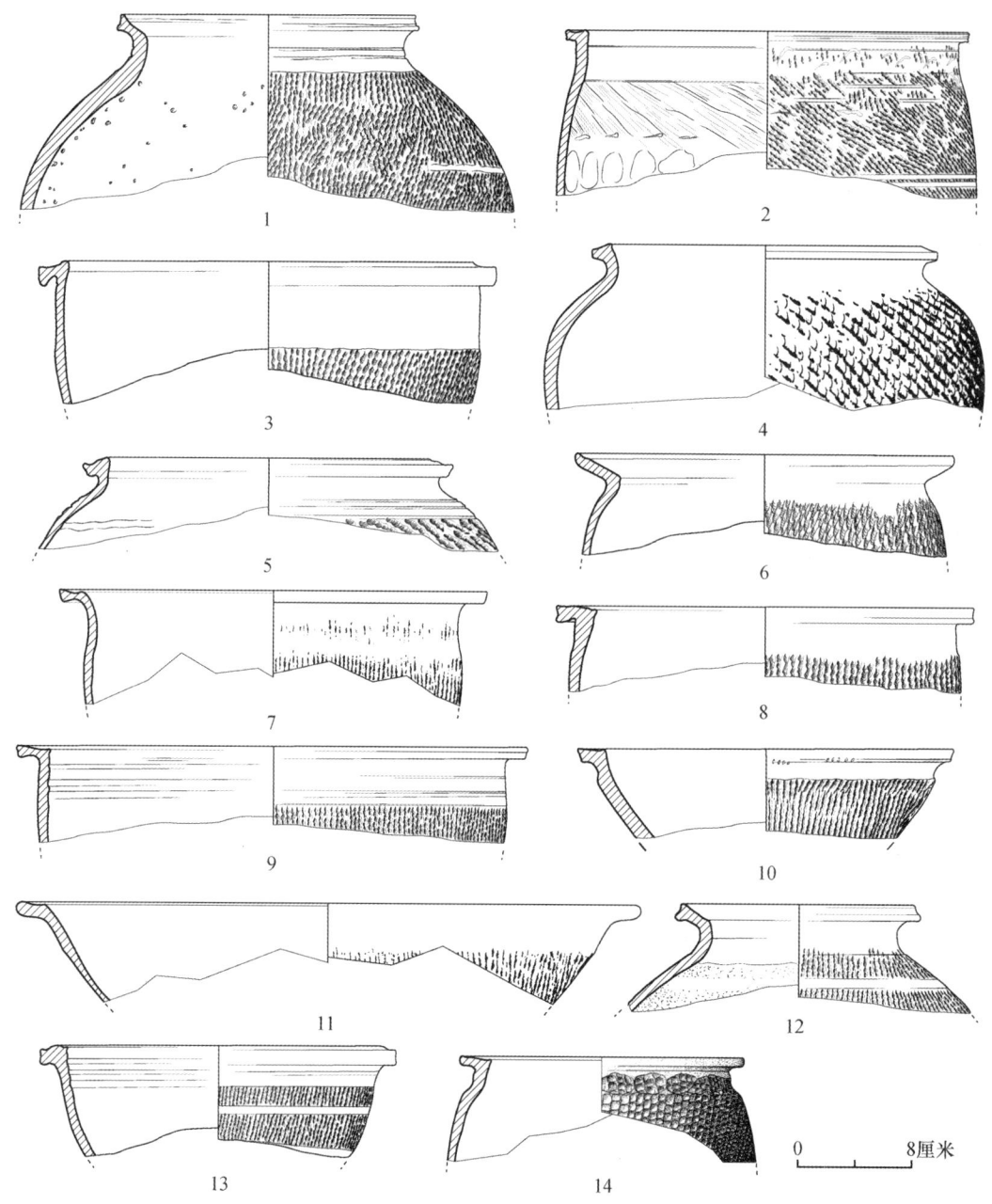

图3.42 春秋时期遗物

1、12、14.罐（047∶9、190∶7、Y087∶16） 2、3、7—11、13.盆（188∶9、077∶18、Y085∶7、020∶23、190∶8、016∶41、Y079∶2、077∶16） 4.瓮（Y085∶6） 5、6.鬲（047∶8、077∶24）

2（Y003）、清易镇东3（Y004）、清易镇东1（Y002）、范堂东南（Y001）、稍柴西南（Y163）、稍柴南（Y1002）等，合计25处。

大体可以判定，属于战国时期的遗址数量较多，包括平乐中州渠墓地（038）、平乐A（034）、翟泉西南（031）、金村东北（032）、金村墓地（033）、保庄西北（046）、韩旗城址（045）、杨湾西（002）、石家庄（075）、高岭（Y154）、西石桥东（076）、孙家岗（077）、桂连凹南（020）、穆庄（022）、西石罢（016）、东马庄西（084）、西三冢

（079）、碑楼南（085）、酒流沟水库北（158）、袁沟东南（173）、袁沟A（165）、毛村东（164）、沙沟西（188）、陈家窑（185）、宫家窑（183）、苏家窑西北（137）、武屯东南（152）、掘山（147）、经周东（207）、肖村西寨北（208）、吕桥东南（210）、吕桥北（204）、高崖西（134）、马寨西（213）、符家寨东北（198）、扒头东南（Y181）、任才村东南（Y179）、任才村西南（Y178）、泉寨西（Y170）、西齐家窑西北（Y188）、郑窑南（Y189）、刘国故城（Y190）、郑窑（Y140）、东管茅东（Y202）、屯寨西北（Y198）、布村东南（Y204）、马河（Y208）、花张东北（Y205）、吊桥寨东南（Y216）、盆窑寨东南（109）、东王河北（100）、铺刘北（128）、邢村东（Y121）、赵城水库东（Y119）、小相西（Y084）、小相西南（Y080）、颜良寨水库西（Y087）、小相西北（Y085）、滑国故城（Y107）、府西村北（Y110）、南村寨西（Y062）、桑沟水库北（Y064）、桑沟南（Y066）、三官庙窑厂（Y106）、马屯新村（Y069）、顾家屯东南（Y097）、干沟猪场（Y074）、干沟南（Y076）、刘乐寨西南（Y075）、回龙湾（Y081）、后沟（Y129）、天坡水库东北（Y043）、上庄南（Y037）、坞罗西坡2（Y042）、坞罗南店（Y032）、罗口（Y022）、喂庄东南（Y020）、南石（Y1003）、牌坊沟（Y149），合计79处，其中不少遗址的年代可能已经延续到了汉代。

以上共计104处（图3.43）。

（2）数量规模

单从调查发现的遗址数量来看，这一阶段遗址的数量较上一个时期明显增多。由于调查过程中不少遗址未采集这一阶段的标本，致使缺乏判定相关遗址具体年代的依据，因而战国时期的遗址数量应该较目前认识到的遗址数量多得多。

从目前的发现和已有的研究来看，区域内的韩旗城址（045）在战国晚期得以扩建，城址的面积接近10平方千米[①]，而洛阳盆地西侧涧河两岸的东周王城，在战国时期修建了外郭城，城址的面积也达到了10平方千米，这两个城址在战国时期交替作为东周王室的都城，是本区域内最重要的也是规模最大的两个城址。调查发现的康北故城（Y157），有研究者认为是战国时期东周王室分封的东周公的都城。战国时期，虽然滑国和刘国在春秋时期已经灭国，但是旧都仍在，仍是这一时期规模较大的城市之一。而其余遗址大小不一，分别属于区域内的第三、四级和最底层的聚落。

（3）分布特点

根据这些遗址的分布状况来看，大体可分为五个较为集中的区域：第一，韩旗城址（045）周围，韩旗城址（045）作为战国时期的成周城，周围的聚落群应该是该城址周边所属遗址。第二，洛阳盆地南侧伊河南岸的中西部，这一区域见有高崖西等较大型的遗址，也见有宫家窑、袁沟东等中型遗址，应该是区域内不同的聚落群。第三，马涧河流域，以刘国故城（Y190）为中心的聚落群是遗址密集分布区之一。第四，干沟河（滑城河）流域以滑国故城

---

① 中国社会科学院考古研究所洛阳汉魏城队：《汉魏洛阳城城垣试掘简报》，《考古学报》1998年第3期。

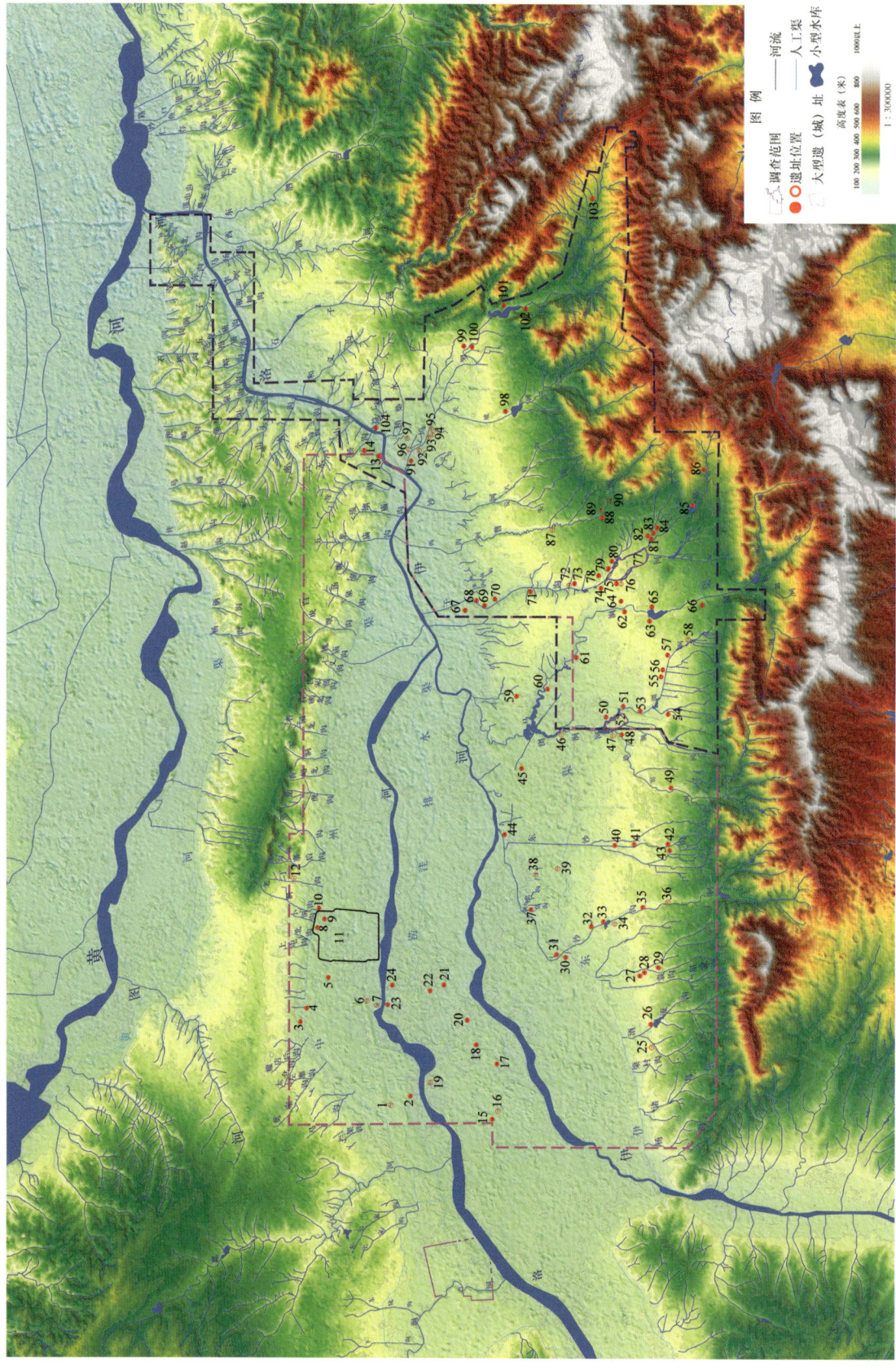

图3.43 战国时期遗址分布图

1. 史家湾北（001） 2. 杨湾西（002） 3. 平乐中州渠墓地（038） 4. 平乐A（034） 5. 瞿泉西南（031） 6. 枣园北（010） 7. 陈屯老村（009） 8. 金村东北（032） 9. 金村墓地（033） 10. 保庄西北（046） 11. 韩旗城址（045） 12. 丁沟南（028） 13. 石家庄（075） 14. 高岭（Y154） 15. 桂连凹南（020） 16. 纲常（019） 17. 穆庄（022） 18. 西石罢（016） 19. 太平庄北（018） 20. 东马庄西（084） 21. 碑楼南（085） 22. 西三冢（079） 23. 西石桥东（076） 24. 孙家岗（077） 25. 刘沟东北（175） 26. 酒流沟水库北（158） 27. 毛村东（164） 28. 袁沟A（165） 29. 袁沟东北（173） 30. 苏家窑西北（137） 31. 武屯东北（152） 32. 宫家窑（183） 33. 陈家窑（184） 34. 刘李寨A（186） 35. 沙沟西（188） 36. 韩寨北（191） 37. 掘山（147） 38. 杨村北（145） 39. 杨沟西（144） 40. 吕桥东南（210） 41. 吕桥东南（204） 42. 肖村西寨西北（208） 43. 经周东（207） 44. 高崖西（134） 45. 铺刘北（128） 46. 崔河北（115） 47. 裴村E（122） 48. 符家寨东北（198） 49. 马寨西（213） 50. 郑窑（213） 51. 郑窑南（Y140） 52. 刘国故城（Y190） 53. 西齐家窑西北（Y188） 54. 泉寨西（Y170） 55. 泉河（Y179） 56. 任才村西南（Y181） 57. 扒头东南（Y183） 58. 九龙水库东南（Y189） 59. 东王河北（Y202） 60. 盆窑寨东南（109） 61. 吊桥寨东北（Y216） 62. 花张东北（Y204） 63. 马河（Y208） 64. 马河北（Y198） 65. 屯寨西北（Y198） 66. 东管茅东（Y202） 67. 回龙湾（Y081） 68. 千沟南（Y076） 69. 刘乐寨东南（Y075） 70. 千沟猪场（Y074） 71. 顾家屯东南（Y069） 72. 马屯北（Y070） 73. 南村寨西（Y069） 74. 三官庙窑厂（Y106） 75. 府西村北（Y110） 76. 府西村东北（Y111） 77. 渭国故城（Y107） 78. 秦沟水库北（Y064） 79. 那村东（Y062） 80. 南村寨西（Y062） 81. 颜良寨东（Y129） 82. 小相西（Y085） 83. 小相西南（Y084） 84. 小相西南（Y080） 85. 赵城西南（Y119） 86. 邢村东（Y121） 87. 鲁庄东北（Y128） 88. 后沟（Y129） 89. 北后沟西北（Y138） 90. 新后沟窑厂东（Y132） 91. 南石（Y1003） 92. 范堂南（Y001） 93. 清易镇东1（Y001） 94. 清易镇东3（Y004） 95. 清易镇东2（Y003） 96. 稍柴西南（Y163） 97. 稍柴南（Y1002） 98. 天坡水库东北（Y043） 99. 喂庄东南（Y020） 100. 罗口（Y022） 101. 坞罗南店（Y032） 102. 坞罗西坡（Y042） 103. 上庄南（Y037） 104. 牌坊沟（Y149）

(Y107)为中心的聚落群，一直延续至汉代以后。第五，伊洛河下游，以康北故城（Y157）为中心的遗址群是盆地东侧的门户。这些成群分布的遗址可能分属于不同的小政权，或者为王室下属的不同行政区。

（4）遗物特征

采集到的战国时期的遗物颇多。以陶器为主，同时还见有建筑构件，如砖、瓦当、板瓦和筒瓦等。陶器多为生活用器，也见有部分墓葬被破坏后暴露出来的随葬器。陶器少见夹砂陶，多见泥质陶，颜色灰蓝，火候较高。器形相对较少，炊器常见有鬲、鼎等，其中鬲的数量较少，多为夹砂，饰粗绳纹，下斜折沿，短颈，鼓腹。盛储器常见豆、壶、盆、罐、缸、瓮等器形，多为泥质，数量较多（图3.44）。

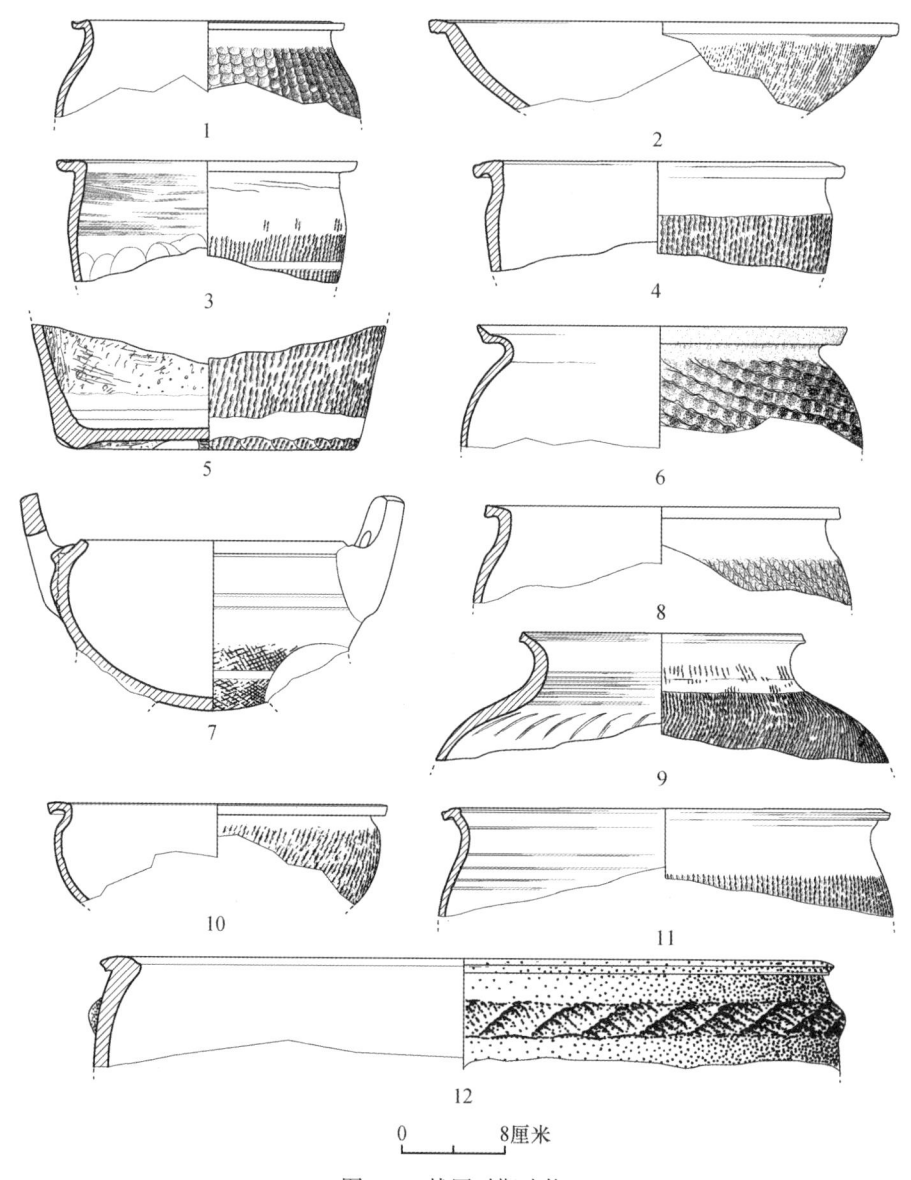

图3.44 战国时期遗物

1.鬲（Y064∶1） 2—4、10、11.盆（Y188∶5、173∶5、085∶10、Y190∶10、188∶13） 5.平底盆（109H2∶6） 6、8、9.罐（Y189∶2、Y149∶5、137∶10） 7.鼎（Y154∶1） 12.缸（Y205∶2）

第三节 存在问题

区域系统调查是被实践证明了的在考古调查和研究中行之有效考古学方法之一，对于我们全面了解区域古代遗存的分布状况极为有效，也是聚落考古的基础。通过调查和整理，我们发现工作中存在着相应的不足，需要在此进行说明，以供研究者借鉴。

一、调查中存在的问题

调查开展过程中，判研每一个遗址的基础工作是标本的采集和相关数据的全面记录。而标本采集的前提是采集者是否具备扎实的工作基础，同样数据记录是否全面、翔实，则取决于工作目标是否清晰、方法是否可行、判定的标准是否全面、科学。

（一）工作目标

在调查工作开展之初，中澳美伊洛河流域联合考古队与二里头工作队均将探索早期国家的形成过程和文明复杂化进程研究作为区域系统调查开展的主要目标，因而在工作开展的过程中，更多的关注新石器时代至青铜时代早期尤其是二里头文化的遗存，在这一明确的学术目标的指引下，我们不仅收集了新石器时代以来的大量遗物，同时还采集了动植物遗存，为后期开展的多学科研究打下了基础。但是这一过程也造成了对二里岗文化以后时段遗存的关注度不足，尤其是对两周时期的遗存关注相对较低，对我们探讨先秦时期整个区域社会的全部发展过程，尤其是青铜时代中晚期的变化过程造成了一定的困难。

（二）调查方法

调查过程中依靠的主要手段是标本采集，同时也兼顾对断崖和剖面暴露遗存的观察和了解，在了解地层堆积厚度和是否有密集遗存分布的时候还会采用铲探手段以补充资料。通过上述手段来判定遗址（地点）是否存在。

1. 遗址确定

调查中在确定遗址面积这一最为基本和重要信息的时候，多是根据遗物的分布范围来确定，而对于能否确定为一个遗址时，遗物分布密度的判定标准，调查者间不完全一致，进而会出现对同一区域内的遗存分布，究竟是判定为一个遗址的不同地点还是不同的遗址这种分歧出现，比如寺沟（Y074）二里头队将其视作一个遗址，而中澳美联合考古队则将其视为两个遗址寺沟南（Y151）和寺沟东南（Y152）。

根据遗址的分布规律来看，新石器时代遗址的位置与水源关系密切，往往靠近河流，这样就形成了某一个地理单元内遗址扎堆出现，同一遗址内不同时期遗存互相叠压的状况。对于这种状况究竟是将不同时期的遗存判定为不同的遗址，还是将不同时期的堆积均判定为一个遗址，调查者的标准也不尽一致。即使是同一批调查者，对待不同的遗址时也出现过标准不一的状况。这样我们就很难确定遗址的准确数量，如果后期通过统计不同时期遗址数量来分析区域内社会发展变化过程的时候就会得出有差异的结论。

由于调查区域内古今地貌的变迁，水系水网的变化，我们在调查过程中发现有些区域没有任何遗存分布，但是这种情况的出现是原本就没有遗址分布还是因为埋藏状况不同，相应的遗存没有暴露出来而造成，目前来看，仅通过野外调查不能解决这些问题。例如，偃师商城遗址就是通过勘探发现的。在进行调查时，没有经过发掘的区域，基本上见不到任何二里岗文化的遗物。而通过发掘可知，偃师商城遗址从北到南二里岗文化遗存的埋藏深度不一，深的地方有4—5米，浅的地方也有1—2米，而二里岗文化层之上为汉代或者之后形成的邙山南坡冲积而来的堆积。另外，2019年，二里头工作队曾经在遗址南部的洛河故道内发现了汉代的墓葬，而墓葬被河湖相沉积所叠压。很难让人相信在现在河道或者古河道中没有史前或者历史时期的遗迹。可见，在没有遭到后期破坏或者后期破坏程度较轻的区域，也可能存在相当数量的遗址，只是没有发现。

最后，我们在调查中发现，伊洛河南岸曹河流域的下游几乎没有任何宋代以前（包括史前和历史时期）的遗址分布，该区域是北宋的陵区所在，相较于该流域的其他支流两侧均有不同时期的大量遗址分布，这种情况令人费解。调查参与人员中有人认为这种情况的出现是因为北宋陵区在修建时，曾对以往的遗存进行过全面和彻底的清理。如果上述推测属实，那么被严重破坏的区域内没有发现遗址，则并不意味着没有遗址分布。

2. 面积确定

区域内所见到的大部分遗址均处于农村，由于地表的耕作和农田水利基本建设、施肥等原因会造成原始地貌发生较大的变化，地表所见遗物不可能全部是原生堆积破坏后出现，人工搬运的可能性也不能有效排除。例如，二里头遗址周边遗物分布状况的地面踏查和考古勘探与发掘工作的结果明显存在着较大的偏差。调查发现的二里头遗址的陶片分布范围高达540万平方米，而根据勘探和发掘工作证实的二里头遗址的实际现存面积仅为300万平方米。根据二里头遗址的地面踏查情况来看，遗址西北部区域地势较高，堆积较薄，破坏程度较轻，陶片分布散布范围不大，部分区域遗物散布范围与勘探的遗址范围重合，部分区域遗物散布范围则小于遗址的分布范围[①]。

此外，我们在估算遗址面积时，同一遗址不同时期的遗存分布区可能重合，也可能分别位

---

① 中国社会科学院考古研究所二里头工作队：《河南洛阳盆地2001~2003年考古调查简报》，《考古》2005年第5期。

于不同区域,而通过现有的手段往往无法准确评估不同时期的具体面积,这样通过遗址面积来确定聚落规模的时候自然会存在着相当的偏差。

因此,调查所得遗址面积更多的是遗物分布范围的面积,遗址并不等于实际存在的聚落,遗址只是曾经存在过的聚落的折射。调查中对于遗址面积的判定存在着较大的不准确性,或大于实际范围,或小于实际范围,这些数据只能视作研究中的参考,而不能完全作为依据。

3. 其他

调查过程中,一般会记录每一个遗址的具体位置,调查发现的遗存分布范围,不同时期遗址的分布区域,同一时期不同遗迹的分布区等信息,同样也会记录与遗址相关的地理、环境、地貌、地质等方面的信息。但是在针对具体的遗址时,有些信息的记录是不完整的,或者侧重点不一,甚至有些遗址的相关信息难以获取。这样在后期的整理中就会出现信息不全的状况,不利于综合的分析和研究。

二、整理过程中的问题

在调查报告整理的各个阶段,由于前期工作中问题的存在,整理过程中我们面临各种不同的困惑。

(一)文化属性和年代的判定

由于前期的调查中,我们都有特定的工作目标,因而在遗物的采集中会有所偏重,没有做到所有的标本尽可能全部收集,导致我们的标本往往是偏重某些时段的,而非涵盖所有时期。

现有研究中学科理论本身的缺陷,使得我们在根据经验判定遗物文化属性和相对年代时,对于同一文化体系不同发展阶段和不同文化交错分布区之间的标本往往不能给出一个明确的判定。

由于以往的工作基础稍显薄弱,我们对区域内裴李岗文化晚期的遗物和仰韶文化早期的遗物往往缺乏科学的判定标准,或者已有的研究与资料不支持对这些遗物做出更为科学的、明确的判断。同样的问题也存在于仰韶晚期和龙山早期、龙山晚期和二里头一期、二里头四期和二里岗早期、殷周之际、两周之际等不同考古学文化交替或并行期。从整理和统计的角度看,这些遗存判定的误差势必会对统计结果和初步认识造成一定的影响,同一文化始末段之间的判定也存在类似问题。本调查区域内仰韶早期可能属于半坡文化的边缘区、仰韶中晚期可能是庙底沟文化和大河村文化的交错分布区,而在龙山早期又成为庙底沟二期文化和大河村五期类遗存的交错分布区。如果单单根据调查资料来准确判定考古学文化交错分布区的遗存属性与年代时,给出的结论肯定会不够确切。

同样，通过遗物特征判定文化属性相对于考古学文化稳定期的遗存来说问题不大，但是对于形成期或者转变期的遗存来说，就相对困难了。而对于渊源不同的两种考古学文化，在其更替过程中，尤其是可能并存的时期，判定其具体归属就更加困难，如二里头文化四期晚段的遗存如何与二里岗文化早期早段的遗存进行区分等。目前来看，仅仅依靠调查资料是比较困难的，必须参照系统发掘资料来进行全面的考量。

（二）以往认识的处理

对于洛阳盆地这样重要的区域来讲，以往的考古工作开展了很多，大规模的调查和重要遗址的发掘工作都有开展。这些工作取得了丰硕的成果，为调查工作的开展提供了扎实的基础。然而由于前述原因的存在，这些工作中也面临着类似的问题，以往调查中发现遗存的初步认识也存在着历史性的或者阶段性的缺憾。

我们在报告整理过程中力图吸纳以往的工作收获，但是由于历史变迁、地貌变化、资料发表中的取舍等问题的存在，以往的资料是否准确，是否科学，是否全面，我们无法做出准确的评估。因而在新一轮的调查中对于以往发现的遗址是否存在、遗址的位置是否准确、遗址的面积是否精确、年代的判定是否精准等问题均难以遽断，这样在整合既往资料和认识，推导遗址相关信息的时候肯定也会存在着相应的偏差，报告中对于每一个遗址的初步认识也会不够全面。

鉴于前期已经有相关成果发表，后期整理中部分遗物由于特殊原因，未能整合进去，我们撰写调查初步认识的时候，基本上会尊重前期整理的认识，并注明核查中是否见到某一时段的标本。

（三）其他问题

由于本报告涉及的时段为先秦时期，时间跨度大，上起旧石器时代，下至青铜时代晚期。而报告整理者的研究领域不同，或偏重于新石器时代遗址的发掘和研究，或偏重青铜时代遗址的发掘和研究，均有自身的不足和薄弱之处。尽管在整理过程中我们尽可能的吸纳不同领域、不同研究者的合理建议，但是囿于整理项目参与人员众多，各个环节都可能存在着相应的不足，整合阶段也可能有着各种的缺憾，希望研究者在利用这些资料的时候多多甄别，对调查结果所反映的聚落存在状况的间接性和局限性能有充分的认识。

总的来说，任何研究报告都有其时效性和阶段性。本报告涉及的资料为20多年以来逐步获取，资料获取过程中和整理过程中存在的问题均难以避免。在今后的工作中，将系统调查、充分钻探和有选择性的发掘相结合，对区域内古代遗存进行多维度、全方位、深入系统的分析，才是相关研究不断深化的必由之路。